Passagen

Humanistische Bibliothek

TEXTE UND ABHANDLUNGEN

Reihe I. Abhandlungen

BAND 65

Simon Godart

Passagen

Zitat und skeptische Poetik bei Michel de Montaigne und Pierre Bayle

BRILL | WILHELM FINK

Gedruckt mit Unterstützung der Ernst-Reuter-Gesellschaft der Freunde, Förderer und Ehemaligen der Freien Universität Berlin e.V.

Umschlagabbildungen: links: Porträt von Michel de Montaigne, unbekannter Künstler, ca. 1570-1580, rechts: Porträt von Pierre Bayle, Louis Ferdinand Elle der Jüngere, ca. 1675.

Bibliografische Information der Deutschen Nationalbibliothek

Die Deutsche Nationalbibliothek verzeichnet diese Publikation in der Deutschen Nationalbibliografie; detaillierte bibliografische Daten sind im Internet über http://dnb.d-nb.de abrufbar.

Zugl. Diss. FU Berlin 2019

www.fink.de

Einbandgestaltung: Evelyn Ziegler, München
Herstellung: Brill Deutschland GmbH, Paderborn

ISSN 0177-9478
ISBN 978-3-7705-6606-8 (hardback)
ISBN 978-3-8467-6606-4 (e-book)

Inhalt

II. Positionen: Bayle in der Geschichte der Skepsis

Danksagung

Die vorliegende Studie wurde im Zeitraum zwischen Nov. 2016 und Jan. 2019 an der Friedrich Schlegel Graduiertenschule der Freien Universität Berlin verfasst, an der mir ein Stipendium der Exzellenzinitiative gewährt worden ist. Für die enge und umfassende Betreuung, den regen und vielseitigen Austausch mit meinen Kommiliton*innen und allen Mitgliedern der Schule sowie dafür, in ihr ein akademisches Zuhause gefunden zu haben, bin ich zu großem Dank verpflichtet. Namentlich haben allen voran meine beiden Betreuerinnen, Anne Eusterschulte und Anita Traninger, meine Arbeit an den Zitaten von den ersten Schritten an mit Herz, Engagement und unschätzbarer Gelehrsamkeit, mit Kritik und Nachsicht geprägt und gefördert, dass ich hoffen kann, dass sie beide auf den folgenden Seiten den Nachhall von einigen unserer Gespräche wiederfinden werden.

Der etwas voreilige Abschluss des Manuskripts im Winter 2018/19 hat mich auch mit Blick auf den Umfang der Studie vor große Herausforderungen gestellt, die ich ohne die Unterstützung freundlicher und eiliger erster Leser*innen und ohne ihre Korrekturen nie hätte meistern können; ich danke Lea Fink, Sina Dell'Anno, Louis Berger, Andreas Kramer, Dominik Biewer und Miro Hermann von Herzen für ihre erhellenden, akribischen und oftmals erheiternden Hinweise und Kommentare bei der Fertigstellung des Textes für die Abgabe und dafür, dass sie an dieser Arbeit so beherzt mitgewirkt haben.

Einleitung und Vorbehalt

> Il y a plus affaire à interpreter les interpretations qu'à interpreter les choses, et plus de livres sur les livres que sur autre subject : Nous ne faisons que nous entregloser.[1]

Diese Arbeit ist ein Beitrag zur Begriffsgeschichte und zur allgemeinen Theorie des Zitates. Sie fragt sich: Was geschieht, wenn man mit den Worten anderer spricht, wenn man Zeichen reproduziert oder imitiert, die andere einem hinterlassen haben? Welche Effekte zeitigt das Schreiben in Zitaten, mit und ohne Anführungszeichen, mit und ohne Quellenangaben? Zitieren heißt reproduzieren, und damit auch immer Verdoppeln, Vervielfältigen im Sinne einer Kopie, die dem Original die Treue hält, um sich doch wesentlich von ihm zu unterscheiden. Notwendig, weil historisch nachgeordnet, sekundär, weil konstitutiv auf ein Primäres bezogen, unterhält die Entlehnung fremder Worte ein gespanntes Verhältnis zum Vergangenen und erlaubt so, die Geschichtlichkeit von Sprache und Schrift an gegebenen Beispielen sichtbar zu machen, mit allen Komplikationen, die sich daran anschließen. Zitation ist ein paradigmatischer Fall von Iteration, in der sich durch Wiederholung Identität und Differenz kreuzen, ohne je nach der einen oder anderen Seite aufgelöst werden zu können. Die Analyse literarischer Momente des Zitats greift also von selbst über auf Fragen der Sprach- und Geschichtsphilosophie, und erlaubt es, anhand eines Sonderfalls der Wiederholung deren Struktur nachzubilden.

Dieser Fragestellung ging die Beobachtung voraus, dass trotz der unverzichtbaren Rolle und der Omnipräsenz der Zitation insbesondere in den Geistes- und Literaturwissenschaften eine solche Theorie des Zitats ebenso wenig vorliegt wie eine Darstellung ihrer Geschichte. Dies ist umso erstaunlicher, als der Ansatz dieser Studie sich selbstverständlich auf die Betrachtungen zur Theorie der Intertextualität stützt. Für eine Theorie des Zitats und dessen konstitutiver Bedeutung für den Text im Allgemeinen kann Roland Barthes' Bestimmung als Grundannahme gefasst werden:

> Le texte redistribue la langue (il est le champ de cette redistribution). L'une des voies de cette déconstruction-reconstruction est de permuter des textes, des lambeaux de textes qui ont existé ou existent autour du texte considéré, et finalement en lui : tout texte est un intertexte ; d'autres textes sont présents en lui, à des niveaux variables, sous des formes plus ou moins reconnaissables : les textes de la culture antérieure et ceux de la culture environnante ; tout texte est un tissu nouveau de citations révolues. […] L'intertextualité, condition de

1 Montaigne III 13, S. 1069.

> tout texte, quel qu'il soit, ne se réduit évidemment pas à un problème de sources ou d'influences ; l'intertexte est un champ général de formules anonymes, dont l'origine est rarement repérable, de citations inconscientes ou automatiques, données sans guillemets.[2]

Barthes formuliert hier das Zusammenfallen von Text und Intertext, und damit die unhintergehbare Bedeutung von Intertextualität für die Textualität im Allgemeinen, die er als Reproduktion aus den bestehenden anderen Texten auffasst. Damit fragt er bereits nach der spezifischen Zeitlichkeit und Geschichtlichkeit des Textes, für den ein anderer Text zugleich vorangegangen und in ihm sozusagen kopräsent sein muss, damit es überhaupt zum Text kommen kann. Die unspezifisch bleibende vorangegangene „Kultur" unterhält über die Bezugsachse von Text und Intertext einen Dialog mit der gegenwärtigen oder umgebenden „Kultur". Im Zitieren wird der Text so zum Kreuzungspunkt zweier Zeitebenen, die sich berühren, ohne von der Lektüre oder Analyse klar getrennt werden zu können. Der Text setzt sich zusammen aus Zitaten des Intertextes, und wird so selbst, als „Gewebe von Zitaten", zu dessen neuem Teil. Indem er den Austausch zwischen diesen beiden Ebenen konsequent als Zitation bezeichnet, wird virulent, was von der Verallgemeinerung unbesprochen gelassen wird: Was geschieht, wenn die „unbewussten und automatischen Zitate" sich in der Form von ausgewiesenen und erkennbaren Zitaten im Text niederschlagen?

Neben dem Begriff des Dialogischen steht das Zitat als Nullpunkt dieser Theorien auch jenseits von Barthes zentral. Zitieren als Leitbegriff entwirft ein ganzes Netzwerk an Konzepten und Beschreibungsmodi, das der Betrachtung von Texten die Bestimmung ihrer Bezüge zu anderen Texten erleichtern soll. Julia Kristevas Anschluss an Michail Bachtin kann als Geburtsstunde dieser Theorie begriffen werden, und es ist auch bei ihr gerade das Zitat, das ihr zur Etablierung des systematischen Zugriffs dient. In ihrer Auseinandersetzung mit Bachtin kann Kristeva nur im Zitat zeigen, wo das Zitat steht:

> Le mot (le texte) est un croisement de mots (de textes) où on lit au moins un autre mot (texte) [...]. Tout texte se construit comme mosaïque de citations, tout texte est absorption et transformation d'un autre texte. À la place de la notion d'intersubjectivité s'installe celle d'intertextualité, et le langage poétique se lit, au moins comme double.[3]

---

2 Roland Barthes, „Theorie du texte", in: *Encyclopaedia Universalis*, Bd. XV, Paris 1973, S. 1013-1017, hier S. 1015.

3 Julia Kristeva, *Séméiotikè*, Paris: Seuil 1969, S. 84-85.

Diese Gründungsurkunde der Intertextualität nimmt das Zitat gewissermaßen zur Leitmetapher einer Untersuchung der „poetischen Sprache“, die immer mit Worten operiert, die sie andernorts entnommen hat. Was hier nicht ganz trennscharf eingeführt wird, ist die allgemeine Zitation der Sprache; ihr Charakter als zugleich beschränkendes und ermöglichendes Reservoir von Sagbarkeiten und Ausdrucksformen, das jeder Aktualisierung in Text und Wort als Gegebenes bereits vorausgehen muss. Auch dort, wo die Anführungszeichen fehlen, und wo der Rückbezug auf eine „Quelle“ nicht dem Gang der Rezeption des älteren durch den jüngeren Text entsprechend nachgezeichnet werden kann, verhält sich alles so, als wäre jedes Wort reproduziert. Auch wenn der Intertext hier als Quelle dieses Rückbezugs als ein virtueller, grundsätzlich unverfügbarer Urtext angenommen wird, sind die Sprachhandlungen aus ihm abgeleitet, und ohne ihn undenkbar. In Übertragung der Funktion der Reproduktion des realen anderen Texts im Zitat wird das Wort zur uneigentlichen oder metaphorischen Erklärung des Sprachvermögens überhaupt. In dieser Metaphorisierung des Zitats liegt begründet, Schreiben allgemein, und damit im nächsten Schritt auch die Sprache, dem Zitieren im übertragenen Sinne anzunähern, um so vom jeweiligen Phänotext auf einen unsichtbaren, doch wirksamen Genotext zurückzuschließen, aus dessen Angebot sich sein Double konstituiert.

Diese übertragene Verallgemeinerung des Zitats zur Schrift hat dessen Auflösung zum Preis. Wenn jeder Text ein Geflecht aus übernommenen Worten ist, verliert die Zitation im engeren Sinne als Fall expliziter Intertextualität ihr Spezifikum. Ist jeder lesbare schon ein doppelter Text, dem sich ein vorangegangener Text eingeschrieben hat, wird der Status von faktischen Übernahmen, markiert oder unmarkiert, zwischen den Dopplungen und Kreuzungen unbestimmbar. Ist Schreiben immer schon Zitieren, hieße das, dass Zitieren im strengen Sinne als banaler Sonderfall im Literarischen allgemein aufgehen muss, wenn man verhindern will, dass die grundsätzliche Bestimmung sich monströs fortsetzt. Denn in Anwendung auf die Abschrift würde sich so die Zitation im engeren Sinne verdoppeln und zum Double eines Doubles werden. Wer von anderen abschreibt, schriebe ab, was sie schon abschrieben, und zitierte im Zitat das Zitat des anderen: Die zweite Stufe der Literatur, welche die nun *Transtextualität* genannte Struktur nach Gérard Genette beschreibt, würde dort, wo die Anführungszeichen lesbar oder zumindest bemerkbar sind, mit ihrer dritten und vierten zusammen fallen. In seiner Arbeit an den Definitionen der Textualitätsverhältnisse wird diese Wucherung vorgreifend ausgeschlossen. Das Zitat steht nur am Beginn seiner Darlegung diverser Bezüge zwischen Texten, um allerdings in seiner bestimmten Form aus der weiteren Untersuchung weitestgehend ausgeschlossen zu bleiben:

> Sous sa forme le plus explicite et la plus littéraire, c'est la pratique traditionnelle de la *citation* (avec guillemets, avec ou sans référence précise); sous une forme moins explicite et moins canonique, celle du *plagiat* chez Lautréamont, par exemple) [sic], qui est un emprunt non déclaré, mais encore littéral; sous forme encore moins explicite et moins littérale, celle de *l'allusion*, c'est-à-dire d'un énoncé dont la pleine intelligence suppose la perception d'un rapport entre lui et un autre auquel renvoie nécessairement telle ou telle de ses inflexions, autrement non recevable [...].[4]

Diese Unterscheidung beruft sich auf klare Typen der Übernahme und bestimmt das Zitat als „traditionelle Praxis", die in der nach typographischer Norm markierten Anführung klar definiert wird. Die Abgrenzung von Plagiat und Allusion erfolgt in ähnlich strikter Weise, um schließlich in letzterer die eigentlich interessante Form von Intertext-Bezügen auszumachen. Dort, wo die Anspielungen und Hinweise aus dem Phänotext als Spuren des Vorbilds herausgestellt werden können und indirekte Verweise ermöglichen, wird das Investment der Theorie erst fruchtbar gemacht. Im banalen, weil „definierten" Fall des Zitats,[5] das für Genette immer an seine typographische Markierung gebunden ist, wird der Bezug auch ohne Quellenangabe leichthin erkannt. Im Fortschreiten seiner Definitionen verliert er so die zwar grundlegende und omnipräsente, aber darum für ihn weniger klärungsbedürftige Form des Zitats aus den Augen.

Genette selbst spielt auf diese „Tradition" des Zitats nur an, ohne sie näher zu befragen. Doch stellt er dieser theoretisch-historischen Allusion eine Fußnote an die Seite, um sie zu belegen – er verweist auf Compagnons Studie *La seconde main*, die im Umfeld der Intertextualität dem Zitat und seiner Tradition eben das, eine Theorie und eine Geschichte geben will. Compagnon weist nach, was Genettes Klassifikation nicht leisten kann; dass nämlich diese Tradition einen Anfang haben muss. Erst seit der Einführung der Norm der Anführungszeichen am Rande der Frühen Neuzeit kann die Unterscheidungen von Zitat, Plagiat und Allusion die theoretische Sicherheit gewinnen, die Genette hier suggeriert. Für historisch ältere Texte ist sie denkbar ungeeignet,

4 Gérard Genette, *Palimpsestes. La littérature en seconde dégrée*, Paris: Seuil 1982, S. 8.

5 Etwas später heißt es ebd., S. 18: „[T]out texte peut être cité, et donc devenir citation, mais *la citation* est une pratique littéraire définie, évidemment transcendante à chacune de ses performances, et qui a ses caractères généraux [...].".

weil sie außerhalb dieser „traditionellen Praxis" stehen.[6] Bei allen Autoren des 16. Jahrhunderts (und früher) verkompliziert sich die Anwendung der Intertextualitätstheorie gerade dadurch, dass bei ihnen das Zitat *avant la lettre* so omnipräsent ist, wie die Theorie es für spätere literarische Texte nachweisen will, die Versicherung seiner Rolle durch eindeutige Markierungen allerdings ausbleibt; Plagiat, Zitat und Allusion lassen sich hier nicht trennscharf abgrenzen. Nicht zufällig ist es François Rabelais, an dem Bachtin die Grundlagen für Kristevas Anschluss formuliert hat, weil in seinem Schreiben die parodistische Imitation und die Verwendung von Zitaten und Plagiaten ineinander greifen. Compagnons Studie versucht, diesem Umstand gerecht zu werden und versteht das Zitat weniger ausschließend, indem er sich Texten der klassischen Antike ebenso zuwendet wie Erasmus von Rotterdam oder Michel de Montaigne. Allerdings geht auch er davon aus, dass Zitieren und Schreiben sich grundsätzlich kaum voneinander unterscheiden lassen, und entwickelt so seine Geschichte des Zitats als Geschichte der Schrift, die sich ihres grundlegend übernehmenden Charakters gewiss ist. So leitet auch er seine Studie mit einer Phänomenologie des Zitats als solchem ein:

> Le travail de l'écriture est une récriture dès lors qu'il s'agit de convertir des éléments séparés et discontinus en un tout continu et cohérent, de les rassembler, de les comprendre (de les prendre ensemble), c'est-à-dire de les lire : n'est-ce pas toujours le cas ? Récrire, réaliser un texte à partir de ses amorces, c'est les arranger ou les associer, faire les raccords ou les transitions qui s'imposent entre les éléments mis en présence : toute écriture est collage et glose, citation et commentaire.[7]

Mit diesem breiten Begriff der Zitation zeigt sich im historischen Überblick die Reflexion auf die Übernahme der Worte anderer als poetologischer Untergrund der Schrift im Allgemeinen. Trotz der unzweifelhaft großen Verdienste von Compagnons Studie verliert sich so die nötige Trennschärfe vor jeder Entdifferenzierung der Zitation. Sie scheint dem doppelten Ausschluss zum Opfer zu fallen, entweder als banaler Minimalfall den anderen Formen des textuellen Bezugs untergeordnet zu bleiben oder aber in Zuspitzung über jede Bestimmbarkeit hinaus ausgeweitet zu werden und sich in der Breite des Genotexts zu verflüchtigen.

Diese Arbeit kann diesem Mangel nur entgegenwirken, ohne ihm schlussendlich abzuhelfen. Für eine umfassende Geschichte des Zitats und seine

---

6 Vgl. stellvertretend: Wilhelm Kühlmann (Hrsg.), *Intertextualität in der frühen Neuzeit: Studien zu ihren theoretischen und praktischen Perspektiven*, Frankfurt a.M. (u.a.): Lang 1994.

7 Antoine Compagnon, *La seconde main ou le travail de la citation*, Paris: Seuil 2016, S. 39.

systematische Bestimmung wäre ein Zugriff notwendig, der den bereits äußerst ausgedehnten Gegenstandsbereich der folgenden Lektüren noch weit überspannt hätte. Die Entscheidung, sich auf zwei Autoren zu beschränken, die an neuralgischen Punkten einer solchen Geschichte stehen und zudem selbst ausführlich theoretisieren, wie sie zitieren, kann als Vorbereitung einer allgemeineren Analyse betrachtet werden. Pierre Bayle und Michel Montaigne eignen sich für diesen Zugriff im Besonderen, insofern sie bereits sowohl über die Rezeption als auch über die skeptische Tradition miteinander verbunden sind. Sie beide zitieren ausgiebig, und reflektieren gleichermaßen auf diese Praktik.

Für Montaignes *Essais* von 1580 stellt die „Zitierkunst" ein wesentliches Merkmal der Poetik dar – die Einlassungen der Worte anderer begleiten die drei Bücher der gesammelten Versuche.[8] In ihrer Durchwirkung von Zitaten spiegelt sich die Offenheit und Durchmischung von Stilen und Zeitebenen, für die der Intertext des Späthumanismus ein großzügiges Arsenal bereitstellt. Vor allem aber ist es die Art, in der Montaigne ausdrücklich diese Durchwirkung seines neuen durch den alten Text diskutiert, die ihn zum unverzichtbaren Gegenstand dieser Studie macht. Weit davon entfernt, nur unbewusst zu zitieren, enthalten die *Essais* eine Theorie der Zitation, in der sich Schrift und Lektüre, Autor und Leser berühren, und in der die Zeitlichkeit des Zitierens auf den Begriff hinführt, den wir dieser Arbeit vorangestellt haben: die Passage.

In veränderter, aber nicht weniger prominenter Form kehrt diese Reflexion bei Pierre Bayle wieder, wenn er über die Zitate sein Unternehmen einer historisch-kritischen Enzyklopädie legitimiert. Bayles *Dictionnaire historique et critique* von 1697 steht am Ende des 17. Jahrhunderts den Wörterbüchern der Folgezeit – und damit vor allem der Aufklärung – Modell. Er richtet seinen Blick in der entgegengesetzten historischen Perspektive auf das große Ganze der vergangenen Irrtümer, die er in der Form des Zitats zusammenträgt und der Kritik zugängig machen will. So selbst als *point de passage* zwischen den Zeiten situiert, ist sein ausdrücklicher Bezug zu Montaigne ein erstes Indiz dafür, dass dessen Poetik in diejenige des *Dictionnaire* hineingewirkt haben mag. Diese Wirkung muss allerdings im unzeitgemäßen Anschluss, der sich über das gesamte 17. Jahrhundert erstreckt, als Transfer befragt werden. An Bayle soll sich zeigen, welche Spuren von den Worten anderer in den *Essais* in der modernen Zitation noch zu erkennen sind.

Die Notwendigkeit, hier von einem Transfer und einer Veränderung auszugehen, liegt nicht nur in der Differenz der Zeiten und Autoren begründet, noch darin, dass sich diese historischen Wiederholungen ähnlich wie Zitate

8 So titelt Michael Metschies, *Zitat und Zitierkunst in Montaignes „Essais"*, Genf: Droz 1966.

im Wiederaufgreifen stets auch verändern müssen. Darüber hinaus bieten Bayle und Montaigne zwei Einschnitte innerhalb der Geschichte des Zitierens, die selbst transformiert ist. In der Begriffsgeschichte des Zitats stellt sich eine Zäsur zwischen Montaigne und Bayle ein. Die *Essais* kennen den Begriff des Zitierens noch nicht, für den *Dictionnaire* wird er hingegen selbstverständlicher Teil der Konzeption. Was dem Wort nach anders ist, unterscheidet sich auch in der Sache: Montaignes Abschriften aus anderen Texten erfolgen in einer Fülle von Zugriffen, die von der wortgetreuen Kopie über die paraphrasierende, oftmals übersetzende Wiederholung bis hin zur parodistischen Imitation und Anspielung reichen, die Topoi aufgreift, um sie mit anderen, aber doch ähnlichen Worten zu wiederholen. Die Quelle wird dabei zumeist verschwiegen, teils aus dem Grundvertrauen darauf, dass die Leserschaft schon wissen wird, welchen ihrer kanonischen Autoren Montaigne verwendet, teils aber auch aus dissimulierendem Eifer, der sie unterschlägt, um sie indirekt doch zu nennen. Einhundert Jahre später ist bei Bayle von dieser Freiheit im Zitieren nicht viel übrig geblieben. Die Bestimmung im Begriff geht mit der Akribie in Darstellung und Nachweis einher, die sich in typographischer Markierung – Kursivierung oder eben Anführungszeichen – und seitengenauem Quellennachweis niederschlägt.

In der Gegenüberstellung von Bayle und Montaigne wird sich auf dieser Grundlage zeigen lassen, wie die Konvention der Übernahme und der Entlehnung insbesondere antiker Autoren von der gelehrten Praxis der Spätrenaissance als Zitat *avant la lettre* zur Neukonzeption innerhalb der Frühaufklärung führt, um unter dem nun etablierten Namen des Zitates an der Genese der Kritik mitzuwirken. Welche An- und Ausschlüsse finden statt, und welche Theorie der Übernahme und ihrer Markierung lässt sich innerhalb des Abstands von einem Jahrhundert aus Montaigne und Bayle gewinnen? Die Entscheidung, an frühneuzeitlichen Texten die Bestimmung des Zitats zu entwickeln, geht damit einher, einen engen wie einen zu breiten Begriff des Zitats zu verabschieden. Ohne den Text als abstraktes „Mosaik aus Zitaten" vorauszusetzen, soll sich zeigen, wie die *Essais* und der *Dictionnaire historique et critique* selbst die Differenz von eigenen und fremden Worten konzipieren und für die Darstellung nutzbar machen. Der Annahme einer Gleichsetzung von Schreiben und Zitieren gerade entgegengesetzt, wird so das Zitat als Ausnahmezustand der Schrift profiliert werden.

Gewissermaßen schreibt sich diese Arbeit also selbst im Modus des Zitats. Sie findet unter der Vorsichtmaßnahme statt, nur über diejenigen Texte sprechen zu können, die vorliegen. Alles, was folgt, steht unter historischem Vorbehalt: An Montaigne und Bayle lassen sich gerade darum Fluchtlinien der Geschichte des Zitats aufzeigen, weil sie sich selbst am Rand dieser Geschichte platzieren und in ihren Konzepten Transformationen erkennen. Indem sie die Gattungen, in denen sie schreiben, neu fassen, und versuchen, sich in ihrem eigenen Verhältnis zur Geschichte der Literatur und Philosophie neu zu verorten, wird die jeweilige Ausnahme, als die sie sich inszenieren, erst im historischen Verlauf zur Regel. Dies vorausgesetzt, trifft diese Arbeit weder allgemeine Aussagen über das Wesen der Schrift, noch über das Wesen des Zitats. Wenn an Bayle und Montaigne allerdings bestimmende Momente ihres Zitierens aufgezeigt werden, so lassen diese sich selbstverständlich weiterführend innerhalb einer Ideen-, Begriffs- und Gattungsgeschichte situieren. Damit liegt der allgemeine Anspruch dieser Arbeit eher im Historischen als im Texttheoretischen.

Über die Zitation hinaus gewinnt die vorliegende Arbeit ihr zweites Untersuchungsfeld, dasjenige der Skepsis, eher am Rand der Begriffsgeschichte. Bayle und Montaigne sind unverzichtbare Autoren für die Geschichte der neuzeitlichen Skepsis, die ihre Eigenständigkeit gerade darin gewinnt, keine einfache Fortsetzung ihrer antiken Vorgänger – von Pyrrhonismus und Akademischer Skepsis – zu sein. Die These, der diese Arbeit nachgeht, besteht darin, dass die Geschichte des Zitats und die Geschichte der Skepsis untrennbar miteinander verbunden sind und dies sich gerade im zwar deutlichen, aber nur relativen Anschluss an die skeptische Tradition manifestiert, wie er bei Bayle und Montaigne geleistet wird. Zitieren ist selbst eine Form historischen Anschlusses; sie besteht darin, zu wiederholen, ohne zu affirmieren. Was als bloße Form erscheint, wird inhaltlich virulent. Der Vorbehalt des Zitierenden vor seinem Zitat wird markiert und doch zugleich überschritten. Unter der Aufsicht der Anführungszeichen – sichtbarer wie (noch) unsichtbarer – wird die Reproduktion des bereits Gesagten als relatives Text-Außen verfügbar gemacht, ohne angeglichen zu werden, gezeigt, ohne unterzeichnet zu sein. Die Spannung von *Erwähnen* und *Gebrauchen* erzeugt eine Ambivalenz, die zwischen Bekräftigung und Verwerfung, zwischen Unter- und Durchstreichung oszilliert. Zitieren heißt Sprechen unter Vorbehalt, und dieser wird im Textuellen zum Double der skeptischen Enthaltung: Zitat und Epoché sehen sich zum Verwechseln ähnlich.

Die Geschichte der Kritik muss ebenfalls, mit Überhang auf Seiten Bayles, in ihrer Verbindung zur Geschichte der Zitation betrachtet werden. Im selben Maße, wie das Zitat für Montaigne noch nicht auf den Begriff gebracht ist, bietet die kritische Methode, die Bayle am Ende des 17. Jahrhunderts wirkmächtig entwickelt, einen Fluchtpunkt innerhalb der Geistesgeschichte, auf den die *Essais* nur von weither zulaufen. Die Frage, ob die Skepsis, die Montaigne geprägt hat, im umwegigen Transfer zu Bayle in die Genese der

Kritik hineinwirkt und so als Bestandteil der skeptischen Tradition oder aber in Abgrenzung von ihr zu begreifen wäre, kann nur von einer vergleichenden Lektüre erarbeitet werden. Dass zitierendes Schreiben für Kritik, insbesondere für die literarische, als Auseinandersetzung mit einem konkreten anderen Text als Grundlage des eigenen, unverzichtbar ist, wirft die Frage nach dem Verhältnis von Intertextualität und Kritik auf. Ob die skeptische Enthaltung mit der kritischen Distanz Überschneidungen aufweist, soll an Bayle mit der Zitierform untersucht werden.

Bayle und Montaigne sind Autoren, die ihre Theorie des Zitats innerhalb ihrer Poetiken verorten und für ihre jeweiligen Gattungen in Dienst nehmen. Die Analyse will diese Autopoetiken immer in Hinblick auf ihre Performanz betrachten und ausstellen, welche strategisch-rhetorische wie systematische Funktion Zitationen in den *Essais* und im *Dictionnaire* übernehmen. Als Gliederungsprinzip hat sich die Chronologie aufgedrängt. Montaignes Konzeption des Zitats und der *Essais* wird im ersten Teil der Arbeit eingehend dargelegt, um im zweiten Teil den Anschluss und die Transformationen Bayles nachzuvollziehen. Der Vergleich zwischen beiden findet also maßgeblich innerhalb der Rezeptionsgeschichte statt. Dennoch sollen die beiden Teile der Studie ihre jeweilige Unabhängigkeit bewahren und eher Parallelen als Fortsetzungen aufweisen.

Editorische Notiz zur Verwendung von Zitaten

Nicht ohne die Ironie zu bemerken, muss der folgenden Studie eine Gebrauchsanweisung für die zitierten Passagen aus Bayle und Montaigne vorangestellt werden, die es erlaubt, den Apparat der Anmerkungen so schlank wie möglich zu halten. Noch vor der Diskussion über die Theorie und Praxis des Zitats muss also bestimmt werden, welche Quellen ich verwendet habe und wie sich diese Verwendungen nachvollziehen lassen.

Die digitalisierten Ausgaben, die die University of Chicago bereitstellt, sind eine wichtige Voraussetzung für die Arbeit an den Texten und damit für diese Studie gewesen. Ohne den Zugriff auf die bereinigte Textfassung, deren Werkzeuge zur Durchsuchung und zur Visualisierung mir eine Grundlage zur Quellendurchsicht gewesen sind, wäre meine Abhängigkeit von der kommentierenden Literatur zu Montaigne und Bayle deutlicher ins Gewicht gefallen. Da ich anhand der Digitalisate Beobachtungen am Originaltext leisten konnte, war es mir möglich, einen förderlichen Abstand zur breitgefächerten Literatur insbesondere zu den *Essais* gewinnen. Andernfalls wäre ich mit einem so umfangreichen wie unübersichtlichen Corpus konfrontiert gewesen, dass die Ergebnisse meiner Lektüren wahrscheinlich weniger fundiert ausgefallen wären.

Für Montaigne habe ich die digitalisierte Ausgabe nach Pierre Villey verwendet, die – unter Einschluss der Korrespondenz-Digitalisate des vom Autor handschriftlich ergänzten Bordeaux-Exemplars – auf der Website des ARTFL-Projekts der Universität Chicago genutzt: https://www.lib.uchicago.edu/efts/ARTFL/projects/montaigne/

Diese online-Ausgabe wird herausgegeben von Philippe Desan (University of Chicago).

Sie folgt in der Textgestalt der Ausgabe Villeys:

> Michel de Montaigne, *Les Essais*, hrsg. *Pierre Villey* Paris: PUF 1965;

Diese baut wiederum auf Montaignes Handexemplar auf, in dem die handschriftlichen Ergänzungen des Autors hinterlassen sind:

> *Essais de Michel Seigneur de Montaigne, 5eme édition, augmentée d'un troisième livre; et de six cens additions aux deux premiers*, Paris: Abel l'Angelier 1588.

In der Folge werden Stellen bei Montaigne auf Basis dieser Ausgabe angezeigt. Die Nennung erfolgt nach folgendem Schema (bspw.):

Montaigne I [Buch] 9 [Kapitel], S. 36.

Übernahmen aus Montaigne werden entsprechend ihrer Editionsgeschichte markiert; (a) steht für den Erstdruck, (b) für die zweite Ausgabe, die den dritten Band einschließt, und (c) schließlich für das Bordeaux-Exemplar.

Für die historisch-kritischen Überprüfungen hinsichtlich der verschiedenen Arbeitsphasen sowie als begleitenden Kommentar habe ich die aktuelle Ausgabe der Pléiade verwendet:

> Michel de Montaigne, *Les Essais*, hrsg. Jean Balsamo, Michel Magnien & Catherine Magnien-Simonin, Paris: Gallimard 2007. [Auf den reichen und einsichtsvollen Kommentar verweise ich im Folgenden mit: Balsamo (u.a.), „Notes et Variantes".]

Für Bayle habe ich ebenfalls auf die Digitalisierung des *Dictionnaire* von ARTFL zurückgegriffen: http://artfl-project.uchicago.edu/node/60

Sie folgen der Ausgabe:

> Pierre Bayle, *Dictionnaire historique et critique*, 4 Bde., Amsterdam: Brunel, Wetstein u.a. / Leiden: Luchtmans 1740.

Die Nennung erfolgt nach dem Schema: Bayle, DHC, Bd. 3, ARTIKEL, S. 59, Anm. (12).

In Anschluss an die Markierung der Artikel des *Dictionnaire* sind alle verwendeten Lexikon-Einträge in Kapitälchen gesetzt. Bibliographische Angaben finden sich bei der Erstverwendung des betreffenden Texts, in der Folge werden Kurztitel genutzt. Alle verwendete Literatur wird – mit der Ausnahme der einzelnen Einträge aus Lexika – in die Bibliographie dieser Arbeit aufgenommen.

Für beide Texte habe ich die Orthographie des Originals beibehalten und hier reproduziert – gelegentlich zum Ausweis spezifischer Sprachwendungen und, im Falle Montaignes, zur Hervorhebung der eingeführten Neologismen. Bei Bayle sind behutsame Angleichungen bei offensichtlichen Übertragungsfehlern („f" für „s" im Original o.ä.) stillschweigend angeglichen worden.

I. DISSEMINATIONEN

Zitate in den Essais

Montaignes Essais stellen die Lektüre vor eine doppelte Herausforderung: Sie sind *einerseits* a) von einem überbordenden Intertext so durchzogen, dass eine intern oder immanent verbleibende Lektüre notwendig hinter den Möglichkeiten des Textes und seines Sinnangebots zurückbleibt. Die Bedeutung dieses Intertextes als „Quelle" gehört spätestens seit Villeys epochemachender kritischer Studie zum Ensemble der Kernannahmen einer jeden Montaigne-Interpretation.[1] Die Editionsarbeit, die in seiner Folge an den Essais ausgeführt wurde, hat die textuelle Situiertheit und Saturiertheit Montaignes in einem stabilen Netzwerk traditioneller oder kanonischer Bezüge mit der notwendigen Akribie hervorgehoben und für die Lektüre verfügbar machen können. Dass dabei nicht nur unterschwellige Verweise auf Vorgänger und Idole insbesondere antiker Literaturen eine tragende Rolle spielen, ist allerdings schon spätestens seit Malebranches Kritik[2] an den Essais kein Geheimnis mehr – Montaignes Intertextualität ist eine fast zu offensichtliche, die sich vor allem in Zitaten, Plagiaten, Sentenzen und dergleichen niederschlägt. Wo die *Essais* sich auf andere Texte berufen, tun sie dies in zweitsprachigen Passagen, in kaum verborgenen Abschriften aus französischen Übersetzungen, und in der Form der Adressierung von traditionell überlieferten und geteilten Topoi (*loci communes*).[3]

---

1 Pierre Villey, *Les sources et l'évolution des essais de Montaigne*, Paris: Hachette 1908.

2 Er charakterisiert ihn zugleich als Kavalier und als Pedanten, um seinen Leser_innen die Mängel des Diskurses der Essais aufzuzeigen: „Si je montre que Montaigne tout cavalier qu'il est, ne laisse pas d'être aussi pédant que beaucoup d'autres, et qu'il n'a eu qu'une connaissance très médiocre de l'esprit, j'aurai fait voir que ceux qui l'admirent le plus, n'auront point été persuadés par des raisons évidentes, mais qu'ils auront seulement été gagnés par la force de son imagination." Nicolas Malebranche, Recherche de la vérité, II, III, 5, p. 276. Vgl. Syliane Charles, „Le procès de Montaigne par Malebranche. La véracité à l'aune de la vérité moderne", *Renaissance and Reformation* 21/ 3 (1997), S. 25-41.

3 Ich folge Schmidt-Biggemanns Ansatz einer relativen Äquivalenz beider Begriffe für die Renaissance; vgl. Wilhelm Schmidt-Biggemann, „Topik und Loci Communes: Melanchthons Traditionen", in: *Der Philosoph Melanchthon*, hrsg. Felix Mundt u. Günter Frank, Berlin: de Gruyter 2012, S. 77-93, hier S. 77: „Die Lehre von den loci communes resp. die Topik (ich

 | DOI:10.30965/9783846766064_002

Während diese Textverfahren für die frühe französische Literatur und das 16. Jahrhundert keineswegs eine Ausnahme darstellen, ist es die ausdrückliche und wiederkehrende Reflexion auf seine Entlehnungen, die die Bedeutung seiner Referenzen für Montaigne unleugbar macht. In ständiger Verhandlung seiner Übernahme des bereits Gesagten und des von anderen Gesagten wird die integrale Rolle von zitierenden Schreibpraktiken für die Poetik der Essais so ausführlich diskutiert, bekannt und eingestanden, dass der Eindruck entsteht, dass keine Interpretation der Form des Essais erschöpfend sein könnte, die keine Reflexion auf das Déjà-Dit mit einschlösse.[4]

Es scheint fast so, als würde sich diese Forderung als Verlängerung des autopoetischen Diskurses Montaignes leicht einlösen lassen – an der Verhandlung des Zitates könnte man seine Poetik ablesen und so den Wert des Zusammenspiels von eigenem und fremdem Diskurs als typisches Merkmal der Poetik des Essays systematisieren. Die Offensichtlichkeit der Bedeutung aber lässt sich nicht in eine methodische Nutzbarkeit hin transferieren, wie wir anhand eines besonders prominenten Beispiels illustrieren wollen. Damit stünden wir b) *andererseits* vor der zweiten Problematik des Intertextes in den Essais: Montaignes Widerstand gegen die Analyse, seine Verweigerung gegenüber einer Systematisierung. Nicht nur, dass Montaignes Vokabular den Begriff des „Zitats" (*citer, citare*) (noch) nicht umgreift[5] – obwohl im Lateinischen durchaus geläufig,[6] wird der Begriff im Französischen erst später verwendet, und bleibt zunächst auf den juridischen Diskurs beschränkt. Ersatzweise spricht Montaigne, nicht ohne einige Deutungsangebote, von *allégations*[7] und von

---

nehme beide Begriffe weitgehend synonym, wie sie in der Frühen Neuzeit wohl generell genommen wurden) ist in der Frühen Neuzeit vor allem ciceronianisch [...]."

4 Am wichtigsten für diese Behauptung dürfte Metschies bis heute grundlegende Studie sein: Metschies, *Zitat und Zitierkunst*; sowie die Verwendung Montaignes in der Geschichte des Zitats von Compagnon, *La seconde main*.

5 Christine Brousseau-Beuermann, *La copie de Montaigne: étude sur les citations dans les „Essais"*, Paris (u.a.): Champion (u.a.) 1989, S. 120: „Etant donné que, dans le français de Montaigne et de son temps, la citation n'a pas encore de nom qui définisse son domaine, ce sont les modes de reproduction qu'elle recouvre qu'il s'agit d'analyser." Vgl. hierzu Claude Blum, „La fonction du ‚déjà dit' dans les *Essais*: emprunter, alléguer, citer", *Cahiers de l'Association internationale des études francaises* 33 (1981), S. 35-51.

6 Das Verb *citare* wird m.W. nur einmal von Montaigne zitierend verwendet, wenn er es in der *Apologie* in einem Martial-Vers (für herbeirufen) anbringt Die entsprechende Stelle wird weiter unten diskutiert.

7 Jean Nicot, ALLEGUER, in: *Le Thresor de la langue francoyse*, Paris: David Douceur 1606, o.S.: „Alleguer, Laudare authoritates, In medium proferre. Alleguer les Arrests de la Cour donnez en semblable cas, Citare praeiudicia curiae, Exempla rerum iudicatarum citare." Siehe auch Brousseau-Beuermann, *La copie de Montaigne*, S. 13; sie zeigt in ihrer Studie (ebd.), dass

emprunts[8]. Zudem versucht er immer wieder, einen Abstand zwischen seinem Zitieren und den gewöhnlichen Praktiken der Übernahme und der Nachahmung (*imitatio*) in Poetik und Rhetorik einzuschreiben. Ohne je eine bündige und eindeutige Konzeption des Zitates vorzulegen, wird das Überangebot an Verhandlungen kopierenden und plagiierenden Schreibens mehr zur Last als zur Stütze; was sein Verständnis wäre, sagt er nur halb, und undeutlich.[9]

Vielleicht bietet es sich an, die Lektüre dieser Verhandlungen anhand eines besonders wirkmächtigen und schönen Beispiels zu beginnen, an dem sich ablesen lassen wird, wie die Konzeption des Zitates von Montaigne selbst intrinsisch mit dem Programm der *Essais* verschränkt wird. In seinen *Considerations sur Cicéron* (I 40), die zumeist als Abstandnahme von Cicero gelesen werden,[10] will Montaigne sein Schreiben offensichtlich in Reibung mit der Rhetorik im Allgemeinen und mit Cicero im Besonderen bringen. In den späteren Ergänzungen des Bordeaux-Exemplars fügt er eine reflexive Passage zu seiner Poetik in den Textfluss ein, in der er wie gleichberechtigt eben diese aufgehäuften Ergänzungen und mit ihnen die Flut seiner Zitate bespricht. Anstelle eines Bekenntnisses zu einer der drei klassischen Funktionen des

---

Estiennes Französisch-Lateinisches Wörterbuch von 1539 „revocare" als Übersetzung vorschlägt. Auch die erste Ausgabe des *Dictionnaire de l'Académie française* (1694) und der *Littré* (1872-77) führen (in ähnlichem Wortlaut) diese Bedeutungen als wichtigste an: „Citer une autorité, un passage, un fait. Alléguant ses autorités."

8 Nicot übersetzt den Begriff knapp mit „Mutation" (EMPRUNT, in: *Thresor de la langue francoyse*). Siehe auch EMPRUNT in: *Dictionnaire de l'Académie française* (1694) wird zur Illustration der Bedeutung folgendes Beispiel angeführt: „[C]'est un homme qui est tousjours aux emprunts, qui ne vit que d'emprunt." Während wir in dieser Arbeit den häufiger verwendeten Begriff des „emprunter" bevorzugen werden, halten sich in MacKinley's Rekonstruktion der (lateinischen) Zitate beide Begriffe in etwa die Waage, um von ihr mit einigem Aufwand systematisch getrennt zu werden. Mary B. MacKinley, *Words in a Corner: Studies in Montaigne's Latin Quotations*, Lexington: French Forum Publ. 1981.

9 Montaigne erklärt sein Verfahrens wie seine Disposition nur zur Hälfte. Er beschreibt die *Essais* als „dire qu'à demy, à dire confusement, à dire discrodamment". (Montaigne, III 9, S. 994-995.) Um dieses Eingeständnis herum lassen sich, wie Pouilloux vorgeschlagen hat, alle Ambivalenzen und ironischen Brüche in Montaignes Diskurs gruppieren; vgl. Jean-Yves Pouilloux, „Dire à demi", *Bulletin de la Société des Amis de Montaigne* 8 / 15-16 (1999), S. 13-22.

10 Vgl. bspw. Jeffrey Martin Green, „Montaigne's Critique of Cicero", *Journal of the History of Ideas* 36/4 (1975), S. 595-612.

Zitates[11] – Exemplum, Autorität oder Ornatus[12]– will er sein Zitieren selbst als eine neue und eigenständige Praktik verstanden wissen, der ein semantischer wie poetischer Eigenwert zukommt.

> (c) Je sçay bien, quand j'oy quelqu'un qui s'arreste au langage des Essais, que j'aimeroye mieux qu'il s'en teust. Ce n'est pas tant eslever les mots, comme c'est deprimer le sens, d'autant plus picquamment que plus obliquement. Si suis je trompé, si guere d'autres donnent plus à prendre en la matiere, et, comment que ce soit, mal ou bien, si nul escrivain l'a semée ny guere plus materielle ny au moins plus drue en son papier. Pour en ranger davantage, je n'en entasse que les testes. Que j'y attache leur suitte, je multiplieray plusieurs fois ce volume. Et combien y ay-je espandu d'histoires qui ne disent mot, lesquelles qui voudra esplucher un peu ingenieusement, en produira infinis Essais. *Ny elles, ny mes allegations ne servent pas toujours simplement d'exemple, d'authorité ou d'ornement.* Je ne les regarde pas seulement par l'usage que j'en tire. Elles portent souvent, hors de mon propos, la semence d'une matiere plus riche et plus hardie, et sonnent à gauche un ton plus delicat, et pour moy qui n'en veux exprimer d'avantage, et pour ceux qui rencontreront mon air. Revenant à la vertu parliere, je ne trouve pas grand choix entre ne sçavoir dire que mal, ou ne sçavoir rien que bien dire. *Non est ornamentum virile concinnitas.*[13]

11 Vgl. Wim van den Berg, „Autorität und Schmuck. Über die Funktion des Zitates von der Antike bis zur Romantik" in: *Instrument Zitat: über den literarhistorischen und institutionellen Nutzen von Zitaten und Zitieren*, hrsg. Klaus Beekman, Amsterdam (u.a.): Rodopi 2000, S. 11-36. Er führt – ohne nähere Bestimmung – Quintilian als Gewährsmann dieser funktionalen Differenz an; Vgl. Quintilian, *Institutionis Oratoriae libri XII / Die Ausbildung des Redners*, 2 Bde., hrsg. & übers. Helmuth Rahn, Darmstadt: Wissenschaftliche Buchgesellschaft 1975, I 8.

12 Vgl. Sibylle Benninghoff-Lühl, ZITAT, in: *Historisches Wörterbuch der Rhetorik*, hrsg. Gert Ueding, Tübingen: Niemeyer 2009, Bd. 9, Spl. 1539-1549. In ihrem Überblick über die Geschichte des Zitats werden die drei Funktionen, die Montaigne für bestimmend hält, nicht derart schematisch rekapituliert. Der Vorrang liegt für sie bei der Autorität, wenngleich sie für den Humanismus eine gesteigerte „Zitierwut" attestiert. Das Reallexikon der Literaturwissenschaft fasst seinen historischen Überblick fast mit den Vokabeln Montaignes zusammen; ZITAT, in: *Reallexikon der deutschen Literaturwissenschaft*, hrsg. Jean-Dirk Müller & Friedrich Vollhart (u.a.), Berlin/Boston: de Gruyter 2007, Bd. 3, S. 897: „Die Rhetorik kennt nicht den Begriff, aber die Praxis des Zitats: als Exempel, als Autoritäts- und Quellenberufung (‚testimonium') und als Ornatus (im ‚genus grave')."

13 Montaigne, I 40 („Consideration sur Cicéron"), S. 251 [meine Hervh., S.G.]. Das lateinische Zitat stammt von Senecas Brief 115, 2: „Das Gekünstelte ist kein männlicher Schmuck." Seneca, *Epistulae morales ad Lucilium* (*lat.-dtsch.*), hrsg. & übers. Gerhard Fink, Düsseldorf: Artemis & Winkler 2009, Bd. 2, Brief 115, S. 513. Brousseau-Beuermann klagt ein, dass weder bei Villey, noch bei Metschies eine Reflexion auf diese sehr eindeutige Stelle stattgefunden habe, die offenlegt, dass Montaigne seinen Zitaten nicht nur sehr bewusst, sondern zudem in klarer Bestimmung ihrer Funktion und in Abgrenzung von den gängigen Zitat-Theorien begegnet. Vgl. Brousseau-Beuermann, *La copie de Montaigne*, S. 85.

Montaigne verbittet sich, im Nachdenken über die Eloquenz, jedes Lob seines Stiles – seine Worte zu loben käme einem Tadel an deren Sinn gleich. Den eigenständigen Wert seiner *Essais* sieht er gerade nicht in der Feinheit oder Eleganz des Ausdrucks, sondern in der Materialfülle (*matiere*), die er zusammengetragen habe. Dabei habe er sich schon beschränkt (*ranger*), indem er nur die Spitze seines Bestandes angeführt habe, um die *Essais* nicht noch um ein Vielfaches zu verlängern. Von seiner Basis ausgehend ließe sich dies leicht tun, von ihm selbst oder von einem geeigneten Leser, die ihrerseits Material hinzufügen würden und so unzählige weitere Versuche schreiben könnten.

Wie aus dem Nichts fügt er hier, in der Reflexion über mögliche Kritiken an seinem Stil und an der Überfülle seines Materials, Betrachtungen zu seinen *allégations*, zu seinen Zitaten, mit ein – „ny elles (wohl: les essais), ny mes allegations".[14] Diese kaum anders erwartbare Unterscheidung von Textebenen, die so mehr Hervorhebung als bloßer Einschub zu sein scheint, führt ihn zu den drei Standard-Konzepten rhetorischen Zitatgebrauchs; die Worte anderer werden angeführt, um etwas exemplarisch darzustellen oder um einen beispielhaften Ausspruch zu wiederholen (*exemplum*), um eine Autorität zur Untermauerung einer Ansicht anzuführen und so zu belegen (*auctoritas*), oder letztlich, um allgemein die eigene Rede auszuschmücken (*ornatus*). Insbesondere in Hinsicht auf die erste Textschicht wird man hier leicht dazu verleitet, diese Abwendung von möglichen rhetorischen Gebrauchsweisen im Einklang mit der generell wahrgenommenen Rhetorikkritik zu verstehen. Wie das Seneca-Zitat belegt, ist Montaigne der Eindruck eines hohen oder schönen Stils verhasst. Ein geputzter Diskurs sei ein klares Anzeichen für einen tadelswürdigen Autoren.

Die hier zitierte Ergänzung aber lässt sich mit dieser Abwertung des Zitierens (und mit ihm der Rhetorik und der Künstlichkeit des Schmucks) nicht ungebrochen vereinen. Indem er für den Reichtum (*copia*) seines Materials und insbesondere seiner Zitate einsteht, verwirft er ihren rhetorischen Gebrauch keineswegs. Lediglich der Wert seiner Sammlung liegt nicht immer oder nur

14 Metschies, *Zitat und Zitierkunst*, S. 53: „Für ‚zitat' und ‚Zitieren' verwendet Montaigne die Begriffe *emprunts*, *allegations*, *emprumter* und *alleguer*. Die Substantive treten meist im Plural auf. *Emprunts* sind Übernahmen aller Art: Exempel, Anekdoten, Gemeinplätze, Apophthegmen oder wörtliche Zitate. Mit *allegations* sind in der Regel nur Anführungen eines Gedanken in der Form eines wörtlichen Zitats oder einer engen Paraphrase gemeint. Die Begriffsinhalte von *emprunts* und *allegations* überschneiden sich also. Montaigne sagt *emprunter une piece, une matiere*, aber *alleguer Homere, Platon, Saint Thomas*. Borgen, entleihen ist noch Grundbedeutung von *emprunter*. *Citation* und *citer* verwendet Montaigne noch nicht." Der grammatische Bezug des ersten „elles" im hervorgehobenen Satz ist nicht restlos klar; es könnte sich auf die gerade genannten *Essais* ebenso beziehen wie auf die „histoires".

ausschließlich (*pas toujours* simplement) darin, dass sie diesen rhetorischen Kategorien folgen, und darin, was Montaigne sich bei ihrer Verwendung gedacht haben mag. Dies, als sein Gebrauch (*usage*) eingestanden, wird überstiegen von einem anderen, überschüssigen Wert jenseits seiner Absichten (*hors de mon propos*): In den reproduzierten Geschichten und Zitaten der Essais ist der Samen zu reicheren und kühneren Materien enthalten (*la semence d'une matiere plus riche et hardie*), ein mitschwingender Unterton angelegt (*sonnent à gauche un ton plus delicat*), der ihm und seinen geneigten Leser/innen zugängig ist und in dem ein meta-rhetorisches Surplus aufgehoben ist. Montaigne zeigt etwas oder lässt etwas sich zeigen dort, wo er Geschichten sammelt und Zitate einstreut, die sich, als zitiertes Material, selbst streuend verhalten. Er denkt nicht nur an den Gebrauch, den er von ihnen macht. Seine Zitate sind „Dissemination" und sollen es sein, um mit Derrida dieser Beobachtung nochmals den Namen zu geben, den Montaigne selbst ihr gibt.[15] Im Abstand zu dem, was man als seinen eigenen Diskurs bezeichnen könnte (der gut oder schlecht, gelungen oder gescheitert sein mag), findet eine unterschwellige zweite Ebene in den Essais statt, die im erborgten und kompilierten Material generiert wird. Die Zitate können und sollen einen Sinn jenseits der Intention ihres Kopisten generieren, sie gehen über ihn hinaus. Man kann mit Recht davon sprechen, dass Montaigne hier nahelegt, dass den Zitaten als solchen eine poetische Funktion zukommt, die im Luxus des Überschusses und des Überangebotes aufgeht. „Elles [les paroles, S.G.] signifient plus qu'elles ne disent", wie es in III 5 heißen wird.[16] Der Überschuss der Allégations wird zum Überschuss der *Essais*; Montaigne sagt, dass er mehr sagt, als er sagt.

Dieser Überschuss zwischen Zitat und Essay soll im Folgenden untersucht werden. Zu gewinnen ist er nur an der Schnittstelle von Theorie und Performanz, von Inhalt und Form oder von Sagen und Zeigen; die Besprechung des Zitates, als dessen theoretischer Einfassung, muss mit der tatsächlichen Umsetzung von bestimmten Zitaten in Einklang gebracht werden, um derart sichtbar werden zu lassen, wie der unbestimmte Überschuss über Montaignes Intention hinaus von diesem begriffen und erzielt wird. Die Parallelisierung dieser beiden Ebenen des Zitats in den *Essais* kann nur darum gelingen, weil der Text selbst sie in Engführung gebracht hat. Dazu bieten die pädagogischen Kapitel I 25 und I 26 des ersten Bandes die Gelegenheit. Sie entwerfen nicht nur eine Darstellung von Montaignes Verhältnis zur Literatur und einen

15 Mit Dissemination hat Derrida die Ausstreuungen des Sinns aus den Worten beschrieben, die sich zur Beobachtung Montaignes geradezu aufdrängen. Jacques Derrida, *La dissémination*, Paris: Seuil 1972.

16 Montaigne, III 5, S. 873.

Kommentar zum Gebrauch der Worte anderer im eigenen Schreiben, sondern setzen dies zitativ um, und erlauben es, die Verschiebungen und Nutzbarmachungen des Zitierten in den *Essais* zu beschreiben. Diese Zusammenführung entsteht allerdings nur in einer Betrachtung des Widerspruchs innerhalb dieses Themenkomplexes. So wird es nötig, zunächst Montaignes Denken der Pädagogik innerhalb des Diskursfeldes seines Schreibens zu verorten. (1) Darauf aufbauen kann durch eine Betrachtung der Performanz dieses pädagogischen Programms ermittelt werden, wie entscheidend dessen Charakter von zitativen Übernahmen und Montagen bestimmt wird. (2) Aus diesem Missverhältnis lässt sich unter Hinzuziehung der genuin poetologischen Momente eine Poetik des Zitats entwickeln, in der Form und Inhalt gleichermaßen berücksichtigt werden. Mit Rekurs auf *Des Livres* (II 12) kann man so die These aufstellen, dass die Einbindung von Entlehnungen nicht nur Sinn-, sondern auch Formüberschüsse hervorbringt; das Zitat wird als konstitutiver Modus des Essays als Form greifbarer. (3) Diese Bestimmung von Montaignes Poetik darf allerdings nicht nur für die Momente seines Schreibens veranschlagt werden, die sich explizit und thematisch am Zitat orientieren. Wenn der Überschuss als Fluchtlinie des Diskurses gefasst werden soll, muss sich auch außerhalb der Besprechung von Zitaten – also in Anwendung auf die *Essais* als formale Kategorie im Denken Montaignes – zeigen, dass Entlehnungen und Anführungen für Montaignes Schreiben unhintergehbar sind. Dies soll anhand der Evolution der bestimmenden Metaphorik der Malerei in einem Dreischritt unternommen werden, der vom Portrait über die Groteske schließlich zur Malerei der Passage führt (3).

KAPITEL 1

Pädagogik: Montaigne als Erzieher. Rhetorik und Imitation in *Du Pedantisme* und *De l'institution des enfants* (I 25 und 26)

Mit *De l'institution des enfans* (I 26) und *Du Pedantisme* (I 25) stehen zwei Kapitel im Herzen des ersten Bandes der *Essais*, die, in Korrespondenz mit einigen anderen, einen topischen und werkinternen Schwerpunkt von Montaignes Projekt darstellen. Schon an den Kapitelüberschriften lässt sich ablesen, dass die Frage nach der Erziehung einen hervorgehobenen Topos der *Essais* markiert. Beide Kapitel sind nicht nur thematisch und lokal benachbart, sondern werden auch in Rekurs auf die Textgenese zudem von Montaigne explizit an einander gebunden. Quantitativ ist I 26 das längste Kapitel des ersten Teils der Essais, und steht in der Mitte des Buches.[1] Beide Kapitel sind der Frage nach der richtigen Ausbildung gewidmet. *Du Pedantisme* (I 25) stellt als Karikatur der Figur des Pedanten eine Kritik des Zeitgeistes und an rein reproduktiven Methoden in der Triviums-Ausbildung dar, *De l'institution des enfans* (I 26) ist deren positives Gegenstück, eine Art Reformpädagogik, die Montaigne von seiner eigenen Person abstrahiert und die einen idealen Ausbildungsverlauf skizzieren soll.[2] Es könne bei der Erziehung nicht darum gehen, wahllos und möglichst viel von den überbordenden Beständen der literarischen und philosophischen Tradition zu übernehmen. In dieser Abkehr von einem quantitativen und rein reproduktiven Wissen liegt das Kernanliegen der pädagogischen Ausführungen Montaignes in I 25 und I 26, und man hat ihm aufgrund dieser Forderung nach einer Ausbildung des *Jugement* statt der Kenntnisse einen „Ehrenplatz in der Geschichte der Erziehung" eingeräumt.[3]

1 Vgl. hierzu beispielhaft den aktuellen Kommentar zur Montaigne-Ausgabe der Pléiade; Jean Balsamo (u.a.) „Notes et variantes", in: Michel de Montaigne, *Les Essais*, Paris: Gallimard 2007, S. 1391: „Le chapitre ‚De l'institution des enfans' est la plus long et le plus fameux chapitre du livre I des Essais […]". Dieser Vorrang lässt sich in Analogie zum zweiten Band stellen, wo die überfließende *Apologie* das Herz des Buches bildet.

2 Wir folgen der Kapitelzählung der von Montaigne verwendeten Ausgabe, die von derjenigen der *Pléiade* in der Herausgabe von Balsamo (u.a.) um eine Nummer abweicht. Etwaige Missverständnisse sind zu entschuldigen.

3 So schreibt Gabriel Compayré in seiner Neuherausgabe der hier verhandelten Kapitel der Essais als Montaigne Pädagogik in nuce. Vgl. Gabriel Compayré, „Introduction" in: Michel de Montaigne, *De l'institution des enfans*, hrsg. Garbiel Compayré, Paris: Hachette 1905, 5-26, hier S. 16: „En tout cela Montaigne est un guide excellent, et n'eût-il écrit que ces quelques

 | DOI:10.30965/9783846766064_003

Dieser thematische Schwerpunkt des ersten Buches hat einige Lektüren der *Essais* erschwert, denn Montaignes Interesse für die Erziehung scheint weder mit dem Verlauf der umgebenden Kapitel, noch mit seinen ständig wiederholten Selbstbeschreibungen zusammen zu gehen – er ist kein Lehrer, und will in seinen Ausführungen nur über sich selbst sprechen, ohne zu lehren (*docere*).[4] Nicht zuletzt ein zu großes Zutrauens zu seiner ostentativen Selbstkritik, die ihm jeden didaktischen und belehrenden Anspruch versagt, und eine unmittelbare Lektüre seiner Selbstinszenierung haben Montaigne zum Gegenentwurf des Lehrers gemacht: Der spätere, retrospektive Programmsatz „(b) Les autres forment les homme – je le recite" aus *Du Repentir*[5] könnte als Motto verstanden werden, das die beiden pädagogischen Kapitel untergräbt und so eine Selbstsabotage in die Essais einschreibt. Obwohl er hier einen reichen Fundus an Biographischem in die Skizzierung der idealen Erziehung mit einfließen lässt – insbesondere die Passage zu seiner Muttersprache Latein hat ihren Niederschlag in sämtliche Rekonstruktionen der Person Montaignes gefunden[6] – wird kaum jemand auf den Gedanken kommen, dass Montaigne sich als das exemplarische Produkt einer idealen Erziehung verstanden wissen will.

Die philosophische und philologische Forschung hat dementsprechend Montaigne nicht vorrangig als Erzieher lesen wollen. Das könnte an einem anachronistischen Begriff der Pädagogik liegen, den man in die Geschichte nicht zurückprojizieren kann. Pädagogik ist für ihn keine klar abgrenzbare Disziplin im modernen Sinne. Montaigne ist kein Didaktiker, und die *Essais* verweigern sich dem Charakter eines systematischen, nachahmbaren Lehrbuches – folglich, so nimmt die Forschung an, kann der Anspruch seiner pädagogischen Kapitel nur ironischen Wert haben, und eigentlich auf anderes abzielen. Wer

---

pages sur la culture du jugement, il aurait droit à une place d'honneur dans l'histoire de l'éducation."

4 Montaigne lehnt eigentlich alle Offici – *movere, docere* und *delectare* – für sein eigenes Schreiben ab. So bestimmt er die *Essais* zur Privatsache. Zur Orientierung, vgl. Heinrich F. Plett, *Rhetorik der Affekte: Englische Wirkungsästhetik im Zeitalter der Renaissance*, Tübingen: Niemeyer 1975, S. 100: „Als Quellen für die rhetorische Effekttrias standen dem Humanisten die Abhandlungen Ciceros und Quintilians zur Verfügung." Er zählt Ciceros *Orator*, den *Brutus* und *De Oratore* auf; bei Quintilian belegt er *docere, movere* und *conciliare* im zwölften Buch der *Ausbildung des Redners*.

5 Montaigne II 2, S. 804.

6 Keine Biographie Montaignes verzichtet auf dieses Detail. Die Darstellung bei Porteau (Paul Porteau, *Montaigne et la vie pédagogique de son temps*, Paris, Droz 1935, S. 30-31) zeigt zudem, dass die alltägliche Verwendung des Lateinischen durchaus eine gängige Praxis an Schulen des 16. Jahrhundert war, und dass bspw. Schenkel 1576 den Gebrauch im Alltag ausdrücklich empfohlen hat.

in Anschluss an Villey in I 26 eine Darstellung seiner sehr persönlichen „philosophie de la vie" in nuce erkennen will,[7] muss so auch schnell darum bemüht sein, über die banalen Ausbildungsfragen hinauszugehen und hinter der Pädagogik Montaignes Lebensphilosophie als „[his] own personal creation, the system by which he has developed [...] his own ‚jugement naturel'" zu erkennen.[8] Unter dem Vorwand, der Leserin eine elaborierte Antwort auf ihre Frage zu geben, nutzt Montaigne wie selbstverständlich die Erziehung wie deren evozierten Intertext nur dazu, „umso mehr von sich zu reden". Ein autobiographisches Verständnis überschattet in dieser Lektüre den Inhalt.

Wer in den Essais nach einer pragmatischen Anleitung in Pädagogik sucht, der wird (tatsächlich, und wie so oft) von Montaigne enttäuscht. Darum kann aber nicht zugleich das redliche Interesse an pädagogischen Fragen negiert werden. Die Knaben-Erziehung steht im Schnittpunkt unterschiedlicher zeitgenössischer Diskurse, und wird von Montaigne in einem intertextuellen Netzwerk situiert, dessen Verzweigungen sich mit den Leitlinien der *Essais* im Allgemeinen beständig kreuzen. Die Verbindung von Erziehung zu Fragen der Moral und Ethik oder zur Rhetorik und Literaturgeschichte war die Regel in vergleichbaren Referenztexten des 16. Jahrhunderts,[9] und die Präsentation eines Curriculums oder Kanons scheint weniger ein eigenständiges System bereitzustellen, als eine der Funktionen des pädagogischen Diskurses zu erfüllen, die seit Quintilian als Grundlage der Ausbildung und ihrer Theorie betrachtet werden können.[10] Montaigne wird gleichwohl behaupten, mit seiner Pädagogik ein Paradoxon zu formulieren, also gegen den Zeitgeist und dessen Erziehungskonzept anzuschreiben (*contraire au commun usage*), und sie zudem

---

7 Pierre Villey, *Les Essais de Montaigne*, Paris: Sfelt 1946, S. 88: „Une pédagogie implique une philosophie de la vie. C'est la philosophie de son expérience personnelle que Montaigne condense dans cet essai."

8 Raymond La Charité, *The Concept of Judgment in Montaigne*, The Hague: Nijhoff 1968, S. 15.

9 Vgl. etwa Willy Moog, *Geschichte der Pädagogik 2: Die Pädagogik der Neuzeit von der Renaissance bis zum Ende des 17. Jahrhunderts*, hrsg. Franz-Josef Holtkemper. Leipzig (u.a.): Zickfeldt 1928. Für den italienischen Humanismus, der Montaigne nicht unbekannt war: Gregor Müller, *Bildung und Erziehung im Humanismus der italienischen Renaissance: Grundlagen – Motive – Quellen*, Wiesbaden: Steiner 1969.

10 Der Prototyp eines solchen pädagogischen Kanons findet sich im zehnten Buch der *Ausbildung des Redners*. Quintilian, *Institutio Oratoria*, Kap. 10 Erasmus widmet beispielsweise im *Ciceronianus* der chronologischen und katalogischen Durchsicht (und, nicht zuletzt, auch der Revision und literarischen Kritik) durch die namhaften Autoren der Antike und Moderne. Erasmus von Rotterdam, *Collected Works of Erasmus*, Bd. 28, *Literary and Educational Writings 6: Ciceronianus*, hrsg. Richard J. Schoeck, Toronto: University of Toronto Press 1986.

als bloße Gedankenspielerei (*fantasie*) abtun.[11] Dennoch steht er mit der Frage nach der Institution im Anschluss an die Pedanterie-Kritik innerhalb eines allgemeinen diskursiven Rahmens seiner Zeit, der Politik, Rhetorik und Poetik berührt und damit die Themenfelder umfasst, die den Humanismus im Allgemeinen und das Frankreich des 16. Jahrhunderts im Besonderen beschäftigen. Auch hier mag man Montaigne zu schnell vertrauen: Mit Blick auf die Liste seiner Referenzen wird seine Paradoxon-Inszenierung mehr als fraglich;[12] man kann vielmehr davon ausgehen, dass sich seine kleine Pädagogik im Zeitgeist als allgemein akzeptiert verstehen lässt. Nicht zuletzt darum, weil in der Einbindung seiner eigenen Biographie deutlich werden dürfte, dass für Montaigne selbst nicht mehr die aristotelische Scholastik, sondern ein freierer Ansatz nach Erasmus in der Schulausbildung verfolgt wurde.[13]

1.1 Diskursräume der Pädagogik

Montaigne steht innerhalb einer Bewegung der Ausbildung, die sich zum Beginn des 17. Jahrhunderts sehr stark gewandelt haben wird. Die Rekapitulation unterschiedlicher zeitgenössischer Strömungen innerhalb der Pädagogik mag die Abkehr vom scholastischen Ideal als gemeinsamen Nenner gehabt haben. Montaigne geht selbstverständlich von einer Triviums-Ausbildung aus, die im

---

11 Montaigne, I 26, S. 150. Im Wortlaut der zweiten direkten Adresse an Mme. de Foix: „Ainsi, Madame, par ce que je croy que vous n'oublierez pas cette partie en l'institution des vostres, vous qui en avez savouré la douceur, et qui estes d'une race lettrée [...] je vous veux dire là dessus une seule fantasie que j'ay contraire au commun usage [...]."

12 Man kann, mit Tournon, sogar diese Inszenierung selbst in einer Traditionslinie zu Autoren wie Agrippa von Nettesheim und Erasmus von Rotterdam setzten. Vgl. André Tournon, *Montaigne, la glose et l'essai*, Paris: Champion 2000, Kap. V, S. 203-256.

13 Für eine Orientierung der Einflüsse auf Montaigne im Zusammenhang der Renaissance, vgl. Warren Boutcher, *The School of Montaigne in Early Modern Europe*, 2 Bde., Oxford: Oxford University Press 2017 Bd. 1, *The Patron-Author*, Kap. 1, S. 7-66. Die unabschätzbare, weil dissimulierte Bedeutung von Erasmus für die Genese der *Essais* ist von Autor_innen wie Terence Cave und Margaret Mann Philipps hervorgehoben wurden. Vgl. bspw. Margaret Mann Phillips, „From the Ciceronianus to Montaigne", in: *Classical Influences on European Culture A.D. 1500-1700*, hrsg. Robert Ralph Bolgar, Cambridge: Cambridge University Press 1976, S. 191-197. Terence Cave, *The Cornicopian Text. Problems of Writing in the French Renaissance*, Oxford: Clarendon Press 1979, S. 275: „The movement initiated by Erasmus's 'experiamur', the movement of experiential in the sense of exercitation, the shift from *doctrina* to performance, finds its paradigm in the *Essais*." Vgl. ferner Jean-Claude Margolin, „D'Érasme à Montaigne: l'écriture de l'opinion et la double voie de la croyance", in: *L' écriture du scepticisme chez Montaigne*, hrsg. par Marie-Luce Demonet, Genf: Droz 2004, S. 109-130.

Quadrivium erweitert wurde. In den pädagogischen Texten der *Essais* geht es ihm vor allem um die allgemeine Ausbildung, die trivialen freien Künsten Rhetorik, Grammatik und Dialektik, für die vor allem Aristoteles und die Scholastiker (Dialektik / Logik) und Cicero und Quintilian (für die Rhetorik) als Orientierungspunkte galten.[14] Aristoteles wird neben seinem unbestrittenen Vorrang für die Dialektik auch als Autorität für die Aufteilung der Disziplinen herangezogen, wie sie der Metaphysik entnommen wurden. Eine volle wissenschaftliche und spezialisierte Ausbildung dürfte Montaigne vor allem in Form von Jura (in der er selbst ausgebildet wurde) sowie Medizin und Theologie vor Augen gestanden haben.

Ähnlich wie im Falle von Erasmus von Rotterdam in Nordeuropa waren es in Frankreich Agricola[15] und Petrus Ramus, bei denen der Bruch mit dem Aristotelismus und der Scholastik als grundlegende Reform der universitären Ausbildung weit über diese hinaus wirksam wird.[16] Die im Zuge der Religionsspaltung neu zu verhandelnde Frage danach, was Wissen und was Lehre

14 Zum Trivium, vgl. bspw. Leff Gordontzi, „Das Trivium und die drei Philosophien", in: *Geschichte der Universität in Europa*, Band I: *Mittelalter*, hrsg. Walter Rüegg, München: Beck 1993, S. 279-302.

15 Agricola veröffentlich 1515 die 1479 verfasste *De inventione dialectica libri tres*, die die Grundlage für Ramus Fortführung des Projektes einer Umgestaltung und Verschiebung der Rhetorik und zur Begründung einer neuen Dialektik öffnet. Rudolf Agricola, *De inventione dialectica libri tres / Drei Bücher über die Inventio dialectica: Auf der Grundlage der Edition von Alardus von Amsterdam (1539)*, hrsg. Lothar Mundt, Berlin/Boston: de Gruyter 1992. Siehe Michel Beaujour, *Miroirs d'encre. Rhétorique de l'autoportrait*, Paris: Seuil 1980, S. 176. Beaujour unterstreicht die Relevanz dieser Reform der Pädagogik und der Gattungen für Montaignes Projekt eindrücklich in seinem Kapitel „Les compilations et l'essai à la Renaissance"; ebd., S. 171-173. Ebenso beobachtet Compagnon, *La seconde main*, S. 311-318, die Bedeutung von Ramus, den er in Anschluss an Foucault innerhalb der Geschichte des Zitats verortet. Foucault platziert ihn als Grammatiker in seiner Beschreibung der Wissensgeschichte im Vorlauf des 17. Jahrhunderts; Michel Foucault, *Les mots et les choses*, Paris: Gallimard 1966, S. 49-51. Ferner: Walter J. Ong, *Ramus: Method, and the Decay of Dialogue; from the Art of Discourse to the Art of Reason*, Cambridge: Harvard Univ. Press 1958.

16 Diese umgreifende Reform findet sich vor allem in seiner *Dialectica*; Pierre de la Ramée, *Dialectique*, Paris: André Wechel 1555.Zur Einführung, die auch anzeigt, dass der Einfluss Ramus' auf den gelehrten Diskurs des 16. Jahrhunderts enorm gewesen ist, vgl. Erland Sellberg, PETRUS RAMUS, *The Stanford Encyclopedia of Philosophy* (Summer 2016 Edition), hrsg. Edward N. Zalta, abegrufen am 22. Dezember 2017 (https://plato.stanford.edu/archives/sum2016/entries/ramus/), wo es auch heißt: „Ramus appealed to statesmen and to humanists on account of his endeavors to promote the humanities, especially the study of ancient culture and languages. His anti-scholastic and anti-Aristotelian outbursts attracted other groups who, sometimes erroneously, regarded him as an ally." Brousseau-Beuermann hat eindringlich auf die Affinität im zitativen Verfahren bei Ramus und Montaigne hingewiesen; siehe Brousseau-Beuermann: *La copie de Montaigne*, S. 240.

sein sollen, gerät zum Austragungsort der zeitbestimmenden Debatten. Philologisch-philosophisch steht die Frage nach der Erziehung und dem Vorrang der literarischen Ausbildung im Umkreis des Späthumanismus,[17] der den Vorrang von altem oder neuem Denken verhandelt und dabei, in einer Art „ersten *Querelle des Anciens et Modernes*",[18] den omnipräsenten Bezug zur Antike in der Gelehrtenkultur einer Prüfung unterzieht. Kennzeichnend hierfür ist ein neu eingeräumter Vorrang der hellenistisch und römisch geprägten Literatur und Philosophie zwischen Stoa und Epikureismus, die ein platonisch-aristotelisch geprägtes Verständnis ablöst und die auch für Montaigne tonangebend ist. Kennzeichnend für den Späthumanismus allgemein ist zudem eine weitere Betonung der *studia humanitatis*, also Grammatik, Rhetorik, Ethik und Geschichte, die gegenüber den auf Professionen hinführenden Disziplinen (wie Jura und Medizin), aber auch gegenüber den klassischen akademischen Fächern wie der Philosophie scholastischer Prägung, bevorzugt werden.[19]

Das große Interesse Ramus' an einer Umgestaltung von Form und Inhalt der Lehre geht mit seiner Grundlegung der Ausbildung durch Logik und Rhetorik / Dialektik Hand in Hand. Andererseits stellten die konfessionell-politischen Spannungen die Lehre vor die Herausforderung, in Reaktion auf die Erschütterung der kirchlichen Dogmatik durch den Protestantismus und die Theologie (wie bei Erasmus) den Kanon und die Methodik ihrer Verfahren neu zu legitimieren. Ramus nun versucht, in einer Neukonzeption der Ausbildung diese von ihrer traditionellen Struktur zu befreien, zu verkürzen und ihr eine

17 Zum Späthumanismus zählen von Erasmus, Lipsius, Agricola und Ramus auch Autoren nach Montaigne wie Bacon oder Milton. Allgemein bezeichnet der Begriff die Auslaufsphase des Humanismus, die vage auf 1600 (ca. 1560 – 1630) datiert wird. Zur Orientierung, vgl. *Späthumanismus: Studien über das Ende einer kulturhistorischen Epoche*, hrsg. Notker Hammerstein (u.a.), Göttingen: Wallstein, 2000.

18 Siehe hierzu Cesare Vasoli, „La première querelle des anciens et modernes aux origines de la renaissance", in: *Classical Influences on European Culture*, S. 67-80; Karin Westerwelle, „*Beauté* und *force* als Kriterien, die Alten und die Modernen zu verstehen. Aspekte der *Querelle* in Michel de Montaignes Essais", in: *Zwischen Tradition und Innovation Poetische Verfahren im Spannungsfeld Klassischer und Neuerer Literatur und Literaturwissenschaft*, hrsg. Jürgen Paul Schwindt, Berlin/Boston: de Gruyter 2000, S. 109-134.

19 So fasst es Wilhelm Kühlmann, *Gelehrtenrepublik und Fürstenstaat*, Tübingen: de Gruyter 1982, S. 10: „Der Terminus ‚Späthumanismus' wird verwendet als Inbegriff einer sozioliterarischen Formation, wie sie für die deutschen Verhältnisse im scholastischen Gelehrtenhumanismus des 16. Jahrhunderts ausgebildet worden ist. Unter einem wissenschaftsgeschichtlichen Blickwinkel bedingt dies die Konzentration auf die ‚studia humanitatis', vor allem also Grammatik, Rhetorik, Ethik und Geschichtswissenschaft, dazu die deren Praxis programmatisch begründende und begleitende akademische Literatur." Zit. auch bei Notker Hammerstein, „Einleitung", in: *Späthumanismus: Studien über das Ende einer kulturhistorischen Epoche*, S. 13 (mit anderer Seitenzahl).

humanistische und lebenspraktische Wertigkeit zu verleihen.[20] Seine *Dialektik* verhandelt dabei auch aufs Neue, welcher Aristoteles als Basis des logischen Denkens angesehen werden soll, und argumentiert kommentarkritisch.

Ob Montaigne Ramist oder Erasmianer war, lässt sich nicht zweifelsfrei belegen. Zwar geht beispielsweise Trinquet nicht nur davon aus, dass Montaignes Ausbildung wie persönlicher Geschmack intensiv von Erasmus' Schriften durchzogen seien und sich dementsprechend auch die *Institution* in direkter Replik auf dessen *De Pueris* verstehen lasse.[21] In ähnlicher, wenngleich stärker vermittelter Weise hat Magnien zu zeigen versucht, dass Erasmus weniger ideologisch als intertextuell in den *Essais* anwesend ist. Seine Lesart rückt die Debatte des *Ciceronianus* in die Betrachtungen von Poetik und Pädagogik bei Montaigne – ein Befund, dessen Interdependenz mit den anderen Genotexten (insb. den *Adagien*, aber evtl. auch *De Copia* und *De Conscribendis epistolis*) aus Erasmus Oeuvre im Werk Montaignes zusammenläuft.[22]

Auf der anderen Seite verneint Hoffmann diesem Einfluss, indem er die Differenzen zu Erasmus' humanistischem Programm betont und so Montaignes Sicht in zu großem Widerspruch sieht, als dass von einer direkten Beeinflussung gesprochen werden könne. Er bevorzugt es, Montaignes Lehrer am *Collège* (insbesondere Georg Buchanan) als konstante Bezugsgrößen bis zur Bordeaux-Ausgabe anzunehmen.[23] Mit dieser eher reform-freundlichen Lesart, die sich vor allem mit großem Vertrauen auf kurze biographische Anekdoten aus den *Essais* stützt, wird auch der ramistische Zusammenhang in Abstand von Montaigne gerückt.

Die dürftige Quellenlage, die uns wenig über die Ausbildung und die tatsächlichen Verhältnisse von Montaignes Jugend und Kindheit verrät, sowie das grundsätzlich angebrachte Misstrauen gegenüber Montaignes

---

20 Wir können an dieser Stelle keine umfassende Darstellung der ramistischen Pädagogik leisten. Vgl. allgemein *Ramus, Pedagogy and the Liberal Arts: Ramism in Britain and the Wider World*, hrsg. Steven J. Reid, Farnham (u.a.): Ashgate 2011.

21 Roger Trinquet, *La jeunesse de Montaigne: Ses origines familiales, son enfance et ses études*, Paris: Nizet 1972.

22 In Anschluss an Mann Phillips (s.o.), vgl. Michel Magnien, „Un écho de la querelle cicéronienne à la fin du XVIe siècle: éloquence et imitation dans les *Essais*", in: *Rhétorique de Montaigne*, Paris: Champion 1985, S. 85-99; sowie derss., „Montaigne et Erasme: Bilan et persepctives", in: *Montaigne and the Low Countries (1580-1700)*, Boston: Brill 2007, S. 17-46. In ähnlicher Weise haben Terence Cave und Antoine Compagnon die Ähnlichkeit und Kontinuität zwischen Erasmus und Montaigne hervorgehoben, ohne den Bezug dabei auf eine biographisch oder rezeptionshistorisch eindeutige Filiationslinie zu reduzieren. Vgl. Cave *The Cornicopian Text*, XXII-XXIV; Compagnon, *La seconde main*, S. 329-342.

23 Vgl. George Hoffmann, „Montaigne's Education", in: *The Oxford Handbook of Montaigne*, hrsg. Philippe Desan, Oxford: Oxford University Press 2016, S. 40-57.

biographischem Narrativ in den *Essais* dürfte am Grunde dieser Kontroverse liegen. Vielleicht sollte man weniger nach einer Verortung des Essayisten in einem Lager oder einer Schule streben als die Kapitel I 25 und 26 innerhalb eines diskursiven Spannungsraums zu verstehen. Das Thema war bereits seit Beginn des 16. Jahrhunderts virulent, und Montaignes historische Position erlaubt es ihm, in gesetztem Abstand zu den diversen Strömungen eine eigene Position zu entwickeln, die sich, wie es bei ihm nicht anders sein kann, selbstverständlich aus einem breiten Intertext speist. Dieser verbreitert auch die thematische Basis der Frage nach der Pädagogik. Erziehung ist in der Fortsetzung der Theorie bei Erasmus untrennbar mit Moral und auch mit Politik verbunden. Die Überschneidungen des Intertextes zwischen I 25 / 26 und den pädagogischen Schriften, auf die Montaigne zugreifen konnte, legen ebenfalls nahe, dass der politische Auftrag der Ausbildung von zukünftigen Herrschern nicht unterschätzt werden darf. Plutarchs *Viten* erlauben ihm, diesem Bedürfnis im anachronistischen Bonmot Ausdruck zu verleiehn. Montaigne lässt Agesilaus das Motto der politischen Erziehung aufsagen, das bestimmt, worin die schönste und nützlichste Wissenschaft besteht: „à sçavoir la science d'obeïr et de commander".[24]

Von hier aus deutet sich an, was wir im Folgenden untersuchen wollen: Die Frage nach dem Lesen ist für Montaigne immer auch die Frage nach seinem Schreiben. Im selben Maß empfehlen ihm Plutarchs *Moralia* die Verbindung von Literaturreflexion und Erziehung. Die Frage nach der rechten Erziehung ist in den lateinischen und griechischen Ausgaben als Eröffnung angeführt, in den Texten *De liberis educandis* und *Quomodo adolescens poetas auri debant*, in Amyots Übersetzung als *Comment il faut nourrir les enfants* und *Comment il faut lire le Poetes* einem breiten Publikum zugängig. So stehen unsichtbare Anführungszeichen um den Titel von I 26, der als direkter Rekurs auf die *Moralia* Plutarchs zu verstehen ist.[25]

1.2 „Wesensbildung" (I 25)

„(c) Facheuse suffisance, qu'une suffisance purement livresque!"[26] – Nichts ist unnützer als ein reines Bücherwissen – so belehrt uns ein Buch, dessen Autor für die Überwindung reproduktiven Wissens in der Ausbildung einsteht. Es

---

24 Montaigne I 25, S. 143. Wir werden dieser Entlehnung weiter unten folgen.

25 Vgl. bspw. das Inhaltsverzeichnis in Plutarch, „Comment il faut nourrir les enfans", in: *Les oeuvres morales et philosophiques de Plutarque*, übers. Jacques Amyot, Lyon: Frellon, 1594.

26 Montaigne I 26, S. 152.

deutet sich schon in dieser verkürzten Zitation aus der Bordeaux-Ausgabe an, dass es um Fragen der Reinheit und der Ausschließlichkeit gehen wird, wenn Montaigne in zwei Kapiteln seine Pädagogik entwickelt. Seine Verneinung markiert einen definierten Ausschluss: „*Purement* livresque"; sein Ausruf besagt also nicht, dass er die Bücher über Bord werfen will, sondern dass die Reinheit der Pedanterie zur Diskussion steht.[27] Die ideale Ausbildung ist, wenn man so will, von Reinheit und sklavischer Achtung vor den Autoritäten befreit, wird nicht Buchgelehrsamkeit, bleibt aber doch von Büchern begleitet. Er stellt sich, wie er vorgibt, im Stile einer Paradoxen-Schrift der Mode oder dem Zeitgeist entgegen, für den die Wissenschaft (*science*) als Gelehrsamkeit und damit als quantitative Erinnerungs-Kenntnis die einzige annehmbare Größe darstelle.[28]; mit der Autorität wendet sich Montaigne auch gegen die *memoria*, die der einzige Zweck der Gelehrsamkeit sei: „[Nous] ne travaillons qu'à remplir la memoire, et laissons l'entendement (c) et la conscience vuide."[29] Dem setzt er vehement das *Iudicium* (*jugement*, Urteilskraft) entgegen, als die Fähigkeit, beurteilen und Gutes und Schlechtes unterscheiden zu können.

Man kann, insbesondere wenn man die beiden Kapitel I 25 und I 26 als Einheit begreift, leicht verstehen, warum Montaignes Paradox als eine befreiende und vielleicht sogar anti-intellektuelle Anleitung zum besseren Menschen gelesen werden kann. Modern könnte man von einer ganzheitlichen Bildung sprechen, der es nicht um die Quantität der gelehrten, zumeist literarischen Materialien, sondern um die Qualität des empfangenden Subjekts geht. Der Belehrte soll in die Lage versetzt werden, sich seiner natürlichen Fähigkeiten und seinen Neigungen entsprechend selbst weiterzuentwickeln – Hugo Friedrich

---

27 Vgl. Compayré, „Introduction", S. 18: „Montaigne, malgré ses attaques contre l'instruction ‚livresque', ne songe pas, comme Rousseau, à exclure les livres de l'éducation. Ce qu'il combat, c'est l'abus du livre, c'est le livre appris par cœur, le livre lu sans critique."

28 Müller-Funk setzt diese Haltung recht unspezifisch als Abkehr von der Quantität in einen Trend, der das Ende des Mittelalters begonnen habe: Wolfgang Müller-Funk, *Erfahrung und Experiment: Studien zu Theorie und Geschichte des Essayismus*, Berlin/Boston: de Gruyter 1995, S. 68: „Längst ist am Ausgang des Mittelalters die Quantität zum Problem, das Schulwissen zu einer Übermacht geworden, gegen die sich ein Subjekt, das eines werden will, zur Wehr zu setzen hat. Dabei beruft es sich auf die Erfahrung, und das meint immer: auf die eigene Erfahrung. Demgegenüber wird das Wissen der scholastischen Wissenschaft, ein buntes Gemenge von mehr oder minder phantastischen Lehrsätzen, als Hindernis angesehen. Wenn Montaigne die Partei der Unwissenheit ergreift, so auch deshalb, weil das Wissen selbst fragwürdig geworden ist - für den einzelnen wie für die Gesellschaft." Wenn er in der Folge allerdings davon spricht, Montaigne setze der Menge des Wissens aus den Büchern die qualitativ höherwertige „ureigene" Erfahrung entgegen (ebd., S. 69), setzt er vielleicht gerade aufgrund der Allgemeinheit seiner historischen Betrachtung Montaigne zu sehr in die Konitnuität der Abkehr von der Wissenschaft.

29 Montaigne, I 25, S. 136.

spricht hier vom Vorrang der „Wesensbildung" vor der „Formalbildung".[30] Die Sprachlichkeit spielt hierbei eine besondere Rolle, insofern sie kein äußerliches Beiwerk, keine bloße Form, sondern innerlicher Ausdruck des Wesens sein soll. Regosin sieht in dieser Innerlichkeit den Kern von Montaigne Pädagogik.[31] Indem er seinen Ausbildungsweg von den schulischen Disziplinen ablöst – von Rhetorik, Grammatik und Dialektik schweigt er, Geschichte und Poesie bleiben als lose Orientierungspunkte erhalten – wird das Ziel der Formung eines *honnête homme* erkennbar.[32] Der Adlige, der ebenso für den Krieg wie für die höfische Konversation ausgebildet sein muss, braucht keine eingehenden Kenntnisse in aristotelischer Metaphysik und griechischer Grammatik.[33] Sein Leben und seine Person, nicht seine Kenntnisse sollen sich bessern. In der Betrachtung der Literatur heißt dies, dass der Sinn, den man den Texten abgewinnen kann, vor der Treue zum Wort kommt:

---

30 So entwickelt bei Hugo Friedrich, *Montaigne*, Bern/München: Franke 1967, S. 84-86.

31 Richard L. Regosin, *Montaigne's unruly brood: textual engendering and the challenge to paternal authority*, Berkeley: University of California Press 1996, S. 20: „The goal of Montaigne's pedagogy is to anchor language inside, in mind and judgment, so that words coincide with thought and express the truthfulness and sincerity he pretends they have in their 'natural', spoken usage."

32 Karl-Heinz Stierle, *Montaigne und die Moralisten*, Paderborn: Fink 2016, S. 14: „Es ist die Gesellschaft der *honnêtes hommes*, nicht die Schulbildung, die den Autoren ihren klassischen Rand verleiht und sie in die ideale Gemeinschaft dessen aufnimmt, was in Frankreich bis heute *Bibliothèque de l'honnête homme* genannt wird. [...] Montaigne ist kein Schulautor, er ist bis heute ein Autor, ja, ich möchte sagen *der* Autor des *honnête homme*, und das schließt selbstverständlich die Leserin mit ein."

33 Man kann dies in Konkordanz mit Erasmus *Christlichem Fürsten* sehen; Erasmus bestimmt eingehend die Philosophie, die einem jungen Fürsten zuträglich ist, als praktische und urteilende: Erasmus von Rotterdam, *Fürstenerziehung: die Erziehung eines christlichen Fürsten*, hrsg. Anton J. Gail, Paderborn: Schöningh 1968, S. 38: „Philosophiam, inquam, non istam, quae de principiis, de prima materia, de motu aut infinito disputat, sed quae falsis vulgi opinionibus, ac vitiosis affectibus animum liberans, ad aeterni Numinis exemplar recte gubernandi rationem commonstrat." Man müsste dies Ähnlichkeit zum Ausgangspunkt einer gesonderten Untersuchung nehmen und betrachten, inwiefern dieser Vorrang der Praxis mit einem politischen Programm bei Montaigne und Erasmus zusammenläuft. Denn der Pessimismus, den er mit Erasmus gegenüber der unmittelbaren Beeinflussung auf politische Zusammenhänge durch Schriften teilt, geht als kleinstem politischem Spielraum davon aus, dass die Hervorbringung einer gut ausgebildeten Elitenschicht sich positiv auf die Staatsverfassung auswirken könnte. Diese mittelbar politische Intention in den *Essais* wird von einem ständigen Rekurs auf die Diplomatie begleitet, die für Montaigne Teil des Kriegswesens und Beförderung des Friedens zugleich ist. Die politische Biographie Desans hat hier entscheidende Vorarbeiten geleistet, umgeht allerdings die Frage einer praktischen und politischen Philosophie. Philippe Desan, *Montaigne: une biographie politique*, Paris: Odile Jacob 2014.

> (a) Qu'il ne luy demande pas seulement compte des mots de sa leçon, mais du sens et de la substance, et qu'il juge du profit qu'il aura fait, non par le tesmoignage de sa memoire, mais de sa vie.[34]

Im Herzen dieser Ausbildung steht somit eine Wendung ins Praktische, die sich bei Montaigne als Vorrang der Lebenswelt vor der Theorie und als praktischer, insbesondere moralisch-ethischer, vor theoretischer Philosophie äußert: „Ils sçavent la theorique de toutes choses, cherchez qui la mette en practique."[35] Die „Wesensbildung" Friedrichs macht die Lebensführung und die Ausführung der natürlichen Anlagen zum eigentlichen Prüfstein der Institution; nicht die Menge der Inhalte, sondern deren Auswirkung auf den Menschen zählt.

In I 25 wird der Pedant[36] zur Schlüsselfigur eines bloßen Bücherwissens, dessen Kernpraktiken in Abschrift und Entlehnung bestehen.[37] Ausgehend von der komisch-lächerlichen Figur des Pedanten im Theater,[38] wendet

---

34 Montaigne I 26, S. 151.

35 Montaigne I 25, S. 139. Blumenberg hat diesen Aspekt besonders hervorgehoben, ohne ihn jedoch direkt auf die Ansichten zur Ausbildung zurückzuführen. Er stellt Montaigne in die Tradition der Bevorzugung der praktischen und diesseitigen Fragen und als atheoretischen Denker. Vgl. Hans Blumenberg, *Das Lachen der Thrakerin. Eine Urgeschichte der Theorie*, Frankfurt a.M.: Suhrkamp 1987.

36 Für Friedrich steht dieser Namen im Programm der „Wesensbildung" als Fundamentalkritik gegen die bloß formale Kennerschaft der Pedanten. Friedrich, *Montaigne*, S. 88: „Den Gegensatz zu dieser Wesensbildung drückt das Stichwort pédant und pédantisme aus, das in einem von Montaigne noch gewußten Zusammenhang steht mit dem „Pedanten" der italienischen Komödie des 16. Jahrhunderts, das heißt jener Typenfigur, mittels derer sich der Ärger des Laientums über gelehrtes Getue Luft gemacht hat. (vgl. I 25)." Hierin nun als wesentliches und, vor allem, bruchloses Moment in Montaignes Kritik den Antiintellektualismus und die Spezialistenfeindlichkeit des aufbegehrenden „Laien" erkennen zu wollen, erscheint angesichts der Textgestalt eine übereilte Verengung zu sein.

37 Vgl. insbesondere zur Geschichte der Debatte um den Pedanten im 17. Jahrhundert, Jocelyn Royé, *La figure du pédant de Montaigne à Molière*, Genf: Droz 2008.

38 Der dramatische Typ des Pedanten der italienischen Komödie wird von Montaigne zum Anlass des Kapitels genommen; Montaigne I 25, S. 133: „Je me suis souvent despité, en mon enfance, de voir és comedies Italiennes tousjours un pedante pour badin, et le surnom de magister n'avoit guiere plus honorable signification parmy nous."

Vincent baut einen großen Teil seiner Interpretation von Montaigne Pädagogik auf diesem Umstand auf, den er als Kern der Kritik bezeichnet; der Pedant stamme „immer schon aus der Komödie" [meine Übers.]. Vgl. Hubert Vincent, *Éducation et scepticisme chez Montaigne ou Pédantisme et exercice du jugement*, Paris & Montréal: l'Harmattan 1997, hier S. 19. Als Figur der italienischen Komödie erfährt der Pedant als Charakter zu Beginn des 16. Jahrhunderts eine zunehmende Prominenz, die auch in Frankreich wirksam wurde; vgl. Royé, *La figure du pédant de Montaigne à Molière*, S. 38-44. Dass er dabei, bspw. in Brunos *Candelaio* und in Bembos *Pedante*, weniger dramatisch als dialogisch inszeniert wird, mag der Beeinflussung der *Essais* vielleicht eher entsprechen.

Montaigne sich gegen die „Lettreferits",[39] die Männer aus Buchstaben. Für sie muss Wissen und Können theoretisch bleiben. Da sie ihre kanonischen Texte und Wissenschaften völlig (im falschen Sinne) verinnerlicht haben, bleibt ihr Kopf möbliert, ohne sich zu bessern. Montaigne will seine Schüler besser (*mieux*), nicht mehr (*plus*) gebildet:

> (a) De vray, le soing et la despence de nos peres ne vise qu'à nous meubler la teste de science; du jugement et de la vertu, peu de nouvelles. [...] Nous nous enquerons volontiers: Sçait-il du Grec ou du Latin? escrit-il en vers ou en prose? Mais s'il est devenu meilleur ou plus advisé, c'estoit le principal, et c'est ce qui demeure derriere. Il falloit s'enquerir qui est mieux sçavant, non qui est plus sçavant. Nous ne travaillons qu'à remplir la memoire, et laissons l'entendement (c) et la conscience (a) vuide.[40]

Eine rein ansammelnde und damit reproduktive Anhäufung von Wissen dient nur zur Möblierung der Köpfe (*meubler la teste*), während die wesentlicheren Qualitäten, nämlich Tugend und Urteilskraft als „wahre moralische und intellektuelle Ausbildung", vernachlässigt würden.[41] Was von der Fülle von Ausbildungsmomenten bleibt (*ce qui demeure*), nicht ihre bloße Menge, ist Montaignes Prüfstein.

Das Anliegen der Erziehung ist dabei nicht nur diejenige des interessierten Vaters oder Hausfreunds; das Interesse Montaignes an der richtigen Institution berührt vielmehr seine anthropologische Auffassung, die sich im Umgang mit der Erziehung vielleicht zum ersten Mal in den *Essais* deutlich identifizieren lässt. Unter dem Einfluss von Konzeptionen wie der Stoa und in der Betrachtung der Moderation von Leidenschaften und Willen wird eine Tugendethik entworfen, die das Ergebnis einer gelungenen Ausbildung sein sollen. Ziel ist es, einen Weg zu finden, den Charakter zu formen. Der gute Erzieher ist selbst Anthropologe, wenn das bedeutete, sich in der Einschätzung oder Bewertung von natürlichen Veranlagungen sicher bewegen zu können. In der Wiederholung des klassischen Topos der Rhetorik-Ausbildung, wie er bei Cicero und Quintilian zu finden ist, vom richtigen Verhältnis zwischen Natur und Kunst, zwischen Ausbildung und Veranlagung, drängt Montaigne darauf, weniger Wert auf die Inhalte zu legen als auf eine Anempfehlung und eine Pflege der

39 Montaigne I 25, S. 139: „Mon vulgaire Perigodin appelle fort plaisamment *Lettreferits* ces scavanteaux, comme si vous disiez *lettreferus*, auquels les lettres ont donné un coup de marteau, comme on dict." Man sollte bemerken, dass Montaigne selbst diese eigentümlichen Begriffe durch Kursiv-Setzung markiert.

40 Montaigne, I 25, S. 136.

41 Vgl. Kazimierz Kupisz, „Variations montaigniennes sur le thème du pédantisme", *Revue d'Histoire littéraire de la France*, 88 / 5, (1988), S. 944-948, hier S. 945.

inhärenten Fähigkeiten und Tugenden. In Anschluss den rhetorischen Topos, den auch Plutarch[42] verwendet, spricht er in landwirtschaftliche Metaphern, um die Pflege in der kulturellen Ausbildung zu erläutern. Wie die Pflanze auf dem Feld nach der richtigen Setzung und Einhegung ihrer Natur folgend gedeiht, so soll auch der Schüler in der Ausbildung in den Stand versetzt werden, seiner natürlichen Prägung zu folgen:

> (c) Tout ainsi qu'en l'agriculture les façons qui vont avant le planter sont certaines et aysées, et le planter mesme; mais depuis que ce qui est planté vient à prendre vie, à l'eslever il y a une grande varieté de façons et difficulté: pareillement aux hommes, il y a peu d'industrie à les planter; mais, depuis qu'ils sont naiz, on se charge d'un soing divers, plein d'enbesoignement et de crainte, à les dresser et nourrir. (b) La montre de leurs inclinations est si tendre en ce bas aage, et si obscure, les promesses si incertaines et fauces, qu'il est mal-aisé d'y establir aucun solide jugement.[43]

Die geringe Mühe, Kinder zu „pflanzen", steht in keinem Verhältnis zur Komplexität ihrer Aufzucht, und die Fähigkeit, ihre Neigungen und damit ihre Fähigkeiten zu erkennen, ist so verstellt und unsicher, dass es bereits eine außergewöhnliche Urteilskraft braucht, um die Erziehung zu initiieren.

Nicht nur diese Dunkelheit verkompliziert die Erziehung, sondern vielmehr die Zeit, könnte man im Sinne Montaignes hinzufügen. Da für ihn im Widerstreit von Kunst und Natur nur in jungen Jahren überhaupt Einfluss genommen werden kann, muss trotz der Unsicherheit rasch begonnen werden; Erziehung ist ein dringliches Geschäft. In der angedeuteten Seelen- und Veranlagungstheorie, die er hier mit einschreibt, wird weniger formiert als instand-gesetzt (*Institution*), also die Kräfte, die in der Konstitution des Unterrichteten enthalten sind, zur Entfaltung gebracht. An anderer Stelle wird Montaigne dies für die Frage nach der Charakterbildung sogar mit einem Richtwert von 20 Jahren versehen:

> (a) [J]'estime que nos ames sont denouées à vingt ans ce qu'elles doivent estre, et qu'elles promettent tout ce qu'elles pourront. Jamais ame, qui n'ait donné en cet aage arre bien evidente de sa force, n'en donna depuis la preuve. Les qualitez

42 Plutarch, *Kinderzucht (griech./dtsch.)*, Berlin/Boston: de Gruyter 2014, S. 11, wo es nach Aufzählung des notwendigen Dreiklangs von Veranlagung, Verstand und Gewöhnung heißt: „Wie es also zur Bestellung des Ackers zunächst eines guten Bodens bedarf, sodann eines erfahrenen Landwirts und schließlich eines guten Samens, so entsprechen dem Boden die natürliche Anlage, dem Landwirt der Lehrer, dem Samen die Grundlagen der Wissenschaften und die Lehren." Der Vergleich zwischen Pflanzenpflege und Kinderaufzucht durchzieht den gesamten Text.

43 Montaigne I 26, S. 149.

et vertus naturelles enseignent dans ce terme là, ou jamais, ce qu'elles ont de vigoureux et de beau: (b)

Si l'espine nou pique quand nai,
A pene que pique jamai,
disent-ils en Dauphiné.[44]

1.3 Pädagogik als Autobiographie eines Laien

Montaigne ist sicher kein Lehrer, und damit auch kein Theoretiker der Erziehung. Wenn überhaupt, so heißt es eingangs, kann er an seinem eigenen Beispiel von der Erziehung berichten und einen Entwurf vorstellen. Die Parallelisierung hat tragende Funktion, beschäftigen sich seine Reflexionen zur Erziehung doch nicht mit der Ausbildung zu einem externen (also: beruflichen) Zweck, sondern mit der freien und zweckungebundenen Gesamtausbildung eines adligen Jungen. Montaigne hat den *habil homme*, nicht den *scavant* im Blick. Lehrer wie Schüler sollen nicht einen vollen, sondern einen guten Kopf haben, was besagen soll, dass die Sitten (*meurs*) Vorrang vor dem Wissen (*science*) haben.[45] Dazu bietet er selbst, in seiner Inszenierung als Privatier, die seine vorherigen Amts- und Richtertätigkeiten verschweigt, den vorbildlichen Fall. Er beansprucht für sich selbst nicht, als Autorität zu dienen, weil seine eigene Ausbildung es ihm nicht erlaubt, andere zu unterrichten. Mit dem Trotz dieser paradoxalen Einleitung geht einher, dass es ihm gar nicht um den Glauben seines/seiner Leser/in geht; er leistet Verzicht auf das, was er ohnehin nicht erreichen könne, nämlich, eine Autorität zu sein:

> (a) Je ne vise icy qu'à découvrir moy mesmes, qui seray par adventure autre demain, si nouveau apprentissage me change. Je n'ay point l'authorité d'estre creu, ny ne le desire, me sentant trop mal instruit pour instruire autruy.[46]

Montaigne nutzt seine autoritative Position, um diese zu verwerfen; ihm sei nicht zu glauben, in diesen wie in anderen Sachen, und er wünsche es auch

44 Montaigne I 57, S. 327.

45 Montaigne I 26, S. 150: „(a) A un enfant de maison qui recherche les lettres, non pour le gaing (car une fin si abjecte est indigne de la grace et faveur des Muses, et puis elle regarde et depend d'autruy), ny tant pour les commoditez externes que pour les sienes propres, et pour s'en enrichir et parer au dedans, ayant plustost envie d'en tirer un habil'homme qu'un homme sçavant, je voudrois aussi qu'on fut soigneux de luy choisir un conducteur qui eust plustost la teste bien faicte que bien pleine, et qu'on y requit tous les deux, mais plus les meurs et l'entendement que la science […]."

46 Montaigne I 26, S. 148.

gar nicht; seine grundlegende Offenheit, die er als fortgesetzte (Selbst-)Ausbildung (*apprentissage*) beschreibt, verschließt ihm einen Standpunkt jenseits der Selbstbeschreibung. Wir werden auf diese Offenheit zurückkommen, insofern sie sich als textuelle niederschlägt; für den Augenblick konzentrieren wir uns auf dieses schlecht ausgebildete Ich des Essayisten, das seine Intention auf die Selbstentdeckung beschränkt. Das „Autobiographische“ tritt so als Notbehelf an die Stelle der Unterweisung: „(b)Je n'enseigne poinct, je raconte.“,[47] wird er später in *Du Repentir* sagen, und in derselben Geste der Delegitimation die Botschaft seines Textes in Wohlgefallen aufgehen lassen.

Seine „schlechte Ausbildung“ ist aber in dieser Ablehnung des Anspruchs auf Glauben und Autorität gerade die für den Diskurs notwendige Legitimation. Montaigne muss als Laie verstanden werden, dessen Meinungen keine dogmatisch gefestigte Haltung markieren, sondern offene und spielerische Perspektiven, um dem Anspruch seines Programms gerecht zu werden. Das gesamte Kapitel (und, mit ihm, das Essay-Projekt als Ganzes) versucht, dieser Paradoxie Herr zu werden; es geht um nichts weniger als darum, den Diskurs des Laien in sein eigenes Recht zu setzen und zu versuchen, ohne dogmatische Würden und Autoritäten zur Sprache zu kommen. Auerbach hat gezeigt, wie bedeutend dieser Verzicht, ins Positive gewandt, für das Projekt und die Lizenzen Montaigne ist. In der Abkehr von den etablierten Rollen für den Urheber eines Werkes zu Fragen der Moral, der Geschichte und der Literatur inszeniert sich Montaigne als neues Phänomen: Er „schuf […] einen neuen Beruf und eine neue soziale Kategorie: den *homme de lettres* oder *écrivain*, den Laien als Schriftsteller.“[48]

Der biographische Einschlag, den Montaigne hier wählt, ist Strategem; steht die Abbildung Montaignes und der Erprobung seiner Fakultäten („facultez naturelles qui sont en moy, dequoy c'est icy l'essay“, heißt es eine Seite zuvor) ohnehin im Zentrum seines Projektes, dürfen die Selbstbetrachtungen in *De l'Institution* nicht aufgrund ihrer Direktheit für bare Münze genommen werden.[49] Sie gehören in die umfangreiche Inszenierung des Kapitels, dem

---

47 Montaigne, III 2, S. 806.

48 Erich Auerbach, „Essays. Der Schriftsteller Montaigne“, in: ders.: *Die Narbe des Odysseus. Horizonte der Weltliteratur*, hrsg. Matthias Bormuth, Berlin: Berenberg 2017, S. 27-45, hier 33.

49 Besonders die „Muttersprache“ Latein wird gerne als ehrliche Selbstbeschreibung Montaignes verstanden. Die entsprechende Passage findet sich am Ende von I 26, und unterstreicht nicht nur den Vorrang eines lebendigen Lernens, sondern auch den experimentellen Charakter seiner eigenen Ausbildung durch die Vorgabe seines Vaters. Montaigne I 26, S. 173: „Tant y a que l'expedient que mon pere y trouva, ce fut que, en nourrice et avant le premier desnouement de ma langue, il me donna en charge à un

es vorrangig darum geht, dem drohenden Selbstwiderspruch zu entgehen, der in der Kritik an der Buchgelehrsamkeit im Text bereits angelegt ist. Seine Verwerfung von Autoritäten muss ihn selbst zur Autorität werden lassen – er entzieht sie dem Kanon in dem Maße, als er sich selbst als Referenz und Beurteilenden inszeniert. Man muss ihm den Kredit einräumen, wenn er sagt, man solle den anderen kanonischen Figuren den ihren entziehen. Die Autolegitimation dieses Standpunktes weist erstaunliche Analogie zum Dilemma der Skepsis auf: in der radikalen Abkehr von dogmatischen Positionen immer Gefahr zu laufen, diese Abkehr selbst (nur) dogmatisch begründen zu können. Montaignes Text muss sich um die Problematik herum entwickeln, um zu bestehen, und damit eine Deklination seines skeptischen Programms am Beispiel seiner eigenen Person (als Schüler, Lehrer, Autor und Autorität) sowie am Beispiel der Erziehung.

Deutlich wird dies an der Inszenierung eines Dialogs, die er mittels der Widmung zu Beginn des Kapitels erreicht und die seine vermeintliche „Theorie" der Erziehung in einen lebensweltlich-privaten Zusammenhang verschiebt. Der Titel „De l'institution des enfans" trügt, ließe er doch eine Abhandlung erwarten.[50] Als intratextueller Bezug wird der Rekurs auf *Du Pedantisme* von Montaigne ausdrücklich als Schreibanlass angeführt, wenn die eingefügte Widmung an Madame Diane de Foix, Comtesse de Gurson hervorhebt,[51] die im Urtext gleichberechtigt neben der Kapitelüberschrift gedruckt wird, die

Alleman, qui dépuis est mort fameux medecin en France, du tout ignorant de nostre langue, et tres-bien versé en la Latine."

50 In diesem Fall handelt es sich um eine mildere Form der (Ent-)Täuschung. Andere Überschriften haben ganz offensichtlich dissimulierenden Charakter und dienen, wie besonders augenfällig *Coustume de l'Isle de Cea* (II 3) zur Unterschlagung eines kontroversen Themas. Zur Funktion der Titelwahl, vgl. Luc Vaillancourt, „La rhétorique des titres chez Montaigne", *Revue d'Histoire Littéraire de la France* (1997), S. 3-17.

51 Ein weiteres Kapitel, das sich topisch an die Frage nach der Kindererziehung anknüpfen lässt und dessen Resonanz besonders in Montaignes einleitender Digression zu vernehmen ist, wird im zweiten Band ebenfalls einer Dame, nun Madame d'Estissac gewidmet: wie Roger Trinquet rekonstruiert, Louise de Béraudière, fille de Philippe de La Béraudière. (Siehe Balsamo [u.a.], „Notes et variantes", S. 1526; vgl. ferner Roger Trinquet „En marge des Essais. La vraie figure de Madame d'Estissac, ou les pièges de l'homonymie", *Bibliothèque d'Humanisme et Renaissance*, Bd. 18, Nr. 1 [1956], S. 23-36.) Vgl. Montaigne I 8, „De l'Affection des Pères aux Enfans", S. 385. Hinzu käme noch die Widmung der Sonette von La Boétie in I 29 an eine Madame de Grammont, Comtesse de Guissena (Montaigne I 29, S. 196).

Zur ungewöhnlichen Widmungspraxis bei Montaigne, vgl. Neil M. Larkin, „The ‚Essais' Dedications", *Romanic Review* 73/4 (1982), S. 401-410.

thematische Bindung der beiden Kapitel aneinander hervor. Montaigne ergänzt sich selbst, und erfüllt damit nur die Wünsche seines Publikums.[52]

1.4 Das *Buch der Welt* und die Auswahl des Lehrers (I 26)

Die Kritik in *Du Pedantisme* ist deutlich, belässt es aber bei der Abkehr von der Pedanterie als Reinheit der kanonischen Ausbildung. Der Widerpart dieser Kritik, die in textueller Verbindung in den Rang eines Vorwortes gerückt wird, erfolgt in I 26. Zentral ist für Montaigne die Frage nach dem richtigen Pedanten, dessen Namen zugleich auch für die Funktion des Pädagogen stehen kann.[53] Montaigne will die Verantwortung für die Kindererziehung von einem idealen Lehrer übernommen wissen. Von dessen Befähigung hänge das ganze Unternehmen der Erziehung ab.[54] Statt eines festen Programms von Inhalten steht ihm die Tugend des Vermittlers vor Augen. In der engen, mehr freundschaftlichen als herrschaftlichen oder disziplinarischen Beziehung, die ihm für Schüler und Lehrer vorschwebt, gilt ihm dessen Befähigung als Bedingung für die erfolgreiche Lebensbegleitung des Zöglings. Sein idealer Lehrer wäre eben dann tugendhaft, wenn er neben seiner makellosen Person auch die Vielseitigkeit besäße, seinem Schüler aus allen Phänomenen, also nicht nur aus Büchern, Lehrinhalte näherbringen zu können. Spielerisch und wie nebenbei dienen dem guten Lehrer nicht die verstaubten Bücher, sondern alle Erfahrungsgegenstände zur Verbesserung seines Zöglings:

> (a) Les jeux mesmes et les exercices seront une bonne partie de l'estude: la course, la luite, (c) la musique, (a) la danse, la chasse, le maniement des chevaux et des armes. Je veux que la bienseance exterieure, et l'entre-gent, (c) et la disposition de la personne, (a) se façonne quant et quant l'ame. Ce n'est pas une ame, ce n'est pas un corps qu'on dresse: c'est un homme; il n'en faut pas faire à

52 Montaigne I 26, S. 148: „a) Quelcun donq'ayant veu l'article precedant, me disoit chez moy, l'autre jour, que je me devoy estre un peu estendu sur le discours de l'institution des enfans. Or, Madame, si j'avoy quelque suffisance en ce subject, je ne pourroi la mieux employer que d'en faire un present à ce petit homme qui vous menasse de faire tantost une belle sortie de chez vous (vous estes trop genereuse pour commencer autrement que par un masle)."

53 So hält der *Dictionnaire de l'Académie française* in seiner ersten Ausgabe (1694) fest: „PEDANT. s. m. Terme injurieux, & dont on se sert pour parler avec mespris de ceux qui enseignent les enfans dans les Colleges, ou dans les maisons particulieres."

54 Montaigne I 26, S. 150: „(a) La charge du gouverneur que vous luy donrez, du chois duquel depend tout l'effect de son institution, ell'a plusieurs autres grandes parties."

deux. Et, comme dict Platon, il ne faut pas les dresser l'un sans l'autre, mais les conduire également, comme une couple de chevaux attelez à mesme timon.[55]

Im Sinne seines Einspruchs gegen die Lehrgepflogenheiten soll der Blick des idealen Schülers abgewendet werden von den Büchern hin zur (Lebens-)Welt und zur Natur. Diese alterativen Korpora der Ausbildung werden nun nicht fest bestimmt – die Liste höfischer Kenntnisse, die Musik und Tanz ebenso umfasst wie Reitfähigkeit und Jagd, ist beliebig erweiterbar. Montaigne bleibt bei der Aufstellung eines Katalogs von Welt- und Natur-Phänomenen, zu denen auch Menschliches und Kultur gezählt werden müssen, so vage wie möglich, da es ihm gerade um die Vagheit geht. In Situationen, nicht in Büchern solle gelernt und gelehrt werden, und anhand von Erfahrung statt Theorie. Um diese Behauptung zu bekräftigen, greift er auf zwei Leitmetaphern zurück, die er (zitierend) aus der Tradition übernimmt und die den Horizont seiner Frage nach der Erziehung absteckt:

(a) Ce grand monde, que les uns multiplient encore comme especes soubs un genre, c'est le mirouer où il nous faut regarder pour nous connoistre de bon biais. Somme, je veux que ce soit le livre de mon escholier. Tant d'humeurs, de sectes, de jugemens, d'opinions, de loix et de coustumes nous apprennent à juger sainement des nostres, et apprennent nostre jugement à reconnoistre son imperfection et sa naturelle foiblesse: qui n'est pas un legier apprentissage.[56]

Statt der Pedanterie eines literarischen Kanon soll „die Welt [als] das Lehrbuch seines Schülers" genutzt werden, wie Blumenberg formuliert.[57] Die Fülle der Welt, in all ihren Schattierungen, belehrt uns ebenso gut oder gar

55 Montaigne I 26, S. 165. Er spielt auf den Seelenwagen Platons an, um die Gleichrangigkeit von Körper und Seele zu gewinnen. Platon, „Phaidros", in: *Sämtliche Werke*, Bd. 2, hrsg. Ursula Wolf, übers. Friedrich Schleiermacher, Hamburg: Rowohlt 2006, S. 539-610, 246a–b hier S. 566-567.

56 Montaigne I 26, S. 157-158. Die Wirkmächtigkeit dieser Metapher ist durch Blumenbergs Studie zur *Lesbarkeit der Welt* hinreichend dargelegt worden (s.u.); dass sie in dieser Formulierung von Sabundus herstammt und ihren Eingang in Descartes' *Discours de la Methode* finden wird (vgl. hierzu: René Descartes, *Discours de la méthode. Texte et commentaire*, hrsg. Étienne Gilson, Paris: Vrin 1925, S. 142.), zeigt in Fluchtlinien an, wie entscheidend diese Transformation des *Buchs der Welt* auch jenseits des begrenzten Geltungsrahmens einer Pädagogik gewesen ist.

57 Hans Blumenberg, *Die Lesbarkeit der Welt*, Frankfurt a.M.: Suhrkamp 1983, S. 66: „In dem großen Essay über die Kindererziehung wünscht er sich die Welt als das Lehrbuch seines Schülers." Zur Übertragung der sehr harmonischen Entsprechung von Welt-Buch und Offenbarungs-Buch bei Sabundus (siehe ebd., einige Zeilen später): „Man wird sagen dürfen, der Spiegel [d.i. die Selbstabbildung, S.G.] habe nur deshalb dem metaphorischen Griff noch nicht genügt, weil von Erziehung und Belehrung die Rede ist und diese der

besser als das Bücherwissen. In der fast katachrestischen Überkreuzung der metaphorischen Bezüge von „Buch" und „Spiegel" rückt Montaigne bildhaft zusammen, was die Welt den Büchern voraus habe. Sie ist Spiegel, insofern an ihr nicht Welt-, sondern Selbstwissen gewonnen werden kann – der Blick in dieses Buch der Welt nimmt den Schauenend selbst in den Fokus und lässt ihn sich reflektieren. An den Weltphänomenen oberflächlich gespiegelt, sieht sich der Schüler im guten Winkel (*de bon biais*), erhält also durch den Blick auf äußere Objekte privilegierten Zugang zu sich selbst. Privilegiert ist dieser Zugang, insofern es sich in dem, was er sieht, nicht um die unmittelbare Abbildung seiner selbst handelt. Die Hervorhebung der Vermittlung, die diese Reflexion ermöglichen soll, ist deutlich und wird von der Beistellung des „Buchs" nur noch unterstrichen. Um sich zu spiegeln, braucht es Distanz; diese bringt einen notwendigen Umweg hervor, der die Vermittlung der Lesbarkeit mit einschließt. Die Welt ist mehr ein Zerrspiegel,[58] dessen Verzerrungen kein treues Abbild, sondern eine Verfremdung und Blickumkehr mit sich bringen.

Dieser Spiegel ist schriftlich und lesbar: ein Tintenspiegel, um den Bildbruch zu betonen.[59] In Bezug auf das „Buch" ist mit ihm sogleich die „Welt" gemeint. Montaignes Metapher insistiert auf den vielen Seiten seines Buches. Die Varianz der Gegenstände und die Möglichkeit, sie interkulturell und überhistorisch zu vergleichen, wird zum Blättern und Durchsehen der lesbaren Welt; wir spiegeln uns am anderen, indem wir an diesem Katalog der Sitten, Gebräuche, Meinungen und Erscheinungen immer aufs Neue unsere eigenen Gewohnheiten und kulturellen Gepflogenheiten vergleichend erlesen können. Denkbare Inhalte dieses Buches überschneiden sich mit dem Katalog von gewinnbringenden Tätigkeiten, den Montaigne zuvor entwickelt hat. Ihr Wert

---

Tradition nach des Buches bedürfen." Zum metaphorologischen Einfluss von Sabundus Buch der Welt-Metapher, vgl. ebd., S. 64-65.

58 Das Bild der *Essais* als „Zerrspiegel" wird uns bei der Betrachtung des Portraits in Montaignes Denken gesondert interessieren; wir folgen hier Richard L. Regosin, „Le Miroüer vague: Reflections of the Exemple in Montaigne's Essais", *Oeuvres & Critiques* VIII 1/2 (1983), S. 73-86. Moser kritisiert an Blumenbergs Geschichte der Welt als Buch dessen Ausschluss der Spiegel-Metaphorik aus dem näheren Untersuchungsraum. Abgesehen davon, dass Blumenberg sie durchaus in seinen Überblick integriert, geht es der *Lesbarkeit der Welt* bei dieser Unterscheidung um eine funktionale Bestimmung der Metaphern; aus dem *Speculum* ist nur bedingt buchstäblicher Sinn zu gewinnen, und die Direktheit einer Reflektion steht einer langwierigen hermeneutisch investierten Lektüre gegenüber. Vgl. Christian Moser, *Buchgestützte Subjektivität: Literarische Formen der Selbstsorge und der Selbsthermeneutik von Platon bis Montaigne*, Tübingen: Niemeyer 2011, S. 2.

59 Wir werden dem schriftlichen Spiegel als *miroir d'encre* folgen, wie er die lektüreanleitende Metapher von Beaujour darstellt. Beaujour, *Miroirs d'Encre*.

besteht explizit nicht in der moralischen oder lebenspraktischen Orientierung, die man am Einzelfall gewinnen könnte, sondern in der Fülle und den Unterschieden. Das Fremde dient der probeweisen Betrachtung Montaignes zur Relativierung des Eigenen.[60] Was hier zu lernen ist, ist nicht die Auflistung aller Kulturen, sondern die Differenz, die unter ihnen herrscht und welche den eigenen Standpunkt relativieren soll; am Ende dieser Lektüre steht kein Weltwissen, sondern die Einsicht in die eigene Fehlbarkeit.

Die Erweiterung der textuellen Metaphorik vom lesbaren Text zur Überfülle der Welt und ihrer Erscheinungen nimmt sich als Selbst- und Fremdzitat aus. Wo Montaigne das Buch der Welt als pädagogisches Material einer lebenslangen Lektüre versteht, verweist er im Modus des Selbst- und Fremdzitats auf seine eigene Übersetzung der *Theologia Naturalis*. In der metaphorologischen Umformung, die Blumenberg beobachtet hat, kommt es allerdings zu einer deutlichen Verschiebung, die I 26 als Vorgriff der elementaren Differenzen in der *Apologie* des zweiten Bandes zeigt. Denn wo Sabundus die Logik der Schöpfung als zweitem Offenbarungstext in der Metapher des Buches veranschaulichen will, entkleidet Montaigne scheinbar ohne Skrupel das Bild von jedem theologischen Gehalt. Natur wird bereinigt von ihrer Theologie: An die Stelle einer vermittelten Gottesschau rückt für Montaigne der Blick des Menschen, der sich zur Welt ins Verhältnis setzt.

Die Welt als Text verrückt den Stellenwert vom Buch zur Lebenswelt, behält aber den pädagogisch etablierten Vorrang der Literatur vor dem Leben im virtuellen Bildraum aufrecht. Wie in den Büchern der Philosophie komme es darauf an, dieses Buch zu lesen, das in seiner umfassenden Größe, die das Ganze der Schöpfung zu meinen scheint, eben zuletzt auch die Literatur miteinbegreift – der ethnographische[61] Blick auf Sitten und Gebräuche wie auf Meinungen und Urteile weist deutlich auf den Nutzen von historischen Kompendien und Zeugnissen anderer Kulturen hin. Die Lektüre beleibt in ihrer metaphorischen Verschiebung der Königsweg der Ausbildung. Erst als

60 Damit ist die Zerrfunktion des Spiegels besser gefasst; hier schon kündigt sich an, dass Montaigne keineswegs glaubt, das Fremde in den Dienst des Eigenen zu stellen. In Mosers Kommentar zur selben Stelle wird die Selbsterkenntnis allgemein und affirmativ gefasst, während die Erkenntnis der eigenen Schwäche zwar mitzitiert, aber unbeachtet bleibt, wenn er schreibt (Moser, *Buchgestützte Subjektivität*, S. 3): „Um das Eigene begreifen und richtig einschätzen zu können, muß sich das Individuum der Erfahrung des Fremden aussetzen – aber eben einer unmittelbaren Erfahrung, nicht einer durch Bücher vermittelten."

61 Claude Lévi-Strauss, *Von Montaigne zu Montaigne*, hrsg. Emmanuel Désveaux, übers. Eva Moldenhauer, Berlin: Suhrkamp 2018. Lévi-Strauss betont die indirekte Bedeutung Montaignes für die Entstehung der Ethnographie – insbesondere in Hinblick auf die Entdeckung der „neuen Welt" und ihrem Niederschlag in den *Essais*.

lesbares Buch beschrieben, kann das Weltgeschehen zum Material der Erziehung erklärt werden.

Die Diskontinuität zu Sabundus speist sich aus der unterschiedlichen Auffassung von Lesbarkeit; während bei ihm der Kern des Argumentes gerade darin besteht, dass Lesbarkeit als Verständlichkeit und Bestärkung der rationalen Kapazitäten des Menschen verstanden werden, verwendet Montaigne dieselbe Metapher zum gegenteiligen Zweck. Was in dieser Lektüre zu lernen sei, ist gerade nicht die Vollkommenheit eines höheren Wesens, sondern die Mangelhaftigkeit der eigenen Person. Indem Montaigne so an der Idee der Lesbarkeit festhält, wird für ihn die Schöpfung zum Konvolut unverständlicher oder zumindest uneindeutiger Textstellen, die sich einem durchgängigen Studium entziehen. Anstelle von Sabundus' Vollständigkeit und Harmonie des geschlossenen Schöpfungstextes ist die Welt Montaignes eine unklare und übervolle Offenbarung;[62] Gott wird an keiner Stelle erwähnt, während der Mensch und die Menschen (als Kulturen und Epochen) in all ihren Facetten – und damit auch ihren Fehlbarkeiten – sichtbar werden sollen. Montaigne verrückt den Standpunkt der Welt als harmonischem kosmologischem Ensemble zur diversen Erscheinungswelt, wenn er insbesondere die Vorzüge der Reise betont. Andere Länder und Sitten zu sehen, bedeutet ihm mehr als der Gedanke an die rational verständliche Uniformität einer idealen Welt.[63] In der Verschiebung des Buch-Charakters als Schöpfung ohne Schöpfer liegt die Kraft, die im zur Urteilskraft führt. Es gibt kein hermeneutisches Versprechen einer in der Natur angelegten Gotteserfahrung, noch diejenige einer Einsicht in ihre Ordnung, sondern das Versprechen der Erniedrigung des Menschen.[64] Nicht die Lehre dieses Buches, sondern die Fülle seiner Varianzen ist das Ergebnis,

---

62 So urteilt Pascal, dass in Montaignes *Apologie* (die wir hier außen vor lassen müssen) die Schöpfung ihres Offenbarungscharakters beraubt sei. Vgl. Blaise Pascal, „Über Epiktet und Montaigne", in: ders., *Gedanken über die Religion*, hrsg. Karl-Maria Guth, Berlin: Hofenberg 2016, S. 94-104, hier S. 104: „[…]denn der Geist ist dadurch so gedemütigt, dass er weit entfernt ist darüber zu urteilen, ob die Geheimnisse möglich sind, was der große Haufen nur zu oft tut."

63 Montaigne I 26, S. 153: „(a) A cette cause, le commerce des hommes y est merveilleusement propre, et la visite des pays estrangers, non pour en rapporter seulement, à la mode de nostre noblesse Françoise, combien de pas a Santa Rotonda, ou la richesse des calessons de la Signora Livia, ou, comme d'autres, combien le visage de Neron, de quelque vieille ruyne de là, est plus long ou plus large que celuy de quelque pareille medaille, mais pour en raporter principalement les humeurs de ces nations et leurs façons, et pour frotter et limer nostre cervelle contre celle d'autruy."

64 Hugo Friedrich überschreibt mit „Der erniedrigte Mensch" (Friedrich, *Montaigne*, Kap. 3, S. 91.) das dritte Kapitel seines Montaigne-Buchs; Westerwelle greift in Rekapitulation der Betrachtungen Pascals, diesen Gedanken und Begriff wieder auf; vgl. Karin Westerwelle, *Montaigne: die Imagination und die Kunst des Essays*, München: Fink 2001, S. 227-228.

das sich einstellen soll, und der Blick geht dabei durch die Varianz zurück zum Subjekt, das sich nicht angesichts der erhabenen Größe der Schöpfung und ihres Schöpfers, sondern wegen der Differenzen und der Relativität der historisch versammelten Meinungen und Ansichten der Schwäche und Hinfälligkeit seines eigenen Urteils bewusst werden soll. Als negative Urteilskraft besteht sie darin, dass der Mensch sich selbst – abwertend – beurteilt: Die Lektüre der Welt belehrt ihn also über seine eigene Fehlbarkeit, und ist damit Bedingung seiner Selbsterkenntnis.

Wo die natürliche Theologie sich vom Gottesstandpunkt bestimmen muss, um die Harmonie und Ordnung der Schöpfung als geschlossenes und einheitlich-systematisches Buch zu entziffern (in merklicher Angleichung ihres eigenen Textes an denjenigen der Schöpfung, dank der Streukraft der Metapher), sind Montaignes *Essais* als unordentliche Lektüren nicht aus einem, sondern aus hunderten solcher „Bücher" entnommen. Die ganze Welt wird zum Buch, ohne darum schon einen geschlossenen Text zu bilden. Mit seinem Fokus auf den Differenzen kann Montaignes Buch der Welt nur ein Kompendium sein, dem divergierende Inhalte eingefügt werden und das von Seite zu Seite andere Gegenstände, andere Helden und andere Haltungen vor Augen stellt. Eine geschlossene Lektüre wird von dieser Textgrundlage verunmöglicht, zudem die Quellenlage nicht derjenigen bei Sabundus entspricht. Montaigne erhebt keinen Anspruch darauf, seiner Lektüre Herr zu werden. Was ihm und seinem idealen Schüler bleiben soll, sind Häppchen, an denen er sich versuchen kann; Ausschnitte und Proben, *Essais* als Versuche, die dem Durchblättern des Weltenbuchs entsprechen; schließlich Zitate aus diesem Buch, das in seinen Teilen und probeweise übernommen werden soll. In der zitativen Aneignung des Bildes von Sabundus erfolgt also wieder eine freie und subversive Umwertung: Ein Buch, das heißt für Montaigne nicht eine lineare Ordnung von Sinn, sondern – wie die *Essais* selbst, und mit derselben metaphorischen Kontamination – ein Kompendium von Inhalten, Meinungen, Ansichten, die nicht in sich selbst geschlossen ist, sondern in ihrer Offenheit das Urteil herausfordert. Kompilation und Florilegium: Ein Lesebuch, kein System, keine Summa und keine Theologie – Montaignes Buch ist unabschließbar, und eben da, wo das Grauen vor dem Ungeordneten sich einstellt, sieht er den großen Vorzug. Es ist die schiere Menge oder Fülle an möglichen Beispielen, die Montaigne in diesem Buch ohne Kanon erkennen lässt, die seinen Wert ausmacht – die Menge der Differenzen, die sich beobachten und als solche begreifen lassen, steht über den eindeutigen Sinnverweisungen der Sätze und Buchstaben.

Sofern die Welt also lesbar gemacht wird, stellt sich keine kontinuierliche Lektüre ein, sondern eine zitierende. Einzelne Momente des langen Texts der

Schöpfung werden isoliert und mit einander ins Verhältnis gesetzt, in einen Vergleich gebracht. Montaignes Ausbildung empfiehlt keinen Kanon, sie destruiert vielmehr die Annahme einer Vorgabe von Lehrinhalten, und will die Erfahrungen in und an der Welt zum konstanten Gegenstand jeder Ausbildung machen. Das Buch der Welt, das nicht mehr als zweite Offenbarung verstanden wird, sondern als profanierter alternativer Lehrtext in der Ausbildung, führt dabei die Kritik am bloßen Bücherwissen mit dem Verweis auf Empirie und Lebenswelt zusammen.[65]

Allerdings mündet dieses Lesen im Buch der Natur, und hierin bestünde das Skeptische in dieser Pädagogik, weder in heilstheologischer Offenbarungswahrheit, noch, wie später bei Bacon exerziert,[66] in einer approximativen Aneignung der Welt durch die Lektüre. Die Metapher wird in der Erweiterung ihres Bezugsrahmens entgrenzt, und derart keineswegs beruhigt. Wenn alle Erfahrung Lektüre sein kann, und diese immer nur zum Teil liest, und immer wieder neu lesen kann, ist sie kein sicherer Hafen des Weltverständnisses, sondern selbst Mittel zur Herstellung von Ambivalenzen. Wer die Welt in ständiger Bewegung und im Schwanken innerhalb der Differenzen sieht, wie Montaigne es in der *Apologie* am eindringlichsten vorführt, für den muss das Ziel der Ausbildung eine Heranführung an diese *branloire* darstellen.

---

65 Blumenberg hält diese Verwendung der Buch-Metapher für ein Charakteristikum der Aufklärung, der im „Selbstdenken" einen anderen Typus des Subjektes vorschwebt als es bei Montaigne der Fall ist. Blumenberg, *Lesbarkeit*, S. 101: „Gerade gegen Gelehrsamkeit und Pedanterie wendet sich damit die Metapher vom Buch der Natur in einer neuen Variante, wenn dessen Text nicht in einer fremden Sprache geschrieben ist, die man nur äußerlich, weil empirisch erlenen kann, sondern in einer Zeichenschrift, die prinzipiell von jedermann und an jedem Ort weniger erlernt als vielmehr erfunden zu werden vermag."

Ob diese Form der Ablösung der Metapher von ihrem theologischen Rahmen allerdings letztendlich gelingt, oder ob nicht vielmehr schon hier Momente von Montaignes charakteristischem skeptischem „Fideismus" (so etwa bei Peter Burke, *Montaigne zur Einführung*, Hamburg: Junius-Verlag 1985, S. 35, und Friedrich, *Montaigne*, S. 95) zu erkennen wären, können wir hier nicht eingehender untersuchen.

66 Bacons Abwandlung der Metapher tauscht – in Blumenbergs Rekonstruktion – die Lektüre des Buchs gegen den Modus der Schrift nach Diktat aus; vgl. Blumenberg, *Lesbarkeit*, S. 86-87. Für ihn könnte diese Verschiebung verstanden werden als Übergang von der Hermeneutik zur experimentellen Beobachtung; nicht mehr den Sinn hinter den zeichenhaften Phänomenen zu vermuten, sondern nun in der Entsprechungsgenauigkeit der Abschrift ein Buch der Natur zu führen, das als sein Double Aufschluss über es geben kann. Dieses Moment des Registers bedient dasselbe Bild wie die *Essais*, nutzt es aber in anderer Richtung.

1.5 Pädagogik des Jugement

Das Buch der Welt bleibt geöffnet; es gibt für Montaignes Vorstellung keinen Zielpunkt, kein Ende der Lektüre. Bildung ist diejenige der Reise, die er dem Schüler wie (autobiographisch) sich selbst anempfiehlt, und wie der Reise liegt auch ihr kein bestimmter Zweck zugrunde. Der Umschlag der Pädagogik in Poetik greift auch hier, wenn Montaigne festhält, dass es bei den weltlichen und dinglichen Erfahrungen nicht um deren Durchdringung und theoretische Durchsicht, sondern um die Auflistung und Verzeichnung gehe:

> (a) [...] il faut tout mettre en besongne, et emprunter chacun selon sa marchandise, car tout sert en mesnage; la sottise mesmes et foiblesse d'autruy luy sera instruction. À contreroller les graces et façons d'un chacun, il s'engendrera envie des bonnes, et mespris des mauvaises. Qu'on luy mette en fantasie une honeste curiosité de s'enquerir de toutes choses; tout ce qu'il y aura de singulier autour de luy, il le verra: un bastiment, une fontaine, un homme, le lieu d'une bataille ancienne, le passage de Caesar ou de Charlemaigne;
> (*b*) *Quae tellus sit lenta gelu, quae putris ab aestu,*
> *Ventus in Italiam quis bene vela ferat.*[67]

Wie der Properz-Vers am Ende dieses Ausschnitts anzeigt, wird die ganze bekannte Welt vom Überblick des Schülers vermessen, und in Kontrasten beurteilt. Lust und Unlust dieser Rezeptionshaltung gegen alles und jeden bessern den Charakter, der sich auch am schlechten Beispiel schulen kann. Alles dient zum lehrreichen Exemplum, und eine von der Schulbildung angenommene Hierarchie dieser Exempla wird von Montaigne schlicht verworfen. Im idealen Zustand einer beständigen Rezeption der Welt als Text ist jeder Gegenstand geeignet, eine Fülle von Reflexionen zu eröffnen.

Entscheidend für diesen Katalog der Sonderbarkeiten ist, dass seine Gegenstände einer Beurteilung unterzogen werden. Anstelle der *memoria* steht exklusiv das *jugement* oder *iudicium*,[68] die Urteilskraft.[69] Mit ihr nimmt

67 Montaigne I 26, S. 155-156. Das Zitat von Properz (Properz, *Liebeselegien. Carmina (lat./dtsch.)*, hrsg. Georg Luck, Berlin: de Gruyter 1996, IV 3, S. 228-229; „[...] welches Land von Frost starrt, welches unter der Hitze zerbröckelt | welcher Wind eure Segel sicher nach Italien zurückbringt.") erfüllt offensichtlich keine spezifischere Funktion als die „Passage" Cäsars oder Karls des Großen illustrierend zu begleiten. In der Art der Einbindung als bloßer Schmuck lässt sich bereits die Ambivalenz des Kapitels und des zitativen Gebrauchs erahnen.

68 Jochen Wagner, IUDICIUM, *Historisches Wörterbuch der Rhetorik*, Bd. 4, Sp. 662-692.

69 Unter diesem Vorzeichen könnte man in Anschluss an Foglia von einer Annäherung der „Pädagogik" an die „Philosophie" sprechen; nicht deren historisch-traditionelle Inhalte sind es, die für Montaigne im Fokus stehen, sondern das ihnen zugrundeliegende Material

Montaigne Abschied von einer reproduktiven, inhalts- und autoritätsfixierten Erziehung zugunsten einer ununterbrochenen Auseinandersetzung mit den Gegenständen der Erfahrung. Der Schüler soll lernen, seiner natürlichen Veranlagung zur Bewertung zu folgen und seine Einschätzung, nicht seine Erinnerung schulen. Montaigne will seine Seele sowie diejenige seines Schülers formen und erproben, nicht auffüllen oder „möblieren"; das bedeutet ihm, seine Urteilskraft an „diversen Objekten" zu versuchen.[70]

Montaignes Laienausbildung verabschiedet sich vom sklavischen Gehorsam gegenüber den intellektuellen Institutionen und den schulischen Autoritäten. Montaigne scheint mit Erasmus übereinzustimmen, der Plutarchs *Historien* zur Basis der Erziehung von Fürsten macht – so wie Plutarch seine Beispiele versammelt und zur moralischen Orientierung anempfiehlt, soll Einfluss auf die moralische Disposition des zukünftigen Herrschers ausgeübt werden.[71]

---

der Ent- und Unterscheidung. So tut er es, unter besonderer Betonung von I 25 und I 26, bspw. Marc Foglia, *Montaigne, pédagogue du jugement*, Paris: Classiques Garnier, 2011, S. 181: „Il existe une notion originale de la philosophie dans les Essais, qui consiste principalement dans l'exercice et l'examen du jugement. L'éducation et la philosophie ne sont pas fondamentalement différentes, en ce qu'elles nous placent toutes deux dans la même nécessité d'exercer notre jugement."

70 Die Virulenz dieser Opposition bleibt bis zu (c) intakt; so erinnert Montaigne im dritten Band erneut an diesen Vorrang der Urteilskraft, wenn er von den Büchern spricht: Montaigne III 3, S. 818: „(c) Le mediter est un puissant estude et plein, à qui sçait se taster et employer vigoureusement: j'aime mieux forger mon ame que la meubler. [...].La lecture me sert specialement à esveiller par divers objects mon discours, à embesongner mon jugement, non ma memoyre."

71 Man könnte etwa an Erasmus' Widmungsschrift (Ep. 2431) zu den *Apophthegmata* denken: (Erasmus von Rotterdam, *Apophthegmata*, hrsg. Elaine Fantham & Betty I. Knott-Sharpe, Toronto: University of Toronto Press 2014, S. 6: „Plutarch is superior to the other writers not only in what he chooses for inclusion but in the way he presents it. Apophthegms have a special property and character of their own: they provide a brief, sharp, witty, amusing revelation of character." So kommentiert auch Balsamo (u.a.), „Notes et variantes", im Kommentar zu I 26: „Les conceptions proprement pédagogiques de Montaigne reprennent en fait celles d'Erasme dans sa *Declamatio de pueris statim ac liberaliter istituendis* (Bale, 1529)". Mit André Salles, „Montaigne et le *De pueris statim ac liberaliter instituendis* d'Erasme", *Bulletin des amis de Montaigne* 2 / 3 (1938), S. 29-30; lässt sich von einer „conception identique de l'éducation, en particulier le portrait satirique des pédants dans leur classe" sprechen.

Solche pädagogischen Sammlungen von Aussprüchen, Exempeln und Anekdoten, die sich klar an zukünftige Herrscher wenden, haben allerdings in der Literatur des Mittelalters zahllose Vorbilder, die sich aus der enzyklopädischen Literatur der Patristik speisen. Als eindringliches Beispiel sei auf das *Liber moralium dogma philosophorum* von Guillaume de Conches verwiesen, das wir durch Welter innerhalb der Tradition der Exempel-Literatur des Hochmittelalters aufführen können. (vgl. Guilelmus de Conchis, *Das moralium dogma philosophorum des Guillaume de Conches: lateinisch, altfranzösisch*

Dabei müssen ökonomische Wissensvermittlung und zielgerichteter Unterricht ineinander greifen. Die „Häppchen", die Montaigne aufführt, sind darum besser, weil sie nicht das Ganze abdecken. Man bleibt an der „ersten Kruste", eine oberflächliche Kenntnis reicht für die Erprobung der Urteilskraft völlig aus:

> (a) mais tant y a qu'il est sien. Aussi moy, je voy, mieux que tout autre, que ce ne sont icy que resveries d'homme qui n'a gousté des sciences que la crouste premiere, en son enfance, et n'en a retenu qu'un general et informe visage: un peu de chaque chose, et rien du tout, à la Françoise.[72]

Der Laie und schlecht ausgebildete Montaigne ist das Vorbild einer „französischen" Bildung. Auch wenn er überall bemüht ist, die Besonderheit seiner Position hervorzuheben, gibt er hier zu verstehen, dass sein Vorrang in Bildungsfragen gerade das Ergebnis seiner regelgerechten, ja gewöhnlichen Erziehung gewesen ist. Er ist, weil er sich keiner besseren Bildung rühmen kann, besonders geeignet, sie vorzuzeichnen.

Jugement wird von Quantität, nicht von Qualität befördert. Denn der Verzicht auf Autorität spielt eine maßgebliche Rolle in einer Ausbildung, der es nicht um die Quantität der Inhalte, sondern um die Qualität der Methodik geht. Dieses Verhältnis wird auf Seite der Vorschriften für den Unterricht paradox parallelisiert: Die Urteilskraft wird am leichtesten dadurch geschult, dass sie mit der Vielzahl der bestehenden Urteile (*diversité des jugements*, s.u.) konfrontiert wird. Es komme nicht mehr darauf an, einen Gegenstand von Qualität erschöpfend zu meistern, sondern von ihnen möglichst viele in einem vielstimmigen Vergleich zu präsentieren, der die Inhalte in ein quantitatives Nebeneinander rücken lässt. Wie bei den losen Kapiteln der *Essais* ergibt sich aus den Inhalten selbst eine Ordnung, ohne eine oktroyierte Hierarchie, sogar ohne Chronologie, sondern nach den Gegebenheiten und der arbiträren Wahl

---

und mittelniederfränkisch, hrsg. John Holmberg, Paris: Champion [u.a.] 1929.) Es handelt sich um ein „petit manuel d'instruction et de morale divisé en cinq questiones: de honesto (I), de comparatione honestorum (II), de utili (III), de comparatione utilium (IV), de pugna utilitatis et honestatis (VI) [sic]", das sich anbietet „à l'usage des princes et des grandes [...] [un] exposé des citations, de dits de grands personnages et d'exempla tirés d'auteurs de l'antiquité classique," woraufhin ein mit denjenigen Erasmus' und Montaignes fast identischer Autorenkatalog folgt. Jean-Thiebaut Welter, *L'exemplum dans la littérature religieuse et didactique du Moyen âge*, Genf: Slatkine Reprints 2012, S. 47. Die Beziehung dieser Literaturform und ihrer Fortführung in Renaissance und Früher Neuzeit, die ihre mittelalterlichen Vorgänger kaum wahrnimmt oder bewusst verbirgt, können wir hier leider nicht untersuchen und hoffen sehr, durch unsere Arbeit am Zitat zu einer vergleichenden historischen Studie dieser Art einen Beitrag geleistet zu haben.

72 Montaigne I 26, S. 146.

des Schülers. Wenn alle Urteile, die sich in den verschiedenen Traditionen und Schulen finden lassen, historisch nach- und nebeneinander möglich waren, erlaubt dieser Katalog eine tatsächliche Prüfung des Urteils, im Nachvollzug der Beurteilungen anderer. Montaigne spricht sich damit gegen jede Abgeschlossenheit, d.h. Autorität aus. Ein Urteil ist, wie Montaigne implizit verhandelt, nur dort möglich, wo es eine Wahl gibt, und wo sich die Angebote die Balance halten.

> (a) Qu'il luy face tout passer par l'estamine et ne loge rien en sa teste par simple authorité et à credit; les principes d'Aristote ne luy soyent principes, non plus que ceux des Stoiciens ou Epicuriens. Qu'on luy propose cette diversité de jugemens: il choisira s'il peut, sinon il en demeurera en doubte. (c) Il n'y a que les fols certains et resolus.
>
> (a) *Che non men che saper dubbiar m'aggrada.*[73]

Das eingeschobene Dante-Zitat,[74] das mit der Erweiterung des Bordeaux-Exemplars harmoniert, zeigt die Offenheit und Toleranz von Montaignes Autoritätenkritik. Die Wahlfreiheit seines Schülers darüber, welche Überzeugungen ihm am naheliegendsten scheinen und welchen er folgen will, bleibt erhalten; sie ist das eigentliche Gegenstück zum Glauben „auf Kredit". Man kann dies als ein Plädoyer für die Fülle von Ansichten oder als pädagogische Zerschlagung der Autorität verstehen. Der Schüler soll keinen Kredit gewähren und sich keiner Autorität unterwerfen. Die mit ihr verbundene Gewissheit ist nur scheinbar; in Umwertung heißt das, dass nur ein Narr sicher und entschlossen ist.[75] Aus dieser starken und paradoxen Behauptung – Mangel an Entschlusskraft und Einsicht sind, sollte man annehmen, eher die Kennzeichen schwacher Geister – ließe sich vielleicht eine positive Bestimmung gewinnen: Wenn es unser Ziel sein soll, dem Zögling Urteilsfähigkeit beizubringen, so ist der beschriebene Zustand, der aus der Diversität der traditionellen Stimmen resultiert, eben der erstrebenswerte. Montaigne verlangt kein Bekenntnis zu

73 Montaigne I 26, S. 151.

74 Dante, Inferno XI, v. 93: Dante Alighieri, *Die Göttliche Komödie*, übers. Karl Witte, Leipzig: Reclam 1987, S. 41: „daß Wissen mir nicht lieber ist als Zweifeln."

75 Die Formel evoziert unweigerlich die Ambivalenzen aus Erasmus' *Lob der Torheit*; die Idee des vorgeblich unsicheren Weisen, der sich hier resolut dem entschiedenen Narren gegenüberstellt, erzeugt dieselbe Struktur des paradoxen Lobes wie der Text des Humanisten. Montaigne erwähnt diese Quelle allerdings an keiner Stelle, seine Kenntnis dürfte aber vorausgesetzt werden. So beobachtet bspw. Popkin in Bezug auf die *Apologie* (ohne auf die Ambivalenz in beiden Texten zu sprechen zu kommen): „Up to this point, Montaigne's sceptical attack has been little more than the anti-intellectualism of Erasmus' In Praise of Folly." (Richard H. Popkin, *The History of Scepticism: from Savonarola to Bayle*, Oxford (u.a.): Oxford University Press 2003, S. 49.).

einer der geachteten philosophischen Schulen, wobei er keine von ihnen verwirft oder auch nur bevorzugt. Vielmehr sind sie in seinen Augen selbst als Gegenstände betrachtet möglicher Lehrstoff, und ihre Widersprüche bilden eine Dialogizität in den Quellen und Texten, innerhalb derer der Schüler sich zu orientieren lernen muss.

KAPITEL 2

Performanz der Pädagogik: Die Zitattheorie Montaignes im Spiegel des skeptischen Dilemmas

Dieser Durchgang durch Montaignes Pädagogik ist in ihrer Distanz zum Text sowie in ihrem zusammenfassenden Charakter wenig mehr geblieben als ein umfangreicher Forschungsüberblick. In der Isolation von Kernpunkten in I 25 und I 26 lässt sich leicht ein Bild von Montaigne als Moralist, Frühaufklärer und Gelehrsamkeitskritiker gewinnen. Im Zugriff auf seine sentenzenhaften Maximen zur Ausbildung wird dabei ein einheitliches Konzept aus den disparaten Teilen generiert, das sich zur Weiterführung anbietet. Mit der beständigen Zitation der anerkannten Autoritäten des pädagogischen Diskurses macht Montaigne sich gemein, um die Spitze seiner Kritik am Schul- und Ausbildungswesen mit den Worten anderer formulieren zu können.

Diese Einheitlichkeit wird allerdings im gleichen Zug von Montaigne konstant untergraben. Maßgeblich im Widerspruch von Inhalt und Form, und in den verräterischen Spuren seiner eigenen Gelehrsamkeit wird die Klarheit seiner Position zweifelhaft. Indem I 25 und I 26 ihre neuartige Bildung im beständigen Rekurs auf die literarisch-philosophische Tradition formulieren, untergräbt Montaigne den inszenierten Anspruch auf Neuheit und Radikalität seines Unternehmens, und, was mehr wiegen dürfte, die Behauptung seiner eigenen Unabhängigkeit. Die Ambivalenz, die sich hier wie andernorts aus der ständigen Übernahme aus Plutarch und Seneca ergibt, wo gerade mit ihnen behauptet wird, für sich zu sprechen und Neues zu sagen, lässt sich nicht überlesen.

Wir wollen unter der *Performanz* der pädagogischen Schriften diejenigen Momente aus unterschiedlichen Arbeitsphasen zusammenfassen, die diesen Widerspruch vor Augen stellen und die auf der Textoberfläche der programmatisch-pädagogischen Haltung zuwider laufen. Momente der Ausstellung von literarischer Bildung und darüber hinaus der Abhängigkeit von intertextuellen Referenzen, die durch Zitate und Allusionen in seine Kritik einfließen, sind dabei ebenso von Interesse wie die Ebene des Eigenkommentars der Bordeaux-Erweiterungen; sie werden im nächsten Schritt zum poetologisch-programmatischen Moment in den untersuchten Kapiteln und erlauben eine Einschätzung der *Essais*, die über die Frage nach der Kindererziehung weit hinausgeht.

 | DOI:10.30965/9783846766064_004

Der Widerspruch gegen den Unterricht anhand von verbrieften kanonischen Autoritäten muss sich selbst jenseits eines autoritativen Anspruchs situieren. Montaigne entzieht den anderen Kredit, und darf daher nicht in den Missstand gelangen, ihn für seine Person einzufordern. Die relativen Ratschläge, die er listenhaft aufsammelt, bilden auch darum keinen Lehrplan, weil sie sonst selbst dem unternommenen Angriff auf die Lehre ausgesetzt werden müssten. Montaigne hütet sich, selbst dogmatisch festzulegen, was die Lehre beinhalten soll.

Das Double dieser Position ist die Frage nach den skeptischen Schulen, die er in der *Apologie* verhandelt. Er spricht sich für die wenig gehaltvolle, aber widerspruchsfreie Fassung des Pyrrhonismus aus, die für ihn wie für den wissbegierigen Schüler in einer generellen Offenheit und einer fortgesetzten Suche besteht. Dieses Bekenntnis speist sich aus der Kritik an den Akademikern (personifiziert im Eklektizismus Ciceros). Ihr Zweifel an den Quellen unseres Wissens schlage um in einen „negativen Dogmatismus",[1] in dem für sie die Unwissbarkeit zum Grundsatz ihres Denkens geworden ist. Montaigne widerspricht dieser Fassung der Skepsis nicht wirklich, bemerkt aber doch, wie dieser letzte Grund des Zweifels die Radikalität des Unternehmens unter Paradoxieverdacht stellt. Der Umschlag der Verfahrensmaxime, *dass nichts gewusst werden könne*, ins Dogmatische, ist ein Risiko, dem die Fortführung des skeptischen Projektes begegnen können muss. Am deutlichsten lässt sich dieses Misstrauen gegenüber dem affirmativen Teil der Skepsis an der Transposition der *epoché* in die Form der Frage erkennen, die Montaigne den *Essais* und ihrer Balance als Motto oder Emblem voranstellt. In der (b)-Ausgabe übersetzt er mit dem berühmten *Que scay-je?* die unbestimmte Position seiner Skepsis in ihre letztgültige, weil von der Frage offen gehaltene Form, die er aus der Sammlung skeptischer Topoi gewinnt.[2]

Was so in Balance und in Schwebe gehalten wird, ist präzise die Urteilskraft. An ihrer Neubewertung gewinnt Montaigne den notwendigen Abstand von der skeptischen Tradition, mit dem Anspruch, ihren dogmatischen Rest, der in der Festlegung auf die Ataraxie liegt, überwunden zu haben. In Abgrenzung von Arkesilaos, des nachsokratischen Urskeptikers der platonischen

1 Vicente Raga-Rosaleny, „The Current Debate About Montaigne's Skepticism", in: *Skepticism in the Modern Age. Building on the Work of Richard Popkin*, hrsg. Maia Neto/ José Raimundo/ Gianni Paganini/ John Christian Laursen, Leiden: Brill 2009, S. 55-70, hier 69: „Of course, prominent advocates of the continuity interpretation of the *Essais* have argued that although Montaigne criticizes Academic skepticism as a kind of negative dogmatism [...]."

2 Vgl. Montaigne II 12, S. 527: „(b) Cette fantasie est plus seurement conceue par interrogation: Que sçay-je? comme je la porte à la devise d'une balance".

Akademie, wird die Ataraxie als „Unbeweglichkeit der Urteilskraft" (*immobilité du jugement*) von Montaigne geschildert, um sie abzulehnen.[3]

> (a) Et disoit Archesilas les soustenemens et l'estat droit et inflexible du jugement estre les biens, mais les consentements et applications estre les vices et les maux. Il est vray qu'en ce qu'il l'establissoit par axiome certain, il se départoit du Pyrronisme. Les Pyrrhoniens, quand ils disent que le souverain bien c'est l'Ataraxie, qui est l'immobilité du jugement, ils ne l'entendent pas dire d'une façon affirmative; mais le mesme bransle de leur ame qui leur faict fuir les precipices et se mettre à couvert du serein, celuy là mesme leur presente cette fantasie et leur en faict refuser une autre. (b) Combien je desire que, pendant que je vis, ou quelque autre, ou Justus Lipsius, le plus sçavant homme qui nous reste, d'un esprit tres-poly et judicieux, vrayement germain à mon Turnebus, eust et la volonté, et la santé, et assez de repos pour ramasser en un registre, selon leurs divisions et leurs classes, sincerement et curieusement, autant que nous y pouvons voir, les opinions de l'ancienne philosophie sur le subject de nostre estre et de noz meurs, leurs controverses, le credit et suitte des pars, l'application de la vie des autheurs et sectateurs à leurs preceptes és accidens memorables et exemplaires. Le bel ouvrage et utile que ce seroit'.[4]

Mit dieser Ausführung bestimmt Montaigne seine Variation eines skeptischen Programms, allerdings in negativem Anschluss an die Tradition. In seinem Verständnis wird die Ataraxie zur souveränen Methode, die nur negierend verfährt. Sie wird nicht affirmiert, sondern beschreibt den Pyrrhonikern das Schwanken ihrer Seele (*le mesme bransle de leur ame*), das ihnen ihre natürliche Zu- oder Abneigung zu verstehen gibt und aufweist, warum sie diese statt jener Idee (*fantasie*) übernehmen. Die traditionell als Stillstellung des Urteilens verstandene Haltung der Skepsis wird so verrückt, indem Montaigne sie dynamisiert:[5] Viel wichtiger ist ihm, dass die Beweglichkeit und faktische Bewegtheit der Seelen in den Blick genommen wird. Seine Skepsis ist diejenige

3 Zur selben Stelle, selben Stelle vgl. Markus Wild, *Die anthropologische Differenz. Der Geist der Tiere in der frühen Neuzeit bei Montaigne, Descartes und Hume*, Berlin/New York: de Gruyter 2006, S. 54.

4 Montaigne II 12, S. 578. Vgl. hierzu die Ausführungen bei Wild, *Die anthropologische Differenz*, S. 116.

5 Er gehört damit sicherlich zur zweiten, „aggressiven" Gruppe der Skeptiker, die Hammerschmid von den entgegengesetzten „passiven" abtrennt, die ohne Isosthenie (als Widerstreit gefasst) zur Ataraxie gelangen wollen. Michael Hammerschmid, *Skeptische Poetik in der Aufklärung: Formen des Widerstreits bei Johann Karl Wezel*, Würzburg: Königshausen & Neumann 2002, S. 80. Hammerschmid selbst verortet Montaigne – als „Fliehenden" – eher in der passiven Gruppe, die den Widerstreit scheut; allerdings lässt sich die Bewegung Montaignes ebensogut mit dem Gegenkonzept, der Bewegung auf das Dogma hin, begreifen, das Hammerschmid ebenfalls erörtert. Dementsprechend wären Montaignes Ausflüchte nur Schreinrückzüge – wir werden auf diese Figur noch zu sprechen kommen.

des Schwankens, nicht der Ruhe, und indem er die Ataraxie ihrer Zielstellung beraubt, gewinnt er einen anderen Zustand der Unentschiedenheit als die Befriedung des Denkens in der Einsicht seiner Ausweglosigkeit. So sei auch die letztliche Überzeugung der Skeptiker, dass die Ataraxie zu begrüßen sei, nur kontingenter Ausdruck der Neigungen ihrer Vertreter, keine Letztbegründung. Die tatsächliche Schwankung des Gemüts bleibt bestehen, und es ist nur möglich, anhand der tatsächlichen Anwendung (*application*) der Maximen wie der pyrrhonischen zu überprüfen, ob sie tragen. Die Theorie der Philosophen muss einem Praxistest unterzogen werden, der die tatsächliche Befriedung der Neigungen und Gemütslagen in der Lebensführung bezeugen soll.[6] Was er sich hierzu als „*registre*" von Autoren wie Justus Lipsius in der (b)-Ergänzung wünscht, ist nichts anderes als eine kommentierte Enzyklopädie der Philosophen, die ihm vor Augen stellen solle, wie sie ihre eigenen Annahmen und Überzeugungen praktisch umgesetzt haben.[7]

In der Widersprüchlichkeit, die Montaigne hier markiert, äußert sich sogleich seine eigene Unentschiedenheit in der Inszenierung als antiautoritärem Autor. Die *Essais* sind ein Buch, das von den Büchern abraten will. Sie sind Texte, die mehr als Texte empfehlen wollen, und sie sind der selbst autoritative Hinweis darauf, den Autoritäten zu misstrauen. All diese Ebenen der Widersprüchlichkeit überschneiden sich für Montaigne in seinem eigenen konstitutiven Umgang mit der Literatur und ihrer genotextuellen Präfiguration für die *Essais*. Was sein Text tut, verbindet ihn mit dem offenen pädagogischen Programm, indem es ihm die Gefolgschaft verweigert. In seinem Schreiben

---

6 Traninger hat diesen Praxistest an anderer Stelle in den *Essais* herausgearbeitet. Auch in II 31 greift Montaigne diesen Gedanken in der Diskussion des Affekthaushalts wieder auf. Wie sie zeigt, spielt auch hier die Pädagogik eine hervorgehobene Rolle. Zudem sieht sie in dieser Rückführung der Theorie auf die biographisch verbürgte Anwendung ein Spezifikum von Montaignes Denken. Anita Traninger, „Anger Management and the Rhetoric of Authenticity in Montaigne's *De la colère* (II, 31)" in: *Discourses of Anger in the Early Modern*, hrsg. dies. & Karl A.E. Enenkel, Boston: Brill 2015, S. 97-125, hier S. 109: „The question Montaigne asks with regard to these precepts is as simple as it was unusual in his time: did the philosophers follow their own precepts? Stating ‚[l]e dire est autre chose que le faire', Montaigne introduces a reflexion on the tension between theoretical takes on anger, moral precepts, and actual practices: He who does what he preaches is most credible."

7 So dient ihm Pyrrhon nicht nur, im zweiten Band, als Ausweis des bevorzugten Praxistests, wenn seine Ruhe im Angesicht des Sturms performativ belegt, dass die skeptische Haltung ihrem Anspruch genügen kann. Vgl. ebd., Montaigne II 12, S. 490: „(a) Mais quand la science feroit par effect ce qu'ils disent, d'émousser et rabatre l'aigreur des infortunes qui nous suyvent, que fait elle que ce que fait beaucoup plus purement l'ignorance, et plus evidemment? Le philosophe Pyrrho, courant en mer le hazart d'une grande tourmente, ne presentoit à ceux qui estoyent avec luy à imiter que la securité d'un porceau qui voyageoit avecques eux, regardant cette tempeste sans effroy."

über die richtige Ausbildung hält Montaigne die *Essais* so offen und versucht, innerhalb des Entwurfs der Pädagogik die Beziehung von „Wesensbildung“ und Intertextualität mit auszustellen. Momente der Ausstellung von literarischer Bildung und, darüber hinaus, von der Abhängigkeit von intertextuellen Referenzen, die durch Zitate und Allusionen in seine Kritik einfließen sind dabei ebenso von Interesse wie die Ebene der Selbstbesprechung in den *Essais*. In einer Umkehrung des exemplarischen Verhältnisses könnte man sagen, dass der ideale Schüler dem Essayisten seine Form diktiert. Montaignes Pädagogik schließt eine Poetik ebenso ein wie eine Theorie des Zitats. Sie stellt den größten Teil der drei hier untersuchen Kapitel dar, und darf als Selbstvergewisserung von Montaignes Montagen gelesen werden.

2.1 *Zitat und Bücherwissen: Die Performanz von Montaignes Pädagogik*

Die Kritik am pedantischen Wissen wird wie selbstverständlich zur Kritik am Zitat. An ihm äußert sich ein reines Bücherwissen, das den Sprung aus den Texten in die Welt nicht leisten kann und das aufgrund der Fehlkonzeption der Ausbildung am Leitbild der *Memoria* notgedrungen rein reproduktiv bleibt. Wenn alle Lehrinhalte als gelehrte Praxis nur erinnert und wiederholt werden, rückt der Pedant in die Position des ständigen Zitierens. Er ist Büchermensch und Nachsprecher, er spricht in fremden Zungen, ohne selbst für das Gesagte einstehen zu können. Die Pedanten stützen sich zu sehr auf ihre Quellen, und sind unfähig, dabei intellektuellen Mehr- und Eigenwert zu produzieren. Das zeitlose Bild des Papageis als hirnloser Nachsprecher illustriert dies am besten:

> (a) Nous sçavons dire: Cicero dit ainsi: voilà les meurs de Platon; ce sont les mots mesmes d'Aristote. Mais nous, que disons nous nous mesmes? que jugeons nous? que faisons nous? Autant en diroit bien un perroquet.[8]

Nachsagen ist reine Reproduktion, der keine Eigenständigkeit zukommt. Gleichgültig, wie quellentreu und kenntnisreich die Vorbilder der Antike vom Schüler referiert werden können, ihr Wissen um diese bleibt unpraktisch, unumgesetzt, solange der Umschlag in die (Lebens- und Urteils-)Praxis ausbleibt. *Du Pedantisme* ist eine Karikatur des lebensunfähigen Lehrers und Buchgelehrten als Papageien, von dem Montaigne sich um jeden Preis abgrenzen will. *Pedant* wird zur Karikatur des Gelehrten, der als Produkt einer fehlgeleiteten Ausbildung in völliger Abhängigkeit zum kanonischen

8 Montaigne I 25, S. 137.

Bildungsbestand verharrt, ohne aus den Wissensschätzen Nutzen ziehen zu können.

Im Sinne seiner Pädagogik der Urteilskraft wird die Fakultät der *Memoria* entwertet. In Einklang mit seiner Selbstbeschreibung, die immer wieder auf der Mangelhaftigkeit seines eigenen Erinnerungsvermögens insistiert, rührt Montaigne damit an die unhintergehbare Voraussetzung eines rhetorischen Bildungsideals. Er kritisiert ein innerliches Verfügen über die gelehrten Inhalte aus der Literatur, ein auswendiges Wissen, das die rhetorische Kompetenz konstituiert.

Die Logik dieser Umwertung kehrt die als gesetzt inszenierten Ansichten um. Wie in seiner erträumten Enzyklopädie aus der *Apologie* soll der praktische Nutzen und die tatsächliche Verbesserung zum Prüfstein (*principal*) der Ausbildung gemacht werden und die bloße Überprüfung der disziplinären Kenntnisse übersteigen. Montaigne rekurriert damit auf einen verloren gegangenen Zustand besserer pädagogischer Maßstäbe, für deren Wiedereinführung oder Wiedergeburt er sich ausspricht: Dass seine Vorbilder hierbei Vertreter der antiken Literatur und Philosophie sind, ist keine Nebensächlichkeit.

So kann die kurze Passage zum Papagei selbst als Miniaturkanon und dessen Kritik verstanden werden. Die Reihung, die wir oben zitierten, umfasst mitunter die größten Autoritäten des Humanismus, und sie umgreift zugleich drei Weisen eines zitierenden Verhältnisses zu ihnen: ihnen a) entweder in der Ausdrucksweise zu folgen (Cicero), sie b) als moralische und intellektuelle Vorbilder zu betrachten und ihnen nachzueifern (Platon) oder schließlich c) in den „Worten selbst", in der unmittelbaren Berufung auf den autoritativen Text (Aristoteles). Montaigne stellt diesen drei Punkten das Sprechen (*disons*), das Urteilen (*jugeons*) und das Handeln (*faisons*) entgegen, um aufzuzeigen, dass diese eingeübten Zitierweisen keinen Einfluss auf die Verbesserung ihrer Subjekte haben. Würde die humanistische Bildung dasjenige leisten, was sie vorgibt, nämlich eine Verbesserung der Menschen durch die Ausbildung in kanonischer Literatur, so müsste sie sich nicht am Erfolg ihrer Zitierfähigkeit bemessen lassen, sondern am faktischen und praktischen Nutzen, den die Subjekte daraus ziehen. *Faire* und *Dire* werden dabei bis zum wechselseitigen Ausschluss gegen einander ausgespielt. Wer zu reden verstehe, habe (darum noch) keine Handlungen erlernt. Montaignes Programm wird zur Sprach- und Literaturkritik, die sich, im Medium von Sprache und Literatur, selbst attackiert.[9]

---

9 Regosin, *Montaigne's unruly brood*, S. 24-25: „Education is no longer a question of weaning the child in any simple way from its inability to speak, of untying its tongue and giving it voice. The child does not learn how to speak but how to do. In the binary opposition that

Im Herzen seiner Kritik also steht das Zitat als unnütze Technik des Über-Gelehrten, der dem Zeitgeist verpflichtet Listen- und Quellenwissen für den einzigen Maßstab von Bildung hält. Anstatt dass die Bildung den gewünschten Effekt hat – die Besserung von Sitten und Fähigkeiten des Zöglings – bleibt sie beim bloß Indoktrinierten stehen, dessen Hervorbringung das Ergebnis eines ungelenken Festhaltens ist. Zitieren, auch wenn das Wort nicht fällt, hieße hier vor allem aufsagen, auswendig wissen: „(c) Sçavoir par cœur n'est pas sçavoir: c'est tenir ce qu'on a donné en garde à sa memoire.",[10] wie wir vorgreifend aus I 26 zitieren können.

2.2 *Kritik und Performanz von* Du Pedantisme (*I 25*)

Klassische Topoi der Pädagogik und Philosophie scheinen auf den ersten Blick in dieser Kritik keine Schwierigkeiten zu bereiten, sondern das Problemfeld zu umreißen. Momente des geistlosen Nachplapperns entsprechen der Idee eines „toten Buchstaben" der Schrift, dessen bloße Reproduktion keine eigene Leistung ist.[11] Zudem ist die Kritik am Gelehrtentum für den Edelmann des

structures the comparison, moral action (*faire*) and speaking (*dire*) appear to be mutually exclusive, although I might want to put the issue another way and say that here actions are meant to speak in a figurative sense, and to speak louder than word."

10 Montaigne I 26, S. 152.

11 Der tote Buchstabe oder das tote Wort im Kontrast zum lebendigen Geist des Offenbarungstextes stellt selbstverständlich eine der Kerndebatten des 16. Jahrhunderts und der Reformation dar. Erasmus schreibt hierzu in Form einer Sammlung biblischer Autoritäten (Erasmus von Rotterdam, *The Handbook of the Christian Soldier / Enchiridion militis christiani*, Toronto (u.a.): University of Toronto Press 1988 (Collected Works, Bd. 66), S. 35 (LB V 8D): „I think the principal reason why we see that monastic piety is everywhere so cold, languid, and almost extinct is that they are growing old in the letter and never take pains to learn the spiritual sense of the Scriptures. They do not hear Christ crying out in the gospel: ‚The flesh is of no profit; it is the spirit that gives life' nor do they hear Paul, who adds to the words of the master: ‚The letter kills, it is the spirit that gives life,' and: ‚We know that the law is spiritual, not carnal and again: ‚Spiritual things must be acquired through spiritual things'". Vgl. etwa Peter Walter, „Humanistische Schriftauslegung am Beispiel Jacques Lefevre d'Etaples und des Erasmus von Rotterdam", in: *Der Streit um die Schrift*, hrsg. Irmtraud Fischer, (u.a.), Göttingen: Vandenhoeck & Ruprecht 2018, S. 203-224.

Diese Differenz von lebendiger Stimme und totem Buchstaben – in der Ambivalenz, die wir hier auch für Montaigne entwickeln wollen – bildet den Ausgangspunkt der frühen Arbeiten Jacques Derridas. So fasst er die Ausgangslage der *Grammatologie* wie folgt zusammen: Derrida, *Grammatologie*, übers. Hans-Jörg Rheinberger & Hanns Zischler, Frankfurt a.M.: Suhrkamp 1983, S. 33: „Die Schrift im geläufigen Sinn ist toter Buchstabe, sie trägt den Tod in sich. Sie benimmt dem Leben den Atem. Auf der anderen Seite aber

16. Jahrhunderts eine Selbstverständlichkeit, gerade wenn er sich ans Verfassen von Büchern macht. Die gesellschaftliche Stellung das Adels, auf die Montaigne einigen Wert legt, verbietet ihm, als professioneller Schreiber und Kenner der Literatur aufzutreten.[12] Die topisch vorbereitete Bevorzugung des kriegerischen Spartas vor dem intellektuellen Athen betont deutlich die Aufgaben des Edelmannes.[13]

In diesem Lichte besehen sind Montaignes Ausfälle gegen die Pedanterie und die bloß reproduktive Schriftgelehrsamkeit alles andere als originell. Vielmehr entspricht seine Haltung dem Zeitgeist einer Abkehr von der Scholastik und von einer rein reproduktiv verstandenen Rhetorik. Wo Montaigne vorgibt, für die eigene Urteilskraft und die eigene Person einzustehen, orientiert er sich an einem breiten Katalog nicht nur antiker Vorbilder, sondern auch namhafter zeitgenössischer Autoren. Von Erasmus' *Ciceronianus* über den ebenfalls im Hintergrund anwesenden Agrippa von Nettesheim in *De Vanitate* bis hin zum von Montaigne selbst eingangs zitierten Du Bellay herrscht in der gelehrten Literatur des 16. Jahrhundert weitestgehend Einigkeit, dass die Pedanterie eine Plage sei und damit auch, dass ein reines Bücherstudium der *science* nicht der Höhepunkt der Institution sein könne.[14]

Montaignes Kritik wiederholt nicht nur Ansichten und Topoi aus anderen Kritiken – was ihn noch weniger originell werden lässt, ist die schier unüberschaubare Fülle der Entlehnungen, Zitate und Verweise, die er im Kapitel I 25 zusammenfügt. *Du Pedantisme* ist ein wucherndes Palimpsest, das in verschiedenen Tonlagen und Zeiträumen Stimmen reiteriert und in Harmonie bringt, deren Autorität in der Fülle kaum noch zu bezweifeln ist. Wie beiläufig gibt sich der Autor mit diesem paraphrasierten Netzwerk als Kenner der klassischen wie zeitgenössischen Literatur zu erkennen. Seine Kritik des

---

wird die Schrift im metaphorischen Sinn, die natürliche, göttliche und lebendige Schrift verehrt; sie kommt an Würde dem Ursprung des Wertes, der Stimme des Gewissen als göttlichem Gesetzt, dem Herzen, dem Gefühlt usw. gleich." Es ist keineswegs unwichtig, dass seine Betrachtungen in der *Grammatologie* (analog zu denjenigen de Mans) mit Rousseau ihren Endpunkt finden, einem Autor also, der von Montaigne mehr als nur beeinflusst war.

12 Vgl. Friedrich, *Montaigne*, S. 16.

13 Eric MacPhail, „Theory and Practice in 'Du pedantisme'" in: *Montaigne after Theory/ Theory after Montaigne*, hrsg. Zahi Zallou, Seattle/London: University of Washington Press, 2011, S. 39-54, hier S. 49.

14 Vgl. Dietmar Till, *Transformationen der Rhetorik. Untersuchungen zum Wandel der Rhetoriktheorie im 17. und 18. Jahrhundert*, Tübingen: Niemeyer 2004; besonders sei in diesem Kontext auf das Kapitel „‚Anmutige' Komplimentierkunst und rhetorischer ‚Pedantismus' (Cicero, Castiglione, J. H. Boecler, Gracián, Weise, Hallbauer, Hunold)" auf S. 146-180 hingewiesen (zum Ciceronianus-Streit, siehe das Folgekapitel.)

Bücherwissens und der Pedanterie wird so, in augenfälligem Missverhältnis zwischen Textform und inhaltlicher Position, zu einer polyphonen Reihung von ausgestelltem Bücherwissen. Montaigne lässt beispielsweise Cicero, Diogenes Laertius und Seneca auftreten, um sie alle als Zeugen für die Kritik an der Pedanterie aufzuführen, und stellt ihnen nicht nur zeitgenössische Autoren zur Seite, sondern auch sich selbst sowie u.a. eine namenlose Prinzessin,[15] deren Meinung ebenbürtig am Beginn des Kapitels rezitiert wird. Selbst in den parodistischen Zügen seiner Kritik nimmt er sich literarische Vorbilder; der karikierende, weil in falschem Latein gehaltene Satz „(a) *magis magnos clericos non sunt magis magnos sapientes*“, der zur Kritik am pedantischen Kleriker herangezogen wird, ist seinerseits aus Rabelais abgeschrieben, der ihn in ganz ähnlichem Zusammenhang verwendet.[16]

Montaignes Komposition von Zitaten ist weder Zierrat seines eigenen Diskurses, noch ein anachronistischer Forschungs- und Meinungsüberblick. Seine Zitate werden in ihrer Verbindung zum integralen, gleichberechtigten Bestandteil des Kapitels. Davon zeugt nicht nur die bloße Fülle, sondern auch die Anstrengungen, die Montaigne zur Verflechtung aufwendet. An drei Fallbeispielen aus I 25, die sich vom Rest des Diskurses isolieren lassen, kann dies näher erläutert werden.

2.2.1 *Der Cento (1)*

Da wären zunächst die textbildlich hervorgehobenen Verse, die in das Kapitel eingelassen sind. Sie können an einer Stelle, wo sie sich mit Prosa-Passagen abwechseln, als Cento-Konstruktion gelesen werden. Mottet hat gezeigt, wie diese zitierende Komposition funktioniert, die durch eine Konstellation unterschiedlicher bekannter Verse das Kernargument des Kapitel in Dichtung wiederholt.[17] In Anschluss an lateinische und griechische Cento-Dichtungen in Reinform (bspw. Homer- oder Vergil-Centonen) wird der Begriff des

15 Balsamo (u.a.), „Notes et variantes“, S. 1386, identifiziert sie vorsichtig als Marguerite de Valois, ohne Belege anbieten zu können.

16 Balsamo, ebd., sieht die Parallele zu Rabelais' *Gargantua und Pantagruel*, Kap. 39. (Montaigne, I 25, S. 134.)

17 Philippe Mottet, „Des Citation Grecques et Du Pedantisme (I, 25)“, *Bulletin de la Société des Amis de Montaigne* VII Série, Nr. 7-8 (1997), S. 9-20, hier S. 13: „Il est curieux de voir Montaigne disposer ces citation comme les avancées dune argumentation logique, qui lui serait propre, et nous nous étonnons que ce passage – une centon – n'ait retenu l'attention d'aucun des commentateurs que nous avons consultés. Pour le lecteur qui sait déchiffrer le grec et le latin, le centon forme une phrase qui coule joliment. Mais faut-il y voir une caricature du langage pédante?“ Montaigne selbst wird ausdrücklich auf den Cento zu sprechen kommen. Im Folgenden Kapitel dieser Studie werden wir diese Erwähnung genauer untersuchen. Auch andere Studien verwenden den Begriff des Cento

Cento im sechzehnten Jahrhundert merklich erweitert und allgemein auf kompilierende Literatur übertragen. Er umgreift jetzt die Verschränkung von Dichtungen miteinander sowie die Amalgamierung von lateinischem Vers und volkssprachlicher Prosa.[18] Diese Zeilen bilden eine eigene Textebene, die in ihrer Exposition insbesondere dem gelehrten Publikum ihre Herkunft und damit ihre Urheber mitsignalisieren; Montaigne führt ausgerechnet hier auch zum ersten Mal einen griechischen Vers ein, der seine Kenntnisse des Griechischen mitausstellen soll.[19] Dies unterscheidet diese Komposition auch von den anderen ähnlichen Zusammenstellungen, deren Einfluss durch die verbreitete Cento-Literatur der Spätantike und des Mittelalters bereits Villey herausgearbeitet hat.[20] Der Bruch zwischen Pedanteriekritik und pedantischer Ausstellung gelehrter Inhalte wird durch die Varianz der Autoritäten zugleich unterstrichen und verborgen.

Nachdem Montaigne das Thema seiner Ausführungen, die Kritik der Pedanterie, bereits deutlich exponiert hat, überschlägt sich der Diskurs förmlich in Autoritätsverweisen, die er (wie) zur Untermauerung seines Plädoyers defilieren lässt. So warnt er an der viel zitierten Stelle:

---

zu Charakterisierung von Montaignes Montagen; bspw. Brousseau-Beuermann: *La copie*, S. 174, zu einer Verwendung von Lukrez in II 12.

18 Für die Begriffsbestimmung, siehe den (in Ermangelung grundlegender Forschungsliteratur sehr kurzen) Eintrag zum Cento im Historischen Wörterbuch der Rhetorik: Christoph Hoch u. Franz Kunzmann: „CENTO" in: *Historisches Wörterbuch der Rhetorik*, Bd. 2, Spl. 148-157. Wir werden weiter unten insbesondere in Rekurs auf Lipsius Montaignes Einschätzung der Centonen sowie die Relevanz dieser Dichtungsform für die *Essais* diskutierten. Vgl. für Montaigne im Besonderen: Alexandre Tarrête, CENTONS, in: *Dictionnaire de Michel de Montaigne*, hrsg. Philippe Desan, Paris: Champion 2007, S. 148-150; zitiert nach Tucker, George Hugo, „Justus Lipsius And The Cento Form", in: *(Un) masking the Realities of Power*, Leiden: Brill 2011, S. 163-192.

19 Montaigne gesteht selbst ein, dass er kaum Griechisch versteht; Montaigne I 26, S. 174: „(a) Quant au Grec, duquel je n'ay quasi du tout point d'intelligence, mon pere desseigna me le faire apprendre par art, mais d'une voie nouvelle, par forme d'ébat et d'exercice." Vgl. hierzu auch, Michael Metschies, *Zitat und Zitierkunst in Montaignes „Essais"*, Genf (u.a.): Droz (u.a.) 1966, S. 174: „Seine Kenntnisse des Griechischen waren unzureichend; Homer las er wohl in einer Übersetzung. Die griechischen Zitate in den Essais, die ausnahmslos von einer französischen Übertragung begleitet sind, verdankt er antiken und modernen Vermittlern."

20 Vgl. Villey, *Les sources et l'évolution des essais*, bspw. S. 93, S. 208. Friedrich baut systematisch auf Villey auf, der vorrangig die Rezeption verzeichnet hat; siehe Friedrich, *Montaigne*, S. 243: „Montaigne begibt sich in die Niederungen der zeitgenössischen Miszellen- und Florilegienliteratur hinunter, der lecons, Centonen, Gemeinplatz- und Exempasammlungen. Villey hat sie und ihre antiken Vorbilder (Valerius Maximus, Aulus Gellius, Stobaeus usw.) geschildert und gezeigt, wie man bei einzelnen frühen Essays an der Abfolge der Zitate den jeweils benützten Cento erkennen kann."

(b) Nous nous laissons si fort aller sur les bras d'autruy, que nous aneantissons nos forces. Me veus-je armer contre la crainte de la mort? c'est aux despens de Seneca. Veus-je tirer de la consolation pour moy, ou pour un autre? je l'emprunte de Cicero. Je l'eusse prise en moy-mesme si on m'y eust exercé. Je n'ayme point cette suffisance relative et mendiée. Quand bien nous pourrions estre sçavans du sçavoir d'autruy, au moins sages ne pouvons-nous estre que de nostre propre sagesse.[21]

Diese Kritik gewinnt in der Form der Reihung ihre Beweiskraft; parataktisch werden in antikem Name-Dropping die Bezugsautoritäten erwähnt, ohne näheren Gebrauch von ihnen zu machen. Diese Ausführungen, die er in der zweiten Bearbeitungsphase (b) in das Kapitel einfügt, stützen sein Argument aber nur scheinbar. Wie sich leicht erkennen lässt, greift er der folgenden Reflexion, intratextuell und kaum verborgen, auf sein eigenes Schreiben bereits vor, wenn er mit Seneca und Cicero nicht nur zwei seiner Hauptquellen als Paradigmata der Zitierwut der Pedanten anführt, sondern darüber hinaus noch diejenigen Topoi anmerkt, die den Diskurs insbesondere des ersten Bandes maßgeblich bestimmen, nämlich das Verständnis der Philosophie als Sterben-Lernen, das er im Anschluss an Cicero diskutiert und mit einer Fülle von Paraphrasen und Zitaten aus Senecas ausführt.[22] Was er nicht liebt, dieses „erbettelte und relative Genügen", ist also dasjenige, was neben diesem Kapitel in den Essais selbst zu finden ist. Die eingeschobene Behauptung, er wäre unter anderen Umständen selbstverständlich in der Lage gewesen, die von dort entlehnten Ansichten aus sich selbst gewinnen zu können („Je l'eusse prise en moy-mesme si on m'y eust exercé."), wird auf diese Art brüchig, widerspricht sie doch dem Text, der sie hervorbringt, zudem in seiner überarbeiteten und ergänzten Fassung.

Diejenigen Kommentatoren, die hierin Montaignes Selbstbehauptung gegenüber der bloßen Abschrift erkennen wollen, tun gut daran, ihr Zitieren an dieser Stelle abzubrechen.[23] Denn mehr noch als die unverborgene

---

21 Montaigne I 25, S. 137.

22 Stellvertretend ließe sich *Que Philosopher est apprendre mourir* (Montaigne I 20) anführen, um diesem Kerntopos der Essais eine Stelle zuzuweisen. Aber Sterblichkeit und Tod stellen ein so einschneidendes Feld von Montaignes Auseinandersetzungen dar, dass er vom Vorwort *Au Lecteur* bis zum letzten Kapitel *De l'experience* (III 13) nicht wird fallen lassen. Zur Bedeutung seiner Thanatologie, vgl. bspw. Hugo Friedrich, „Montaigne und der Tod", *Romanische Forschungen* 61/ 1. H. (1948), S. 32-88.

23 Besonders augenfällig ließe sich dies an Bretschneiders Lektüre zeigen; vgl. Charlotte Bretschneider, *Montaignes exemplarische Ethik,* Paderborn: Fink 2015, S. 57. Sie zitiert die besagte Stelle, um die folgenden Zeilen nicht mit einzubeziehen, und generell ohne den geringsten Ausweis der editorischen Überlagerungen in I 25, um in Montaignes Ausführungen eine „Kritik philosophischer Heteronomie" zu erkennen. „Fundamental" für

Selbstkritik widerspricht das Folgende der geistigen Unabhängigkeit oder der schriftstellerischen Autarkie und lässt alle Versuche scheitern, Montaignes eigene Pedanterie zu leugnen. Was unmittelbar folgt, die angesprochene Cento-Formel, führt performativ den gerade entworfenen Selbstbezug noch einmal vor:[24]

Zitat in I 25	**Übersetzung**	**Referenz**
(a)Misao sophistaen, hostis ouch hautaoi sophos.	Ich hasse den Weisen, der nicht für sich selbst weise ist;	Euripides, Fragm. 905; zitiert nach Cicero, *Epistulae ad Familiares* XIII, xv, 2. (s.a.: Stobäus, *Sententiae*, sermo III.
(c)Ex quo Ennius: Nequicquam sapere sapientem, qui ipse sibi prodesse non quiret	Wozu Ennius: „Der Weise ist umsonst weise, wenn er nicht sich selbst zu nützen weiß."	Cicero, *De Officiis* III xv, 62
(b)si cupidus, si Vanus et Euganea quamtumvis vilior agna.	Wenn er geizig ist, und eitel, und geringer als ein euganeisches Lamm;	Juvenal, VIII, 14-15. Montaigne verändert *mollior* (weicher) zu *vilior* (geringer, wertloser).
(c)Non enim paranda nobis solum, sed fruenda sapientia est;	Man muss die Weisheit nicht nur aufrüsten (ansammeln), sondern auch genießen (an ihr Teil haben).	Cicero, *De finibus*, I, I, 3; (zitiert bei Justus Lipsius, *Politocorum Libri* VI, I x)

Mit diesen Einfügungen entsteht eine parallele Textebene, die sich exklusiv einer griechisch- und lateinkundigen Leserschaft anbietet und die gerade

Montaigne, so heißt es weiter oben, sei „Eigenständigkeit bzw. selbst zu denken". Dass sie zur Untermauerung dieser für ihre Lektüre zentralen Behauptung ausschließlich die von uns zur gegenteiligen Annahme verwendeten Passagen anführen kann, und diese nur unter Ausblendung ihrer textuellen Position und ihrer ambivalenten Lesbarkeit, mag als Hinweis für die Haltbarkeit einer *Essais*-Interpretation mit proto-aufklärerischem Programm dienen.

24 Montaigne I 25, S. 138. Der griechische Vers ist im Original nicht in lateinischen Buchstaben gesetzt. Die Übersetzungen stammen von mir in Anlehnung an Tietz; die Quellenangaben folgen Balsamo (u.a.), „Notes et variantes", S. 1388-1389.

angeklagte Bedingtheit des eigenen Diskurses durch andere Texte gebrochen zur Frage nach Herkunft und Ursprungskontext verschiebt. Als ginge es darum, die Pedanten zu verspotten, nachdem ihre Verfahren verworfen wurden, imitiert oder persifliert Montaigne sie, um sie zugleich implizit mit den eingefügten Zitaten anzusprechen. Er gibt sich, indem er seine Kritik mit den Worten anderer gelehrt wiederholt, als einer von ihnen zu erkennen, in aller Unbestimmtheit und Ironie, die dieses Verfahrenszitat beinhaltet – denn neben der Abschrift aus antiken Quellen wird die Imitation der Cento-Dichtung selbst, unabhängig von ihrer Funktion, zum formgebenden Zitat, das dem gerade kritisierten Formalismus des Bücherwissens entspricht.

Die Passage, die ursprünglich (in [a]) nur aus dem Euripides-Vers bestanden hat, wurde editorisch in zwei Schritten ergänzt. In der zweiten Ausgabe fügte Montaigne den veränderten Juvenal-Vers ein – trotz der Anpassung an seine Zwecke scheint der Vergleich zum euganeischen Lamm wenig mit der Wiederholung der unnützen Weisheit in Beziehung zu stehen. So liegt der Schluss nahe, dass die beiden Verse für Montaigne vor allem indexikalischen oder emblematischen Wert haben. Sie belegen performativ seine Kenntnisse der Dichtung und insbesondere des Griechischen, und zugleich die Übereinstimmung seiner vermeintlich innersten Überzeugung mit antiken Dichtern.

Auch hier ließe sich wieder versuchen, mit einem Verweis auf Selbstironie dafür zu argumentieren, dass Montaigne die Brüche des Miniatur-Cento in Fortführung seiner Kritik an der Pedanterie verstanden wissen will. Als exemplarisch schlechtes Zitat fügt er den verkümmerten und verschobenen Vers ein, um die Hinfälligkeit solcher Zitierpraktiken vor Augen zu stellen. Sein Cento ist ein Fremdkörper und fügt sich nicht in den bestehenden Duktus des Kapitels, noch entsteht intern ein Ganzes, da er zwischen dem griechischen Vers und dem Rest keine Vermittlungsversuche unternimmt. Vielmehr wirkt alles, was hier zusammengetragen wird, unleserlich bis lektürestörend, ohne dem Argument Montaignes eine sichtbare Ergänzung beizufügen. So verstanden weist Montaigne das literarische Wissen der Antike als unnütz aus, nicht in der abstrakten Verdammung, sondern in der performativen Zurschaustellung. Wer in dieser Dopplung einen semantischen Mehrwert für Montaignes Argumentation erkennen will, dem entgeht die Subversion, die in der Verschiebung des Aufpfropfens und dem aggressiven Selbstwiderspruch besteht.

Dieses Verständnis nun wird von der Ergänzung des Bordeaux-Exemplars wieder kassiert, um nicht zu sagen: verunmöglicht. Die Komposition aus Euripides und Juvenal wird mit Cicero prosimetrisch.[25] Im Ineinandergreifen der Passagen, die sämtlich aus unterschiedlichen Quellen, von verschiedenen

25 Vgl. Bernhard Pabst, PROSIMETRUM, in: *Historisches Wörterbuch der Rhetorik.*

Autoren stammen und schließlich in unterschiedlichen Sprachen überliefert sind, entsteht ein (mehr oder weniger) lesbares Mirko-Gedicht, das den Tenor Montaignes in den Worten anderer wiederholt. Ein Nachsagen zweiter Stufe also, das den Autoritätsbezug mikrologisch parodiert, insofern der/die multilinguale Leser/in die Redundanz der kurzen Passage als nutzlos entlarven kann. Auch wenn es sich um keine syllogistische Struktur handelt, wird so in nuce und in Rekurs auf die Tradition der Gedanke von Montaigne gespiegelt.[26] So verschiebt Montaigne im Zitieren den Diskurs von *Du Pedantisme* von der Anklage zur Selbstkritik. Die Verse und Zeilen klagen als Einschub ihre eigene Anwesenheit an. Es ist nicht nur der Rekurs auf Vorbilder, die den Gedanken, den Montaigne ihnen übernimmt, bereits ausgiebig diskutiert haben, an dem der Diskurs brüchig wird. Schwerer noch dürfte wiegen, dass die ausgestellte Ansammlung hier zwar eingefügt, aber nicht weiter diskutiert, nicht weiter genutzt wird. Außer eines Autoritätsbezugs oder eines Dekorums (im Sinne eines bloßen Schmucks) kommt dem Cento vielleicht noch der Wert einer Verschlüsselung von Montaignes Gedanken zu – ein tatsächlicher Nutzen aus den Zitaten wird aber nicht gezogen, sie werden nicht im strengen Sinne *gebraucht*. Für den Nachvollzug dieser Verwendungen stellt das selbstredend keinen Mangel, sondern die Stärke der Verfügung Montaignes dar. In ihrer Auslösung aus dem Fließtext und ihrer sukzessiv entwickelten Verbindung stehen die Zitate als (Form-)Zitate für sich selbst und werden, in der Diskussion der Gelehrsamkeit, zum Beispiel ihrer selbst.

2.2.2 *Plutarch und die Paraphrasen Amyots*

Handelt es sich bei dieser Konstruktion um eindeutig identifizierbare Zitate, sind die Paraphrasen Plutarchs ein willkommenes Beispiel für die integrative Funktion der Übernahme. Plutarch ist Montaignes liebster Autor, den er am häufigsten für die *Essais* verwendet und den er zu loben nicht müde wird.[27]

---

26 Die grundsätzliche Rückführbarkeit der Gedankengänge Montaignes auf eine stringente Argumentation ist an einem anderen Beispiel durch die Lektüre von Auerbach vorgeführt worden; vgl. Erich Auerbach, *Mimesis. Dargestellte Wirklichkeit in der abendländischen Literatur*, Bern: Dalp 1971, Kap. 12 („La humaine condition"), S. 271-298. Es sind bei ihm wie hier allerdings gerade die Zitate, die sich gegen diese Stringenz sträuben.

27 Vgl. Villey, *Sources*, S. 198. Er gibt an, dass Plutarch allein namentlich 68 Mal erwähnt wird. Vgl. Rudolf Schottlaender, „Montaignes Verhältnis zu Plutarch. Anregungen und Affinitäten", *Antike und Abendland* 32 (1986), S. 159-172. Besonders die Darstellung von Couturas kann hier unser Anliegen mit der Bedeutung Plutarchs engführen; vgl. Claire Couturas, „Une pratique de transfert dans les *Essais* de Montaigne: les Vies parallèles de Plutarque", *Camenae* 3 (2007), S. 1-11. Für einen Überblick der Beeinflussung Montaignes durch den „doppelten" Plutarch, also den Autor und seinen Übersetzer Amyot, vgl. die umfangreiche Studie von Alison Calhoun, *Montaigne and the Lives of the Philosophers: Life Writing and Transversality in the Essais*, Newark: Univ. of Delaware Press 2015.

Mehr als bloßer Stichwortgeber, ist er für Montaigne literarisches wie philosophisches Vorbild, das er vor Kritik verteidigt[28] und zum Urbild seines Schreibens macht.[29]

In diesem Sinne wird er auch immer wieder neue und umfangreiche Zitate aus Plutarchs Schriften in die *Essais* integrieren; schon Villeys konservative Schätzung beläuft sich auf fast vierhundert direkte oder indirekte Entlehnungen.[30] Eines der umfangreichsten und auch bedeutsamsten, weil wiederkehrenden Zitate stellt das lange Plagiat aus den *Moralia* dar, das Montaigne aus „Das Epsilon in Delphi" entnimmt und mit dem er prominent die *Apologie* beschließt. Mitzitiert wird auch die für seine Argumentation zentrale Formel, dass wir „keinerlei Kommunikation mit dem (wahren) Sein haben", die als direktes Zitat zu betrachten ist.[31] Dass er Plutarch nur aus zweiter Hand, nämlich in der Übersetzung Amyots lesen kann, steigert seine Verbundenheit zu seinem Werk vielmehr, als dass es sie schmälert.[32] Autor und Übersetzer werden namentlich in die Essais eingeführt und mitverhandelt – eine Ehre, die anderen Zitatquellen, insbesondere in Prosa, nicht oder selten zuteil wird.[33]

28 Am deutlichsten wird dies in dem Plutarch (und nur vermittelt auch Seneca) gewidmeten Kapitel, II 32, *Défense de Sénèque et de Plutarque*, die – in ihrer kritischen Wendung gegen Bodin – auch eine Verteidigung der *Essais* wird. Vgl. auch Isabelle N. Konstantinovic, *Montaigne et Plutarque*, Genf: Droz 1989; ihr Kommentarteil zu I 25 und I 26 listet sämtliche Anleihen bei Amyot-Plutarch in den hier vorrangig behandelten Kapiteln auf (ebd., S. 168-186).

29 So wird er später in Parenthese zum Kreuzungspunkt der Kernbegriffe der Montaigenschen Poetik: Montaigne III 8, S. 898: „Plutarque (qui est de tous les autheurs que je cognoisse celuy qui a mieux meslé l'art à la nature et le jugement à la science)[…]."

30 Villey, *Sources*, S. 200: „J'ai compté dans les Essais trois cent quatre-vingt-dix-huit emprunts où allusions à l'œuvre de Plutarque. De ce nombre, cent quarante nous renvoient aux *Vies*, deux cent cinquante-huit aux *Œuvres morales*." Anders als bei anderen Autoren nimmt die Zahl der Entlehnungen bei Plutarch in den (b) und (c) – Erweiterungen nur noch geringfügig zu.

31 Montaigne, II 12, *Apologie*, S. 601: „Nous n'avons aucune communication à l'estre, par ce que toute humaine nature est tousjours au milieu entre le naistre et le mourir, ne baillant de soy qu'une obscure apparence et ombre, et une incertaine et debile opinion. Et si, de fortune, vous fichez vostre pensée à vouloir prendre son estre, ce sera ne plus ne moins que qui voudroit empoigner l'eau: car tant plus il serrera et pressera ce qui de sa nature coule par tout, tant plus il perdra ce qu'il vouloit tenir et empoigner." Den Nachweis liefert u.a. Gisèle Mathieu-Castellani, *Montaigne ou la vérité du mensonge*, Genf: Droz 2000, S. 23: „‚Nous n'avons aucune communication à l'être.' (II 12, 601), dit après Plutarque, *Que signifioit Ei* (*Sur l'E de Delphes*), XII 18 B."

32 Montaigne II 4, wo es in Bezug auf Amyots Plutarch-Übersetzung heißt: „[C]ar on m'en dira ce qu'on voudra: je n'entens rien au Grec […]."

33 Exemplarisch wäre das Geständnis seines Diebstahls in Montaigne I 47, S. 284: „[…](je des-roberay icy les mots mesmes de Plutarque, qui valent mieux que les miens)[…]"; Amyot wird als persönliche Bekanntschaft Montaignes eingeführt, vgl. Montaigne I 24, S. 124.

Wo Montaigne Plutarch-Amyot nicht stillschweigend integriert, macht er ihn/sie zum Gegenstand des Diskurses; auch dieses Moment stellt eine Konstante der *Essais* dar. Noch im dritten Bann (III 5, *Sur des vers de Vergil*) wird es heißen:

> (b) Mais je me puis plus malaiséement deffaire de Plutarque. Il est si universel et si plain qu'à toutes occasions, et quelque suject extravagant que vous ayez pris, il s'ingere à vostre besongne et vous tend une main liberale et inespuisable de richesses et d'embellissemens. Il m'en faict despit d'estre si fort exposé au pillage de ceux qui le hantent: (c) je ne le puis si peu racointer que je n'en tire cuisse ou aile.[34]

Gerade im letzten Teil dieses Zitates, das aus dem Bordeaux-Exemplar stammt, wird deutlich, dass Montaigne seinen zitierenden Umgang mit Plutarch zwar als anlassbezogen, aber dennoch als exzessiv begreift. Er plündert ihn aus (*pillager*), und lässt ihn dabei für die *Essais* unverzichtbar werden. Getragen wird diese Abhängigkeit von der Bildlichkeit der Amputation, die er in der letzten Textschicht einfügt und die er selbst für die Beschreibung seines Umgangs entlehnt hat.[35] Wenn er andernorts von „Transplantation"[36] sprechen wird, sind es hier in seiner Revision nicht länger nur die Reichtümer, die er plündert; indem er „Beine

---

34 Montaigne, III 5.

35 Warum es gerade die Köperteile „Beine und Flügel" sind, lässt sich nicht einfach bestimmen; Montaigne deutet hier vielleicht zum engelhaft-himmlischen, was sich in die Preisung Plutarchs als Schatzkammer einfügen würde; aber man könnte auch, über das Insekt, zum Exotischen kommen, zum Versuchstier, dem der Laie leicht einzelne Gliedmaßen entfernen kann und dessen Fremdheit den Sammler gefühllos werden lässt. Zudem sollte nicht unerwähnt bleiben, dass Friedrich Nietzsche dieses Bild für Montaignes Plutarch für seinen eigenen Montaigne verwendet, und zwar als ausgewiesenes Zitat: Friedrich Nietzsche, *Unzeitgemäße Betrachtungen III: Schopenhauer als Erzieher*, hrsg. Colli u. Montinari, Berlin/New York: dtv/de Gruyter 1988, Kap. 2, S. 348: „[...]kaum habe ich einen Blick auf ihn [Montaigne, S.G.] geworfen, so ist mir ein Bein oder ein Flügel gewachsen." Friedrich führt dieses Bild auch an; als Synekdoche ist es der Verbindung von Montaigne zu Plutarch, mehr noch aber derjenigen von Nietzsche zu Montaigne vorangestellt; (Friedrich, *Montaigne*, S. 351:) „Ein hübsches Beispiel, wie Zitate von Hand zu Hand gehen und an Bedeutung wachsen können.") Er verweist auf Villey, der gezeigt habe, dass Montaigne wiederum seinen Satz in Imitation eines Vorbildes aus *Le Théâtre du Monde* von Bouaystuau (1558) zusammengestellt habe. Vgl. Susanne Schmarje, *Das Sprichwörtliche Material in den Essais von Montaigne*, Berlin/New York: de Gruyter 1973, S. 84, die Friedrich korrigiert und lediglich eine gewisse Nähe zwischen Montaigne und Bouaystuau anerkennt, da das Bild als Sprichwort kein Zitat sein muss.

36 So in *Des Livres* (Montaigne, II 10) in einer Bordeaux-Hinzufügung, S. 408: „(c)Ez raisons et inventions que je transplante en mon solage et confons aux miennes, j'ay à escient ommis parfois d'en marquer l'autheur[...]". Wir kürzen hier ab, weil wir auf diese Stelle wieder zu sprechen kommen werden.

und Flügel" amputiert und seinem eigenen Diskurs einverleibt, lässt Montaigne Plutarchs Texte als Organismus, als lebendiges Ganzes auftreten, dem er sich einschneidend und subtrahierend, gewalttätig nähert.

Trotz der Omnipräsenz dieses Bezugs wird Plutarch in *Du Pedantisme* nur indirekt, aber sehr wirksam verwendet. Er spielt keine gesonderte Rolle auf der Textoberfläche, sein Name fällt lediglich zu Beginn des Kapitels. Konstantinovic hat allerdings gezeigt, dass er den einen der zentralen Vergleiche des Kapitels ermöglichen wird, den Topos eines Ausspielens Spartas gegen Athen. *Du Pedantisme* enthält diverse Beispiele aus den *Viten* und den *Moralia*, wie schon seit Nortons Studie bekannt ist,[37] die Montaigne verwendet, um der Abwertung der „Lettreferits" ein positives Beispiel entgegensetzen zu können. Gegen das fruchtlose Studium Athens stellt er die ruhmvolle *vita activa* der Lakedämonier. Der intertextuelle Verweis ist im zeitgenössischen Kontext trotz der plagiierenden Übernahme kaum zu verbergen – Duktus und Gegenstand beziehen selbstverständlich den kanonischen Plutarch mit ein. In den übernommenen Mikro-Narrativen wird die Nähe zu Amyots Plutarch-Übersetzung deutlich markiert:

> *Version Montaignes:*
> (a) Parquoy il n'est pas estrange si, Antipater leur demandant cinquante enfans pour ostages, ils respondirent, tout au rebours de ce que nous ferions, qu'ils aymoient mieux donner deux fois autant d'hommes faicts, tant ils estimoient la perte de l'education de leur païs. (b) Quand Agesilaus, convie Xenophon d'envoyer nourrir ses enfans à Sparte, ce n'est pas pour y apprendre la Rhetorique ou Dialectique, mais pour apprendre (ce dict-il) la plus belle science qui soit: asçavoir la science d'obeïr et de commander.

> *Version von Amyot*:
> (A) Apres la deffaicte du Roy Agis, Antipater leur demandoit pour ostages cinquante enfans. Eteacles qui lors estoit l'un des Ephores luy respondit, qu'il ne luy bailleroit point d'enfans, de peur qu'ils ne devinssent mal conditionnez, pour n'avoir pas esté nourris en la discipline de leur païs, sans laquelle ils ne seroient pas mesmes citoïens, mais qu'il luy bailleroit des femmes ou des vieillards s'il vouloit deux fois autant.[38] (B) Ayant autour de luy le philosophe Xenophon qu'il aimoit, et duquel il faisoit grand compte, il luy suada d'envoyer querir ses enfans

37 Vgl. Grace Norton, *Le Plutarque de Montaigne*, Boston/New York: Cambridge University Press 1906, p. 29-30. Konstantinovic hebt in ihrer Analyse dieselbe Stellen hervor und zeigt dabei den Transfer in Duktus und Satzbau an. Vgl. Konstantinovic, *Montaigne et Plutarque*, S. 172-173. Die Beispiele finden sich in Amyots Übersetzungen der Apophtegmata der Spartaner (*Moralia*) und im Leben des Agesilaus (*Viten*) (allerdings lässt sich letzteres Beispiel auch in den *Aussprüchen* finden.)

38 Für Teil (A): Plutarch, „Les dicts notables des Lacedemoniens," in: *Moralia*, übers. Amyot (zitiert nach Konstantioniv, *Montaigne et Plutarque*, S. 173).

> pour les faire nourrir en Lacedæmon, là où ilz apprendroient la plus belle science que les hommes scauroient apprendre, c'est a scavoir, obeïr et commander.[39]

Die Stellen, die sich sowohl in den *Viten* als auch in den *Apophthegmata* finden lassen, sind dabei als Allgemeinplätze weithin bekannt und in ihrem Gehalt vielleicht austauschbar. Im Sinne von *Du Pedantisme* geht es erneut um den Vorrang der Praxis vor der Theorie. Mit anderen Beispielen hätte sich sicher ähnliches illustrieren lassen.[40] Montaigne übernimmt allerdings in seiner Paraphrase nicht nur die Passagen, sondern auch deren pädagogische Wertigkeit von Plutarch. In antikisierender Absicht machen sie den Vorzug eines spartanischen Bildungsideals vor einer Athen zugeschriebenen weltfremden Weisheitslehre deutlich. Die Übertragung auf Montaignes praktisches Denken gegen die Übergebildeten seiner Zeit scheint sich wie von selbst anzubieten. Ihre indirekte Kennzeichnung, die an Plutarch erinnert, kehrt dabei aber den pädagogischen Rahmen von Montaignes Ausführungen hervor. Am Beispiel (*exemplum*) bedeutender antiker Männer solle die Jugend lernen, Handlungen und Haltungen einzuschätzen und diejenigen, die ihnen nahegelegt werden, nachahmen (*imitatio*). In diesem Sinne sind die Aussprüche berühmter Griechen, die er hier unverborgen aus dieser Traditionslinie übernimmt, in dieser Übernahme als Allgemeinplätze zu verstehen – als *loci communis*, die ohnehin jedem gehören, der sie nehmen will. Sie sind zu diesem Zweck von Plutarch, von Erasmus, vermittelt von Amyot und von anderen Autoren gerade zum Zitat, zur Ent- und Übernahme vorbereitet und anempfohlen, und im Rückgriff auf diese Kompendien verpflichtet sich Montaigne diesem Gebrauch. Seine Paraphrase reiht ihn in die Abfolge von Gelehrten ein und macht ihn zum Erbverwalter und Bewahrer Plutarchs. Indem er die Stellen aus ihm übernimmt, ist es gerade die Markierung der Entnahme, die einen Teil der überzeugenden

---

39 Für Teil (B) Plutarch, „Les dicts notables des Lacedemoniens" in: *Moralia*, übers. Amyot, Lyon 1594, vol. I, p. 763.

40 Man denke etwa an die Anekdote von Thales und der thrakischen Magd. Montaigne verzichtet hier auf diesen klassischen anti-intellektuellen Topos, den er in der Apologie anführen wird, um Thales gar als Exempel für die Praxis zu gewinnen: Montaigne I 25, S. 136: „Thales accusant quelque fois le soing du mesnage et de s'enrichir, on luy reprocha que c'estoit à la mode du renard, pour n'y pouvoir advenir. Il luy print envie, par passetemps, d'en montrer l'experience; et, ayant pour ce coup ravalé son sçavoir au service du proffit et du gain, dressa une trafique, qui dans un an rapporta telles richesses, qu'à peine en toute leur vie les plus experimentez de ce mestier là en pouvoient faire de pareilles." Die Beobachtung fußt selbstredend auf der Prominenz der Anekdote in Blumenberg, *Das Lachen der Thrakerin.* Der Inszenierung der beiden Anekdoten und ihrer platonischen Rahmungen in den Essais bin ich andernorts näher nachgegangen, siehe meinen Aufsatz, „Heiterkeit. Anekdotische Isosthenie bei Montaigne", in: *Wissen en miniature – Theorie und Epistemologie der Anekdote*, hrsg. Melanie Möller u.a. Wiesbaden 2021, S. 107-129.

Funktion der Apophthegmata darstellt. Wie in seinen Quellen, gewinnt der Diskurs auch in *Du Pedantisme* seinen exemplarischen Charakter durch die Aura der Überlieferung und der Antike, die in den Fallbeispielen aufscheint. Dass er nun gerade seine Pedanten-Kritik mit diesen kaum verborgenen Anleihen in der gelehrten Literatur reformuliert – denn der Tenor der Exempla unterstreicht nochmals, was er in eigenen Worten bereits festgehalten hat – lässt seine eigene literarische Bildung kenntlich werden.

Praktisch sind die Aussprüche auch darum, weil in ihnen ökonomische Wissensvermittlung und zielgerichteter Unterricht ineinander greifen – das Apophthegmaton ist in seiner isolierten Form ein Zitat, wie MacPhail schreibt, natürliches Mittel zur Kompression von möglichst vielen Inhalten in möglichst wenigen Worten.[41] In einem Ausspruch sind, wie die *Viten* deutlich machen, unterschiedliche Inhalte aufbewahrt, deren sklavische Reproduktion oder systematische Durchdringung ausgespart wird, um den erinnerungswürdigen Ausspruch greifbar zu halten. Die Ausnützung stellt diese Wissensökonomie vor Augen; anstelle der Kenntnis *par cœur* wird der passende Ausspruch aus der listenhaften Literatur entnommen und verwendet, ohne ihn weiter zu würdigen. Der Kontext wird unterdrückt, gibt sich aber darin allerdings doch noch zu erkennen – in Rekurs auf den breit geteilten Kanon der biographischen Anekdoten und entscheidenden Aussagen von Gelehrten oder Helden wird in der bloßen Erwähnung der rahmende Diskurs mitzitiert, der die Würde und die Universalität der Entlehnung erst wirksam werden lässt. Um den Ausspruch richtig zu verstehen, ist seine Rahmung eigentlich unabdingbar, und kann gerade darum im Quelltext belassen werden.

Mit diesen Übernahmeformen rührt die Betrachtung schon an die Konzeption eines jeden Zitates, da es von den Umständen und Begebenheiten des Ausspruchs ebenso abhängt wie vom Charakter der sprechenden Person. Es geht in dieser Verkürzung um die Konzentration, nicht um Komplexionsvermeidung – vielmehr wird im Ausspruch ja, wenn er zitiert ist, der Nachvollzug seiner Bedeutung in der konkreten historischen Lage sowie im Allgemeinen herausgefordert. Ein Ausspruch erzeugt seine Bedeutsamkeit gerade dadurch, dass sein Verweisungszusammenhang nicht mitgeliefert wird, und fordert so seine Adressat/innen zur Rekonstruktion und zur Reflexion heraus.

2.2.3 *Die Digression aus Platons* Theätet

Ein letzter Ausweis für den Stellenwert seiner Zitationen in I 25 lässt sich in der Bordeaux-Ausgabe finden. In der Durchsicht des ersten Bandes ergänzt

41 Vgl. Eric MacPhail, *Dancing Around the Well. The Circulation of Commonplaces in Renaissance Humanism*, Leiden & Boston (Mass.): Brill 2014, S. 140.

Montaigne *Du Pedantisme* um eine Autorität, die einen Großteil seiner letzten Edition kennzeichnet, indem er Platon als Gewährsmann anführt. In der handschriftlichen Ergänzung wird immer wieder auf die platonischen Dialoge rekurriert, insbesondere zur Illustration der Figur des Sokrates. Im Herzen des Kapitels wird sein malerisches Entlehnen explizit gemacht; er weist die Passage als „peinture platonique"[42] namentlich aus. Sie ist nichts anderes als eine zusammengestellte Paraphrase oder Übersetzung, die er wortgetreu aus Platons *Theätet* übersetzt. Bei der Übernahme handelt es sich um die sogenannte „Abschweifung" in diesem Dialog[43].

> (a) Et, quant aux philosophes retirez de toute occupation publique, ils ont esté aussi quelque fois, à la verité, mesprisez par la liberté Comique de leur temps, (c) leurs opinions et façons les rendant ridicules. Les voulez-vous faire juges des droits d'un proces, des actions d'un homme? Ils en sont bien prests! Ils cerchent encore s'il y a vie, s'il y a mouvement, si l'homme est autre chose qu'un boeuf; que c'est qu'agir et souffrir; quelles bestes ce sont que loix et justice. Parlent ils du magistrat, ou parlent ils à luy? C'est d'une liberté irreverente et incivile. Oyent ils louer leur prince ou un roy? c'est un pastre pour eux, oisif comme un pastre, occupé à pressurer et tondre ses bestes, mais bien plus rudement qu'un pastre. En estimez vous quelqu'un plus grand, pour posseder deux mille arpents de terre? eux s'en moquent, accoustumez d'embrasser tout le monde comme leur possession. Vous ventez-vous de vostre noblesse, pour compter sept ayeulx riches? ils vous estiment de peu, ne concevant l'image universelle de nature, et combien chascun de nous a eu de predecesseurs: riches, pauvres, roys, valets, Grecs et barbares. Et quand vous seriez cinquantiesme descendant de Hercules, ils vous trouvent vain de faire valoir ce present de la fortune. Ainsi les desdeignoit le vulgaire, comme ignorants les premieres choses et communes, comme presomptueux et insolents. Mais cette peinture Platonique est bien esloignée de celle qu'il faut à noz gens.[44]

Montaigne wiederholt das Bild, das Sokrates von den lächerlichen, weil unbrauchbaren Philosophen zeichnet. Die bloße Weisheit und Einsicht in

---

42 Er paraphrasiert Stellen aus dem *Theätet* und aus dem Staat, die er namentlich aufführt und ausweist. Die Übersetzung, die er verwendet, ist wahrscheinlich diejenige von Ficino. Vgl. Villey, *Les Sources*, S. 193, und ferner Eric MacPhail, „Theory and Practice in ‚Du Pedantisme'", S. 41.

43 Platon, *Theätet*, hrsg./übers. Ekkehard Martens, Stuttgart: Reclam 1981, S. 100-117 [172a-177c]; hier insb. 174a-b, S. 107: „Derselbe Spott gilt für alle, die ganz in der Philosophie aufgehen. Tatsächlich bleibt einem solche nicht nur unbekannt, was sein Mitbürger und Nachbar tut, sondern beinahe auch, ob er überhaupt ein Mensch ist oder etwa ein anderes Lebewesen. Was aber der Mensch ist und was einer derartigen Natur im Unterschied zu anderen zu tun oder zu leiden zukommt, danach sucht er und gibt sich Mühe, es herauszufinden."

44 Montaigne I 25, S. 134-135.

theoretische Zusammenhänge ist nichts wert im Verhältnis zu einer Lebensklugheit (*phronesis*), die eine Kenntnis der praktischen Philosophie und der Lebensführung mit einschließt.[45] Vielmehr wird der Philosoph, in seinem Anspruch auf die Wahrheit und Weisheit, zum überheblichen Richter, der ohne jeden Anteil am öffentlichen Leben (*occupation publique*) zu nehmen, jede Tätigkeit und Fähigkeit in der Polis kommentieren und bewerten will.[46] Seine Spitzfindigkeiten, die gegen die gesellschaftlichen Normen angehen, seien peinlich in Hinblick auf ihre gesellschaftliche Stellung.

Dass in Platon die zentrale Autorität der Philosophie angeführt wird und damit in der Wiederholung seiner Gegenüberstellung der lebenspraktische Anspruch von einer gelehrt-theoretischen Reproduktion unterlaufen wird, wiederholt die Fälle in a) und b), wird aber in der Paraphrase zur Aneignungsform, die deutlicher die Nähe zum sokratischen Dialog sucht. Die Bordeaux-Ausgabe geht in der Zitationstechnik von I 25 also noch einen Schritt weiter. Montaignes Rückgriff auf diesen – pädagogischen – Text der Philosophiegeschichte wird also solcher ausgewiesen, wenngleich in der Bestimmung als „platonischer Malerei" Nähe und Distanz ineinandergreifen. Ein besseres Beispiel für einen Autoritätsbezug, der sich als bloße Übertragung und Reproduktion entpuppt, ließe sich kaum finden, wird aber sogleich durch das Ausstellen des Übernahme-Charakters wieder relativiert. Der abrupte Abbruch der Paraphrase ist auch notwendig, um die Passage in den Zusammenhang von *Du Pedantisme* einzufügen; denn Montaigne weiß ebenso gut wie seine pedantischen Leser, dass die Skizze, die er der sokratischen Darstellung entlehnt, keineswegs in dieser Form bei Platon vertreten wird. Vielmehr handelt es sich um einen Gegenentwurf, den Sokrates anführt, um an dieser Negativfolie das Bild des wahren Philosophen zu entwickeln – die vermeintliche Lächerlichkeit des Theoretikers wird im platonischen Dialog als uneigentliche Karikatur eingeführt, um wenig später vom wahren Bild des Philosophen als wirklich freiem Denker aufgehoben zu werden. An dieser Stelle, die als Urszene der Anekdote des gestürzten Thales und seiner lachenden Magd angesehen werden kann, schildert der Sokrates des Dialogs gerade in Abgrenzung von Protagoras, dass die Muße und praktische

45 Zu diesem Gedankengang in Platon Dialog, vgl. bspw. Blumenberg, *Das Lachen der Thrakerin*, S. 16, wo die für Montaigne zentrale Selbstbetrachtung den Vorzug vor der Natur- und Gestirnbetrachtung erhält.

46 Montaigne I 25, S. 134. Diese Richterfigur weist deutliche autobiographische Züge auf; Montaigne, der in der Bordeaux-Ausgabe den zurückgezogenen Philosophen „lächerlich" werden lässt, übernimmt diejenigen Züge an ihm, die seiner eigenen Person oder Selbstinszenieren als frühpensioniertem Richter entsprechen. Es handelt sich um eine kaum merkliche, aber durch Platon höchst autoritative Untergrabung der eigenen Position, die dem Selbstwiderspruch eine weitere Wendung zufügt.

Untauglichkeit des Philosophen für diesen ein Vorzug seien, und die Flucht aus der Lebenswelt ihm besser anstünde, weil sie ihn von der Sklaverei des tätigen Lebens befreit habe – eine Pädagogik, die, wäre sie ausführlich von Montaigne reproduziert, seine eigenen Ansichten infrage stellen würde.[47] Montaignes eingehende Paraphrase des Urphilosophen ist also eigentlich missbräuchlich. Diese Einsicht kann einer gelehrten Lektüre der *Essais* von seinen *lettreferits* nicht entgehen, bleibt aber zugleich hinter dem (für Montaigne untypisch) ostentativen Bezug zum Quelltext verborgen.

Im interkulturellen und überhistorischen Vergleich, den er an diesem beschnittenen Material entwickelt, holt er dann auch ein wenig vom Abstand zwischen der sokratischen Idealisierung der Theorie und seiner tendenziösen Implementierung relativierend wieder ein. Waren die antiken Philosophen zwar lächerlich, aber immerhin selbstbestimmt auf der Suche nach Weisheit und Einsicht, ist die Ausbildung der Philosophen im 16. Jahrhundert in Montaignes Augen nur noch schädlich. Der Rückzug aus der Öffentlichkeit der Gelehrten erfolge keineswegs aus freien Stücken, sondern aus Notwendigkeit.[48] Ihr angehäuftes philosophisches Wissen hindert sie nicht daran, schlechte Taten zu vollbringen: Diesen Vergleich wiederum schließt Montaigne – selbstverständlich – in der Bordeaux-Ausgabe mit einem Pacuvius-Vers.[49]

47 Die Übernahme eben dieser Stelle aus dem platonischen Dialog unter Verzicht auf die Anekdote von Thales und der Magd ist darum so erstaunlich, weil Montaigne sie in der *Apologie* sehr wohl instrumentieren wird, um die Karikatur des unpraktischen Gelehrten an Thales zu gewinnen. Vgl. Montaigne II 12, S. 538. Balsamo (u.a.), „Notes et variantes", S. 1603, bemerken, dass Montaignes Fassung wohl eine Übersetzung aus Agrippa von Nettesheim *De occulta philosophia* (III XXXVI) sei. Was Montaigne stattdessen in *Du Pedantisme* bringt (I 25, S. 135, in [a]), ist die exakte „Gegenanekdote" (So bezeichnet von Blumenberg, *Das Lachen der Thrakerin*, S. 24) aus Aristoteles, die Thales als klugen Geschäftsmann und Erfinder des Monopols einführt; (Aristoteles, *Politik*, übers. Eugen Rolfes, Hamburg: Meiner 1995, I 11, S. 24 [1259 a]). Diese Juxtaposition der unterschiedlichen Platon-Stellen und die offensichtlich bewusste Unterdrückung der Anekdote in (c) nach ihrer Einführung in der *Apologie* in (a) gibt ein deutliches Bild davon ab, wie Montaigne mit der Einbettung seines Materials verfährt und wie er bewusst mit der Einschreibung in diverse Traditionslinien umgeht. Die Anwendung des blumenbergschen Prinzips einer Anekdotengeschichte kann hier leider nur angerissen werden; vgl. auch meinen Aufsatz, „Heiterkeit. Anekdotische Isosthenie bei Montaigne".

48 Dass Montaigne selbst vorgibt, sich aus der Öffentlichkeit und der Politik herausgezogen zu haben, ja nachgerade das Vorbild eines Otiums klassischen Stils für die Renaissance darstellt,...

49 Montaigne ebd., „(c) Odi homines ignava opera, philosopha sententia"; Balsamo (u.a.), „Notes et variantes", S. 1387, belegt die Stelle als Übernahme aus Aulus Gellius („Ego odi

2.3 *Kritik und Performanz von* De l'institution (*I 26*)

Nach dieser Kritik und dem Ausblick auf die von ihm bevorzugte Lebensform eröffnet sich das positive Programm der Reform der Pädagogik nach Montaignes Geschmack in I 26, *De Institution*. Nicht ohne Umweg, allerdings. Nach dem Versprechen der Kapitelüberschrift von I 26 wird die Erwartung des/der Lesers/in enttäuscht oder hingehalten.[50] Montaigne inszeniert das Kapitel als Antwort auf die Anfrage einer Bekannten, die I 25 (anscheinend in Manuskriptform) gelesen hat und nun an den Autor die Bitte um ein ergänzendes, positiv gewendetes pädagogisches Programm gerichtet haben soll. Hat I 25 uns vor Augen gestellt, welche schlechten schriftstellerischen und charakterlichen Resultate die gängige Erziehung zeitigt und die Pedanten als Karikaturen angegriffen, wendet sich nun die Darstellung der richtigen Erziehung zu, die bessere Subjekte hervorbringen kann und für die der Wert der Literatur neu zu bestimmen wäre. Montaigne berichtet und adressiert wie folgt:

> (a) Quelcun donq'ayant veu l'article precedant, me disoit chez moy, l'autre jour, que je me devoy estre un peu estendu sur le discours de l'institution des enfans. Or, Madame, si j'avoy quelque suffisance en ce subject, je ne pourroi la mieux employer que d'en faire un present à ce petit homme qui vous menasse de faire tantost une belle sortie de chez vous (vous estes trop genereuse pour commencer autrement que par un masle).[51]

I 26 ist also ein privater Ratgeber für den Hausgebrauch. Seine direkten Leserinnenansprache ist für einen Text der Renaissance in keinem Falle etwas Ungewöhnliches,[52] vielmehr könnte man sagen, dass diese späte Verwendung

homines ignava, & philosopha sententia." Aulus Gelius, *Noctes Atticae*, Paris 1517, libr. XIII, cap. 8 [S. 162]) und verweist zugleich auf die Verwendung desselben Satzes in Augustinus *Civitate Dei* (VIII, 1).

50 In diesem Fall handelt es sich um eine mildere (Ent-)Täuschung; andere Überschriften haben ganz offensichtlich dissimulierenden Charakter und dienen, wie besonders augenfällig „Coustume de l'Isle de Cea" (II 3) zur Unterschlagung eines kontroversen Themas. Montaigne selbst kommentiert diese Verwirrungen folgendermaßen: Montaigne III 9, S. 994-995: „Les noms de mes chapitres n'en embrassent pas tousjours la matiere; souvent, ils la denotent seulement par quelque marque." Zur Funktion der Titelwahl, vgl. Vaillancourt, „La rhétorique des titres".

51 Montaigne I 26, S. 148. Die Verwendung des Begriffs „Artikel" für eines der Kapitel der *Essais* ist bemerkenswert und selten.

52 Während die *Essais* nur indirekt als private Lektüre der Familie zugesprochen, aber nicht ausdrücklich gewidmet oder zugeeignet wurden, ist die Praxis der Zuschreibung eines Titels so weit verbreitet, dass es verwundert, dass erst hier in Kapitel I 26 eine typische Publikationspraxis nachgeholt wird. Ein weiteres Kapitel, das sich topisch an die Frage nach der Kindererziehung anknüpfen lässt und dessen Resonanz besonders in

von Widmung und Adresse eine Ausnahme der Literatur seiner Zeit darstellt. Dieser Einbezug des Publikums streicht die private Natur der Verbindung zwischen Madame de Foix und Montaigne hervor – eine Funktion, die dem familiären Stil dieses Kapitels besonderen Nachdruck verleiht. Als Teil einer voranstehenden Korrespondenz gewinnt der betonte Anlass den Charakter der Dialogizität. Es entsteht in der Figur der Adressatin eine Prosopopeia der Lektüre im Allgemeinen, und der hier ausgestellte Briefcharakter, den wir als Rahmung des Kapitels vorfinden, lässt uns als Schnittpunkt von Privatem und Öffentlichem teilhaben am adligen Austausch.[53] Montaigne entspricht den Wünschen seines Publikums, das mit der Publikation aus der Exklusivität geholt wird. Das digressive *exordium* des Kapitels umfasst notwendig eine *captatio benevolentiae*, die die Verantwortung für den folgenden Diskurs auf seine Leserin abwälzt, ihr zugleich schmeichelt und nicht vergisst, wiederum in Montaignes favorisierter rhetorischer Eröffnungswendung, der *excusatio propter infirmitatem*, seinen Mangel an Befähigung auszustellen.[54] Anstelle einer Pädagogik im strengen Sinne liefert er eine Gelegenheitsschrift, die zwischen Biographie (stärker als irgendwo sonst im ersten Band der *Essais*) und Poetik oszilliert, deren selbstreferentielle Funktion weniger der richtigen Kinderziehung als der richtigen Verfassung von *Essais* zu dienen scheint.

Was wir hier in der ersten Fassung vorfinden, ist dementsprechend der Kreuzungspunkt der unterschiedlichen Diskursebenen, die Montaigne verbinden will und deren Spannung sich bis zum Ende des Kapitels durchhalten

Montaignes einleitender Digression zu vernehmen ist, wird im zweiten Band ebenfalls einer Dame, nun Madame d'Estissac, gewidmet. Es handelt sich, wie Roger Trinquet rekonstruiert, um Louise de Béraudière, fille de Philippe de La Béraudière. (Vgl. Montaigne, ed. Balsamo et. Al., S. 1526; Vgl. Roger Trinquet, „En marge des Essais. La vraie figure de Madame d'Estissac, ou les pièges de l'homonymie", *Bibliothèque d'Humanisme et Renaissance*, Bd. 18/1 (1956), S. 23-36.). Vgl. Montaigne I 8, „De l'Affection des Pères aux Enfans", S. 385. Hinzu käme noch die Widmung der Sonette von La Boétie in I 29 an Madame de Grammont, Comtesse de Guissena (Montaigne I 29, S. 196).

Zur ungewöhnlichen Widmungspraxis bei Montaigne, siehe Larkin, „The ‚Essais' Dedications".

53 Die Veröffentlichung von Briefen ist keineswegs eine Ausnahme für das 16. Jahrhundert. Schon im 15. Jahrhundert hatten die italienischen Humanisten weite Teile ihrer gelehrten Korrespondenz veröffentlicht und tiefgehende Diskussionen in diesem halböffentlichen Medium ausgetragen. Zur Rolle des Briefs in der Renaissance, vgl. für Italien und die Genese der Brief-Sammlungen des 16. Jahrhunderts Claudia Ortner-Buchberger, *Formen und Funktionen des epistolaren Diskurses in den italienischen libri di lettere* München: Fink 2003; sowie überblickshaft *Der Brief im Zeitalter der Renaissance*, hrsg. Franz Josef Worstbrock, Weinheim: Acta Humaniora 1983.

54 Die grundlegende Bedeutung dieser Figur belegt vor allem Mathieu-Castellani, *La vérité du mensonge*, S. 15.

wird. Die eingehende Überarbeitung in den (b) und (c)-Varianten lässt *De l'Institution* zudem anschwellen und vermehrt die Exkurse, Verweise, Zitate und nicht zuletzt auch die Paradoxien zusehends. Im Herzen steht weiterhin der Widerspruch zwischen „externer" Wissenszufuhr (*remplir de connaissances*) und „innerer" Tugend- und Fähigkeitsbildung; auf sie hin entwirft Montaigne auch einen idealen Lehrer, der kein Lieferant von Informationen, sondern ein selbst tugendhafter und fein gebildeter Mensch sein soll.

Montaignes Entwurf der *Institution* folgt derselben fintenreichen Struktur, die in *Du Pedantisme* vorherrschte. Unter Einbezug der Performanz des Textes entstehen vergleichbare Reibungsmomente zwischen den Textebenen, die als gezielte Finten die Ironie seiner Pädagogik ausmachen. Der kaum zu übersehende Widerspruch zwischen der Einklage natürlicherer Originalität und der Umsetzung dieser Einklage mit allgemein verfügbaren Topoi und in einer zeitgeistgemäßen Art und Weise pädagogischer Literatur erzeugt wiederum diejenige Ambivalenz, die im Herzen von Montaignes Ausbildungskonzept steht. Der Gelehrte, dessen Wissen der Text mitausstellt, führt eine doppelte Karikatur vor: einerseits des gelehrten Wissens, das derart mit seiner Selbstkritik verschränkt wird, dass es sich delegitimiert; und andererseits der Autorinstanz selbst, der es scheinbar nicht gelingen will, in ihrer Kritik auf das Kritisierte zu verzichten, es zu bemängeln, ohne es zu reproduzieren. Der Angriff auf die Institution der Buchgelehrsamkeit kann nicht ohne das Zitat verfahren, das das Abgelehnte mit anwesend sein lässt. Zwischen diesen beiden Polen, der Selbst- und der Fremdkritik, oszilliert das Kapitel bis zu seinem Abschluss.

Dem Zitat als Textstrategie kommt bei der Etablierung dieser Ambivalenz(en) eine entscheidende Rolle zu – nicht nur, in dem mit ihm die Stimmen der Geschichte in den als neu und paradox inszenierten Text eingeschrieben werden können. Vielmehr wird mit der Frage nach der rechten Ausbildung auch die Frage nach der rechten Poetik, und damit nach der Poetik der *Essais*, aufgeworfen und theoretisch verhandelt, wiederum im zitierenden Verfahren. Wer hier versucht, eine strenge Verwerfung des Zitates gewinnen zu wollen, wird sich verwiesen sehen in ein Dickicht von impliziten und expliziten Verweisen, das sich innerhalb und außerhalb der Essais verzweigt und dessen Wuchern sich im Modus des uneigentlichen Sprechens nicht ruhigstellen lassen will.

2.3.1 *Nutzen und Nachteil von Literatur: Theorie des Zitates und Theorie der Imitation*

In seinem biographischen Abriss beginnt Montaigne mit der Darstellung der Lücken seiner eigenen Ausbildung. Die Frage nach der Erziehung, die sich von außen an ihn und in sein Buch richtet, macht den langen Exkurs zur Klärung seiner Kompetenz notwendig, man könnte auch sagen, entschuldigt ihn. Von Aristoteles, dem „König moderner Bildung", habe er nur Bruchstücke behalten, und er könne, als Laie, ohnehin nur die Grundzüge jeder Wissenschaft abbilden („[c] je sceusse peindre seulement les premiers lineamens").[55] Entgegen einem ernsthaften philosophischen oder wissenschaftlichen Studium betont er seine Vorlieben für bestimmte Genres, Geschichte und Dichtung, die ihm mehr liegen („(a) L'Histoire, c'est plus mon gibier, ou la poesie, que j'ayme d'une particuliere inclination."[56]) Für ihn liegt unter Betonung seiner eigenen Neigung der Akzent auf der Verschiebung und Um-, nicht Abwertung des Wissens und der Wissenschaft. Denn die Literatur und die Wissenschaft bleiben dem an Montaigne geschulten Lehrer als Gegenstände durchaus erhalten; ihre Autarkie und Autonomie aber wird von der Praxis unterminiert. Der Gelehrte mag sich in den Ausführungen zur Grammatik und Rhetorik gefallen, und sich auf den Nachvollzug der kanonischen Positionen und Schulen spezialisieren. Montaigne markiert wieder die spezifische Differenz, die er zwischen sich und den unbescheidenen Schriftstellern sieht, den Pedanten und den nun hinzutretenden, ironisch „Ergotistes"[57] genannten scholastischen Philosophen der Dialektik.[58] Für den Laien aber gelten andere Maßstäbe – für Montaigne selbst ebenso wie für den Sohn der Gräfin von Gurson.[59] Montaigne

55 Montaigne, I 26, S. 145: „Mais, d'y enfoncer plus avant, de m'estre rongé les ongles à l'estude d'Aristote, monarque de la doctrine moderne, ou opiniatré apres quelque science, je ne l'ay jamais faict [...]."

56 Montaigne I 26, S. 146.

57 Die Verwendung unsauberer und zusammengestellter latinisierender Neologismen wird als Kennzeichen der Pedanten begriffen; Montaigne I 26, S. 172: „(c) [...]de mesmes, au langage, la recherche des frases nouvelles et de mots peu cogneuz vient d'une ambition puerile et pedantesque." Vgl. hierzu die Einschätzung von Jacques Prévot (zitiert nach Royé, *La figure du pédant*, S. 120:) „[L]e pédant est un créateur de vocable: „nébulifier", „gendrivide", „sejognant" [...]".

58 Montaigne weist diese später anhand des Nützlichkeits-Aspektes als ungeeignet aus, um ex negativo seinen bevorzugten Umgang mit der Philosophie zu beschreiben. Montaigne, I 26, S. 163: „Et je trouve ces ergotistes plus tristement encores inutiles. Ce sont abus: ostez toutes ces subtilitez espineuses de la Dialectique, dequoy nostre vie ne se peut amender, prenez les simples discours de la philosophie, sçachez les choisir et traitter à point: ils sont plus aisez à concevoir qu'un conte de Boccace."

In Stiletts-Übersetzung ist an der nämlichen Stelle von „Ergo-Krähern" die Rede (Montaigne, *Essais*, übers. Hans Stilett, Frankfurt a.M.: Eichborn-Verlag 1998, S. 89); eine Wortschöpfung, die in ihrer abwertenden Geste sicher angemessen ist, den ironisch-imitativen Tonfall eines Latinismus aber fast vollständig verliert. Vgl. die Verwendung bei Bretschneider, *Montaignes exemplarische Ethik*, S. 56.

59 Die Lektüre von Auerbach, die wir bereits angeführt haben, sieht hierin das entscheidende Moment von Montaignes Pädagogik wie Poetik. Auerbach, „Essays", S. 34: „Erst der Laie Montaigne schrieb über die wichtigsten Dinge laienhaft, und, obgleich er eigentlich für

gibt Fluchtlinien einer Ausbildung für die gebildeten Schichten vor, die nicht Berufs-, sondern Lebensbildung brauchen.[60] War bisher die Welt aus den Büchern – für Montaigne nur unzureichend – zu verstehen, gelte es nun, die Welt als Buch zu begreifen, und sie zum Schauplatz sowohl der vielfältigen Kenntnisse als auch ihrer Überprüfung zu machen. Der Lehrling, den Montaigne sich vorstellt, muss sich als tugendhafter und kluger Mann in der Welt beweisen. Die „französische Methode" der kleinen Einblicke reicht völlig hin, wenn man nicht von einem alles, sondern von allem etwas braucht, um sich in der Welt zu behaupten. Er nimmt sich (wiederum in [c]) erneut in eigentümlicher Weise Platon als Modell für seine ambivalente Haltung zur Wissenschaft:

> (a) Toutesfois, en cette difficulté, mon opinion est de les acheminer tousjours aux meilleures choses et plus profitables, et qu'on se doit peu appliquer à ces legieres divinations et prognostiques que nous prenons des mouvemens de leur enfance. (c) Platon mesme, en sa République, me semble leur donner beaucoup d'authorité. (a) Madame, c'est un grand ornement que la science, et un util de merveilleux service, notamment aux personnes élevées en tel degré de fortune, comme vous estes. A la verité, elle n'a point son vray usage en mains viles et basses. Elle est bien plus fiere de préter ses moyens à conduire une guerre, à commander un peuple, à pratiquer l'amitié d'un prince ou d'une nation estrangiere, qu'à dresser un argument dialectique, ou à plaider un appel, ou ordonner une masse de pillules.[61]

Wenn er so das Dreigespann von Philosophie, Jura und Medizin der Diplomatie und der Heeresführung unterordnet, wird die Wissenschaft zur Dienerin, die in den tätigen und nützlicheren Diensten lieber glänzen will als in der eitlen Selbstanwendung. Der praktische Nutzen der Anwendungsbereiche des Gelernten eines jungen Adligen stehen weit höher als die Versenkung in die Theorie.

Darin erkennt Montaigne die Verschiebung und Neuordnung des Lehrplans, nicht seine generelle Verwerfung. Der *Institution* geht es um die Entweihung und Profanisierung der gelehrten Inhalte, nicht um ihre Verabschiedung. Sie werden von Montaigne in den Dienst der Selbstausbildung gestellt, und dazu in Bewegung gebracht. Weit davon entfernt, sich anstelle des Bücherwissens nur auf die unmittelbare und eigene Erfahrung zu verlassen, rückt seine Erziehung die Bücher selbst in den Status von Gegenständen der Erfahrung und

---

niemand schrieb, sondern zunächst nur für sich selbst, so bildete er doch eine Gemeinde von Laien, und es wurde sein Buch ein Laienbuch überhaupt."

60 Montaigne I 26, S. 150. (S.o.)

61 Montaigne I 26, S. 149.

der Begegnung, nicht der Weisheit.[62] Sie bleiben Teil des Curriculums, und lassen dabei den kanonischen Bestand der Literatur bestehen, um ihn anders zu fassen.[63] Der Wert der Texte liegt, ganz im Sinne seines Spotts gegen die Pedanten, nicht mehr in ihnen selbst, sondern in ihrer Nutzbarkeit. Indem er den Fokus von der bloß reproduktiven Wiederholung des autoritären Wissens zu dessen Einschätzung und Bewertung verlagert, setzt er mit der Instanz des wählend und wertend rezipierenden Schülers die Urteilskraft als ständigen Gegenstand der Erziehung ein. Er wiederholt ihre Opposition zur *memoria*:

> Qui demanda jamais à son disciple ce qu'il luy semble (b) de la Rethorique et de la Grammaire, de telle ou telle sentence de Ciceron? On nous les placque en la memoire toutes empennées, comme des oracles où les lettres et les syllabes sont de la substance de la chose.[64]

Seine Reform ist also diejenige einer Nuancierung, die am Literarischen des Materials wie an den entscheidenden Disziplinen orientiert bleibt, sie aber gleichermaßen entzaubern will. Cicero, die Rhetorik und die Grammatik sollen nicht länger wie Orakel gelesen werden, bei denen die Substanz im Buchstaben (*lettres et syllabes*) statt im Wert und Nutzen bestünde. Statt orakelnder Weisheitsentschlüsselung fordert Montaigne einen weit gelasseneren und entsakralisierten Umgang mit seinen Texten, ganz nach dem Belieben, das er

62 So auch Moser, *Buchgestützte Subjektivität*, S. 4: „Montaigne denkt den Vorgang der Selbsterkenntnis im Grunde immer noch als Lektüre. Tatsächlich entspringen seine *Essais*, die er zum Zweck der Selbsterkundung verfaßt, gerade nicht einer unmittelbar gewonnenen Welterfahrung. Der Essayist schult sein *jugement* nicht in der direkten Konfrontation mit fremden Menschen und Kulturen, sondern im Umgang mit fremden Texten. Das Buch der Welt erschließt sich ihm in Gestalt von Büchern - vermittelt durch die antike Literatur, die Montaigne in ihrer ganzen, auch unkanonische Randerscheinungen umfassenden Bandbreite zur Kenntnis nimmt, vermittelt aber auch durch neue Textformen, etwa durch die Reiseberichte der frühen Entdecker und Kolonisatoren." Während Moser die Fremdheit der Texte betont, übersieht er allerdings, dass diese das Ergebnis einer von Montaigne umgesetzten Verfremdung ist, die sich in seiner Remontage der verfügbaren Inhalte einstellt.

63 Westerwelle beobachtet für die *Apologie* dieselbe Geste von verändernder und umwertender Bewahrung des Wissens seiner Zeit; „Gegen die Sakralisierung menschlicher Rede und Gelehrsamkeit, die sich vom Religiösen auf das profane Wissen überträgt, richtet sich der erkenntniskritische Auftakt der *Apologie de Raimond Sebond*. Montaigne hält die Adorationshaltung der Vätergeneration für übertrieben; er schätzt das Wissen, ohne die Gelehrten anzubeten." Eine Applikation dieser Figur auf die Pädagogik soll hier versucht werden.

64 Montaigne I 26, S. 152.

eingangs eingestanden hat. Der Schüler solle lernen, den Inhalt in „hundert verschiedenen Gesichtern“ wiederholen oder anwenden zu können[65]

Die Neubewertung der Literatur geht mit dem Vorrang der Tat vor dem Bücherwissen aus I 25 Hand in Hand. Die Konzeption der Wissenschaft (*science*) selbst wird profaniert: Pedantisches Lernen und Lehren ist daher verkehrt, weil es einem falschen, idealisierten Verständnis von Wissenschaft folgt. Die Wissenschaft ist kein Allheilmittel, das jeder/em ungeachtet der Anlagen und Widerstände verabreicht werden könne, sondern eine Droge, die – wie jedes Heilmittel[66] – gute wie schlechte Effekte zeitigen kann:

> (c) Car elle [la science, S.G.] n'est pas pour donner jour à l'ame qui n'en a point, ny pour faire voir un aveugle: son mestier est, non de luy fournir de veue, mais de la luy dresser, de luy regler ses allures pourveu qu'elle aye de soy les pieds et les jambes droites et capables. C'est une bonne drogue, que la science; mais nulle drogue n'est assez forte pour se preserver sans alteration et corruption, selon le vice du vase qui l'estuye.[67]

Die Menge macht das Gift: Wo der rechte Einsatz von wissenschaftlicher Ausbildung heilsam wäre, wird durch die pedantische Überdosis gegen die natürliche Eignung der Schüler/innen und späteren Gelehrten operiert. Nicht jedes Behältnis ist geeignet, sie aufzubewahren. Montaignes Metaphorik der Vermischung und Verunreinigung greift auch hier, wo er das Ideal des sterilen Wissenstranfers in der Ausbildung angreift. Die klinischen Bedingungen normierter Lehre verkennen die spezifische Aufnahmefähigkeit der Rezipienten. Ihre je besondere Eignung verdirbt die sonst für rein gehaltene Medizin. In Missachtung ihres Wesens erwarten die Schulmeister seiner Zeit offensichtlich Wunder von der literarischen, rhetorischen und dialektischen Ausbildung. Sie solle die Seele oder den Geist hervorzubringen, oder „Blinde sehend zu machen“. Die Lehre ist aber selbst keine produktive Kraft der Pädagogik, sondern Supplement, Hilfsmittel, Pharmakon; die „Natur“, als die persönliche Veranlagung und Disposition, kann von ihr angeleitet (*dresser*)

---

65 Montaigne I 26, S. 151.

66 Vgl. Platon, *Phaidros* 274e-275a; Derridas Lektüre hierzu nimmt die Metapher des Gifts und des Heilmittels zum Ausgangspunkt seiner Revision der Schrift- und Wissenschafts/Rhetorik-Kritik bei Platon. Jacques Derrida, „La pharmacie de Platon“, in: *La dissémination*, S. 255-403. Dass Montaigne nicht von médicine o.ä. spricht, sondern von einer „guten Droge“, ist dem Argument wesentlich. Nur wenn es auch schlechte Drogen oder die schlechte Anwendung eines an sich guten oder neutralen Mittels gibt, kann sein Vergleich zwischen wissenschaftlicher Ausbildung und medizinischer Pflege funktionieren. Der Sprachgebrauch legt dies nahe: Nicot, DROGUE, in: *Le Thresor de la langue francoyse*: „Toute Drogue, bonne, ou mauvaise, Pharmacum“.

67 Montaigne I 25, S. 141.

werden, aber Wissenschaft und Kunst können keine Eignung hervorbringen (*fournir*).

Im Zuge dieser Umwertung schlägt Montaigne seinen eigenen idiosynkratischen Kanon vor. Nur folgerichtig muss in der biographischen Skizze ein Ausblick auf die rechte Bildung erfolgen, denn wer gegen das normierte Wissen ankämpfen will, muss dies am Einzelfall tun. Was er an privaten Vorlieben für Dichtung und Geschichte anführt, deckt sich mit den omnipräsenten Intertexten der *Essais* und unterstreicht, wie die spezialisierte Pädagogik mit dem Textcharakter seines Projekts übereinstimmt. Es bleibt auch hier beim Versuch. Obwohl die Diskussion der bevorzugten Literatur ein leises Echo aus Quintilians 10. Buch sein könnte, erhebt Montaigne keinen Anspruch auf Allgemeingültigkeit.[68] Vielmehr will er dem Vollständigkeitsanspruch seiner Selbstschilderung entsprechen – Montaigne umschließt in seiner Selbstdarstellung all jene Texte, die ihn zu dem Autoren gemacht haben, der er nun ist, und begreift so den Genotext als Teil der Autobiographie.

Der Effekt dieses Einschlusses anerkannter Texte in die Selbstdarstellung führt zu einer Aufhebung der Autorität des Schreibenden. Er inszeniert ein ambivalentes Double-Bind, in dem er diesen Kanon ausführt und zugleich in Hinblick auf gängige Bildungsstandards abwertet. Er ist kein Gelehrter in diesem Sinne, folglich ist seine Einschätzung der Bildung nicht diejenige eines Experten, sondern nur die eines Privatmanns. Montaigne hat also Recht mit dem, was er sagt, wenn er ungebildet ist, wie er sich gibt – und ist es zugleich eben nicht, weil er über die wahre und bessere Bildung verfügt, die er schildern will. Diese Autoimmunisierung qua Paradoxon, die sich aus dem Rekurs auf die seine Autoren des Bildungskanons speist, legitimiert ihn, indem sie ihn abwertet. Die gewonnene Ambivalenz entpuppt sich als Strategie des Scheinrückzugs. Was bleibt, ist Montaigne als interessierter und engagierter Laie, dem kein Misstrauen mehr entgegen gebracht wird. Unter dem Vorbehalt seiner Untauglichkeit kann er sein Programm frei entwickeln.[69]

Derart gelingt es Montaigne, die Fülle von Zitaten seines späthumanistischen Haushalts mit geändertem Vorzeichen wieder in die *Essais* zu reintegrieren.

---

68 Der Bezug zu Quintilian wurde schon zuvor, mit der Titelwahl und in Anlehnung an Plutarch, eingeleitet und verweist unmittelbar auf das pädagogische Projekt der *Ausbildung des Redners*. Im zehnten Buch werden die unterschiedlichen literarischen Gattungen Philosophie, Dichtung und Geschichte auf ihren Wert für die Ausbildung des Redners hin katalogisiert und kurz umrissen sowie kritisiert. Vgl. Marcus Fabius Quintilianus, *Institutio Oratoria*, Buch 10, S. 430-543.

69 Nach Mathieu-Castellani sind eben diese Scheinrückzüge die vorherrschende Strategie der *Essais*; vgl. Mathieu-Castellani, *La vérité*, S. 28: „Le séducteur entend séduire en feignant de ne pas vouloir séduire."

Sie füllen den Text aufwendig an und wiederholen in I 26 die paradoxe performative Spannung, die wir bereits untersucht haben. Wie zuvor sind es auch hier die Bordeaux-Erweiterungen, die den Kerngedanken hervorheben und in der Durchsicht die Akzente setzen oder verschieben:

> (c) Je n'ay dressé commerce avec aucun livre solide, sinon Plutarque et Seneque, où je puyse comme les Danaïdes, remplissant et versant sans cesse. J'en attache quelque chose à ce papier; à moy, si peu que rien.[70]

Während seine spezifisch französische Bildung ihn für Aristoteles und die Philosophie verdorben habe, hätten die historischen und moralischen Autoren Seneca und Plutarch deutliche Spuren hinterlassen – tatsächliche Quellen, aus denen er ohne Unterlass schöpft, wie er mit mythischem Bezug zu den Danaiden eingesteht. Sein Schreiben wird ein beständiger Fluss, den er, wie verflucht und dennoch müßig, in ständiger Tätigkeit ausgießt.[71] In der metaphorischen Drastik wird dieser Bezug hier zumindest zur begleitenden Schreibursache. Interessanterweise bleibt auch die Bildlichkeit dabei im Fluss: Was er von dort genommen hat, wird hier wieder ausgegossen und auf dem Papier fixiert, ohne dabei an Montaigne selbst haften zu bleiben.

Im nächsten Schritt spricht Montaigne sich gleich wieder vom tatsächlichen Einfluss der Autoren frei – ihre Zitate finden durch ihn ihren Weg in seine Schrift und aufs Papier, aber sie bleiben dem schreibenden Subjekt äußerlich und akzidentell. Als sentenzenhafte Autoren haben sie Material vorgegeben, das sich für das Schreiben von *Essais* ebenso eignet wie für die Ausbildung der jungen Adligen; es ist griffig und kurz, und folglich ökonomisch.[72] Damit ist die

---

70 Montaigne I 26, S. 146.

71 Zum Bild der Danaiden, vgl. Christoph Auffarth, DANAOS, DANAIDEN, in: *Der Neue Pauly*, hrsg. Hubert Cancik, (u.a), Leiden: Brill 2006, abgerufen 22 Dezember 2018 (http://dx.doi.org/10.1163/1574-9347_dnp_e310700): „Lynkeus tötete die Mörderinnen seiner Brüder; sie bereiteten ihr Brautbad in der Unterwelt, indem sie endlos Wasser in ein Faß schütteten, da es Löcher im Boden hatte. Dies wurde später als „spiegelnde Strafe“ verstanden (Ovid, *Metamorphosen* 4, 462 u.a.).“ Bei Ovid heißt es „molirique suis letum patruelibus ausae | adsiduae repetunt, quas perdant, Belides undas.“ / „Sie aber, die ihren Vettern den Tod zu geben wagten, die Danaiden, schöpfen beständig Wasser, um es nutzlos zu vergießen.“ Ovid, *Metamorphosen (lat./dtsch.)*, hrsg. Gerhard Fink, Düsseldorf (u.a.): Artemis & Winkler 2004, S. 196-197. Die Umkehrung des Bildes zum positiven Bezugspunkt hat Pfeiffer rekonstruiert; Helmut Pfeiffer, *Montaignes Revisionen. Wissen und Form der Essais*, Paderborn: Fink 2018, S. 283-284: „Die mythische Strafe wird zum Bild des immer neuen Genusses umgewendet. [...] Das Danaiderbild wird daher konsequent gegen seine mythologische Prägnanz gewendet.“

72 Zu den Apophthegmata und ihrer Ökonomie der Kürze, vgl. MacPhail, *Dancing Around the Well*, S. 140.

Übernahme aus ihnen aus Klugheit statt aus der Not heraus erfolgt. Eher als Koinzidenz stellt Montaigne fest, dass es Überschneidungen zwischen seinen Gedanken und bspw. Plutarch gebe.[73] Wenn er diese verräterischen Ähnlichkeiten in den Gegenständen erkennt, dient sie ihm weniger zur Bestätigung seines Schreibens als zur Markierung der unterliegenden Differenz. Angesichts der schönen Worte der guten Autoren (*bons auteurs*) erst wird deutlich, wie niedrig seine eigenen gewesen sind und bleiben. Einsichtig, dass er ihren Vorformungen nicht gewachsen ist, belässt er die Einfälle (*inventions*) der *Essais* unkorrigiert stehen, ohne die durch den Vergleich gewonnenen Makel auszubessern (*sans en replastrer et recoudre les defaux que cette comparaison m'y a descouver*).[74] Gegensätzlich (*au contraire*) verfahren die sanft „unbescheiden" genannten Autoren seiner Zeit, von denen er sich abzugrenzen versucht.

> (c) Il faut avoir les reins bien fermes pour entreprendre de marcher front à front avec ces gens là. (a) Les escrivains indiscrets de nostre siecle, qui, parmy leurs ouvrages de neant, vont semant des lieux entiers des anciens autheurs pour se faire honneur, font le contraire. Car cett'infinie dissemblance de lustres rend un visage si pasle, si terni et si laid à ce qui est leur, qu'ils y perdent beaucoup plus qu'ils n'y gaignent.[75]

Im Gegensatz zu seiner bescheidenden Kapitulation vor den Autoritäten finden sich bei ihnen gewöhnliche Plagiate, die sie in ihre Texte integrieren, um sich mit den schönen Wendungen und Gedanken anderer Ruhm zu erschleichen. Deutlicher noch als die *Lettreferits* zuvor, deren gesamtes Denken nur aus Zitaten bestand, sind diese Kopisten mit ihrer täuschenden Absicht zu kritisieren. Bescheidenheit ist als Übersetzung von *discretion* angebracht,[76] wenn der Anspruch nicht mehr derjenige eines imitierenden Nacheiferns, sondern der tatsächlichen Angleichung und der Übernahme ist. Mit Wendungen, Formulierungen und Topoi aus kanonischen Texten schwingt

---

73 Er gesteht dies exemplarisch und ausdrücklich unter Nennung seines Namens für ein vorangegangenes Kapitel, *De la force de l'Imagination* (I 21); Montaigne, I 26, S. 146: „[…] comme je vien de faire chez Plutarque tout presentement son discours de la force de l'imagination[…]".

74 Die eingefügten Zitate stammen aus Montaigne I 26, S. 145-146.

75 Montaigne I 26, S. 147.

76 So tut es die Tietz-Übersetzung, die von „unbescheidenen Schriftstellern" spricht. Michel de Montaigne, *Essais*, hrsg. Peter Coste, übers. Johann Daniel Tietz, Frankfurt a.M.: Zweitausendeins 2010, I 26, S. 159. Stillet meint hier (wie an so vielen anderen Stellen) ohne erkennbaren Anlass die Bezeichnung streichen zu können, wie er auch sonst dem Text eine Re-Komposition zumutet; so findet sich auch keine Übersetzung für *Discretion* bei ihm. Siehe Montaigne, *Die Essais*, übers. Stilett, S. 81.

sich der reproduzierende Diskurs auf dessen Höhe auf und versucht so, den eigenen Wert zu steigern.

Montaigne kritisiert dieses Vorgehen, allerdings weniger aus moralischen als aus ästhetischen und pragmatischen Gründen. Sicher, er markiert, dass geistiger Diebstahl ein Zeichen eigener Schwäche ist: Wer Zitate in trügerischer Absicht verbergen will, gibt damit nur seine Ungerechtigkeit und Laschheit zu erkennen.[77] Aber dies sei nicht nur verwerflich, sondern vor allem eine Dummheit (eine *sottise*). Die Zitate, die man in plagiierender Absicht übernimmt, schlagen in der Wirkung um. Entgegen der offensichtlichen Absicht verderben die stillschweigenden Entlehnungen der Indiskreten deren Schriften im Ganzen. Ungeachtet des Abstands zwischen antiker Größe und neuzeitlichem Nacheifern übernehmen sie sich, denn die Zitate bleiben im Text als höherwertig erkennbar und verraten so nicht nur den Diebstahl, sondern auch die Mängel des eigenen Texts. Der Glanz der entlehnten Passagen strahlt auf den Rest des Werkes ab, er kontaminiert, und lässt dadurch die Dürftigkeit des neuen Textes durch die Plagiate klarer hervortreten. Wie seine folgende anonyme Kritik an einem gerade gelesenen Buch zeigt,[78] ist Plagiieren dementsprechend kontraproduktiv. In der Absicht, sein Schreiben mit den Worten anderer zu schmücken, verschandelt man den Rest irreparabel. Der/die Leser/in identifiziert den Bruch im Stil an der entlehnten Passage mühelos, um von ihr her den Rest des Textes ganz anders zu bewerten und schließlich die Lektüre abzubrechen. Zwischen den beiden Stilen liegen Welten, und der kurze Einbruch des höherwertigen Diskurses setzt einen neuen Maßstab, dem der Rest nicht entsprechen kann.

Ohne die Plagiatoren dabei weiter anzugreifen, verwirft Montaigne für seine Person in derselben Logik die bloße Möglichkeit, in vergleichbarer Absicht aus vorliegender Literatur abzuschreiben. Er sei dazu nachgerade unfähig, eben weil der Rest seines Buches dem Vergleich mit so reichem Schmuck nicht standhalten würde.

> Si j'estoffois l'un de mes discours de ces riches despouilles, il esclaireroit par trop la bestise des autres.[79]

---

77 Vgl. Montaigne, I 26, S. 148: „[…](c) comme il est aysé aux sçavans en une matiere commune, sous les inventions anciennes rappiecées par cy par là: à ceux qui les veulent cacher et faire propres, c'est premierement injustice et lascheté, que n'ayant rien en leur vaillant par où se produire, ils cherchent à se presenter par une valeur estrangiere […]."

78 Um welchen Titel es sich handelt, hat er diskret verschwiegen, und auch die Montaigne-Philologie scheint bisher keine schlechte Komposition identifiziert zu haben.

79 Montaigne I 26, S. 146. Bemerkenswert ist, dass die (a)-Fassung hier konjunktivisch bleibt. Hatte er gerade eine Seite sein Geständnis zu *De la Force de l'Imagination* geleistet,

Wenn es an einer Stelle derart strahlen würde, käme damit der Rest in seiner Dummheit (*bestise*) ans Licht. Erneut bringt Montaigne eine Entschuldigung vor, die auf der Selbstabwertung aufbaut und seine Diskretion zur Notwendigkeit statt zur Tugend erklärt. Eingedenk der Mängel seines Buches gebietet ihm die Klugheit, keinen Stilbruch nach oben zu riskieren, und so muss er auf den Reichtum des Schmucks der Rede anderer verzichten. Im direkten Vergleich mit den anerkannten und wirklichen Autoren würde der Rest seines Werkes unlesbar werden. Es ist also seine Unfähigkeit, die ihn vor Selbstüberschätzungen bewahrt und die genannte Klugheitsregel an die Hand gibt.

Wie in *Du Pedantisme* ist dieser ironischen Selbstanklage zu misstrauen. Denn müsste, wenn Montaigne hier aufrichtig wäre, mit diesem Geständnis nicht einhergehen, dass der Stil der *Essais* einheitlich und geschlossen bliebe? Ungeachtet der Präsenz unzähliger Intertexte in seinem Buch, wird allein der ständige Wechsel von Gegenstand, Sprachen, Redeniveau und poetischem Tonfall seine Forderung Lügen strafen. Oder handelt es sich gerade um diese *bricolage*, die er als schlechten, weil uneinheitlichen Stil beschrieben wissen will? Dem steht der eindeutige Effekt des Aufeinandertreffens zweier Stilniveaus, wie er ihn gerade beschrieben hat, gegenüber.

In jedem Fall ist Montaignes Antwort auf die Anmaßungen, dass er für sich Diskretion und Bescheidenheit einfordert. In ostentativer Weise macht er deutlich, dass seine Ansprüche gar nicht darauf zielen, sich mit Cicero und Vergil zu messen, geschweige denn zu glauben, sein Publikum täuschen zu können. Die Anhäufung der Bescheidenheitstopoi setzt die *excusatio* fort; wer derart hervorgehoben die eigenen Fähigkeiten untergräbt, beugt einer kritischen Überprüfung vor.[80] Denn wenn der Autor so bereitwillig eingesteht, sich nicht für das Plagiieren zu eignen, schafft er sich damit zugleich die Lizenzen, die dem Titel des Buches programmatisch eingeschrieben sind. Seine *Essais* sind bloße Versuche, und damit nicht mit dem Maßstab anderer literarischer Produktionen zu bewerten. Solange sie nur Versuche sind, als

---

scheint es nun vielmehr so, als wäre es ihm gelungen, ein Zuviel an fremdem Schmuck zu vermeiden.

80 Genette spricht hier, in der Verhandlung der *Excusatio propter infirmitatem*, vom Paratonnere-Effekt. Vgl. Gérard Genette, *Seuils*, Paris: Seuil 1987, S. 192: „Plus conforme au topos de modestie, et plus efficace à bien des égards, est l'attitude inverse, codifiée par la rhétorique sous le terme d'excusatio propter infirmitatem. C'était, dans l'éloquence classique, le pendant inévitable de l'amplificatio du sujet. Face à l'importance de son thème, parfois exagérée au-delà de tout mesure, l'orateur plaidait son incapacité á le traiter avec tout le talent nécessaire, comptant apparemment sur le public pour établir une juste moyenne. Mais c'était là, surtout, la plus sûre façon de prévenir les critiques, c'est-à-dire de les neutraliser, voire de les empêcher en prenant les devants."; und, etwas später, zitiert er Lichtenberg: „Une préface pourrait être intitulée: ‚paratonnerre'."

Skizzen oder Vorstudien, maßen sie sich die wirkliche Aneignung überhaupt nicht an.[81] Der große Anteil von Selbstbeschreibungen im Umgang mit der Pädagogik speist sich aus diesem Gedanken. Als Selbstbildungsprojekt verstanden, sind die *Essais* selbst den Prinzipien einer allgemeinen Ausbildung und Selbstgestaltung unterstellt. Es handelt sich hier (nur) um Notate, Versuche, anspruchslos versammelte und müßige Gedanken – die Ruhmsucht der Abschreiber kann einem so bescheidenen Autor nicht unterstellt werden. Der Leser wird von Montaignes Offenherzigkeit und Naivität (zumindest in einem ersten Schritt) entwaffnet, und eine Kritik an ihm selbst wird unmöglich gemacht.

2.3.2 *Scheinrückzüge*

Mathieu-Castellani verwendet den Begriff der Finte in ihrer umfassenden Studie zum Verhältnis von Wahrheit und Lüge in den *Essais*, um die Selbstabwertungen zu charakterisieren, die die *Essais* durchziehen:[82] Sie formen eine ostentative Selbstkritik als Vortäuschung von Bescheidenheit. Montaigne führt seine eigene Abwertung an, die nur dazu dient, jeder Lektüre Wohlwollen abzuverlangen für einen Text, der so ungelenk und talentfrei zusammengeschrieben worden sei, dass es der Mühe nicht lohnt, ihn zu kritisieren. Dass diese Finte sich als solche leicht zu erkennen gibt, bewirkt schon die exponierte Stellung des Passus im Anschluss an *Du Pedantisme* und zu Beginn seiner Ratschläge zur Kinderziehung. Ein kurzer Blick in die umliegenden Kapitel wird die behauptete textuelle Autarkie Lügen strafen, von einer eingehenderen Prüfung der einzelnen entlehnten und paraphrasierten Argumente und Anekdoten zu schweigen (wie wir bereits exemplarisch an *Du Pedantisme* oben gezeigt haben). Die Rezeption scheint sich auf den Tadel am Bücherwissen einigen zu können. Einen Nachvollzug von Montaignes einzelnen *emprunts* hält selbst der Quellenforscher Villey für ein „eitles Unternehmen", weil es, so die Annahme, Montaigne ja durchaus gelungen sei, in seinen Zitaten und Plagiaten mehr zu leisten als eine bloße Abschrift.[83]

---

81 Eine bis in die Moderne anhaltende gattungsspezifische Strategie des Schreibens von *Essais*; vgl. etwa Wolf Eberhard Traeger, *Aufbau und Gedankenführung in Montaignes Essays*, Heidelberg: Winter Univ. Verl. 1961, S. 101: „Der Essai stellt kaum mehr dar als eine dem Reihungsprinzip folgende Dehnung des Typs der Lektürenotiz."

82 Mathieu-Castellani, *La vérité*, S. 43. Sie bestimmt die Differenz zwischen Lüge und Finte zuvor, ebd., S. 13: „Si Montaigne ne ment pas, il feint: il feint de déconsidérer les divers comparants de l'essai, emblèmes du rebut pour la doxa, mais aussi pour une esthétique ‚classique', celle d'Horace, celle de Ronsard."

83 Vgl. Pierre Villey, *Les Essais de Montaigne*, Paris: SFELT 1946, S. 89: „Un érudit pourrait s'amuser à montrer que la plupart des idées pédagogiques de Montaigne ont été exprimées avant lui par des hommes de son temps. Vaine occupation: s'il se rencontre

Diese Indizien scheinen Montaigne nicht ausgereicht zu haben, wenn er mit den Ergänzungen des Bordeaux-Exemplars eine erneute Verschiebung in diese Darstellung einschreiben will. Während andere an zu guten Vorbildern scheitern, ist es Montaigne gelungen, eine eigenständige Zitierweise zu entwickeln, deren Wert nicht mehr in der Angleichung des Materials, sondern in der Zusammenstellung und damit in der Rekomposition zu erkennen wäre. Montaigne verhandelt seinen Ratschlag, sich vor den guten Autoren zu hüten, nicht unter dem Vorzeichen der Autorität oder der Ausweisungspflicht, sondern im Spannungsfeld von Fremdem und Eigenem.

> (c) Si sçay-je bien combien audacieusement j'entreprens moy mesmes à tous coups de m'esgaler à mes larrecins, d'aller pair à pair quand et eux, non sans une temeraire esperance que je puisse tromper les yeux des juges à les discerner. Mais c'est autant par le benefice de mon application que par le benefice de mon invention et de ma force. Et puis, je ne luitte point en gros ces vieux champions là, et corps à corps: c'est par reprinses, menues et legieres attaintes. Je ne m'y ahurte pas; je ne fay que les taster; et ne vay point tant comme je marchande d'aller.[84]

Die Überzeugungskraft der Entlehnungen scheint für ihn trotz besseren Wissens so verführerisch zu sein, dass er zugeben muss, selbst dem charakterisierten Schema gefolgt zu sein. Auch er gibt zu, versucht zu haben, die massiven Unterschiede zwischen seinem Diskurs und demjenigen bspw. eines Plutarch-Amoyts, eines Ciceros oder eines Ovids einzuebnen. Montaigne bekennt, trotz aller Einsicht in die Mechanismen innerhalb der Imitatio-Logik zu bleiben. In der (toll-)kühnen Hoffnung (*temeraire esperance*), seine Kritiker täuschen zu können, haben die Passagen viral in sein Schreiben eingegriffen. Montaigne kam nicht umhin, sich den Diebereien anzugleichen (*m'esgaler à*

---

avec des devanciers, c'est qu'un même courant les emporte, eux et lui. En fait, ce n'est pas chez eux que Montaigne a puisé ses principes, c'est en lui-même." Dass ausgerechnet Villey, dessen Quellenanalyse in ihrem summarischen Charakter ständig dem Vorwurf einer eitlen Gelehrtenspielerei ausgesetzt ist, hier die Rückführung von Montaigne auf seine Bezugsautoren untersagen will, ist in der Apodiktik und Zirkularität notwendiger und stabilisierenden Teil seiner Lektüre, die bezeichnenderweise von der zu direkten Übernahme der Selbstbeschreibungen Montaignes lebt. I 26 muss eine persönliche und autobiographisch unterfütterte Erzählung sein, um in sein Bild der *Essais* zu passen, und muss daher aus dem Inneren der Person Montaignes allein stammen. Dass er dabei dieselben Worte wie Montaigne verwendet, um dessen intellektuelle Autarkie festzuhalten, ohne dabei jedoch eine Eigenständigkeit des Autors auszuweisen, könnte als andere Seite des kontaminierenden Potentials von Zitat und Kommentar begriffen werden. Villeys Text schwankt zwischen Kommentar und Biographie und besteht selbst zu einem beträchtlichen Teil aus Abschriften aus den *Essais*.

84 Montaigne I 26, 147-148. [Meine Hervorhebungen, S.G.]

mes larrecins).[85] Hat er in der ersten Ausgabe noch stärker auf der Warnung vor unklugen Plagiaten bestanden, schildert dieses rückblickende Bekenntnis die Streukraft der Entlehnungen, die zur Selbstüberschätzung verleiten und damit, wie Montaigne hier zugibt, den eigentlichen Diskurs mitgestalten. Montaignes Übernahme der Antike in maßvollen Dosen ist gerade darum vorbildlich gelungen, weil er sie *als Diebereien* stehen lässt und kennzeichnet. Was anderen zum Nachteil gerät, wird bei ihm zum Vorteil umgemünzt.

Die entscheidende Differenz zwischen dem unklugen Plagiat und Montaignes Verfahren besteht also nicht, wie die vorangegangene Rekonstruktion nahelegen könnte, im einfachen Verzicht auf Entlehnungen – Montaigne kann und will nicht den Anschein erwecken, sein Text sei Beispiel eines autarken Schreibens. Er will vielmehr die Diskretion wahren: Er verzichtet, zumindest seiner Selbstaussage nach, auf die Unterschlagung, aber nicht auf die Entlehnung – in dieser Logik bleibt Montaigne nichts anderes übrig, als anstelle des Plagiierens zu kompilieren, und das heißt, zu zitieren. Ohne dabei begrifflich sauber zu trennen, zeigt sich hier doch sein Bedürfnis nach einer Funktionsunterscheidung. Montaigne versucht, bspw. mit „*emprunt*" eine Übernahme zu fassen, die sich als Übernahme zu erkennen gibt und die sich damit bescheiden will, die Passage eines anderen zu wiederholen. *Emprunter* heißt, nur geborgt zu haben, ohne zu stehlen. Die dem zugrundeliegende Bescheidenheit ist keine bloße Geste, sondern, wie sein Vokabular zur Selbstbeschreibung nahelegt, rhetorische Strategie. Um die Besitzansprüche zu relativieren, muss – wie in seiner Variation des Bilds der Danaiden zuvor – das geborgte Gut zumindest virtuell seinem rechtmäßigen Eigentümer zugeordnet bleiben. Es geht Montaigne durch die Hände und bleibt nur auf Zeit bei ihm, ohne in seinen Besitz – wohl in der Form innerlicher *memoria* – überzugehen. Der Abstand zwischen den Diskursebenen, die sich in den *Essais* durch Übernahmen überlagern, muss als solcher bestehen bleiben, um die Entlehnungen in Montaignes Sinne wirken zu lassen.

Anstelle einer stillschweigenden Einfriedung des Zitierten bleibt dessen unklare Herkunft also als Streitpunkt offen. Literatur, das scheint sich für Montaigne von selbst zu verstehen, ist als *aemulatio* ein Krieg mit den Vorgängern, der sich zwischen „Einflussangst" und dem Wettstreit als „Epochensignatur" abspielt.[86] Montaignes Strategie schiebt diesen Kampf auf, sucht

85 *Larrecin* wird von Nicot mit *furtus* übersetzt, aber auch auf das Sakrileg übertragen. Vgl. Jean Nicot, LARRECIN, in: *Le Thresor de la langue francoyse*. Laut Westerwelle ist es „abgeleitet vom lateinischen latrocinium im Sinn von Diebstahl, kleiner Raub oder Plagiat". Westerwelle, „Beauté und force", S. 115.

86 So bezeichnen Müller und Pfisterer die Aemulatio für die Frühe Neuzeit; Jan-Dirk Müller & Ulrich Pfisterer, „Der allgegenwärtige Wettstreit in den Künsten der Frühen Neuzeit", in:

Um- und Auswege, und führt kleine Randkämpfe, wo es möglich ist – Finten sind besonders dort angebracht, wo man sich in der unterlegenen Position weiß.[87] Es ist kein Zufall, dass er mit seinem Vokabular den *Certamen*-Gedanken[88] nicht nur aufgreift, sondern selbstkritisch kommentiert. Er beschreibt seine Angleichung als „Guerilla-Taktik".[89] Er ist der tatsächlichen Schlacht mit dem Vorbild nicht gewachsen, wenn er rückblickend einsehen muss, dass schon die winzigen Übernahmen in den *Essais* den Diskurs kontaminieren und Montaigne unterliegen lassen. Er vertagt den direkten Wettstreit, indem er ihn auf Nebenschauplätze verlagert, in Scharmützeln aufscheinen lässt, ohne dabei die tatsächliche Attacke zu wagen. In (Schein-)Rückzügen (*reprinses*) und leichten Attacken nähert er sich seinen Gegnern, die als alte Meister (*vieux champions*) über diese Angriffe erhaben seien. Seine „Diebereien" bedienen dieselbe Metaphorik. Montaigne weiß, dass er nicht erobern kann, und dass ihm nichts bleibt als die kurzfristige und kaum merkliche Grenzverletzung. Er transportiert das Diebesgut in die *Essais*, „non pour les garder", wie es in *Du Pedantisme* hieß, sondern als beweglichen Besitz, den er nur auf Zeit vor den Richtern seines Schreibens wird verbergen können.

Montaignes Guerilla-Zitation ist die passende Antwort auf das kontaminierende Potential des höheren Stils. Er unterwirft sich dort, wo er die lateinischen Quellen passagenweise übernimmt, dem Tonfall und dem Versbau seiner Bezugsquellen, indem er ihn schlicht bestehen lässt, um sich

---

Aemulatio: Kulturen des Wettstreits in Text und Bild (1450-1620), hrsg. diess. (u.a.); Boston: de Gruyter 2011, S. 1-32, hier S. 1. Um den spannungsreichen Begriff der „Einflussangst" von Bloom auf die Poetik der *Essais* zu übertragen, vgl. Harold Bloom, *The anxiety of influence: a theory of poetry*, New York (u.a.): Oxford Univ. Press 1997.

87 Die vielen Referenzen zur Strategie und zur Kriegsführung, die das Werk durchziehen, sind bisher noch keiner poetologischen Lektüre unterzogen worden. Die Bedeutung, die dem Erheischen von Wohlwollen in I 1 als militärischem Gedanken zukommt, ließe eine Parallelisierung mit rhetorischen Strategien zu, die sich über das gesamte Buch verfolgen ließe; eine Vorarbeit liegt mit der kurzen Studie zu Montaignes Denken zum Krieg vor: Alfredo Bonadeo, „Montaigne on War", *Journal of the History of Ideas*, 46/3 (1985), S. 417-426.

88 Der Begriff wird nach Greene von Poliziano für die Vielzahl von Einflüssen anderer im eigenen Text verwendet und beschreibt bei ihm, so Greene, keine Abwertung der Praxis; Vgl. Thomas M. Greene, *The Light in Troy: Imitation and Discovery in Renaissance Poetry*, New Haven/London: Yale University Press 1982, S. 39. Das Vokabular, dass er für diese Beschreibung eines Kampfes verwendet, stammt aus dem Sport [Wir zitierten bereits Montaigne I 26, S. 147: „(c) Il faut avoir les reins bien fermes pour entreprendre de marcher front à front avec ces gens là."] oder schließlich aus der Kriegsführung [Montaigne I 26, S. 148: „(c) Je ne luitte point en gros ces vieux champions là, et corps à corps: c'est par reprinses, menues et legieres attaintes."].

89 So beobachtet zur selben Stelle auch David Louis Sedley, *Sublimity and Skepticism in Montaigne and Milton*, Ann Arbor: University of Michigan Press 2005, S. 51.

hinter den Worten anderer als schlechter Schriftsteller, aber guter Kompilator zu verbergen. Immer wieder wird der Text der *Essais* von anderen Sprachen durchsetzt, wie wir bereits zeigen konnten. Diese Aufrechterhaltung der Spannung zwischen Fremdem und Eigenem ist das Gegenmittel gegen die Kontamination des Zitats, insofern es gar nicht mehr den Anspruch vertritt, in den geschlossenen Textfluss eingelassen zu werden. Ohne sie wirklich zu verinnerlichen, bleiben die Zitate in einem Zwischenraum. Dieser nun wirkt seinerseits auf den Text als Ganzen zurück und veruneinheitlicht ihn. Wie bei der Kritik des *reinen* Bücherwissens geht es Montaigne bei diesen Montagen um die *unreine* Mischung, die nur innerhalb der Zwei- oder Mehrsprachigkeit und des Prosimetrums der *Essais* möglich wird. Er belässt es bei der Verbindung und Einflechtung offensichtlich fremden Materials; aus den Fugen geraten, bleiben die *Essais* ein „schlecht gefügtes Mosaik" („(c) marqueterie mal jointe"),[90] wie er später sagen wird.

Unter diesem Vorzeichen sind auch die tatsächlichen Plagiate als subkutane Strategeme legitimiert. Da Montaigne nicht nur um seine Schwäche weiß, sondern sie mit den Bordeaux-Ergänzungen sogar im Text selbst anzeigt und diskutiert, kann ihm die Verwendung von unsauberen und unredlichen, also unterschlagenen Zitaten durchaus nachgesehen werden. Gelingt es ihm, die „Richter zu täuschen" (*tromper les yeux des juges*) und sich Passagen anderer Autoren unbemerkt anzueignen, dann ist das mindestens ebenso seiner Aneignung und seinem Anschluss (*application*) zu verdanken wie seiner Schöpfung oder Erfindung (*inventio*) oder, allgemeiner, seiner Kraft (*force*).[91] Die Kräfteverhältnisse des Zitierens sind hier ausgeglichen, und die Einfügung wird zum ebenbürtigen rhetorischen Verfahren neben der *inventio* und der abstrakt bleibenden literarischen Kraft. Applikation heißt nicht, wie wir an der markierten Qualitätsdifferenz zwischen den Alten und den Neuen ablesen lernen, Beliebiges einfügen. Im Zitat als übernommener Wortgegenstand liegt selbst eine Kraft begründet, übernommen zu werden und sich der Übernahme anzubieten – diese grundlegende Eigenschaft bspw. eines Proverbiums oder eines Adagiums lässt sich als dessen inhärente Zitierfähigkeit bezeichnen. Sie liegt nicht oder nicht allein beim Zitierenden, der seine Übernahme ein- und überleiten kann, aber der nicht für den Erfolg der Entlehnung verantwortlich ist. Anders als die Imitatoren, die ganze Passagen, ja ganze Werke anderer

90 Montaigne III 9, S. 964.

91 Es sei nur en passant erwähnt, dass Applicatio und Inventio (neben der von Montaigne favorisierten Urteilskraft) bei Thomasius als Schlüsselkategorie für eklektische Philosophie wieder aufgenommen werden. Vgl. Gerald Hartung, EKLEKTIZISMUS, in: *Historisches Wörterbuch der Rhetorik*, Bd. 2, Spl. 984-991.

unterschlagen und übernehmen – Montaigne verweist auf das topische Beispiel von Chrysippos, der die vollständige *Medea* des Euripides übernommen haben soll[92] – kann Montaigne nur Fragmente übernehmen, die er, dankbar und bescheiden, aus dem Fundus der Kanones entnimmt. Seine Zitate werden Passagen, die vom Urtext in die *Essais* übergehen, und die Applikation zollt ihnen Respekt, indem sie ihre Integrität beibehält. Dementsprechend wird Zitieren für Montaigne nicht zu Appropriation; nicht zuletzt dank seiner Verwendung der Volkssprache und der schriftbildlichen Markierung zumindest einiger seiner Emprunts gerät das Buch der *Essais* zum hybriden Textkörper, der fremdes und eigenes zusammenbringt, ohne die Ebenen zu vermischen.

2.3.3 *Der Cento (2): „Me Dire" und Aneignung*

Les paroles redictes ont, comme autre son, autre sens.[93]

Belässt Montaigne es eingangs bei dieser digressiven Kapitulation vor den großen Namen, entpuppt sie sich wenig später in seiner Invektive gegen die Hörigkeit in Bildungsfragen selbst als Scheinrückzug: Die *reprinses*, die er vor den Worten anderer anempfiehlt, sollen sogleich in anderer Form für I 26 wiederkehren. Denn war er eingangs noch versucht, sich selbst in aller Bescheidenheit als Unterlegener im Kampf mit den kanonischen Stimmen zu kennzeichnen, wird er schon wenige Seiten später eine Theorie der Indienstnahme und der Aneignung entwickeln, die sich von der Schwäche Montaignes maßgeblich unterscheidet.

Alles sieht danach aus, als rücke Montaigne schlicht sich selbst als schreibendes Subjekt an die Stelle der verworfenen Autorität, und als wolle er ferner dem idealen Schüler eine ähnliche Volte anempfehlen. Damit geriete seine Konzeption des zitierenden Schreibens zur Logik der Aneignung. Der Ursprung und die Tradition der Autorität eines passenden oder guten Gedankens, den der Schüler sich zu eigen macht, wird irrelevant in Anbetracht des Nutzens, den er aus ihm zieht. Er muss sich diese Inhalte einverleiben, sie entwenden, ohne ihren Besitzer zu achten und im Verzicht auf die vermeintliche Sicherheit eines Autoritätsbezugs.

92 Montaigne, I 26, S. 148: „(c) Le philosophe Chrysippus mesloit à ses livres, non les passages seulement, mais des ouvrages entiers d'autres autheurs, et, en un, la Medée d'Euripides: et disoit Apollodorus que, qui en retrancheroit ce qu'il y avoit d'estranger, son papier demeureroit en blanc." Die Anekdote stammt offensichtlich aus Diogenes Laertius Biographie des Chrysippos (VII, 181; Diogenes Laertius, *Leben und Meinungen berühmter Philosophen*, übers. Otto Apelt, Hamburg: Meiner 2015, S. 416.)

93 Montaigne III 12, S. 1063.

(a) Car s'il embrasse les opinions de Xenophon et de Platon par son propre discours, ce ne seront plus les leurs, ce seront les siennes. (c) Qui suit un autre, il ne suit rien. Il ne trouve rien, voire il ne cherche rien. *Non sumus sub rege; sibi quisque se vindicet*. Qu'il sache qu'il sçait, au moins. (a) Il faut qu'il emboive leurs humeurs, non qu'il aprenne leurs preceptes.[94]

Mit der tatsächlichen Übernahme wird das zitierte Material nachgerade aufgesogen (*emboive*). Als Abtrennung von allen Herkunftsfragen gilt nur, was bleibt, und was man sich aneignen kann. Die Idee, die Montaigne hier vorschwebt, ist diejenige der Übereinstimmungen, auf die er weiter unten noch zurückkommen wird. Wer Passagen aus anderen Texten beipflichtet, ist weit davon entfernt, deren Gedanken bloß aus dem Gegebenen zu übernehmen, sondern stellt eine stabile Beziehung zwischen sich und seiner Quelle her, die in der Lage ist, den historischen und urheberschaftlichen Vorrang der Erstformulierung außer Kraft zu setzen.

Diese aufs Einfachste reduzierbaren Formeln einer literarischen Emanzipation sind nicht nur in sich trügerisch; sie sind selbst Zitate, erkennbar wie unerkennbar. Die kernigen Forderungen nach Autarkie, die er an den Schüler wiederholt, sind verborgene, aber doch deutlich kenntliche Plagiate, die er aus Seneca entnommen hat.[95] Um den lateinischen eingeschobenen Satz herum wiederholt die Bordeaux-Ergänzung, was Seneca Lucilius rät, wenn es um den rechten Gebrauch der Literatur geht: Nehmen, was man kriegen kann, aber niemals dem Angebotenen folgeleisten.

Was Montaigne auszeichnet, ist keineswegs die Innerlichkeit und Autarkie seines Schreibens. Wo sein Schreiben unbestreitbar und deutlich von der zeitgenössischen Manier (später nennt er sie *fantasie du siecle*)[96] durchdrungen ist, ist es sein Sujet, das ihm ein Alleinstellungsmerkmal gibt:

(c) De ma part il n'est rien que je veuille moins faire. Je ne dis les autres, sinon pour d'autant plus me dire. Cecy ne touche pas des centons qui se publient pour centons: et j'en ay veu de tres-ingenieux en mon temps, entre autres un, sous le

94 Montaigne I 26, S. 151. Der eingeschobene Satz stammt von Seneca, *Epistulae morales*, 33, 4, S. 186-187.

95 Im Abschnitt gibt es drei ungekennzeichnete Übernahmen aus Senecas Briefen (vgl. Balsamo [u.a.], „Notes et variantes", S. 1397). Montaigne paraphrasiert vor allem aus dem 33. Brief an Lucilius, wo es heißt „Praeterea qui alium sequitur nihil invenit, immo nec quaerit." / „Zudem findet, wer einem anderen folgt, nichts heraus, ja, er forscht nicht einmal nach." (Seneca, *Epistulae morales*, 33, 10, S. 190-191.) Schon hier pflegt er aber auch Stellen aus dem berühmten 84. Brief ein, der später bei der Thematisierung des Bienen-Gleichnisses ausgiebiger zitiert wird.

96 Montaigne 1950, III 12, S. 1185: „(c) Je m'en charge de plus fort tous les jours outre ma proposition et ma forme premiere, sur la fantasie du siecle et enhortemens d'autruy."

> nom de Capilupus, outre les anciens. Ce sont des esprits qui se font voir et par ailleurs et par là, comme Lipsius en ce docte et laborieux tissu de ses Politiques. (a) Quoy qu'il en soit, veux-je dire, et quelles que soyent ces inepties, je n'ay pas deliberé de les cacher, non plus qu'un mien pourtraict chauve et grisonnant, où le peintre auroit mis, non un visage parfaict, mais le mien. Car aussi ce sont ici mes humeurs et opinions; je les donne pour ce qui est en ma creance, non pour ce qui est à croire. Je ne vise icy qu'à découvrir moy mesmes, qui seray par adventure autre demain, si nouveau apprentissage me change. Je n'ay point l'authorité d'estre creu, ny ne le desire, me sentant trop mal instruit pour instruire autruy.[97]

Unter Rekurs auf die entscheidende Portrait-Metapher besteht Montaigne darauf, hier zwar ein Beispiel, aber kein Vorbild zu sein. Zu schlecht ausgebildet, um selbst auszubilden, wird jeder Zug der Person Montaignes, die er in den *Essais* festhalten will, nicht zur Nachahmung anempfohlen, sondern trägt nur zur Fülle und Integrität des vollständigen Abbilds seiner selbst bei. Montaigne ist die Verpflichtung eingegangen, alles von sich in diesem Buch niederzuschreiben. Dabei darf er auch die Mängel und Fehler nicht kaschieren, die sich an den Schnittstellen zwischen seinem Diskurs und seinen Entlehnungen zeigen. Er will sich selbst in ihm wiederkennen, keine idealisierte Version seiner selbst. Er zeigt, was er glaubt, und nicht, was man glauben solle. Der Bezug zur Ausbildung (hier: *apprentissage*) schreibt sich zugleich in die Beobachtung zur Dynamik dieses Projektes ein, das nur unter Vorbehalt formuliert, da ständige Veränderungen der Überzeugung, der Meinung und des Glaubens möglich bleiben. Bevor er die rechten Maßnahmen zur Kindererziehung diskutiert, erklärt er sich selbst zum Objekt pädagogischer Einflüsse und weist damit die Lehrerrolle von sich, und mit ihr die Autorität. Die *Essais* werden, als Selbstbefragung, zum Examen.

Mit der Bordeaux-Ausgabe ist diesem langen Exkurs eine Passage zum zitierenden Schreiben beigefügt, die mit zu den prominentesten Aussagen aus *De l'Institution* zählen dürfte. Auch wenn die Umwertung des Zitierens zum bloßen Medium der Selbstaussage in der griffigen Formulierung Montaigne in keiner Studie fehlen darf, ist ihre textuelle Einbettung doch nie hinreichend in Anschlag gebracht worden.[98] Montaigne fügt hier mehr ein als die Formel: „Ich rede von den anderen nur, um desto mehr von mir selbst zu reden". Diese

---

97 Montaigne I 26, S. 148 [meine Hervorhebung, S.G.]. Die hier ausgelassene Passage zur Cento-Dichtung ist bereits oben zitiert wurden. Es ist verblüffend, dass Montaigne nach dieser so prominenten und markanten Stelle zu seiner Zitat-Praxis auf die Cento-Dichtung zu sprechen kommt und dies in keiner der vorliegenden Besprechungen zu Montaignes Selbst-Sagen für bedeutsam erachtet wurde.

98 Compagnon stellt eine der wenigen Ausnahmen dar. Vgl. Compagnon, *La seconde main*, S. 353.

steht nicht für sich, noch lässt sich der Satz in der einfachen Feststellung der Eitelkeit und Selbstbezüglichkeit Montaignes verstehen. Denn der Text geht in nahtlosem Anschluss zur Erwähnung der Cento-Dichtung über, deren erste Spuren wir bereits in *Du Pedantisme* diskutiert haben (siehe 2.2.1.). Dass die beiden Gedanken – Lob des Cento und Eigenbezug der *Essais* – für ihn zusammengehören, wird durch den Charakter der Ergänzung dieser Passage als Ganzer mehr als nahe gelegt, obwohl der Bruch im Gedankenfluss, der Montaigne von der Autopoetologie zur Diskussion von Texten anderer führt, eine merkliche Erschütterung des Kapitels darstellt.[99]

Ohne die Betrachtungen zum Cento könnte man der Stelle entnehmen, dass Montaigne hier für sein Schreiben einen Funktionswandel stark macht. Während andere sich ohne eigene Agenda mit fremden Bonmots aufhübschen, stünden sie bei Montaigne im Zeichen seiner Selbstaussage. Seine Sache (*res*), er selbst, gibt dem Text seine Form, und nicht die Worte (*verba*), und seien diese auch noch so dekorativ.[100] Er sagt sich selbst oder redet nur umso mehr

---

99 Interessanterweise ist in einem der wenigen Kommentaren zu dieser Stelle, der sie nicht nach der *Me-Dire*-Formel abbrechen lässt, eine gegenteilige Interpretation zu finden. In ihrem sehr erhellenden Aufsatz zur Geschichte der Cento-Dichtung lassen Verweyen und Witting Montaigne mit dieser Stelle als Kritiker von Centodichtern auftreten, der sich angesichts ihrer Verirrungen als souveränes Autorsubjekt bewahren wolle. Vgl. Theodor Verweyen & Gunter Witting, „The Cento. A Form of Intertextuality from Montage to Parody", in: *Intertextuality*, hrsg. Heinrich Plett, Berlin/New York: de Gruyter 1991, S. 165-180, hier S. 171: „For different reasons altogether Montaigne, writing in the Renaissance spirit of introspection and self-representation, distances himself in his Essais from the writing of centos and their implicit appropriation of the ‚language of authority' (Bakhtin): [Zitat wie oben, S.G.]." Inwiefern hier eine Distanzierung und nicht vielmehr eine Annäherung stattfindet und wie die Bakhtinsche „Sprache der Autorität" in dieses Gefüge hineinspielt, bleibt unseres Erachtens trotz der apodiktischen Formulierung offen. Die gegenteilige Lektürerichtung einer Annäherung der *Essais* an die Centonen des 16. Jahrhunderts, die wir hier einschlagen, geht u.a. auf die Diskussion meines Forschungsprojektes zur Genese von Montaignes Form im Kolloquium von Wilhelm Schmidt-Biggemann zurück. Für seine Bestärkung darin, dieser These einer Gattungsverwandtschaft weiter nachzugehen, bin ich ihm zu großem Dank verpflichtet.

100 Bei Lafond, dessen Studie Montaigne zum Ausgangspunkt einer ganzen Schule von Cento-Produktionen nimmt, wird diese Spannung von Wort/Name und Gegenstand als wesentlicher Punkt innerhalb der frühneuzeitlichen Imitationstheorie verstanden. Insofern Autoren wie Montaigne und Lipsius der Sache den Vorrang vor dem Wort einräumen, legitimiert sich ihr Verfahren der Adaption und Rekontextualisierung in der Logik des Cento. Siehe Jean Lafond, „Le centon et son usage dans la littérature morale et politique (Lipse, Charron, J. -P. Camus)", in: *L'Automne de la Renaissance*, Paris: Vrin 1981 , S. 117-128, hier S. 120-121: „Le premier objet de ces livres (Sagesse, Politiques et Diversitez) est de transmettre un leçon, un savoir, une | [121] sagesse, en d'autres termes, d'être utiles. Dans la querelle qui oppose de longue date les tenants des *mots* et ceux des *choses*, nos auteurs sont de ceux qui optent pour les choses."

von sich, und transformiert damit die Worte anderer zu seinen eigenen, eigentlichen. Damit verlieren sie den Entlehnungscharakter; sie sind überzählige Beimischungen, auf die Montaigne ebenso gut hätte verzichten können, und zugleich lassen sie sich als Transformationen, als ideale Aneignungen verstehen.[101] In radikaler Umdeutung, die vom Luxus-Charakter des ornamental Beigefügten lebt, sind sie als Lizenzen gerade ein Garant für seine schriftstellerische Freiheit, nicht für seine Abhängigkeit von anderen. Weil alles in seinem Buch seiner Selbstschau und -abbildung untersteht, sind auch die Bruchstücke aus Plutarch, Cicero und Seneca nur insofern anwesend, als sie an der Abbildung Montaignes mitwirken.

Wenn man dieser idealen Konzeption eines Zitates in völliger Souveränität des Zitierenden folgen will, widerspricht dies nicht nur den Beobachtungen am Zitat, die wir bereits unternommen haben. Das unmittelbar angefügte ausdrückliche Lob Capilupus' und Lipsius' nimmt sich hier eigentümlich, ja deplatziert aus – derart fehl am Platz, dass Stilett sich in seiner Übersetzung für die Einklammerung der Passage entschieden hat, die zwar von keiner Manuskriptform oder Ausgabe gedeckt ist, aber die textuelle Hierarchie seiner Übersetzung stabilisieren soll.[102] Die bloß additive und selbstbezogene Zitatfunktion wird mit einem Schreiben in Verbindung gesetzt, das gattungsmäßig aus bloßem Zitieren besteht.

2.3.4 *Passagen als Kontrafakturen. Cento und Essai*

Sowohl der Intertext als auch die hervorgehobene Stellung innerhalb der Bordeaux-Erweiterungen zeigen, dass Montaignes Bezug zu den Centonen nicht nebensächlich ist. Er trägt in der Durcharbeitung seines Schreibens die Früchte der Durchsicht von I 26 für die dritte Bearbeitungsphase zusammen und erkennt in den beiden Texten, auf die er anspielt, stützende Modelle für seine eigene Zitattheorie. Die paradigmatische Wendung vom *Me-Dire* kann als Schlussstein seiner Adaption gängiger Zitationspraktiken und -theorien erkannt werden, in der die Reflexion und die Differenzierung des Intertextes als Intertext verhandelt wird.

---

101 So etwa bei Jean Starobinski, *Montaigne en mouvement*, Paris: Gallimard 1982, S. 215-216: „Ainsi les pieces empruntées d'autruy, il les transformera et confondra, pour en faire un ouvrage tout sien ; à scavoir son jugement. […] [C]est au terme de la *transformation* assimilatrice que le jugement se trouvera *formé*. Montaigne expose ici l'une des thèses majeurs de la tradition humaniste, pour qui toute langue est nécessairement | [216] d'emprunt, toute forme (et tout style) d'appropriation."

102 Vgl. Montaigne, *Essais*, übers. Stilett, S. 81. Die Klammer beginnt unmittelbar nach dem noch als zitierfähig erachteten Satz.

Die Centonen sind eine Ausnahme für seine eigene Regel; das Sich-Selbst-Sagen als Movens des Zitierens gelte nicht für Lipsius und Capilius. Dabei spielt er auf prominente zeitgenössische Texte an, die an die Tradition der plagiierenden und re-arrangierenden Dichtung des Cento anschließen. Insofern es sich beim Cento um ein unübersehbar und „per definitionem intertextuell operierende[s] Literaturphänomen“ handelt,[103] sind Montaignes Einschätzungen deutliche Schlüssel für das Verständnis seiner eignen Bindung an die Intertexte der *Essais* und an die Funktionsweise des Zitats. Für sie scheinen andere Regeln zu gelten: Er verschränkt diese Ausnahme mit dem Sonderstatus der *Essais*, indem er abermals die Novität seines eigenen Unternehmens hervorstreicht, derart, dass der Eindruck entsteht, dass sich beide Behauptungen von selbst bewahrheiten. So, wie seine Kritik der verschiedenen Bildungskonzepte immer in eine Selbstkritik überführt wurde, scheint hier auch das Lob kompilativ-persiflierender Dichtung unter dem Vorzeichen der Selbst-Aussage zu stehen. Wenn der formelhafte vorangestellte Satz stimmt, so muss in diesem Lob auch etwas über Montaigne selbst zu erfahren sein; selbstverständlich zunächst seine Vorliebe für Cento-Dichtung. Seine Differenzierung liest sich in jedem Fall auch als Eigenlob, das Montaigne im Modus des Kommentars mit eindeutiger Lektüreanleitung verbindet. Er bezieht das Genie (*tres-ingenieux*) der genannten Dichter rückwirkend auf sein eigenes Schreiben zurück. Das Lob, das ihn als Kenner der Cento-Dichtung ausweist, wird von der Begrenzung der Kontamination des Zitats ausgenommen und rückt ihn, als Kritiker, in den Rang des Mitgelobten: Ganz im Sinne seiner gerade gefällten Behauptung, von anderen nur zu sprechen, um umso mehr sich selbst auszusagen.

Aber in diesem indirekten Eigenlob liegt auch ein Bekenntnis zu Verfahrensähnlichkeiten zwischen seinem Buch und den beiden angeführten Autoren. Was er über sein Zitieren sagt, „berühre“ (*touche*) nicht die Centonen, die sich als Centonen zu erkennen geben. Das ausdrückliche Lob strahlt zurück auf den Essayisten, der in diesem paratextuellen Bekenntnis der Publikation (*publier*) den Unterschied – durch die unelegante Wortdopplung von Cento wie hervorgehoben – zu den Essais markiert. Vielleicht will diese Hervorhebung gerade unterstreichen, dass es durchaus auch andere Formen des Cento gibt, die sich eben *nicht* als solche zu erkennen geben und darin den

103 Diese Formulierung entstammt einer der ausführlichsten Monographien zur Cento-Dichtung: *Christoph Hoch, Apollo Centonarius. Studien und Texte zur Centodichtung der italienischen Renaissance* Tübingen: Stauffenburg 1997, hier S. 7. Die umfassende und theoretisch wie methodisch reflektierte Studie stellt einen Fixpunkt unserer Betrachtungen zum Cento dar, widmet sich aber leider fast ausschließlich der italienischen Cento-Dichtung und dem Petrarkismus.

ausgewiesenen Beispielen nachstehen. Mit unserer Lektüre der Zitatmontage in I 25 könnten die *Essais* selbst ein solches Beispiel darstellen.

Es bleibt bei der Andeutung, die Montaigne hier platziert; ob er damit *ex negativo* die *Essais* als verborgenes Cento begriffen wissen will, ist anhand des allusiven Charakters dieser Stelle wie auch aufgrund der weichen Definition des Cento nicht exakt zu bestimmen. Man kann deutlich die Hervorhebung der Gattungsverträge, die vom Titel in die beiden Werke hineinwirken, registrieren. Er deutet nicht nur formale Bezüge zwischen sich und den Cento-Dichtern an, sondern bereitet auch die Lektüre der *Essais* als familienähnlichem Projekt zum Cento vor. Als solches wird Montaigne auch in der Rezeption erkannt, wie, um ein Beispiel zu erwähnen, in Charrons *Sagesse*.[104]

Montaigne behandelt mit seinen Verweisen den Cento als modernes Phänomen. Die entscheidenden Vertreter/innen dieser Tradition, an die das 16. Jahrhundert anknüpft, lässt er ungenannt.[105] Die Erwähnung von Lipsius ist weitreichender und vielsagender als diejenige von Lelius Capilupus. Bei beiden Texten handelt es sich um Zeugnisse einer politischen Cento-Dichtung des 16. Jahrhundert. Capilupus' Text scheint heute in Vergessenheit geraten zu sein; vielsagenderweise findet sich einer der wenigen Hinweise auf ihn als Autor bei Pierre Bayle. Er erwähnt ihn als Bruder des Camilus Capilupus, der der Verfasser des *Stratagems* ist, in dem die Bartholomäus-Nacht geschildert

104 Charrons *Sagesse*, das 1602 in Bordeaux erscheint, ist in weiten Teilen von Montaignes Konzepten beeinflusst (vgl. Pierre Charron, *De la Sagesse*, Paris: Journel 1657). Die Vorrede enthält nicht nur eine Darstellung seines kompilativ-zitativen Projekts, sondern zudem eine Kritik an Pedanterie und Autoritätshörigkeit und ein Plädoyer für die Praxis, die beide im Geist und fast im Wortlaut den Ansichten Montaignes entsprechen. (So sagt er ebd., *Preface*, o.S.: „[J]'ay questé par cy par là, & tiré la pluspart des materiaux de cet ouvrage, des meilleurs Autheurs qui ont traité cette matiere morale & politique, vraye science de l'homme, tant anciens, specialement Seneque & Plutarque, grands docteurs en icelle, que modernes. C'est le recueil d'une partie de mes estudes: la forme & l'ordre sont à moy.") Charron verwendet Montaignes *Essais* als Vorbild, um an ihnen eine wiederum dem Cento angeähnelte Form kompilierenden Schreibens zu erproben. Dass Charron dabei als Plagiator Montaignes auftritt, ist seit Delboulles entsprechender Studie Teil der Forschungsperspektive. Achille Delboulle, „Charron Plagiaire De Montaigne", *Revue D'Histoire Littéraire De La France* 7/2 (1900), S. 284-296. Als Rekonstruktion der Einflussgeschichte zwischen Charron und Montaigne, vgl. Floyd Gray, „Reflexions on Charron's Debt to Montaigne", *The French Review* 35/4. 4 (1962), S. 377-382.

105 Man denke hier vor allem an die Vergil-Centonen von Proba und Ausanius. Bei letzterem finden sich ebenfalls die klassischen Regeln für die Verfertigung von Centonen. Vgl. etwa Sigrid Schottenius Cullhed, *Proba the Prophet: the Christian Virgilian Cento of Faltonia Betitia Proba*, Leiden/ Boston: Brill 2015.

wird. Während Camilus Bayle suspekt bleibt, geht er lobend auf die erhaltene Cento-Dichtung seines Bruders ein.[106]

Lipsius hingegen steht als Bezugsperson und Korrespondenzpartner direkter im Fokus der Forschung.[107] Seine *Politicorum sive Civlis Doctrinae libri sex* erscheint erst 1589 in den Niederlanden,[108] also ein Jahr nach Fertigstellung der zweiten Ausgabe der *Essais*, die für sie einen wichtigen Bezugstext darstellen. Wie Philippe Desan verfolgt hat,[109] standen die beiden Autoren in Briefwechsel, in dessen Verlauf Lipsius Montaigne als den „französischen Thales" preist,[110] um ihm die *Politica* nach Fertigstellung mit der Bitte um Kritik zuzusenden; Montaigne kommt dem prominent durch den Einbezug in der Überarbeitung von I 26 nach. Das Buch hätte sicher auch ohne diese freundschaftliche Geste das Interesse Montaigne geweckt, handelt es sich doch um eine Ausbildungsschrift für Prinzen, die dem pädagogischen Programm von

106 Vgl. Bayle, DHC, Bd. 1, CAPILUPUS, Anm. (A), S. 40: „Je dirai quelque chose de Lelius Capilupus dans la Remarque. La maniere, dont il se servoit des expressions de Virgile pour représenter des choses à quoi ce Poëte n'avoit point pensé, ne peut être assez admirée." Ein Rekonstruktionsansatz, der die *Centones ex Virgilio* im Original vorliegen hatte und sie in die Tradition der Cento-Dichtung einordnet, findet sich bei Reinhold F. Glei, „‚Vergil am Zeug flicken': Centonische Schreibstrategien und die Centones Lelio Capilupi", in: *„Parodia" und Parodie. Aspekte intertextuellen Schreibens in der lateinischen Literatur der Frühen Neuzeit*, hrsg. derss. & Robert Seidel, Berlin/Boston: de Gruyter 2006, S. 287-320.

Siehe Balsamo (u.a.), „Notes et Variantes", S. 1395: „Humaniste italien (1497-1560), originaire de Mantoue, Lelio Capilupi est l'auteur d'un receuil de centons virgiliens, composé entre 1540 et 1550, dont l'édition définitive, due à Antonio Possevino, parut À Rome vers 1555 sous le titre de *Centones ex Virgilio*, avec une dédicace à J. du Bellay; le recueil fut immédiatement mis à l'Index." So könnte die bloße Allusion auf den verbotenen Text, den Montaigne innerhalb des Netzwerkes, in dem er stand, fast gewiss gekannt haben muss, dem Umstand geschuldet sein, dass eine Affirmation des indizierten Textes den *Essais* geschadet haben könnte. Während eine Neuherausgabe von Lipsius vorliegt (s.u.), scheinen die Dichtungen von L. Capilupus weitgehend verschollen zu sein. Das Fehlen einer Neuedition seines Werkes kann von dieser Arbeit nur ausdrücklich bedauert werden.

107 Vgl. Michel Magnien, „Aut sapiens, aut peregrinator: Montaigne vs. Lipse", in: *The World of Justus Lipsius: a Contribution Towards his Intellectual Biography*, hrsg. Marc Laureys & Christoph Bräunl, Brüssel: Institut historique belge de Rome 1998, S. 209-232.

108 Vgl. Justus Lipsius, *Politica. Six Books of Politics or Political Instruction*, hrsg. & übers. Jan Warzink, Assen: Van Gorcum 2004, S. 3.

109 Philippe Desan, *Montaigne*, Kapitel 10 („La marginalisation de Montaigne"), S. 520-574, hier insb. 529-530.

110 So bei Desan, *Montaigne*, S. 520. Der Briefwechsel wurde herausgegeben von Michel Magnien, „Trois lettres de Lipse à Montaigne (1587 [?]-1589)", in: *Montaigne Studies* 16/1-2 (2004), S. 103-111.

Erasmus' *Christlichem Fürsten* zu vergleichen ist.[111] Dass Montaigne auch Lipsius' frühere Schrift *De Constantia* (1583) gelesen haben wird, die ihrerseits aus dem reichen Fundus an Passagen zur Stoa besteht, die aus den *Essais* erster Fassung stammen dürften, hat Villey gezeigt, um zugleich reziprok zu vermerken, dass Montaigne für die zweite Ausgabe wiederum Material bei Lipsius entnommen hat.[112] Dass er dabei auch die *Justi Lipsi adversus dialogistam liber de una religione* (1590) verwendet hat, erweitert lediglich den Intertext, schmälert aber keineswegs die Bedeutung, die die *Politica* für die Bordeaux-Erweiterungen gespielt hat. Montaigne weist hier im selben Zug seiner Ergänzungen auf die Cento-Stelle aus *Du Pedantisme* hin, die wir oben bereits diskutiert haben, seine indirekte Übernahme aus Cicero, die über den Lipsius-Text kommend Einzug in die *Essais* gefunden hat.[113]

Dass es sich innerhalb dieses Geflechts und dieser Reziprozität der Bezüge beim namentlichen Lob Lipsius' nur um eine Verpflichtung oder um eine bloße „Politesse" gegenüber dem Brieffreund gehandelt habe, wie Desan nahelegt,[114] scheint in Anbetracht der Textform der *Politica*, auf die Montaigne spezifisch zu sprechen kommt, wenig einzuleuchten. Die Parallelen sind zu frappant, als dass Montaigne nicht erkannt haben würde, dass in der *Politica* mehr noch als in der *Constantia* seine eigene Methode (wenngleich unter anderem Vorzeichen und in anderer Sprache) weitergewirkt hat – nicht zuletzt aufgrund der gerade erfolgten Verwendung von Lipsius' Text in I 25. Zudem muss er erkannt haben, dass die paratextuellen Betrachtungen zur Zitation und zur Abänderung insbesondere antiker Autoritäten seinen eigenen Gedanken in weiten Teilen entsprechen. So wird das Lob der *Politica* zum Lob der *Essais*, indem Montaigne stillschweigend eine strukturelle Überschneidung zum Punkt seiner Thematisierung der Cento-Poetik werden lässt.

Die Kombinatorik bei Lipsius übernimmt die Logik der Cento-Dichtung, übernommen von antiken Vorbildern, und stützt sich hier maßgeblich auf Vergil-Adaptionen. Lipsius verfährt allerdings transferierend und ohne besondere gattungsgemäße Strenge. Seine Form der Rekomposition übernimmt

111 Der Bezugstext, der für ein politisches Traktat über den guten Monarchen auf der Hand liegt, ist ohne Zweifel der zeitlich nähere Machiavelli, auf den Lipsius in der Einleitung eingeht und dem er sich, mit einem weitergehenden Antike-Bezug als im *Fürsten*, anschließen will. Vgl. Lipsius, *Politica*, S. 230.

112 Villey, *Sources*, S. 162.

113 S.o.; die bereits markierte Cicero-Stelle (Cicero, *De finibus bonorum et malorum* (*lat./dtsch.*), hrsg. / übers. Olof Gigon, München (u.a.): Artemis-Verlag 1988, Kap. I 1, 3, S. 8-9) findet sich (wie oben bemerkt) bei Lipsius, *Politocorum Libri* VI, I x.

114 Desan, *Montaigne*, S. 529: „Montaigne se sentit néanmoins obligé d'encenser Juste Lipse qui, l'année précédente, lui avait adressé des lettres dithyrambiques sur ses Essais. (April 15 / August 30 1588)."

nicht exklusiv Verse des vorbildlichen Dichters, sondern erzeugt ein Geflecht aus (zumeist dichterischen) Sentenzen aus diversen Quellen und den reflektierenden Ergänzungen des Autors, deren Charakter als Kommentar und Beifügung Lipsius hervorhebt. Die Wörtlichkeit, die in seinen Abschriften vorherrscht, darf nicht mit thematischer Übernahme verwechselt werden; Lipsius erklärt, dass es ihm gerade um die Indienstnahme alter Weisheit zu neuen Zwecken gehe, und er damit in den Zitaten, die er sammelt, mehr Material als Anweisung erkenne. Die Untreue gegenüber den ursprünglichen Bedeutungen der Sätze, die er zitiert, wird zur Tugend erhoben. Gerade die Verwendung gegen den Strich, die Lipsius dem Material kanonischer Autoren zumutet, ist Ausdruck seines kompilativen Genies. Es ist diese Stelle des Vorwortes, an die Montaigne denkt, wenn er vom Cento spricht, das sich also solches zu erkennen gibt. In paratextueller Weisung gibt Lipsius zu verstehen, dass die Rückführung seiner Zitate auf ihre Quellen nur im Nachvollzug der von ihm investierten Flexibilität eine hinreichende Lektüre seines Werkes erlaube. Wer dies missverstehe, verkenne die Konzeption von Centonen:

> Nonne enim Centonem quendam concinno (tale omnino nostrum opus) in quo liberi semper et laudati a sententia isti flexus?[115]

Lipsius' Eigenkommentar in der Leser/innen-Ansprache changiert zwischen den Polen von Akribie und Lizenz, und damit zwischen Fremdem und Eigenem. Er behauptet, die Zusammenstellung seiner Zitate sei mit größter Sorgfalt erfolgt, und er habe keine Veränderungen am übernommenen Material vorgenommen. Insofern es sich bei der *Politica* also nur um ein Kompilationswerk handle, kann er sich die Mühen der Recherche, nicht aber die Schöpfung der enthaltenen Gedanken gutschreiben.

In dieser Konzeption besteht die Verpflichtung zur zitierenden Übernahme in der Lizenz zur Manipulation der Zitate zugunsten des eigenen Ausdrucks. Lipsius erlaubt sich sanfte Verschiebungen (*inflecto*),[116] um das gefundene Material zusammenzuflicken. Was er aus diesem Material gewinnt, ist bei aller Tendenz zur Vereinheitlichung und Angleichung selbstverständlich kein homogenes Ganzes. Sein Cento bleibt – vielleicht gattungsbedingt – fragmentarisch, ein Umstand, den Lipsius nicht nur bemerkt, sondern zudem lobend hervorhebt. Für seinen Zugriff, der zu Beginn des systematischen Aufbaus seiner Politik mit der rechten (d.h. katholischen) Auffassung des Glaubens anhebt,

---

115 Lipsius, *Politica*, S. 236. Übers.: „Am I not weaving a *Cento* (for that is what this work is), in which these departures from the original meaning are always allowed and even praised?"

116 Vgl. Lipsius, *Politica*, S. 238.

ist die Angleichung paganer Autoren an christliche Werte ausschlaggebend, sie bleibt aber gefährlich. In den Verschiebungen trägt er diesem Risiko Rechnung, das vom kontaminierenden Potential der zitierten Stellen ausgeht. Mit heidnischen Schriften für katholische Politik zu argumentieren, ist nur möglich, wenn man vom Ursprungskontext absieht und sich so unabhängig von ihm macht. Dass seine Referenzen sich dabei an Autoren wie Cicero und Seneca mit denjenigen der *Essais* überschneiden, mag dem Zeitgeist geschuldet sein, stellt aber doch eine stabile Beziehung zwischen den differenzierten Texten dar.

Bei aller Nähe bleibt diese Differenz denn aber auch bestehen, die für das Projekt der *Essais* in dessen unabhängiger Novität ihren Fluchtpunkt findet. Montaigne bezieht sich dezidiert nur auf die formale Parallele zwischen den Textgattungen; der Aufbau der *Politica* folgt innerhalb der topisch arrangierten Kapiteln der Logik der Sammlung und Zitation, die sich bei Montaigne ebenso findet wie in den Erasmischen *Adagia*. Dass Lipsius sich allerdings einer systematischen Kohärenz und eines regelhaften Aufbaus verpflichtet sieht, dem Montaigne sich verweigert, weist aus, dass der Anschluss zwischen beiden nur anhand der Zitat-Verwendung, nicht aber anhand der übergreifenden Formprinzipien möglich ist.[117] Letztlich kann Montaigne sich anhand der Volkssprache von den lateinischen Referenzautoren mit der nötigen Deutlichkeit absetzen. Lipsius' Erwähnung, die den Cento als Cento berührt, gerät damit tatsächlich zum kaum verborgenen Eigenlob, wenn Montaigne sich bewusst wird, dass der lateinische Text aus Zitat und Kommentar in der *Politica* in weiten Teilen auch als Legitimation für das Projekt der französischen *Essais* dienen kann.

Wendet man den Blick ab von der zentralen Stelle – der einzigen, an der der Cento namentlich erwähnt oder zu erkennen gegeben wird – und nimmt die zitierenden Verfahren, die wir bereits vielfältig aufgezeigt haben, mit in den Blick, wird die Selbstaussage in I 26 zum Kristallisationspunkt einer ambivalenten Kritik des Zitates, deren Stellenwert für die Poetik der *Essais* unhintergehbar wird. Dass die *Essais* Miniatur-Centonen beinhalten, die sich als solche lesen und erkennen lassen, haben wir an einem Beispiel belegt, andere würden sich leicht anführen lassen.[118] Montaigne lässt sich also

---

117 In ganz ähnlicher Richtung fällt der Kommentar der Lipsius-Ausgabe das Urteil über diese Beziehung. Sie bleibt formal, während Montaignes Strategie der Zitation sich von der Leitung der Lektüre verabschiedet, um ein ‚mehr oder weniger unbegrenztes Lesen' zu ermöglichen. („a more or less unlimited reading"). John Waszink, „Introduction", in: Lipsius, *Politica*, S. 74.

118 Neben den hier hervorgehobenen Beispielen aus I 25 und I 26 ließen sich bspw. anführen: I 48, 292 in (b), aber auch III 12; bspw. 1041 in (b); Dass die Beispiele aus der zweiten Ausgabe stammen, dürfte die Nähe zu Lipsius unterstreichen. Entgegen der allgemeinen

durchaus im diskursiven Feld der Cento-Diskussion im 16. Jahrhundert verorten, auch wenn die *Essais* den Formansprüchen an rein imitative Cento-Dichtung nicht entsprechen.[119]

Weder behauptet Montaigne, ein Cento-Dichter zu sein, noch kann man die *Essais* als Centonen bezeichnen[120] – und dennoch lässt sich einiges über die Gattungsgenese und die poetologische Bestimmung der *Essais* aus ihrem Verhältnis zum Cento gewinnen, das gerade im französischen 16. Jahrhundert eine eingehende Diskussion erfährt.[121] Wiederum ist Erasmus hier zu nennen, dessen *Adagia* eine kurze, aber wirkmächtige Notiz zum Cento beinhalten. In Adagium 1358 mit dem Titel „Farcire Centones" (etwa: „Fetzen stopfen") zitiert er eine Wendung aus Plautus, in der einem Schwätzer der Mund verboten werden soll.[122] Die Erwähnung des Cento, also des Flickentuches, führt ihn zu einer (durchaus kritischen) Beschreibung des gleichnamigen Genres, das er mit den kanonischen Autor/innen Proba und Ausanius erläutert.

Tendenz der Forschung, die Zitathäufungen (meist ohne Diskussion ihrer Funktion) vor allem in den ersten Kapiteln zu erkennen, sei auch auf III 13, das letzte Kapitel, verwiesen, in dem eine schöne Illustration in der Abfolge Catull – Horaz – Ovid zu finden ist [S. 1086, ebenfalls in (b)].

119 Wir sind, insbesondere wegen der nicht letztgültig festlegbaren Genre-Definition des Cento, vorsichtiger als Brousseau-Beuermann, die (unter Rekurs auf die auch hier angegebene Beispiele) schreibt (Brousseau-Beuermann, *La Copie*, S. 152): „Sans qu'il s'astreigne aux normes de composition, Montaigne pratique à son tour le centon, dont la mode se perpétue encore dans la *Sagesse* de Charron; en poésie, en prose, les centons des Essais associent librement le latin et le français, le vers et la prose."

120 Vielleicht hat Peter Schon in seiner ausgiebigen Studie zu „Vorformen" des Essais daher auf die Auflistung des Cento verzichtet, während er beispielsweise Erasmus' *Adagien* als Vorläufer angibt; vgl. Peter Schon, *Vorformen des Essais in Antike und Humanismus*, Wiesbaden: Steiner 1954.

121 Einschlägige Monographien zur Cento-Dichtung, insbesondere zur volkssprachlichen, scheinen nicht vorzuliegen; man gewinnt diesen Eindruck in der extrem kurzen Literaturliste des (ansonsten ausgezeichneten) Lemmas CENTO des *Historischen Wörterbuchs der Rhetorik* (vgl. Hoch & Kunzmann, CENTO). Im Bezug zur Parodie des Späthumanismus hingegen sind einige Bezüge vorgelegt worden, denen näher zu folgen wäre. Vgl. insb. Jörg Robert, „Nachschrift und Gegengesang. Parodie und parodia in der Poetik der Frühen Neuzeit", in: *‚Parodia' und Parodie. Aspekte intertextuellen Schreibens*, S. 47-66; Silvia Longhi, „Propagata Voluptas: Henri Estienne et la parodie", *Bibliothèque d'Humanisme et Renaissance*, 47/3 (1985), S. 595-608.

122 Aus praktischen Gründen wurde für diese Beobachtung die französische Neuausgabe verwendet: Érasme de Rotterdam, *Les adages* (*lat./frz.*), 5 Bde., hrsg. Jean-Christophe Saladin, Paris: Les Belles lettres 2010-2013, Bd. 2, S. 249. Eine jüngere Übersetzung ins Englische findet sich bei: Erasmus von Rotterdam, *Adages*, (*Collected Works of Erasmus*, Bd. 33, *Adages II i 1 to II vi 100*), hrsg. R.A.B. Mynors, Toronto: University of Toronto Press 2016, II iv 58, S. 221.

Diesen kurzen Passus von Erasmus nun greift Henri Estienne in seiner Abhandlung über griechische und römische Centonen und Parodien gleich zweifach einleitend auf, um neben der adagienhaften und enzyklopädischen Sammlung von Beispielen parodistischer Zitation und Verfremdung eine umfangreiche Theorie der Parodie und des Cento zu entwickeln. Der Cento wird dabei als Schwesterphänomen der Parodie in Abkehr von ihr dadurch bestimmt, dass es in ihm um die faktische Wiederkehr des Gleichen gehe, in dem – anders als im parodistischen Zugriff – keine formale Entstellung des Originals greift.[123] Zudem sind Centonen, so zumindest in seinem Verständnis, nicht generell als Spottgedichte zu verstehen. Estienne wird in der *Parodia morales*[124] eine Läuterungsschrift aus bestehendem Material kreieren, deren Pfropfungstechnik oder deren „Inokulieren"[125] aus den würdigen Worten der Antike wertvolle Worte der Renaissance heraufzüchten soll. Auf der Suche nach der Möglichkeit der moralischen, nicht der komischen Parodie untersucht Estienne, wie Zitationsgefüge mit leichten Verschiebungen in Verbindung, Semantik und Bezugsrahmen nicht nur – wie bei Ausanius – den Prätext entstellen und lächerlich machen. Sein deutlichstes Gegenbeispiel: Am nämlichen Autoren (Vergil) sind Zitat-Nachdichtungen auch zu dessen Erhöhung in der Lage, so geschehen im alternativen Beispiel des *Cento Vergilianus de laudibus Christi* von Faltina Proba.[126] Ihr sei es gelungen, den paganen und damit unmoralischen Autor in der Reproduktion zum unbewussten Sprachrohr der christlichen Offenbarung vor der Zeit zu machen. Einer modernen Parodie-Konzeption völlig zuwider laufend, wird bei Estienne das gelehrte, weil philologisch rückführbare Zitat zum Instrument der moralischen Besserung in der Dichtung – nicht nur als satirische Darstellung, sondern auch als retroaktive

123 Diese Differenzierung erlaubt es Wiedemann, davon zu sprechen, dass Estienne Lipsius' als „maßgebliche Quelle gedient" habe. Conrad Wiedemann, „Fortifikation des Geistes. Lipsius, der Cento und die prudentia civilis", in: *Späthumanismus: Studien über das Ende einer kulturhistorischen Epoche*, hrsg. Notker Hammerstein, Göttingen: Wallstein 2000, S. 183-207, hier S. 198.

124 Henri Estienne, *Parodiae morales H. Stephani in poetarum vet. sententias celebriores* [...] *Centonum veterum et parodiarum utriusque linguae exempla*, ohne Ort und Drucker [wahrscheinlich Genf, derss.] 1575. Es sind (meines Wissens) keine Neuauflagen, Editionen oder gar Übersetzungen dieses Textes verfügbar – ich hatte die Möglichkeit, den Text im Original in der Bibliothèque National de Paris sowie in der Herzog-August-Bibliothek in Wolfenbüttel einzusehen.

125 Robert verwendet dieses Bild mit Rekurs auf die Metapher der Imitation. Vgl. Jörg Robert: „Nachschrift und Gegengesang", S. 52. (zit. Estienne: „Fol. IIIJ R: in unumquenque ex Ulis quos delegi ueterum poetarum uersibus, uelut surculos in ueteres arbores inseui.").

126 Valeria Falconia Proba, *Virgilio centones Probae Falconiae mulieris clarissimae ac locitissimae a D. Hieronymo comprobatae, de fidei nostrae mysteriis ex virgilii carminibus excerptum opusculum* , hrsg. Johannes Plateanus u.a., Köln: Johann III Gymnich 1592.

Bereinigung problematischer Inhalte. In einer Entkopplung von *Res* und *Verba* wird den Worten ein neuer, historisch anders situierter Sinn zugeführt, und die Kunstfertigkeit dieser Dichtung bestünde in der Fähigkeit zur *Coupage* und zur *Contexture*.[127] Estienne unterscheidet dabei relativ streng parodistisches Schreiben, in dem gewisse Verschiebungen in drei Stufen zulässig sind, und den Cento als Beibehaltung der Versteile.

In ähnlicher Weise rekurriert Scaliger in seiner *Poetik* auf die Cento-Dichtung, wenn er sie in der Betrachtung der Parodie als Sonderform parodistischen Schreibens versteht. Unter Rekurs auf die beiden kanonischen Vorbilder, Ausonius und Proba, bestimmt er den Cento als „strangula", als Mischgewebe oder Flickenteppiche, deren einzelne Teile entsprechend Montaignes *contexture* aneinandergenäht werden (*assunantur*).[128]

Montaigne schreibt also durch die namentliche Erwähnung von Lipsius innerhalb eines gesättigten poetologischen Umfelds, in dem die Frage des Cento und der Parodie eine zentrale Rolle spielen. Die Eigenständigkeit seines Projektes muss aber um jeden Preis gewahrt werden. Auch wenn er Parallelen zu den Cento-Dichtungen markieren will, soll dennoch nicht der Eindruck erweckt werden, er folge diesem Schema. Er entwickelt und behauptet keinerlei Loyalität dem Genre gegenüber – dafür ist das Projekt, mit den *Essais* eine neue literarische Form zu begründen, zu bestimmend für ihn. Dennoch übernimmt Montaigne spezifische Momente aus den Beispielen, die ihn umgeben. Der Cento wird so zur diskursiven Stütze seines Projektentwurfes, und er kann sich auf die Tendenzen bei Estienne, Erasmus, Lipsius und Caplius berufen. Für ihn liegt diese Qualität gerade im Zitieren, das durch den expliziten Bezug zum Cento immer auch ein unterschwelliges Genrezitat ist. Ihr entscheidendes Kennzeichen besteht in der Form, mit alten Worten neuen Sinn sagbar zu machen, und diesen nicht nur innerhalb eines Fragmentes auszudrücken, sondern im Zusammenspiel verschiedener Teile, die im Text komponiert und zusammengeführt werden.

---

127 Vgl. Jörg Robert, „Nachschrift und Gegengesang", S. 55: „Sein Wert bemißt sich für Estienne nach der Fähigkeit des Ausschneiders (*centonum concinnator*)." Vgl. hierzu die Einführung Compagnons zum Zitieren als Fähigkeit, auszuschneiden: Antoine Compagnon, *La seconde main*, S. 19: „Avant lire, après écrire, moments du pur plaisir préservé. Est-ce que je ne préférais pas découper les pages et les coller ailleurs, désordonnant, mêlant n'importe comment?"

128 Vgl. Julius Caesar Scaliger, *Poetices Libri Septem*, hrsg. Luc Deitz & Gregor Vogt-Spira; 2 Bde., Bd. 1, Stuttgart – Bad Cannstatt: Frommann Holzboog 1994, hier S. 387. Die Annahme, dass Montaigne diesen Text gekannt haben muss, dürfte sich nicht zuletzt darauf stützen lassen, dass dem Text ein Widmungsgedicht von Estienne de la Boétie vorangestellt ist (vgl. ebd., S. 39).

Anhand der Autoritäten der Diskussion des 16. Jahrhundert lässt sich sehen, wie ambivalent der Cento gemeinsam mit der Parodie begriffen wurde. Er kann beides sein, Entstellung und Veredelung, und er folgt zwei widersprüchlichen poetischen Paradigmen, der treuen Nachahmung, wenngleich als „Extremfall literarischer Imitatio",[129] und der „frivolen Prozedur der Verfremdung" (*defamilarization*).[130] Damit steht er am poetologischen Kreuzungspunkt einer Theorie der Imitation des antiken Kanons und der Genese neuer literarischer Formen, und schließt als zitierendes Verfahren die Lektüre und Rezeption immer in die (eigene) Produktion mit ein.[131]

Diese subversive Tendenz des Cento trägt ebenfalls zu Montaignes Wohlwollen gegenüber dieser Dichtungsform bei: im Rearrangement kommt es unweigerlich zu Ambivalenzen, und der Cento lebt von der Spannung von Aussage (die oft gegen den Sinn im Ursprungstext angeht, oft, zum Beispiel in den Vergil-Centonen, ins Obszöne übergeht) und Form (die ihre Berechtigung, zumindest in reinen Fällen der Gattung, aus der Würde des Prätextes gewinnt).

Entscheidend für diese Beifügung Montaignes ist der spezifische Abstand zwischen *Essais* und Cento: Der Unterschied der beiden Formen erlaubt es Montaigne, in einer allusiven und digressiven Zitation von Lipsius auf das kommunikative Netzwerk der beiden Autoren anzuspielen (das zugleich eine Fülle von Gelehrten aus ihrem Umfeld umfasst) und die Lizenzen, die Lipsius gerade für sich in Anschlag gebracht hat, retrospektive auch den *Essais* einzuräumen. Die Durchsicht der *Politica*, die sich laut Villey in der Bordeaux-Ausgabe eingeschrieben hat,[132] erhält mit der gattungsspezifischen Erwähnung der Cento-Struktur eine Wendung ins Theoretische. Montaigne erkennt in den Verwendungen der antiken Autoritäten in der *Politica* die groben Züge seiner eigenen Verwendungen wieder, und baut derart auf der Einleitung auf. Dabei geht es ihm vor allem um den Effekt, den die *Politica* ihm aufgedrängt

---

129 Andrea Gutenberg, Ralph J. Poole: „Einleitung", in: *Zitier-Fähigkeit: Findungen und Erfindungen des Anderen*, Berlin: Erich Schmidt Verlag 2001, S. 18.

130 Vgl. Verweyen & Witting, „The Cento", S. 168, sehen den Cento als Imitation, „but they [die Autoren von Centonen, S.G.] also use frivolous procedures of defamiliarization with an obscene intention."

131 Ähnlich auch bei Hoch, *Apollo Centonarius*, S. 24: „Als eine klassizistische Rezeptionsform entsteht Centodichtung in der vormodernen Literatur stets im Zuge der regelhaften Verbreitung einer aus Klassikernachahmung abgestellten Imitatio-Lehre. [...] Kanon und rhetorischer Dichtungsansatz verselbstständigen sich im Cento zu einer Ästhetik der Wiedererkennung. Zitat und Verfremdung setzen ebenso eine exakte Kenntnis der Vorlage wie einen philologischen Textbegriff voraus, der Wort- und Kontextverschiebungen eindeutig registriert."

132 Villey, *Sources*, S. 417-418; In der graphischen Auflistung der Lektüren Montaignes gibt er an, dass 31 Stellen aus den *Politica* in die *Essais* eingewandert sind.

haben. Die Genese eines Texts aus Texten erzeugt einen hybriden Raum der Durchmischung, innerhalb dessen es dem Essayisten gelingt, die konstitutive Spannung von Fremdem und Eigenem zu entwickeln. Mit dem Cento als Folie versteht man den Anspruch der Selbstdarstellung besser; er schließt ein, dass Montaigne im Text verborgen bleibt, auch wenn er nichts tut als sich selbst zu sagen. Die Zitate werden ihrer Funktion nach für die Ich-Aussage verwendet, sind darum aber keine Garanten der Unmittelbarkeit. Sie werden wie im Cento gebraucht und neu konzeptualisiert, und damit zu idealen textuellen Masken. Sie ermöglichen es dem Laien Montaigne, mit den Worten anderer zu sprechen, und sich zugleich hinter ihnen zu verbergen.

KAPITEL 3

Poetik und Zitat

Wenn wir nun den Vorrang von Montaignes Nachdenken über die Bedeutung und die Verwendung von Worten anderer untersucht haben, schließt die Reflexion auf Institution die Konstitution mit ein. Die Entwicklung einer Theorie des Zitats, die er zitativ den *Essais* einverleibt, wird zugleich zum Grundstein seines Schreibens wie zum Grundstein seiner eigenen Ausbildung erklärt. Im reflexiven Rückgriff des Eigenkommentars im Bordeaux-Exemplar bestimmt sich das Programm essayistischen Schreibens genauer; Montaigne verknüpft in der Überarbeitung die unterschiedlichen Ebenen und erhält ein Amalgam aus Pädagogik und Poetik, in dem die Erziehung des Selbst und der anderen zusammenlaufen. Die Zitattheorie Montaignes ist kein Komplement zu seinem Schreiben, und auch keine bloße Anleitung für den Unterricht. Mit ihr werden zugleich das Stilprinzip und die Novität der *Essais* hervorgehoben; die Einbindung fremder Stimmen, der Kompositionscharakter und die Dynamik des Zitierens sind Kennzeichen, deren Beschreibung Montaigne rückblickend als Charakteristika der *Essais* aufführen wird. So fügt er seiner Kritik an den wortwörtlichen *Lettrefertis* aus *Du Pedantisme* im selben Arbeitsschritt, aus dem die Hinweise zum Cento stammen, folgende Selbstkritik an:

> (c) C'est merveille combien proprement la sottise se loge sur mon exemple. Est-ce pas faire de mesme, ce que je fay en la plus part de cette composition? Je m'en vay, escorniflant par cy par là des livres les sentences qui me plaisent, non pour les garder, car je n'ay point de gardoires, mais pour les transporter en cettuy-cy, où, à vray dire, elles ne sont plus miennes qu'en leur premiere place.[1]

Der entscheidende Unterschied zum Plagiat liegt, entsprechend der pädagogischen Perspektive von *Du Pedantisme*, also im Gebrauch, den er von den entwendeten Passagen macht. Während er unfähig beliebt, das Diebesgut einzubehalten, interessiert sich der Diskurs der Essais ausschließlich für den „Transport".[2] Dieser soll keine Aneignung sein, insofern die Transplantate

1 Montaigne I 25, S. 167.

2 Cotton übersetzt im Englischen „transporter" mit „to transplant"; Michel de Montaigne, *Essays of Michael Seigneur de Montaigne. In three books with marginal notes and quotations. And an account of the author's life. With a short character of the Author and translator, by a Person of Honour*, übers. Charles Cotton, London: Gillyflower & Hensmann (u.a.) 1700, S. 197: „And here I cannot but smile to think how I have paid my self in shewing the Foppery of this kind of Learning, who my self am so manifest an Example; for, do I not the same thing

 | DOI:10.30965/9783846766064_005

nicht Montaigne gehören, weder in ihrem Ursprungskontext, noch in den *Essais*.

Montaignes Antwort auf die Frage nach dem Besitz der *emprunts* belässt es bei ihrem Zwischenstadium des Erborgten; unter Vorbehalt und bis auf Wiederruf kann der originäre Urheber seine Schöpfung zurückverlangen, und die Anheftung der Worte anderer an die eigenen stellt keine restlose Transformation des Materials dar, sondern ist als Passage und Transport in der intertextuellen Dynamik zwischen beiden Erwähnungen gehalten. Seine Danaiden-Tätigkeit ist müßig, weil die Inhalte und Wendungen nicht fixiert werden. Ein Fass ohne Boden, und ein stetiger Fluss, ist Montaignes Zitierens damit ein ständiges In-der-Schwebe-Halten, ständiger Übergang zwischen den Texten: textuelle Passagen.

Mit dieser Verwerfung ernstzunehmender Rechtsansprüche scheint er fast auf die Betrachtungen Lipsius antworten zu wollen, der in der Vorrede seiner *Politica* bemüht war, eine Balance zwischen seiner eigenen schreibenden Tätigkeit und der bloßen Zusammenstellung zu finden. Dort findet sich seine „paradoxe Definition" des Besitzstatus' seines Werkes; ihm gehört sozusagen zugleich alles und nichts: „In quo vere possim dicere, omnia nostra esse, et nihil."[3] Während Lipsius darum bemüht ist, sich zum „Architekten" aufzuwerten, dem die Konstruktion mit den bloßen Materialien (Steinen und Hölzern) gelungen sei und dessen Meisterschaft er mit dem Weben eines Spinnennetzes vergleicht,[4] greift Montaigne auf eine andere Strategie zurück, die ihm den Freiraum im Umgang mit seinen Diebereien sichern soll. Der Umweg über die *excusatio*, den er dazu einschlägt, verwirft jeden Anspruch auf dauerhafte Aneignung und gewinnt damit die Lässlichkeit seiner Übernahmen. Weil er den *Essais* die Befähigung zur Bewahrung des Diebesgutes abspricht, muss der

---

throughout almost this whole Treatise? I go here and there, culling out of several Books the Sentences that best please me, not to keep them (for I have no Memory to retain them in) but to *transplant* them into this; where, to say the Truth, they are no more mine than in their first Places." [meine Hrvh., S.G.].

3 Lipsius, *Politica*, S. 232. Zum Paradox, vgl. Wiedemann, „Fortifikation des Geistes", S. 188: „Nach diesen Vorklärungen geht es Lipsius nur noch um die Rechtfertigung seiner Schreibweise, die er selbst als absolutes Novum wertet und mit Hilfe einer paradoxen Definition charakterisiert: Daß alles meines / und doch gar nichts meines sei."

4 Beide Bilder sind belegt in Lafonds Diskussion von Lipsius' Poetik, die er unter Rekurs auf Montaignes Apologie der Cento-Poetik entwickelt. Siehe Lafond, „Le centon et son usage", S. 118: „L'originalité de l'œuvre n'est pas ici dans l'invention, mais elle n'est pas moins grande aux yeux de Lipse: retournant en sa faveur l'image traditionnelle des abeilles qui font un miel qui est tout leur, il écrit: ‚la toile des araignées n'est pas meilleure parce qu'elles produisent leur fils et la nôtre n'est pas plus méprisable parce que nous butinons les fleurs d'autrui, comme font les abeilles'."

Missbrauch der antiken Literatur in seinem Fall weder ernst genommen noch sanktioniert werden. Damit umgeht er nicht nur die Problematik Lipsius', sich trotz der buchstäblichen Abhängigkeit von seinem Intertext als eigenständiger Schriftsteller behaupten zu müssen. Vielmehr noch erreicht er die Öffnung seines Diskurses, der, insofern er kein geschlossenes Werk sein muss, in derselben Beweglichkeit bleibt wie die transportieren Zitate.

Die zweifache Verneinung, die zwischen den Übernahmen und dem Original eine Zone der Unbestimmtheit und des Transports einschreibt, kann das Problem des Changierens zwischen vollständiger und nichtiger Übernahme, lösen, indem sie es vom Status des Zitats verschiebt zum Akt des Zitierens. Montaigne diskutiert nicht die Übernahme als Resultat seiner Durchsicht, sondern unterstreicht die Zitation in actu, die sich während der Bordeaux-Ausgabe auch de facto als Ergebnis seiner Wanderungen durch andere Texte in den *Essais* niederschlägt und festwächst.

Montaigne kann sich nichts aneignen, weil ihm die nötigen „*gardoires*" fehlen. Dieser Neologismus, den ausschließlich er hier und an einer anderen Stelle in den Essais verwendet, bezeichnet eine Vorrichtung zur Fütterung wilder Fische; eine rahmenartige Struktur, die den angelockten Fisch, der von seinen Hütern „beschworen" wurde, einschließen soll.[5] Auch wenn es keinen Nachweis dafür gibt, dass Montaigne selbst den Begriff des Zitates verwendet, dürfte dabei ins Auge fallen, dass, wie auch Brousseau-Beuermann betont hat,[6] im Falle der zweiten *gardoires* in der *Apologie* die einzige Stelle in den *Essais* zu finden ist, an der das lateinische *citare* auftaucht, das er von Martial übernimmt:

> (b) Et j'ay veu des gardoirs assez où les poissons accourent, pour manger, à certain cry de ceux qui les traitent; | [468]
> nomen habent, et ad magistri
> Vocem quisque sui venit *citatus*.[7]

---

5 So führen es z.B. François Noel & L. J. Carpentier: *Philologie française*: ou, *Dictionnaire étymologique, critique, historique, anecdotique, littéraire ... pour servir à l'histoire de la langue française*, Paris: Le Normant Père 1831, S. 660.

6 Brousseau-Beuermanns Studie hat unsere Annahme, dieser Wortverwendung von „Citatus" in diesem Kontext mehr Aufmerksamkeit zu schenken, die notwendige Bestätigung gegeben. Sie ist nicht nur die einzige uns bekannte Autorin, die sich des Neologismus der *gardoires* angenommen und die beiden auch hier zitierten Textstellen mit einander in Beziehung gesetzt hat; sie tut dies zudem in ihrer detailreichen und sowohl historisch wie systematisch höchst anregenden Analyse der Zitate bei Montaigne. Brousseau-Beuermann: *La copie*, S. 29-30. [zur Systematisierung des *gardoires*-Gedankens bei Pascal, vgl. ebd., S. 106 f.].

7 Montaigne, II 12, S. 467-468 [Meine Hervorhebung, S.G.]; die eingeschobenen Verse stammen von Martial aus der Passage zu den „heiligen Fischen des Kaisers"; Siehe Martial, *Epigramme. Gesamtausgabe* (*lat./dtsch.*), hrsg. Paul Barié & Winfried Schindler, Berlin/Boston: de Gruyter

Das Wort, das er so im Zusammenhang seines großen Bestiariums gebraucht, klingt im Zusammenhang seiner Rekapitulation des Zitates mit an,[8] was dazu einlädt, eine Kontinuität in der Bildlichkeit anzunehmen. Montaigne ruft ohne Netz nach seinen Quellen, und will in I 25 zeigen, dass er, anders als die Fischer, keine Intention hat, die Beute einzubehalten, oder vielmehr nicht dazu in der Lage ist. Ihm fehlt mit den *gardoires* der notwendige Rahmen. Diese Variation des omnipräsenten Topos der Erinnerung in den Essais wird hier auf ein textuelles *Memoria*-System übertragen, dem es möglich wäre, die Übernahmen zu verzeichnen und so sich einzuverleiben – allerdings nur negativ, denn es ist gerade dieses System, über das Montaigne nicht verfügt.

Mit der Selbstthematisierung, die in den bereits geschlossenen Text einbricht, wird dieser rückwirkend reflexiv; Montaigne als Leser Montaignes scheint sich mit der Einfügung weniger um eine Korrektur zu bemühen, als dass er die bestehenden Ambivalenzen unterstreicht und damit in doppelter Geste die Distanz zwischen Autor und Text merklich werden lässt. Anstatt eine klärende, vielleicht selbstironische Erläuterung zu versuchen, wird durch den Rückgriff die Situation weiter verkompliziert. In seiner Relektüre macht Montaigne sich selbst zum schlechten Beispiel des Zeitgeistes, das ihn unter die anderen Referenzen seines Textes einreiht. Wie er Seneca und Plutarch einer literarischen Kritik unterzieht, wendet er hier sein *jugement* auf den eigenen Diskurs an und eröffnet zugleich den Blick auf sein Verfahren. Dass er

---

2013, Buch IV, 30, S. 274-275. („Sogar einen Namen haben sie, und auf des Meisters | Stimme kommt ein jeder, sobald er gerufen wird.") Erweckt diese Übernahme schon den Eindruck, mit Martial einen exemplarischen Vordenker der Zitation gefunden zu haben, ist die Thematik des Plagiats ihm noch näher. Der Begriff des Plagiats, den er – in metaphorischer Übertragung der Entführung der Sklaven eines anderen – auf seine Verse anwendet, zeugt von einem deutlichen urheberrechtlichen und ökonomischen Interesse des Dichters. Wenn er etwa schreibt (ebd., Buch I, 29, S. 52): „Fama refert nostros te, Fidentine, libellos | non aliter populo quam recitare tuos. | si mea vis dici, gratis tibi carmina mittam: | si dici tua vis, hoc eme, ne mea sint.", scheint er Montaignes Gegenüberstellung von Bücher-Schreiben und Bücher-Kaufen vorzugreifen. Für die Begriffsverwendung, die er in Verbindung zu *recitare* als Aufsagen von Versen einführt, siehe ebd., I 52, S. 70: „Commendo tibi, Quintiane, nostros |– nostros dicere si tamen libellos | possum, quos recitat tuus poeta –: | si de servitio gravi queruntur, | adsertor venias satisque praestes, | et, cum se dominum vocabit ille, | dicas esse meos manuque missos. | hoc si terque quaterque clamitaris, | inpones plagiario pudorem." Auch wenn Montaigne offensichtlich die Diskussion aus den *Epigrammen* gekannt hat, ist ihm der Begriff des Plagiats allerdings ebenso wenig geläufig wie der des Zitats, obwohl er ihn hier zitiert. Für die Geschichte des Begriffs, den Martial in Anschluss an Plinius entwickelt, siehe J. Mira Seo, „Plagiarism and Poetic Identity in Martial", *The American Journal of Philology* 130/4 (2009), S. 567-593. Ich danke Sina Dell'Anno für den Hinweis auf diese Begriffsgeschichte.

8 Wir unterstreichen, dass die Passage zum Verhalten von Fischen aus der (b)-Ausgabe stammt und somit zeitlich vor der Abfassung von (c) liegt; die von uns als erste Verwendung des Neologismus wäre also die zweite.

dabei vorgibt, die eigenen Mängel lediglich anzuzeigen, anstatt sie zu beheben, rechnet er seinem Projekt hoch an. In ihrer Konzeption sind die Änderungen am Text prozessual und verfahren zumindest in weiten Teilen nur additiv, während Eingriffe in das bestehende Textcorpus sparsam sind. Montaigne „markiert seine Fehler, er korrigiert sie nicht".[9] Diese Selbstbeschreibung ist dabei selbstredend keineswegs ehrlich:[10] Dass bis zur Bordeaux-Ausgabe, wie wir sahen, auch die Zahl der Zitate insbesondere aus Platon stetig zunimmt, ist ein deutlicher Indikator dafür, dass die Auffüllung mit Entlehnungen mit dem programmatischen Auftrag der *Essais* zusammenhängt. Die Zitate stehen neben den wesentlichen Passagen zur Reflexion auf eigene Poetik und ergänzen diese.

Der Text stellt sich mit diesen Beifügungen als unvollständig aus, und unternimmt mit jeder neuen Arbeitsphase einen neuen Versuch, sich zu erweitern. Wirkt Montaignes Thematisierung seiner Zitierwut wie eine Selbstanklage und die Einräumung einer Schwäche, gelingt es ihm zugleich, sie zu Stärke der *Essais* zu wenden. Die Diskussion um Urheberschaft und Sinnkonstitution, wie sie bei Lipsius in der Spannung von geborgtem Inhalt und individueller und neuer Form vorliegt, wird so elegant ausgespart, indem Montaigne bekennt, den reichen Schatz von gelehrten Sentenzen gar nicht behalten zu wollen. Diese Verzichtsleistung auf die *gardoires* gelingt ihm nur insofern, als dass die Dynamik der Zitate erhalten bleibt, die von ihrer Zunahme über die Editionen nur unterstrichen wird. Wenn Montaigne sagt, dass er weder Gedächtnis noch Rahmung für diese Inhalte habe, kann dies doch nicht sagen wollen, dass die *Essais* nicht voll von angelockter Beute sind. Was er hier versucht, ist eine Transposition der autorschaftlichen Verantwortung für seinen Diskurs auf die textuelle Ebene selbst. Wo er sich als bloßer Mittelsmann der Zitate inszeniert, überträgt er deren Bewahrung und Verwaltung auf das Buch, das er schreibt, das er derart von seiner Person entkoppelt. Als wollte er die klassischsten Topoi der Differenz von Stimme und Schrift rekapitulieren, wird ihm der Umstand, dass sein Schreiben an die Stelle der Erinnerung treten kann, zur Entschuldigung seiner Abschriften. Die Begriffe, die für diese textuelle Speicherung verwendet

---

9 Montaigne II 37, S. 758, wo es in der ersten Fassung heißt „(a) […] [J]e ne corrige point mes premieres imaginations par les secondes […]."; und stärker noch im dritten Band, wo in Hinblick auf den beigefügten Text gesagt wird: (III 9, S. 963): „(b) J'adjouste, mais je ne corrige pas […]." Beide Stellen werden uns im Nachvollzug der Transformation des Programms der *Essais* noch weiter beschäftigen.

10 Man vergleiche die betreffende Monographie von Paola Iemma, *Les repentirs de l'exemplaire de Bordeaux: (Montaigne, Essais, livre I)*, Paris: Champion 2004, hier S. 20: „Dans cette perspective, ‚j'adjouste, mais je ne corrige pas' traduit, par rapport au livre, un principe existentiel: à l'exclusion du repentir dans la vie correspond, dans l'écriture, l'exclusion de corrections qui auraient la fonction analogue – et aussi grave – de renier le ‚je' antérieur de celui qui écrit."

werden, sind vielzählig, und sie alle markieren den Verlaufs- und Übergangscharakter dieses Verzeichnisses anstelle einer innerlichen *memoria*. So spricht Montaigne prominent vom *registre* und vom Protokoll (*mettre en rolle*); beides Begriffe, die wir in der Besprechung der Schrift als Malerei weiter untersuchen werden. Aber schließlich, im dritten Band, rückt er die Verlaufsform seines Schreibens endgültig in den Rang ihrer Aufgabe der supplementären Ersetzung einer „natürlichen" Erinnerung, wenn er schreibt:

> (c) A faute de memoire naturelle j'en forge de papier, et comme quelque nouveau symptome survient à mon mal, je l'escris. D'où il advient qu'à cette heure, estant quasi passé par toute sorte d'exemples, si quelque estonnement me menace, feuilletant ces petits brevets descousus comme des feuilles Sybillines, je ne faux plus de trouver où me consoler de quelque prognostique favorable en mon experience passée.[11]

Die Schrift wird als Hilfsmittel gegen das Vergessen nicht verdammt, sondern eingestanden, und gewinnt durch die Möglichkeit des Relektüre, die Montaigne hier in der Bordeaux-Ausgabe performativ wie inhaltlich kommentiert, die Qualität einer rückwärtsgewandten Prophetie. Die *Essais* sind ein Denktagebuch und ein Protokoll dieser intertextuellen Bewegungen, die sich für die „Mehrzahl seiner Kompositionen" aufgedrängt haben. Statt, wie er idealiter den Umgang mit der Literatur geschildert haben mag, sie sich wirklich zu eigen zu machen, skizziert er ihren unnatürlichen Eintritt in den Fluss seiner Gedanken und erlaubt der Lektüre, sie zurückzuverfolgen, also als erinnerte Rede anderer zu erkennen.

3.1 Erborgte Poetik des Zitats. Cento-Poetologie

Für diese Logik einer unmittelbaren intertextuellen Beeinflussung, die von Montaigne mehr verzeichnet als kontrolliert wird, steht ein möglichst direkter Stil ein, dem alles Gekünstelte fehlen soll. Was hier zu Papier gebracht wird, entspricht dem Material von Denken und Lektüre ohne weitere Abstriche und Eingriffe; die Aufrichtigkeit der *Essais* ist auch die Naivität und Natürlichkeit ihres Diskurses. Seine Art, sich auszudrücken, muss ihm natürlich sein, um dem Vorwurf der Manipulation und der unrechtmäßigen Aneignung zu entgehen, den er gerade mit der Unbedarftheit seines Wesens ausräumen wollte. So ist es wenig verwunderlich, dass er, wenn er seinen eigenen Stil kommentiert und sich somit – zumindest auf den ersten Blick – von der

11 Montaigne III 13, S. 1092.

Diskussion des Zitates lösen will, eine ungeschliffene und direkte Ausdrucksform für sich beansprucht. Dass er nun gerade diese eindeutig poetologische Passage wiederum in der Form einer parataktischen Reihung von Autoritätsbezügen verfasst, zeugt von der Bedeutung der Zitate für sein Schreiben ebenso wie von der Erprobung seines Stils an den kanonischen Quellen. In den drei Arbeitsschritten der *Essais* gewinnt diese Stilkonzeption schließlich ihrerseits Cento-Charakter; Montaigne verbindet Referenzen als Lob der Vehemenz, die in ihrer Vielstimmigkeit zu seiner Fassung gerinnen sollen. Sie ist bezeichnenderweise eben dort zu finden, wo Montaigne im Anschluss an Estienne vom Textuellen als Gewebe spricht (mit der Metapher des *tordre*, des Einnähens)[12]. Die Passage ist intertextuell so aufgeladen, dass ihre Präsentation nur eine schematische und wuchernde Form annehmen kann, und die Lektüre selbst zur philologischen Pedanterie herausfordert: Wir erlauben uns daher, die nachverfolgten Quellenangaben hier in Klammern im Fließtext zu platzieren:

> Il en est de si sots, qui se destournent de leur voye un quart de lieue, pour courir apres un beau mot; (c) *aut qui non verba rebus aptant, sed res extrinsecus arcessunt, quibus verba conveniant.* [Vgl. Buch VIII von Quintilians *Institutio*][13] Et l'autre: *Sunt qui alicujus verbi decore placentis vocentur ad id quod non proposuerant scribere* [aus Senecas *Briefen an Lucilius*, 59, 5][14]
>
> Je tors bien plus volontiers une bonne sentence pour la coudre sur moy, que je ne tors mon fil pour l'aller querir [...] (a) Je veux que les choses surmontent, et qu'elles remplissent de façon l'imagination de celuy qui escoute, qu'il n'aye aucune souvenance des mots. Le parler que j'ayme, c'est un parler simple et naif, tel sur le papier qu'à la bouche; un parler succulent et nerveux, court et serré, (c) non tant delicat et peigné comme vehement et brusque: [Diese markante Defintion als Eramus-Paraphrase][15]

---

12 „Tordre" übersetzt sich am besten als „Einzwirnen, einnähen, einfädeln usw.". Broussaeu-Beuermann hat vorgeschlagen, diese Metapher als intertextuelles Bindeglied zwischen Estienne, Erasmus und Montaigne zu verstehen: Brousseau-Beuermann, *La Copie*, S. 142: „L'altération d'un texte emprunté, pas l'usage et la manipulation, est reconnue par Erasme sous le nom d'abus (abusus), et par H. Estienne, comme une facon de 'tordre' (detorquere) le texte, expression que Montaigne emploie justement à propos de ses emprunts." [Sie verweist selbst in der Anmerkung auf: Estienne, *Centorum et Parodiarum exempla* (1575), p. 119: „je me souviens d'avoir détourné (detorquere) pas mal de vers de ce poète (Virgile) en matière de plaisanterie."]

13 Balsamo (u.a.) „Notes et variantes", S. 1405, weist aus: „Quintilien: Inst. Orat. VIII, III 30".

14 Montaigne, I 26, S. 171.

15 Balsamo (u.a.) „Notes et variantes", S. 1405: „Cette définition du bon style est à rapprocher de celle que donne Erasme dans une lettre de 13 octobre 1527": „Je préferais un style ferme, serré, nerveux, moins orné et plus virile." (Verweist auf: Erasmus von Rotterdam, *Opus epistolarum Des. Erasmi Roterodami*, hrsg. Francis Allen, Bd. VII, Oxford: Oxford Univ. Press 1928, n° 1885, S. 191-195, hier S. 194).

> *Haec demum sapiet dictio, quae feriet* [ein zitativer Verweis auf das kolportierte Epgiramm auf Lukan].[16]

Die Vehemenz des Stils steht in den Diensten der Verbesserung des Menschen; die Worte, die der Pedant und der Büchermensch achten würde, verblassen vor den wichtigen Gegenständen, die zu schildern sind. Montaigne lobt das Einfache und Naive vor dem Gekünstelten und Schweren, und er will unvermittelt schreiben, eine direkte Rede zu Papier bringen, als spräche er zu seinem Gegenüber. Indem er den Topos der Quasi-Oralität seines Schreibens bedient, sollen die *Essais* unvermittelter und dadurch eher kunstloser als genuin natürlich erscheinen.[17] Die Direktheit des Dialogs erlaubt es ihm, den Vorrang des Inhalts (*res*) vor der Form (*verba*) zu behaupten.

Diese Richtlinien selbst stammen offensichtlich ihrerseits aus dem Kanon der rhetorischen und literarischen Überlieferung und binden die *Essais* an Senecas Briefe und, mit Quintilian, an die rhetorische Ausbildung; sie sind an Erasmus' Briefen ebenso geschult wie an kolportierter Dichtung und Quintilians Rhetorik, und greifen in der Bestimmung des guten Stils seine Modelle zitierend mit auf. Darin selbst liegt noch kein Widerspruch, gibt Montaigne doch zu, einzufädeln, was ihm in die Hände fällt, solange er versichern kann, sich nicht auf die Suche nach schönen Stellen gemacht zu haben. Wo seine eigene Poetik zum Gegenstand des Diskurses wird, ist die Übernahme poetologischer Zitate aus anerkannten Autoritäten eine lässliche Sünde, wenn nicht gleich ein performativer Beleg seines Schreibens. Der lakonische und parataktische Verweis auf die Autoritäten („et l'autre", ohne Versuch einer syntaktischen Anbindung)

---

16 Balsamo (u.a.) „Notes et variantes", ebd.: „Epitaphe de Lucain dans la *Vita Lucani*, recueillie dans les éditions du poète publiées au XVI siècle." Der Nachweis, dass es sich um ein fiktives Zitat handelt, findet sich auch bei Walter Eykmann, „Michel de Montaigne, Erziehung – Skepsis – Latina", in: *Der skeptische Blick: Unzeitgemäße Sichtweisen auf Schule und Bildung*, hrsg. Matthias Erhardt (u.a.), Wiesbaden: VS Verlag für Sozialwissenschaften 2011, S. 47-72, hier S. 68.

17 Regosins Kommentar zu eben dieser Stelle setzt die vorgebliche Natürlichkeit dieses Stils mit dem Wunsch eines „unrhetorischen" (*nonrhetorical*) Diskurses gleich, um die *Essais* zum Protokoll des Scheiterns dieses Wunsches zu erklären. Vgl. Regosin, *Montaigne's Unruly Brood*, S. 21. Das riskante Geschäft („risky business", ebd., S. 20) ist selbst rhetorische Kerndisziplin und liefert im Konzept von Aristoteles, Cicero oder Quintilian die Richtlinie einer Quasinatürlichkeit, die immer als Produkt der verborgenen Kunstfertigkeit gefasst wurde. Dietmar Till, VERBERGEN DER KUNST [DISSIMULATIO ARTIS], in: *Historisches Wörterbuch der Rhetorik*, Bd. 9, Sp. 1034-1042. Dass gerade die Rhetorik, die in ihren Anfängen fast exklusiv zur Konzeption gerade gesprochener, vorgetragener Reden dienen sollte und dabei die Schrift als Hilfsmittel, das zu vergessen wäre, versteht, dürfte die Annahme, Montaignes orale Natürlichkeit stehe im Widerspruch mit der Rhetorik, deutlich erschüttern.

will gerade die Lässigkeit und Beiläufigkeit dieser Sammlung unterstreichen, die durchaus als *parler court et serré* bezeichnet werden könnte, für das Seneca Pate steht. Montaigne entwirft seine Poetik mühelos, der mehr ein Spielcharakter und eine natürliche, freie Assoziation die Regeln vorgibt als eine durchdachte Komposition, und in der die Menge der Autoritäten einstehen soll für die Austauschbarkeit ihrer Positionen. Er verbindet hier die Vielzahl der Stimmen, ohne ihren autoritativen Charakter abzuschöpfen; vielmehr soll mit jedem Zitat deutlicher werden, wie leicht sich Belege für ein Sprechen wie dasjenige Montaignes finden und aufführen lassen.

Die Zitation als fremdsprachlichen Marker trägt hier zur Evidenz der Passage erheblich bei. Eingeflochten in den Fließtext, sind die Zitate gerade dasjenige, was Montaigne beschreiben will. Sie sind selbstverständliche Störungen des Leseflusses nicht nur aufgrund ihrer Anderssprachlichkeit, sondern vielmehr, weil sie als Zitate erkennbar sind und ihre Erstverwendung mit zu erkennen geben, indem sie ihn verschweigen. Anstelle einer geschliffenen Rede aus einem Guss entsteht ein Flickenteppich aus Zitaten, bei dem sich Montaigne nicht die Mühe macht, sie zu homogenisieren, geschweige denn sie zu verbergen. Die vier identifizierten Verweise in dieser kurzen Passage berühren Rhetorik-Theorie, Moralphilosophie, gelehrte Briefkommunikation und schließlich Dichtung, und sie bilden einen Rahmen für die beiden Schlüsselpositionen Montaignes: Sein Schreiben ist a) ein einfaches, evidentes als vor-Augen-stellendes Sprechen, in dem die Worte (*verba*) hinter der Sache (*res*) verlorengehen und das, wie die Formel von Mund und Papier deutlich illustriert, kunstlos, direkt, naiv und daher aufrichtig ist. Dabei weist er aber gerade hier wiederum b) performativ aus, dass er sich im Zuge dieser Stilentscheidung sehr wohl mit dem Verbinden und Verknüpfen von Sentenzen anderer beschäftigen darf, ohne dass die *vehementia dicendi*[18] seiner mehr Rede als Schrift dadurch gestört werden könnte – sie besteht vielmehr darin, dass er seine Verweise wie die kontingenten Einfälle eines Menschen im Gespräch erscheinen lässt und so mit den Mitteln des Textes den Charakter des Dialogs nachzuahmen anstrebt.[19] Die so übernommenen Werte eines kunstlosen Schreibens reihen

---

18 Kurt Spang, Dreistillehre, in: *Historisches Wörterbuch der Rhetorik*, Bd. 2, Spl. 921-972: „Die dritte Gattung, das *genus vehemens* oder *grave*, ist die kraftvollste und mächtigste, denn sie soll die Hörer leidenschaftlich mitreißen und begeistern."

19 Stierle hebt den kommunikativen Stil der *Essais* besonders hervor, und gliedert auch die lose verbundenen Zitate als Einfälle in schneller Abfolge in diese Charakterisierung Montaignes mit ein. Siehe Karlheinz Stierle, „Gespräch und Diskurs. Ein Versuch im Blick auf Montaigne, Descartes und Pascal", in: *Das Gespräch*, hrsg. ders. & Rainer Warning, München: Fink 1984, S. 297-334, hier S. 318-319. Auf seine erhellende Lektüre der Dialogizität der *Essais* werden wir weiter unten zurückkommen.

ihn deutlich in bestehende rhetorische und literarische Traditionen ein. Wo er versucht, den *Essais* ihre Form als Novität und Eigenständigkeit zuzuweisen, wird der beständige Rekurs auf seine Modelle besonders deutlich.

Die entscheidende Ebene dieser Cento-Konstruktion besteht allerdings darin, dass mit ihr eine Verortung innerhalb der Imitation-Diskussion der klassischen Literatur stattfindet, die eine Genealogie von Seneca über Quintilian zu Erasmus vorschlägt, und die Montaigne explizit intertextuell vernetzt und platziert. Seine Referenzen stehen nicht nur für ein direktes Sprechen, sondern sind anzubinden an die Kritik am pedantischen Wiederholen des Gelesenen. Im selben Atemzug, in dem er hier sein Zitieren nach Belieben ausstellt, beruft er sich dabei mit Erasmus auf einen der prominentesten Kritiker der sklavischen Imitation, deren Texte als kanonische Beiträge zur Rhetorik des 16. Jahrhunderts angesehen werden dürften.[20] Interessanterweise ist es an dieser Stelle gerade das, was er nicht zitiert, was seinen Punkt entscheidend unterstreichen könnte; nämlich die Imitations-Theorie aus Buch X der *Institutio Oratoria*, die die Risiken von Nachahmung in der Ausbildung diskutiert und dabei eine für die Innovationskraft und Eigenständigkeit seiner Poetik fatale Verwandtschaft zu Montaignes Ansichten aufbaut.[21] Insbesondere die vitale Metapher der Digestion, die sich auch prominent bei Seneca und Erasmus findet, steht in Quintilians kanonischer Konzeption des Kanon-Verhältnisses für die Rhetorik im Zentrum – es ist das Zeichen einer schlechten Verdauung, wenn man dasjenige, was man sich einverleibt hat, unverändert reproduziert, so die einfachste Form der rhetorischen Diätetik, die man in zehnten Buch findet.[22] Montaigne bedient dieses Bild nicht nur hier,

---

20 Vgl. Jörg Robert, „Die Ciceronianismus-Debatte“, in: *Diskurse der Gelehrtenkultur in der Frühen Neuzeit. Ein Handbuch*, hrsg. Herbert Jaumann, Berlin/New York: de Gruyter 2011, S. 1-54; ferner Michel Magnien, „Un écho de la querelle cicéronienne à la fin du XVIe siècle: éloquence et imitation dans les Essais“ in: *Rhétorique de Montaigne*, hrsg. Frank Lestringant, Paris: Champion 1985, S. 85-100.

21 Vgl. etwa Quintilian, *Institutio Oratoria*, Buch 10, S. 431-544, S. 487: „Vor allem also: die Nachahmung als solche genügt nicht schon weil es einen trägen Geist verrät, sich mit dem zufriedenzugeben, was andere gefunden haben. Denn was hätte denn in jenen Zeiten geschehen sollen, die noch kein Vorbild hatten, wenn die Menschen gemeint hätten, nur was ihnen schon bekannt sei, dürften sie tun oder denken? Doch wohl auf gar nichts wäre man dann je gekommen! Warum soll es also eine Sünde sein, daß wir uns die Mühe machen, etwas zu erfinden, was es vorher nicht gegeben hat? Oder führte nur jene rohen Naturmenschen ihr natürlicher Verstand dazu, so vieles zu schaffen, sollten wir uns vielmehr nicht gerade dadurch anspornen lassen, auf die Suche zu gehen, weil wir mit Sicherheit wissen, daß die, die gesucht haben, auch gefunden haben?“

22 Michael Worton & Judith Still, „Introduction“, in: *Intertextuality: Theories and Practices*, Manchester: Manchester University Press 1991, S. 8: „Montaigne articulates a theory of intertextual reading which is grounded in an almost boastful forgetfulness. Developing

und nicht nur in dieser selbst recht unverdauten Fassung einer direkten Übernahme. Im Widerspruch zum Anschluss an diese von Seneca vorgegebene Verdammung nimmt er später selbst für sich das Bild der unverdauten Mengen in Anspruch; „(b) Ce sont icy, un peu plus civilement, des excremens d'un vieil esprit, dur tantost, tantost lache et tousjours indigeste."[23] Aber auch ohne die Ausscheidungen mit anzusprechen, verwendet Montaigne immer wieder die Metaphorik der Einverleibung. Nur wenig später wird er im dritten Band die *Essais* als „Frikassee" bezeichnen, worin ebenso die Kulinarik nachklingt wie in der Beschreibung seiner Bildung in I 29 als „äußerste Kruste französischer Art".[24] Diese Bildebene mag programmatisch verstanden werden, ließen sich doch die „Essais" leicht als wortwörtliche „Kostproben" übersetzen.[25]

Seine ausgestellte Kenntnis dieses Textes wird so zum Maskenspiel gemacht; Montaigne unterdrückt gerade das naheliegende Zitat und ersetzt es durch ein anderes. Der Effekt ist, wie schon im Fall der Einleitung, selbstverständlich ambivalent – einerseits könnte man darin eine Verbergungstaktik erkennen, die allerdings durch die Realpräsenz Quintilians im Fließtext von vornherein schon unterlaufen würde. Er bleibt im Zitierten lesbar. Damit könnte man andererseits in dieser Verwendung auch einen ironischen Eigenkommentar erkennen, in dem exklusiv für das gelehrte Publikum ein ironischen Hinweis verborgen ist – dies allerdings würde wiederum eine merkliche Unruhe in das Verhältnis von Form und Aussage des Kapitels bringen, bliebe doch der

---

the Quintilian metaphor of reading as ingestion (without citing Quintilian), Montaigne asserts that ‚It is a sign of rawness and indigestion to disgorge food just as we swallowed it', since ‚To know by heart is not to know; it is to retain what we have given to our memory to keep.'" Für Quintilian, siehe Quintilian, *Institutio Oratoria*, Buch 10, S. 431-544, hier 1, 19, S. 438-439. Dass Senecas als Zeitgenosse ebenso als Urheber des Topos gelten könnte wie Quintilian mag Montaignes Sicht auf die Frage nach dem Ursprung deutlich illustrieren; die Prominenz Senecas für das 16. Jahrhundert dürfte diejenige Quintilians übersteigen. Wie Taoka gezeigt hat (Yasuko Taoka, „Quintilian, Seneca, Imitatio: Re-Reading Institutio Oratoria 10.1.125-31", *Arethusa* 44/1 (2011), S. 123-137), lässt sich die Aufnahme Senecas in der *Instiutio* nachvollziehen, womit behauptet werden kann, dass vielmehr Seneca den Topos etabliert hat.

23 Montaigne III 9, S. 946. Vgl. Pfeiffer, *Montaignes Revisionen*, S. 376.

24 Vgl. Montaigne III 13, S. 1079: „En fin, toute cette fricassée que je barbouille icy n'est qu'un registre des essais de ma vie, qui est, pour l'interne santé, exemplaire assez à prendre l'instruction à contre-poil." sowie I 26, S. 146: „un peu de chaque chose, et rien du tout, à la Françoise." (s.o.).

25 Bei Nicot wird erklärt; Nicot, ESSAYER, in: *Le Thresor*: „Essay se prend aussi pour la preuve qu'on fait à un Prince de son boire et manger, par manger et boire en sa presence de ce qu'on luy sert." Vgl. Heinz Schlaffer, ESSAY, in: *Reallexikon der deutschen Literaturwissenschaft*, hrsg. Jan-Dirk Müller, Friedrich Vollhart (u.a.), Weimar/Berlin/Boston: de Gruyter 2010, S. 522-525, hier 522.

Eindruck bestehen, Montaigne sichere seine Eigenständigkeit vor fremden Einflüssen ab, um dann doch mit Virtuosität auf sie anzuspielen und sie sichtbar zu machen.

Zwischen diesen Polen gelingt es ihm vielmehr, der gelehrten Lektüre vorzuführen, wie die tatsächliche, aber unkenntlich gemachte Übernahme als Aneignung auszusehen hätte. Er folgt weiter, als die Zitate ihn tragen, und spielt in dieser Cento-Poetik darauf an, dass die Nachahmung der Autorität nicht nur wortgetreu, sondern auch strategisch zu leisten ist; als Imitation zweiter Stufe, die nicht länger am Wort, sondern an der Poetik selbst ansetzt und so nicht in der Kopie von Worten, sondern in der Nachkonzeption am Vorbild und damit als Imitation der Imitation anderer verstanden ist. In der Absicht, nicht nur die Kunst, sondern auch die Theorie zu verbergen,[26] inszeniert I 26 einen vitalen und brüsken Stil des Unmittelbaren, dem gerade genügend Spuren einer intensiven Auseinandersetzung mit Stildiskussionen des Kanons anhaften, um in der Verwendung dieser Stimmen eine Finte zu erkennen zu geben, die sehr wohl mit der Übernahme als Adoption und Digestion operiert, sie aber – entsprechend der Richtlinien, die er von Seneca, Erasmus und Quintilian anzitiert – unkenntlich werden lässt. Sein Bekenntnis zum vehementen oder familiären Stil ist mehr als nur ein Verbergen der Kunst, wenn er hinter dem Geständnis zudem zu verstehen gibt, dass er Erasmus' Anspruch in der Imitation Ciceros folgt; sich an seinen Genotexten orientierend, entnimmt er ihnen die Konzeption einer Aneignung in ihrem Sinne.

Was Montaigne so gewinnt, ist eine Verhandlung seines Konzeptes der Abbildung, die er den *Essais* voranstellt; die Sache, die er zeigen will, ist er selbst und sein Denken, und die Form, die er dafür finden will, ist dennoch von den Lektürespuren vorgegeben. Dass er darin keinen Widerspruch erkennt, ergibt sich aus der Trennung von Wort und Ding. Formale Zitate und Plagiate hindern ihn nicht daran, seine Selbstbetrachtung im Text umzusetzen, vielmehr sind sie notwendige Elemente eines vom Wissen der literarischen Antike und Gegenwart vollgesogenen Ichs, das hier zur Sprache kommen soll. Für die Poetik der *Essais* ergibt dies eine funktionale Unterscheidung von Mimesis, als Nachahmung des Gegenstands, und Imitation, als Nachahmung der Worte anderer, und den damit verbundenen Nachahmungsmodi. Letztere werden im vollen und eklektischen Rückgriff auf die bestehenden Modelle ausgeführt oder vielmehr erprobt, und stehen dabei in den Diensten der ersteren. Montaignes Poetik der *Essais* als Imitation anderer ist, wie Foglia sich ausdrückte, somit

26 Diese selbst klassische Figur der Rhetorik mag von der Ciceronianus-Debatte an paradigmatisch für den Späthumanismus oder den Manierismus gewesen sein. Zur Geschichte, vgl. Till, VERBERGEN DER KUNST.

ihrerseits imitativ,[27] und stellt in loser Verbindung einen weiteren Cento dar, dessen Bezugspunkte im Aufscheinen der Zitate latent wirksam werden: Sie sind imitierte Theorie der Imitation, und entwickeln dabei in ihrer internen Dekonstruktion eine, um diese etwas überstrapazierte Vokabel ebenfalls von Foglia zu zitieren, *mise-en-abyme* im Herzen von *De l'institution*.[28] Montaigne operiert innerhalb des weiten Felds der Diskussion um die rechte Imitation, die er im Herzen seiner Reflexion auf die spezifische Schreibweise der *Essais* in einem Zug ausführt und beschreibt.[29]

Nicht nur der Diskurs also, sondern auch die ihn kommentierende Theorie des Zitates ist Stückwerk aus bekannten Texten, das bei Montaigne neu kombiniert und angewendet oder wiederholt wird, das sich aber selbst als Zitat zu lesen gibt. Die Ironie dieser Vermengung, die von der cento-artigen Kompilation getragen wird, bleibt unentscheidbar. Wenn sich Einforderungen von Eigenständigkeit und Originalität selbst als erborgt und unoriginell, ja fast als konservativ charakterisieren lassen und mit der Schwere und Würde der klassischen Antike in die aktuelle Debatte des 16. Jahrhunderts transferiert werden, kollidiert dies mit der offensichtlichen Probe aufs Exempel, das die Aufforderung zur quasi-körperlichen Aneignung aus den kanonischen Stimmen im Text geschehen lässt. Zudem kaschiert die Stelle geflissentlich, dass die Frage nach der Imitation im Herzen der Poetik-Diskussion der Renaissance steht und Montaigne leicht auf zeitgenössische Autoren hätte

27 Foglia, *Montaigne, pédagogue du jugement*, S. 206: „La théorie de l'imitation veut que le jugement se forme en empruntant à la pensée des auteurs. [...] Tout d'abord, il ne s'agit pas de répéter, mais de mettre en doute, d'examiner et de choisir. La tradition philosophique est d'abord un matériau pour l'exercice critique du jugement."

28 ebd., S. 221: „L'imitation de la théorie de l'imitation donne lieu à une véritable mise en abyme au cœur du chapitre I 26."

29 Folgt man Taoka, „Quintilian, Seneca, Imitatio" S. 123-137, weiter, ergibt sich, dass die Komplexität dieser Passage mit dieser Wiederholung bei weitem noch nicht erschöpfend dargelegt ist. Die kurz umrissene Strategie der doppelten Zitation und Imitation, die hier greift, ist ihrerseits eine Wiederaufführung der Strategie aus dem zehnten Buch Quintilians, der dort in ähnlicher Weise seine Haltung zu Seneca exerziert. Man kann seine Verwerfung Senecas ebenso als doppelte sehen, die sich dem pädagogischen Auftrag der Ausbildung des Redners verschreibt und so dem noch unerfahrenen Publikum eine Warnung vor dem Einfluss Senecas, dem bereits mit ihm vertrauten eine ironische Parodie seines Stils bedeuten mag. Der gesamte Passus stellt eine Umwertung oder Transposition von Senecas Brief 114 dar. Wie Seneca dort gegenüber Lucilius von einer zu starken Stilorientierung an anderen abrät, so setzt sich Quintilian an die Stelle Senecas, während der Adressat der jugendliche Auszubildende bleibt. Bei gleichbleibender Thematik wird so das Personal ausgetauscht, aber der Duktus imitierend und persiflierend reinszeniert – als eine Spitze gegen Seneca, oder als stumme Revision der ausdrücklichen Verwerfung.

eingehen können, um diese Entscheidung für den vehementen Stil als Reaktion auf die Unhintergehbarkeit des antiken Intertexts zu legitimieren. Die Mühe, mit der er hier wie andernorts den Bezug zu Erasmus verbirgt, lässt seine Rekurse als Anschluss an die klassische römische Literatur und Rhetorik erscheinen. Dieser kontrollierte, wenngleich nicht ungebrochene Anachronismus oszilliert selbst zwischen der tatsächlichen Rückbesinnung auf die Antike und einer gebrochenen Performanz, die vor Augen führt, dass es bei allem Bestreben nach Innovation nichts neues zur Frage nach dem guten Stil hinzuzufügen gibt. Dasselbe Mittel, wenn man so will, wird zu unterschiedlichen Zwecken verwendet, und die miszellierende Kraft der Rekombination wird weniger gesagt als gezeigt. Einer gelehrten Lektüre fiele es allerdings leicht, Montaignes *emprunts* zu identifizieren – und dies gilt wahrscheinlich für alle Leser/innen von Scaliger, Erasmus, Bembo und den anderen Rhetoren im Europa des 16. Jahrhundert, die gerade das Verhältnis zwischen Antike und Moderne verhandeln, und damit für alle Teilnehmer/innen am hier berührten Diskurs.

Diese Rekonfiguration als Cento-Poetik zu bezeichnen, bietet sich insbesondere dann an, wenn wir davon ausgehen, dass Montaigne darum bemüht ist, die von Seneca stammende Logik der Aneignung als Transformation der Materialien zur Darstellung zu bringen. Diese literarische Diätik verhandelt die Einflussangst, der sich Montaigne ausgesetzt sieht, und greift weit weniger auf die Metaphorik der Einverleibung als auf die Leitidee der Veränderung zurück. Die Transformation des Übernommenen wird zum Ausweis der tatsächlichen Angleichung des Materials an den eigenen Diskurs – und dies gilt in poetologischer Hinsicht auch dort, wo Montaigne nicht nur die Stimmen anderer, sondern mit ihnen eine ganze Traditionslinie des Nachdenkens über Poetik und Rhetorik mitevoziert. Die Feststellung, dass die Schöpfungen des neuen Textes an den Bestand von traditionellem Material gebunden sind und sich aus ihm erst ergeben, zwingt Montaigne wie die Rhetoren und Poeten seiner Zeit nicht nur zu einer Poetik, sondern auch zu einer Sprache im Allgemeinen, der die Entlehnung wesentlich ist.[30] Wie er schon zuvor in deutlichem und topisch prominentem Bild illustriert hat, muss nicht nur aufgenommen, sondern auch prozessiert werden, was der Bestand der Literatur anzubieten hat. „(a) L'estomac n'a pas faict son operation, s'il n'a faict changer la façon et la forme à

30 Starobinski, *Montaigne en mouvement*, S. 215-216: „Ainsi les pieces empruntées d'autruy, il les transformera et confondra, pour en faire un ouvrage tout sien ; à scavoir son jugement.' […] [C]est au terme de la *transformation* assimilatrice que le jugement se trouvera *formé*. Montaigne expose ici l'une des thèses majeurs de la tradition humaniste, pour qui toute langue est nécessairement | [216] d'emprunt, toute forme (et tout style) d'appropriation."

ce qu'on luy avoit donné à cuire."[31] heißt es in Variation von Seneca.[32] Dass hier in der Performanz derart der Topos zitiert wird, belässt es nur scheinbar bei einer Fortschreibung, das hieße: einer einfachen Wiederholung von Senecas Forderung. Montaignes transformiert in Selbstanwendung, was er von Seneca entlehnt, im deutlich lesbaren Bewusstsein darüber, dass sich der Satz einer linearen Zitation versperrt. Er will zugleich auch angewendet werden, um befolgt zu sein, was heißt, dass er verändert sein muss, um er selbst zu bleiben.

Während der erste Bildraum mit der Idee der textuellen Memoria in Form des fließenden Protokolls der *Essais* kollidiert, ist es das transformative Potential, das für die Zitate und die Kapitel, schließlich für das gesamte Projekt Montaignes den Ausschlag gibt. Wiederum transformativ, wird er diese Veränderung in der Übernahme nur wenige Seiten später anhand eines ebenso prominenten Topos der Poetik diskutieren, den er Seneca entnimmt.

3.2 Bienen und Blumen – Honig der Urteilskraft

Montaigne bleibt nicht bei der Bildsprache der Verdauung und Einverleibung stehen. In Vertauschung der Reihenfolge, die Seneca entwickelt hat, kommt er, in weniger unappetitlicher Metaphorik, auf einen der beliebtesten Topoi der Poetik als Transformation zurück, den er in zusammenfassender Geste auf das *jugement* hin umdeutet. Bei Seneca stellt die transformative Kraft der Einverleibung „in Fleisch und Blut" den Gipfel seiner Bilder für die Lektüre und Reproduktion anderer dar. In diesem Sinne übernimmt auch die zeitgenössische

---

31 Montaigne I 25, S. 151. Die Verdauungs-Metapher entstammt denselben Bezugstexten wie das gleich folgende und hier ausführlicher behandelte Bienen-Beispiel; so findet es sich als *digerere* bei den Referenztexten von Seneca (den *Epistolae morales*, s.u.) und bei Macrobius (in den *Saturnalia*). Vgl. Dina De Rentiis, „Der Beitrag der Bienen. Überlegungen zum Bienengleichnis bei Seneca und Macrobius", *Rheinisches Museum für Philologie*, 141. Bd., H. 1 (1998), S. 30-44, hier S. 35. Auch wenn wir hier Horaz bevorzugen, sollte en passant erwähnt werden, dass es sich bei beiden Referenztexten, die eingehend von der Imitatio als Technik des Schreibens handeln, um dezidiert pädagogische Texte handelt; Seneca und Macrobius wenden sich an einen personalisierten Schüler (Lucilus und Eustathius), um sie zu unterrichten. Die natürliche Einfügung der Betrachtungen zur Poetik der Imitation und der Beförderung der eigenen Textproduktion in die pädagogischen Programme hallt so deutlich in Montaigne wider, dass schon hierin eine Form zitativen Bezugs erkannt werden könnte.

32 So heißt es bei Seneca (Seneca, *Epistulae Morales*, Brief 84, S. 108): „alimenta quae accepimus, quamdiu in sua qualitate perdurant et solida innatant stomacho, onera sunt; at cum ex eo quod erant mutata sunt, tunc demum in vires et in sanguinem transeunt. Idem in his quibus aluntur ingenia praestemus, ut quaecumque hausimus non patiamur integra esse, ne aliena sint."

Diskussion den Gedanken und erkennt im Ins-Blut-Übergehen ein Analogon zum lebendigen Geist, der über den toten Buchstaben triumphiert und aus dem künstlichen Abschreiben der Worte eine intime Kenntnis des Gehalts gewinnen kann. Montaigne rührt an diesen Zusammenhang, wählt aber die topischen Bienen zum Zielpunkt. Mit ihnen wird zwar auch die transformierende, noch stärker aber die selektive Schreibweise charakterisiert, in der die Transplantation bereits Transformation einschließen muss. So empfiehlt er schon in der ersten Ausgabe der *Essais* dem Lehrer folgendes Gleichnis zur Lenkung des Schülers in I 26:

> (a) Les abeilles pillotent deçà delà les fleurs, mais elles en font apres le miel, qui est tout leur; ce n'est plus thin ny marjolaine: ainsi les pieces empruntées d'autruy, il les transformera et confondera, pour en faire un ouvrage tout sien: à sçavoir son jugement. Son institution, son travail et estude ne vise qu'à le former.[33]

Das Bild, das die Beweislast seiner Verbindung von Zitation und *jugement* zu tragen hat, ist ein ebenfalls omnipräsenter Topos. Als Emblem der Imitationstheorie stehen die Bienen für den prozessualen und transformativen Umgang mit der Fülle des literarisch-kanonischen Angebots, mit dem sich Schreibende der Antike wie der Renaissance konfrontiert sahen. Wie von Seneca vorbereitet, zielt das Bienen-Bild, wie das Bild der Verdauung, meist darauf ab, in der Analogie zwischen zitativem Textgebrauch und der natürlichen Produktionsweise von Honig der bloß künstlichen und reproduktiven Übernahme der Rede anderer eine eigenständige Form der Transformation entgegenzustellen.[34] Wie Castiglione[35] beruft sich auch Erasmus im *Ciceronianus*[36] dabei auf die Analogie

33 Montaigne, I 26, S. 152.

34 Seneca, *Epistulae Morales*, Brief 84, S. 108: „Sed ne ad aliud quam de quo agitur abducar, nos quoque has apes debemus imitari et quaecumque ex diversa lectione congessimus separare (melius enim distincta servantur), deinde adhibita ingenii nostri cura et facultate in unum saporem varia ilia libamenta confundere, ut etiam si apparuerit, unde sumptum sit, aliud tarnen esse quam unde sumptum est, appareat. Quod in corpore nostro videmus sine ulla opera nostra facere naturam."

35 Baldassare Castiglione, *Der Hofmann*, hrsg. Andreas Beyer, übers. Albert Wesselski, Berlin: Wagenbach 2008, I, XXXVI, S. 35. Für die Traditionslinie, die ihren Ausgang am Rande der Renaissance bei Petrarca nimmt, vgl. Hermann Gmelin, „Das Prinzip der Imitatio in den romanischen Literaturen der Renaissance (I. Teil)", *Romanische Forschungen* 46/1 (1932), S. 83-360, hier insb. S. 124-126; und zu Erasmus, S. 246-250.

36 Erasmus von Rotterdam, „The Ciceronian", S. 402 (ASD I 2, 651). „If the example of your idol does not convince you, let us look at the examples offered us by nature. Bees don't collect the material for making honey from just one bush, do they? No, they flit in their wonderful busy way round every type of flower, herb, and bush, often going far afield for the stuff to store in their hive. And what they bring is not honey to begin with. They turn

zwischen Schreiber und Biene, die bei Lukrez, Seneca, Horaz und so vielen anderen belegt ist.[37] Spuren führen dabei zurück bis zu Platons *Ion*, wo der Vergleich zwischen Poeten und fleißigen Bienen vorbereitet wird.[38] Montaigne positioniert sich also in einem topisch gesättigten Feld, wenn er diese Übernahmen aus Senecas Briefen zur Diskussion seiner Poetik heranzieht.

Die Metapherngeschichte, die hier greift, wird zum Austragungsort und Inhalt der verhandelten Theorie, indem jeder Autor, der die Bienen von anderen übernimmt, ihnen eine neue Wendung beifügen will. In ständiger Selbstanwendung reizen die Autoren dabei die Spannkraft des metaphorischen Raumes zwischen Bienen und Blumen so weit aus, wie es möglich ist; erlaubt doch gerade die Sanftheit des Bezugs, den die Analogie stiftet, eine Fülle von Angeboten, die friedlich nebeneinander existieren können. So setzen Lukrez und Seneca den Akzent auf die Veränderung, die trotz der Varianz der Quellen eine abschließende Homogenisierung erlauben soll. Die Renaissance um Erasmus bezieht sich stärker auf die Unhintergehbarkeit des Blumenangebots und betont, dass die Breite dieses Angebots, aus dem geschöpft werden kann, die Güte des Endproduktes nur erhöht: mehr Blumen ergeben besseren Honig. Hierfür dürfte auch der Anspruch Macrobius' zu zählen sein, der, wie De Rentiis rekonstruiert, in der Hinwendung zur Organisation des Materials den homogenisierenden Anspruch bei Seneca zurücktreten lässt.[39]

---

it into a liquid in their mouths and inner parts, and then reproduce it, transmuted into their own substance; in it one recognizes not the taste or smell of any flower or shrub the bee has sipped, but a creation of the bee itself, compounded from all the contributory elements."

37 Jürgen von Stackelberg, „Das Bienengleichnis. Ein Beitrag zur Geschichte der literarischen Imitatio", *Romanische Forschungen* 68 (1956), S. 271-293. Vgl. ferner zur Einordnung des Bildes in der Malerei: Klaus Irle, *Der Ruhm der Bienen: das Nachahmungsprinzip der italienischen Malerei von Raffael bis Rubens*, Münster: Waxmann 1997.

38 Platon, „Ion", in: *Sämtliche Werke*, Bd. 1, hrsg. Ursula Wolf, übers. Friedrich Schleiermacher, Hamburg: Rowohlt 2007, 534 b, S. 72.; „Es sagen uns nämlich die Dichter, daß sie aus honigströmenden Quellen aus gewissen Gärten und Hainen der Musen pflückend diese Gesänge uns bringen wie die Bienen, auch eben so umherfliegend. Und wahr reden sie. Denn ein leichtes Wesen ist ein Dichter und geflügelt und heilig, und nicht eher vermögend zu dichten, bis er begeistert worden ist und bewußtlos und die Vernunft nicht mehr in ihm wohnt.";

Stackelberg gibt ferner noch eine Formulierung bei Aristophanes an sowie eine Stelle aus dem Sanskrit: Stackelberg, „Das Bienengleichnis", S. 272 (Anm.): „‚Aus kleinen und großen Büchern, von allerwärts her nehme der erfahrene Mann das Beste, wie die Biene (den Nektar) aus den Blumen' lautet ein altindisches Sprichwort. (er zitiert aus Otto von Böhtlingk, *Sanskrit-Chrestomathie*, hrsg. Richard Garbe, Leipzig 1909, [Nachdruck: Darmstadt: Wiss. Buchgesellschaft 1967.])

39 Dina De Rentiis, „Der Beitrag der Bienen", S. 31.

Die fleißigen Bienen haben also häufig den Besitzer gewechselt, um jedes Mal verändert und verschoben zu werden. Es ist gerade diese Breite der Bezüge in der Geschichte des Topos, die der metaphorischen Evidenz des Bildes sekundiert. Mit jeder Neuauflage der Analogie wird dem Gleichnis eine neue Bedeutung hinzugefügt, ohne dabei die alte zu überdenken. Selbst als kleine Geschichte der Imitation verstanden, beschreiben die Bienen und Blumen einen additiven Prozess, dem jede Schicht seiner Evokation eine neue Veredelung hinzufügt. Schon Senecas Übernahme der Analogie, die er von Lukrez übernommen hat, kann als Vorform dieser Abänderungen des Bildes verstanden werden.[40]

Montaignes Bekenntnis zum Verfahren der Bienen und ihrer diversen Blumen baut also auf dieser reichen Tradition auf und erlaubt ihm, die Fülle seiner Selbstbeschreibung als Zitierendem zu bündeln; sein Durchblättern der Seiten seiner Bibliothek und seine Übertragungen als ständiger Transport lassen sich am Beispiel der Bienen legitimieren. Im gleichen Zug wird er sich später gegen den Vorwurf verteidigen, mit den *Essais* als Florilegium nichts weiter als ein „Bündel fremder Blumen"([b] *amas de fleurs estrangeres*)[41] vorgelegt zu haben.

Und so wiederholt sich die Performanz des Zitierens auch in ihrer Theorie; offensichtlich stammt das Bienen-Bild in einer seiner reichsten Fassungen aus eben dem 84. Brief Seneca, aus dem Montaigne bereits zuvor ausgiebig Entlehnungen über Entlehnungen entnommen hatte. Dort verfährt Seneca selbst zitierend, indem er Vergil zum Zeugen der Analogie macht:

> Apes, ut aiunt, debemus imitari, quae vagantur et flores ad mel faciendum idoneos carpunt, deinde quidquid attulere, disponunt ac per favos digerunt et, ut Vergilius noster ait,
>
> liquentia mella
> stipant et dulci distendunt nectare cellas.[42]

---

40 Vgl. vor allem Stackelberg, „Das Bienengleichnis", S. 271-293.

41 Montaigne III 12, S. 1055.

42 Seneca, *Epistulae morales*, Brief 84, S. 105-106. Wir liefern hier noch einmal die gesamte Stelle (und ihre Übersetzung), um den Bezug zur Literatur mit einzuschließen:
„Nec scribere tantum nec tantum legere debemus: altera res contristabit vires et exhauriet (de stilo dico), altera solvet ac diluet. Invicem hoc et illo commeandum est et alterum altero temperandum, ut quidquid lectione collectum est stilus redigat in corpus. Apes, ut aiunt, debemus imitari, quae vagantur et flores ad mel faciendum idoneos carpunt, deinde quidquid attulere, disponunt ac per favos digerunt et, ut Vergilius noster ait,
liquentia mella
stipant et dulci distendunt nectare cellas."
Übersetzung: „Man muss sich abwechselnd dem einen und dem anderen zuwenden und das eine mit dem anderen ausgleichen, damit das Schreiben alles, was man durch das

Die Nähe zu Seneca liegt nicht nur aufgrund der Bildlichkeit auf der Hand. Vielmehr belegen intratextuelle Bezüge aus I 26, dass Montaigne sich am 84. Brief orientiert haben muss. Während, wie bereits angezeigt, dort der Rekurs auf den Verdauungsvorgang belegt ist, wird auch in der Folge wieder an den Bienen-Topos angeknüpft, wenn Montaigne in der (c)-Ausgabe beifügt: „(c) Qu'il cele tout ce dequoy il a esté secouru, et ne produise que ce qu'il en a faict."[43] Seneca scheint dem von Vergil und Lukrez stammenden Bild nicht völlig zu vertrauen, wenn er die Verfahrensweise der Honigproduktion diskutiert, ohne entscheidend zu wollen, ob die Bienen ihre Materialien letztlich weiterprozessieren oder ob das Gefundene belassen wird, wie es ist. Denn in dieser biologischen Unterscheidung liegt der Zielpunkt seiner Betrachtungen, der es um die Durchmischung und Neuschöpfung geht. Seneca will die Übernahme als Einverleibung verstehen. Anstelle einer bloß reproduktiven *memoria* wird so aus dem Zitatenschatz eigene Kraft und eigenes Blut:

> Sed ne ad aliud quam de quo agitur abducar, nos quoque has apes debemus imitari et quaecumque ex diversa lectione congessimus separare [...] deinde adhibita ingenii nostri cura et facultate in unum saporem varia ilia libamenta confundere, ut etiam si apparuerit, unde sumptum sit, aliud tarnen esse quam unde sumptum est, appareat. [...] Alimenta quae accepimus, quamdiu in sua qualitate perdurant et solida innatant stomacho, onera sunt; at cum ex eo quod erant mutata sunt, tunc demum in vires et in sanguinem transeunt. Idem in his quibus aluntur ingenia praestemus, ut quaecumque hausimus non patiamur integra esse, ne aliena sint. (7) Concoquamus ilia; alioqui in memoriam ibunt, non in ingenium.[44]

Lesen gesammelt hat, wieder zu einer organischen Einheit werden lässt. Wir müssen die Bienen, wie man sagt, nachahmen, die ausfliegen und die Blüten, die für die Herstellung des Honigs geeignet sind, aussaugen, dann alles, was sie herangeschafft haben, an verschiedene Stellen bringen und auf die Waben verteilen und, wie unser Vergil sagt,

den klaren Honig hineinschaffen und mit süßem Nektar die Zellen füllen."

43 Montaigne I 26, S. 152. Der Nachweis findet sich auch bei Balsamo (u.a.) „Notes et variantes," S. 1397.

44 Seneca, *Epistulae morales*, Brief 84, S. 107-108. (Übers. ebd.:) „Auch wir müssen diese Bienen nachahmen und alles, was wir aus verschiedenartiger Lektüre zusammengetragen haben, trennen [...], anschließend müssen wir jene einzelnen Köstlichkeiten in Rücksicht auf unsere geistigen Interessen und Möglichkeiten zu einer wohlschmeckenden Nahrung zusammengießen, sodass trotzdem deutlich wird, dass es etwas anderes ist als das, woher es stammt, auch wenn deutlich ist, woher es stammt. Dieselbe Leistung sehen wir die Natur ohne jede Anstrengung innerhalb unseres Körpers erbringen: Die Nahrungsmittel, die wir aufgenommen haben, belasten uns, solange sie ihre Eigenschaft behalten und unverdaut im Magen liegen; aber wenn sich ihr ursprünglicher Zustand verändert hat, dann verwandeln sie sich in Kräfte und gehen ins Blut. Dasselbe wollen wir mit unserer geistigen Nahrung erreichen, indem wir alles, was wir in uns aufgenommen haben, nicht

Ungeachtet der Verfahrensweisen der wirklichen Bienen soll der Autor als analoger Sammler seine Funde nicht unverändert lassen; indem sie ihm in Fleisch und Blut, und also ins Ingenium übergehen, tragen sie vielleicht noch die Spuren ihrer zitativen Abstammung an sich, werden aber doch durch den Transformationsprozess zu etwas neuem – die Verdauung geistiger Nahrung führt zur Stärkung des schreibenden Subjektes, dessen Produkt, ein neuer Text, von sein Eigenständigkeit zeugen soll. Die Frage nach dem Eigentum und dem Anspruch auf originäre Schöpfung ist, was Seneca in der Bienenanalogie erkennt. Mit dem Erborgten wird so ein neuer Wert geschöpft, der im Ingenium des jüngeren Autors seinen Ausdruck findet.

Es ist nicht von der Hand zu weisen, dass Montaigne diese Darstellung des Bildes kennt und hier verwendet. Dass er allerdings Senecas Fassung Folge leistet, scheint weniger wahrscheinlich, wenn man den Gedankengang verfolgt, den er aus den Bienen ziehen will. Dabei dürfte schon die Vermengung unterschiedlicher Quellen für die Reproduktion des Bildes einer anderen Logik folgen. Montaigne gibt dem Topos eine eigene Prägung, die vielleicht in Senecas Sinn seinem persönlichen Ingenium entspricht, sich aber darin von der Forderung nach Originalität abzusetzen versteht.

Wenn, wie Stackelberg behauptet, Montaignes Verwendung das Bienen-Gleichnisses „am weitesten bekannt gemacht" hat,[45] so spielen die Einflüsse, die es ihm übermittelt haben, in dieser Neuinszenierung eine entscheidende Rolle. Villey stellt neben Seneca auch Plutarch in die Ahnenreihe.[46] In dessen Abhandlung über das Hören wird der Topos ähnlich verwendet und entspricht

unverändert lassen, damit es nicht etwas Fremdes bleibt. Wir wollen es verdauen; andernfalls wird es nur in das Gedächtnis, nicht aber in unser Bewusstsein eingehen."

45 Stackelberg, „Das Bienengleichnis", S. 289.

46 Pierre Villey, *Les Essais de Michel de Montaigne*, Bd. 4: *Les sources des* Essais. *Annotations et éclaircissements*, Bordeaux: Pech 1920, S. 77: „Même image chez Sénèque ep. 84 ; aussi Plutarque, *Comment il faut ouir*, f° 27 r° ; Horace, *Odes*, Iv, II. Elle est partout de Montaigne, cg. Balthasar Castiglione, *Il Cortegiano*, I, xxvi; un sonnet en tête de la traduction de *Divers leçons* de Messie; un sonnet de Guérloult en l'honneur de Zonaras, en tête de la traduction de cet auteur, par Millet de Saint-Amour (1560) ; une ode de Deval, en tête de sa traduction des *Avis et conseils* de Guicharin (1576) ; quelques vers de Constantin, Angevin, en tête de l'*Anthologie* de Breslay (1574) ; un sonnet de Ronsard en tête des *Œuvres morales et diversifiées* de J. des Caurres (1577); les *Politiques* de Juste Lipse, I, I, note I ; etc., etc. Les applications varient naturellement, mais le fond reste à peu près le même."

Villey nennt das Verhältnis von Restance und Varianz in diesem Topos, das wir bereits angesprochen haben, ‚natürlich', ohne die Selbstanwendung des Bildes auf seine eigene Tradition zu betonen. Die Erwähnung von Lipsius in der umfangreichen Liste von Bienengleichnissen in der französischen und italienischen Literatur des 16. Jahrhunderts könnte das Missverständnis befördert haben, dem Stackelberg zum Opfer gefallen ist (Stackelberg, „Das Bienengleichnis", S. 289); Lipsius kommt als „Quelle" nicht in Frage, da in der Wortwahl in weiten Teilen derjenigen Montaignes. Dieser kannte diesen Text aus dem Umkreis der pädagogischen Betrachtungen im ersten Band von Amyots Übersetzung zweifellos, hat er doch für die Kapitel I 25 und I 26 diesen Textumkreis offensichtlich zum Vorbild genommen. Plutarch verwendet das Bild, um die Bedeutung der Selektion bei einer Überfülle von Material zu betonen. Der gute Zuhörer sei nicht derjenige, dem sich in sklavischer Reproduktion jedes Detail eines Vortrags einpräge, sondern vielmehr der, dem es gelinge, auch in einem schlechtem Ganzen die guten Teile zu erkennen und sie, den Bienen gleich, für seine eigenen Zwecke mit fortzuführen. Die Intensität des Bildes wird durch die von Horaz inspirierte Verwendung verschiedener Blumennamen verstärkt; was von Thymian und Majoran bleibt, ist Honig, wie auch bei Montaigne zu lesen ist.[47]

Die Benennung der Materialien für die Kollektion der Biene sind bei Vergil und Horaz vorbereitet und ergänzen das Bild um die schöne, aber auch müßige Orientierung an den einzelnen Entnahmestellen, wie Plutarch es mit seiner floralen Aufzählung weiter verstärkt. Montaigne nimmt in seinem pragmatischen Tonfall die Küchenkräuter zum Beispiel, von denen er eines von Plutarch übernommen haben mag. Mehr noch aber dürfte ihn in an *Comment il faut ouir* interessiert haben, wie es Plutarch gelingt, den immer latent anwesenden didaktischen Wert der Analogie zwischen Poetik und Pädagogik auf die Rezeption im Besonderen zu verlagern. Der Nachklang seiner Empfehlung des selektiven Hörens und der Durchsicht aller Angebote findet sich in Montaignes abschließender Deutung der Analogie wieder. Während der historisch aufgeladene Topos als zitativer Anschluss das Bild ausführt, weicht er an entscheidender Stelle von der Logik der Aneignung als Transformation ab, und folgt dabei dem pädagogischen Programm Plutarchs; nicht auf die Worte kommt es an, sondern darauf, aus ihnen praktischen Gewinn zu schlagen. Der Honig sind nicht die zu eigenen gewordenen Worte anderer, sondern die Transformation des Lernenden, der an der Überfülle von Beispielen sich selbst schult, oder besser: seine Urteilskraft übt und produziert.

Montaignes Bienen bereits in der (a)-Phase ihre Stelle finden und die *Politica* erst neun Jahre später veröffentlich wurde.

47 Vgl. Plutarch, *Oeuvres Morales et Politiques*, übers. Jacques Amyot, 2 Bde., Paris: Morel 1618 Bd. 1, „Comment il faut ouir", S. 27; er spricht von einem Blumenbouquet, das die Bienen selektiv erstellen und das u.a. Thymian beinhaltet. Vorbild für diese Zunahme an metaphorischer Exaktheit ist Horaz' Vergleich von Biene und Schwan, in dem er für sich – im Gegensatz zu Pindar – nur einfodert, Thymian für seine kleineren Lieder zu sammeln. Horaz, *Carmina (lat./dtsch.)*, hrsg. Franz Burger, München: Heimeran 1927, Car. IV, 2, S. 91: „Multa Dircaeum levat aura cycnum, | Tendit, Antoni, quotiens in altos | Nubium tractus: ego apis Matinae | More modoque || Grata carpentis thyma per laborem | Plurimum circa nemus uvidique | Tiburis ripas operosa | parvous Carmina fingo."

Unter diesem Gesichtspunkt entwirft Montaigne sein Bild in Abstand zu Seneca, wenn er das *iudicium* anstelle des *ingenium* setzt. Diese Bedeutungsverschiebung ist beim historischen Überhang des Bildes leicht zu überlesen, steht sie doch quer zum Verständnis der Aneignung im neuen Werk. Traditionell geht es bei der Produktion aus der Reproduktion um eine poetologische Prozedur; wer sich die Biene zum Wappentier macht, dem gelingt es wie Horaz, unter Mühen neue Verse hervorzubringen. Wer die Passage vor dem (zweiten) Doppelpunkt beschließt, mag ein Pastiche aus Seneca und den vielen anderen Stimmen zugunsten der transformierenden Lektüre des Kanons erkennen und Montaigne innerhalb des imitativen Schreibens zum Versöhner von Imitation und Innovation erklären. So würden auch die *Essais* einer Logik der Einverleibung folgen und im Einklang mit Senecas Programm stehen.[48]

Setzt man die Lektüre aber fort, ist die Bestimmung des „ganz eigenen Werkes" (*l'ouvrage tout sien*) nicht diejenige des neuen, eigenständigen Textes oder der eigenen poetischen Produktion. Einen Versuch, die völlige Erneuerung des zitierten Materials als Unabhängigkeit vom Intertext zu beschreiben, hat Montaigne nicht unternommen. Innerhalb der Rekapitulation der überladenen Bienen-Metaphorik schiebt er kaum merklich den Wert der Analogie vom reproduzierten Material zur rezeptiven Fakultät, vom Ausspruch zum Urteil.[49] Es kommt zur Radikalisierung der Aneignungsmetaphorik, die

48 Prominent, wenngleich selbst noch relativierend, hat Friedrich diese Lesart vorgelegt und Montaigne – in Fortführung seines Gedankens der „Wesensbildung" – zum Aneigner machen wollen, dem es bei solchen Übernahmen um die „Einschmelzung zu neuer Ursprünglichkeit" geht. Friedrich, *Montaigne*, S. 41, wo es zuvor heißt: „Montaigne wiederholt, auf der reifen Stufe wenigstens, aus dem überlieferten Gedankenvorrat nichts, ohne es vorher in die eigene Überzeugung verwandelt zu haben. Von diesem (sic) her erhält das Überlieferte erst seine Gültigkeit für ihn."

49 Tietz war von dieser Umwertung derart verblüfft, dass er seiner Übersetzung misstraute; Montaignes „sehr dunkles" Wort, das mit dem „le former" keinen Umgang finden wollte, schien für ihn Mittel und Zweck zu vertauschen. In seiner Not sah er sich gezwungen, Streichungen vorzunehmen: Montaigne, *Essais*, übers. Tietz, I 25, S. 164: „Eben so muß er auch die von anderen entlehnten Stücke verwandeln und unter einander mischen, um ein Werk, das gänzlich sein eigen ist, daraus zu machen: denn seine Urteilskraft, seine Unterweisung, seine Bemühungen, sein Studieren, zielen auf nichts anderes als auf dessen Verfertigung ab." Indem er den Einschub „à scavoir son jugement" in die Reihung einrückt, gelingt es ihm, das Ergebnis einer gelungenen Erziehung in der Hervorbringung des ganz eigenen Werkes (als Text) zu erkennen. Dass Montaignes Text diesen gerade fallen lässt zugunsten der gut ausgebildeten Urteilskraft, geht so in der Übersetzung verloren. Ganz so wie Friedrichs Lektüre ist diejenige Bickenbachs offensichtlich von dieser Übersetzungsverschiebung motiviert. In seiner Diskussion des Bienengleichnisses will er anhand der deutschen Übertragung Montaigne zum Musterschüler Senecas machen, insofern er auch performativ „Senecas Worten auf das genaueste folgt". Angesichts

nicht länger vom Produkt, sondern vom Prozess der Internalisierung und Einverleibung ausgehen will. Das neue und eigene Werk, das in Analogie zum Honig steht, ist bei Montaigne gerade nicht der neue Text, sondern die sich aus den vielen Quellen speisende Urteilskraft. Die Imitation in Nachahmung der Bienen zielt für Montaigne „allein" darauf ab, die Urteilskraft zu schärfen und auszubilden. In ihr, nicht in der Hervorbringung eines eigenständigen Werkes, liege der Zielpunkt seines Gleichnisses.

Die Eigenständigkeit, die hier geschildert wird, ist nicht mehr diejenige des Textes; dieser wurde doch zuvor als Mischung und Aneignung aus anderen Quellen beschrieben, um damit die Nähe zur Textualität der *Essais* zu wahren. Wer wirklich und rechtens (*droittement*) weiß, verfügt über sein Wissen, und kann unabhängig von Buch und Anleitung mit ihm umgehen. Was derart befähigt, ist Ergebnis der Einverleibung, aber selbst keine Übernahme aus externen Quellen. Wer sich an der Literatur geschult hat, der hat gelernt, sie zu beurteilen; und darüber kann er völlig frei und unabhängig verfügen.

Mit diesem Eingriff in das topische Bild wird die Performanz mit der Aussage deutlich kenntlich verschränkt: Eine Poetik der Imitation, die sich selbst imitativ formuliert. Folgerichtig muss daher auch der Anspruch an die Abänderung mit aufgezeigt werden; das weitestgehend in Kopie verfügbar gemachte Bild wird im Abschluss des Passus erheblich ergänzt, wenn Montaigne die Orientierungsleistung des Gleichnisses und damit der Imitation im Sinne seines pädagogischen Programms abkehrt von ihren klassischen Orten innerhalb der rhetorischen *officia*, wie der *inventio* und der *elocutio*,[50] ganz zum *jugement* hin verschiebt: Nichts anders, so die abschließende Wendung, soll die Ausbildung als Ganze hervorbringen.

Im Bienen-und-Blumen-Topos aber ist der Auftrag der Poetik so irreversibel eingespannt, dass die transformierende Verwendung in Bevorzugung der Urteilskraft die deutlichste Engführung von Pädagogik und Poetik darstellen dürfte. Montaigne, der sich als der Adressat seiner Referenztexte zu Wort meldet, steht damit ein für die Schüler der Pädagogien, die Seneca und Macrobius hinterlassen haben; die Aushandlung des spezifischen Verhältnisses zur vorangegangenen und autoritären Lehrmeinung wird folglich in

---

der Wendungen des französischen Textes lässt sich diese Behauptung nicht aufrechterhalten, und Montaigne würde in dieser Lesart um eine entscheidende Verschiebung ärmer. Matthias Bickenbach, *Von den Möglichkeiten einer ‚inneren' Geschichte des Lesens*, Tübingen: Max Niemeyer 2017, S. 109.

50 So spricht De Rentis, leider ohne Nachweis, von der „imitatio [als] tragende[r] Säule der klassisch- römischen Bildung, im Bereich der Inventio, der Dispositio und der Elocutio", um unter Rekurs auf Cicero (De Orat. 1 157 ff) auch die actio miteinzuschließen. Vgl. De Rentiis, „Der Beitrag der Bienen", S. 36.

der Ambivalenz der Übernahme gehalten. Wie im Versuch, der Aufforderung zum Ungehorsam nachzukommen, ist die Befolgung der Ratschläge aus dem topischen Feld in einem Paradox gefangen, dass durch die Spiegelung in Montaignes Text nur umso einschneidender wird. Es sind die versammelten Autoritäten des Bienen-Topos, die Montaignes Übernahme rahmen und befähigen, und er leistet ihnen Gehorsam, insofern er das Bild übernimmt; dennoch wird der Topos auf sich selbst angewandt, indem die Geschichte seiner Überlieferung als Geschichte der in ihr enthaltenen Transformationen und Übergänge wie Thymian und Majoran enthalten bleibt, um verschoben zu werden.

Damit rückt die zitative Dimension der Topos-Verwendung bei Montaigne in den Blick, die sich gerade nicht darauf kapriziert, mit den Mitteln des Textes einen Diskurs in Eigenständigkeit hervorzubringen. In einer Umkehrung der klassischen Topologie der Poetik der Transformation – die „Einverleibung", als ein ins Innen aufgenommenes Außen, mündet nahtlos in eine neuerliche Veräußerung, die transformierende Re-Produktion sein muss – bleibt der textuelle Rückgriff dem eigentlichen Produktionsprozess des *œuvres*, nämlich der Urteilskraft, äußerlich. So wird er in der Bordeaux-Erweiterung auch auf die organische Dimension zurückkommen, nur um sie zu verabschieden; Auswendig-Wissen, das im Französischen von Herzen kommt und damit mit der Fleisch-und-Blut-Metaphorik von Seneca bis Erasmus korrespondiert, verliert in Montaignes Pädagogik den Anspruch des Wissens selbst:

> (c) Sçavoir par coeur n'est pas sçavoir: c'est tenir ce qu'on a donné en garde à sa memoire. Ce qu'on sçait droittement, on en dispose, sans regarder au patron, sans tourner les yeux vers son livre.[51]

Sein Text übernimmt das Moment des Gleichnisses, um sich an ihm zu erproben; der Text ist eher die Spur dieses Wirkens im Subjekt als dessen erneuerte Entäußerung. Wo Lektüre und *écriture* zusammenfallen, kann von einer Aneignung der Kräuter und der Produktion des eigenen Honigs nur insofern gesprochen werden, als es um die Verschiebung innerhalb der Autorinstanz geht. Davon unbeeindruckt, behält der Topos seinen zitativen Charakter; er wird zum Gegenstand oder Objekt der Reflexion gemacht, der im Register der Selbsterprobung mitgeführt wird. Was ihm Anlass zur Erprobung seines Urteiles ist, wird ins Denkprotokoll eingetragen und zum Versuch der *Essais* verwendet. Was man wirklich wissen kann, ist weder das äußerliche Bücherwissen, noch die quasi-natürliche Aneignung des Fremden, und das

---

51 Montaigne I 26, S. 152.

Ziel der Ausbildung der eigenen schriftstellerischen Tätigkeit liegt nicht in sich selbst, noch in der Hervorbringung neuer und besserer Texte. Montaignes Konzentration auf die Praxis und die tatsächliche moralische Besserung ist von der Poetik befördert, inhaltlich aber von ihr entkoppelt. Was die *Essais* wie die gute Erziehung leisten soll, ist, die Fähigkeit zu Urteilen herauszubilden.

3.3 Süffisante Lektüren: *Des Livres*

Die Rolle der kanonischen Literatur, die Einzug in die *Essais* findet, hat damit auch über die konkrete Zitation hinaus ein klares Profil erhalten. Montaignes Stil der Vehemenz und Direktheit lässt die Bestände, die er verzeichnet, in dem Maße roh, wie sie sich als Materialien darbieten, und fügt sie seinen Betrachtungen nicht als eigenständige Argumente oder als Schmuck bei, sondern als Gegenstände der Reflexion, an denen sich das *jugement* erproben und erweitern lernen soll. Der Übergang zwischen Pädagogik und Poetik wird dabei von der subkutanen Ineinssetzung von Schüler und Essayisten vollzogen. Montaigne rückt mit der (c)-Variante sich selbst weniger an die Stelle des Lehrers, den er schildert, als dass er versucht, sich als den Belehrten zu inszenieren.

Entscheidend für diese Materialien unseres Geistes ist die Fähigkeit, ihnen den Wert für das Urteil abzugewinnen. Montaigne exerziert an zwei Historikern, wie diese Hermeneutik des *jugement* verfährt. Sie wird als Lektüre individuell, und unterläuft die Autorintention wie die Gattung. Plutarch und Titus Livius sind die Vorbilder, die seinem Verfahren entsprechen. Aus ihren Texten kann der Schüler weit mehr gewinnen als den Einblick ins Historische:

> (a) Qu'il ne luy apprenne pas tant les histoires, qu'à en juger. (c) C'est à mon gré, entre toutes, la matiere à laquelle nos esprits s'appliquent de plus diverse mesure. J'ay leu en Tite-Live cent choses que tel n'y a pas leu. Plutarque en y a leu cent, outre ce que j'y ay sceu lire, et, à l'adventure, outre ce que l'autheur y avoit mis. A d'aucuns c'est un pur estude grammairien; à d'autres, l'anatomie de la philosophie, en laquelle les plus abstruses parties de nostre nature se penetrent. (a) Il y a dans Plutarque beaucoup de discours estandus, tres-dignes d'estre sceus, car à mon gré c'est le maistre ouvrier de telle besongne; mais il y en a mille qu'il n'a que touché simplement: il guigne seulement du doigt par où nous irons, s'il nous plaist, et se contente quelquefois de ne donner qu'une attainte dans le plus vif d'un propos.[52]

52 Montaigne I 26, S. 156.

Der Nutzen der Geschichte liegt für Montaigne allein im *jugement*.[53] Der Schüler soll sich mit den Anekdoten und Fakten der Vergangenheit befassen, die vielleicht sogar einen vorzüglichen Horizont für Montaignes Kanon darstellen; aber nicht, um an ihnen sein Faktenwissen und seine Erinnerungskraft zu vergrößern, noch, um sich in direkter Form an den Helden der Vorzeit zu orientieren, sondern allein im Dienste der Fähigkeit, Urteile über sie zu fällen und eigene Einschätzungen zu gewinnen. Montaignes Lieblingsautor Plutarch genießt auch hierin den Vorzug, nicht nur das Material in Form von zitierfähigen Passagen an die Hand zu geben. An ihm gewinnt Montaigne zugleich die Form einer süffisanten Lektüre, die er am Vorbild Titus Livius' gewonnen hat, und die Form eines lesenden und proliferierenden Schreibens, das zweifellos den *Essais* Modell steht. Denn Plutarchs digressiver Stil zwischen Moralphilosophie und Historiographie gelingt es, mehr in Livius' Darstellungen zu finden als andere Lektüren, und zudem mehr, als dieser selbst in seinen Texten erkannt haben mag. Werden die möglichen Bedeutungen derart von der Interpretation Plutarchs vervielfacht, gewinnt seine Darstellungsform umso mehr dazu, die in Kürze und Beiläufigkeit besteht. In kurzen Strichen entwirft Plutarch ein Mehr an Bedeutungen: Es ist dieses Mehr, als quantitative Bestimmung eines Überschusses des Textes, an dem Montaigne interessiert ist. Er liebt es, sich diesem offenen Diskurs zu nähern und lobt auch hier im anderen sich selbst; die Hervorhebung der Stärke von Plutarchs vielstimmiger und andeutungsreicher Prosa strahlt selbstverständlich auch auf die *Essais* zurück.

Insbesondere mit Plutarchs Verfahren in den Parallelbiographien wird so auch Montaignes Programm präfiguriert, dass man sagen kann, dass für ihn die Konzeption der Urteilskraft den Kern von Plutarchs historiographischem Unternehmen darstellen mag. Bleibt die Auffassung dessen, was das Jugement leisten soll und wie es sich bildet, innerhalb von I 25 und I 26 noch vage, wird im ausdrücklichen Lob von Plutarch klar, dass Montaigne in dessen vergleichender Darstellung römischer und griechischer Persönlichkeiten sein Modell gefunden hat. In eben diesem Verfahren kann nachvollzogen werden, wie der ideale Schüler Gewinn aus der Geschichte ziehen soll; indem er die Geschichte zum Reflexionsgegenstand macht und versucht, die Handlungen und Worte der Überlieferung zu beurteilen. Eben dies ist, was Plutarch den Biographien beigesellt:

---

53 Zur Frage nach dem Nutzen der Geschichte für das Leben unter Einschluss Montaignes kann allgemein verwiesen werden auf: Reinhardt Kosellek, „*Historia Magistra Vitae*. Über die Auflösung des Topos im Horizont neuzeitlicher Geschichte.", in: *Vergangene Zukunft. Über die Semantik geschichtlicher Zeiten*, Frankfurt a.M.: Suhrkamp 1989, S. 38-66.

> C'est justement attaquer ce que Plutarque a de plus excellent et louable: car en ces comparaisons (qui est la piece plus admirable de ses œuvres et en laquelle, à mon advis, il s'est autant pleu), la fidelité et syncerité de ses jugemens égale leur profondeur et leur pois. C'est un philosophe qui nous apprend la vertu.[54]

Wie sein Schüler sich die großen Taten und Worte der Geschichte nur aneignen soll, um sie zu vergleichen und aus diesem Vergleich Modelle für das eigene Handeln zu gewinnen, also: um zu urteilen, bilden die Vergleiche als Brücken zwischen den parallelen Biographien abschließend den Schritt heraus aus dem reinen Bücherwissen hinein in die Ebene der moralischen Reflexion, die Montaignes Pädagogik eingeklagt hat. Montaigne findet also mit etwas Abstand ein Vorbild für den Lehrer, den er im ersten Band geschildert hat. Die Historiographie Plutarchs kann tatsächlich von sich behaupten, die Tugend zu befördern, gar zu lehren. In seinen Texten wird die Urteilskraft nicht nur gestärkt, sondern selbst in Plutarchs Verfahren – sozusagen performativ – beispielhaft exerziert und so lesbar gemacht. Der Überschuss seiner Texte, dem unzählige Materialien oft nur in Teilen beigefügt sind, erlaubt Untersuchungen und Fortführungen in unzähligen Richtungen. Mit den Vergleichen aber bekommt der Schüler auch den Schlüssel zum rechten Nutzen dieser Texte an die Hand gegeben. Der Wert dieses Materials liegt nicht darin, dem Urteil Plutarchs einfach zu folgen, sondern in seinem Überangebot an Urteilsmomenten.

Dass Montaigne sich hier als Nachfolger Plutarchs inszeniert, wird im dritten Band noch deutlicher, wenn Montaignes Lob des „poetischen" Stils gerade mit Andeutungen und Sprüngen in eins gesetzt wird:

> (b) J'ayme l'alleure poetique, à sauts et à gambades. (c) C'est une art, comme dict Platon, legere, volage, demoniacle. Il est des ouvrages en Plutarque où il oublie son theme, où le propos de son argument ne se trouve que par incident, tout estouffé en matiere estrangere: voyez ses alleures au Daemon de Socrates.[55]

Sprunghafte und poetische Allüren sind Teil einer nicht nur leichten und flatterhaften, sondern nachgerade dämonischen Kunst, die leicht von der Hand gehen soll, um ebenso leicht aufgenommen zu werden. Montaigne zitiert Platons Definition aus dem *Ion*, die unmittelbar auf dessen Vorbereitung des Bienenbildes folgt, in dem die Dichter sich zur Versammlung der musischen „fremden Materialien" bekennen.[56] Diese Allüren sind es, für die Montaigne

---

54 Montaigne II 32, S. 726.

55 Montaigne III 9, S. 994.

56 Der Hinweis findet sich bei Balsamo (u.a.) „Notes et variantes", S. 1807. Wir haben die entsprechende Platon-Stelle (*Ion* 534 b, s.o.) bereits im vorangegangenen Kapitel zitiert; in ihr wird die Verbindung zwischen der Wahltätigkeit der Bienen und der Übersteigerung

sich ausspricht und deren Vorbild ihm Plutarch liefert; der extratextuelle Verweis in direkter Leserinnenansprache lässt Amyots Plutarch-Übersetzung in den Text ein und liefert einen thematisch rückgebundenen Exkurs zum Dämonischen bei Sokrates.[57] In der digressiven und sprunghaften Haltung, die er an Plutarch lobt, wird die Bindung an eine übergeordnete Thematik zugunsten einer Öffnung des Diskurses und einer Fülle von Material verabschiedet.[58] Poetisch, das heißt für Montaigne also: frei und variantenreich, angefüllt mit dem Unterschiedlichen.

Diese Verselbstständigung des Textes an seinen Materialien, die sich der Autorintention und der belehrenden Systematik entziehen, berührt die „Natürlichkeit" des Stils, die Montaigne vorab für sich in Anschlag gebracht hat. Die Worte, die er von anderen entlehnt und in seinen eigenen Text überführt, sind, ähnlich wie diejenigen Tacitus' in Plutarch, übervoll von Sinnangeboten und Deutungsmöglichkeiten. Jedes Zitat hat einen Sinn, der über die Intention des Zitierenden hinausgeht und sich der Sinn bei der Wiederholung verändert – „Les paroles redictes ont, comme autre son, autre sens", heißt es in III 12 mit merklicher Freude an der Homophonie.[59] So hat die rechte und hinreichende Lektüre der *Essais* (und, vielleicht, aller Texte) ihre Aufgabe darin, nicht einfach Montaignes Person und Intention zu verstehen – darin bestünde die Angleichung seiner Entlehnungen an den eigenen Text, der mit einer Übernahme der Urheberrechtsansprüche einherginge. Montaignes dämonisches Schreiben ist, wie dasjenige Plutarchs, gewählt sprunghaft. Das Material, das hier zusammengetragen wird, bleibt gewissermaßen roh, und ist – im Sinne der *Essais* als Entwürfen – nur skizzenhaft; die Lektüre soll nicht dem Text folgen, sondern aus den fingierten Angeboten den rechten Nutzen für sich selbst ziehen.

---

des Subjektiven und Intentionalen im Dichter hergestellt. Auf die Bienenwahl folgt die Erläuterung zum poetisch-prophetischen Enthusiasmus: zur „Denn ein Dichter ist ein luftiges, leichtbeschwingtes und heiliges Wesen und nicht eher imstande zu dichten, als bis er in Begeisterung gekommen und außer sich geraten ist und die klare Vernunft nicht mehr in ihm wohnt: solange er aber diese klare Besinnung noch besitzt, ist jeder Mensch unfähig zu dichten und zu weissagen."

57 Plutarch, *Oeuvres Morales*, übers. Jacques Amyot, Bd. 2, Paris: Chevalier 1612, S. 907-951. Der Text ist eine dialogische Sammlung unterschiedlicher Betrachtungen und mag, wie Montaigne es nahelegt, paradigmatisch für die lose Kopplung unterschiedlicher Themen und Bezüge in den *Moralia* stehen. Die Stelle wird in dieselbe Genealogie gesetzt bei Pfeiffer, *Revisionen*, S. 401.

58 Frame betont vor allem den Materialaspekt dieser Poetik; Donald Frame, „Did Montaigne Betray Sebond?" *Romanic Review* 38 (1947), S. 297-382, hier S. 299: „[...]he wants his material to make its own order and its own headings."

59 Montaigne III 12, S. 1063.

In *Des Livres* (II 10) werden die *Essais* ihre Poetik erneut verhandeln, indem das Buch über die Bücher spricht, und erneut wird es Montaigne darum gehen, seine spezifische Haltung zu den Worten und Büchern anderer, also zum Zitat, zu diskutieren. Den Vorrang seiner Betrachtungen räumt er dabei dem Spielerischen und Laienhaften ein, das für ihn zur Lektüre treten muss.

> (a) Je ne cherche aux livres qu'à m'y donner du plaisir par un honneste amusement; ou, si j'estudie, je n'y cherche que la science qui traicte de la connoissance de moy mesmes, et qui m'instruise à bien mourir et à bien vivre:
>
> (b) *Hac meus ad metas sudet oportet equus.*
>
> (a) Les difficultez, si j'en rencontre en lisant, je n'en ronge pas mes ongles; je les laisse là, apres leur avoir fait une charge ou deux. (b) Si je m'y plantois, je m'y perdrois, et le temps: car j'ay un esprit primsautier. Ce que je ne voy de la premiere charge, je le voy moins en m'y obstinant. Je ne fay rien sans gayeté; et la continuation (c) et la contention trop ferme (b) esblouit mon jugement, l'attriste et le lasse.[60]

Die Fröhlichkeit und das Amüsement, die Montaigne den Büchern entnimmt, sind für ihn das entscheidende Kriterium; Schwierigkeiten sollen ihm nicht einmal beim ernsthaften Studium begegnen, und entsprechen nicht seiner „sprunghaften Natur", die eine fröhliche Wissenschaft verlangt. Selbst wenn es ernster zugeht, also zuvorderst in Fragen der Moral (also der Selbsterkenntnis und des Lernens von Leben und Sterben), ist die Lektüre ihm vor allem Zeitvertreib und Vergnügen. Um Schwierigkeiten macht er einen Bogen; auch hier rekurriert er wieder auf das *jugement*, das ihm von Beständigkeit und Fixierung nur getrübt und geschwächt würde.

Wir dürfen annehmen, dass die bevorzugte Lektürehaltung auch in der Poetik der *Essais* wiederspiegelt und Montaigne ein Buch konzipiert hat, das nicht nur seinen Neigungen als Autor, sondern auch als Leser entspricht; also ein Buch dieser fröhlichen Wissenschaft, dem es an Moralischem nicht fehlt, das aber leicht zu nehmen ist und sich Gelegenheitslektüren anbietet. Wir dürfen davon ausgehen, dass diese Charakterisierung für sein eigenes Buch Gültigkeit hat. Nicht nur, dass es sich in seiner topischen Organisation gerade einer kontinuierlichen und chronologischen wie einer systematischen Lektüre verweigert, vielmehr noch dürften die „sauts et gambades", die Montaigne

---

60 Montaigne II 10, S. 409. Der eingeschobene Vers in (b) entstammt Properz, *Liebeselegien*, IV 1, S. 216-217; „[...] das ist das Ziel zu dem mein Pferd, in Schweiß gebadet, rennen muß." Oder: „Nach diesem Ziele muß mein Pferd mit vollem Zügel laufen."

immer wieder einschlägt, etwaige Schwierigkeiten in seinen Kapiteln leicht umschiffen lassen.

Stehen diese Betrachtungen im Dienste seiner idiosynkratrisch schwachen Konzentrationsfähigkeit und damit wieder seiner Urteilskraft, gibt ihm dies erneut Anlass, in der Bordeaux-Ausgabe die Anwesenheit anderer Texte zu diskutieren. Montaigne wird auf den Gedanken seiner *emprunts* zurückkommen und wird im Text das konstitutive Verhältnis der Urteilskraft und des Zitates markieren.

> (c) Qu'on voye, en ce que j'emprunte, si j'ay sçeu choisir de quoy rehausser mon propos. Car je fay dire aux autres ce que je ne puis si bien dire, tantost par foiblesse de mon langage, tantost par foiblesse de mon sens. Je ne compte pas mes emprunts, je les poise. Et si je les eusse voulu faire valoir par nombre, je m'en fusse chargé deux fois autant. Ils sont tous, ou fort peu s'en faut, de noms si fameux et anciens qu'ils me semblent se nommer assez sans moi. Ez raisons et inventions que je transplante en mon solage et confons aux miennes, j'ay à escient ommis parfois d'en marquer l'autheur, pour tenir en bride la temerité de ces sentences hastives qui se jettent sur toute sorte d'escrits [...] Je veux qu'ils donnent une nazarde à Plutarque sur mon nez, et qu'ils s'eschaudent à injurier Seneque en moy. Il faut musser ma foiblesse souz ces grands credits. J'aimeray quelqu'un qui me sçache deplumer, je dy par clairté de jugement et par la seule distinction de la force et beauté des propos. Car moy, qui, à faute de memoire, demeure court tous les coups à les trier, par cognoissance de nation, sçay tres-bien sentir, à mesurer ma portée, que mon terroir n'est aucunement capable d'aucunes fleurs trop riches que j'y trouve semées, et que tous les fruicts de mon creu ne les sçauroient payer.[61]

Was an dieser Passage bemerkenswert ist, ist die Verschiebung des Themas, das wie so häufig deutliche intratextuelle Verweise herstellt und den/die Leser/in aus dem dritten in den ersten Band zurückverweist. Die Wiedereinführung von Seneca und Plutarch ist eine der Methoden des Skandierens der *Essais*, die derart um Topoi und Exempla kreisen, ohne jedoch eine einfache Gruppierung zusammenhängender Themenstellungen zu ermöglichen.[62] Entgegen einer Logik des persönlichen Lebensberichts macht Montaigne deutlich, dass es sich bei seiner „Komposition", wie Butor schreibt, um eine „Montage von Auszügen" handelt.[63] Auf diese Art entsteht eine Struktur der Verweise, die sich im

61 Montaigne II 10, S. 408.

62 Bestes Beispiel hierfür dürfte der Tod als Topos sein, der in unterschiedlichster Gestalt und unter verschiedensten Vorzeichen wiederholt in den Kapiteln verhandelt wird. Vgl. hierzu Friedrich, „Montaigne und der Tod", S. 32-88.

63 Michel Butor, *Essais sur les essais*, Paris: Gallimard 1988, S. 19-30: „Etant donné le nombre énorme de citations que comportent les Essais, des emprunts que les historiens de plus en plus avertis réussissent à déceler sous les passages apparemment les plus personnels, il

Falle der *Essais* tatsächlich um ein leeres Zentrum gruppiert, oder vielmehr ein bewegliches und dynamisches Zentrum umkreist, dessen Mittelpunkt durch die Lektüre des jeweiligen Kapitels (und in ihm: des jeweiligen Abschnitts, des jeweiligen Satzes und Zitates) neu verlegt werden kann. Oder aber, wie Cave dargestellt hat, man betrachtet diese Querverweise als verborgene und verschliffene Eigenzitate, die weniger Rekurrenzen als Variationen darstellen und sich dabei an der Erasmischen *Copia* orientieren und so die Fülle der verhandelten Topoi mit der Fülle ihrer Verhandlungen engführen.[64]

So kehrt die Thematik der Plagiate und Zitate in der Besprechung von *Des Livres* wieder, und es werden dieselben Motive aufgeführt, die wir bereits in I 26 sahen. Montaigne beginnt mit einer *excusatio*, indem er die Fülle seiner Entlehnungen auf die Schwäche sowohl seiner Sprache als auch seines Geistes zurückführt; retrospektiv wird er also nochmals auf die Seite der Anklage aus I 26 gestellt und attestiert sich selbst, ein Nachahmer zu sein. Er wählt, um diese Überfülle zu markieren, das Bild des Wiegens (*peser* bzw. *poiser*), um das Zählen auszuschließen: „Je ne compte pas mes emprunts, je les poise."[65] Damit verliert jedes einzelne Zitat, das leicht um weitere hätte ergänzt werden können, seine Eigenständigkeit und die Notwendigkeit, auf seinen Urheber zurückgeführt werden zu müssen. Sie sind ja bekannt, so Montaigne weiter, und es wäre zu viel der Mühe und an der Grenze zur Pedanterie, allen bekannten Sätzen auszuweisen.

Unpersönlich fügen sich die starken Sätze in jede Form der Schrift ein, und Montaigne gibt diesem Druck notgedrungen nach. Seine Strategie, den Schaden zu begrenzen, widerspricht dabei nachgerade jeder Logik des Autoritätsbezugs; die ohnehin bekannten Sentenzen und Phrasen, die sich ihm aufdrängen, werden in ihrem kontaminierenden Effekt bekömmlich

---

est clair qu'en faisant un montage d'extraits de son ouvrage on réussira à lui faire dire les choses les plus différentes, à nous proposer un Montaigne stoïcien, pyrrhonien, épicurien, chrétien, ce qui consiste à vrai dire seulement à défaire son propre travail, à recons- | [20] stituer Sénèque avec ce qui vient de Sénèque, Pyrrhon avec ce qui vient de Sextus, Epicure avec ce qui vient de Lucrèce […], le catéchisme avec ce qui en vient." Butor spielt diese Montage als „Komposition" gegen die beiden konkurrierenden Narrative zur Genese der *Essais* aus, „Opportunité ou chronologie" (ebd., S. 18).

64 So bei Cave, *The Cornucopian Text*, S. 275.

65 Montaigne II 10, S. 408, s.o. Friedrich (*Montaigne*, S. 318) erinnert daran, dass es etymologische Verwandtschaften zwischen *essayer* und *exagium*, der Wage, gibt, und dass darin vielmehr eine „Methode" als eine literarische Form zu erkennen sei. Wenn man, wie der bereits erwähnte Gray, die Funktionsweise dieser Methode an das Bild der Waage knüpfen will (Floyd Gray, *La balance de Montaigne: exagium-essai,* Paris: Nizet 1982, insb. S. 19), lädt die hier zitierte Stelle wie von selbst dazu ein, die mit dem groben Maß abgewogenen Zitate in den *Essais* zu ihrem wesentlichen Bestand hinzuzuzählen.

gemacht, indem er ihren Ausweis unterschlägt. Dass diese rein quantitative Argumentation nicht überzeugen kann, äußert sich schon in unserer Paraphrase. In den fremdsprachlichen, oft als lyrisch kenntlichen Passagen hatte doch eben noch eine solche Vertrautheit mitgeklungen, dass ein Verbergen sinnlos schien; seine Leserschaft könne ihren Horaz oder Vergil doch ohnehin leicht erkennen. Montaigne selbst unterläuft die verschwenderische Logik der Überfülle, wenn er in der Dopplung von *confondre* und *transplanter* die widerstreitenden Vektoren der Aneignung nebeneinanderstellt. Er greift die *Transplantationen* wieder auf, und mit ihnen das Bildfeld des Wachstums und des Organischen (obwohl man hier im Sinne von *planter* gleichberechtigt an Organisch-Körperliches und an die Landwirtschaft wird denken müssen, und damit an die Kreuzung und Pfropfung der zitativen Materien im selben Boden [*solage*]). Parallel führt die *confusion* zur Untermengung und Vermischung des Fremden mit dem eigenen (*confons aux miennes*), die eher eine trübe und verwirrte Mischung vor Augen stellt.[66] Damit gesteht er, dass es keine rein ökonomischen, sondern dissimulierende Gründe hatte, warum er die Autoritäten seiner Entlehnungen unterdrückt hat. *Tenir au bride*, im Zaum halten will er die unvermeidliche und drohende Kritik an seinem Schreiben und Denken.[67]

Diesen widerstreitenden Ansichten – allgemeine Bekanntheit der Zitate einerseits, Schutz durch Unterschlagung ihrer Quelle andererseits – werden in der Ergänzung Montaignes explizit um die bisher nur *en passant* gestellte Frage nach Kritik und Immunisierung ergänzt. Gerade junge und volkssprachliche Texte seien der Revision durch Autoritäten schutzlos aufgeliefert, und Montaigne weiß sehr wohl, dass dies auch für seine *Essais* gelten wird. Nicht ohne eigene verbergende Kraft erklärt Montaigne, wie er der *sentence*,

66 Bei Nicot wird für confondre gar die Vermengung von Himmel und Meer als definitorisches Beispiel angeführt, während „mischen" und „verwirren" als Nachbarbegriffe gefasst sind. Nicot, *Le Thresor*, CONFONDRE: „Confondre, Mesler ensemble, et broüiller, *Confundere*. Confondre et broüiller tout, *Mare coelo miscere*."

67 Die Metapher aus dem Reit-Jargon lässt die vielen anderen Erwähnungen, besonders das *cheval échappé* aus I 8 oder den berühmten Reitunfall aus II 6, anklingen, sowie Montaignes Bevorzugung der Fortbewegung zu Pferd; Kritzmann hat in seiner psychoanalytischen Lektüre diesem Motiv eines seiner Kapitel gewidmet, in dem er zwar nicht alle Momente dieses Motivs in den *Essais* in den Blick nimmt, aber dennoch die hervorgehobene Stellung von Montaigne zu Pferd herausarbeitet. Vgl. Lawrence D. Kritzman, *The Fabulous Imagination: on Montaigne's Essays*, New York: Columbia Univ. Press 2009, Kap. II 4, S. 87-103. (dort heißt es u.a., S. 92: „The image of Montaigne on horseback is the driving force behind the allegorical transformation that the text carries out in connection with someone who finds himself ‚sur le trottoir' [II, 6, 378] […]."

der Strafe entgehen will.[68] Als Gegenseite des Autoritätsbezugs verwendet Montaigne, wie er sagt, seine *emprunts* bewusst subversiv. Wenn die Namensnennung fehlt und er in Übersetzung und Paraphrase die Worte anderer unter die seinen mischt, wird der Unterschied zwischen seinem Diskurs und demjenigen der Autoritäten nivelliert. Diese dritte Ebene der Unterschlagung besteht im Kalkül, durch die Verwendung der Worte anderer die mögliche und drohende Kritik zu paralysieren; wer kann bei Angriffen auf die *Essais* sicher sein, Montaigne zu treffen und nicht vielmehr Plutarch oder Seneca? Eine Subversion, die sich völlig aus der imitativen Literaturauffassung und ihren kanonischen Positionen speist; nur dort, wo der Rekurs auf die Autoritäten in so hohem Ansehen steht, lässt sich der eigene Diskurs hinter den Worten anderer verbergen, um einer Kritik die Basis zu entziehen. Gerade dieses ostentative Geständnis in *Des Livres* kann als rückblickender Versuch gelesen werden, aus der Not eine Tugend zu machen und die Aufmerksamkeit der Lektüre zu zerstreuen. Ganz wie im Falle der Ironie in *Au Lecteur* soll der/die Leser/in für sich entscheiden, ob sie sich der Herausforderung, die verborgenen Zitate und Anspielungen zu erkennen, gewachsen fühlt, und ob seine/ihre Lektüre naiv oder gelehrt sein soll.

In erneutem Aufgreifen des Kontaminations-Gedankens aus I 26 wendet Montaigne so das Risiko, das er noch in I 25 als Gefahr des schriftstellerischen Übermuts in schlechten Texten erkannt hat, zu einer Strategie zum eigenen Schutz. Was ein Selbstwiderspruch zu sein scheint, bestätigt doch nur die Grundannahme des ersten Kapitels der *Essais*: Unterschiedliche Mittel

---

68 Wir sprachen bereits an, dass es keineswegs nur die katholische Zensur war, die Montaigne kritisierte, sondern dass er wegen des Überhangs an Entlehnungen und des damit einhergehenden Mangels an Methodik von Malebranche und den Autoren von Port-Royal kritisiert worden ist (wir kommen im zweiten Teil dieser Arbeit darauf zurück). Wenn man die an dieser Stelle sehr freie Übersetzung Tietz' zu Rate zöge, wäre man gleich mit der Frage der Zensur in der Person der „hastigen Richter" konfrontiert; die französische Fassung enthält diese allerdings nicht, und Montaigne verwendet „sentence" nicht exklusiv für „Strafe" (bspw. in II 1, S. 332, am Beispiel Neros), sondern auch für *Satz* oder *Ausspruch* im Sinne der *sententia* (so z.B. mit Cicero in I 26, S. 125.). Die Berechtigung zu dieser Hinzufügung gewinnt Tietz dabei aus der Charakterisierung des angemessenen Lesers, den Montaigne sich wünscht und der ihn rupfen soll (*deplumer*); ein kritischer Leser, vielleicht auch ein Richter, der aufgrund seiner breiten literarischen Ausbildung in der Lage wäre, ein Urteil zu fällen, alles Fremde an den *Essais* zu identifizieren und so Montaigne selbst sehen zu können. Dieses Bild ist wiederum mit Balsamos Anmerkungen in Reihe zu bringen mit Horaz' Krähe, die sich mit fremden Federn geschmückt hat, um sie zu verlieren. Vgl. Balsamo (u.a.) „Notes et variantes", S. 1540. Horaz, *Episteln* I III 18-20. Dass die Entnahme der Feder(n) für den schreibenden und gelesenen Montaigne mit der poetologischen Perspektive bei Horaz resonieren dürfte, kann hier nur en passant erwähnt werden.

können zum gleichen Zweck führen, und was am Plagiat zu beanstanden wäre, wird durch seine kontrollierte Geste in einen Vorzug umgewertet. Die Worte anderer geben ihm nicht nur dort, wo er sie explizit verwendet, sondern nun auch dort, wo sie vermutet oder befürchtet werden sollen, eine gewisse Distanz zum Text oder, genauer, schreiben eine Distanz zwischen Person und Diskurs ein. Der realen Bedrohung durch ein kritisches Publikum oder, wie sich erst später bewahrheiten sollte, durch sowohl die kirchliche Zensur als auch die frühaufklärerische Kritik, wird so mit der Verschränkung von antikem und zeitgenössischem Diskurs, von anerkannter Tradition und gewagter Novität begegnet. Wer an den *Essais* etwas zu beanstanden habe, müsse zuvor mit mehr Erudition und Bildung an sie herantreten, um sicherzustellen, dass die betreffende Passage nicht zufällig eine Entlehnung von einer anerkannten Autorität ist. Dass er hierbei entgegen der Tatsachenlage nur andeutungsweise von plagiierten Stellen spricht, und den Anschein erwecken will, es handle sich dabei vielmehr um gezielte Ausnahmen als die Regel seiner Übernahmen, unterstreicht diesen Aspekt noch. Durch sein spätes und nur partielles Geständnis greift er in das bereits vorliegende Corpus ein und stellt sämtliche Passagen seines Textes unter Generalverdacht.

Die Verbindung zu anderen wirkmächtigen Bemerkungen Montaignes zieht sich von selbst; die verborgenen Zitate sind Merkstellen mit mehrfacher kommunikativer Funktion, die sich adressatenspezifisch zu erkennen geben. Sie sind zugleich an mögliche Zensoren gerichtet, um ihre Entscheidungen zu erschweren, und an einen idealen Leser, den *suffisant lecteur*, der nicht nur die verborgenen Stellen und Anspielungen entziffern kann, sondern der mehr versteht, als die *Essais* überhaupt sagen.[69] Anders gesagt: der sie ausreichend lesen und lesbar machen kann. An ihnen gelingt das pädagogische Programm im Textuellen; die unkenntlichen Entlehnungen eröffnen ein Spiel der Beurteilung, das im Nachvollzug der *Essais* diese zur „Schule der Urteilskraft des Lesers" werden lässt.[70]

Die verborgenen Zitate sind also Momente des Sinn-Überschusses, der mit mehr aufwartet als bloßem Antikisieren oder bloßer Autorität. In ihnen liegt ein eigener und unabhängiger Sinn, der trotz der Übernahme und

69 Das Konzept des *suffisant lecteur* wird besonders stark hervorgehoben bei MacKinley, *Words in a corner*, S. 112: „Montaigne himself was just such a suffisant lecteur of the Ancients; he demonstrates his suffisance buy his manner of quoting and imitating them."

70 So fasst es Pfeiffer, *Montaignes Revisionen*, S. 30, der anhand desselben Passus Montaigne als „diebische Elster" charakterisiert. Die Diebereien halten die Lektüre „im weiten Spielraum zwischen illusionärer Identifikation und kritischer Unterscheidung", was ihn zum Schluss führt: „Die Essais als Übungen der Urteilskraft werden damit selbst zur Schule der Urteilskraft des Lesers."

Transplantation erhalten bleiben kann und sich, ohne Montaignes Zutun, der Lektüre anbietet. Man muss an jeder Stelle selbst mit dem Text ins Gericht gehen, und die dargestellte Wirklichkeit auf ihren Wert und Nutzen befragen. Eine Durchsicht aller Autokommentare in den *Essais* würde zeigen, wie wenig Montaigne daran gelegen ist, Lektüreentscheidungen vorwegzunehmen und wie viel mehr es ihm darum geht, die Möglichkeiten des Verständnisses zu erweitern. Wo alles, was Montaigne sagt, auch von anderen stammen kann, und wo der Text selbst diese Möglichkeit diskutiert, kann die Lektüre nicht bloßer Nachvollzug von Montaignes Gedankengang sein. Die *Essais* sind, paradigmatisch an ihren Plagiaten, Herausforderungen an die Urteilskraft. Schon in ihrer ersten Fassung gibt Montaigne dieses Konzept als Anleitung zum Gebrauch der *Essais* zu erkennen:

> (a) Mais la fortune montre bien encores plus evidemment la part qu'elle a en tous ces ouvrages, par les graces et beautez qui s'y treuvent, non seulement sans l'intention, mais sans la cognoissance mesme de l'ouvrier. Un *suffisant lecteur* descouvre souvant és escrits d'autruy des perfections autres que celles que l'autheur y a mises et apperceues, et y *preste des sens et des visages plus riches*.[71]

Während sonst die Trennung von Lektüre und *écriture* unterlaufen wird, indem Montaigne sich als Leser und Schreiber zugleich inszeniert, wird die Entscheidungsgewalt über den möglichen Sinn des Geschriebenen vom Werkenden (*ouvrier*) und der Autorinstanz (*autheur*) zum Leser transferiert. Die Schrift wird von Umständen (*fortune*) begleitet und gewinnt damit eine Freiheit und Leichtigkeit, die dem strengen Tonfall eines moralischen Lehrers zuwiderläuft. Dass diese Passage im unmittelbaren Vorfeld von *Du Pedantisme* steht, lässt die Richtung der Aufgabe einer starken Autorinstanz zugunsten der Offenheit leicht in Einklang bringen mit den Ausführungen zur Erziehung. Montaigne schreibt schon hier an gegen den Gehorsam vor der kanonischen Autorität. Der Sinn des Textes soll nicht dasjenige sein, was der Intention oder gar dem Wissen des Schreibenden entspringt; Montaigne denkt die Lektüre als offenen Prozess, der sich der Schrift annimmt, um ihr, durch Zufall oder durch glückliche Umstände, mehr zu entlocken.

---

71 Montaigne I 24 („Divers Evenements de mesme Conseil"), S. 124, unmittelbar vor *Du Pedantisme*. (Meine Hervorhebungen, S.G.); an der Stelle heißt es kurz zuvor (ebd.): „Les saillies poetiques, qui emportent leur autheur et le ravissent hors de soy, pourquoy ne les attribuerons nous à son bon heur? puis qu'il confesse luy mesme qu'elles surpassent sa suffisance et ses forces, et les reconnoit venir d'ailleurs que de soy, et ne les avoir aucunement en sa puissance: non plus que les orateurs ne disent avoir en la leur ces mouvemens et agitations extraordinaires, qui les poussent au delà de leur dessein."

Erst mit der Lektüre wird der Text vervollständigt, und kann folglich nicht als monolithische Referenz gedacht werden. Was ein guter Leser aus einem Text entnimmt, ist nicht nur, was in ihm liegt, sondern auch die „Perfektion", die sonst niemand in ihm erkannt hat. Es ist keine bloße Katachrese, wenn mit *prester* die Transposition neuer Lektüren umschrieben wird. Der Leser „verleiht" einen neuen Sinn und, um der Portrait-Poetik Montaignes vorzugreifen, neue Gesichtszüge, die sich aus dem Angebot des Geschriebenen speisen. *Prester* und *emprunter*, Verleihen und Borgen, sind Schlüsselbegriffe für die Sinnökonomie, die Montaigne am Rand des Textes verortet und die die Geschlossenheit eines textuellen Gebildes verunmöglicht.[72] Als Grenzbegriffe eines tatsächlichen, essentialistisch gedachten Besitzes drückt sich in ihnen mehr das Nutzungsrecht unter Vorbehalt aus, das zwischen mindestens zwei Parteien übertragen und verliehen werden kann.

Montaigne behauptete in I 25, in Ermangelung von *gardoires* keine Besitzansprüche an seine Entlehnungen zu stellen. Der Urheber des Textes wird austauschbar, während die Sinnwerte von jeder lesenden Aktualisierung neu verteilt werden können. Der Sinn liegt nicht in den Worten und Texten begründet, sondern ist grundsätzlich offen für das Kreditwesen der Lektüre, die sich die Angebote vorangegangener Texte zu Nutze machen kann. Zwischen dem geliehenen und geborgten Wortgut spannen sich die beiden Seiten dieses „*commerces*": Im Zuge des Vorrangs der späteren Lektüren wird der Leser zugleich zum Double und zum „Komplizen" Montaignes gemacht.[73] Die Entmachtung des Autors ist für ihn zugleich eine Emanzipation seiner selbst als Leser. Aktive, süffisante Lektüren sind Teil des Austausches, der nicht im Alter der Rechts- und Besitzansprüche begründet ist, sondern in den Vervielfältigungen möglicher Werte, die in den Zitaten des Textes liegen können. Das unbewusste und zufällige Sinnpotential der Schrift ist das Kapital der möglichen Lektüren, nicht dasjenige des Autors.

Nun ist die Dissimulation nicht mehr eine Strategie des Umgangs mit Zensur und Kritik, sie wird zur eigentlichen hermeneutischen Herausforderung der *Essais*, die sich als Florilegium und Selbstdarstellung zugleich lesen lassen und so die Hebung des Sinnes der Komposition an die externe Position, an den/die Leser/in abgeben – unter Montaignes strenger zitierender Regie selbstverständlich, und mit seiner späten, imperativen Erlaubnis, die sich in ihrer

72 So rückt er die beiden Begriffe selbst zusammen: Montaigne I 39, S. 242: „(c) Et, qui ne peut prester, qu'il se defende d'emprunter."

73 Brousseau-Beuermann, *La Copie*, S. 156: „En assumant la duplicité de son lecteur, Montaigne en fait un complice. Les partenaires du „commerce" que Montaigne entretient avec ses lecteurs et ses auteurs, occupent donc alternativement les trois instances de la communication, sans se fixer a aucune d'entre elles, ils assument tous les rôles."

autoritativen Setzung nur als Travestie der Autorfunktion lesen lässt; ihr Sich-Behaupten im Moment des eigenen Widerrufs.[74] Hierbei handelt es sich um eine Herausforderung, die eine zugleich literarische und historische Kennerschaft verlangt und die eine Verortung und zur Beurteilung einklagt; wie Westerwelle schreibt:

> Montaigne verlangt für die Beurteilung seiner *Essais* einen Leser, der die Zitatanteile aufklären, das Fremde vom Eigenen, das Antike vom Modernen trennen kann. Das geforderte Kriterium ist – modern gesprochen – ästhetisches Urteilsvermögen.[75]

Wir stimmen mit dieser sehr richtigen Lektüre völlig überein, und wollen dennoch sehr unmodern anfügen, dass es sich bei dieser Urteilskraft nicht um eine kantische handelt, und auch nicht um eine im strengeren Sinn ästhetische.[76] Das Jugement bei Montaigne ist eher orientiert an der klassischen rhetorischen Fakultät gleichen Namens. Nicht die Aufhäufung von

---

74 So beschreibt Haverkamp – in Anschluss an Derridas Gerechtigkeitsbegriff – die Problematik der auctoritas als Setzung, die sich auch in ihrem Widerruf gewaltsam äußert: Anselm Haverkamp, „Die Gerechtigkeit der Texte. Memoria – eine ‚anthropologische Konstante' im Erkenntnisinteresse der Literaturwissenschaften?", in: *Memoria. Vergessen und Erinnern*, hrsg. derss. & Renate Lachmann, München: Fink 1993, S. 17-28, hier S. 21: „Im Blick auf etablierte Textbegriffe, die in ihnen gefällten Urteile wie die in ihnen befestigte *auctoritas*, kann man dies ‚ruinös' nennen. Denn im Lichte dieses Prinzips liest man in Texten mehr als die Autorität derer, die schreiben oder in deren Auftrag geschrieben worden ist: *quod scripsi scripsi* (Joh. 19,22). Man liest in ihnen Gewalt und Zwang: die Gewaltsamkeit aller Autorschaft oder – gelegentlich – auch ihren Widerruf. Was sich in Texten ruiniert findet und in literarischen Texten selbstruinös wirkt, ist die in der Autorfunktion behauptete und bewiesene Gewalt oder auch – gelegentlich – der Verzicht auf sie: ein Anheimstellen und der Zukunft ans Herz Legen (dem Organ des Gedächtnisses, der Richtschnur des Urteils)."

75 Westerwelle, „*Beauté* und *force*", S. 119.

76 Kants Urteilskraft ist vor allem „das Vermögen, unter Regeln zu subsumieren, d. i. zu unterscheiden, ob etwas unter einer gegebenen Regel (*casus datae legis*) stehe, oder nicht". Immanuel Kant, *Kritik der reinen Vernunft*, hrsg. Wilhelm Weischedel, Frankfurt a.M.: Suhrkamp 1995, S. 184 [B 172, A 133]. Diese Form des Urteils stünde in der Spannung von Besonderem und Allgemeinem näher an der Logik des Exemplums als Einzelfall, der zur allgemeinen Regel taugen kann, wie ihn Koselleck gerade in Kontrast zu Montaigne an Bodin beobachtet. Vlg. Koselleck, „Historia magistra vitae", S. 39-40; (er bezieht sich auf die Darstellung Friedrichs; Friedrich, *Montaigne*, S. 190-191.) Montaignes Urteilskraft bleibt bei der Beziehungssetzung und der damit einhergehenden Aktualisierung des Einzelfalls stehen, und verweigert sich gerade der Betrachtung einer Regel. Ob Kant – vielleicht auch vermittelt über Bacon oder Descartes oder, am wahrscheinlichsten, über Rousseau – Montaigne unter dem Gesichtspunkt des *jugements* rezipiert hat, lässt sich nicht zweifelsfrei entscheiden.

Material, noch die Befolgung von Schemata sind das Ziel seiner Ausbildung. Der Schüler wird demonstrativ und performativ an den richtigen Umgang mit möglichen Inhalten herangeführt; die Ausbildung an der Fülle der Gegenstände zielt darauf ab, ihn zum süffisanten Leser zu machen.

3.4 *Dialogismes* in den *Essais*

(b) Je parle au papier comme je parle au premier que je rencontre.[77]

Die Verbindung von Lektüre und Erziehung stellt eine weitere Verbindung zwischen Montaignes pädagogischem Programm und seiner poetologischen Konzeption dar. Wie die Anleitung des jungen Menschen in Wechselrede erfolgen soll, ohne die Inhalte in strenger Abfolge vorzugeben, so werden auch die *Essais* zum Sammelsurium von Reden und Gegenreden. Die Mehrstimmigkeit seines Textes ist so nicht bloß als unterschwelliger Effekt einer genotextuellen Durchwirkung seines Schreibens und Denkens zu verstehen. In der Übernahme eines dialogischen Prinzips wird die Pädagogik Montaignes nicht nur erläutert, sondern im Text umgesetzt.[78]

Insofern Montaignes Poetik ihr Double in der Pädagogik findet und er die ideale Erziehung als Beschreibung seines eigenen Projektes, der Selbstaus- und -abbildung der *Essais*, verwendet, gewinnt sein Buch die Offenheit, die mit dem Begriff der *Dialogizität* bestimmt werden kann.[79] Ihr Wert ist in

---

77 Montaigne III 1, S. 790.

78 Ganz unmetaphorisch hat die Ansprache der Leserinnen, wie sie in I 26 umgesetzt wird, für die *Essais* außergewöhnlich dialogischen Charakter. Montaigne, der in *Au Lecteur* auf eine personalisierte Adresse verzichtet und auch sonst die Übernahme direkt kommunikativer Passagen vermeidet, wendet sich ausdrücklich an drei Stellen an Leserinnen; in I 26 an Diane de Foix, in II 8, *De l'affection des peres aux enfans*, an Mme d'Estissac, und schließlich in II 37, *De la ressemblance des enfans aux peres*, an Mme de Duras. So beobachtet bei Regosin, *Montaigne's unruly brood*, S. 35.

79 Allgemein zur Einführung des Begriffs, Renate Lachmann, „Dialogizität und poetische Sprache", in: *Dialogizität*, hrsg. diess., München: Fink 1982, S. 51-62. Grundlegend ist die Definition Bachtins aus *Das Wort im Roman*, das auch Pfister in seiner Darstellung des Verhältnisses von Intertextualität und Dialogizität zitiert; Ulrich Pfister, „Konzepte der Intertextualität", in: *Intertextualität. Formen, Funktionen, anglistische Fallstudien*, hrsg. Ulrich Broich und ders., Tübingen: Niemeyer 1985, S. 1-30, hier S. 4. Er macht allerdings deutlich (ebd., S. 4-5), dass in der strengen Verwendung bei Bachtin der Begriff eher die Wechselrede zweier Stimmen umgreift als den Rückbezug einer dieser Stimmen auf andere Texte; „Bachtins Theorie [sei] dominant intratextuell, nicht intertextuell." Der Versuch der Anwendung des Begriffs auf Montaigne wird darin bestehen, seine spezifische Mehrstimmigkeit als Verhältnis in der Berührung von intertextuellem Bezug und

Rücksicht auf den Vorrang der Theorie des Zitates, den wir dargelegt haben, konstitutiv für das Gelingen von Montaignes Projekt. Unter dem Vorzeichen der Übernahme unter Vorbehalt erst entwickelt Montaigne die Vielstimmigkeit und Wechselhaftigkeit seines Schreibens; die Theorie des Zitats ist also auch die Theorie der *Essais*. Seine Person spricht mit den Texten anderer, und ruft zur Lektüre seiner selbst nach dem Vorbild der Lektüre Plutarchs auf. Sein Verzicht darauf, textuelle Autorität zu sein, baut auf der Abwertung anderer textueller Autoritäten auf. Im Zuge seiner Selbstabwertung wird der Lehrer, der Philosoph, der Moralist usw. suspendiert. Im gleichen Zug wird die Lektüre ungemein aufgewertet. Wenn die Verantwortung für das Gelingen seiner *Essais* nicht oder nicht allein bei ihm liegt, sondern gleichermaßen auf den süffisanten Leser angewiesen ist, der die auch Montaigne noch verborgenen Sinne und Gesichter zu heben weiß, kann Montaigne auch sich selbst zum Leser erklären, dem die Texte der Vergangenheit ein Überangebot an Sinnen und Materialien an die Hand gegeben haben. Die Zitate der *Essais* sind Spuren dieser Lektüren, und Montaigne wertet sich als Autor ab, um sich als Leser die Freiheiten zu nehmen, die er für sein Projekt braucht.[80]

Im ständigen Kreisen um die Fragen des Besitzes von Wort und Gedanke gerät so die Vermischung von Lektüre und *écriture* zum Kern von Montaignes Poetik, und auch seine Vorsicht in Fragen der Verantwortung für seinen Diskurs und seine Diebereien gewinnt durch die Komplexität dieser Überschneidungen

---

intratextueller Polyphonie nachzuzeichnen; ohne vom Intertext abgelöst zu werden, ist im Dialogischen der *Essais* schon die Anwesenheit anderer, zitierter Texte mitbestimmend.

80 Erst in diesem Scheinrückzug vor dem ungleichen Kampf mit den antiken Autoren liegt das emanzipatorische Potential, das so viele Interpretationen in Montaigne erkannt haben. Sein „Rückzug in die private Innerlichkeit", wie sich Horkheimer ausdrückte, ist nicht mitvollzogen, wenn man nicht mitbedenkt, dass diese Innerlichkeit sich erst unter Einschluss der Öffentlichkeit als Rezeptionsgemeinschaft der *Essais* begreifen kann. (So bei Max Horkheimer, „Montaigne und die Funktion der Skepsis", *Zeitschrift für Sozialforschung* VII (1938), [Reprint hrsg. Alfred Schmidt, Frankfurt a.M.: Suhrkamp 1971, S. 96-144], S. 103).

Montaigne als Autorfigur zum Prediger des autarken Eigenständigen und des „Selbst-Denkens" zu machen, dürfte ohne diese Vermittlung kaum haltbar sein. So will Bretschneider an Popkin anknüpfend Montaigne als Wegbereiter Descartes' und damit der philosophischen Moderne sehen; eine Lektüre, die unter anderem die Brüchigkeit und Ambivalenzen seines Diskurses übergehen muss. Bretschneider, *Montaignes exemplarische Ethik*. Ähnlich argumentiert auch Foglia, dass die Verwerfung der Gelehrsamkeit zu einer tatsächlichen Emanzipation und Eigenständigkeit des Schülers führe, um die Widersprüchlichkeit dieses vereinfachten Konzepts erst später erstaunt festzustellen. Foglia, *Montaigne, pédagogue du jugement*, S. 184: „La nouvelle éducation philosophique proposée par Montaigne consiste à s'instituer soi-même, sous la conduite discrète mais attentive d'un précepteur philosophe, dans un cadre qui n'est pas différent de la vie ordinaire."

den bestimmenden Rang für sein Vorhaben. Seine Zitate und Plagiate bilden Scharnier- und Übergangsstellen; ihre Vielzahl und ihre ständige Erweiterung untermauern den Anspruch des Essayisten, nur auf spezifische Weise für sein Buch einstehen zu können. Mit jedem lateinischen Satz oder Vers gerät die Einsprachigkeit und der Monolog seiner Selbstbetrachtung ins Stocken. Mit dem Einschluss der Worte anderer bricht der Monolog des Essayisten ab, und erlaubt ihm einen Funktionswechsel. Die Logik der süffisanten Lektüre soll für die Leser Montaignes ebenso gelten wie für Montaigne als Leser. Jedes Mal, wenn er eruierend einen seiner Autoren anführt, inszeniert er sich als Teilnehmer an einem großen überhistorischen Dialog, der in den *Essais* nicht dargestellt, sondern geführt wird und der notwendig auch jenseits von ihnen stattfinden muss. Wie beim Ballspiel kommt es nicht darauf an, in der Lektüre Montaignes zum Abschluss zu kommen. Sein Buch braucht gute Leser, wie es selbst das Buch eines guten Lesers sein soll, um mit seinem unüberschaubaren Intertext hantieren zu können. Diesem vor- und nachzeitigen Intertext kommt damit nicht nur ein erheblicher Teil, sondern exakt die Hälfte der Verantwortung für den Diskurs zu.

> (c) *Est quaedam vox ad auditùm accommodata, non magnitudine, sed proprietate.* (b) La parole est moitié à celuy qui parle, moitié à celuy qui l'escoute. Cettuy-cy se doibt preparer à la recevoir selon le branle qu'elle prend. Comme entre ceux qui jouent à la paume, celuy qui soustient se desmarche et s'apreste selon qu'il voit remuer celuy qui luy jette le coup et selon la forme du coup.[81]

Die ausreichende Vorbereitung dafür, die Worte des anderen anzunehmen, stellt die andere Seite des (auto-)pädagogischen Programms dar. Der Dialog wird beschrieben als Spiel, das nur dann gelingt, wenn (mindestens) zwei Teilnehmer partizipieren; die Verantwortung, die sich als „Besitz" der Rede übersetzten

81 Montaigne III 13, S. 1088. Das Zitat stammt von aus dem elften Buch von Quintilians Erziehung (Quintilian, *Institution Oratoriae*, Buch 11, 3, S. 622: „[...][est enim quaedam (vox, S.G.) ad auditum accommodata non magnitude, sed proprietate][...]."; was übersetzt wird mit: „[...] es gibt nämlich eine Tönung, die nicht durch ihre Lautstärke sich dem Gehör einprägt, sondern durch ihre einheitliche Ausdruckskraft[...]". Die Eigentümlichkeit der Stimme, die nicht in ihrer Stärke (*magnitudo*) aufgeht, ist gerade, was Montaigne hier entwickeln will; die Vielstimmigkeit seiner Selbst wird kurz zuvor als nicht-signifikanter, aber dennoch wirksamer Anteil der Rede diskutiert: „(b) Le ton et mouvement de la voix a quelque expression et signification, de mon sens; c'est à moy à le conduire pour me representer. Il y a voix pour instruire, voix pour flater, ou pour tancer. Je veux que ma voix, non seulement arrive à luy, mais à l'avanture qu'elle le frape et qu'elle le perse." Die Anpassung (*accommodatio*) der Stimme an die Redesituation, der zentrale Gegenstand von Quintilians Buch 11, wird von der rhetorischen Wirksamkeit abstrahiert zur allgemeinen Sprachlichkeit.

lässt, obliegt beiden Teilnehmern gleichermaßen. So verstanden muss der Schreibende, wie Montaigne sich mit dem eingerückten Zitat aus Quintilian orientiert, nicht allein die wahren Worte finden, sondern die angemessenen, die von seinem Publikum nicht nur verstanden, sondern vervollständigt werden. Indem er so die „Eigentlichkeit" einer gelungenen Rede umdeutet, wird es von der Qualität der Rede oder der Autorinstanz umgemünzt zur kollektiven Tätigkeit. Das Eigentliche des Sprechens entzieht sich so der Herrschaft des sprechenden Subjekts und muss dessen Gegenüber als gleichwertigen Partner in der Hervorbringung von Sinn mit einkalkulieren. Soll die Kommunikation im Allgemeinen und die Poetik der *Essais* im Speziellen gelingen, braucht es eine Leserschaft, die den Bewegungen des Sprechenden, also den Wendungen und Finten Montaignes, entspricht und folgen kann. Kommunikation ist als Dialog wie ein Spiel, an dem (mindestens) zwei partizipieren müssen, damit es gelingt; die faktische Anwesenheit von Sprechendem und Hörendem, auf die dieser Vergleich abhebt, verwendet offensichtlich die Ausführungen Plutarchs zum Hören und folgt dabei sowohl dessen Pädagogik als auch der Konzeption von Oralität, die Montaignes Diskurs kennzeichnen soll.[82]

Mit diesem beweglichen und partizipativen Kommunikationsmodell wird auch der Diskurs fluid. Dass er hier in den Worten ein *„branle"*, ein Schwanken oder seitweises Tänzeln erkennt, zeigt nicht nur an, dass die Leichtigkeit oder Natürlichkeit seines Schreibens einer Choreographie des Zufälligen folgen will. Mehr noch will er sich selbst, im Bild des Flusses von Zitaten, zum Teilnehmer am beständigen Transport der in sich schwankenden Worte machen, die er ebenso wie jede/r Leser/in nur weiterreichen oder übergehen lassen kann, ohne ihre eigene Beweglichkeit stillzustellen.

Diese Erfahrung eines Zusammenspiels von Autor und Leser, und damit von Produktion und Rezeption, wird von ihm in anderer Weise bereits in I 26 vorbereitet. Der Dialog zwischen Text und Lektüre wird im Rahmen der Poetik bereits an Platon inszeniert und der Sphäre der kanonischen Autorität entzogen. Während die Kommunikationssituation des Dialogs als Paradigma einer gelungenen Lektüre eine synchrone Teilung der Besitzansprüche an der Rede vorstellt, kann Montaigne in diachroner, also geschichtlicher Perspektive

82 Plutarch, „Comment il faut ouir", in *Moralia*, übers. Aymot, Band 1, S. 29: „[P]ar plus forte raison doncques, beaucoup plus en a l'auditeur: car il est à moitié de la parole avec celuy qui dit, & luy doit ayder, non pas examiner rigoureusement les fautes du disant, & peser en severe balance chacun de ses mots, & chacun de ses propos, & luy ce pendant sans crainte d'estre de rien recherché, faire mille insolences mille impertinences & incongruitez en ecoutant. Mais tout ainsi comme en iouant à la paume, il faut que celuy qui reçoit la balle ; aussi au parler y a il quelque convenance de mouvement entre le coûtant& le disant, si l'un ou l'autre veut observance qu'il doit."

dieselbe Dynamik erkennen, die in dieser Form subversivere Züge gewinnt. Für den Schüler ist nicht die *memoria* der Quellen, sondern die produktive Appropriation des Materials Ziel der Ausbildung. Die Argumentation, die er hierfür entwickelt, stellt eine Gütergemeinschaft der Gebildeten vor Augen, in der Rechts- und Besitzansprüche außer Kraft gesetzt sind:

> (a) Et qu'il (der Schüler, S.G.) oublie hardiment, s'il veut, d'où il les tient, mais qu'il se les sçache approprier. La verité et la raison sont communes à un chacun, et ne sont non plus à qui les a dites premierement, qu'à qui les dict apres. (c) Ce n'est non plus selon Platon que selon moy, puis que luy et moi l'entendons et voyons de mesme.[83]

Die Transformation dieses Gedankens von einer Logik der reinen Aneignung hin zu der Teilung als Zwiegespräch wird erst später in den Text eingelassen, und dies nicht zufällig in Rekurs auf Platon, dessen „*paedagogismes*" die Richtschnur vorgeben sollen. Schon eine Seite zuvor wird in (c) Platon als Pädagoge eben dieser prüfenden und ausführlichen Methode gemacht:

> Que ce qu'il viendra d'apprendre, il le lui face mettre en cent visages et accommoder à autant de divers subjets, pour voir s'il l'a encore bien pris et bien faict sien, (c) prenant l'instruction de son progrez des paedagogismes de Platon.[84]

In (a) wird noch der Eindruck erweckt, Montaigne empfehle die Loslösung von der Urheberschaft und der Verzichtbarkeit von Herkunftsnachweisen; sie sind optionale und unwesentliche Teile der Ausbildung, und es ist dem Schüler freigestellt, diese Kenntnisse zu haben. Zeitlichkeit und Abfolge der Aussprüche sind irrelevant, insofern die Wahrheit an keine äußeren Umstände als nur an sich selbst gebunden ist. Einmal etabliert, kommt ihr Besitz allen gleichermaßen zu, sie ist zugleich universell verfügbar und unteilbar, insofern sie ewig und übersubjektiv sein muss.

Mit dem in (c) eingeführten Einverständnis zwischen Montaigne und Platon rückt eine andere Dimension in den Vordergrund. Seine „Pädagogik" wird hier nur alludiert, aber zum größten Nutzen gebracht. Montaigne spielt

83 Montaigne, I 26, S. 152. Es mag interessant sein, dass das Bezugswort von „d'où il les tient" nicht eindeutig zugeordnet werden kann; es kann sich sowohl im die „opinions" als auch um die „humeurs" von Platon und Xenophon handeln, die er hier exemplarisch nennt. Dass es ihm gerade um die Engführung dieser beiden Aspekte geht und er diese Ambivalenz bei der Einfügung von (c) mit bedacht haben könnte, legt der weitere Textverlauf ebenfalls nahe.

84 Montaigne, I 26, S. 151.

an auf die Entwicklung im *Menon* und auf den Gedanken der *anamnesis*,[85] den er – in der *Apologie* – deutlich ausführt. Was wir lernen können, müssen wir schon wissen.[86] Von dort ausgehend kann man beobachten, wie Montaigne seine eigene Vorstellung der Ausbildung im Voranschreiten seines Buches näher an das Modell Platons zurückführt. In einem zweiten Schritt erst fügt Montaigne diesen Gedanken hier in seine Pädagogik ein, nachdem er ihn in *De la Physionomie* näher bestimmt: Die Gegenstände unseres Wissens können nie Gegenstände unserer Erfindung, ja nicht einmal unserer Einführung sein.[87] Das Wissen oder die Wahrheit selbst sind also keine Gegenstände der Setzung, sondern der Reproduktion. Entgegen der aktiv beförderten *memoria* soll sein Schüler das Überflüssige vergessen, um sich des wahren Wissens zu erinnern. In Überfrachtung der Bezugsebenen kann also das, was Platon ihm im *Menon* beigebracht hat, stimmen, stammt aber – in Selbstanwendung – nicht von ihm. Montaignes Einverständnis wird nötig sein, damit dieser literarische Dialog ebenso glückt wie derjenige zwischen Sokrates und dem Sklaven. Die Universalität und absolute Vorzeitigkeit dessen, was gewusst wird, entkoppelt das Gewusste von jeder Logik der Urheberschaft und lässt sich, zumindest für Montaigne, in Allgemeinheit und Öffentlichkeit, im beständigen Dialog zwischen erstem und zweitem Sprecher, auflösen. So entsteht ein Modus der Einsicht in die Wahrheit ohne Rücksicht auf ihre Produktion oder Schöpfung. In dieser geteilten, weil verliehenen und weitergereichten Wahrheit besteht

85 Gemeint ist deren Fassung im *Menon* 81 c – 85 a; Platons „Pädagogik" ist, als Dialog im Dialog, und unter dem ständigen Rekurs auf die Eigentätigkeit des Schülers, sicher unmittelbare Folie für den Entwurf Montaignes. Dass er den *Menon* kannte und rezipierte, zeigen Verwendungen mit stärker zitativem Charakter im weiteren Verlauf des Buches (s.u.). Zum *Menon* als Pädagogik Platons, siehe bspw. Patrick Bühler, *Negative Pädagogik. Sokrates und die Geschichte des Lernens*, Paderborn: Schöningh 2012, Kap. 2.

86 Siehe Eric MacPhail, „Montaigne and the trial of Socrates", *Bibliothèque d'Humanisme et Renaissance*, Bd. 63 Nr. 3 (2001), S. 457-475, hier S. 460: „This pedagogy, which Socrates demonstrates in the *Meno*, derives from the doctrine of anamnesis, which Plato introduces in various dialogues and to which Montaigne refers explicitly in two places in the *Apologie de Raimond Sebond* (11,12,548,55)." McPhail entwirft diese Beeinflussung von Montaignes Pädagogik durch den *Menon* vor allem anhand von III 12; die Übertragung auf das erste Buch wird von ihm allerdings deutlich nahegelegt. Vgl. Ferner William E. Engel, „Aphorism, Anecdote, and Anamnesis in Montaigne and Bacon", *Montaigne Studies* 1 (1989), S. 158-176. Auf S. 555 spricht er in der (c)-Ausgabe Platons Metempsychosenlehre an; die Stelle aus der Apologie geben wir sogleich selbst wieder.

87 Montaigne II 12, S. 548: „Et de ce sçavoir, il faudroit qu'elles se ressouvinssent encore estant au corps, comme disoit Platon que ce que nous aprenions n'estoit qu'un ressouvenir de ce que nous avions sçeu: chose que chacun, par experience, peut maintenir estre fauce: en premier lieu, d'autant qu'il ne nous ressouvient justement que de ce qu'on nous apprend, et que, si la memoire faisoit purement son office, au-moins nous suggereroit elle quelque traict outre l'aprentissage."

die Möglichkeit für Montaigne, eine „Autonomie in der Tradition begründet“ zu finden, die nicht das Neue, sondern das rechte Alte favorisiert.[88]

So entsteht zwischen Montaigne und Platon dasjenige Verhältnis, das er sich zwischen sich selbst und seinem süffisanten Leser gewünscht hatte – das Gespräch, in dem es möglicherweise zur Übereinstimmung beider kommt, die vom zeitlich nachfolgenden zitativ festgehalten werden kann. Beide treten in ein (vorgeblich) gleichberechtigtes Gespräch mit einander, dem die Möglichkeit des Einverständnisses eingeschrieben ist und das von der Vorherrschaft und der Autorität der beiden Schreibenden Personen absehen soll. In diesem diachronen und schlicht unzeitgemäßen Dialog gelingt es Montaigne, die Geschichte zum Raum einer virtuellen Wechselrede umzudeuten. Unter dem Vorzeichen seiner Pädagogik und in besonderem Vorrang des *jugements* vor allen anderen möglichen Zielen der Ausbildung wird in einer simplifizierenden ahistorischen Geste die Einflussangst und die Fortführung der philosophischen Tradition aufgehoben: „Die Wahrheit gehört nicht demjenigen, der sie zuerst gesagt hat.“ Der Satz, als halbes oder angedeutetes Zitat die Konsequenz aus Platons, beweist sich selbst, insofern der stummgebliebene Platon nichts anderes tun kann als zuzustimmen. Er und Montaigne werden in der Eigenzeitlichkeit der *Essais* zu Gesprächspartnern, und ihre Übereinstimmung ist kein Ausweis der Abhängigkeit des Späteren vom Früheren. Die Wahrheit wird enteignet, sie ist ein geteiltes Gut, das allen zukommt. Indem er und Platon dasselbe sehen und verstehen, herrscht keine Konkurrenz über die Urheberschaft zwischen ihnen.

Diese Ent- statt Aneignung als Dialog formt die Institution als Ganzes. Zu Beginn des Kapitels gesteht Montaigne, seine eigenen an niemand anderem als an Plutarch Gedanken entwickelt zu haben:

> (a) Et, entreprenant de parler indifferemment de tout ce qui se presente à ma fantasie et n'y employant que mes propres et naturels moyens, s'il m'advient, comme il faict souvent, de rencontrer de fortune dans les bons autheurs ces mesmes lieux que j'ay entrepris de traiter, comme je vien de faire chez Plutarque tout presentement son discours de la force de l'imagination […].[89]

88 Vgl. MacPhail, *„Montaigne and the trial“*, S. 461: „Moreover, anamnesis implies that nothing is new, which comforts the conservative instincts of one who proclaims himself „desgousté de la nouvelleté“ (I, 23, 119) or simply „incapable de nouvelleté“ (III, 10, 1010). We never invent but only recollect knowledge. In this way, Socrates' pedagogy in the *Meno*, based on the doctrine of anamnesis, represents autonomy anchored in tradition or a sort of conservative independence tailored to Montaigne's needs.“

89 Montaigne I 26, S. 146.

Der Einbezug seines Helden wie jedes „guten Autoren" tut der Eigenständigkeit und Natürlichkeit seines Unternehmens keinen Abbruch; die Überschneidung von Topoi (*lieux*) in den Texten, wie er ihn am Beispiel von I 21, *De la force de Imagination*, zugleich inter- und intratextuell eingesteht, wird zum Schreibanlass seiner Pädagogik, die ebenfalls ein Pastiche aus Plutarch sein könnte. Die Überschneidung von Poetik und Pädagogik gelingt dabei anhand des Eingeständnisses dieser Form von literarischer Dialogizität. Diese spielt in die Rekapitulation des Programms einer Pädagogik des *Jugements* und der Textperformanz hinein, und sie erlaubt zudem, die beiden Aspekte von Montaignes Zitatdiskussion einander anzunähern. Die Dialogizität zwischen Autor und Leser wird an Montaigne in beiden Richtungen exerziert; zeitgleich wird er zum Paradefall seines pädagogischen Programms, das sein Schreiben in Analogie zum Gelingen der Ausbildung des jungen Menschen anhand der Fülle und Varianz seiner Bezugsobjekte setzt. Die Anmaßung seiner kollegialen Zustimmung zur Autorität Platons (und Plutarchs) bleibt bestehen, verliert aber etwas von ihrer Schärfe, wenn man darin das Verhalten des idealen Schülers zur Bildungsvermittlung wiedererkennt. Schon in erster Fassung besteht diese in der Aktualisierung eines idealen sokratischen Gesprächs. Die Bezugsfiguren für diese Wechselrede entstammen demselben Zusammenhang, und führen deutliche Spuren skeptischen Denkens mit sich:

> (a) Je ne veux pas qu'il [der Lehrer, S.G.] invente et parle seul, je veux qu'il escoute son disciple parler à son tour. (c) Socrates et, depuis, Archesilas faisoient premierement parler leurs disciples, et puis ils parloient à eux. *Obest plerumque iis qui discere volunt authoritas eorum qui docent.*[90]

Der Dialog, den Montaigne mit Platon führen will, ist gerade nicht derjenige unter gleichberechtigten Partnern, denn das würde Montaignes Bescheidenheit unterminieren. Vielmehr wiederholt er die gerade an Sokrates geschilderte ideale Unterrichtssituation, die in der Zurückhaltung des

---

90 Montaigne I 26, S. 150. Die Entlehnung von Cicero stammt aus *De Natura Deorum* [Cicero, *De Natura Deorum / Über das Wesen der Götter* (*lat./dtsch.*), übers./hrsg. Ursula Blank-Sangmeister, Stuttgart: Reclam 1995, S. 15 (1,10,2)]: „Quin etiam obest plerumque iis, qui discere volunt, auctoritas eorum, qui se docere profitentur; desinunt enim suum iudicium adhibere, id habent ratum, quod ab eo, quem probant, iudicatum vident." [„Je, meistens ist die Autorität der als Lehrer auftretenden Männer für die Lernwilligen sogar schädlich. Denn sie verzichten dann auf ihr eigenes Urteil und halten die Lösung eines von ihnen akzeptierten Lehrers für die Wahrheit."] Die Diskussion des Ciceros nimmt sich die Pythagoreer als Negativfolie, die in ihrem Rekurs auf den Meister mit „ipse dixit" versuchen, Argumente zu plausibilisieren; entgegen der Autorität wird ausdrücklich die Urteilskraft (*iudicium*) eingefordert; eine Engführung, die sich bei Montaigne fortsetzt.

Lehrers das Gespräch zum Schüler bringen soll. Dialogizität wird als das Medium der sokratischen Hebung dessen, was schon im Belehrten vorliegt, gedacht: Der unhintergehbare Auftrag seines Pädagogen entspricht in dieser Parallelisierung der Unterwerfung unter den Auftrag der Tradition. Montaigne will nicht selbst lehren, und hat doch im Gespräch und in der Prüfung der Lehrinhalte Umgang mit dem Bestand der Tradition; er ist also vielmehr als Schüler zu begreifen, wenngleich auch als Musterschüler. Damit entzieht er seinen Diskurs der autoritativen Funktion des Renaissance-Dialogs, letztlich doch in vielen Stimmen ein Urteil zu formulieren.[91] Für sein Gespräch soll das Urteil tatsächlich – zumindest idealerweise – beim Gegenüber, also beim Leser, gefällt werden.

Die Referenzen, die er hier findet, sind vielsagender, als es zunächst den Anschein haben mag, und zeigen den Wert, den das dialogische Prinzip für die philosophische Verortung Montaignes darstellt. In Fortführung des sokratischen Gesprächs, das mit dem *Menon* bereits anklang, bestimmt Montaigne nun diese Wechselrede als Teil einer skeptischen Poetik. Mit dem platonischen Sokrates und Arkesilaos führt er die Namen an, die am deutlichsten mit der Tradition skeptischen Denkens verbunden sind. Mit dem Urheber einer sokratisch fragenden, ironischen und damit undogmatischen Form der Philosophie wird dessen vermittelter Schüler Arkesilaos eingeführt, einer der historischen Gewährsmänner für die frühe Skepsis. Diese Autoritäten sollen seine Pädagogik stützen. Als Schüler Pyrrhos und direkter Nachfolger Krantors ist Arkesilaos der erste Akademiker, der für die *epoché* in die Geschichtsbücher eingeht, und damit ein Stammvater der skeptischen Tradition.[92] Auch wenn er seine Quellen verbirgt,[93] rekurriert Montaigne mit

91 Anita Traninger, „Prehistories of Impartiality; Taking Sides and the Prehistory of Impartiality“, in: *The Emergence of Impartiality*, hrsg. dies. & Kathryn Murphy, Leiden: Brill 2013, S. 33-63, hier S. 48: „Renaissance dialogue is characterized by a polyphony of voices that resists being subsumed or homogenized to express one ‚message‘ of the text. Of course there are dialogues that introduce authoritative, usually senior characters whose task it is to weigh the arguments brought forward and pronounce a judgement.“ Sie verweist ferner auf Klaus Hempfer, „Zur Interdependenz und Differenz von ‚Dialogisierung‘ und ‚Pluralisierung‘ in der Renaissance„, in: *Pluralisierungen. Konzepte zur Erfassung der Frühen Neuzeit*, Berlin /New York: de Gruyter 2010, S. 71-94.

92 Bei Diogenes Laertius (Diogenes Laertius, *Leben und Meinungen berühmter Philosophen*, Buch 4, Kap. 6, S. 203-212), findet sich eine eingehende Biographie, die zur Lehrform nur zu berichten weiß, dass er die Neuerung einer Betrachtung *in utramque partem* eingeführt haben soll, sowie seine Rolle für die skeptische Tradition.

93 Arkesilaos wird von Cicero in den *Akademikern* sowie in *De Oratore* III, 80, erwähnt (Siehe Cicero, *De Oratore* (*lat./dtsch.*), hrsg./übers. Harald Merklin, Stuttgart: Reclam 1976, III 80, S. 496-497.) Plutarch diskutiert ihn in den *Antworten an Colotes* (Plutarch, *Moralia*.) – er zählt zu den Skeptikern und darf als Autorität verstanden werden. Wild

ihm weniger auf einen guten Erzieher, als dass er sich selbst in der Folge zur sokratischen Skepsis bekennt; oder zumindest die Affinitäten seines Entwurfs mit dieser Denkform andeutet.

Das Interesse an der historischen Linie skeptischen Denkens wird andernorts nochmals deutlich, wenn Montaigne in der Bordeaux-Ausgabe Pyrrhos Status als Stammvater der Skepsis um seine Vorläufer ergänzen will; in der eingehenden Parallelisierung der Hauptströmungen der Philosophiegeschichte in der *Apologie* scheint ihm der Rekurs auf Sokrates nicht hinzureichen, wenn er schreibt:

> Pyrrho et autres Skeptiques ou Epechistes – (c) desquels les dogmes plusieurs anciens ont tenu tirez de Homere, des sept sages, d'Archilochus, d'Eurypides, et y attachent Zeno, Democritus, Xenophanes – (a) disent qu'ils sont encore en cherche de la verité.[94]

---

verweist ebenfalls auf diesen beiläufigen historischen Bezug; Markus Wild, „Montaigne als pyrrhonischer Skeptiker", in: *Unsicheres Wissen. Skeptizismus und Wahrscheinlichkeit 1550-1850*, hrsg. ders. u.a., Berlin/New York: de Gruyter 2009, S. 61-85, hier S. 68. „Am Beispiel des Arkesilaos, dem die Einführung der Skepsis in die platonische Akademie zugeschrieben wird, zeigt Montaigne, dass er sich des Problems bewusst war, dass die dogmatische Festschreibung eines bestimmten Ziels vom Pyrrhonismus wegführt, denn wie kann ein Pyrrhoniker undogmatisch behaupten, die Seelenruhe sei ein intrinsisch wertvolles und an sich erstrebenswertes Ziel?".

Balsamo annotiert (Balsamo (u.a.) „Notes et variantes", S. 1396, zu I 26, S. 155) dass Montaigne die Stelle aus Cicero *De Finibus* entlehne. (Siehe hierfür Cicero, *De Finibus*, II 1, S. 72-73): „Socrates pflegte nämlich durch Forschen und Fragen die Meinungen seiner Gesprächspartner zu ermitteln, um auf deren Antworten eine Erwiderung zu geben, wenn ihm das gutdünkte. Zwar hatten die späteren Sophisten diese Gewohnheit nicht beibehalten, aber Arcesilaos ließ sie wieder aufleben. Allerdings ging er anders vor. Die ihn hören wollten, durften ihn nicht ausfragen, sondern mußten erst ihre eigene Meinung vortragen. Wenn sie diese dargelegt hatten, sprach er dagegen."

So versteht auch Hufnagel den Bezug; vgl. Henning Hufnagel, „Mercurio und Pedante, Dialog und Komödie. Zur Inszenierung wissenschaftlicher Autorität in der *Cena de le ceneri* Giordano Brunos", in: *Grenzen und Entgrenzungen des Dialogs*, hrsg. Klaus W. Hempfer, Stuttgart: Franz Steiner Verlag 2006, S. 59-139.

Die Gleichsetzung von *in utramque partem disserere* Strukturen mit der skeptischen epoché liegt nahe, ist aber keinesfalls zwingend, wie Traninger an Cicero und insb. an dessen Rückgriff auf Aristoteles gezeigt hat; Traninger, „Prehistories", S. 41: „Thus in utramque partem disserere required a specific type of detachment when taking sides, but it was not a sceptical technique in itself. Even though the Academy had turned sceptical under Arcesilaus and Cicero voiced a decided sympathy for sceptic philosophy, arguing both sides does not necessarily imply epoché, abstaining from judgement. Accordingly, Cicero variously discusses in utramque partem disserere in his works, but mostly insists that it was Aristotle who informed his understanding of the concept."

94 Montaigne II 12, S. 502.

Montaignes Pyrrho-Referat ist deutlich sichtbar darum bemüht, die der Skepsis eigene Dialogizität im Historischen mit auszustellen, und er versucht, mit der Reihung von Namen in der (c)-Phase die Legitimation des Denkens nach Pyrrho auf eine breitere Basis zu stellen. Um die Geschichte der (frühesten) Philosophie erweitert, gerät ihm so die Skepsis dem Namen und den Namen nach zur Veranschaulichung der verschiedenen Momente des Dialogischen, die für die *Essais* Relevanz haben. Sowohl synchron als auch diachron bezieht er sich auf Denker, die mit dem Konzept der Wechselrede entweder pädagogisch oder formal-poetologisch operiert haben. Dass er dabei mitunter die unbestreitbaren Autoritäten der griechischen Literatur als Vorgänger der Skepsis anführt, folgt der Darstellung bei Diogenes Laertius, der noch Heraklit hinzuzählt, den Montaigne ausspart.[95] Als skeptisches Verfahren wird so eine historisch geformte Eklektik der Bezüge zum Widerpart einer Erziehung in Wechselrede. Indem er sich in diese Traditionslinie der Skepsis und ihres dialogischen Prinzips einschreibt, übernimmt er ein Modell, das seinerseits im höchsten, weil ursprünglichsten Maß auf der Autorität der Philosophie aufbaut.

Dieser kaum verborgene Anschluss an die Skepsis erlaubt zwei Dinge zugleich; mit ihm wird einerseits der Rahmen seiner Pädagogik abgesteckt, der sich mit den platonischen Dialogen ebenso schmückt wie mit der Korrektheit des Anschlusses. Die Erbfolge Sokrates' entspricht dort am meisten einer sokratischen Methodik, wo die Geschichte noch jung und unverstellt ist. Zugleich aber gibt er der Lektüre Raum zur Reflexion seiner eigenen Poetik; indem er hier auf Cicero und, vermittelt, auf Plutarch anspielt, wo er auf Sokrates und Arkesilaos zu sprechen kommt, tut der Text, was er empfiehlt, indem er sich dialogisch auflädt. Die zitative Qualität seines Autoritätsbezugs kann als mediale Transposition des dialogischen im Medium der *Essais* begriffen werden.

Die *Apologie* schließlich enthält eine Anleitung für das Verständnis des Dialogischen in Montaignes *Essais*; es ist der Versuch, sich selbst innerhalb einer Tradition philosophischen Schreibens zu verorten und an den antiken Vorbildern eine Methodik für die eigene Darstellungsform zu gewinnen. Er denkt im Rahmen einer Maieutik,[96] die sich nur durch die Öffnung des

95 Diogenes Laertius, *Leben und Meinungen berühmter Philosophen*, IX 71-73, S. 516-518. Balsamo ergänzt (Balsamo [u.a.] „Notes et variantes", S. 1587), dass diese historische Genealogie Teil der Sextus-Ausgabe von Henri Estienne (1562) gewesen ist.

96 Ebenda, Montaigne II 12, S. 502, heißt es: „[...]Socrates disoit que les sages-femmes, en prenant ce mestier de faire engendrer les autres, quittent le mestier d'engendrer, elles; que luy, par le tiltre de sage homme que les Dieux lui ont deferé, s'est aussi desfaict, en son amour virile et mentale, de la faculté d'enfanter[...]." Ohne diese Ebene der

Diskurses und die Fülle (*copia*) der Angebote umsetzen lässt. Die Liste seiner Referenzen, die wir hier sogar noch beschneiden müssen, zeugt deutlich davon, wie sehr Montaigne ins Methodenzitat verfällt:

> (c) Le conducteur de ses dialogismes, Socrates, va tousjours demandant et esmouvant la dispute, jamais l'arrestant, jamais satisfaisant, et dict n'avoir autre science que la science de s'opposer. [...](a) Il est ainsi de la plus part des autheurs de ce tiers genre: (b) comme les anciens ont remarqué des escripts d'Anaxagoras, Democritus, Parmenides, Zenophanes et autres. (a) Ils ont une forme d'escrire douteuse en substance et un dessein enquerant plustost qu'instruisant, encore qu'ils entresement leur stile de cadances dogmatistes. Cela se voit il pas aussi bien (c) et en Seneque et (a) en Plutarque? (c) Combien disent ils, tantost d'un visage, tantost d'un autre, pour ceux qui y regardent de prez! Et les reconciliateurs des jurisconsultes devroient premierement les concilier chacun à soy. Platon me semble avoir aymé cette forme de philosopher par dialogues, à escient, pour loger plus decemment en diverses bouches la diversité et variation de ses propres fantasies. Diversement traicter les matieres est aussi bien les traicter que conformement, et mieux: à sçavoir plus copieusement et utilement. Prenons exemple de nous.[97]

Es darf uns nicht wundern, wenn Platons Dialoge hier als „–ismen" eingeführt werden; mit dem Neologismus des Dialogismus wird der Versuch unternommen, der Form und Tradition des offenen Schreibens und der Polyphonie mit dem Namen auch eine stringente Geschichte zu unterstellen, deren jüngster, vielleicht sogar vergleichsweise milderer Vertreter Montaigne gewesen sein wird.

Die Mikrologie seiner Beschreibung dieses dialogistischen Stils geht soweit, von den „dogmatischen Kadenzen" zu sprechen, die seine favorisierten Autoren ihren grundsätzlich anti-dogmatischen Texten eingefügt hätten und die die süffisante, „nahe" Lektüre herausfordern. Montaigne führt nach offensichtlich reiflicher Überlegung in (c) auch Seneca wieder an, um ihn gemeinsam mit seinem Paten Plutarch zum Maskenspieler zu machen. An ihnen

Hebammenkunst als Konsequenz aus der Anamnesis-Konzeption detailliert darstellen zu wollen, sei nur en passant angemerkt, dass Montaigne den Metaphernkomplex der Schwangerschaft und der Geburt ausgiebig verwendet und ihn vor allem poetologisch gebraucht; in Bezug auf seine Monster und Grotesken und die Idee des Autors als Vater seines Buchs werden wir dies noch näher untersuchen. Die entsprechende Stelle aus dem *Theätet* (Platon, *Theätet* 149a–151e, S. 23-25.) steht Montaigne unmittelbar vor Augen, da er immer wieder aus diesem Text zitiert. Vgl. Michael Erler: MAIEUTIK, in: *Platon-Lexikon*, hrsg. Christian Schäfer, Darmstadt: Wissenschaftliche Buchgesellschaft 2007, S. 193-194.

97 Montaigne II 12, S. 509.

wird die „Philosophie zur Maske“,[98] die in ihrer Fülle und ihrem Wandel mehr zeigen kann als das einzelne Gesicht. Die Fülle von Betrachtungen, die in den Dialogen untergebracht werden können, entfaltet sich auch hier nur unter der richtigen Lektüre, der die Lehre eines Autors nur zur Skandierung des Textverlaufs gelten; wer süffisant liest, also nahe genug an die Texte herantritt (*pour ceux qui y regardent de prez*), erkennt in ihnen all die Gesichter und möglichen Lesarten.

Es gilt hier mehr als andernorts, was er in I 26 festgehalten hatte: dass er von anderen nur spricht, um sich selbst zu thematisieren. Hier heißt das vor allem, dass die Beschreibung des philosophischen Schreibens in der *Apologie* einen Leitfaden und eine Ergänzung zur Konstitution seines eigenen Unternehmens darstellen soll. Montaigne bekennt sich dazu, die klassischen Dialoge als Modelle genommen zu haben, und unterstreicht derart die Vorzüge eines Unternehmens, dem es mehr um die Copia (*copieusement*) als um die Einheitlichkeit einer Abhandlung bestellt ist (*conformement*).

3.5 Die poetologische Bedeutung des Dialogs für die *Essais*

Bei diesem Lob des Dialogs und seiner Darstellungsmöglichkeiten drängt sich von selbst die Frage auf, warum Montaigne nicht tatsächlich Platon und, noch naheliegender, seinen dialogisch schreibenden Zeitgenossen gefolgt ist und wieso die *Essais* in ihrer monologischen Struktur geblieben sind.[99]

98 Diese Formulierung findet sich bei Philippe Desan, *Montaigne: les formes du monde et de l'esprit*, Paris: PU Paris-Sorbonne 2008, S. 70. Die Formulierung, die deutliche Spuren von de Man und vielleicht auch Beaujour trägt, wird uns in Bezug auf das Portrait Montaignes wiederbegegnen; Desan hingegen verwendet die Maske eher, um täuschende Absichten zu beschreiben und an ihnen, vor allem, die Möglichkeit der Demaskierung zu gewinnen.

99 Und das in einem „dialogischen Zeitalter“, wie man in Anschluss an Bachtin annehmen kann; die These wurde prominent von Stierle (Stierle, *Gespräch und Diskurs*, S. 306) aufgegriffen, der auch jenseits der Gattung des Dialogs epochemachende Dialogizität erkennt, wenn er auf Boccacios *Decamerone* hinweist. (ebd., S. 307). Montaignes Lektüren schließen nicht nur die in einer gewissen Tradition zu Platon stehenden berühmten humanistischen Dialoge von Erasmus oder Pico mit ein, sondern stehen auch in Nähe zu jüngeren Veröffentlichungen, die ein Modell bilden konnten. So betont Friedrich in Anschluss an Villey, dass Jacques Tahureaus *Dialogues non moins profitables que facétieux* von 1565 einen wichtigen Referenztext für Montaigne dargestellt haben mögen. (Friedrich, *Montaigne*, S. 336). Die Annahme der grundlegenden Dialogizität der Renaissance in Abgrenzung von einem monologischen Mittelalter ließe sich ohnehin nicht bruchlos auf Montaigne anwenden, und die Vorsichtmaßnahmen dieser Arbeit, die Genese und Applikation dialogischer Momente und Formen in den *Essais* aufzuweisen, versteht sich nicht als Fortsetzung dieser groben Festlegungen. Auf die historischen wie

Allgemein wird angenommen, dass die *Essais* eine Beziehung zum Dialog unterhalten. Die Beobachtung ihres kommunikativen Tonfalls und ihres betont familiären Stils ist keineswegs neu; Auerbach liest Montaigne und meint, „ihn Sprechen zu hören und seine Gesten zu sehen",[100] während Emerson weitergeht in der Behauptung, dass seine Texte kaum noch geschrieben seien, sondern sich tatsächlich als Transformationen von Konversation ausnehmen.[101] Gattungsgeschichtlich könnte man zudem mit Schon davon ausgehen, dass die Dialoge eine der vielen „Vorformen" der *Essais* darstellen.[102] Wenn Balmer seine jüngere Studie zur Sokratik bei Montaigne mit der Feststellung beginnt, der Autor von III 8, *De l'art de conferer*, habe im Sinne der neuzeitlichen Hermeneutik ein genuines Interesse an der Kommunikation als Gespräch mit seinen Leser/innen,[103] greift er damit auf eine Linie von Analysen Montaignes zurück, die den Vorrang einer Brief- und Kommunikations-Poetik für die französische Renaissance und den Humanismus betont haben. Die Adaption von Fragestellungen, wie sie die Theorie der Intertextualität im 20. Jahrhundert vorbereitet hat, auf Texte der Renaissance oder des Humanismus, sowie die gattungsgeschichtliche Einordnung des Dialoges im selben Zeitraum fordert allerdings die theoretische wie philologische Arbeit heraus, muss doch gewährleistet sein, dass die Konzepte, die an den historischen Texten exerziert werden sollen, diesen in groben Zügen entsprechen.[104]

Wegen der unübersehbaren Nähe beider Formen aber den *Essay* aus dem Dialog ableiten zu wollen, würde zu kurz greifen, insbesondere dort, wo man

systematischen Probleme dieses Begriffs der Dialogizität weist Hempfer immer wieder hin; vgl. bspw. Hempfer, „Zur Interdependenz und Differenz", S. 71-94.

100 Auerbach, *Mimesis*, S. 276.

101 Ralph Waldo Emerson „Montaigne; or the Sceptic", in: *The Annotated Emerson*, hrsg. David Mikics, Cambridge: Belknap 2012, S. 326-347, hier S. 337: „I know not anywhere the book that seems less written. It is the language of conversation transferred to a book. Cut these words, and they would bleed; they are vascular and alive."

102 Schon, *Vorformen*, Kap. 1: „Der Dialog", S. 14-27.

103 Hans Peter Balmer, *Neuzeitliche Sokratik. Michel de Montaignes essayistisches Philosophieren*, München: Open Publishing LMU 2016, S. 3, wo er anführt, Montaigne ginge es mit dem geteilten Anspruch auf die Worte im Dialog darum, „über das Wort gemeinsame Sache zu machen".

104 Entsprechende Warnungen finden sich u.a. bei *Poststrukturalismus: Herausforderung an die Literaturwissenschaft*, hrsg. Gerhard Neumann, Stuttgart/Weimar: J. B. Metzler 1997 (in Bezug zur Anwendung der Theorie der Intertextualität auf die Renaissance); sowie in Bernd Häsner, „Dialog und Essay. Zwei ‚Weisen der Welterzeugung' an der Schwelle zur Neuzeit", in: *Grenzen und Entgrenzungen des Renaissancedialogs*, hrsg. Klaus Hempfer, Stuttgart: Steiner 2006, S. 141-203, als Versuch einer differenzierten Abgrenzung der beiden Gattungen, und in Kommentar von Stierles Studie, auf die wir gleich näher eingehen werden.

von einer Erweiterung des Begriffs versucht, dem Genre des Dialogs eine spezifische Intertextualität abzugewinnen und diese auf die Dialogizität der Form zu übertragen. Denn obwohl dem Dialog als bestimmender Gattung vor allem der Philosophie eine eigene, meist bis zu Platon zurückzuverfolgende historische Vorformung zukommt, kann mit Montaignes Betrachtungen zur Polyphonie der Texte eine Gleichsetzung von inszenierter Wechselrede und textueller Wechselrede nicht aufrechterhalten werden. Vor jedem Aufkommen einer Theorie der Intertextualität sind die Betrachtungen Montaignes zum Text als Gespräch durchzogen von einer eigenständigen Verhandlung der genuin textuellen Dialogizität, die nicht innerhalb der Grenzen eines Schriftwerkes, sondern zwischen den Texten und zwischen Autor und Leser angenommen wird und die sich so vom Genredialog entfernt. In Rekurs auf die Vorbilder, die er erwähnt und deren Schreiben er lobt, knüpft Montaigne, wie wir sahen, explizit und offensiv an die Offenheiten eines dialogischen Schreibens an. Dass er sich aber bis zuletzt die Freiheit nimmt, sich gegen diese Form zu entscheiden, lässt bereits darauf schließen, dass in der Poetik der *Essais* eine methodische und funktionale Ähnlichkeit zum Dialog zu finden sein wird, die sich als Methodenzitat äußert und die – als Wiederholung des Ähnlichen – eine Transposition oder Transformation einschließen wird. In ähnlichem Maße wie im Fall des Bezugs zum Cento dient Montaigne das Dialogische als Abgrenzungsmoment, und trägt so zur Eigenständigkeit seines Projektes bei. An den Vorbildern geschult, werden die *Essais* dialogisch, ohne Dialoge zu sein.

Von dieser Differenzierung ausgehend hat insbesondere Stierle zu zeigen versucht, dass das dialogische Dispositiv bestimmend für die Entwicklung der Poetik der *Essais* ist. Seine Studie zum Verhältnis von Gespräch und Diskurs wendet die Parameter des Palimpsests der *Essais* für einen Nachvollzug des Einflusses von Intertexten an und erlaubt es, Montaigne innerhalb des Humanismus und der antiken Bezugsquellen zu verorten.[105] Stierle rekonstruiert, dass das Dialogische der *Essais* an deren *écriture* gebunden ist. Montaigne unternimmt keinen Versuch, die idealisierte antike „Unmittelbarkeit" des Gespräches wiederherstellen zu wollen, wenn er sich bewusst und polemisch gegen den „Diskurs" als die gelehrte Schriftsprache entscheidet. Er versucht vielmehr, in den *Essais* mit den Mitteln der Schrift und des Buches einen verlorenen Dialog in anderer Form wiederaufzunehmen: Stierles Lektüre

105 Ähnliche Hinweise finden sich auch bei Christine Brousseau-Beuermann, *La copie*, S. 177-178. Brousseau-Beuermann betont vor allem die Bedeutung der Zitate für die Genese des ‚energischen' Dialogs Montaignes. Als zumeist fremdsprachliche Marker unterbrechen sie den sonst homogenen Text und öffnen ihn derart für eine Vielzahl der (süffisanten) Lektüren. Sie folgt der etablierten These, die im Verlust von La Boétie als idealem Gesprächspartner den Anlass für die Entstehung der Essais erkennt.

geht im Einklang mit der Forschung davon aus, dass es Montaigne vor allem darum zu tun sei, das tatsächliche Gespräch mit dem verstorbenen La Boétie zu ersetzen.[106] Die deutlichen Spuren des Dialogischen in den *Essais* zeugen von diesem Supplement-Charakter. In Ermangelung des Partners konzipiert Montaigne seine Form als „Selbstgespräch im Medium der Schriftlichkeit".[107] Montaigne wolle seinem Modell funktionale Elemente abgewinnen, ohne ihm in der Form Folge zu leisten. Die Abbildung von Varianz, die sein eigentliches Anliegen ist, scheint ihm in der Wechselrede einer begrenzten Anzahl von Sprecherpositionen nicht ausreichend gewesen zu sein.

Das wesentliche Moment eines Gespräches besteht allerdings nicht nur in der radikalen Offenheit, noch in der angenommenen Unmittelbarkeit, die sich unter den Sprechenden einstellen soll, erst recht nicht in der medialen Form des niedergeschriebenen Dialogs. Die Offenheit des Gesprächs, die in der unvorhersehbaren Wechselrede zumindest zweier Instanzen besteht und Aktivität und Passivität an beide verteilt, ist keine Grundhaltung, die für die Schrift angenommen werden könnte. Vielmehr ist sie der Effekt der aktiven und von Montaigne schriftlich inszenierten Öffnung seines Diskurses, der erst dort „dialogisch" wird, wo das entscheidende Kriterium eines Gesprächs erfüllt wird: der „jederzeit mögliche Wechsel von Sprecher- und Hörerposition".[108] Bei der unidirektionalen Struktur der Schrift, die keine Gegenrede ermöglichen kann, muss eine Transformation des Kriteriums erfolgen: durch die (mögliche oder faktische) Anwesenheit fremder Rede.[109]

---

106 Stierle, „Gespräch und Diskurs", S. 313: „Montaigne hat nach dem Tod seines Freundes La Boétie keinen Gesprächspartner mehr." Eingehender entwickelt findet dieser Gedanke sich bei Butor, *Essais sur les essais*, S. 33: „Privé de l'ami le plus doux, le plus cher et le plus intime, et tel que notre siècle n'en a vu de meilleur, de plus docte, de plus agréable et de plus parfait, Michel de Montaigne, voulant consacrer le souvenir de ce mutuel amour par un témoignage unique de sa reconnaissance, et ne pouvant le faire de manière qui l'exprimât mieux, a voué à cette mémoire ce studieux appareil dont il a fait ses délices." Brousseau-Beuermann schließt hier an und sieht in dieser elegischen Apostrophe die Grundbedingung für den kommunikativen Charakter der *Essais*. (Brousseau-Beuermann, *La copie*, S. 179) Rückführen lässt sich diese Lektüre auf Starobinski, *Montaigne en mouvement*, S. 67-68.

107 Stierle, „Gespräch und Diskurs", S. 310. (Unter Rekurs auf die „sauts et gambades" des poetischen Schreibens in III 9.)

108 Häsner, „Dialog und Essay", S. 156: „Die textinterne Kommunikation unterliegt raumzeitlichen Koordinaten, die von denen der Autor-Leser-Kommunikation differieren, und während Letztere unidirektional vom Autor zum Leser verläuft, vollzieht sich die textintern zur Darstellung gebrachte Kommunikation unter der Bedingung eines jederzeit möglichen Wechsels von Sprecher- und Hörerposition." Häsner folgt den poetologischen Bestimmungen Tassos aus dem *Discorso dell'arte del diagolo* (1586).

109 Stierle, „Gespräch und Diskurs", S. 317.

Wenn die *Essais* mit dieser Bestimmung von der fiktiven szenischen Konvention des Dialogs als Dramentexts Abstand nehmen, bleibt die Möglichkeit des Einwands durch das Gegenüber nicht nur offen; sie wird durch die Vakanz einer textlichen fixierten Gegenposition noch verstärkt. Stierle erkennt eben darin die Neuheit von Montaignes Dialogiztät ohne Dialog. Was er – in Stierles Augen als erster – leistet, ist die Wiederholung des Dialogischen mit den Mitteln der Schrift, die sich ebenso gut als Befreiung vom Vorrang des Diskurses als mündlicher und unmittelbarer Rede fassen ließe. Sein Schreiben selbst wird zum Gespräch, das seine Schriftlichkeit ausstellt und unterstreicht, vielmehr fruchtbar macht für eine weitergehende Öffnung des dialogischen Raumes.

> Montaigne erfindet, was zuvor undenkbar schien: das Gespräch als „écriture", nicht als literarische Fiktion des ursprünglichen Gesprächs, sondern als Gespräch unter den Bedingungen eins schreibenden Redens, und zwar in einem Gespräch ohne Partner. Während in den ‚Dialogen' der Renaissance die Schriftlichkeit verdeckt bleibt und damit zugleich die trotz der dialogischen Form noch beibehaltene diskursive Struktur, macht Montaigne die Schriftlichkeit seines Selbstgesprächs selbst thematisch und sucht nach Möglichkeiten einer „écriture", die vom Zwang der Diskursivität befreit ist, an die die Schriftlichkeit auch in der Renaissance noch gebunden war. Die Schriftlichkeit ist für Montaignes Selbstgespräche nicht nur ein Mittel, sondern ein wesentliches Moment.[110]

Die *Essais* heben die „Verdeckung" der Schriftlichkeit auf, indem sie darauf verzichten, die Markierung der Sprecherfiguren auf den paratextuellen Rahmen auszulagern und so den mimetischen Eindruck zu erwecken, der geschriebene Text des Dialogs entspreche dem eigentlich gesprochenen Text des Gespräches. Die *Essais* sind roher, wenn sie auf derartige „literarische Fiktionen" verzichten; die einzelnen Sätze werden nicht mehr einem Personal der Aussprache zugeordnet, sondern in Montaigne gebündelt, der sie seinem heterogenen Monolog einverleibt. Indem er alle Stimmen in sich vereinen will, mag er die eigene bisweilen verlieren, schließt sie aber ein in den aporetischen Raum eines Wechsels, der nicht an eine endliche Zahl von Personen, sondern an eine schier unüberprüfbare Zahl von Einflüssen und Zusammenhängen gebunden ist, die ihren aporetischen Status untermauern.[111]

---

110 Stierle, „Gespräch und Diskurs", S. 315.

111 Andreas Kablitz, „Montaignes ‚Skeptizismus': Zur Apologie de Raimond Sebond," in: *Poststrukturalismus: Herausforderung an die Literaturwissenschaft*, hrsg. Gerhard Neumann, Stuttgart/Weimar: J. B. Metzler 1997, S. 504-539, hier S. 517: „Montaignes Zitat der pyrrhonischen Techniken aber geht in einem Programm der Widerrede nicht auf, deren Zielsetzung es blieb, die eigene Rede vor dem Widerspruch zu bewahren, weshalb sie sich in epistemische Abstinenz flüchtete. Sein Diskurs läßt sich vielmehr ostentativ auf

In seiner durchmischten und vielgestaltigen Form kann dieser nicht länger als Monolog verstanden werden, und Montaignes Versuch, eine neue Möglichkeit des Schreibens zu entwickeln, untergräbt diesen Eindruck nicht nur an den unzähligen poetologischen Stellen, sondern immer da, wo er seinen Text durch andere Texte aufbrechen lässt. Mit jedem Zitat und jedem Plagiat wird die Gemachtheit seines Diskurses sichtbar, und der Verweis auf die Textualität wird nicht nur von der Schriftbildlichkeit der kursiv gesetzten lateinischen Verse geleistet. Die Sentenzen und Zitate, die er zum Teil namentlich rückführt, zum Teil geflissentlich unterschlägt, sträuben sich gegen die monologische Form, und es ist der Auftrag an die gelungene *Lektüre*, als Nachvollzug des stumm-einstimmigen Textes, den Sätzen mehr zu entnehmen, als Montaigne ihnen anvertraut hat. Montaigne Auffassung von Dialogizität geht über die Imitation eines Gesprächs hinaus und versucht, die synchrone und diachrone Offenheit seines Textes zu vergrößern. Dazu bedient er sich einerseits des Intertextes, den er in seine eigenen Gedanken einmischt und den er zitativ zwischen sich und der Geschichte aufspannt; andererseits der vielen Techniken der Subversion und Performanz, die ein fragendes und selbstwidersprüchliches Netzwerk von Meinungen und Ansichten spannen, das der Leserschaft explizit zur Weiterführung und zur Durchsicht aufgegeben wird. Die Dynamik seines Schreibens steht zwischen diesen beiden Polen und lässt die *Essais* zu einem entgrenzten Text werden, der im Leser wie im Gelesenen unabdingbare Stützen erkennt. Die Dialogizität Montaignes ist die Textualität der *Essais*; ihre notorische Offenheit ist die Übertragung der Wechselrede ins Medium der Schrift.

Die Differenz zwischen Essais und Dialog besteht also im spezifischen Umgang mit der Vielstimmigkeit, die in beiden Textformen wirksam gemacht wird, aber sich grundsätzlich anders gestaltet. Während dem szenographischen Dialog nichts anders übrig bleibt als die Abbildung oder Imitation der gesprochenen Sprache in der Wechselrede der sogenannten direkten Rede, kann der Essayist nichts anderes tun, als die Stimmen und Tonfälle, die er verschränken will, in seinen Text indirekt zu integrieren. Die Funktion, die diese Indirektheit oder Vermittlung ermöglicht, ist das zitative Schreiben. Es bildet nicht mehr ab, was jemand gesagt hat, sondern schreibt ab, was jemand geschrieben hat; die Natürlichkeit und Direktheit von Montaignes Diskurs beruft

---

die Aporie ein, die nun nicht mehr aus einer Konfrontation von Rede und Gegenrede erwächst, welche sich wechselseitig relativieren und im epécho einen salvierenden Ausweg finden. Dieser Diskurs begibt sich vielmehr selbst kalkuliert in einen Widerspruch, dem nicht zu entkommen ist." In dieser Argumentation ergibt es Sinn, davon zu sprechen, dass es in den *Essais* zu einer „Verwandlung des dialogischen Widerspruchs in die monologische Aporie" (ebd.) kommt; obwohl der Monolog Montaignes nicht mit der Einstimmigkeit seines Schreibens gleichgesetzt werden darf.

sich auf die Mittelbarkeit des Zitats, die es ihm ermöglicht, eine indirekte Rede in sein Monologisieren einzulassen. Die Trennung von *Essais* und Dialog ist die Trennung von Graden erzählter Rede.[112]

Wenn, wie Stierle es fasst, dieses Gespräch ohne Partner sein soll, dann nur insofern, als es sich der Lektüre einer Öffentlichkeit anbietet und anbieten muss. Die textuelle Dialogizität, um die Montaigne weiß, folgt anderen Gesetzen als die des „lebendigen Gesprächs" und könnte weder formal, noch funktional tatsächlichen Ersatz für dieses leisten. Die Transposition in die Einsamkeit des Schreibenden in seinem Turm macht aus dem beständigen Dialog mit den anderen eine Reinszenierung der Lehrer-Schüler-Situation. Mit den *Essais* ist eine Form gefunden, die weiter gehen kann als die Aufspaltung unterschiedlicher oder dialektischer Positionen in einer Vielzahl von Sprecherinstanzen abzubilden, die sich schlussendlich dennoch als textuelle Einheit einer Lektüre anbieten.

3.6 Natur und Naivität (III 12)

Mit der Idee der Rohheit seines Materials und der Kunstlosigkeit seiner Kunst verbindet Montaigne die Aufrichtigkeit seines Projektes, das ununterbrochen auf den eigentlichen Gegenstand, die Darstellung seiner Person und die Konservierung ihrer Züge, zurückgeführt werden muss, um sich nicht an den Reichtum seiner Gegenstände zu verlieren. Die Applikation der Zitate, vielmehr noch ihre schrittweise Vermehrung und Ausarbeitung, stehen dabei, für heutige Lektüren kontraintuitiv, gerade im Dienste der Echtheit und Redlichkeit seines Projektes. Montaigne ist ein guter Plagiator, weil es ihm nur dort, wo er seine Leserschaft herausfordern will, um die Angleichung des entlehnten Materials geht. Die Bescheidenheit der bloßen Versuche belässt es bei

112 Die Differenzen eröffnen sich nur dann, wenn man die Spezifika, die Genette zur Abtrennung der Kopie des Zitats und der Reproduktion von Figuren-Rede zuweist, unterläuft; das tun wir weniger in unserer Analyse als dass es Montaigne selbst in seiner Inszenierung der zitierten Inhalte als überzeitlicher Gesprächssituation tut. Denn während das Zitat keineswegs den mimetischen Anspruch hat, die Wiederaufführung des bereits mündlich gesagten in der Schrift umzusetzen, ist die „Wörtlichkeit" ihr doch inhärent; die Übernahmen bei Montaigne folgen der Logik der reproduzierten Rede mit einem textuellen Vorbild. Gérard Genette, *Die Erzählung*, übers. Andreas Knop, Paderborn: Fink 2010 S. 204: „Diese Beschränkungen […] sind nur für eine der Weisen der (Re)produktion von Bedeutung, für die, die ich ‚berichtete Rede' genannt habe. Die beiden anderen (‚transponierte' und ‚narrativisierte' Rede) stehen von Rechts wegen diesseits jeder solchen Problematik, da sie auf einen ‚Mimetismus', d.h. auf Wörtlichkeit gar nicht aus sind."

einem großen, aber unzusammenhängenden und fragmentarischen Skizzenbuch, das Anstöße und Anregungen beinhaltet, aber nicht in sich geschlossen werden kann. Im Zwiegespräch mit der guten Lektüre, die er zugleich fordert und vorführt, entsteht ein dialogisches Lesen, dass sich zwischen den Polen von Produktion und Rezeption entwickeln soll.

Die absolute Metapher der Natur greift hier in eben dem Maße, wie sie schon für den erweiterten Kanon der Pädagogik in Anschlag gebracht wurde; Montaigne bezeichnet sich selbst als „Naturalist". Diesem Begriff, wie dem Verständnis der Natur in den *Essais* allgemein, ist mit Vorsicht zu begegnen, will Montaigne doch offensichtlich einen eigenständigen und seinerseits neuartigen Begriff von Natur einführen, dem es nicht um die Kohärenz eines Kosmos, noch um die regelhaften Verhältnisse der Welterscheinungen geht. Wann immer er von Natur spricht, bezieht er sich vielmehr auf die Natur des Einzelnen; Natur wird ihm zum Konzept, dem zu entsprechen und zu folgen wäre, wie er andernorts als Zusammenfassung seines Projektes angeben wird.[113] Er interessiert sich für *seine* Natur: seine Bestimmungen und seine Fähigkeiten und Neigungen, die mit dem „natürlichen Jugement" die Grundlage der Pädagogik bereiten.[114] Im Zentrum der Versuche Montaignes steht die Frage nach der Kondition, die ein Ensemble von angeborenen und erworbenen Fähigkeiten umschreibt, eine Verbindung von erster und zweiter Natur, deren Gesamtheit es zu erforschen gilt, um die Frage nach dem Menschen zu stellen. Die Annahme, dass die Prägung und die Gewohnheiten des Menschen diesem ebenso konstitutiv sind wie seine physischen Voraussetzungen, lässt sich ohne jeden Anachronismus aus Montaigne entwickeln, prägt er doch selbst in *De mesnager sa volonté* den Begriff der Gewohnheiten als zweiter Natur: „(b) L'accoustumance est une seconde nature, et non moins puissante."[115] Nicht umsonst ist das Versprechen der *Essais* darin begründet, dass an einem

113 Montaigne I 11, S. 1059: „(b) J'ay pris, comme j'ay dict ailleurs, bien simplement et cruement pour mon regard ce precepte ancien: que nous ne sçaurions faillir à suivre nature, que le souverain precepte c'est de se conformer à elle. Je n'ay pas corrigé, comme Socrates, par force de la raison mes complexions naturelles, et n'ay aucunement troublé par art mon inclination. Je me laisse aller, comme je suis venu, je ne combats rien, mes deux maistresses pieces vivent de leur grace en pais et bon accord; mais le lait de ma nourrice a esté Dieu mercy mediocrement sain et temperé."

114 So setzt die (c)-Ausgabe die Bestimmung der Urteilskraft als ‚natürlicher' den Gedanken zur Erziehung in I 26 als Motto voran; Montaigne I 26, S. 146: „(c) j'examine son jugement naturel: leçon qui leur est autant incognue, comme à moy la leur."

115 Montaigne III 10, S. 1010. Schmarje geht davon aus, dass die Wendung sprichwörtlich übernommen wurde, was sie mit zeitgenössischen Quellen belegt; Vgl. Schmarje, *Das sprichwörtliche Material*, Bd. II (Lexikon), S. 12. Als Sentenz weist Balsamo aus, dass sich der Satz bereits bei Cicero (*De finibus* V, 25, 74) und bei Aristoteles (sowohl in der

Menschen die gesamte *conditio humana* sich aufweisen ließe, und zurecht hat Auerbach dieses Schlagwort zum Emblem des gesamten Projektes erklärt.[116] Die *Essais* werden zur Erprobung dieser zweifachen Natur, dieser Summe der „natürlichen Fakultäten".[117]

Wenn er oft von „Mutter Natur" spricht,[118] rückt er sie dennoch ab von einer transzendenten Kraft oder einer Allheit des Lebens und verlagert sie ins Innere und je Private der individuellen Subjekte. Natur, das ist ihm die menschliche Konstitution, deren Struktur je verschieden ist und die sich nicht abstrakt bestimmen, sondern in der Praxis der Erprobung, die der Essay ist, erkennen und beweisen lässt. Sie wird zum Sammelbegriff dessen, was sich als Montaignes anthropologisches wie psychologisches Interesse verstehen lässt. Seiner Auffassung von einer radikalen Individualität nach wird der Anspruch delphischer Selbsterkenntnis gerade darum so hoch angesetzt, weil in ihr die unendliche Varianz der Personen aufgehoben ist. Diese Natur ist nicht diejenige der Klassifikation von in sich weitgehend einheitlichen Gattungen; die Differenz zwischen den einzelnen Menschen ist für Montaigne größer als diejenige zwischen Mensch und Tier, wie er folgenreich in Zuspitzung Plutarchs sagen wird und wie die *Apologie* nicht müde wird zu exerzieren.[119] Die Be-

---

Nikomachischen Ethik VII, 10, 4; 1152 a; und in der *Rhetorik* I, 11, 3-4; 1370 a) findet. Siehe Balsamo (u.a.) „Notes et variantes", S. 1807.

116 So die berühmte Passage aus dem dritten Band, auf die wir gleich eingehen. Erich Auerbach überschreibt sein Kapitel zu Montaigne innerhalb des Nachdenkens über die „Darstellung der Wirklichkeit" daher mit der *humaine condition*. Erich Auerbach, *Mimesis*, S. 271 -296.

117 Montaigne I 26, S. 146: „(a) Quant aux facultez naturelles qui sont en moy, dequoy c'est icy l'essay, je les sens flechir sous la charge. Mes conceptions et mon jugement ne marche qu'à tastons, chancelant, bronchant et chopant [...]."

118 So bspw. in der *Apologie* (II 12, S. 457) und in I 26, S. 157 („nostre mere nature").

119 Mensch und Tier bei Montaigne sind eines der tragenden Themen, die sich aus der *Apologie* und andernorts speisen und die zeitübergreifende Bedeutung der *Essais* vielleicht mit am Stärksten gesichert haben dürften; Motive dieser Art kehren in der Diskussion um die Vernunftbegabung der Tiere bei Bayle nachgerade wörtlich wieder, lassen sich aber auch mit dem Denken Schopenhauers und vor allem Nietzsches im 19. Jahrhundert in Beziehung setzen.

Wir werden im zweiten Teil dieser Arbeit auf Bayles Rückgriff auf die *Apologie* zu sprechen kommen. Jenseits dieser Stellen ist es ein Zitat, das diese Inkohärenz der menschlichen Gattung etabliert; Montaigne schreibt zu Beginn des programmatischen anthropologischen Kapitels Montaigne I 42, S. 258: „Nous Plutarque dit en quelque lieu qu'il ne trouve point si grande distance de beste à beste, comme il trouve d'homme à homme. Il parle de la suffisance de l'ame et qualitez internes. A la verité, je trouve si loing d'Epaminundas, comme je l'imagine, jusques à tel que je connois, je dy capable de sens commun, que j'encherirois volontiers sur Plutarque; et dirois qu'il y a plus de distance de tel à tel homme qu'il n'y a de tel homme à telle beste: (c) hem vir viro quid praestat." Er stimmung der Natur des Menschen gelingt ihm nur negativ, in der Feststellung der unüberbrückbaren Unterschiede unter ihnen.[120] Mit diesem Begriff einer „reflektierten Natürlichkeit"[121] gewinnt der Anspruch, sich im Schreiben von der Pedanterie und der Wortkunst entfernen zu wollen, Profil. Montaigne will eine Ausdrucksweise finden, in der die tatsächliche Natur zum Vorschein kommt, also eine Poetik gewinnen, die den ständigen Entzug und die ununterbrochene Veränderung nicht nur bedenken, sondern zur Darstellung bringen kann. Poetik und Programm, Form und Inhalt sind so untrennbar; Montaignes Versuche einer Selbstdarstellung fragen ohne Unterschied nach Selbst und Darstellung, und es ist die „natürliche Trunkenheit" seines Objekts, das die Komplikationen der Etablierung der *Essais* bedingt.[122]

Als Feind von Kosmologie und System schwebt Montaigne eher eine Natur vor, deren Ersatzbegriff die „Naivität" sein könnte, die er exemplarisch an Sokrates exerziert. So fügt er schon der Betrachtung der *Institution* seine spezifische Lesart des historischen Sokrates bei, dessen Versuch, in Handeln und Denken seiner Natur und damit der Natur des Menschen zu folgen, die

---

bezieht sich dabei deutlich markiert auf Plutarchs *Que les bestes brutes usent de la raison* (siehe *Moralia*, Bd. 2, übers. Amyot, S. 968-984.); das Zitat stammt aus Terenz' *Phormio*.

Vgl. hierzu Thierry Gontier, *De l'homme à l'animal: Montaigne et Descartes ou les paradoxes de la philosophie moderne sur la nature des animaux*, Paris: J. Vrin 1998, S. 50-56.; Wild, *Die anthropologische Differenz*, S. 43-92; und Yvonne Bellenger, „L'intelligence des animaux: Montaigne et Du Bartas lecteurs de Plutarque", *Revue d'Histoire littéraire de la France*, 80/4 (1980), S. 523-539.

120 In diesem Sinne spricht Blumenberg von einer skeptischen Anthropologie, die als Begründung anthropologischen Fragens gilt. Hans Blumenberg, „Anthropologische Annäherung an die Aktualität der Rhetorik", in: *Ästhetische und metaphorologische Schriften*, Frankfurt a.M.: Suhrkamp 2001, S. 406-431, hier S. 410: „Die erste philosophische Anthropologie, die diesen Namen verdiente, ist am Anfang der Neuzeit Montaignes ‚Apologie de Raimond Sebond'. Unter den Händen eines Skeptikers, der über den Menschen hinauszufragen sich verwehrt sieht, gerät ein überwiegend konventionelles Material in einen neuen Aggregatzustand, in welchem der einzige noch mögliche Gegenstand des Menschen erzwingt, daß alles nur noch Symptom dieses Gegenstandes ist. Über die Moralistik führt diese Tradition zu der ausdrücklich so benannten ‚Anthropologie' Kants."

121 Schmarje, *Das sprichwörtliche Material*, S. 92: „Obgleich ihm die Natürlichkeit seiner Ausdrucksweise sicherlich nicht abgesprochen werden kann, muß man doch festhalten, daß es sich offensichtlich nicht um eine naive, sondern eine bewußte, eine reflektierte Natürlichkeit handelt, d.h. daß bei ihm sprachliche Veranlagung und Stilwille glücklich übereinstimmen." Im selben Zug nimmt Schmarnje auch an, dass diese Argumentation zur Abgrenzung von der Kunst (innerhalb der Logik einer *dissimulatio artis*) und vom Pedanten und Gelehrten zu fassen sei.

122 In *De Repentir* im dritten Band heißt es zu Beginn der Stelle, die wir abschließend lesen werden: Montaigne III 2, S. 805: „(b) Je ne puis asseurer mon object. Il va trouble et chancelant, d'une yvresse naturelle."

tatsächliche Moderation wäre, die den hellenistischen Philosophenschulen vorschwebt.

> (c) Socrates, son premier mignon, quitte à escient sa force, pour glisser en *la naïveté et aisance* de son progrez. C'est la mere nourrice des plaisirs humains. En les rendant justes, elle les rend seurs et purs. Les moderant, elle les tient en haleine et en goust. Retranchant ceux qu'elle refuse, elle nous aiguise envers ceux qu'elle nous laisse: et nous laisse abondamment tous ceux que veut nature, et jusques à la satiété, maternellement, sinon jusques à la lasseté (si d'adventure nous ne voulons dire que le regime qui arreste le beuveur avant l'yvresse, le mangeur avant la crudité, le paillard avant la pelade, soit ennemy de nos plaisirs).[123]

Diese Form der sokratischen Natürlichkeit als Naivität und Einfachheit ergibt sich aus dem Programm seiner Erziehung ebenso wie für die Bestimmung seiner Poetik; eine offene, unstrukturierte und fast automatische Schreibweise sichert ihm den Abstand zur Entstellung des Natürlichen, das sich selbstverständlich unmittelbar und unwillkürlich einstellen muss. Dass für diese Naivität der Dialog nicht nur kompatibel, sondern paradigmatisch sein muss, wird andernorts im selben Arbeitsschritt ergänzt, wenn Montaigne unter dem selben Titel das Naive an Sokrates Dialogprinzip zur Orientierung wählt:

> (b) Socrates faict mouvoir son ame d'un mouvement naturel et commun. Ainsi dict un paysan, ainsi dict une femme. (c) Il n'a jamais en la bouche que cochers, menuisiers, savetiers et maçons.[124]

Dieses Bild einer Entsprechung unseres Verhaltens zu unseren Fähigkeiten und Neigungen ist das Herz von Montaignes Naturbegriff, den er kontinuierlich entwickelt. Natur ist Begriff einer Relation; es gilt ihm, das Passende und Entsprechende zu finden, das der internen Beweglichkeit seiner eigenen Person gemäß ist. Diese angemessenen Gegenstände sind allerdings keineswegs privat im Sinne einer Schöpfung aus seiner Innerlichkeit. Vielmehr sind sie ihm die Fülle der Begegnungen mit anderen und mit der Welt. Die Natürlichkeit als Naivität des Sokrates entspricht genau dem Maße, in dem es ihm gelingt, sich dialogisch mit anderen einzulassen, und die Quantität dieser sprechenden Bezüge, weit mehr als ihre interne Qualität, ist der Garant für das Gelingen einer Selbstprüfung und Betrachtung, wie sie den *Essais* vorschwebt.

---

123 Montaigne I 26, S. 162. [Meine Hervorhebung, S.G.]

124 Montaigne III 12, S. 1037

Montaigne gibt die Übung für den einen Fall vor in der Hoffnung, mit der Methodik der *Essais* eine Fortsetzung zu ermöglichen.[125]

Wenn im dritten Band und damit in weiten Teilen im gleichen Arbeitsschritt die Ausführungen zur Poetik mit dem Begriff der Physiognomie um ihre abbildende und nachahmende Funktion ergänzt werden, nimmt Montaigne diese Frage nach der Natur zum Richtwert, ohne mit ihr je die Bedeutung von Zitation für den Selbstversuch aus den Augen zu verlieren. Die Betrachtungen zu Erscheinung des Einzelnen und die Verhältnismäßigkeit von Außen und Innen sind, was er für die Reflexion der *Essais* als Autoportrait in Anschlag bringen will; diese Form von Mimesis hieße nicht mehr, die Natur mit anderen Mitteln und ideal abzubilden, sondern vielmehr, ihr Ausdruck zu verleihen. Indem man Naturalist wird, äußert man, was sich natürlich äußern lässt.

Die fragwürdige Entsprechung von Erscheinung und Gehalt lässt sich nicht zuletzt an der überlieferten Hässlichkeit des Sokrates zeigen; das Missverhältnis seines Äußeren zu seinem unbefleckten Inneren gibt Montaigne den Anstoß, das Verhältnis von Form und Inhalt der *Essais* aufs Neue zu diskutieren. Er wird wiederum auf den Wert von Zitaten und den Anspruch ihrer Eingemeindung ins neue Projekt zu sprechen kommen, und die bereits im ersten Band berührten Topoi wiederholen. Der Argumentationsverlauf erlaubt es, die Rolle des Natur-Begriffs nicht mehr nur in der anthropologischen, sondern auch in der mimetisch-poetologischen Funktion auszumachen. Unter dem Vorzeichen der Physiognomie wird es Montaigne gelingen, die losen Kopplungen der *Essais* vom pedantisch-lehrbuchhaften Charakter des Pastiche freizusprechen. Seine Poetik ist darüber erhaben, denn er ist Naturalist; wir sehen uns gezwungen, eine lange und wendungsreiche Passage aus III 12 zu zitieren, um die interne Entwicklung von Montaignes Selbstbeschreibung als Autor der *Essais* abbilden zu können:

---

125 Mit dieser erneuten Geste der Umwertung des Kanons als seiner Erweiterung ist im Sokrates-Bild nur umrissen, was der Natürlichkeit der *Essais* und Montaignes Schreiben abzulesen ist. Die Entsprechung zwischen der Figur des Sokrates und dem Ideal seiner Selbsterprobung hat durchweg den Charakter einer nachträglichen Eigenkommentierung, die Montaigne so wichtig ist, dass er in der (c)-Phase immer wieder die sokratischen Bezüge einflicht; wie sich auch schon an I 25 und I 26 und den relevanten Ergänzungen hat zeigen lassen. Vgl. hierzu Vgl. Pierre Servet, „Les allongeails des Essais au miroir de Socrate", in: *Le socratisme de Montaigne*, hrsg. Thierry Hontier & Suzel Mayer, Paris: Garnier 2010, S. 39-56. Vgl. ferner Frederick D. Kellermann, *Montaigne's Socrates*, Ph.D. diss., Indiana University 1954, [https://search.proquest.com/docview/301993301?accountid=11004 (accessed December 14, 2018)]; Kellermann führt an (ebd., S. 17), dass es in der ersten Ausgabe von 1578 nur 15 Anspielungen auf Sokrates gegeben habe; in der zweiten dann schon 72 aus der Arbeitsphase von 1588-1592 (S. 26).

(b) Comme quelqu'un pourroit dire de moy que j'ay seulement faict icy un amas de fleurs estrangeres, n'y ayant fourny du mien que le filet à les lier. Certes j'ay donné à l'opinion publique que ces parements empruntez m'accompaignent. Mais je n'entends pas qu'ils me couvrent, et qu'ils me cachent: c'est le rebours de mon dessein, qui ne veux faire montre que du mien, et de ce qui est mien par nature; et si je m'en fusse creu, à tout hazard, j'eusse parlé tout fin seul. (c) Je m'en charge de plus fort tous les jours outre ma proposition et ma forme premiere, sur la fantasie du siecle et enhortemens d'autruy. S'il me messied à moy, comme je le croy, n'importe: il peut estre utile à quelque autre. (b) Tel allegue Platon et Homere, qui ne les v[e]id onques. Et moy ay prins des lieux assez ailleurs qu'en leur source. Sans peine et sans suffisance, ayant mille volumes de livres autour de moy en ce lieu où j'escris, j'emprunteray presentement s'il me plaist d'une douzaine de tels ravaudeurs, gens que je ne feuillette guiere, de quoy esmailler le traicté de la phisionomie. Il ne faut que l'e[s]pitre liminaire d'un alemand pour me farcir d'allegations; et nous allons quester par là une friande gloire, à piper le sot monde. (c) Ces pastissages de lieux communs, dequoy tant de gents mesnagent leur estude, ne servent guere qu'à subjects communs; et servent à nous montrer non à nous conduire, ridicule fruict de la science, que Socrates exagite si plaisamment contre Euthydeme. J'ay veu faire des livres de choses ny jamais estudiées ny entendues, l'autheur commettant à divers de ses amis sçavants la recherche de cette-cy et de cette autre matiere à le bastir, se contentant pour sa part d'en avoir projetté le dessein et empilé par son industrie ce fagot de provisions incogneues; au moins est sien l'ancre et le papier. Cela c'est en conscience achetter ou emprunter un livre, non pas le faire. C'est apprendre aux hommes, non qu'on sçait faire un livre, mais, ce dequoy ils pouvoient estre en doute, qu'on ne le sçait pas faire. (b) Un president se vantoit, où j'estois, d'avoir amoncelé deux cens tant de lieux estrangers en un sien arrest presidental. (c) En le preschant à chacun il me sembla effacer la gloire qu'on luy en donnoit. (b) Pusillanime absurde vanterie à mon gré pour un tel subject et telle personne. (c) *Parmy tant d'emprunts je suis bien aise d'en pouvoir desrober quelqu'un, les desguisant et difformant à nouveau service. Au hazard que je laisse dire que c'est par faute d'avoir entendu leur naturel usage, je luy donne quelque particuliere adresse de ma main à ce qu'ils en soient d'autant moins purement estrangers. (b) Ceux-cy mettent leurs larrecins en parade et en conte: aussi ont ils plus de crédit aux loix que moy.* (c) *Nous autres naturalistes estimons qu'il y aie grande et incomparable preferance de l'honneur de l'invention à l'honneur de l'allegation.* (b) Si j'eusse voulu parler par science, j'eusse parlé plus-tost: j'eusse escript du temps plus voisin de mes estudes, que j'avois d'esprit et de [p. 1057] memoire; et me fusse plus fié à la vigueur de cet aage là qu'a cettuy-icy, si j'en eusse voulu faire mestier d'escrire.[126]

Die Bienen-und-Blumen-Metaphorik kehrt im dritten Band als Kritik zurück und klagt Montaigne an, nur ein Bündel fremder Blüten gebunden zu haben. In Erneuerung der Strategie von *confession* und Legitimation innerhalb der *excusatio* gelingt es Montaigne, durch explizite Ausführung der möglichen Kritik ihren Wert dahingehend zu schmälern, dass die Autodiagnose ihm

126 Montaigne III 12, S. 1056-1057 [meine Hrvh., S.G.].

höher anzurechnen sei. Als trete er schon im dritten Band mit seiner Leserschaft in einen Dialog, nimmt er schon formal die Einwände als indirekte Rede, als fiktive Zitate in seine Selbstbeschreibung auf und gewinnt so Gelegenheit und Berechtigung, dem Programm, das er immer wieder entwickelt, gerecht zu werden, und von sich selbst zu sprechen, wenn auch diesmal, in einer Art Metadiskurs der Poetik, über sich als Schreibenden.

Die Differenz seines Verfahrens zwischen (b) und (c) fällt an dieser Stelle besonders ins Gewicht, insofern sich an ihr erneut die Spannung von (a) zu (c) zeigt, die I 25 und I 26 bestimmt hat. In (b) beschränkt er sich weitgehend auf den Ausweis seiner poetischen Schwäche; die fremden Materialien haben sich, dem verkommenen Zeitgeist gemäß, ihm beim Schreiben aufgedrängt, und Montaigne bedauert ihre Anwesenheit, die jedoch der Autarkie seines Schreibens wie seiner Poetik keinen Abbruch tun. Die Zitate beschweren ihn, ohne ihn zu bedecken oder zurückzudrängen; und er hätte ebenso gut auf sie verzichten können.

(c) nun sieht sich zu einer Revision dieser Bestimmung gezwungen, wenn Montaigne angesichts seiner Arbeit am Manuskript eingestehen muss, dass die Anzahl der fremden Blumen mit jeder Edition nur zugenommen habe. Dieser Fehler sei verzeihlich, wie er dank der zuvor entwickelten Logik der süffisanten Lektüre jetzt behaupten kann; wenn ihm das entwendete Material nicht ansteht, mag es einem anderen zu Dienste stehen. Im Folgenden geht er kleinschrittig auf die Arbeitsweise der Kompilation ein, die er an die reale Schreibsituation in seiner Bibliothek zurückbindet und die er mit abwertenden Begriffen (*fagot*, *pastissage*) als Gegenentwurf zu seinem Projekt inszeniert. Was entscheidend sei, wäre ihm gerade, seine eigene Natur zu zeigen; alles andere steht seinem Vorhaben entgegen.[127] Die kompilativen Autoren sind es auch, die nur anhand ihres Bücherwissens über Gegenstände schreiben können. Einem solchen Verfahren spricht Montaigne jede Eigenständigkeit ab, wie er in Diskussion der Besitzansprüche verhandelt; wer so verfährt, borgt oder kauft vielmehr ein Buch, als dass er eines schreibt, und kann in der Logik der direkten Kopie höchstens behaupten, Papier und Tinte zu besitzen, während der Rest anderen gehöre. Ihnen fehlt es an der Einsicht in diese, wie sie für Montaigne auszeichnend gegeben ist; er selbst ist sein Gegenstand, und

---

127 Diese Gedankenfigur der Natürlichkeit seines Schreibens, die seiner Eigenständigkeit entsprechen, ja ihr so gar im Besonderen Ausdruck geben soll, ist bereits im zweiten Band vorbereitet gewesen. Montaigne II 10, S. 408: „(c) Qu'on voye, en ce que j'emprunte, si j'ay sçeu choisir de quoy rehausser mon propos. Car je fay dire aux autres ce que je ne puis si bien dire, tantost par foiblesse de mon langage, tantost par foiblesse de mon sens."

folglich kann kein Buch ihn tatsächlich beeinflussen, wenn es um die *Essais* geht.

An der Strenge, mit der er sein Ziel (*propos*) verfolgt, misst sich die Genügsamkeit seiner Entlehnungen, die keiner anderen Ordnung als derjenigen seiner eigenen Befähigung folgen sollen; Zitate sind Momente der Schwäche, wenn Montaigne den Worten anderen anvertraut, zu sagen, wozu er außer Stande ist. So wird mit jedem *emprunt* ein Blick auf die Fähigkeiten Montaignes frei, gleichwohl ein negativer, der an anderen erkennen lässt, was ihm selbst fehlt.

Es liegt im materiellen Charakter der Zitate, was Montaigne als deren Natürlichkeit vorschwebt und was er in ebenso bedeutendem Maße für sein Projekt in Anschlag zu bringen weiß. Diese Beifügung aus (c) ergänzt, was er im Textfluss später diskutiert; die Rohheit seines Zugangs und seiner Darstellungsform. Die Natur, auf die Montaigne zielt, ist seine eigene in dem Sinne, dass sein Buch mit allen Teilen und deren Arrangement eine tatsächliche, gewöhnliche Abbildung seiner Person erreichen; eingedenk der Verrücktheit und der Störungen und Schwächen, die ihr zukommen. Wenn er seine Arbeit mehr als Arrangement denn als Schöpfung oder Konzeption beschreibt, und die Folge seiner „Fantasien" nur dem Zufall unterstellt:

> (a) Je n'ay point d'autre sergent de bande à ranger mes pieces que la fortune. A mesme que mes resveries se presentent, je les entasse; tantost elles se pressent en foule, tantost elles se trainent à la file. Je veux qu'on voye mon pas naturel et ordinaire, ainsin detraqué qu'il est.[128]

Die Ergänzungen aus (c) zusammengenommen, geben dementsprechend auch ein Bild von der zugrundeliegenden Naturauffassung, wenn man bemerkt, dass hier zwei Natur-Konzepte in Kollision gebracht werden. Montaignes Differenz zum bloßen Abschreiber besteht gerade darin, dass es ihm gelingt, den Zitaten neue Funktionen (*nouveau service*) abzugewinnen. Der „Naturalist" ist also einer, der gegen die „natürliche Verwendung" (*naturel usage*) vorzugehen versteht und sich beim Abschreiben einmischt, mit abschreibt und seine Handschrift (*adresse de ma main*) bemerkbar macht. Natürlich und widernatürlich schließen sich hier keineswegs aus; Montaigne gelingt es, die Fremdheit seiner Zitate zu verunreinigen, wie er sich in eigenwilliger und bedeutsamer Formulierung ausdrückt; „moins purement estrangers", weniger rein fremd. Der Naturalismus Montaignes bricht also mit der Natur der entlehnten Worte und trägt ihre Fremdheit mit der eigenen Manipulation ab, ist also mehr der Natur des Schreiber als der Natur des Wortes verpflichtet – die

128 Montaigne II 10, S. 409.

Nähe zur Aneignungstendenz im Sinne Senecas drängt sich zwar auf, wird aber gleich wieder kassiert durch die Feststellung, dass dieser Naturalismus nur im Graduellen, nur in der reduzierten Reinheit der Fremdheit zu haben ist.

Es ist sehr verführerisch, dieses moderne Konzept in Montaigne Naturalismus zu erkennen und dabei zu vernachlässigen, dass die Natur, von der er spricht, sich keineswegs so unmittelbar zeigt, geschweige denn repräsentieren lässt, wie es die Autoren annehmen mögen, die gut dreihundert Jahre später unter demselben Namen (und ohne jeden Anschluss an die *Essais*) versuchen, die Wirklichkeit darzustellen.[129] Doch gibt die Beifügung aus (c) Rätsel auf. Montaigne und die anderen angesprochenen Naturalisten werden keineswegs als Schöpfer oder Genies gefeiert, und die Gegenüberstellung von *Invention* und *Allégation* mag als Hinweis dienen, dass die Konzeption des Erfindens viel deutlicher im Zusammenhang der rhetorischen Kategorien zu verstehen ist, die Montaigne immerfort verwendet. Diese *inventio* ist vielmehr gebunden an die materiellen Schätze, aus denen auch die *loci communes* der bloßen Kompilatoren stammen; sie ist „nicht Erfinden von Neuem, sondern Auffinden von Vorfidlichem."[130]

---

129 So definiert Friedrich etwa Montaignes Naturstil als minimal rhetorisch und schmucklos: Friedrich, *Montaigne*, S. 342-343: „Freilich benötigt sein Naturstil, wie jedes Schreiben, das überhaupt noch Stil ist, vorgeformte rhetorische Mittel. Aber sie übertreten die Grenze nicht, die erreicht | [343] werden muß, damit der Gedanke seine sprachliche Reife findet. Zierde, aber keine Verzierung."

130 So formuliert es Wilhelm Schmidt-Biggemann, „Über die Leistungsfähigkeit topischer Kategorien – unter ständiger Rücksichtnahme auf Renaissance-Philosophie", in: *Renaissance-Rhetorik*, hrsg. Heinrich Plett, Berlin/New York: de Gruyter 1993, S. 179-195, hier S. 188. Er entwickelt diese Definition gerade anhand der Autoren, die zum historischen Setting von Montaignes Verständnis der Rhetorik zu zählen sind, nämlich Agricola und Ramus. Weiter heißt es dort: „Ziel der *inventio* ist das Finden von Sinneinheiten, Sprichwörtern, Sachen, Sachverhalten, Gesetzen, Argumenten. Topos ist schließlich alles, was man im kontinuierlichen Erfahrungsraum identifizieren kann."

KAPITEL 4

Selbstportrait und Skepsis als transformierende Poetik

> (a) Je ne dresse pas icy une statue à planter au carrefour d'une ville, ou dans une Eglise, ou place publique:
>
> > (*b*) *Non equidem hoc studeo, bullatis ut mihi nugis*
> > *Pagina turgescat.*
> > *Secreti loquimur.*
>
> (a) C'est pour le coin d'une librairie, et pour en amuser un voisin, un parent, un amy, qui aura plaisir à me racointer et repratiquer en cett' image.[1]

Wenn das Zitat den Nullpunkt einer imitativen Poetik darstellt, lässt sich mit dessen Einfassung innerhalb der poetologischen Metaphorik und Leitbildlichkeit Montaignes nur eine Seite der Logik der Imitation abbilden. Imitatives Schreiben qua Übernahme der Worte anderer bleibt auf einer rein textuellen Ebene der Imitation, womit der Eindruck entstehen könnte, dass die *Essais* kein in diesem Sinne mimetisches Programm verfolgen. Montaigne bleibt allerdings nicht bei der Kopie der Worte anderer stehen. Auch wenn die Anleihen bei der Florilegien-Literatur, der Cento-Dichtung oder den *Adagien* konstitutiv für die *Essais* sind, muss die Stil-Imitatio als Iteration der vorhandenen Formen auch eine Differenz umgreifen, die über das Spezifikum des neuen Diskurses Aufschluss geben kann. Soll das Zitat den übergreifenden Rahmen seines Projektes darstellen, wie wir zeigen wollen, so muss auch außerhalb der tatsächlichen Übernahmen eine imitative Textstrategie auszumachen sein, deren Verhältnis zum Zitat im strengen Sinne noch zu bestimmen wäre. So wird auch die „zitierte Poetik", die wir auf der Grundlage von *De l'institution* herausarbeiten konnten, in ihrem transformativen Charakter und *in actu* dargestellt werden müssen. Sozusagen am anderen Ende der Logik der Nachahmung bei Montaigne steht dabei ein klassischer Topos, der dem Projekt Kontur und Charakter verleiht und der in ständiger Wiederholung einen der wenigen, obgleich dynamischen Fixpunkte der *Essais* darstellt:

1 Montaigne, II 18, S. 664. Das Zitat entnimmt er Persius' Satiren (vgl. Persius, *The Satyrs of Persius* (*lat./engl.*), übers. Thomas Sheridan, Dublin: Grierson 1728, S. 65-66. („I do assure you it is far from my Thoughts, to dignify Trifles by lofty Language. I rather chose to impart the Secrets of my Mind to you, as a friend.")

 | DOI:10.30965/9783846766064_006

der mehr metaphorische als intermediale Vergleich des Textes zum Bild, des Schreibens zum Malen und der „Dichtung" zum „Bild" als *ut pictura poesis.*[2] Diese vor allem auf Horaz[3] zurückgehende Formel stellt in gewissem Sinn eine *episteme* der Kunst- und Dichtungstheorie der Renaissance dar.[4] Sie ist eng mit der Theorie der Imitation verbunden und kann für die Poetik von jeweils Malerei oder Dichtung als Scharnierstelle der Theorie betrachtet werden.

Dass im Rekurs auf die Malerei die Poetik der *Essais* entwickelt wird, scheint auf den ersten Blick einer Logik des Zitats zu widerstreben. Eine eingehendere Lektüre des poetologischen Vergleiches von Dichtung und Malerei für Montaigne wird aber zeigen können, dass seine Variation des übernommenen Topos nicht nur in zitativ verfährt. Seine Verwendung der Formel vollzieht an entscheidenden Stellen Umwertungen, und sie nähert sich zudem in ihrer Weiterführung, die den Charakter des Buches bestimmen wird, an die Logik des Zitats an, um schließlich mit ihr in eins zu fallen. Wir werden den Dreischritt dieser Verschiebungen des Vergleichs nachvollziehen und herausstellen, wie Montaigne im Rekurs auf verschiedene Modi der Malerei ein Modell entwickelt, in dem beide Seiten des Vergleichs in Bewegung gebracht werden. Im Vollzug der *Essais* wird diese malerische Poetik mehr dargestellt als vorausgesetzt, mehr vergleichend erprobt als bestimmend verfügt. Der ununterbrochene Bezug zum Topos, der als fortlaufende Referenz auf Horaz selbst als Beispiel des zitativen Umgangs mit kanonischen Positionen dienen kann, bietet sich also in einer ersten Annäherung für unsere Fragestellung an. Horaz, dessen Bedeutung für die Poetik Montaignes wir bereits ausführlich betont haben, gewinnt als Urheber des Vergleichs-Topos eine weitere Dimension als Bezugsgröße im poetologischen Denken der *Essais*. Eine Rekonstruktion dieses allusiv-zitativen Gebrauchs der *Ars Poetica* in der Poetik der Groteske wird für dieses Verfahren notwendig sein. Es wird sich zeigen, wie Montaigne den Topos in die *Essais* integriert, also übernimmt und auf spezifische Weise zitiert, und welche Veränderungen er ihm dabei zuführt.

---

2 Ein genereller und umfassender Überblick über die Bedeutung dieser Formel für Renaissance und Humanismus findet sich bei Rensselaer W. Lee, „Ut Pictura Poesis: The Humanistic Theory of Painting", *Art Bulletin* 22/4 (1940), S. 197-269.

3 So führt auch Lee die Wendung insbesondere auf Horaz Vergleich in der *Ars Poetica* zurück, den wir im Folgenden bei Montaigne zitiert finden werden. Zudem erwähnt er Aristoteles und den Topos der Malerei als „stummer Dichtung" und der Dichtung als „beredtem Bild", wie er von Simonides bspw. bei Plutarch überliefert ist. Vgl. Lee, „Ut Pictura Poesis", S. 197.

4 Bspw. zur Frage nach Intermedialität und dem Verhältnis von Text und Bild bei Christian Kiening & Ulrich Johannes Beil, *Urszenen des Medialen: von Moses zu Caligari,* Göttingen: Wallstein 2012, S. 235.

Zugleich wird diese Praktik aber um die theoretische Perspektive ergänzt werden müssen, die Montaigne in seiner Selbstbetrachtung als Maler mit anderen Mitteln einklagt. Weit über die Frage nach dem Status der Poesie in den *Essais* und der Verortung Montaignes zwischen Dichtung, Geschichtsschreibung und Philosophie, stellt der Malerei-Vergleich von Horaz einen Schnittpunkt zwischen dem imitativen und dem mimetischen Programm der *Essais* dar. Sein Schreiben als Malerei zu beschreiben, verhandelt einerseits die Verfahrensfragen, die an einer Nachahmung der Maler gewonnen wird (also imitativ verfährt); die Anwendung des etablierten Topos auf das eigene Schreiben wird so stabilisiert, ist aber zugleich eine Umwertung der mit ihm verbundenen Axiome und Hierarchien. Zudem – und diese Ebene dürfte in Anbetracht ihrer prominenten Position im Paratext *Au Lecteur* besondere Aufmerksamkeit verdienen – wird im Übergang von Schrift zu Malerei der reproduzierende Auftrag der Selbstabbildung verhandelt (also der eher mimetische Aspekt), der gerade in seinem ständigen Wandel das Buch als Ganzes umgreift. Insofern die Theorie der Groteske hier eine Weiterführung und Radikalisierung dieser Poetik darstellt, werden die Bezüge zur Malerei in ihrer Schrittfolge erkennbar.

Schließlich wird Montaigne noch einen Schritt weitergehen, um die letztgültige Form der Essais zu bestimmen. Wenn die Malerei vom Selbstbild über die Groteske schließlich in der *Peinture de Passage* ihren ausdifferenzierten Vergleich findet, wird der subkutan mitlaufende Verweis auf den Umgang mit Zitaten anhand der Homonymie des Passagen-Begriffs wieder vordergründig.

4.1 Ut Pictura Poesis, Ut Picta historia

Wenn man von der Analogie Montaignes zum Künstler überblendet zur Analogie von Bild und *Essais*, wird deutlicher, welcher metaphorische Wert Montaigne zur Theorie der Malerei hinzieht. Dabei bleibt es erst beim topisch reiterierten Allgemeinplatz, der fast geeignet wäre, der Lektüre zu entgehen; die übertragende Rede von der Dichtung und der Schrift als *peinture* ist im 16. Jahrhundert mehr als geläufig und dient zur wechselseitigen Bestimmung der medialen Spezifika.[5] Der geteilte Bezugspunkt dieser Metapher ist Horaz'

5 So diskutiert Vinken (unter partiellem Einbezug Montaignes) die Bedeutung der Formel für Du Bellay und Petrarca. Sie hebt dabei hervor, dass die Hierarchie der Medien grundsätzlich der Poesie den Vorrang einräumte und die Logik des Vergleichs vielmehr dazu diente, den Malern die Möglichkeit zu geben, als *fictor* jenseits eines rein imitativ-mimetischen, d.h. realistisch-repräsentativen Handlungsraumes zu operieren. Vgl. Barbara Vinken, *Du Bellay und Petrarca: Das Rom der Renaissance*, Berlin/Boston: de Gruyter 2001, S. 96: „Der Topos der

Ars Poetica, die den Topos wirkmächtig einführt und auch die Rede von der Dichtung als beredter Malerei und der Malerei als stummer Dichtung ermöglicht hat. Die Verfahrensähnlichkeit, die sich dort entwickelt, stiftet wechselseitige Bezüge in der Poetik-Diskussion der Renaissance und erlaubt, im Vergleich oder Wettstreit der Künste deren Aufgaben- und Methodenbereich deutlicher zu profilieren.

Die Modell-Stelle aus dem Herzen der *Ars Poetica* unternimmt ihrerseits in der Stabilisierung des Vergleiches vielmehr eine Parallelisierung der Unterschiede in der Wahrnehmung, die sich, wenn man Horaz' Darstellung so folgen will, am Bild besser verbildlichen lässt als am Text; um leichter von der Dichtung zu sprechen, greift er zum Visuellen, wenn es heißt:

> Ut pictura poesis: erit quae, si proprius stes,
> te capiat magis, et quaedam, si longius abstes;
> haec amat obscurum, volet haec sub luce videri,
> iudicis arguntum quae non formidat acumen;
> haec placuit semel, haec deciens repetita placebit.[6]

Montaigne zitiert diese Stelle nicht in Gänze, obwohl er mit ihr mehr als vertraut gewesen ist; davon zeugen nicht nur die vielen direkt benachbarten Zitate aus der *Ars Poetica*, sondern vielmehr der ständige Aufgriff des Topos, der ihm die Rede vom Schreiben als Malen ermöglicht.[7] Ihm gibt die Vergleichsebene zur Malerei die Möglichkeit, in der betont unverbindlichen Analogie seine gerade im Entstehen begriffene und notwendig neue Poetik des *Essais* eben nicht an literarischen Beispielen und Vorbildern oder -formen zu entwickeln. Der Medienwechsel unterstreicht die Eigenständigkeit und Novität seines Projektes; wenn er die Vokabeln der Malerei-Theorie zitiert, bietet ihm der metaphorische Bezug in seiner Vagheit eine gewisse Lizenz. Was er so sagt und was als Übertragung notgedrungen metaphorisch bleiben muss, hat den Vorzug, vielmehr in der Distanz zwischen den Medien begründet zu werden,

---

ut pictura poesis privilegierte ursprünglich die Dichtung als sprechende Malerei gegenüber der Malerei als stummer Dichtung; die Privilegierung der Dichtung griff dabei allerdings auf Metaphern der Malerei zurück. Im Gegensatz zum Maler, der sich mit einer schlichten Imitation der Natur zufriedengab, war der Dichter ein *fictor*, der durch die *inventio* Neues machte und nicht nur nachmachte."

6 Horaz, *Ars Poetica* (*lat./dtsch.*), hrsg./übers. Eckart Schäfer, Stuttgart: Reclam 2011, S. 26. (Übers. ebd.: „Eine Dichtung ist wie ein Gemälde: es gibt solche, die dich, wenn du näher stehst, mehr fesseln, und solche, wenn du weiter entfernt stehst; dieses liebt das Dunkel, dies will bei Licht beschaut sein und fürchtet nicht den Scharfsinn des Richters; dieses hat einmal gefallen, doch dieses wird noch zehnmal betrachtet, gefallen."

7 So gibt MacKinley an, dass spätestens ab I 8 der Bezug zu Horaz unter dem Vorzeichen von *ut pictura poesis* besteht; vgl. MacKinley, *Words in a Corner*, S. 37-38.

die keine Analogie überwinden kann, als in einem Mangel an Montaignes Konzeption der Schrift. Er schärft sein Schreiben in der Imitation an die Malerei, ohne die spezifische Differenz zwischen den beiden künstlerischen Verfahren zu vergessen.

Diese Position stellt im Umkreis der Debatten des 15. und 16 Jahrhunderts eine Umkehr der Verhältnisse dar; die Prominenz der *ut-pictura*-Formel ist als zitierte Passage im kunsttheoretischen Diskurs weniger zur Angleichung der beiden Kunstformen als zur theoretischen Bezugnahme auf die Malerei verwendet wurden, für die die klassischen Poetiken – Aristoteles *Poetik* und Horaz' *Ars Poetica* – kein ausreichendes theoretisches Fundament bereitstellten. In gleicher Weise hatte sich in der Rhetorik insbesondere in Anschluss an Cicero der Vergleich bereits entwickelt, dem Horaz' Formel als Emblem voranstehen könnte; in den Debatten über die Imitation, die das 16. Jahrhundert beherrschen, kehrt der Vergleich des guten Redners mit den anekdotischen idealen Malern der Antike, Zeuxis und Appelles, immer wieder, um zu einer Bestimmung der gelungenen Imitation nicht als Naturnachahmung, als Nachahmung des Vorbildes zu erhalten.[8]

Neben den umfangreichen Diskussionen in literarischer Poetik und Rhetorik mangelte es den bildenden Künsten und insbesondere der Malerei, die in neuer Blüte stand, an einer theoretischen und insbesondere antik vorgeformten eigenständigen Theorie. Die Legitimation der imitativen Verfahren des Nachvollzugs der Reste antiker Gestaltung konnte mit Autoren wie Vitruv nur unzureichend, wenn überhaupt im Sinne der Renaissance-Maler, geleistet werden. Trotz des Überschwanges von Malern wie da Vinci, die den Vorrang der Malerei vor der Dichtung einzufordern bereit waren, gab es für Autoren wie Lomazzo und auch Vasari neben der humanistischen Konzeption einer eigenen Ästhetik auch die Verpflichtung der Renaissance, nicht nur in Stil und Ausdruck, sondern auch in der Theorie an antike Vorbilder anzuknüpfen. Das vorhandene Material für eine Theorie der bildenden Künste war so dünn, dass auch geringfügige Erwähnungen für die Rahmung der Malerei herangezogen

8 Die Bezüge zu den beiden Malern stellen (in je unterschiedlicher Nutzbarmachung) zentrale Topoi in der Ciceronianus-Debatte bei Erasmus, Bembo sowie Pico dar; für Erasmus, vgl. Erasmus, *Ciceronianus*, S. 375-406. Vgl. Robert, „Ciceronianus-Debatte"; in Einklang mit der Formel von Horaz speisen sie sich selbst aus dem Corpus Ciceros, der bspw. auch im *Brutus* (Cicero, *Brutus* [*lat./dtsch.*], hrsg./übers. Bernhard Kytzler, Düsseldorf [u.a.]: Artemis & Winkler 2000, S. 52-53). Ähnlich nutzt er den Vergleich auch in den *Epistulae ad familiares* (so findet sich Appelles in I, 9, 15). Das Unternehmen im *Orator*, den idealen Redner vorzustellen, wird konstant in der Sprache der Malerei skizziert (fingere, imago etc.) Vgl. Cicero, *Orator* (*lat./dtsch.*), hrsg./übers. Bernhard Kytzler, Düsseldorf (u.a.): Artemis & Winkler 1998, 8-10. Vgl. Greene, *The Light in Troy*, S. 62; vgl. Müller & Pfisterer, „Der allgegenwärtige Wettstreit".

wurden. So scheute man zugunsten der Theorie auch nicht vor einer Vereinnahmung Platons zurück, dessen Abwertung von Abbildern der Malereitheorie mehr schaden als nutzen konnte.[9] Der von Horaz nur marginal vorbereitete Vergleich zwischen Bild und Dichtung wurde so zum dankbaren und allgemein geteilten Zitat, das als Legitimation der Applikation allgemeiner poetischer Prinzipien auf die sich neu konstituierende Malerei angewandt werden konnte.[10] In ähnlicher Weise konnte sich der Diskurs auf den von Plutarch überlieferten Ausspruch Simonides' berufen, dessen Reziprozität die Differenz der Kunstformen deutlicher hervorhob; Malerei als stumme Dichtung, und Dichtung als beredte Malerei.[11] Ein gewisser Überhang der Dichtung, die den Mangel der Sprachlosigkeit überwunden hat, klingt dabei deutlich durch.

Für den/die zeitgenössischen Leser/in mag der Eindruck entstehen, dass dieser Übertragung eine gewisse Natürlichkeit innewohnt – als läge der Vergleich von Dichtung und insbesondere von Prosa mit der Malerei darum nahe, weil mit ihm die illustrierende und darlegende Funktion der Schrift betont werden kann. In einer Art ekphrastischem Grundton ließe sich die Prosa so als Evidenzproduktion begreifen, deren bevorzugte sinnliche Metapher diejenige der Sicht wäre. Folgt man aber der Darstellung Lees und der historischen Gebundenheit der theoretischen Diskurse an antikes Material, wird schnell deutlich, dass im 16. Jahrhundert keineswegs die Malerei zur Beschreibung der Dichtung, sondern die Regelpoetiken und Prozeduren von Lyrik und Dramatik für die Beschreibung der Malerei und der bildenden Künste im Allgemeinen verwendet wurden. Nie ohne deutliche Transformationen, bildeten gerade Horaz und Aristoteles so in ihrem Nachdenken über Literatur ein Fundament, von dem aus sich in Abstraktion neue Aussagen über die Theorie der Malerei formulieren ließen.

Bei Montaigne kommt es zu einer anders gelagerten Umwertung des Verhältnisses. In seinen konstanten Bezugnahmen auf die Malerei schlägt der Rekus um in eine Unterordnung des Schreibens als *seines* Schreibens; mit dem Vergleich zum Bild nimmt Montaigne eine Absicherung im Metaphorischen vor. Im tentativen und projektiven Charakter seiner Schreibart, die er bis

---

9 Vgl. allgemein für die Ästhetik der Renaissance und den Einfluss Platons und spezifischer noch des Platonismus: *Neuplatonismus und Ästhetik: Zur Transformationsgeschichte des Schönen*, hrsg. Verena Olejniczak Lobsien & Claudia Olk, Berlin/Boston: de Gruyter 2012.

10 Lee, „Ut pictura poesis", S. 199-202. Er beruft sich dabei allerdings in seiner Fernpersktive auf spätere Adaptionen antiker Kunsttheorie, bspw. auf Roger de Piles, *Cours de peinture par principes*, Paris: J. Estienne 1708.

11 Der Hinweis stammt aus Lee, „Ut Pictura poesis", S. 197. Er verweist auf „Plutarque, *De Gloria Atheniensium* III 364f-347c."

zuletzt ausprobiert, gibt ihm der vergleichende Wechsel ins andere Medium eine gewisse Sicherheit in der Beschreibung seines Tuns.[12]

Die Bedeutung Horaz' für die Konstitution der *Essais* hat sich bereits zuvor gezeigt, wenn er beispielsweise an dessen Adaption der Bienen-Metapher anschließt; in der Diskussion des Monströsen, die wir im Folgenden untersuchen, wird er ebenfalls zum zentralen Referenzpunkt werden. Derselbe horazsche Grundton der poetologischen Bestimmung der Schrift als Malerei speist sich aber noch aus einer indirekten Quelle, deren Stellenwert noch denjenigen Horaz' übertreffen muss und die sich nicht zufällig ihrerseits am paratextuellen Rand eines analogen Buchprojektes finden lässt. Wie Mathieu-Castellani herausgestellt hat,[13] ist der Rekurs auf die Malerei bei Montaigne nach dem Vorbild Amyots konzipiert, dessen Einleitung zu den *Viten* ebenfalls (unter ständigem Rekurs auf Horaz) den Topos bemüht; in der Abänderung zum *ut picta historia* geschieht eben der Transfer, der für Montaigne bestimmend ist. Sein Schreiben ist mehr noch als die Dichtung ein Malen, wo es ihm um die historische Moralforschung geht. Damit folgt er fast wörtlich dem Programm, dass Amyot als Kommentar den Parallelviten vorangestellt hat. Dort heißt es:

> C'est une règle & instruction certaine, qui par des exemples du passé nous enseigne à juger de présent [...]. *C'est une peinture qui nous met devant les yeux*, ne plus ne moins qu'en un tableau, les choses dignes de memoire, qu'anciennement on faict les puissants peuples, les Roys, & Princes magnanimes [...].[14]

Mit diesem topischen Rekurs, der im Herzen von Montaignes Referenzen steht, gewinnt die Analogie zur Malerei nähere Bestimmung. Bei Amyots Vorstellung Plutarchs kann Montaigne nicht nur seine ohnehin stabile Beziehung zu Horaz wiedererkennen; vielmehr gibt Amyots Kommentar ihm einen Schlüssel zum Verständnis Plutarchs und damit seiner selbst an die Hand – sein Anschluss

12 Wirkmächtig beobachtet Starobinski, *Montaigne en mouvement*, S. 43: „Nous lirons un portrait; mais le peintre n'a pas voulu s'oublier: l'acte d'observer et de représenter fait lui-même l'objet d'une représentation. Le ‚rolle' nous montrera le peintre à l'ouvrage, face au miroir et à la toile où figure un autoportrait en cours de l'exécution. [...] Les métaphores picturales dont Montaigne se sert avec insistance, et qu'il complète par des images empruntées à divers autres arts – peindre, portrait, couleurs, mouler, bâtir – ont une valeur profondément révélatrice."

13 In ihrer unschätzbaren Lektüre des Einflusses von Plutarch auf Montaigne unternimmt sie unter anderem den Versuch, die auffällige Parallele zwischen den beiden Einleitungen zur Malerei aufzuzeigen; siehe Gisèle Mathieu-Castellani, *Montaigne. L'écriture de l'essai*, Paris: PUF 1988, S. 63-89, hier insb. 77-78.

14 Jacques Amyot, „Aux Lecteurs" in: *Les Vies des hommes illustres, grecs et romains, comparées l'une à l'autre, par Plutarque de Chaeronée* [...], hrsg./übers. derss., Paris: Vascosan 1567, o.S. [Meine Hervorhebung, S.G.].

an das Vorbild organisiert sich um den Malerei-Topos. Vorherrschend ist die Logik des Nutzens, die über die bloße *memoria* hinausgehen soll und so die Elemente von Montaignes Pädagogik wiederholt. Die Verfahrensähnlichkeit zum Historiographen als Moralisten, die die *Essais* immer wieder betonen, erlaubt es ihm, sich an der Lektüre Amyots zu orientieren; wie er Plutarch versteht, so will Montaigne seine Ausführungen mit demselben Evidenzmoment des Vor-Augen-Stellens verstanden wissen und nimmt sich vor, mit seinem Projekt ein ähnliches *tableau* zu entwerfen.

Die Differenz zum Historiker und Moralisten *avant la lettre* Plutarch bleibt dabei ebenso bestehen wie diejenige zwischen Malerei und Schrift; Montaigne strebt keine Gleichsetzung der Unternehmen an und hält die Analogie, die er zieht, bewusst in der Schwebe, um aus ihr das illustrative Potential zu gewinnen, dass die *Essais* als *peinture* entwickeln sollen. Der zitative Bezug auf Amyot-Plutarch ist, wenn man Mathieu-Castellani folgt, ein zweifacher, der sowohl die *matière* als auch die *manière* berührt,[15] sich in der Logik von *ut pictura poesis* aber stärker an die bereits erwähnte *allure poetique* annähert. Denn der entscheidende Unterschied zwischen den *Viten* und den *Essais* liegt in der Wahl des Gegenstands, auf den die (in Montaignes Sinn) „poetische" Form Plutarchs transponiert werden soll; das „vie basse" Montaignes wird mit den Mitteln der historischen Darstellung verkreuzt.[16] So kommt es dazu, dass das faktische Zitat von der Zitation als Imitation des fremden Stils noch überlagert wird; bei der Fülle von Entlehnungen aus Plutarch gilt es doch zu bemerken, dass das Modell noch mehr als das Material Anteil hat an Montaignes Schreiben. Die Entwicklung seines Portraits folgt dem Vorbild der *Parallelviten*. Die Tendenz zum Tableau, für das die eingelassenen Gegenstände auf gleicher Ebene bleiben sollen, entwickelt sich wie von selbst aus der Annahme, die Montaigne schon im Vorwort übernommen hat. Es ist sein Verständnis eines historiographischen Schreibens, das sich hierin niederschlägt; eine Sammlung von Material, dessen Juxtaposition nach der Manier Plutarchs für ihn als Privatmann leisten soll, was sie andernfalls schon für Heroen der klassischen Antike getan hat: die einzelnen Züge nachzeichnen und ins Verhältnis setzen, um letztlich an allen von ihnen die eigene Urteilskraft zu erproben.

---

15 Mathieu-Castellani, *L'écriture de l'essai*, S. 69.

16 Materie und Manier sind nur insofern zu unterscheiden, als beide Begriffe sich auf die *Essais* als Ganzes und ihre Poetik beziehen; denn die Fülle von Plutarch-Entlehnungen (via Amyot), und damit auch der topische Rekurs auf die Bild-Poetik, bieten Beispiele eines materiellen Bezugs, während andererseits die Entscheidung für Montaignes Gegenstand den Anspruch der Geschichtsschreibung ebenso verwirft wie denjenigen der Exemplarität als Herausragen.

4.2 Autoportrait – Au Lecteur

Der Ort, an dem die Beziehung zum Bild zuerst etabliert wird, liest sich in Parallele zur Fundstelle bei Amyot; von Anbeginn des Buches an stabilisiert die Rede vom Schreiben als Malen Montaignes Programmatik. Wie Amyot für die Übersetzung der *Viten* Plutarchs stellt Montaigne sich selbst in seinem kurzen Vorwort die Malerei-Metapher als Rahmung voran:

> C'est icy un livre de bonne foy, lecteur. Il t'advertit dès l'entrée, que je ne m'y suis proposé aucune fin, que domestique et privée. Je n'y ay eu nulle consideration de ton service, ny de ma gloire. Mes forces ne sont pas capables d'un tel dessein. Je l'ay voué à la commodité particuliere de mes parens et amis: à ce que m'ayant perdu (ce qu'ils ont à faire bien tost) ils y puissent retrouver aucuns traits de mes conditions et humeurs, et que par ce moyen ils nourrissent plus entiere et plus vifve, la connoissance qu'ils ont eu de moy. Si c'eust esté pour rechercher la faveur du monde, je me fusse mieux paré et me presanterois en une marche estudiée. Je veus qu'on m'y voie en ma façon simple, naturelle et ordinaire, sans contention et artifice: car c'est moy que je peins.[17]

Das Portrait ist allem vorangestellt.[18] Der paratextuelle Vertrag der *Essais*, den Montaigne eingangs signiert und datiert, ist nicht nur als Warnung vor dem Buch und in der Logik der Ausladung zu verstehen. An der merklich performativ widersprüchlichen Demarkation zwischen privatem Inhalt und Leben und allgemein zugängig gemachtem publiziertem Buch, an dessen Schwelle und in der widmungslosen Ansprache einer anonymen, öffentlichen Leserschaft begründet Montaigne sein Verfahren: Es geht hier nur um ihn, und nur um das eitle Besprechen seiner Selbst. Wer trotz dieser Warnung weiterliest oder gar künstlerische Leistungen erwartet, hat diese Fehlerwartung ab der ersten Seite selbst zu verantworten. Die so ausgestellte Aufrichtigkeit, die dem Buch seine erste Bestimmung gibt, wird mit der Kunstlosigkeit seines Unternehmens enggeführt – die Natürlichkeit des Naturalisten, der hier die Erfindung des Autoportraits einleitet. Der bloß private (*privée*) Gebrauch und der Verzicht auf jeden Nutzen und Ruhm (*service* und *gloire*) aus

---

17 Montaigne, *Au Lecteur*, S. 3.

18 Die Literatur zu Montaignes Portrait-Metapher und ihrer Bedeutung für die Poetik der *Essais* ist umfangreich und vielgestaltig; die Menge an Zugriffen, die hierin den Hebel zur Lektüre erkennen, mag als Ausweis für die Relevanz dieses Moments ausreichen. Monographische Bearbeitungen dieses Themas finden sich bspw. bei Marc E. Blanchard, *Trois portraits de Montaigne: essai sur la représentation à la Renaissance*, Paris: Nizet 1990; Craig B Brush, *From the perspective of the self: Montaigne's self-portrait*, New York: Fordham Univ. Press 1994; oder Philippe Desan, *Portraits à l'essai: iconographie de Montaigne*, Paris: Champion 2007.

der Selbstdarstellung verschafft ihm die Lizenz vor der Notwendigkeit eines elaborierteren Gangs (der *marche estudiée*), der in der Antithese als Hervorhebung der Einfachheit und Natürlichkeit die Charakteristika der *Essais* bestimmt. Es sind nur die Versuche des Privatmanns Michel de Montaigne, und damit wird sein Vorwort zur entschuldigenden Klammer um das Buch, das jedes Mal rezitiert wird, wenn es um die Bestimmung von Anspruch und Auftrag des Projektes gehen wird.

Aber dieses Beschwören der Kunstlosigkeit, das sich leicht als Strategie der Verbergung der Kunst (*ars est artem celare*) entschlüsseln lässt,[19] und die Betonung des Privaten und Ungenügenden stehen nicht allein in diesem Vorwort; Montaigne wird von hier aus die für das ganze Buch entscheidende *excusatio* einleiten und nie aus dem Blick verlieren. Ihre Rolle wird noch vor der Einführung der Malerei erkennbar, wenn der Vorwurf der Eigenliebe (*philautia*) im Raum steht.[20] Montaigne muss mit allen Mitteln versuchen, den Eindruck zu verhindern, er sei – wie der ihn umgebende Diskurs mit den Memoiren des Hochadels – an der Verfassung eines Denkmals für seine Person und auf Eigenlob aus. Inwiefern er hier allerdings nur der Vorsichtsmaßnahme entspricht, diesen Eindruck zu vermeiden, oder ob die *excusatio* nicht vielmehr in der Abwandlung der *confessio* zum poetologischen und philosophischen Kern seines Projektes zu zählen wäre, müsste unter Einschluss der weiteren Ausführungen betrachtet werden. Wir werden darauf unter dem Stichwort der Passage zurückkommen.

In gleicher Weise wird auch Montaignes Verfahren markiert, indem sich bereits hier die ersten Anleihen an die Malerei finden. Er will sich in einigen Zügen (*aucune traits*) für die Nachwelt bewahren, in einer Art physiognomischer Studie der bestimmenden Konstitutionen und Neigungen (*conditions et humeurs*), und will sich sehen lassen als das, was er ist; denn es ist er selbst, den er malt.

Wie einem Maler geht es ihm darum, ein Tableau seiner selbst zu entwerfen, das maßstabsgetreu das Ganze seiner Person und seiner Natur vor Augen stellt. Er unterwandert damit den Auftrag der Historie, der verbindlich sein könnte, indem er gerade betont, keinen denkwürdigen Gegenstand abbilden

---

19 Till, Verbergen der Kunst.

20 Eigenliebe als *amour propre* bzw. als *philautia* ist topisch u.a. von Erasmus im *Lob der Torheit* vorbereitet worden; die Schwierigkeit, sie als Hochmut und Eitelkeit zu umgehen und gleichzeitig in ihr zu operieren, wird Montaigne im Mindesten von ihm angezeigt bekommen haben. Zur Geschichte des Konzepts und des Einflusses Erasmus, vgl. Hans-Jürgen Fuchs, *Entfremdung und Narzißmus: semantische Untersuchungen zur Geschichte der „Selbstbezogenheit" als Vorgeschichte von französisch „amour-propre"*, Stuttgart: Metzler 1977, S. 301-303.

zu wollen – die Bestimmung der *histoire* im Bild sowie der *histoire* als der Geschichte am Beispiel Plutarchs greift zugleich.[21] Er malt sich entsprechend einem Portrait ab, wie er sich abzuschreiben verspricht, und verspricht doch kein großes Ganzes als Produkt seines Tuns, sondern einzelne Züge und Entwürfe, „Versuche", also Skizzen.

Beide malerischen Momente, der Entwurfscharakter sowie das Gemälde, sind mit einer linear-chronologischen Selbstdarstellung unvereinbar. Anachronistisch gesprochen, verweigert sich Montaigne den Memoires und, vor allem, dem Genre der Autobiographie.[22] Das Autoportrait ist, wie Beaujour an Montaigne entwickelt hat, dieser narrativen Form gerade entgegengesetzt:

> C'est ainsi que dans l'économie littéraire médiévale, le speculum topique s'oppose au récit allégorique comme, à l'époque moderne, l'autoportrait s'oppose à la narration (auto)biographique.[23]

Es gewinnt in dieser Spiegelung des Ich eher die Form der Enzyklopädie als des chronologischen Narrativs.[24] Obwohl mit *reciter* und *raconter* die Erzählung

---

21 Lee, *„Ut pictura poesis"*, S. 201: „This humanistic doctrine had been more than implied, if never clearly defined, a century before the age of criticism began in Italy, in the writing of Leon Battista Alberti, who, though unfamiliar with Aristotle's Poetics, knew that the painting of a „history" – a significant human action – is the chief business of a serious painter, and had learned from Latin authors that the artists of antiquity had sought to bestow an ideal beauty upon their works." Er bezieht sich dabei auf Leon Battista Alberti, *Della pittura* von 1436, ohne eine konkrete Stelle anzugeben. Für das Verhältnis der malereitheoretischen Historia und dem historiographischen Projekt bei Alberti, vgl. ferner Anthony Grafton, *Leon Battista Alberti: Master Builder of the Italian Renaissance*, Cambridge/London: Harvard Univ. Press 2002, S. 128.

22 Memoiren erfreuen sich zu Montaignes Zeit großer Beliebtheit und entsprechen eigentlich dem Stand und der höfischen Abkehr vom gelehrten Diskurs, die auch die *Essais* vollziehen. Zur Gattungsgeschichte im ausgehenden 16. Jahrhundert, vgl. Hermann Kleber, *Die französischen Mémoires: Geschichte einer literarischen Gattung von den Anfängen bis zum Zeitalter Ludwigs XIV.*, Berlin: Schmidt 1999, Kap. III 4, S. 233-239. Zum Vergleich der Gattungen, vgl. Bernd Neumann, *Identität und Rollenzwang: zur Theorie der Autobiographie*, Frankfurt a.M.: Athenäum-Verlag 1970, Kap. II („Autobiographie und Memoiren"), S. 9-42. Der Begriff der Autobiographie ist jüngeren Datums und lässt sich kaum auf Montaigne anwenden.

23 Beaujour, *Miroirs d'encre, S.* 31. Vgl. ferner Pfeiffer, *Montaignes Revisionen*, S. XIII: „Die *Essais* sind ein Selbstporträt, durch das sich der Autor malt oder zeichnet. Die Metapher des ‚Malens' unterläuft die Vorstellung einer retrospektiven Erzählung und damit die der stabilen Differenz von Erzählinstanz und Erzählgegenstand."

24 So, in Anschluss an Barthes (Roland Barthes, *L'empire de Signes*, Genf: Skira (u.a.) 1980, S. 106) bei Beaujour, *Miroirs d'encre*, S. 37: „La métaphore maitresse de l'autoportrait moderne, qui fut d'abord celle de l'encyclopédie médiévale, sera donc le miroir dont la fonction réfléchissante est mimée dans l'énoncé symétrique: moi par moi.

von Montaigne immer wieder aufgerufen wird, handelt es sich, weil es ein Portrait des Autoren / „Erzählers“ in actu ist, nicht um die Erzählung seines Lebens, die vom Anfang zu dessen Ende liefe und seine Entstehung, seinen Werdegang und sein Ende beschrieb. Als Maler will Montaigne unterschiedliche Facetten und Momente in einem Tableau vereinen und so ineinander übergehen lassen, dass der Eindruck einer natürlichen Harmonie zwischen den Teilen entsteht. Dargestelltes und Darstellungsweise greifen ineinander. Der Vorrang des Selbst vor dem Leben (*bios*) wird von der Malerei darin unterstützt, sich wie in Spiegelung augenblicklich dem Auge anzubieten und die Auswahl der Momente, die den Charakter und seine Erscheinung bestimmen, dem betrachtenden Blick zu überlassen. Demnach ist die Reihenfolge seines Vorgehens – zumindest für den Laien Montaigne und seine Skizzen – arbiträr, er mag mit der Nase oder dem Mund des Modells beginnen, er kommt auf unterschiedlichem Wege zum selben Ziel. Die Malerei des Autoportraits, um mit einigem Vorgriff zu sprechen, spekuliert auf die Übergänge der Betrachtung, die an die Übergänge des Betrachteten rührt.

Der Anspruch Montaignes ist zu keinem Zeitpunkt derjenige einer biographischen Repräsentation. Dass die *Essais* nicht nur Spuren von Biographischem enthalten, sondern ganz wie ihr Patentext, die *Confessiones* Augustinus', vom Leben der Autoren / Erzähler durchzogen sind und dieses enthalten, ist, wie die Forschung gemeinhin annimmt, kein zureichender Grund, Montaignes Projekt mit dem Genre der Autobiographie zu identifizieren. Diese würde, analog zum Realismus einer bildnerischen Abbildung, im Textuellen auf Linearität zielen, und sich andererseits auf die Erinnerungen des Autors verlassen, deren unzureichende Qualität viel mehr den Anfang des Textes konstituiert als deren Verlässlichkeit.

Der Vergleich zur Malerei ist darum keine einfache Ineinssetzung, und die Brüchigkeit der Übertragung malerischer auf literarische Verfahren ist das Residuum der Eigenständigkeit seines noch in Begründung befindlichen Vorgehens der Abschrift von *Essais*. Die *Essais* sind gerade darauf aus, nicht nur das Ich, sondern auch das Ich-Verhältnis zu verzeichnen, und werden so „meta-mimetisch“.[25] Beaujour versucht, dieses doppelte Verhältnis zu sich für Montaigne (u.a.) als Verschiebung einer erwarteten Spiegelung zu schildern:

Mais l'autre (inconscient, ami mort, lecteur ou Dieu) reste le juge et garant de ce que l'écrivain rassemble et distribue dans son autoportrait, qui est au demeurant une sorte d'encyclopédie.“

25 Wir entnehmen diesen Begriff, der für das enzyklopädische Schreiben im Allgemeinen investiert wird, Hilary Anne Clark, *The Fictional Encyclopaedia. Joyce, Pound, Sollers*, New York / London: Garland 1990, S. 5.

> L'autoportraitiste ne „se" décrit nullement comme le peintre „représente" le visage et le corps qu'il perçoit dans son miroir: il est forcé à un détour qui peut paraitre nier le projet de „se peindre", pour autant que l'autoportrait naisse jamais d'un tel „projet": X par lui-même.[26]

Wie die Malerei zur Bestimmung der Poetik, so braucht Montaigne einen Umweg (*detour*), um sich selbst zu Papier zu bringen. Die Analogie zum Verfahren lebt davon, dass das Sich-Bescheiden auf die bloße Skizze mehr ist als die Ankündigung einer mangelhaften Textkonzeption. Das *livre de bonne foy* äußert Misstrauen gegenüber der Spiegelung, die eine unvermittelte Abschrift der eigenen Taten und Meinungen wäre.[27] Es handelt sich weniger um ein Sich-Darstellen als um ein Sich-zu-Erkennen-Geben; es braucht ein Protokoll des Ichs in seinem Verlauf und Selbstbezug, um eine tatsächliche Abbildung zu erreichen, keine Spiegelung, sondern die beständige Arbeit im Auftrag unterschiedlicher Schichten, die erst gemeinsam und im Verbund ein Tableau ergeben, das das Ganze sichtbar macht.[28]

Bei aller einleitenden Abwertung seines Vorhabens rekurriert Montaigne doch auch auf die besondere Plastizität eines Textes, der sich dem Bild angleichen will; die Versprechungen und Beteuerungen der Aufrichtigkeit gehen mit der gesteigerten Evidenz seiner Treue zum Modell einher, das uns nackt (*tout nu*) vor Augen stünde, wenn die Umstände dies gestatteten. Es ist fast zu viel, was Montaigne uns hier zumuten will, und er warnt uns nicht nur vor der Winzigkeit seines Gegenstandes, sondern im selben Zug vor der Fülle der Züge und Skizzen, die er ankündigt. Cave betont in seiner einschlägigen Studie zur *copia*, dass unter dem Gesichtspunkt der *energeia* auch bei Erasmus

---

26 Beaujour, *Miroirs d'encre*, S. 10.

27 Wie wir eingangs bereits betont haben, wird er später im Rückblick auf sein Projekt festhalten „L'exemple est un mirouer vague, universel et à tout sens." Montaigne III 13, S. 1088; vgl. auch Regosin, „Le Miroüer vague".

28 Man denke hier auch an Sterne, dessen *Tristram Shandy* in den ersten Kapiteln von nichts anderem handelt als von der Frage danach, wo der Text beginnen solle, wenn er das Ganze des Lebens seines Helden wiedergeben soll, und so ständig methodisch die Erzählung vertagt und aufschiebt.

Der Bezug zwischen *Tristram Shandy* und den *Essais* muss nicht über Nietzsches Lob beider Bücher erfolgen; bei Booth wird, wie Garavini (Fausta Garavini, *Monstres et chimères: Montaigne, le texte et le fantasme*, übers. Isabel Picon, Paris: Champion 1993, S. 19) schreibt, ebenfalls über die Varianz und die sich aus ihr ergebende Freiheit eine Beziehung zwischen Sterne und Montaigne gestiftet, der wir uns nur anschließen können. Vgl. Wayne C. Booth, *The Rhetoric of Fiction*, Chicago / London: University of Chicago press 1965, S. 226-227.

der Vergleich zum Bildlichen bemüht wird, um statt des Erklärenden das Illustrative eines Diskurses zu betonen.[29]

Da er das Selbstportrait ebenfalls nicht als unmittelbare Kopie verstanden wissen will, ist Erasmus für Cave Montaignes Vordenker.[30] Illustratives, überbordendes Zeigen statt einer Erklärung steht so im Zeichen der Malerei den *Essais* voran. So eröffnet uns schon der weitere Paratext, in diesem Fall das Inhaltsverzeichnis, den Blick auf die Fülle von Momenten, die hier versammelt werden. Montaignes Entscheidung zu den Versuchen ist zugleich eine Entscheidung zur Skizze, deren Mangel an Qualität vielleicht durch Fülle und Varianz der Inhalte wettgemacht werden kann. Ohne jedes Anzeichen einer Selbstthematisierung finden sich hier nicht Lebensstationen Montaignes, noch seine Erinnerungen an Taten und Gesten eines französischen Adligen; keine *res gestae*-Historiographie, sondern verstreute Topoi nach dem Aufbau und sogar dem Klang von Plutarchs *Moralia*. Wenn hierin ein Bild des Autorsubjektes entstehen soll, so kann man nicht von einer Abschilderung seines Lebens ausgehen.

Mit jedem ihrer Gegenstände gewinnen die *Essais* und mit ihnen Montaigne eine neue Gelegenheit, den Autor selbst zu zeigen und zu profilieren; nicht, wie er ist, sondern wie er sich zu einem Thema, einem Text, einer Erfahrung usw. verhält. Das Versprechen von Montaignes Vorrede ist nicht dasjenige der Treue einer Kopie, sondern das Beharren auf der Identität von Objekt und Medium. Als Versuch und Studie wird der Künstler selbst im Schaffen gezeigt, seine Kunstfertigkeit wird beobachtbar gemacht, und die Kenntnis, die man aus dieser Beobachtung gewinnt, ist nicht die vollkommene Beherrschung eines Themas, noch die intime Kenntnis des Künstlers als Person. Es geht um die Sichtbarmachung seines Umgangs mit der Welt, insofern dieser im Text stattfindet.

Mit der Übertragung seines Schreibens auf die malerische Abbildung gewinnt er vielmehr die Möglichkeit, der spezifischen Natürlichkeit seines Projektes Ausdruck zu geben, also der Logik der Zweiten Natur, die für Montaigne der Darstellungsweise der *Essais* entspricht. Die metaphorische Dopplung der Medien korrespondiert mit der grundsätzlich verstellten Form des Ineinanderfallens von Subjekt und Objekt, und damit mit dem Wechselspiel der beiden

29 Cave, *The Cornucopian Text*, S. 28-29. Dort zitiert er: „We use (*energeia*) whenever ... we do not explain a thing simply, but display if to be looked at as if it were expressed in colour in a picture, so that it may seem that we have painted, not narrated, and that the reader has seen, not read. (Fr. I, p. 66, LB 77)."

30 Cave ebd., S. 35: „Erasmian theory may for example be seen to anticipate Montaigne's development of the self-portrait as a reaction against the pressure of what has already been written. If the writer is to achieve copia, his imitation must not appear to be a mere copy."

Naturbegriffe; Mathieu-Castellani zeigt unter Rekurs auf den Begriff des *Autoportraits*, wie es Montaigne durch diese weiteren Vermittlungen gelingt, eine „andere Natur zu konstruieren".[31]

An Plutarch geschult, ist das Portrait der *Essais* als Auto-Portrait nicht einfache Biographie; es entspricht vielmehr den Ansprüchen spätantiker und mittelalterlicher Prosopographie – das Gesicht abzuschreiben, seine Physiognomie mit den Mitteln der schriftlichen Darstellung abzubilden. Das Gesicht eben dieses Michel de Montaignes entspricht der ungeschönten und ehrlichen Darstellung, die sich aus den einzelnen Zügen und Neigungen, nicht aus der Erstellung einer idealen Gesamt-persona ergeben soll. Schon früh stellt Montaigne diese Bildlichkeit an prominenter Stelle mit der Dynamik des Autoprotraits fest, wenn er die potentielle Änderung seiner darzustellenden Person in (a) I 26 bei entsprechender Belehrung bemerkt.[32]

Die Metaphorik der Malerei lässt die Bedeutung von Kopie für die *Essais* hervortreten; wie das Bild in jedem seiner Momente ein mimetisches und imitatives Double des Gegenstands herstellet, wird das Buch der *Essais* im Ganzen Montaigne zeigen; diese Kopie wird anhand vieler kleiner Kopien möglich gemacht, die Montaigne gemäß seiner ihm natürlichen Selektion gruppiert und umarbeitet. Das Verhältnis des Kopisten zum Maler spielt dabei eine besondere Rolle; im Medium der Literatur dient ihm jede übertragene Stelle als Baustein des großen Tableaus, das erst die Ebene der *Essais* darstellt und legitimiert. Additiv und interdependent geworden, sind die einzelnen Kopien von der Idee einer bloßen Abschrift fortgerückt.

4.3 Portrait und Zitat

Der Anspruch des Autoportraits verbindet demzufolge die beiden Kernanliegen der *Essais* innerhalb der Malerei-Metapher – umfassend zu sein, also

31 Mathieu-Castellani, *L'écriture de l'essai*, S. 38: „Le livre devait dire le naturel: mais il construit une autre nature. Telle est en un sens l'aporie de l'autoportrait: quand le moi est l'objet de l'écriture, s'il lui impose son mouvement titubant d'ivrogne, et son pas détraqué, celle-ci à son tour le colore, et le dessine d'un trait moins trouble."

32 Montaigne I 26, S. 148: „(a)Quoy qu'il en soit, veux-je dire, et quelles que soyent ces inepties, je n' n'ay pas deliberé de les cacher, non plus qu'un mien pourtraict chauve et grisonnant, où le peintre auroit mis, non un visage parfaict, mais le mien. Car aussi ce sont ici mes humeurs et opinions; je les donne pour ce qui est en ma creance, non pour ce qui est à croire. Je ne vise icy qu'à découvrir moy mesmes, qui seray par adventure autre demain, si nouveau apprentissage me change." Es handelt sich nebenbei bemerkt um eben die Stelle, an der in (c) der Exkurs zum *tissu des Politiques* Lipsius' eingefügt wird, die Stelle also, die sich mit Verhältnis von Selbst- und Fremdaussage befasst.

das Ganze Montaignes abzubilden, und doch nicht in der Kohärenz eines einheitlichen Fortgangs des Textes abzulaufen, sondern Stichproben und Einzelfälle zu reproduzieren, die erst zusammen und in Rückschau dem Selbst sein Bild ergeben. Die Verfahrensunterschiede des Malers, die er in Anlehnung an Platons *Kritias* zwischen Landschaftsmalerei und Portrait erkennt, scheinen zunächst anzuzeigen, dass der Realismus oder „Naturalismus", den er fordert, einem höheren Anspruch folgt als der bloß skizzenhaften Andeutung einer trügerischen Abbildung, wie sie sich für andere Sujets anbietet. Bei bekannten und vertrauten (*familier et connu*) Sujets muss dieses Verfahren anders verlaufen:

> (c) Car, aux peintres, quand ils peignent le ciel, la terre, les mers, les monts, les isles escartées, nous leur condonons qu'ils nous en rapportent seulement quelque marque legiere; et, comme de choses ignorées, nous contentons d'un tel quel ombrage et feinte. Mais quand ils nous tirent apres le naturel en un subject qui nous est familier et connu, nous exigeons d'eux une parfaicte et exacte representation des lineamens et des couleurs, et les mesprisons s'ils y faillent.[33]

Wie schon oftmals zuvor, wäre es aber auch hier missverstanden, sich mit dem nur vagen Platon-Bezug zu beruhigen, ohne die Modifikation von Montaignes Naturalismus zu erkennen und damit über die Differenz von Text und Bild hinwegzugehen. Denn die Exaktheit der Repräsentation, die hier angestrebt wird, besteht keineswegs in der einfachen Kopie. Montaigne hat ein anderes Verfahren zum Vorbild, wenn er seiner eigenen Malerei nachgeht, und dieses ist untrennbar mit den „einzelnen Zügen" des Abgebildeten verbunden, die weitaus mehr über den eigentlichen Gegenstand des Autoportraits zu sagen in der Lage sind als die allgemeine Gestalt in Gänze; wie Zitate aus einem Text, geht es dem Porträtisten um die entscheidenden Partien, deren Nachzeichnung uns weit mehr Auskunft geben kann als eine geschlossene Autobiographie. Der Gedanke, der hier vorherrscht, ist mit vergleichbaren Worten von keinem geringeren als Plutarch vorbereitet worden, und an keinem geringeren Orte als im Leben des Alexander. Dort heißt es innerhalb eines vorangestellten Verfahrenskommentars:

> Tout ainsi donc comme lus peintres qui portraient au vif recherchent les ressemblances seulement ou principalement en la face & aux traicts du visage, esquels se voit comme une image emprainte des mœurs & et du naturel des hommes, sans gueres se soucier des autres partis de corps ; aussi nous doit-on conceder, que nous allions principalement recherchans les signes de l'ame, & par iceux

33 Montaigne II 12, S. 538.

> formans un portrait au naturel de la vie & de mœurs d'un chacun, en laissant au historiens à écrire les guerres, les batailles & autres telles grandeurs.[34]

Wie Plutarch annimmt, dass die Analogie zur Malerei am Portrait und damit am Fokus auf der Darstellung von Sitte und Innerlichkeit ihr Pendant zur Parallelbiographie findet – in expliziter Abgrenzung von der Historiographie – so gelingt ihm diese Unterscheidung qua Beschränkung; die Natürlichkeit entnimmt dem Ganzen und dem Großen die wichtigsten Partien, um an ihnen in Isolation aufzuzeigen, wer der Mensch ungeachtet seiner Taten wirklich gewesen ist. Montaigne, der das Alexander-Leben selbstverständlich kannte, appliziert die dort ausgebreitete Technik auf sich selbst und versucht, über sich so zu schreiben wie Plutarch über Alexander – in den entscheidenden Auszügen, also ohne die Ganzheit einer Biographie anzustreben. Diese Auszüge nehmen von selbst die Form eines Teils ein, der für mehr steht als für das Ganze; in seinen einzelnen Versuchen gelingt es, sich in Stichproben seine eigene Natur zu zeigen und nur diese, als Auszug eines geschlossenen Ganzen, im Text zu fixieren. Der Verfahrensanspruch läuft anhand der Malerei also darauf hinaus, sich selbst wie in Zitaten zu betrachten.

Der Bezug zur Malerei ist daher untrennbar mit dem Vorrang der Textualität verbunden. Montaigne übernimmt nicht einfach eine malerische Poetik im guten Glauben, sie unvermittelt in Text übersetzen zu können. So wenig wie das Selbstportrait der Logik der Autobiographie folgen kann, so wenig ist das Selbstbild als Text einfach die literarische Fortführung des Abmalens. Ein Anschluss an das Genre der Bekenntnisse oder eine Sammlung seiner Ansichten hätten dies besser leisten können, und das für Montaigne entscheidende Moment, das Bruchstückhafte und Wandelbare seiner eigenen Person, nicht berühren können. Die Passage am Beginn des zweiten Bandes spiegelt diesen Wunsch deutlich wider, und wird mit dem eingefügten Seneca-Zitat der Bordeaux-Ausgabe zur emblematischen Stelle zum Verständnis der Differenz zwischen Abpausen des Ich und Autoportrait. In *De l'inconstance des nos actions* heißt es abschließend:

> (a) Nous sommes tous de lopins, et d'une contexture si informe [korrigiert im Bordeaux-Exemplar ; zuvor : „monstreuse", S.G.] et diverse, que chaque piece, chaque momant, faict son jeu. Et se trouve autant de difference de nous à nous mesmes, que de nous à autruy. (c) *Magnam rem puta unum hominem agere.*[35]

34 Plurach, „Vie d'Alexandre et de Cesar", in: *Les vies des hommes illustres, Grecs et Romains, comparées l'une avec l'autre*, übers. Jaques Amyot, Genf: Agathius 1571, Fol. 392.

35 Montaigne II 1, S. 337 (meine Hervorhebung, S.G.): die Bordeaux-Ausgabe fügt das Seneca-Zitat bei, *Epistolae morales* 210: „Ich halte es für eine große Sache, einen einzelnen Mann

Wir sind Flickwerk, das sich nicht auf eine Form bringen lässt, und die Diversität, die in uns ihr Spiel treibt, stellt uns vor Augen, was die Unmittelbarkeit der Repräsentation nicht umgreifen kann: Die Differenz in uns ist ebenso groß wie die Differenz zwischen Ich und Anderen. Was er folgen lässt, ist aus Senecas *Briefen* entlehnt und kann als rückblickender Eigenkommentar zum hohen selbstabbildenden Anspruch der *Essais* gelesen werden. Nur einen Mann richtig zu spielen oder darzustellen, hält Seneca für eine den Weisen vorbehaltene Sache und ein hehres Ziel; wir anderen sind mit Masken und Vortäuschungen beschäftigt und befinden uns in, wenn man so reden dürfte, ständiger Unbeständigkeit.

Die interne Differenz des Objekts fordert also nach einer Verschiebung der Objektivierung; Montaigne würde lügen und verfälschen, wenn er sich als Weisen generierte und damit die internen Spannungen und Wechsel seiner Natur und seiner Biographie nivellierte. Nicht etwa, weil es sich bei ihm um einen großen Mann handelt – Montaigne verneint dies, wie wir sahen, von Anbeginn an. Das Autoportrait soll Abbildung als Übertragung des Wesentlichen und Identischen einer Person sein, also zeigen können, dass er sich aus vielen disparaten Teilen zusammensetzt:

> (b) L'homme, en tout et par tout, n'est que rapiesement et bigarrure.[36]

Diese Betrachtungen sind durchaus verallgemeinerbar; selbst keine anthropologische Konstante, weisen sie die Bestimmung des Menschen als einheitlichem Objekt von sich und nehmen so Teil an einer „negativen Anthropologie".[37] Der Mensch ist ein Mosaik aus Einzelmomenten, Emblemen und Zeichen, die nicht zu vereinheitlichen sind.[38] Das echte Abbild muss nicht nur der Erscheinung

‚darzustellen'." Ob *agere* diese Übersetzung im Sinne der Abbildung zulässt, bleibt unklar; die Übertragung als „spielen" / „jouer" scheint aber demselben Sinn zu entsprechen. Seneca, *Epistulae morales*, Brief CXX, S. 573: „Schätze es als eine bedeutende Angelegenheit ein, nur einen einzigen Menschen zu *spielen*. Außer dem Weisen spielt niemand eine einzige Rolle, wir anderen Menschen haben viele Erscheinungsformen. Bald werden wir Dir anspruchslos und ernsthaft, bald verschwenderisch und oberflächlich erscheinen; wir wechseln immer wieder die Maske und setzen uns eine andere auf, die der, die wir abgenommen haben, widerspricht." Bei Balsamo (u.a.), *Notes et Variatnes*, wird ebenfalls übersetzt (S. 357) „Considère c'est une grande affaire que de *jouer* un même personnage." Vgl. Friedrich, Montaigne, S. 145.

36 Montaigne II 20, S. 675.

37 Zum Begriff, vgl. Stierle, *Montaigne und die Moralisten*, S. 7.

38 In diesem Sinn wird die gerade genannte Passage zitiert etwa bei Daniel Russell, „Montaigne's Emblems", *French Forum* 9/3 (1984), S. 261-275, hier S. 269: „Thibaudet has taken the following sentence to suggest that Montaigne sometimes presents man

des Ich, sondern vielmehr dieser Kontextur des Diversen gerecht werden. Das Individuum muss in seinen Einzelteilen versammelt werden; der Text, der es abbilden will, muss sich also diesem Vorbild angleichen.[39]

Damit dürfte die Fluchtlinie der Portrait-Logik als Umweg identifiziert sein, wie sie sich im zweiten Band der *Essais* fortführt. Es ist gerade der Anspruch nach tatsächlicher Abbildung, der von der einfachen Abbildung und Spiegelung fortrückt und sich im spezifischen Verhältnis zum Literarischen und Textuellen einen Umweg bereitet. Es ist ein Konterfei, das bleibt, die Züge (*les traits*) einer Person, die sich versucht. Die Sammlung der *Essais* imitiert diese Züge in einzelnen, losen Teilen. Die unbeherrschte *contexture* findet ihr Pendant in den Kontrafakturen des *Essayisten*. Sich-Angleichen, und damit ein Simulacrum von etwas anderem erschaffen oder werden; als Gegen- oder Nach-Machen ist der Kontrafaktur eine Dynamik eingeschrieben, die von der Substanz fortführt und den Prozess der Nachahmung selbst beschreibt. Die Anwendung dieses Begriffes auf sich selbst scheint durch die kontinuierliche Thematisierung nahegelegt zu werden.[40]

Die einzelnen Kapitel und losen Verbindungen Montaignes behalten also darum ihren Portrait-Charakter, weil sie sich von einem einheitlichen Profil verabschiedet haben und zu Kontrafakturen machen: Abzüge des Wirklichen, die versammelt werden, um sich um das noch leere Zentrum des Essayisten zu gruppieren und diesen zu reflektieren. Anstelle des Ganzen liefern die *Essais* also nur Teile davon, um deren Summe auszusparen und ihre Interrelationen nur anzudeuten. Die notorische Struktur der Überschriften, die der zweite Paratext der Lektüre an die Hand gibt, immer um ein „Über …" oder „Von …" ergänzt werden zu können, ist deutliches Zeichen des Enzyklopädischen und

---

as a mosaic." Er verweist dabei auf Albert Thibaudet, *Montaigne*, ed. Floyd Gray, Paris: Gallimard 1963, S. 560.

39 Frédéric Brahami, *Le scepticisme de Montaigne*, Paris: PUF 1997, S. 87: „L'individu (Auguste, Alexandre le Grand, Michel Eyquem), est lui-même une collection. Non un tout ordonné, mais une somme de lopins juxtaposés."

40 In *De Livres* heißt es zudem: „Comme j'ay veu aussi les badins excellens, vestus à leur ordinaire et d'une contenance commune, nous donner tout le plaisir qui se peut tirer de leur art; les apprentifs et qui ne sont de si haute leçon, *avoir besoin de s'enfariner le visage, de se travestir et se contrefaire en mouvemens et grimaces sauvages pour nous aprester à rire*." (Montaigne II 10, S. 412. [meine Hervorhebung S.G.]) Die Abwertung der schlechten Komödianten erinnert sogleich an die permanenten Selbstabwertungen und an die eingestandene Monstrosität seines eigenen Diskurses. Die Verwendung von „contrefaire" in direkter Nachbarschaft zum Travestieren bei Montaigne deckt sich mit der begriffsgeschichtlichen Verortung des Konterfei zwischen Imitation naturae und Imitation verbis / veterum, wie sie bei Theodor Verweyen & Gunther Witting, *Die Kontrafaktur: Vorlage und Verarbeitung in Literatur, bildender Kunst, Werbung und politischem Plakat*, Konstanz: Univ.-Verlag 1987; unternommen wurde.

Topischen in Montaignes Malerei. Alle diese Teile sind Teil von ihm, aber werden nicht in ihrer Position in Montaignes Denken und Person dargestellt, sondern in Isolation, vereinzelt und fragmentarisiert. Damit rücken die unterschiedlichen Themen in den Status von zitierten Momenten.

4.4 Portrait und Signatur

Louis Marin hat in seiner „*Écriture de soi*" zwei Studien zur Vorrede der *Essais* vorgelegt, in denen die Autobiographie und das Autoportrait enggeführt werden.[41] Seine „pfropfende und zitierende" Lektüre dieses kurzen Abschnitts hat die Ansicht, die Rede vom Text als Abbildung habe den Auftrag, Treue und Entsprechung zu versprechen,[42] weit hinter sich gelassen, um in gewisser Übereinstimmung mit unserer Darstellung der Vorrede auf ihren Doppelcharakter hinzuweisen; zwischen „Je" und „Moi", den beiden Polen des in *Au Lecteur* angekündigten Selbstverhältnisses, spielt sich die Spannung ab, die Marin im Begriffspaar von Präsentation und Repräsentation wiederholt sieht – er verzichtet leider in beiden Texten auf die Verwendung von „Imitatio".[43]

Seine Lektüre zielt vordergründig darauf ab, im Übergang vom *Je* zum *Moi* nicht nur eine Ausführung der Abbildung zu erkennen, sondern auf die Konstitution dieses Verhältnisses durch den Text hinzuweisen. Die Malerei-Metapher fungiert hier gerade als Bindeglied, dass die *écriture de soi* bildlich ermöglicht, die mit dem autobiographischen Moment der *Essais* einhergehen muss. Nicht das Subjekt Montaigne produziert das Objekt der *Essais* – auch wenn Marin den Begriff eher nebensächlich verwendet, hat die Rede von der *consubstantialité* seines Buches mit sich selbst diesem Gedanken eine zitierfähige Form gegeben. Montaigne kann erst durch seine Rahmung als Teil eines Entäußerungsprozesses und als Subjekt der An- und Wiederkennung seiner

---

41 Louis Marin, *L'écriture de soi: Ignace de Loyola, Montaigne, Stendhal, Roland Barthes*, Paris: PUF 1999.

42 Bspw. Friedrich scheint die sehr vereinfachende Ansicht, dass Renaissance-Malerei am Übereinstimmungsgrad mit der Wirklichkeit zu bemessen sei, nahtlos auf die Poetik Montaignes übertragen zu können. Vgl. Friedrich, *Montaigne*, S. 148: „Montaigne fordert vom literarischen Darstellen die gleiche Porträttreue, die die Malerei seit dem 15. Jahrhundert von sich forderte."

43 In einer vielleicht nur heuristischen Differenzierung von Repräsentation, Imitation und Mimesis ließen sich vielleicht die von ihm getroffenen funktionalen Unterscheidungen des Textes in das Denken von Darstellung und Poetik des 16. Jahrhundert zurückzuführen und damit einen Anachronismus zu ermöglichen, der zwischen Nachahmung und Wiedergabe, zwischen Mimesis und Repräsentation eine Differenzierung vorzunehmen erlaubte.

Person in der Schrift von der Entsprechung zwischen Sich und Buch reden, weil beide erst durch den Prozess der Schrift so hervorgebracht wurden wie sie sind.

Marins Lektüre verlagert die Frage nach dem Eigenen der *Essais* in die Prozessualität der Schrift. Nicht das fertige Produkt seiner Gedanken, sondern die Aneignung ihrer Medialisierung wird von Montaigne anerkannt – in unserer Lektüre, die Textualität der *Essais*. In einer Art „Anamnese des Ich"[44] wird überhaupt erst über den Umweg der Verschriftlichung entschieden, was zu diesem Ich gehört und was es ausmacht. Die *Essais* sind so Antworten auf den delphischen Spruch, dem sie nur in ihrem Vollzug entsprechen können.

Die für Marin dabei entscheidende Ebene, die er wiederum im Verhältnis von bildender Kunst und Selbstportrait gespiegelt sieht, ist die Frage der Aneignung.

> Autoportrait, autographie, représentation de soi, le projet de Montaigne est inaugural : sa présentation dans l'(Avis) A*u lecteur* est en quelque façon le déploiement en une vingtaine de lignes, de la signature du moi, de la dimension réflexive de la représentation – se présenter – comme dimension transitive – représenter le moi : son moi. Aussi relèveront, à mon sens, de la tension du „je" – du sujet de l'énonciation écrivant – vers l'identification du moi, tous les marqueurs de propriété et d'appropriation de l'objet de l'écriture, tous les dispositifs littéraires qui, en présentant la représentation qu'est le livre, en présentant l'auteur écrivain et lui donnent un nom singulier, toutes les formes de construction des protocoles de lecture du livre qui, en interpellant le lecteur, signalent l'auteur et esquissent sa représentation de soi comme écrivain.[45]

Wie von selbst leitet er hier die Frage nach dem Besitz des Produktes aus dem Malerischen ab – wo gemalt wird, da wird der Künstler sich markieren, um sich in seinem Werk zu verewigen. *Au Lecteur* wird eine Signatur, die Marin offensichtlich für rechtskräftig hält, wo sie sich zu erkennen gibt. Mit ihr wird der Text zum Objekt gemacht, und sein Urheber kann sich in der Übernahme seiner selbst aneignen, da er ja – so die Logik der künstlerischen Signatur, die Marin anzudeuten scheint – mit ihr im Werk präsent ist. Die Signatur, als Marker der Aneignung, sagt „Dies ist mein Werk / Dies bin ich" (*Ce tableau est* [*de*] *moi.*)[46] Dabei weist sich zugleich auch die Dialektik von Werk und Schöpfer aus, die reziprok eines und anderes bestimmt. Erst nach der Signatur seines Bildes wird der Urheber zum Maler, und die in seinem Werk aufgehobene

44 Marin, *Écriture de soi*, S. 114.

45 Marin *Écriture de soi*, S. 131.

46 Etwas später, Marin, *Écriture de* soi, S. 132: „Marque d'appropriation certes, mais moins de propriété possessive que de création, le nome signale l'auteur: ‚Ce tableau est (de) moi'."

Unterschrift gilt als Filiationsnachweis und zur Authentifizierung, eine Frage der Legitimität, wie diejenige zwischen Vater und Sohn vielleicht.

Alle diese Aspekte, die Marin um die kurze Vorrede versammelt, münden schließlich in einer Frage nach Autorisierung; der Prozess der Übernahme und der Verausgabung wird mit der Frage nach dem Rechtsanspruch derart verschränkt, dass die bloße Feststellung der Entsprechung zwischen sich und seiner Schrift Montaigne bereits eine ungeahnte Macht zu verliehen scheint. So schreibt er weiter:

> [...] l'auteur comme nom propre *s'autorise* en conquérant son individualité sur les dispositifs où s'exprimait le service d'un maître et *légitime* de son texte en l'appropriant au nom, à l'individu qui porte ce nom et porte livre comme une des propriétés.[47]

Die Spannung dieser Unterschrift und ihrer Gültigkeit allerdings scheint er dabei der gelungenen Rekonstruktion ihrer angelegten Wirkungsweise unterzuordnen. Denn die Unterschrift hat, gerade wenn es um Rechts- und Besitzansprüche geht, den Status eines sehr prekären Sprech- bzw. Schreibaktes inne, und ihr Oszillieren zwischen Eigennamen und Sprachhandlung, zwischen leerem Zeichen und rechtssetzender Gewalt ist seit Derridas Auseinandersetzung mit Austin und Searle zum Paradigma von Grenzfällen des Sprechaktes geworden. Denn, so Derrida, auch eine Signatur hat iterative oder zitierende Momente an sich, deren Funktion in der Lektüre greift und deren semantisches wie performatives Potential nicht in ihrer einmaligen „Verwendung" erschöpft wird, sondern auch in der „Erwähnung", beispielsweise einer kommentierenden Lektüre, Effekte zeitigt oder zeitigen kann, die über die Intention des Sprechhandlenden hinausgehen.[48] So sehr wir die Lektüre Marins für die Offenlegung der wechselseitigen Konstitution von Autor und Werk in diesem Sonderfall der Selbstschrift auch begrüßen, so wird doch – und hier eröffnet sich schließlich die Frage nach der Logik des Zitates – die Frage unumgänglich, wie das Ich in diesem Verhältnis von Präsenz und Repräsentation, von Intention und Abbild usw. dazu befähigt wird, sich qua Aneignung *selbst zu autorisieren*? Es handelt sich bei dieser Frage um nichts anderes als um die Diskussion der unterdrückten Namen seiner Entlehnungen,

47 Marin, *Écriture de soi*, S. 132.

48 Derridas Kritik an der Sprechakttheorie Searles und Austins wird am deutlichsten ausgeführt und Jacques Derrida, *Limited Inc*, übers. Werner Rappl, Wien: Passagen 2001, S. 128-157; schon zuvor hat er die Frage aufgeworfen, ob die Unterscheidung bei der Zitierfähigkeit von Signaturen greift; ob man also eine Signatur zitieren kann, und sie dann nur erwähnt oder auch gebraucht (ebd., 58-59).

die wir in *Des Livres* gesehen haben, die Marin jedoch umzukehren scheint im Vertrauen auf die Machtstruktur des Besitzes. Wo ein Zitat Senecas dem Text, der ihn zitiert, durch das Ansehen seines Urhebers Würde und damit Glaubwürdigkeit vermittelt – der als rein gefasste, ideale Autoritäts-Bezug des Zitates –, da scheint Marin zu glauben, dass das Bekenntnis zum eigenen Text *selbst schon* autorisierende Wirkung haben könnte und die Zitierfähigkeit eines Werkes sicherstellen würde.[49] Man könnte diese Funktionsanalyse der Autorsignatur sicher verfolgen, wäre nicht Montaigne derjenige Autor, dessen Schreibpraxis und Poetologie im Zitieren sich explizit mit dem Verhältnis von Namen, Abstammung, Rechtsanspruch und Ableitbarkeit aus der Tradition beschäftigt und die gewohnten Funktionsweisen der Autorität dabei subvertiert. In Bezugnahme auf Nominalismus und Universalienstreit hat Antoine Compagnon zudem eindrücklich gezeigt, wie ambivalent Montaignes Verhältnis zum Namen allgemein und zu seinem eigenen Namen im Besonderen den gesamten Text über bleibt; dass er sich erst, so Compagnon,[50] in der Bordeaux-Ausgabe signierend in den Text von *Du Repentir* einschreibt und trotz aller Allusionen und Wortspiele keine Anzeichen gibt, sich in der Autor-Signatur

49 Wir sagen *Bekenntnis*, um auch Augustinus anzusprechen, dessen persönliche und intime Beichten in den *Confessiones* nicht als Autorisierungen, sondern ebenfalls als Exempla zu lesen sind. Er ist, am Ende des Textes, vom Text zum beispielhaften Christen gemacht wurden; die Geschichte seines Lebens ist die Geschichte seiner Konversion, und damit ein Bekenntnis zum wahren Glauben. Dies gelingt ihm gerade durch die Authentizität seines paradigmatischen Falls, der seine Zweifel und seine Sünden gestehen muss, um sich von ihnen zu reinigen; diese Bekenntnisse selbst werden aber, wenn man so will, erst von ihrem Ende her legitimiert. Die einzelne Sünde – etwa der berühmte Birnendiebstahl, dessen Prägnanz sich bis ins 20. Jahrhundert nachverfolgen lässt – stellt dabei erst aus dem Ensemble des Ganzen von Augustinus' Text ein Moment von Authentifizierung und (negativer) Exemplarität her, die im Dienste ihrer letztendlichen Umkehrung steht. Vgl. Aurelius Augustinus, *Confessiones* (*lat./dtsch.*), übers./hrsg. Kurt Flasch, Stuttgart: Reclam 2009, II 9-12, S. 90-101.

50 Antoine Compagnon, *Nous. Michel de Montaigne*, Paris: Seuil 1980, S. 71: „Montaigne inscrit pour la première fois son propre prénom dans le livre, au tout début de son rédaction, dans l'un de ses plus anciens chapitres, rédigé vers 1572, et c'est pour le déconsidérer. Il ne le répétera pas avant après de vingt ans, dans des additions manuscrites à l'exemplaire de Bordeaux, et ce seront ces mots au début ‚Du repentir', ‚mon estre universel, comme Michel de Montaigne'. Telle est encore l'une des formes du paradoxe qui donna leur départ à ces pages." Man muss Compagnons Überzeugung einer intensiven Beziehung zwischen Ockham und Montaigne nicht in jedem Schritt folgen, um die Spuren des Nominalismus in Montaignes Themenstellung und Argumentation zu erkennen und für den überaus hilfreichen und intensiven Kommentar Compagnons vor allem zu I 46 dankbar zu sein.

zu Beginn aufgehoben zu fühlen, zeugt von dem tiefen Misstrauen, dass in der späteren Diskussion um die Namen seinen Höhepunkt findet.[51]

Zudem gilt aber, dass die Funktionsweise dieser Legitimation für Marin im Moment der Repräsentation aufgehoben ist, das er ohne allzu große Umsicht in der Renaissance wiederzuerkennen meint. Wenn man allerdings die spezifische Bedeutung der Imitation als ästhetisches und philologisches Paradigma für die französische Renaissance betont, kann man in Einklang mit Foucaults Behauptung des Vorrangs der Analogie als Ähnlichkeit (*ressemblance*) für das 16. Jahrhundert auch als Einwand gegenüber dieser Applikation verstanden werden.[52] Wäre Repräsentation, also bedeutsame und eindeutige Spiegelung Montaignes Ziel, hätte er auf die doppelte Analogie der Portrait-Metapher verzichten können. Ein Diskurs *de bonne foy*, dem es um Aufrichtigkeit und Treue ginge, hätte vollkommen ausgereicht, um die testamentarische und biographische Entsprechung seines Projektes zu beschreiben. Aber das Buch ist keine Repräsentation des Ich, wenn dies so viele hieße wie es *bedeutete* Michel de Montaigne oder sage ihn aus. Die *Essais* sind kein Zeichen für ihren Autor, noch sind sie bloßes Relikt seiner Erfahrungen; sie sind, und dies folgt der Imitation, schriftlicher Teil seiner Person, und damit Austagungsort seines Ich anstelle eines Abbildes seiner selbst.

4.5 Physiognomie

Der omnipräsente Dialog zwischen Malerei und *Essais* wird vom dritten Band als Diskussion der Gesichtszüge rekapituliert, nicht ohne den notwendigen Bezug zur Poetik und damit zum Zitat zu stiften. Es mag auf den ersten Blick verwundern, dass Montaigne mit der *Physiognomie*[53] wieder zumindest indirekt auf den Gegenstand der Portraitmalerei zu sprechen kommt, und dass

---

51 Montaigne, I 46. Ferner wird – mit Andeutungen, die die Spezifika der Gottesnamen berühren – die Frage nach dem Verhältnis von Namen und Sachen prominent in II 16 wieder aufgegriffen: Montaigne II 16 („De la Gloire"), S. 618: „ (a) Il y a le nom et la chose: le nom, c'est une voix qui remerque et signifie la chose; le nom, ce n'est pas une partie de la chose ny de la substance, c'est une piece estrangere joincte à la chose, et hors d'elle. Dieu, qui est en soy toute plenitude et le comble de toute perfection, il ne peut s'augmenter et accroistre au dedans; mais son nom se peut augmenter et accroistre par la benediction et louange que nous donnons à ses ouvrages exterieurs."

52 Die Analogie fasst Foucault als Sonderfall der allgemeinen Ähnlichkeit auf; Foucault, *Les Mots et les choses*, S. 33-38, hier für die „analogie", S. 36.

53 Montaigne III 12.

er dies an so prominenter Stelle und in so erschöpfender Länge tut.[54] Zudem wird die Hybridität dieses Kapitels vom Einbezug der erneuten Diskussion von Zitaten unterstrichen. Innerhalb seiner ausschweifenden Diskussion physiognomischer Phänomene, die er kaum auf die tatsächlichen Fragen der Gesichtszüge reduzieren will, fügt er den zentralen Passus zur Zitierweise und zur Sentenzen-Literatur als *amas des fleurs estranges* ein, den wir bereits diskutiert haben.[55]

In Abgrenzung der tatsächlichen wissenschaftlichen Disziplin der Analyse und Typologie von Gesichtszügen wird Physiognomie unter Montaignes Zugriff zum Sammelbegriff eines Lektüreverfahrens, dem die Gegenstände der Natur in ähnlicher Weise begegnen wie textuelle Phänomene. Mit dieser Übertragung des unbestimmten Gegenstands der Physiognomie zur Metapher des Textuellen und Rhetorischen ist Montaigne nicht allein: ähnlich wie in der Bildebene der Körperlichkeit[56] wird als Gesicht eines Textes in der Imitation-Debatte des 15. und 16. Jahrhunderts diejenige Qualität gefasst, in der der ihm zugrundeliegende Geist sichtbar wird, Kontur gewinnt, lebendig wird.[57] Die Physiognomie ist die Eigentümlichkeit des Textes, seine spezifische Form, die ihn an den Autoren zurückbindet und sein Portrait wird. Der Text lebt, wenn er ein Gesicht hat, das als Schlussstein der rhetorischen Praxis dem Organismus ein lebendiges Angesicht gibt – nach der *Dispositio* sämtlicher relevanter Teile wird, durch persönlichen Stil und Arrangement, dem Textkörper ein Gesicht gegeben, das ihn erkennen lässt und das nur ihm, und in gleichem

54 Unsere Verbindung zwischen diesen beiden Momenten des Buchs wurde unterstützt von der Lektüre, die Glidden vorgelegt hat. Siehe Hope H. Glidden, „The Face in the Text: Montaigne's Emblematic Self-Portrait (Essais III:12)", *Renaissance Quarterly* 46/1 (1993), S. 71-97.

55 Montaigne III 12, S. 1055-1056; die Stelle haben wir bereits diskutiert.

56 Der Topos der gelungenen Rede in Analogie zum vollständigen Körper mit symmetrischen Gliedern ist eine zentrale Metapher der Erläuterung der *dispositio* und wird häufig als umarmende Figur zwischen Beginn und Ende der *offici* verwendet; wenn die Rede wie ein gesunder Körper gebaut sein muss, in der alle Teile zusammenstimmen, korrespondiert diesem Aufbau der körpersprachliche Einsatz im Vortrag. Exemplarisch eingeführt wird dieser Vergleich bei Quintilian, *Institutio Oratoria*, Buch VII. Vgl. Frauke Berndt, „Topik-Forschung", in: *Gedächtniskonzepte der Literaturwissenschaft: theoretische Grundlegung und Anwendungsperspektiven*, hrsg. Astrid Erll & Ansgar Nünning, Berlin (u.a.): de Gruyter 2005, S. 31-52, hier S. 38-39. Zur Metapher allgemein, vgl. Rossana Valenti, „Körpermetaphern in der römischen Rhetorik-Tradition", in: *Topik und Rhetorik Ein interdisziplinäres Symposium*, hrsg. Thomas Schirren & Gert Ueding, Berlin/Boston: de Gruyter 2000, S. 81-90.

57 So hat z.B. Rüdiger Campe darauf hingewiesen, dass Physiognomik und Rhetorik im Barock miteinander in Beziehung stehen, wobei er deren Zusammenlaufen allerdings später veranschlagt und es nicht an Montaigne, sondern an Bacon diskutiert. Rüdiger Campe, „Rhetorik und Physiognomik oder Die Zeichen der Literatur", *Rhetorik: Ein internationales Jahrbuch* 9 (2010), S. 68-83.

Maße seinem Autoren, gehört. Montaigne hat dieses Bild bereits mehrfach verwendet; das Wort *„phisionimie"* kommt, nebenbei gesagt, exakt zweimal in den *Essais* vor; einmal im Titel von III 12, und einmal in der Angabe eines unspezifischen *Traité de la Phisionomie* im selben Kapitel[58] – ansonsten spricht Montaigne nicht wirklich von Physiognomie.

Sie wird, in einer Abwandlung der Leitmetapher des *Buchs der Welt*, nicht zur Abstraktion der Methodik gemacht, wie sie andernorts für Montaigne vorgelegen haben mag. Eine tatsächliche Lesbarkeit des Gesichts, die sich auf relativ feste Normen berufen könnte und die verlässliche Rückschlusse auf den Charakter ermöglichte, schließt Montaigne aus, um nur eine Neigung zu bestimmten Gesichtsformen einzugestehen: Sie sind demnach bedeutsam, ohne strenggenommen zu bedeuten.[59]

In Übereinstimmung mit der Logik des Portraits bestimmt sich die Funktion des Physiognomischen als diejenige einer Trope, die die Analogie zwischen den disparaten Inhalten seines Unternehmens stiften kann. Wie offensichtlich unzusammenhängende Partien wie die Wangenform und die moralische Person in der Logik der Lektüre von Gesichtszügen mit einander in Konstellation gebracht werden können, so verfährt Montaigne hier, indem er rückblickend und poetologisch eine Berührung der versammelten Inhalte und Topoi anhand ihrer Ähnlichkeit postuliert. Mit dem Bild der Physiognomie wird ein Erscheinungsbild der einzelnen Teilstücke und das Versprechen ihrer Lesbarkeit gewonnen. Montaigne geht es vor allem um die wiederkehrende Kongruenzprüfung von Ding und Erscheinung, Name und Wort etc. Die so gestiftete Ähnlichkeit zwischen den Teilen bildet den Schlussstein seines Programms des Autoportraits, das, wie Boneta nachzeichnet, für sich die Form des „Katalogs" und des Registers gefunden hat.[60]

---

58 Möglicherweise handelt es sich um Giambattista della Portas *De humana physiognomonia libri IIII* von 1586 (ein Nachdruck erschien als Giambattista Della Porta, *De humana physiognomonia Ioannis Baptistae Portae Neapolitani libri IV*, Frankfurt: Hoffmannus 1618.) Montaigne selbst gibt keinen Bezugstext zu erkennen und erwähnt lediglich, er könne seine Bezüge aus „(b) d'une douzaine de tels ravaudeurs" (Montaigne III 12, S. 1058) entnehmen. Ob er sich tatsächlich näher mit Physiognomik und der zeitgenössischen Debatte befasst hat, lässt sich anhand des dürftigen Materials in III 12 nicht klären.

59 Montaigne III 12, S. 1058-1059: „Il y a des phisionomies favorables; et en une presse d'ennemys victorieux, vous choisirés incontinent, parmy des hommes incogneus, l'un plustost que l'autre, à qui vous rendre et fier vostre vie; et non proprement par la consideration de la beauté. C'est une foible garantie que la mine; toutesfois elle a quelque consideration."

60 Adriana Bontea, „Montaigne's ‚On Physiognomy'", *Renaissance Studies* 22/1 (2008), S. 41-62, hier S. 49: „Such a catalogue, no matter how heterogeneous and arbitrary to us, serves well Montaigne's purpose to live behind a lively image of himself."

Zentral für ihn ist gerade nicht das Zusammenstimmen von Inhalt und Form, von Wesen und Erscheinung, wie es sich einer physiognomischen Logik der Zeit darstellt. Wie so oft ist es das Exemplum als Sonderfall und Ausnahme, das ihn interessiert – am Topos des hässlichen Sokrates, dessen unvorteilhaftes Aussehen im radikalen Widerspruch zu seiner inneren Weisheit steht, wird als Physiognomie zusammengefasst, was ihr in einem normativen Sinn zuwider liefe:

> (b) J'ay choisi le temps où ma vie, que j'ay à peindre, je l'ay toute devant moy: ce qui en reste tient plus de la mort. Et de ma mort seulement, si je la rencontrois babillarde, comme font d'autres, donrrois je encore volontiers advis au peuple en deslogeant. Socrates, qui a esté un exemplaire parfaict en toutes grandes qualitez, j'ay despit qu'il eust rencontré un corps et un visage si vilain, comme ils disent, et disconvenable à la beauté de son ame, (c) luy si amoureux et si affolé de la beauté. Nature luy fit injustice. (b) Il n'est rien plus vraysemblable que la conformité et relation du corps à l'esprit. (c) *Ipsi animi magni refert quali in corpore locati sint: multa enim è corpore existunt quae acuant mentem, multa quae obtundant.*[61]

Dieses Beispiel erlaubt es Montaigne, die „Ungerechtigkeit der Natur" offen auszusprechen und mit nur einem Beispiel der allgemeinen Regel zu widersprechen. Sokrates ist derart als Vorbild und Inbegriff der Tugenden zu verstehen, dass seine abstoßende äußere Erscheinung dem in keiner Weise entsprechen will. Vermittels des Topos, den er breit überliefert findet,[62] widerspricht er so der von ihm selbst unterschriebenen Regel von der wahrscheinlichen Entsprechung von Innen und Außen. Er geht zwar, mit dem später beigefügten Cicero-Zitat, davon aus, dass es eine Korrespondenz zwischen Körper und Geist geben müsse und ersterer durchaus in der Lage ist, zweiteren zu beeinflussen; so könnte man nur mit einem Missgriff der Natur erklären, wie es dazu kommt, dass Sokrates diese Erscheinung hatte. Die Logik der Spiegelung als direkter Entsprechung von Seele und Körper, die dem Gedanken

61 Montaigne III 12, S. 1057. Er zitiert Cicero, *Tusuclanae Disputationes* I 30 (80) (Cicero, *Tusculanae disputationes* (*lat./dtsch.*), hrsg. Olof Gigon, Berlin/Boston: de Gruyter 2011, S. 74-75): „Ferner erscheint die Ähnlichkeit eher bei den Tieren, deren Seelen ohne Vernunft sind. Bei den Menschen beschränkt sie sich mehr auf die körperliche Gestalt, und es kommt auch für die Seele viel darauf an, in was für einen Körper sie versetzt ist. Denn der Körper trägt außerordentlich dazu bei, den Geist zu schärfen oder abzustumpfen."

62 Platon 215 a; andere Quellen sind laut Balsamo (u.a.), „Notes et Variantes", S. 1828, wiederum Cicero (*De fato* V 9 und *Tusuclanes* IV, 37) sowie Erasmus im Adagium 2201 *Sileni Alcibiadis*; dort wird die sprichwörtliche Inkongruenz von (abstoßender) erster Erscheinung und eigentlichem Inhalt mit Sokrates' äußerer Erscheinung in Verbindung gebracht. Vgl. Margaret Mann Phillips, *The Adages of Erasmus: a study with translations*, Cambridge: Cambridge University Press 1964, S. 269 f.

der Lesbarkeit der Züge inhärent ist, wird von diesem Beispiel aber als verbindliche Regel verabschiedet.

Die Reflexion auf dieses Missverhältnis wird ungebrochen an die Erklärung seiner Absicht der Selbstabbildung in den *Essais* rückgebunden – Montaigne bedenkt den Vorzug des Retrospektiven, das ihm „alles vor ihm ausgebreitet" hat (*tout devant moi*), wo er sich ans Malen macht (*peindre*). Die Tendenz zum Tableau wird von der notwendigen Rückschau insbesondere des dritten Bandes verstärkt; was in der (b)-Phase des Textes tatsächlich als Text vor und als biographische Zeit hinter ihm liegt, sind die ersten beiden Bände der *Essais*, die als Verzeichnis seines Lebens eben das erfüllen, was sich mit dem Schlussstein im vorletzten Kapitel des Buches erst bewahrheiten soll. Montaigne liest in den Kapiteln Spur um Spur seines Lebens und Schreibens nach, und versteht so sein Projekt als Gemälde, dem dieses Leben nun ablesbar geworden ist wie einem Gesicht. Die Malerei, die Montaigne anstrebt, will sich nicht mit der Reproduktion der Erscheinung zufrieden geben. Sein Anspruch ist es, eine Form und eine Methode zu finden, die mit den Mitteln der Schrift das ausdrücken kann, was ihm wesentlich ist und seine Person und sein Leben als Verlauf ausmacht.

Die Analogie, die sich im Palimpsest der Edition zu Sokrates einstellt, mag nur lose eingebunden sein, beherrscht aber dennoch den Anspruch an die Physiognomie, der für das Kapitel bestimmend ist; wie bei Sokrates geht es um die Gerechtigkeit der Natur, die darin bestünde, dem Inhalt seine entsprechende Form zu geben, dem Innen ein es wiedergebendes Außen. Der „Naturalist" Montaigne sucht nach Orientierungen, die ihm Malerei wie die Gesichtszüge nur ungenügend bereitstellen; ohne jede Anmaßung will er den Fehler vermeiden, den die Natur an Sokrates beging. Darin liegt kein Wille zur Beschönigung, sondern die Aufrichtigkeit des Portraits: Sich selbst mit den *Essais* ein Abbild zu schaffen, das exakt dem Inneren und seinem Leben entspricht. Die Klammer von *Au Lecteur* schließt sich im *bonne foy*, das die Verbesserung seiner Erscheinung ausschließt und einklagen kann, mit den *Essais* ein entsprechendes Bild gewählt zu haben, dem die Kunst der Darstellung nichts beigefügt hat, was nicht naturgemäß ohnehin in ihm war.[63]

63 Montaigne erklärt in (c) schließlich diese Offenheit seiner Selbstdarstellung als Strategem: Montaigne III 12, S. 1044: „(c) J'ayde ordinairement aux presomptions injurieuses que la Fortune seme contre moy par une façon que j'ay dés tousjours de fuir à me justifier, excuser et interpreter, estimant que c'est mettre ma conscience en compromis de playder pour elle. Perspicuitas enim argumentatione elevatur. Et comme si chacun voyoit en moy aussi clair que je fay, au lieu de me tirer arriere de l'accusation, je m'y avance et la renchery plustost par une confession ironique et moqueuse; si je ne m'en tais tout à plat, comme de chose indigne de responce." Die Analogien, die er mit dieser Selbstschilderung

Die Physiognomie zeigt eine Leerstelle im Portrait-Bild der *Essais* an, das zusammenfasst, was das Darstellungsproblem und die gesamte disparate Methodik des Buches bestimmen soll: die vereinzelten Züge, deren Gemeinsamkeit sich nicht in der Einheitlichkeit der Entsprechung auflösen lässt. Die Forderung nach unmittelbarer oder „transparenter" Darstellung des Ich findet ihren Widerpart im natürlichen Missverhältnis von Innen und Außen.[64] Das Gesicht wird im Versuch seiner Abbildung wie von selbst zur Maske, und Montaigne markiert deutlich, dass der Zerrspiegel der Abbildung und die Übertragung des Eigentlichen nur einen künstlichen Stillstand bedeuten können, den weder die Malerei, noch die Literatur ohne Abstriche leisten können. Die Versuche der *Essais* sind selbst solche Abstriche, die unter dem Vorzeichen der *excusatio* nicht wirklich entschuldigt, noch in letzter Instanz zur Methode erhoben werden, sondern die im Kleinen und im intratextuellen Wechselspiel dem Großen eine Fassung geben wollen. „Einige Züge", hatte es im Vorwort geheißen, sollen in diesem Testament im Vollzug und vor dem

---

stiftet, erstrecken sich nicht nur zum Beginn des Buches und zum Erheischen von Gnade in I 1, sondern auch zum berühmten Bild des Hauses Montaigne als von seiner Offenheit geschützt: Montaigne III 9 , S. 965-966: „(b) Comme maison de tout temps libre, de grand abbord, et officieuse à chacun[...], ma maison a merité assez d'affection populaire, et seroit bien malaisé de me gourmander sur mon fumier; et estime à un merveilleux chef d'œuvre, et exemplaire, qu'elle soit encore vierge de sang et de sac, soubs un si long orage, tant de changemens et agitations voisines. Car, à dire vray, il estoit possible à un homme de ma complexion d'eschapper à une forme constante et continue, quelle qu'elle fut: mais les invasions et incursions contraires et alternations et vicissitudes de la fortune autour de moy ont jusqu'à cette heure plus exasperé que amolly l'humeur du pays, et me rechargent de dangers et difficultez invincibles." Die Logik, die hier im Werk ist und die Montaigne auch an anderen Stellen propagiert, weist deutliche Parallelen zu Poes „Entwendetem Brief" auf, wenngleich Montaignes Vertrauen auf das Verbergen im Offensichtlichen nicht ganz ungetrübt ist. Eine Studie, die dieser Spur nachginge, wäre sicher sehr gewinnbringend.

64 Glidden liest den Versuch in III 12 als Fortführung der Tendenz, die Rhetorik und damit die Künstlichkeit der Abbildung zu überwinden, also die Sprache „transparent" werden zu lassen anstelle einer bloßen Maske. Vgl. etwa Glidden, „The Face in the Text", S. 73. In dieser Lektüre folgt III 12 (und die *Essais* als Ganzes) also der Frage (ebd., S. 71): „Can the discourse of the self ever be more than a gloss? a mask upon the face of the subject?"

Dem Ansatz, diese Tendenz an den (von ihr zugegebenermaßen) seltenen narrativ-autobiographischen Momenten zu belegen, sind enge Grenzen gesetzt; und die Infragestellung von Montaignes Versuch, Maske und Glosse zu entkommen, beginnt nicht erst mit Mathieu-Castellanis exzellenter Betrachtungen zum Verhältnis von Marque und Masque (Mathieu-Castellani, *Montaigne ou la vérité du mensonge*, Kap. „Des Marques aux Masques", S. 127-146.), sondern lässt sich in Montaignes Resümee im Folgekapitel finden, das auch wir dieser Arbeit voranstellen. Montaigne III 13, S. 1069: „Il y a plus affaire à interpreter les interpretations qu'à interpreter les choses, et plus de livres sur les livres que sur autre subject: nous ne faisons que nous entregloser."

Ableben festgehalten werden und sich an den buntgescheckten Gegenständen der Betrachtung lesbar machen – deren Quantität schlägt dann in Qualität um, wenn ihre Fülle der Fülle ihres vermeintlichen Gegenstandes, dem gemalten und erprobten Michel de Montaigne, entsprechen sollen.

Mehr noch erlaubt sich Montaigne in der Abschrift und ihrer Verfremdung sich selbst erst deutlich und explizit zu erkennen zu geben. So wird in *De la Phisionomie* die Zitation zum Abschreiben als Abbilden des Selbst im Nachvollzug des Fremden – die Verfremdung, die sich in die Kopie von Montaignes Hand einschleicht, ist nicht etwa als Entstellung des Originals zu lesen. In eben der Passage zum Naturalismus, die wir breit diskutiert haben, entwirft Montaigne eine Logik der vermittelten Repräsentation als Imitation und Modus der Ähnlichkeit, die um ihre Umwegigkeit und ihren Mangel weiß und die Echtheit und Aufrichtigkeit der Darstellung eben darin erkennt. Die langen Passagen zur Poetik des Zitats, von denen wir nur eine wiedergegeben haben, lassen begreifen, dass mit dem dritten Band und der Wiederkehr der Logik des Portraits eine Betonung dieser verschiedenen Vermittlungen einhergehen soll.

In ihnen wird die naturalistische Handschrift – und damit die aufgeschobene Signatur – des Essayisten mikrologisch festgehalten. Das leise Abgleiten vom Original ist keine Hinzufügung des sonst verfügbaren schreibenden Subjekts, das so unter falscher Flagge die Zitate als blinde Passagiere einschleust, um mit ihnen seine eigenen Ansichten nur umso deutlicher hinüberzuschmuggeln. Sich selbst umso mehr sagen, je mehr man die anderen sprechen lässt, ist wiederum nur unter der repräsentationalen Bruchstelle des Zerrspiegels der *Essais* zu sehen, und unter dem ständig virulent gehaltenen Vorbehalt zu verstehen, dass das Register seiner Träumereien die Masken, die diese hervorbringt, nur aufzeigen kann, ohne an ihnen festzuhalten. Hat Montaigne sich einmal entschieden für das Protokoll der Übergänge, und im Medium der Schrift unter ständigem Rekurs auf die Lektüre ein Feld gefunden, auf dem diese Übergänge nicht nur möglich sind, sondern sozusagen kontrolliert wuchern können, entspinnt sich die Logik des Abbildes wie von selbst zwischen der Aufrichtigkeit und der Subversion der Verfremdung. Er sagt eben da die Wahrheit, wo er sich selbst widerspricht, indem er den Selbstwiderspruch getreulich in seinen unmöglichen Übergängen festzuhalten versucht.

Unter dem Titel der Physiognomie ist also eine Wiederholung des komplexen Naturbegriffs Montaignes gelungen, wenngleich er ihn nur als Emblem des Zusammenhangs versteht. Wesentlich geht es ihm um die Frage nach der Entsprechung, die sich als Variante seines poetologischen Interesses an der Malerei begreifen lässt. Der Weg, den er in III 12 zurückgelegt hat, hat das anfänglich noch grobe Konzept des Auto-Portraits um die Dynamik der Abschrift und die Tendenz zum Tableau erweitert; die Entsprechungen, die Montaigne interessieren, sind demnach mit dem Umweg, den die *poetischen Sprünge* der *Essais* markieren, verbunden. Mangelt es Spiegelungen und Abbildern an der Kraft, die Wirklichkeit wiederzugeben, muss für Montaigne eine andere Form der Entsprechung gefunden werden. Sein Autoportrait muss eine Ähnlichkeit anstreben im Wissen darum, dass diese nie eine tatsächliche Identität sein darf.

Die Physiognomie unterhält eine merkliche Beziehung zu einer weiteren bedeutsamen Metapher, die Montaignes Selbst- und Werkverhältnis charakterisiert wie kaum eine andere. Der Weg zu einer Verkomplizierung und Veränderung der Naturauffassung wird von der Idee der Abstammung und der Reproduktion erweitert, der ein ähnlich loses Band zwischen zwei Momenten stiften kann wie es die Physiognomie tut; in der äußerlichen Genealogie, der Ähnlichkeit zwischen Eltern und Kindern.

Diese unsichere Ähnlichkeit wird am Besten in Rekurs auf die Antike geschildert; so heißt es in der *Apologie*:

> (a) Le commun des anciens, qu'elles sont engendrées de pere en fils, d'une pareille maniere et production que toutes autres choses naturelles, argumentans cela par la ressemblance des enfans aux peres,
>
> *Instillata patris virtus tibi:*
> *Fortes creantur fortibus et bonis,*
>
> et qu'on void escouler des peres aux enfans, non seulement les marques du corps, mais encores une ressemblance d'humeurs, de complexions et inclinations de l'ame.[65]

Die Form der Genealogie stiftet die Ähnlichkeit, die die Natur im Allgemeinen durchwirkt und bietet ihr ein Paradigma, wenn man den „Alten" folgt. Mit Homer, Horaz und Lukrez, den er in der Folge ausgiebiger zitiert,[66] wird dieses Schema eingeführt, das weit über die Stelle innerhalb der *Apologie* wirksam

65 Montaigne II 12, S. 547. Die eingerückten Verse entnimmt er einer lateinischen Übersetzung der Odyssee (II 271) (etwa: „Des Vaters Tugend ist dir eingeflößt") und von Horaz (*Oden* IV, 4, 29) (etwa: „Die Tapferen werden von Tapferen und Guten geschaffen[...]". Vgl. Balsamo (u.a.), „Notes et Variantes", S. 1606.

66 Montaigne II 12, S. 548. Er zitiert aus Lukrez, *De rerum natura* (*lat.dtsch*), hrsg./übers. Karl Büchner, Stuttgart: Reclam 1973, Buch III, vv 741-748, S. 226-227 *„Denique cur acris violentia triste leonum /Seminium sequitur; dolus vulpibus, et fuga cervis / A patribus datur, et patrius pavor incitat artus? /* [...] *Si non certa suo quia semine seminioque / Vis animi pariter crescit cum corpore toto?"* (Übers. ebd.: „Endlich: warum folgt gierige Wut der Löwen geharschtem / Stamme, dem Fuchse die List, wird furchtsame Fllucht von den Vätern / Hirschen verliehen und scheucht vererbter Schrecken die Glieder? / [...] Doch nur, weil, bestimmt durch Samen und Artung des Stammes, / gleich mit dem Körper die Kraft der Seele jeweils emporwächst.") Montaigne lässt zwei Verse im Original aus.

wird. Denn mit der Entsprechung in Differenz, die sich hier als Ähnlichkeit formiert, gewinnt Montaigne die notwendige Form der Repräsentation des Autoportraits, die von bloßer Reproduktion abweicht. Damit wird der die Natürliche Theologie konstituierende Anspruch einer Durchorganisation der Natur, die sich an der Ähnlichkeit ihrer Exemplare ablesen lässt, wie er bei Sabundus entwickelt wurde, zwar als Grundsatz akzeptiert, doch in der Auswertung umgekehrt; Ähnlichkeit ist eben keine Identität, und sie erlaubt als Ähnlichkeit eben keine tatsächliche Ineinssetzung der verglichenen Momente.[67] Die Analogie zur Zitation, die mit der Handschrift eine sanfte Verschiebung markiert, ist unübersehbar.

Wenn es der Malerei Montaignes um Ähnlichkeit geht, liegt im wiederkehrenden Topos der Reproduktion und der genealogischen Entsprechung ein Schlüssel zum poetologischen Konzepts Montaignes.[68] Während die Sorge um die Kindererziehung fast natürlich mit der Frage ihrer Herkunft korrespondiert, gelingt es Montaigne immer wieder, seine *Essais* selbst als seine Kinder zu bezeichnen. Dieses Thema wird besonders im zweiten Band entwickelt, vor allem in „De l'Affection des Pères aux Enfans“[69]und im programmatischen Abschluss des zweiten Bandes mit „De la Ressemblance des Enfans aux Peres“.[70]

---

67 Vgl. hierzu Pfeiffer, *Montaignes Revisionen*, S. 14.

68 Regosins Studie zu Montaignes Nachkommenschaft basiert auf der Lektüre dieser Stellen und erhellt den Anspruch der Reproduktion ungemein. Vgl. Regosin, *Montaigne's unruly brood*, S. 17-18. Deutlicher noch wird dieser Gedanke entwickelt bei Fausta Garavini, *Monstres et chimères: Montaigne, le texte et le fantasme*, Paris: Champion (u.a.) 1993.

69 Montaigne II 8.

70 Montaigne II 37, S. 758 ff. In diesem Text wird allerdings nur die Neigung zur Kolik auf Montaignes Vater zurückgeführt; die tatsächliche Entsprechung der Kinder mit ihren Vätern wird erst in (b) an antiken Autoritäten diskutiert; vgl. S. 763.

Man sollte noch hinzufügen, dass ein Merkmal diese beiden Kapitel an I 26 zurückbindet; die hier aufgelisteten Textteile (also I 26, II 8 und II 37) sind eben diejenigen, die exklusiv eine direkte Leserinnenansprache enthalten. Zudem beschließt Montaigne II 8 mit einem Bezug auf Augustinus, der ohne Nennung des Werkes noch zu belegen scheint, dass er dessen *Confessiones* sehr wohl gekannt hat. Montaigne II 8, S. 401-402: „(a) Je seroit à l'adventure impieté en Sainct Augustin (pour exemple) si d'un costé on luy proposoit d'enterrer ses escrits, dequoy nostre religion reçoit un si grand fruit, ou d'enterrer ses enfans, au cas qu'il en eut, s'il n'aimoit mieux enterrer ses enfans. (b) Et je ne sçay si je n'aimerois pas mieux beaucoup en avoir produict une, parfaictement bien formé, de l'acointance des muses, que de l'acointance de ma femme. (c) A cettuy-cy, tel qu'il est, ce que je donne, je le donne purement et irrevocablement, comme on donne aux enfans corporels: ce peu de bien que je luy ay faict, il n'est plus en ma disposition; il peut sçavoir assez de choses que je ne sçay plus, et tenir de moy ce que je n'ay point retenu et qu'il faudroit que, tout ainsi qu'un estranger, j'empruntasse de luy, si besoin m'en venoit. Il est plus riche que moy, si je suis plus sage que luy. (a) Il est peu d'hommes addonez à la poesie, qui ne se gratifiassent plus d'estre peres de l'Eneide que du plus beau garçon de

4.6 Monströse Nachkommen

Die Zeugung dieser Kinder, die Montaigne nicht nur als die seinen kennzeichnet, sondern die er ausgetragen zu haben behauptet, ist ebenfalls darauf angewiesen, dass jemand hinzutritt und sich zur Fortschreibung anbietet. Wie die Musen, die er in II 8 beschwört, braucht es Partner, um sich fortzupflanzen. Und so wird er in I 8, am Beginn des Buches und an der Arbeit daran, davon sprechen, dass er die Kinder seines müßigen Geistes austrägt:

> (a) Dernierement que je me retiray chez moy, deliberé autant que je pourroy, ne me mesler d'autre chose que de passer en repos, et à part, ce peu qui me reste de vie: il me sembloit ne pouvoir faire plus grande faveur à mon esprit, que de le laisser en pleine oysiveté, s'entretenir soy mesmes, et s'arrester et rasseoir en soy: ce que j'esperois qu'il peut meshuy faire plus aisément, devenu avec le temps plus poisant, et plus meur. Mais je trouve,
>
> *variam semper dant otia mentem,*
>
> que au rebours, faisant le cheval eschappé, il se donne cent fois plus d'affaire à soy mesmes, qu'il n'en prenoit pour autruy; et m'enfante tant de chimeres et monstres fantasques les uns sur les autres, sans ordre, et sans propos, que pour en contempler à mon aise l'ineptie et l'estrangeté, j'ay commancé de les mettre en rolle, esperant avec le temps luy en faire honte à luy mesmes.[71]

Entgegen Montaignes Intentionen – von denen er noch an geeigneter Stelle sprechen wird – ist ihm sein befreiter Geist (*esprit*) durchgegangen. Nur um sich selbst kreisend, ist die Tugend zum Laster geworden, wie er mit Lucians Motto erklärt: *Der Müßiggang gibt dem Geist immer Varianz* oder *neue Gestalten*. Montaigne hat sich in seinem Rückzug verspekuliert: Was als Reduktion für die Ruhe des Geistes intendiert war, schlägt um in ein Zuviel an Einbildungen, ein „vague champ des imaginations",[72] auf dem er die Rosse seines Denkens nicht zur Ruhe bringen kann. Statt beruhigt, wird Montaigne von seinem Geist unfreiwillig „befruchtet" (*enfanter*), der ihm eben dasjenige zeugt: „fantastische Schimären und Monstern, eines nach dem anderen, ohne Ordnung und ohne Ziel". In einem vielleicht mehr verzweifelten Versuch, sich ihren Mangel vor Augen zu stellen, werden die *Essais* zum Register oder Protokoll dieser Kopfgeburten, die statt zu seinem Ruhm – hier greift er den Duktus des Vorwortes wieder auf, um die Portrait-Idee unerwähnt zu lassen – nur zur Schande seines Geistes taugen und ihn in der Durchsicht „mit der Zeit" vielleicht von seinem Durchgehen abbringen können.

Rome, et qui ne souffrissent plus aiseement l'une perte que l'autre. (c) Car, selon Aristote, de tous les ouvriers, le poete nomméement est le plus amoureux de son ouvrage."

71 Montaigne I 8, S. 33.

72 ebd.

Die Metaphorik des Ackers weist sich selbst deutlich erkennbar als Reflexion auf sein Schreiben aus, entnimmt er doch die Analogie von unbestelltem Feld und müßigem, naturbelassenen Geist der Rhetorik, wenn er sie – als „maskierter Intertext“[73] mit Cicero und Tacitus anführt.[74] Deutlicher aber noch wird die Stelle durch ihren zitierenden Verweis auf die Poetik: Horaz ist einige Zeilen vor unserem Einschnitt angeführt worden; mit einer charakteristischen Wendung, die ebenfalls in Resonanz zur zweiten Monstren-Poetik steht. In einem Aufgreifen dieses intertextuell wohl etablierten landwirtschaftlichen Topos der unbestellten Erde, aus der nur Unkraut wachsen kann, wird ihm die Wendung zur Folie einer kritischen Anklage eines unbeschäftigten Geists. Wie hier nur fremde Blumen wachsen, so entspringt Montaignes Geist nur merkwürdige Kreaturen, die er bündelt; die Metaphorik korrespondiert nicht nur mit dem Bienen-Topos, sondern zugleich mit der Rede von den *Essais* als *amas de fleurs estranges*.[75] Ohne klares Ziel beginnt der Geist zu wuchern, (und) so erkennt Montaigne die Gefahren seiner Muße im Rückzug von der Welt.

> Et n'est folie ny réverie, qu'ils ne produisent en cette agitation,
> *aegri somnia, vanae*
> *Finguntur species.*[76]

Mit diesen Versen ist die Markierung der poetologischen Bedeutung von I 8 unübersehbar; die Kritik an vagen Bildern und Träumen, die Montaigne auf sich selbst anwendet, steht bei Horaz als Einleitung nicht nur seiner gesamten Poetik, sondern mehr noch als Vorbereitung des entscheidenden Vergleichs zur Malerei.

In der Umkehrung von Horaz' Forderungen – eine Geste, die sehr bald wiederholt wird – gewinnt Montaigne eine Charakterisierung seines Projektes, das mit der Fremdheit seiner Produktionen den Novitätsanspruch der *Essais* legitimierten kann; entgegen den Kunstanforderungen und, in Analogie, entgegen der natürlichen Hervorbringung sind seine Kinder Monster, Ausnahmen

73 So bei Mathieu-Castellani, *La vérité du mensonge*, S. 65: „En code botanique comme en code biologique, la figure de similitude réunissant des comparants a priori disparates, les terres, les femmes, met au jour le paradigme d'une nature fertile et grasse, qui hors toute culture, sans l'intervention (de la main du jardinier, du sexe de l'homme), enfante de l'inutile, de l'informe.“

74 Balsamo (u.a.), „Notes et variantes“, S. 1342-1343, weist nach, dass die Topoi sich ebenfalls am Beginn von Ciceros *De Oratore* finden lassen. Das Bild vom Wildwuchs auf unbestelltem Acker in Verbindung mit der Gefahr des Müßiggangs entwickeln auch Quintilian und Tacitus (*Dialogus de oratoribus* [40,4]).

75 So bei Garavini, *Monstres et chimères*, S. 11.

76 Ebd.

und Abweichung dessen, was die Natur hervorbringt.[77] Die unklare Vaterschaft, die Montaigne zum Austräger der Monster und Chimären macht, unterstreicht diesen Aspekt noch, indem sie den Anspruch seines Schreibens verrückt. Montaigne hat überhaupt keine andere Absicht (*sans propos*) als dem Wildwuchs seines Denkens entgegenzuwirken. Er verzeichnet seine Gedanken nur, wie sie kommen, führt bloß Buch über die zahllosen Einfälle, die ihn aus seiner ungezügelten Imagination überfallen, und schreibt sie gerade entgegen einer Logik des Ruhms nieder, um in ihrer Verschriftlichung das Unzureichende und Befremdliche an ihnen festzustellen in der Hoffnung, es derart mittels der Schande zu überwinden (*esperant avec le temps luy en faire honte à luy mesmes*). Diese distanzierte Schreibgeste des bloßen Chronisten oder Registrators seiner Imagination wird von der hier mitzitierten Logik des *Mettre-en-rolle* beherrscht; unter den „Vorformen" der *Essais* dürfte das Hausbuch als ökonomisches wie vor allem genealogisches Verzeichnis sicher Pate gestanden haben.[78] Als „Hupomnêmata" fasst Foucault sie als mnemotechnische Schreibpraktik, die weniger im Produkt als in der Produktion aufgeht.[79]

---

77 So entwickelt Williams den Gedanken, II 30 zu den „pädagogischen" bzw. zu den Kindern betreffenden Kapiteln des Buches zu zählen und damit die Verbindung von Monster-Diskurs und Erziehungsfragen herzustellen. Wes Williams, „Montaigne's Children: Metaphor, Medicine, and the Imagination", in: *Monsters and their Meanings in Early Modern Culture: Mighty Magic*, hrsg. derss., Oxford: Oxford University Press 2011, o.S.; published to Oxford Scholarship Online: September 2011, http://www.oxfordscholarship.com/view/10.1093/acprof:oso/9780199577026.001.0001/acprof-9780199577026.

78 Die konstitutive Bedeutung dieses Bezugs zum Protokoll ist von nahezu jeder Lektüre bemerkt worden; das Medium des Hausbuchs als Schnittpunkt der Hauswirtschaft und der Familien- und Abstammungsgeschichte ist besonders bei Pfeiffer (Pfeiffer, *Montaignes Revisionen*, S. XVII) betont worden, der angibt, dass „Familien- und Hausbücher, in denen sich Buchhaltung und Chronik verbinden, [...]zu den verbreiteten Aufzeichnungstechniken der Renaissance [gehören]." In ihnen werde die „ökonomische, genealogische und juristische Identität einer Familie verzeichnet"; nach Friedrich sind die *Essais* eine „Buchführung über die eigene Individualität" (Friedrich 1967, S. 306), so auch bei Mathieu-Castellani, *La vérité du mensonge*, S. 40; Häsner, „Dialog und Essay", S. 162-163. Westerwelle, Imagination, S. 263, bringt ausdrücklich die „Rolle" mit dem „register" zusammen: „Ähnlich unterstreicht auch das Register („(c] mettre en registre", Mon., II, 18, S. 665) eine Raum-Zeit-Ordnung. Schreiben erscheint hier als Kartierung, als ein Anlegen von Rubriken und Spalten, wo sauber sortiert Daten und Ereignisse (wie in den Chroniken), Eingänge und Ausgänge von Waren (wie bei der Buchhaltung) aufgezeichnet werden."

79 Michel Foucault, „Écriture de soi", in: *Dits et Écrits*, hrsg. Daniel Defert (u.a.), 4 Bde., Paris: Gallimard 1994, Bd. 4, S. 415-430, hier S. 418-423. Er betont auch den zitatien Charakter dieser Sammlungen: „On y consignait des citations, des fragments d'ouvrages, des exemples et des actions dont on avait été témoin ou dont on avait lu le récit, des réflexions ou des raisonnements qu'on avait étendus ou qui étaient venus à l'esprit."

Die derart eingeführte Thematik des Monströsen beherrscht die Essais in weiten Teilen.[80] Montaigne wird nicht müde, sich mit wundersamen und abwegigen Phänomenen zu beschäftigen, sie sogar prominent zum Kapitelanlass zu machen (*D'un Enfant Monstrueux* II 30). So erstaunlich manche der Wesen auch sein mögen, die er so verstreut über die *Essais* exemplarisch anführt, bewegt sich Montaigne mit ihrer Erwähnung doch eher in einem zeitgeistig wie intertextuell gesättigten Feld; seine Monster sind Zitate, die er Sammlungen wie *Des monstres et Prodiges* entnimmt und in ähnlicher Weise verwendet wie antikes Material.[81] So nimmt Paré seine Stellung innerhalb der Loci-Sammlung von I 21 ein, das ausgewiesener Weise eine Zitatensammlung darstellt und sich u.a. aus Plutarch speist.[82] Seine Monster sind textuelle Mikronarrative, die er zum Reflexionsgegenstand nimmt, ohne die Erzählungen als eigene zu inszenieren; ihr demonstratives Potential liegt in dieser Verwendung begründet. Indem er die tatsächlichen Monster so anzitiert, nimmt er sie zu Exempeln für eine Natur, deren Unüberschaubarkeit er im Sinne von Augustinus am Sonderfall illustrieren kann.[83]

---

80 Vgl. bspw. (neben den bereits erwähnten Studien von Garavini und Regosin) Kathleen Long, „Montaigne on Monsters and Monstrosity", in: *The Oxford Handbook of Montaigne*, hrsg. Philippe Desan, Oxford: Oxford University Press 2016, S. 715-731; Lawrence D Kritzman, *The fabulous imagination: on Montaigne's Essays*, New York: Columbia Univ. Press 2009, insb. 29-50 (zur „Monster theory").

81 William J. Beck, „Montaigne et Paré: Leurs idées sur les monstres", *Rinascimento* 30 (1990), S. 317-324; hat überzeugend dargelegt, dass insbesondere Ambroise Parés „De Monstres et Prodigues" von 1573 in den Essais nicht nur als Quelle, sondern zudem als zitatives Modell verwendet wird. Prominent hat dies auch Mathieu-Castellani ausgewiesen, indem sie zeigte, dass die Kurzerzählung von der Geschlechtsumwandlung der Marie Germain (Montaigne I 21, S. 99 [b]) aus dessen Kapitel VII entnommen wurde; (Ambroise Paré, *Des monstres et prodiges*, hrsg. Michel Jeanneret, Paris: Gallimard 2015, Kap. VII, S. 73-78. Vgl. Mathieu-Castellani, *La vérité du mensonge*, S. 35.)

82 Wie Montaigne einleitend zu I 26 selbstkommentierend zugestand: Montaigne I 26, S. 146: „Et, entreprenant de parler indifferemment de tout ce qui se presente à ma fantasie et n'y employant que mes propres et naturels moyens, s'il m'advient, comme il faict souvent, de rencontrer de fortune dans les bons autheurs ces mesmes lieux que j'ay entrepris de traiter, comme je vien de faire chez Plutarque tout presentement son discours de la force de l'imagination[...]"

83 Der Bezug zu Augustinus' Monstern als Ausweis der Unergründlichkeit Gottes geht zurück auf die Ausführungen in Augustinus, *Vom Gottesstaat*, übers. Wilhelm Thimme, hrsg. Carl Andresen, Berlin: Akademie Verlag 2011, Buch 16, Kap. 8, S. 293-296. Montaigne spielt offensichtlich in seiner Diskussion in II 30 auf diese Stelle an, die über den direkten Zusammenhang hinaus sein Monster- wie Naturbild geprägt hat. So fasst Long zusammen (Long, „Montaigne on Monsters and Monstrosity", o.S.): „Monsters thus become a symbol both of divine transcendence and of the limits of human knowledge. Montaigne echoes this concept most evidently in his essay, ‚Of a monstrous child,' but it is omnipresent in his discussions of human vanity and human knowledge."

Das Potential der Abbildung dieser Monster wird dabei nicht vernachlässigt, sondern vielmehr in die Logik des Autoportraits eingebunden. Wie so viele seiner Gegenstände, bieten auch die Chimären und Sonderfälle Montaigne dankbare Umwege an, die letzten Endes zu ihm selbst führen sollen. Die Spiegelung, die Montaigne aus den Ausnahmen der Natur und den Produkten seiner Phantasie gewinnt, dienen ihm nicht nur zur Befragung seiner selbst. In dem Maße, in dem er die Monstrositäten als Phänomene untersucht, gewinnt er auch Einsicht in die eigene, die ihm den Vorrang einzunehmen scheint. Die tatsächlichen Monster lehren ihn, seine eigene Fremdheit zu begreifen und darzustellen. Was fremd an der Welt und an ihren Auswüchsen ist, steht in Analogie zur Fremdheit des eigenen Ich, das Montaigne als größtes Monster bezeichnen wird:

> (b) Je n'ay veu monstre et miracle au monde plus expres que moy-mesme. On s'apprivoise à toute estrangeté par l'usage et le temps; mais plus je me hante et me connois, plus ma difformité m'estonne, moins je m'entens en moy.[84]

Dieses Monster widersteht sogar der Gewöhnung, und wird nur umso fremder, je inniger man es erforscht. Wenn er befremdliche Gegenstände aus der ihn umgebenden Literatur zitiert, dann dienen sie ihm vor allem zum Vergleich zu sich selbst; ins Oxymoron gewendet, bieten sie ihm die vertraute Fremdheit, die er an sich selbst beobachtet, wenngleich im geringeren Maße, das dem exemplarischen Charakter ihrer Präsentation entspricht. Fremder noch als monströse Kinder oder die Geschlechtswandlung ist ihm sein eigenes Ich, das ihm in jeder neuen Wendung fremder und erstaunlicher zu sein scheint. Die Dynamik der Selbst-Fremdheit ist der Selbstbetrachtung inhärent und spiegelt den Widerspruch von Subjekt und Objekt im Textuellen wieder; eine Dynamik, die schon in I 8 anwesend ist, wo die Zuschreibung der Monster und Chimären an Montaigne und seine wilden Imaginationen es verunmöglicht, ihn als einheitliches Autorensubjekt zu begreifen. In dieser „fundamentalen Paradoxie des Eigenen und des Fremden"[85] entstehen die *Essais* als Register der Abfallprodukte einer müßigen und überformten Imaginationskraft. Die Idee einer Spaltung zwischen Ich und Selbst, die vom Monströsen umgriffen wird, bildet so zwischen I 8 und II 11 eine umarmende Trope vom Beginn bis zum Ende des Buches.

---

84 Montaigne III 11, S. 1029. Es ist auffallend, dass die Bezeichnung „monstreuse" zur Beschreibung von Eigentümlichkeiten in der Bearbeitung besonders häufig gestrichen und ersetzt wurde – wohl, weil Montaigne der exzessive Gebrauch dieser Vokabel aufgefallen ist, die er mit der Bordeaux-Ausgabe doch exklusiver verwenden will.

85 Pfeiffer, Montaignes Revisionen, S. 43.

KAPITEL 5

Grotesken

Auch wenn die Monster so ständige Begleiter und poetologische Wappentiere der *Essais* bleiben, rückt Montaigne mit ihrer Thematisierung merklich von der Logik des Portraits ab. Für manche Lektüren scheint der Anspruch des monströsen Protokolls denjenigen der Selbstabbildung zu überflügeln, was dazu führt, dass die faktischen Sonderwesen, die Montaigne bespricht, von ihrem zitativen Charakter bereinigt zur Kuriositätensammlung des Essayisten gemacht werden. Die angezeigte Funktion, die Fremdheit des Eigenen am Fremden zu erlernen, wird dabei außer Acht gelassen.

Zudem gelingt es Montaigne an einer prominenten Stelle mit einiger Anstrengung, die beiden Bildräume für sein Schreiben zu verbinden; die Einführung der Groteske in den *Essais* erlaubt es ihm, der *ut pictura*-Idee die für sein Projekt entscheidende Wendung zu geben. Diese Bewegung innerhalb des Verhältnisses zur Malerei beschreibt eine tatsächliche Evolution in Montaignes Poetik; die Grotesken geben ihm eine Parallele an die Hand, die gleichermaßen seine Technik wie seinen Gegenstand zu fassen scheint und der er bis zur Einführung der *peinture de passage* folgen wird.

Kapitel I 28, *De l'Amitié*, steht nicht nur seiner textuellen Position nach im Herzen des ersten Bandes der *Essais*, sondern wird zum topischen Schwerpunkt von Montaignes Projekt erklärt.[1] Unweit der von uns untersuchten

* Die folgenden Ausführungen zur literarischen Groteske bei Montaigne waren (in stark verkürzter Form) auch Gegenstand einer vorherigen und vorbereitenden Studie, die unter dem Titel „Grotesque Poetics. Michel de Montaigne's Use of Grotesques in De l'Amitié (I 28)" (in englischer Sprache) erschienen ist (in: *Paradigms of Renaissance Grotesques*, hrsg. Damiano Acciarino, Toronto: University of Toronto Press 2019). Wenn die Bedeutung der Horazschen Poetik sowie der Malerei für die *Essais* im Folgenden konturierter herausgearbeitet werden wird, sollte doch eingangs beklagt werden, dass eine Entwicklung der Theorie der literarischen Groteske mit einem historischen Anspruch (mit Ausnahme von Scholls Arbeit) noch aussteht. Die Bedeutung der widerstreitenden Konzepte Bachtins und Kaysers ist zweifellos berechtigt, und gibt im Falle Bachtins auch in weiten Teilen historisch Aufschluss unter Berücksichtigung von Rabelais; die Ebene des Malerei-Bezugs, die von Montaigne hervorgehoben wird, entfällt aber leider in beiden Texten. Die Genese der grotesken Literatur aus der Malerei, und das auch jenseits von Montaigne, nachzuvollziehen, wäre im Anschluss an Scholl noch zu leisten. Dorothea Scholl, *Von den „Grottesken" zum Grotesken: die Konstituierung einer Poetik des Grotesken in der italienischen Renaissance*, Münster: Lit 2004.

1 So rückt bspw. Garavini's, in der Folge von Autoren wie Butor und anderen, I 28 ins Zentrum des ersten Bandes, indem sie ihm den selben Vorrang einräumt wie I 25. Garavini, *Monstres*

 | DOI:10.30965/9783846766064_007

„pädagogischen Kapitel“ steht es in der Mitte des Bandes, die je nach Kapitelzählung gar ein „mathematisches Zentrum“ darstellen könnte.[2] Der Kapitelüberschrift entsprechend, wird hier eine Theorie der Freundschaft als privilegierter Form von Intersubjektivität vorgelegt.[3] Aber der Anspruch des Kapitels geht – wie in fast jedem Fall – weit über diese Ankündigung hinaus, wenn Montaigne hier die Klage um seinen verstorbenen Freund La Boétie in die theoretische Reflexion integriert. Die Exempla und Fallbeispiele aus der klassischen Antike halten sich in etwa die Waage mit der autobiographischen Beschreibung der auserwählten Freundschaft zwischen Montaigne und La Boétie. Er selbst rückt sich in den Status des historischen Exemplums, wenn er die Allianz seiner Freundschaft zum absoluten Sonderfall erklärt, an dem sich die Struktur wahrer Freundschaft erkennen lassen soll. Über dieses theoretische Interesse hinaus ist die Elegie auf den Verstorbenen aber in erster Linie Trauerarbeit; die Klage um den Freund wird zum Schreibanlass erklärt, und mit ihr Montaignes Versuch, von dieser erlesenen Verbindung zu berichten. Tod und Andenken stehen folglich im Herzen des ersten Bandes und erfüllen Montaignes Selbstportrait.[4] Die Berührung von Trauer und Poetik

---

et chimères, S. 39. Siehe ferner Butor, *Essais sur les essais*, S. 33: „On voit alors immédiatement comment cet „otium“ […] est dès son origine rempli par un projet précis. Le livre que Montaigne veut faire, et qui deviendra le premier des *Essais*, doit être entre autre choses un monument à La Boétie, son *tombeau*.“ (Seine Hervorhebung, S.G.).

2 So spricht Gentelli (ebenfalls in deutlichem Anschluss an Butor u.a.) vom “centro matematico del libro“: Silvia Maspoli Genetelli, *Il filosofo e le grottesche: la pluralità dell'esperienza estetica in Montaigne, Lomazzo e Bruno*, Rom (u.a.): Ed. Antenore 2006, S. 229. Auch wenn die Begründung mit dem letzten Satz des Kapitels weniger rechnend zu sein scheint, lässt sich die Eleganz dieser numerischen Bestimmung des Zentrums anhand der 57 Kapitel des ersten Bandes, das sich tatsächlich bei einem Mittelwert von 28,5 im Übergang von *De l'Amitié* zu den Sonetten La Boéties befinden müsste, kaum von der Hand weisen. Auch alternativen Bestimmung des Zentrums des ersten Bandes anhand der Seitenzahlen, die sich (nach der Bordeaux-Ausgabe) bei S. 164 inmitten von *De l'institution* finden ließe, tun dieser Evidenz keinen Abbruch. Eine unterschwellige Korrespondenz dieser beiden zentralen Kapitel, insbesondere hinsichtlich ihres Einbezugs der Poetik und der Legitimation des Essais-Projekts, scheint sich so auch „mathematisch“ anzubieten.

3 Jacques Derrida, *Politik der Freundschaft*, Frankfurt a.M.: Suhrkamp 2000, Kap. 1, S. 17-50; Derrida geht von einer Zitation in den *Essais* aus, die – fälschlich – Aristoteles mit seinem Ausspruch „Oh meine Freunde, es gibt keinen Freund“ anführen will. Montaigne verliert er allerdings in der Folge schnell aus den Augen, und geht auch nicht weiter auf die poetologische Bedeutung der Freundschaft und des Verlusts ein.

4 Butor wird die vorherrschende Thematik von Tod und Sterben, die bis in den zweiten Band Montaignes Denken bestimmt und auch im letzten Band wiederkehren wird, prominent an den Verlust La Boéties binden, wenn er schreibt (Butor, *Essais sur les essais*, S. 55): „Donc tout un second train des chapitres du premier livre est destiné à illustrer la mort de La boétie.“ Friedrich (Friedrich, „Montaigne und der Tod“, S. 38) geht zwar ebenfalls davon aus, dass der

ergibt sich dabei aus der Schilderung des Entzugs seines idealen Gegenübers in der Gestalt seines Freundes, mit dem Montaigne nicht nur einen Gesprächspartner, sondern ein tatsächliches Alter Ego verloren haben will, für dessen Verlust das Projekt der *Essais* ihm höchstens eine Milderung sein kann. Die *Essais* sind der trauernde Nachklang einer Freundschaft des Jahrhunderts, wovon nicht zuletzt die Inschrift in Montaignes Turm zeugt, die verdeutlicht, dass sein Rückzug aus der Öffentlichkeit und die damit verbundene Muße, die ihm das Schreiben ermöglicht hat, direkte Reaktion auf diesen Verlust sind:

> Privé de l'ami le plus doux, le plus cher et le plus intime, et tel que notre siècle n'en a vu de meilleur, de plus docte, de plus agréable et de plus parfait, Michel de Montaigne, voulant consacrer le souvenir de ce mutuel amour par un témoignage unique de sa reconnaissance, et ne pouvant le faire de manière qui l'exprimât mieux, a voué à cette mémoire ce studieux appareil dont il a fait ses délices.[5]

Das eigens La Boétie gewidmete Kapitel versteht sich so als Steigerungsmoment der Legitimation und der Berechtigung von Montaignes Unternehmen: Ohne den Tod La Boéties wäre der Schreibanlass, wären die *Essais* als Trauerarbeit der Selbstbefragung, nicht entstanden, weil sie unnötig gewesen wären, und nötig wurden sie erst durch den fundamentalen Mangel, der Montaigne als Überlebenden einer idealen Zweiheit erst zum schreibenden Versuch zwingt. Nur nachdem ihm sein Spiegel im Freund verloren gegangen ist, wird die „Entzifferung des Selbst", wie Starobinski wirkmächtig zitieren wird, unvermeidlich: „La mort de La Boétie a dérobé à Montaigne son seul miroir: a perte de l'ami a effacé pour toujours l'image que celui-ci détenait. ‚C'est pourquoi je me deschiffre moy-mesmes si curieusement'."[6]

Dieser Text wird nun schon gewohnheitsmäßig von einer vom Gegenstand losgelösten Digression eröffnet; Montaigne erzählt wie alltäglich, dass er dem Maler, den er gerade im Haus hat, mit den *Essais* zu folgen beabsichtigt. So wird lebensweltlich und anekdotisch der generelle Anspruch der Maler-Poetik eingelöst. Diese kurze Passage eröffnet das Kapitel, das als Eröffnung oder Rahmung des wahrscheinlich ausgiebigsten Zitates des Buches dient; Montaigne kündigt an, *La Boéties Servitude Volontaire* oder *Contre Un* zu entlehnen (*emprunter*), das zur Zierde seines ganzen Buches dienen solle – um

---

Tod des Freundes das „größte Todesereignis" für Montaigne gewesen ist, verortet aber die Thematik selbst eher im theoretischen Interesse der *Essais*.

5 So ein Auszug aus den Inschriften, zitiert nach Michel Butor, *Essais sur les Essais*, S. 33.

6 Starobinski, *Montaigne en mouvement*, S. 54. Hierzu gilt auch, was Foucault über die „écriture de soi" sagt; Michel Foucault, „Écriture de soi", S. 416: „L'écriture de soi […] pallie les dangers de la solitude; elle donne ce qu'on a fait ou pensé à un regard possible; le fait de s'obliger à écrire joue le rôle d'un compagnon, en suscitant le respect humain et la honte[…]."

ohne spätere Korrektur dieser Ankündigung auf den Abdruck des Textes zu verzichten und stattdessen 29 Sonette seines Freundes abzudrucken. In der Folge wird auch diese Einfügung zurückgenommen, und Montaigne verzichtet auf den Abdruck der Arbeit seines Freundes mit dem lakonischen Verweis, diese sei andernorts zu finden. Was so die Edition übersteht, ist der Rahmen für das Werk des anderen. Die Bedeutung dieses angekündigten, aber zurückgenommenen Werk-Zitates für Montaigne und für seine Freundschaft geht zwar so weit, dass er ausdrücklich den Anschein erweckt, hier nur als Rahmen und als Anlass für die „eigentliche" Publikation zu schreiben. Zugleich bleibt der Hinweis auf die Schrift des Freundes unerfüllt; als eines der wenigen ausdrücklichen und bestens belegten Zitate, das als Zentrum nicht nur eines Kapitels, sondern, wie wir gleich sehen werden, des gesamten Projektes fungieren sollte, das ausbleibt. Wenn die Bedeutung des Zitates für Montaignes Poetik bis hierher noch nicht überzeugend dargelegt wurde, muss spätestens bei diesem fingierten negativen Zitat erkannt werden, welche konstitutive Stellung die Geste der Entlehnung und der Übernahme in Montaignes Denken einnehmen.

Bevor er also zunächst im Lob des Anderen den eigenen Diskurs abwertet, diskutiert er sein Vorgehen als Imitation des Malers in seinem Haus:

> (a) Considerant la conduit de la besongne d'un peintre que j'ay, il m'a pris envie de l'ensuivre. Il choisit le plus bel endroit et milieu de chaque paroy, pour y loger un tableau élabore de toute sa suffisance; et, le vuide tout au tour, il le remplit de crotesques, qui sont peintures fantasques, n'ayant grace qu'en la varieté et estrangeté. Que sont-ce icy aussi, à la verité, que crotesques et corps monstrueux, rappiecez de divers membres, sans certaine figure, n'ayants ordre, suite ny proportion que fortuité,
>
> *Desinit in piscem mulier / Formosa superne.*[7]

Die Analogie zur Malerei, der dieses Kapitel unserer Lektüre folgt, erfährt also im Anheben der Trauer um den Freund eine weitere Verschärfung, die als neuerliche Textschwelle zu I 28 einen zweiten, deutlich als Digression markierten Paratext bereitstellt. Die bloße und abstrakt gebliebene Erwähnung der Malerei aus *Au Lecteur* wird um einiges profilierter. Im Stile einer Gelegenheitsschrift nimmt uns Montaigne in den häuslichen Raum hinein, in dem ihm ein Maler ein Bild – wir erfahren mit keinem weiteren Wort, was Gegenstand und Form dieses Gemäldes gewesen ist – für ihn gefertigt hatte.

An seinem Beispiel hat Montaigne Lust bekommen, ihm in seiner Form zu folgen, also ihn zu imitieren. Allerdings will er sich am Sekundären,

7 Montaigne, I 28, S. 218. Horaz, *Ars Poetica*, S. 4, v 4.

Nachträglichen und Ornamentalen orientieren. Für das tatsächliche oder „wahre"[8] Gemälde reichen seine Kräfte nicht hin. Was ihm nachahmungswürdig und –fähig erscheint, ist der dekorative Rahmen aus Grotesken, der die Leere ausfüllen soll (*le vuide tout au tour*). In der Beobachtung erhält Montaigne also eine Lektion in der Auffüllung (*remplir*) von Leerstellen, in der dekorativen Bekämpfung des *horror vacui*. Die Eröffnung deutet ausdrücklich auf die Fortführung der Imitations-Debatte zwei Kapitel zuvor hin, auch wenn die Rahmung der Episode mit ihrem alltäglichen Charakter zunächst wenig poetologisch wirkt. In der breiten Opposition von Leere und Fülle wird zugleich das Qualitätsgefälle abgesteckt; die Fülle ist das Zentrum, in dem sich das Werk in seiner Meisterschaft zu erkennen gibt.[9] Die Leere, die das eigentliche oder primäre Kunstwerk umgibt, wird mit einer Rahmung versehen, die nur durch ihre Varianz (*varietas*) und Fremdheit Form erlangt – die Groteske.

Wenn man die intratextuellen Bezüge dieser kurzen Einleitung betont, stellt Montaignes Wiederholung des Malerei-Vergleichs eine Verschränkung von Momenten der *excusatio* und der *correctio* dar.[10] Die Entscheidung, sich nur mit dem Beiwerk befassen zu können und die reicheren Arbeiten begabteren Künstlern zu überlassen, greift die Selbstabwertung der Vorrede scheinbar nahtlos wieder auf und führt sie weiter – nicht ohne an der Erneuerung einen weiteren metaphorischen Spielraum für die Konstitution der Poetik der *Essais* zu gewinnen. Auch der Malereivergleich kehrt wieder und gewinnt neue Form. Anstelle des Portraits sind die Rahmung und die Groteske getreten, was der Lektüre nicht nur als eingehendere Charakterisierung, sondern zudem als Veränderung der bildlichen Ebene erscheinen muss. Nicht zuletzt der inszenierte Glücksfall macht aus dem Akzidentellen der Grotesken eine *poetique par accident*, die seinen ersten Entwurf mehr berichtigt als ergänzt. Anders als das Portrait stellt die Groteske ein malerisches Verfahren dar, das schon aufgrund seiner Neuheit und Andersartigkeit den *Essais* zu entsprechend scheint. Montaigne hebt diesen Charakter deutlich hervor, indem er sich genötigt sieht, der Erwähnung des Namens in etwas eigentümlicher Orthographie eine kurze Erklärung folgen zu lassen.

---

8 Vgl. Genetelli, *Il filosofo*, S. 228: „In realtà, precisa Montaigne, il suo procedure non è in tutto aderente a quello del pittore, e il paragone, dunque, non assolutamente riuscito [...]; egli lo imita sì ma solo nella seconda e secondaria parte della sua produzione, ossia nella creazione dei margini, degli ornamenti, mancandogli a suo dire le capacità artistiche necessarie per produrre la raffigurazione centrale, *il vero e proprio quadro*, insomma la parte migliore." (Meine Hervorhebung, S.G.)

9 Vgl. Michel Magnien, „Crotesque' et sublime dans *les Essais*", in: *Le Sublime et le Grotesque*, hrsg. Jan Miernowski, Genf: Droz 2014, S. 65-87, hier S. 81.

10 Georg Wöhrle, CORRECTIO, in: *Historisches Wörterbuch der Rhetorik*, BD. 2, Spl. 394-396.

Die Neuheit dieses Begriffs mahnt zur Vorsicht in einer Lektüre, die den Stellenwert dieses Vergleichs als Emblem der *Essais* ernstnehmen will. Es ist kein Zufall, dass Montaigne diesen Begriff einführt, um auf sein Schreiben im Verhältnis zu La Boétie zu reflektieren, und dass dieser Vergleich *en passant* am Eingang des Kapitels und ohne tiefergehende Analyse eingeführt wird. Selbst als textuelles Ornament zugleich ins Herz des Buches und doch an den Rand gestellt, korrespondiert die kurze, leicht zu übersehende Erwähnung der Grotesken mit ihrer visuellen Anwesenheit im Buch; das Frontispiz der 1588er Ausgabe beinhaltet neben floralen Verzierungen, Jünglings-Gestalten und einer doppelten Rahmung Maskenköpfe, die aus Muscheln und Architekturanteilen zu entspringen scheinen. Als literarische Kategorie hat die Groteske eine eingehende, aber wenig spezifizierte Rezeption erfahren. Montaigne gehört zu den ersten, die diesen Begriff in der französischsprachigen Literatur veranschlagen.[11] Montaigne ist, neben Rabelais, einer der ersten Autoren, auf den der Begriff überhaupt angewendet wird, und wird so (erneut) zum Referenzpunkt einer literarhistorischen Debatte. Sie oszilliert im historischen Rückblick des 20. Jahrhunderts, wie Scholl eindrücklich dargelegt hat,[12] zwischen dem Fröhlichen und Lächerlichen, das der Karnevaleske zuzuordnen wäre (Bachtin)[13] und dem Unheimlich-Bedrohlichen, das Ausdruck eines Weltverlustes in den romantischen Poetiken sei (Kayser).[14] Dass sie zugleich mit Pseudo-Longin als Gegenstück einer Ästhetik des Erhabenen verstanden werden könnte,[15] erweitert das Spektrum des Grotesken derart, dass die beiläufige und singuläre Erwähnung in den *Essais* eine schiere Überfülle von Konzeptionen evoziert. Eine Orientierung, die sich an der kurzen und alleinstehenden Passage aus I 28 vornehmen ließe, wird von dieser Tradition

11 Friedrich, *Montaigne*, S. 313: „Mit Bedacht wählt Montaigne dieses Wort; er konnte damit rechnen, daß die darin liegende – disqualifizierende – Stilbestimmung verstanden wurde." Während Kayser noch davon ausgeht, dass Montaigne hier als erster den Neologismus im Französischen unterbringt, lässt er sich auch bei anderen Autoren wie Rabelais oder Cardano in ähnlicher oder noch weitergehender Weise finden.

12 Wir folgen in weiten Teilen der exzellenten und sowohl thematisch als auch materiell für unsere Arbeit prägenden Studie von Scholl, *Von den „Grottesken"*.

13 Michail Bachtin, *Literatur und Karneval: zur Romantheorie und Lachkultur*, Frankfurt a.M.: Ullstein 1985.

14 Wolfgang Kayser, *Das Groteske: seine Gestaltung in Malerei und Dichtung*, Tübingen: Stauffenburg-Verlag 2004.

15 Meist unter der Passage zum Obszönen, das aus dem Erhabenen auszuschließen sei; vgl. Pseudo-Longin, *Vom Erhabenen (gr.-dtsch.)*, übers. Reinhard Brandt, Darmstadt: Wissenschaftliche Buchgesellschaft 1966, Kap. 43,5, S. 112-113. Der Band von Miernowski geht dieser Beziehung weiter nach, stellt aber abgesehen von Magniens Beitrag keinen näheren Bezug zur Diskussion der Renaissance her.

eher verstellt als ermöglicht. Auch dürfte gerade im deutschsprachigen Raum die enorme Prominenz des Begriffs und seiner Schwester, der Arabeske, in der Romantik die Differenzen in der Verwendung eher verdunkelt als erhellt haben.[16]

Insofern Montaigne eine Sonderstellung einnehmen muss, wird es notwendig sein, für seinen exemplarischen Fall die Genese der literarischen Groteske in Anschluss an die umfassende Studie von Scholl nachzuvollziehen. Für den noch sehr jungen Begriff wird seine etymologische und theoretische Entstehungssituation ebenso bedeutsam sein wie die Ästhetik des 15. und 16. Jahrhunderts, und es gibt keine Möglichkeit, Montaignes Verwendung in Vorformen von anderen (insbesondere französischsprachigen) Autoren vorbereitet zu sehen.

5.1 Grotten und Dekor

Die Bedeutung dieser kurzen und allein stehenden Passage zum Grotesken für Montaignes Schreiben geht vor allem innerhalb der Logik des Malerei-Vergleiches auf; die Bestimmung seines Schreibens als „monströs" hätte in vielen Teilen genügt, um dem eigentümlichen Charakter des Buches seinen Namen zu geben. Aber jüngere Studien haben zu Recht darauf insistiert,[17] diesen erweiterten Vergleich in seiner poetologischen Dimension ernster zu nehmen und zu versuchen, die Verwendung des jungen Namens für sein neues Schreiben innerhalb der Diskussion um die angemessene künstlerische Darstellung zu verorten.

Die *grottesche* ist, nicht nur ihrem Namen nach, ein historisches und vorrangig archäologisches Phänomen,[18] dessen Aufkommen maßgeblich an die

---

16 In groben, aber doch den entscheidenden Zügen wird diese Entwicklung nachgezeichnet in André Chastel, *La Grotesque*, Paris: Le Promeneur 1988, hier insb. 65-79. Ein Beispiel für eine Bestimmung des Grotesken ohne jeden Rekurs auf ihre gedankliche Konstitution in der Renaissance böte beispielsweise Wolfgang Jansen, *Das Groteske in der deutschen Literatur der Spätaufklärung*, Bonn: Bouvier 1980.

17 Neben Scholl liegen noch die reichen Rekonstruktionen von Westerwelle und Mathieu-Castellani vor, die Montaigne innerhalb der Genese der literarischen Groteske situieren und mit den vielfältigen zeitgenössischen Bezügen in Reibung bringen.

18 Ein zeitgenössischer Nachweis für die Begriffserklärung findet sich beispielsweise prominent bei Vasari in seiner Beschreibung des Verfalls der bildenden Künste nach dem römischen Imperium: „Und die nachfolgenden Generationen, die alles für zerstört hielten, pflanzten darauf ihre Weinstöcke an, und da diese genannten ebenerdigen Räume nunmehr unter der Erde lagen, nannten die Modernen sie ‚Grotten' und die Malereien, die man heute dort sieht, ‚Grotesken'. Giorgio Vasari, *Kunstgeschichte und Kunsttheorie. Eine*

Entdeckung und Rekonstruktion der *Domus Aurea* in Rom von 1480 gekoppelt ist.[19] Dort, in den Grotten der rekonstruierten Villa des Kaisers Nero (und an vergleichbaren Orten), fanden sich ornamentale Fresken und architektonische Verzierungen, die zwar fragmentarisch, aber in guter Konservierung von Malern und Gelehrten Italiens gehoben und untersucht wurden.[20] Entgegen den bisherigen typischen Vorstellungen von Malerei, die sich als „moderne" in Perspektive und Realismus der Nachahmung und Abbildung der Natur und des Natürlichen verschrieben hatten, handelte es sich um phantastische Mischwesen, um mythische Figuren der paganen Kultur Roms, beispielsweise um Motive aus Ovids *Metamorphosen* und um rätselhafte Kreationen, die zwischen verschiedenen Momenten oszillieren. Spielerisch und ohne starken Darstellungsanspruch von Wirklichkeit ließ die *grottesche* sich als Sammelbegriff für die Grottenverzierungen verwenden.

Die bisher unbekannten ornamentalen Arbeiten wurden schnell von den Originalen kopiert und eröffneten eine neue Formsprache für die Malerei, die sich mit den Funden auf eine zwar antike, aber für die Renaissance völlig neue Art des Ausdrucks berufen konnten. Vasari und Serlio betonen in ihrer frühen Verwendung des Begriffs im Italienischen diesen imitativen Zug; für die Zeitgenossen war der Antike-Bezug dementsprechend nicht nur im Wort,

Einführung in die Lebensbeschreibungen berühmter Künstler anhand der Proömien, übers. Victoria Lorini, hrsg. / komm. Matteo Burioni & Sabine Feser, Berlin: Wagenbach 2004, S. 63. In Anbetracht der zuvor beschriebenen nahezu vollständigen Zerstörung der künstlerischen Produkte Roms wird so ein fragmentarischer Rest genannt, der unbemerkt und zufällig bewahrt wurde und nun von den „Modernen" gehoben und benannt wird.

Für eine Rekonstruktion des Begriffes eignet sich vor allem die Arbeit von Barasch; vgl. Frances K. Barasch, *The Grotesque: a Study in Meanings*, Den Haag [u.a.]: Mouton 1971; die die Genese und den nahezu zeitgleich aufkommenden ästhetischen Disput um das Groteske umfassend darstellt. Für den französischen Sprachraum hat Knaak eine umfangreiche begriffsgeschichtliche Darstellung vorgelegt, der spätere Arbeiten nichts Essentielles hinzufügen konnte. Paul Knaak, *Über den Gebrauch des Wortes „grotesque"*, Greifswald: Hans Adler 1913.

19 Nicole Dacos, *La découverte de la Domus Aurea et la formation des grotesques à la Renaissance*, London (u.a.): Warburg Inst. (u.a.) 1969. Morel ruft von hier eine Hochphase der Groteske aus, die sich bis zu den Arbeiten Raffaels um 1525 erstreckt. Philippe Morel, *Les grotesques: les figures de l'imaginaire dans la peinture italienne de la fin de la Renaissance*, Paris: Flammarion 2011, S. 10.

20 Mathieu-Castellani, *La vérité du mensonge*, S. 72: „Ces ‚grottesques' ont reçu leur nom des modernes, du fait que les archéologues les ont découvertes dans les cavernes enterrées de Rome, cavernes qui étaient dans l'Antiquité des salles, étuves, studios, chambres etc. Ces archéologues les découvraient dans des espaces en forme de cavernes en raison du remblayable du sol qui s'est produit depuis l'Antiquité.: ces lieux enfoncés s'appellent à Rome des grottes, d'où le nom *la grottesque*. (B. Cellini.)" Sie verweist ebenfalls auf Chastel, *La grotesque*, S. 12.

sondern auch in der Sache anwesend.[21] Dieses zugleich künstlerische und archäologische Interesse lässt sich vielleicht nach Chastel am besten am Beispiel Pietro Luzzos veranschaulichen. Neben Udine einer der frühesten und bedeutendsten Vertreter der Malerei in Grotesken, ist von ihm bei Vasari überliefert, wie er durch Studium und Kopie in den namensspendenden Grotten seinen Stil im Abgleich mit den Antiken Vorbildern entwickelte. Vasari beschreibt ihn:

> Il y eut de l'extravagance dans sa vie, comme dans sa tête et dans son invention des « grottesques » ; de nature mélancolique, il passait son temps à étudier les vestiges antiques ; il se plaisait à examiner voûtains et panneaux ainsi traités ; il ne cessait de les étudier ; c'est ainsi qu'il adopta l'art de faire tourner les rinceaux à l'antique.

Was Chastel anschließend in diesem Sinne kommentiert:

> Le premier divulgateur de ce décor étrange ne peut qu'avoir été un rêveur perdu dans une sorte de songe archéologique. C'était autour de 1500.
> [...] Vasari a bien vu qu'il y avait un aspect macabre, sinistre, un peu nécromantique, dans le monde des grottesques.[22]

Für Vasari, so Chastels Lektüre, schreibt sich der Charakter des Vergangenen und des aus der Grotte Gehobenen in die so gewonnene Formsprache ein. Mit der Absicht, einen rekonstruktiven Überblick über den Reichtum antiker Formsprache zu geben, wurden so Reliefs und Fresken abgezeichnet und in Form von Kompendien – dank des Druckes in Vervielfältigungen – für Künstlerateliers in Italien und ganz Europa zugänglich gemacht.[23]

---

21 Vgl. Barasch, *The grotesque*, S. 19: „Their imitations soon came to be called *grottesche* (n. ‚grotesques') in sixteenth-century Italy. The association between the word *grottesche* and the antique designs just described was recorded in Giorgio Vasari's Lives (1550, 1568) and in Sebastiano Serlio's Architettura (Venice, 1551). Vasari and Serlio were not the first Italians to use the word, but they were first to indicate that the word denoted specific designs found in the ruins of ancient Rome. [...] At its inception [1550 and 1551, with Vasari and Serlio, S.G.], however, *grottesche* did not require an etymology, for its association with the antiquities was tacitly understood."

22 Zit. nach Chastel, *La Grotesque*, S. 30.

23 Scholl führt eine eindrückliche Liste von Grotesken in Skizzenbüchern auf: Scholl, *Von den „Grottesken" zum Grotesken*, S. 80. Sie zählt den *Codex Escurialensis* von 1491, die Arbeiten der Werkstatt Domenico Ghirlandaio, den *Codex Wolfegg* von Amico Aspertini (um 1500-1502) sowie den *Codex Barberinanus* und das Reiseskizzenbuch von Francisco de Hollanda (1538); abschließend erwähnt sie noch den Traktat *De Pintura antigua* (1583) von Michelangelo. Vgl. hierzu auch Peter Burke, *Die europäische Renaissance. Zentren und*

Ausgehend von der Rekonstruktion und Imitation der antiken Formsprache wurden nun von den Künstlern der Renaissance neue „Grotesken" entworfen.[24] Die phantastische Verzierungstechnik erfreute sich enormer Prominenz insbesondere in Italien und wurde zum führenden Stil unter Papst Clemens VII.[25] In ihrem Überborden und ihrer offenen Toleranz für heidnische Motive bot die Groteske allerdings eine breite Angriffsfläche für Verdächtigungen und die Kritik im Zuge von Reformation und Gegenreformation, was letztlich zu ihrer Zurücknahme im Konzil von Trient 1590 führte.

Die Rekompositionen der gehobenen römischen Vorbilder, die Künstler des 15. Jahrhundert wie Pinturicchio oder Lippi noch maßgeblich direkt aus dem „Vokabular" der Domus Aurea gewannen, stand dabei im Spannungsfeld von Anachronismus und Eigenständigkeit, von Imitation und Invention: Groteske Dekorationen waren einer nachbildenden und imitierend-zitierenden Technik verpflichtet,[26] gaben aber zugleich eine Methode an die Hand, mit der der „Krise der figurativen Malerei",[27] wie sie sich z.B. bei Vasari ausdrückt, mit einer neuen und innovativen Gestaltungsform begegnet werden konnte. Piel hat dabei das gespannte Verhältnis zur Antike, das sich in der Groteske ausdrückt, als Antwort auf das Bedürfnis nach einer Erneuerung der Formsprachen der Malerei gefasst.[28] Gespannt, weil mit dem Neuen keine radikale Abkehr vom Bestehenden gemeint sein konnte; die Lizenzen, die sich aus dem

---

Peripherien, München: Beck 1998, S. 228; wo er auf Grotesken-Buchkünstler außerhalb Italiens wie Vredemann, Du Cerceau und Jamnitzer eingeht.

24 Man denke an die sogenannten „grotesken Köpfe" Leonardo da Vincis und ihr *ludo geometrico*, aber vor allem an Raffael und den bereits erwähntem Giovanni da Udine, deren Dekor besonders bei Vasari gelobt wird. Dacos nimmt hier Pinturicchios Arbeiten in der Santa-Maria di Popolo (1488) zum Beispiel, die in der Entlehnung aus den Funden diese nicht nur imitieren, sondern vermehren und fortführen. Dacos, *La découverte de la Domus Aurea*, S. 64. „Grotesque d'un polychromie éclatant multiple les emprunts à la Domus Aurea."

25 Scholl, *Von den „Grottesken" zum Grotesken*, S. 120: „Das Dionysisch-Erotische wird in allen Bereichen der Kultur der Renaissance über das Groteske aufgewertet. Papst Clements VII. hat sogar in einem erhaltenen Brief ausdrücklich darum gebeten, seine Villa nicht mit biblischen Szenen des Alten Testaments auszuschmücken (wie dies bekanntlich Raffael und Giovanni da Udine mit den Grotesken in den vatikanischen Loggien ausführten), sondern mit grotesken Dekorationen und Szenen aus den heidnischen Metamorphosen Ovids, da ihm das Alte Testament zu seriös erscheine und er die leichtsinnigeren Metamorphosen bevorzuge."

26 Dacos spricht vom „vocabulaire" der Domus Auras (Vgl. Dacos, *La découverte de la Domus Aurea*, S. 69).

27 ebd.

28 Friedrich Piel, *Die Ornament-Grotteske in der italienischen Renaissance: zu ihrer kategorialen Struktur und Entstehung*, Berlin: de Gruyter 1962, S. 183.

dekorativen Malen von Monstern und Chimären ergeben, sind nur insofern gestattet, als auch in ihnen klassischen Vorbildern entsprochen werden kann.[29]

Während der Name in seiner Unbestimmtheit und seinem archäologischen Nachklang populär wird, ist die Theorie darum bemüht, den authentischen Zeugnissen römischer Kunst eine Grundlage zu liefern. Auch Vasari führt in seiner ambivalenten Schilderung des Grotesken deren Entstehung so deutlich auf das Vorbild „der Alten" zurück, dass die Abhängigkeit der „neuen" Form unabweisbar wird.[30] Seine Zurückhaltung lässt sich verstehen als Teil eines Programms der Grotesken als antik legitimierter Subversion des klassischen Stils, oder, nach Rosens Lektüre, als „Möglichkeit, im Schutz der Imitation antiker Vorbilder die Kunst zu erneuern".[31]

Nach der Neuherausgabe von Vitruvs *De Architectura* lag eine authentische Beschreibung und Beglaubigung der Funde vor; allerdings währte die Freude über eine nun auch theoretische Deckung der Grotesken nur kurz.[32] Für Vitruv sind Grotesken, die er noch Monstren nennt, eine Entartung der römischen Kunst, weil ihr mimetischer Anspruch den gesunden Rahmen des Wahrscheinlichen verlässt: „So etwas aber gibt es nicht, kann es nicht geben, hat es nicht gegeben."[33] Dem konnte nur eine geheime unterliegende Sinnhaftigkeit entgegengehalten werden. In der ornamentalen und „amimetischen" Struktur der

---

29 Beide Momente sind konstitutiv für die Genese der Groteskenmalerei, wie sich bei Dacos am Beispiel Lippis illustrieren lässt. Nicole Dacos, *La découverte de la Domus Aurea*, S. 69: „Ne s'attardant jamais à une copie fidèle des orignaux, Filippino considère aussi tôt ses croquis comme des projets de décoration dont les motifs antiques lui fournissent uniquement le point de départ."

30 „Die Grotesken sind eine Art zügelloser und lächerlicher Malerei, welche die Alten als Ornament in Räumen anwendeten, wo an einigen Stellen nichts anderes paßte als merkwürdige Dinge." Zitiert nach Elisheva Rosen, GROTESK, in: *Ästhetische Grundbegriffe*, hrsg. Karlheinz Barck (u.a.), Stuttgart/Weimar Metzler 2001, Bd. 2, S. 876-900, hier S. 881.

31 Rosen, GROTESK, S. 881.

32 Barasch, *The grotesque*, S. 28-29; schildert die rasche Verschiebung im Rekurs auf Vitruv in fast szenischer Deutlichkeit.

33 Vitruvius, *De Architectura libri decem / Zehn Bücher über die Architektur* hrsg./übers. Curt Fensterbusch, Darmstadt: Wissenschaftliche Buchgesellschaft 1964, S. 332: „All dies, das als Nachbildung von wirklichen Dingen entlehnt wurde, wird jetzt infolge eines entarteten Geschmacks abgelehnt; denn auf den Verputz malt man lieber Ungeheuerlichkeiten als naturgetreue Nachbildungen von ganz bestimmten Dingen. An Stelle von Säulen setzt man kannelierte Rohrstengel, an Stelle von Dachgiebeln appagineculi mit gekräuselten Blättern und Voluten, ferner Lampenständer, die die Gebilde kleiner Tempel tragen, über deren Giebel sich zarte Blumen aus Wurzeln mit Voluten erheben auf denen sinnlos kleine Figuren sitzen, ferner Pflanzenstengel mit Halbfiguren, von denen die einen Menschen-, andere Tierköpfe haben. So etwas aber gibt es nicht, kann es nicht geben, hat es nicht gegeben. Wie kann nämlich ein Rohr ein Dach oder ein Lampenständer den Schmuck eines Giebels oder ein so zarter und biegsamer Stengel ein darauf sitzendes

Grotesken finde keine Abbildung statt, sondern es sei ein geheimer Zeichensinn in ihnen zu erkennen, der sich in Allegorien, Emblemen und Hieroglyphen äußere.[34]

Während die fragwürdige archäologische Legitimation nur mit Mühe eine Begründung des monströsen Stils bewerkstelligen kann, trägt die Position der Grotesken im Ensemble der klassischen Malerei entscheidend zu ihrem Erfolg und ihrer Lizenz bei. Sie verhält sich keineswegs grundsätzlich eigenständig, sondern bleibt innerhalb einer Hierarchie der Stile; klassische Malerei stellt die tatsächlichen Gemälde bereits, während die Groteske prinzipiell sekundär und ornamental-dekorativ bleiben soll. Dem Tableau wird das Zentrum zugewiesen, während die Groteske sich als Rahmung an die Marginalien halten muss – genau in diesem Sinne greift Montaigne sie wieder auf, wenn er von der Füllung der freien Fläche als Einfassung des „wirklichen" Gemäldes spricht. Als Parergon in Abhängigkeit von der tatsächlichen Malerei (*Ergon*), wird ihnen keine *Histoire* und keine eigene Darstellungskraft zugesprochen.[35] Wie Piel gezeigt hat, konstituiert sich die Groteske gerade in Reaktion auf eine Verschiebung in der Wahrnehmung von Beiwerk. In Ablösung von einer Ästhetik des mimetisch vollendeten, nunmehr zudem räumlich inszenierten Ergon führt eine „Übersteigerung der kategorialen Struktur des Ornaments [...] zur

---

Figürchen tragen, oder wie können aus Wurzeln und Stengeln bald Blumen, bald Halbfiguren hervorsprießen." (Zitiert nach Rosen, GROTESK, S. 881.)

34 Rosen, GROTESK S. 881.

35 So beobachtet auch Becker: „Frei von linearen Narrativen und mit der Lizenz Heterogenes zu vermischen, rahmt dieses Feld [der grotesken Ästhetik, S.G.] im konkreten wie im übertragenen Sinn das Zentrum des dominanten Diskurses, der die Sprache der Literatur und bildenden Kunst seit der Hochrenaissance zu normieren sucht und die noblen *istorie* mit ihren Formaten und Stilen zum Modell macht." (Mira Becker, „Grottesco & suavitas. Zur Kopplung von ästhetischem Programm und institutioneller Form in zwei Mailänder Kunstakademien der Frühen Neuzeit", in: *Wissen in Bewegung. Institution – Iteration – Transfer*, hrsg. Eva Cancik-Kirschbaum / Anita Traninger, Wiesbaden: Harrassowitz 2015, S. 415-440, hier S. 411.)

Für die freundlichen Hinweise Beckers zur Genese einer literarischen Adaption der Groteske schon bei Lomazzo bin ich ihr zu großem Dank verpflichtet. Eher als synonym begriffene „Arabesken" lassen sich im *Rabisch* der Accademia della Val di Blenio Versuche finden, mit einer „Sammlung von Gedichten in unterschiedlichen Versformen, Sprachen und Dialekten" der „Forderung nach Pluralität und der Kritik an Normierung" nachzukommen. (Becker, „Grottesco & suavitas", S. 408). Da der Text erst 1589 veröffentlicht wurde und keine unmittelbaren Spuren einer Beeinflussung Montaignes durch die Mailänder Maler vorliegen (laut *Reisetagebuch* hat sich Montaigne nur für einen Tag im Oktober 1580 in Mailand aufgehalten, also nach der Veröffentlichung von [a], in der die Stelle zur Groteske bereits enthalten war; siehe Michel de Montaigne, *Journal de voyage*, hrsg. François Rigolot, Paris: PUF 1992, S. 221-222.), liegt eine parallele Entwicklung nahe; eine vergleichende Studie zu diesen beiden frühen literarischen Adaptionen wäre noch zu leisten.

Groteske".[36] Insofern die im Manierismus von ihrer begleitenden Funktion emanzipiert wird und sich selbst zum (leeren) Zentrum der Malerei macht, wird Groteskenmalerei zur Loslösung und Befreiung des Schmucks. In seiner Selbstständigkeit vom „eigentlichen" Werk unabhängig, verliert sich das Spiel der Groteske in den wiederkehrenden und sich weiterführenden Formen. Scholl weist allerdings (in Anschluss an Dacos) darauf hin, dass diese Modifikation keineswegs auch eine theoretische Unabhängigkeitserklärung miteinschließen; die Logik des sekundären Charakters, die sich einer klassizistischen Malweise unterordnet, bleibt für die Befreiung von kanonischen Verfahren konstitutiv. So wie es keinen Künstler der Renaissance gibt, dessen Werk sich exklusiv in Grotesken ausdrückt, ist eine tatsächliche Eigenständigkeit der Form undenkbar. Sie behält ihre theoretische wie praktische „Rahmen- oder Randposition", und entwickelt sich damit „nicht *gegen* die Renaissance-Ästhetik sondern *parallel* mit ihr".[37]

Die im Ornament erkannte Lizenz, die aus der Rahmung in die Mitte gerückt wird, ergibt sich dabei nicht nur aus dem spielerischen Charakter der Kombination. Vielmehr erkennt die Renaissance in den dekorativen Räumen der Groteske einen Spielraum, den sie innerhalb des klassischen Tableaus nicht leisten könnte. Die von Piel veranschlagte Verselbstständigung des Ornamentalen findet auch als Abkehr von einem strickten Mimesis-Konzept statt; der Wert der bloß dekorativen Momente kann nicht anhand seiner Entsprechung mit der Wirklichkeit bestimmt werden, da diese ja schon formal verabschiedet wurde. Es ist, wenn man Scholls Rekonstruktion folgen darf, gerade der Bezug zu Horaz, der diesen „amimetischen" Anspruch des Fiktiv-Phantastischen gegen die etablierte Malerei ermöglichen soll:

> Das Fiktive und Amimetische wird nun zum Kriterium, dem *Maler* einen bestimmten Rang im System der Künste zuzuweisen. [...] Nicht die realistische Nachahmung der Wirklichkeit, sondern die verfremdende und phantastische Darstellung des Unwirklichen, wie man dies in den „Grottesken" vorfand, gab den Anstoß zu einer Neubewertung der Malerei und der Dichtkunst und zu einer Umwertung der Mimesis.[38]

36 Piel, *Die Ornament-Grotteske*, S. 178.

37 Scholl, *Von den „Grottesken"*, S. 57: „Die Praxis des Grotesken verläuft nicht gegen die Renaissance-Ästhetik sondern parallel mit ihr und ist bei allen Künstlern, die wir im Laufe dieser Arbeit berücksichtigen, wenn nicht gar die entscheidende, so doch zumindest eine wichtige Dimension ihres Schaffens. [...] Nicole Dacos weist darauf hin, daß sich bei den durch die antike Groteskenornamentik inspirierten Renaissancemalern eine Form der künstlerischen Autonomie herausbildete, die es vorher nicht gab, und daß sich gerade aus der der Grotesken-Ästhetik heraus diese Freiheit entwickeln konnte."

38 Scholl, *Von den „Grottesken"*, S. 58.

Wenn sonst der Malerei in einer Überschneidung von Platons Bilderkritik und kirchlicher Autorität in Fragen der Abbildung des Wirklichen – etwa bei Paleotti – wie allen darstellenden und gegenständlichen Künsten ein realistisches und wahrscheinliches Programm quasinatürlich geworden ist, liegt in der Wiederaufnahme des Grotesken eine Öffnung zum bloß Fiktiven hin, die eine Lücke in den Ausdrucksformen schließen kann.

5.2 Umwertungen: Grotesken und Mimesis

Obwohl Groteskenmalerei keineswegs als einfacher Einspruch gegen den Renaissance-Klassizismus, sondern als komplementärer und ergänzender Stil zu begreifen wäre (vielleicht im Sinne zweier Stilrichtungen, wie auch Montaigne es nahelegt),[39] ist es nicht erst die katholische Restriktion, die deutliche Einwände gegen das Malen von Mischwesen und phantastischen Geschöpfen erhebt. Die vielfältige Literatur zur Malerei und Ästhetik insbesondere des 16. Jahrhundert diskutiert ausführlich die Angemessenheit grotesker Elemente und bereitet, wie wir Scholl folgend annehmen,[40] den metaphorischen Transfer einer Ästhetik des Grotesken in die Poetik vor, allen voran die ambivalente Bewertung, die Grotesken bei Vasari erfahren hatten.[41] Vor allem im Vergleich zu ihrem anderen, der Malereikonzeption, die zeitgenössisch „modern" genannt wird und die wir rückblickend als „klassische" Renaissance bezeichnen würden, ist in der Abweichung von anerkannten ästhetischen Grundsätzen bereits eine Abwertung der Groteske angelegt, die von keiner uns vorliegenden Theorie tatsächlich unterwandert oder infrage gestellt würde. Sie ist grundsätzlich das Sekundäre, und scheint in ihrer Theorie so stark auf die „eigentliche" Kunstfertigkeit angewiesen zu sein, dass sie kaum als eigenständiges Phänomen der Malerei in Betracht gezogen werden kann.[42]

---

39 Scholl, *Von den „Grottesken"*, S. 57.

40 Der gesamte folgende Abschnitt knüpft an Scholls Bewertung der Ausgangssituation der Ästhetik der Spätrenaissance an, der wir unter anderem auch den Begriff der „Umwertung" verdanken, s.u.

41 Nach Scholl beginnt dieser Transfer mit Doni in dessen *Disengo* (Scholl, *Von den „Grottesken"*, S. 99); vgl. Antonio Francesco Doni, *Disegno: fac simile della edizione del 1549 di Venezia*, hrsg. Mario Pepe, Mailand: Electa 1970.

42 Man darf vielleicht hinzufügen, dass diese pejorative Konnotation des Namens der Groteske erst bei Bachtin anders, wenngleich unter Beibehaltung der präsupponierten Hierarchie verwendet wird. So hat im 19. Jahrhundert Gautier eine umfangreiche Lyrik-Studie vorgelegt, in der er sich ausschließlich Autoren widmet, deren Fähigkeiten er für begrenzt hält und die in seinen Augen zurecht in Vergessenheit geraten seien. Literarische Grotesken sind hier Werke zweiten (oder noch niedrigeren) Ranges. Sie sind

Der klassische Stil befand sich in denkbarem Abstand zum neuen Stil des Grotesken – und dies äußerste sich vor allem in dessen Mangel an Figurativem und Mimetischem. Zunächst wurde vor allem die Verwendung heidnischer Motive in der Ornamentik verworfen. Die Unordnung und das Supplementäre der Ornamentgroteske ebenso gingen gegen den Zeitgeist, der auch im Mangel an mimetischer Verpflichtung oder an Realismus in der Nachahmung der Natur in der Form von Grotesken in ihnen nur noch Täuschungen erkannte. Die monströsen Verbindungen scheiterten an den aristotelischen Kernanforderungen einer klassischen und für die Renaissance verbindlichen Poetik.[43] Die Absetzung einer „neuen" Ästhetik der Groteske ist nun aber weniger Rebellion als Subversion, die sich apologetisch formiert und dabei keineswegs ihre Unabhängigkeit behaupten will, sondern gezielt auf die vorherrschenden poetischen und ästhetischen Theorien zugreift; allerdings nicht in bloßem Anschluss, sondern unter dem Vorzeichen der *Umwertung*.[44]

Montaigne lässt keinen Zweifel daran, dass die Grotesken in seinen Augen die mindere Form der Malerei darstellen.[45] Schon Friedrich merkt in seiner kurzen Lektüre von I 28 an, dass der Bezug „mit Bedacht" gewählt sei, um sich auf Seiten der unterlegenen Kunstform zu platzieren.[46] Dieser Umstand, der die *Essais* ohnehin durchzieht, hat so gut wie jede Lektüre auch von I 28 auf diese deplatzierte Passage aufmerksam werden lassen, ohne dass in der Adaption des noch jungen neuen Malstils eine Transformation nicht nur der poetologischen Analogie, sondern vielmehr der gesamten Malerei-Metaphorik

---

keine Musterbeispiele und keine kanonischen Werke, und dürfen daher unter anderen Gesichtspunkten betrachtet werden als ihre primären Vorbilder. Damit bekommen ihre Lektüre und Analyse selbst etwas Spielerisches. Vgl. Théophile Gautier, *Les Grotesques*, Paris: Nizet 1984.

43 Scholl, *Von den „Grottesken"*, S. 147: „Die rhetorischen Kriterien wie Klarheit, Kongruenz, Konvenienz, Wahrscheinlichkeit sind in den Poetiken horazischer oder aristotelischer Provenienz die Kriterien, nach denen Dichtung allgemein beurteilt wird."

44 Scholl, *Von den „Grottesken"*, S. 57: „Die Entdeckung der antiken ‚Grottesken' in der Domus Aurea führte aber bereits im 15. Jahrhundert zu einer absoluten *Neubewertung und Umwertung* der ‚klassizistischen' Ideale. [...] Die Praxis des Grotesken verläuft nicht *gegen* die Renaissance-Ästhetik sondern *parallel* mit ihr und ist bei allen Künstlern, die wir im Laufe dieser Arbeit berücksichtigen, wenn nicht gar die entscheidende, so doch zumindest eine wichtige Dimension ihres Schaffens." [Meine Hervorhebungen., S.G.]

45 Gérald Nakam, „Montaigne manieriste", *Revue d'histoire littéraire de la France* 95/6 (1995), S. 195-228, hier S. 940: „En ouvrant un chapitre aussi essentiel à ses yeux que *De l'Amitié* par l'évocation de ‚grotesques', Montaigne invite évidemment à dévaluer son œuvre au profit de l'œuvre centrale de son ami."

46 Friedrich, *Montaigne*, S. 313. „Mit Bedacht wählt Montaigne dieses Wort; er konnte damit rechnen, daß die darin liegende – disqualifizierende – Stilbestimmung verstanden wurde."

erfolgt. Im Übergang vom Portrait zum grotesken Rahmen spiegelt sich der genotextuelle Transfer, die Modellierung der *Essais* aus dem Angebot ihrer „Vorformen"; die Neuheit seines Schreibens wird in der Neuheit und der Minderwertigkeit des grotesken Verfahrens gespiegelt.

Für diesen Transfer ist es maßgeblich, dass der Medienwechsel, bei aller Evidenz und Hergebrachtheit des horazschen Vergleiches, nach wie vor einen Abstand zwischen Malerei und Schrift einklagt. Die Folge, die er dem Maler leistet (*suivre*), ist keine identische Reproduktion, sondern Stil- oder Manierzitat. Die Grotesken sind weniger thematische Neuorientierungen für den Diskurs der *Essais*, als dass sie – wie die erneute Übernahme der *Ars Poetica* belegen kann – eine Umwertung der *ut-pictura-poesis*-Logik darstellen. An den Grotesken kann Montaigne seine Schreibweise innerhalb des traditionellen Rahmens der Poetik seiner Zeit verorten und die Korrespondenz zur Malerei legitimieren, indem er sich selbst im Gegenentwurf Horaz' verortet. Auch in diesem Sinne greift es zu weit, im Bekenntnis zur Groteske ein „anti-klassisches Emblem"[47] erkennen zu wollen; wenn Montaigne die Figur des Grotesken zu seinem Markenzeichen[48] erklärt, dann doch eher, um ihre abwertende Funktion auf den eigenen Diskurs zu übertragen, als um sich von einer Klassik abzugrenzen, die zu erreichen ihm nach eigener Aussage ohnehin unmöglich gewesen wäre.

Montaigne erkennt dieses Potential der Groteske, indem er sich auf den pejorativen Charakter seiner Ausführungen verlässt. Mathieu-Castallani liest diese Akkumulation gerade als eindeutiges Zeichen für die doppelte Figur von Ab- und Neubewertung; in der eigenen Zurücknahme, die hier durch eine Aufhäufung von pejorativen Vokabeln geleistet wird, entsteht sogleich eine Infragestellung der diese Abwertung begründenden Wertsysteme.[49] Auch wenn es diese Figur ist, die wir schon an anderer Stelle als „Umwertung" am Werk sahen, müssen wir doch darauf insistieren, dass die Bindung der Umwertung an ihre „alten Werte" nicht getrennt wird; es entsteht keine einfache Abkehr von einer angenommenen klassischen Ästhetik, solange der Text deren Wertigkeiten wiederholt oder zitiert; Montaigne rekapituliert in seiner Selbstabwertung zugleich einen fiktiven Status quo der Ästhetik, dem er zwar nicht zu entsprechen vorgibt, dessen Inhalte und dessen Verbindlichkeit aber *im Text* mit anwesend gemacht werden.

---

47 Magnien, „‚Crotesque' et Sublime dans les Essais", S. 82.

48 Ebd., spricht Magnien von den Grotesken als „marque de fabrique".

49 Mathieu-Castellani, *La Vérité du Mensonge*, S. 70: „L'accumulation des désignations négatives […] doit signaler, sous la apparente dévaluation, la revalorisation du négative, la réévaluation paradoxal (contre le doxa) de ce qui échappe aux normes et aux règles établies de l'art pour constituer un *autre* art, avec des *autres* règles."

Am deutlichsten wird diese Transformation des Bestehenden selbstverständlich am Beispiel Horaz' und der poetologischen Umkehrung der Verbote aus der *Ars Poetica*. Die Einleitungspassage gibt den Stellenwert der Zitate deutlich zu verstehen und unterhält gleich mehrfachen Bezug zum Intertext; allen voran natürlich mit dem wörtlichen Anschluss, der die Fülle der internen und externen sowie medial-topischen Bezüge organisiert. In dieser Ökonomie der Evokation wird das unvermittelte Lebenswelt-Narrativ zum lesbaren und seinerseits zitierenden Moment, das sich in die Reflexion auf sein Schreiben und seine Orientierung darin gruppiert. Horaz' Auftritt, der als Echo aus I 8 sowie als Evokation der *Poetik* fungiert, ist aber zudem selbst als Teil der Umwertung zu verstehen, die I 28 vornimmt. Die Zitate selbst sind in ihrer Umkehr und ihrem Missbrauch diejenigen Monster, von denen sie sprechen. Montaigne entlehnt sie in Ausstellung lateinischer Gelehrsamkeit, um mit ihnen den eigenen Text auszuschmücken. Sie widersetzen sich also *als Zitate* der Einheitlichkeit des Diskurses. Indem er Horaz so gegen dessen ausdrückliche Aussage missbraucht, lässt er ihn selbst zum Monster werden, an dem der Übergang, den man gerade mit ihm verhindern wollte, sichtbar wird; Montaigne macht gerade das unmögliche Wesen aus Horaz zitierfähig, und kreuzt es mit seiner eigenen Gedankenführung derart, dass der poetologische Wert der Ursprungsstelle ins Gegenteil verkehrt wird. Die Ablehnung von unwahrscheinlichen Darstellungen wird hineingenommen, transplantiert in die Sammlung der eitlen Phantasien, die Montaigne schreibt. Die *Essais* werden ein monströses Corpus, das dort unnatürlich wird, wo es seine Einheitlichkeit verliert.

5.3 Grotesques et corps monstrueux als Zitate

> (a) Je vay bien jusques à ce second point avec mon peintre, mais je demeure court en l'autre et meilleure partie: car ma suffisance ne va pas si avant que d'oser entreprendre un tableau riche, poly et formé selon l'art. Je me suis advisé d'en emprunter un d'Estienne de la Boitie, qui honorera tout le reste de cette besongne.[50]

Die Betrachtungen zur Groteske an der Schwelle zu *De l'Amitié* (I 28) lassen so bereits erkennen, dass es einen Bezug zum Zitat in den Grotesken gibt. Diese stille poetologische Beziehung wird vom weiteren Text fortgeführt und vom formalen ins Thematische gespiegelt. *De l'Amitié* ist, mit einem Vorwort ausgestattet, selbst ein Vorwort für den Text des Freundes. Das Kapitel wird

50 Montaigne I 28, S. 183.

Gelegenheitsschrift und Parergon eines noch zu leistenden Zitats, der *Servitude volontier*, deren sekundäre, vielleicht nur dekorative Einfassung die *Essais* zu leisten ankündigen. Montaigne zeichnet nur die groteske Rahmung dessen, was er dem Freund entnimmt (*emprunter*). Im gleichen Zug entwirft er hier denjenigen Gedanken, der mit dem Topos der Freundschaft wiederkehrt und der sich im Titel bereits angekündigt hat, bevor Montaigne scheinbar abschweift; scheinbar, hier wie dort, wenn er auf den Text, auf das eigene Schreiben und auf das Zitat zu sprechen kommt. Die Abhängigkeit und wechselseitige Bezogenheit des Rahmens vom und zum Gerahmten korrespondiert mit der Untrennbarkeit der idealen Freundschaft, die er gleich für seine Beziehung zu La Boétie schildern wird; der Text, der dieses Verhältnis als unverzichtbaren Teil Montaignes abbilden soll, muss die Abhängigkeit spiegeln können.

Mit dem kommentierenden Bezug auf die Schrift seines abwesenden Freundes gerät die Logik des bloßen Beiwerks der *Essais* in Bewegung; sie sind begleitender Kommentar seines entlehnten *Essays*.[51] Damit drückt I 28 die interne Differenz und Hybridität dieses textuellen Ensembles aus; der Einsatzpunkt des Groteskenbezugs ist zugleich der Moment einer (virtuellen, weil ausgebliebenen) zitativen Hybridisierung des Buches, ganz so, als dienten die Monstern und Chimären als unsichtbare Anführungszeichen um das versprochene Zitat.

Im Widerspruch zu einer Forderung von natürlicher Abgeschlossenheit wie bei Horaz, sind es eben die fließenden und unscharfen Übergänge von Fisch zu Frau, von Stein zu Pflanze usw., die dem grotesken Manierismus und, in weiterer Hinsicht, der klassischen Antike den Vorwurf der Konstruiertheit und Widernatürlichkeit eingebracht haben. In dieser Bildlichkeit der Groteske spiegelt die Dopplung der wesentlichen Teile, die er wenig später für sich und seinen Freund exerzieren wird. Beide Teile gehören wesentlich zu ihr, sind aber doch im Kern verschieden, und stützen das Ensemble, das der Groteske ihre Dynamik verleiht.

Diese Entdifferenzierung des Unterschiedlichen, diese Zusammenführung des Getrennten wird nicht nur auf die Textur der *Essais* übertragen. Die monströsen Körper, die er zu schreiben erklärt, sind Zwitterwesen und Überschneidungen – das von Horaz entlehnte Bild eröffnet auch den

51 Bezeichnenderweise will Montaigne in der *Servitude volontaire* La Boéties ebenfalls ein Schreiben in Form der *Essais* erkennen; er wendet hier ausdrücklich den Singular im Stile eines Gattungstitels, und vergisst nicht, sein Bedauern über diesen bloßen Versuch der Jugend zu markieren: Montaigne I 28, S. 183-184 [meine Hervorhebung.]: „C'est un discours auquel il donna nom *La Servitude Volontaire*; mais ceux qui l'ont ignoré, l'ont bien proprement dépuis rebaptisé *Le Contre Un*. Il l'escrivit *par maniere d'essay*, en sa premiere jeunesse, à l'honneur de la liberté contre les tyrans."

Metaphernraum der Pfropfungen, Kreuzungen und Überschneidungen. Aus der entlehnten Bildlichkeit schlägt die Idee des Übergangs vom Ornament um ins Thematische, wenn Montaigne im Einklang mit der philosophischen Tradition die Freundschaft in Termini der *Consubstantialité* beschreiben wird. Weil er es war – weil ich es war;[52] der naht- und bruchlose Übergang des Subjektes im Freund wird von den wahllosen Übergängen des Montaigneschen Diskurses eingeleitet. Was hier, mehrfach gebrochen und gefaltet, als monströser Körper aufgeführt wird, ist der Diskurs des ständigen Übergangs, der sich um ein leeres Zentrum gruppiert, solange der *Contre Un* trotz seiner Einführung abwesend ist. Montaigne beschreibt diesen Übergang im Stile einer Gewinn- und Verlustrechnung, die der idealen Gemeinschaft der Freunde alles zu Eigen werden lässt, was sich sonst differenzieren ließe:

> (a) Ce n'est pas une speciale consideration, ny deux, ny trois, ny quatre, ny mille: c'est je ne sçay quelle quinte essence de tout ce meslange, qui, ayant saisi toute ma volonté, l'amena se plonger et se perdre dans la sienne; (c) qui, ayant saisi toute sa volonté, l'amena se plonger et se perdre en la mienne, d'une faim, d'une concurrence pareille. (a) Je dis perdre, à la verité, ne nous reservant rien qui nous fut propre, ny qui fut ou sien ou mien.[53]

Mit unstillbarem Hunger gehen die Freunde und mit ihnen ihr eigenständiger Wille in einander auf. Die Selbstaufgabe ist kein wirklicher Verlust, sondern eigentlicher Gewinn als Aufhebung jeder Reserve. Was am Ursprung liegt, ist kein bezifferbares Einvernehmen, das sich datieren und beschreiben ließe, sondern eine „Quintessenz", die sich zwischen Montaigne und La Boétie einstellt und die beiden völlig in Beschlag nimmt. Aus den Einzelnen wird ein Ganzes, das eine Mischung darstellt, in der beide Teile aufgehen. Ideal geteilt, verlieren die Bestimmungen von Eigenem und Fremden ihre Zuschreibung, und der Verlust des eigenen Willens ist gleichzeitig der Gewinn des gemeinsamen; Eigenes und Fremdes, das die natürlichen Grenzen übertritt und sich neu verbindet.

Diese ideale Beziehung der beiden rückt nicht nur damit in den Rang einer Ausnahme der Natur, dass es sich beim Zusammentreffen von Montaigne und La Boétie um ein Jahrhundertereignis handelt.[54] Die Freundschaft wird auch darin dem Monströsen als Sonderfall angeähnelt, dass ihre Verbindung die Trennung der Teile verunmöglicht. Zwischen Montaigne und La Boétie

52 So die berühmte Formel der Begründung dieser Freundschaft; Montaigne I 29, S. 188: „(c) Par ce que c'estoit luy; par ce que c'estoit moy."

53 Montaigne I 29, S. 189.

54 Montaigne I 29, S. 184. „(a) Il faut tant de rencontres à la bastir, que c'est beaucoup si la fortune y arrive une fois en trois siecles."

herrscht eine derart innige „Kommunikation", dass sie die Grenze der beiden Individuen verwischt und aufhebt. Freundschaft ist essentielle Mischung. Obwohl – wie der Tod des einen unbestreitbar belegt hat – faktisch different, bildet das Paar im Modus der Freundschaft eine geteilte Essenz, die in ihrer Ausformulierung die natürlichen Bestimmungen verlässt und in derselben Quasinatürlichkeit mündet, die sich emblematisch an den monströsen Körpern der Grotesken zeigen lässt.

> En l'amitié dequoy je parle, elles [nos ames, S.G.] se meslent et confondent l'une en l'autre, d'un melange si universel, qu'elles effacent et ne retrouvent plus la couture qui les a jointes.[55]

Montaignes Diskurs leitet und geht über; La Boéties Diskurs empfängt ihn und gibt ihm den Fluchtpunkt seines Verlaufes vor. Der fließende und unmerkliche Übergang, den man hier erkennen kann, spiegelt sich in der Mikroebene von Montaignes Zitaten. Sie stehen an der leeren Stelle, die der Tod gerissen hat und deren Provokation die erneute Rahmung und den Rückzug von Montaigne zu verantworten hätte.[56] Denn wo von der zweiten Hälfte dieses geteilten Ichs nur die Trauer geblieben ist, und wo Montaigne auch den angekündigten Text letztendlich nicht mit andrucken wird, bleibt die Korrespondenz unvollständig, und muss mit dem die Lücke aufgefüllt werden, was Montaigne von La Boétie geblieben ist; seiner Bibliothek.

Die Berührung von Form und Inhalt in *De l'Amitié* ist leider in weiten Teilen übersehen worden, und man hat insbesondere versäumt, den losen Kontakt zwischen Vorrede und Haupttext in der Thematisierung der Mischung und Teilung wiederzuerkennen. Wie überall, haben sich die Kommentare auch hier an der Fülle von Exkursen, Zitaten und Paraphrasen gestört und den Missklang zwischen herzlicher Trauer und gelehrtem Referat nicht auflösen können.

---

55 Montaigne I 29, S. 188.

56 Eine Durchsicht der *Essais* auf den Topos des Todes wäre eine nötige Ergänzung zu dieser Lesart, und würde zeigen, wie die Obsession mit dem guten Sterben über den zitativen Anspruch hinaus Relevanz für Montaignes Denken hat. Die Verfahrensgleichheit zu I 19 *Que philosopher est apprendre mourir* ist frappant, handelt es sich doch dort um eine Juxtaposition der tradierten Lehrmeinungen zum Tod, dem eigenen wie dem fremdem. In Abgrenzung von Villey lässt sich so im zitativ-kompilativen Verfahren gerade das Gegenteil einer rein stoischen Konzeption erkennen. Siehe Balsamo (u.a.), „Notes et variantes", S. 1358: „ Montaigne, contrairement à ce que Prétendait Pierre Villey, ne se borne pas, même dans le texte des premières éditions, à répéter une conception stoïcienne ; il exprime un jugement critique et fait passer, dans le cadre d'une éloquence délibérative 'polyphonique', la voix de la tradition, à commencer par celle de Cicéron." Die vorliegende Studie von Friedrich (Friedrich, „Montaigne und der Tod") könnte hierzu als Vorbereitung dienen.

Wo Friedrich bedauernd von „literarischen Vorformungen" seines Freundschaftskonzeptes spricht,[57] lässt sich vielmehr eine bewährte Technik wiedererkennen; mit einer Topoisammlung erstellt Montaigne eine Komposition des traditionellen Wissens über die Freundschaft. Seine Grotesken zu diesem Thema umschmücken nicht nur den primären Text, sondern sie sind selbst unförmige Gestalten, die sich – analog zu den grotesken Körpern – aus Bruchstücken und Flickwerk mit vielfacher Herkunft speisen. Und so wird sein Versuch über die Freundschaft eine kommentierte Sammlung von relevanten Topoi zur Freundschaft. Diese gemischten Ansichten ergeben allerdings kein tragfähiges Ganzes; die historische Bestandsschau der Maximalanforderungen eines Aristoteles und eines Ciceros ist für sich genommen nicht in der Lage, die absolute Einzigartigkeit seiner Beziehung zu La Boétie zu kennzeichnen. Erst in der Summe der versammelten Stellen, und ex negativo, gewinnt Montaigne ein Profil für das Zusammensein mit La Boétie, indem er schildern kann, dass die einzigartige Verbindung der beiden einen Überschuss über all die Theorieangebote darstellt. Die Trauer um die Unersetzbarkeit des verlorenen Freundes bemisst sich an der historischen Distanz zwischen den Bedingungen der wahren, reinen und absoluten Freundschaft im Alter Ego und ihrem Entzug durch den Tod. Anstelle einer unpersönlichen Topoi-Sammlung dienen ihm die Exkurse auf insbesondere Ciceros *Laelius* und Aristoteles *Nikomachische Ethik* als Regeln,[58] die erst verdeutlichen, wie groß die Ausnahme gewesen ist.[59] Unter Rekurs auf diese kanonischen Schriften sowie auf Plutarchs Text zur *Amitié fraternelle* gelingt es ihm, seine Erinnerung und die Besonderheit der Beziehung zu markieren.[60] Vermittelt durch die Schrift und die Lektüre kann Montaigne seiner Trauer Ausdruck geben. Die Einhegung in den Text der *Essais* verfolgt mit quasi-religiösem Eifer die Rekonstruktion des Erbes aus

57 Friedrich, *Montaigne*, S. 231.

58 Die Ausführungen berufen sich in besonderem Maße auf Cicero, „De amicitia", in: *De senectute; De amicitia; De divinatione*, übers. William Armistead Falconer, Cambridge (MA): Harvard University Press 2014, S. 103-212; sowie Aristoteles, *Nikomachische Ethik*, übers. Eugen Rolfes, (= Philosophische Schriften, Bd. 3); Hamburg: Meiner 1995, insb. Buch 8, S. 181ff (115a).

59 So hat auch Tanja Zeeb der Auffassung Regonsin widersprochen, es handle sich bei I 29 um eine distanzierte Gemeinplatzsammlung. Tanja Zeeb, *Die Dynamik der Freundschaft*, Göttingen: V&R unipress 2011, S. 68. Vgl. Richard L. Regosin, *The Matter of my Book: Montaigne's „Essais" as the Book of the Self*, Berkeley: Univ. of California Press 1977, S. 12.

60 Plutarch, „De l'Amitié fraternelle", in: *Oeuvres morales*, übers. Jacques Amyot, Kap. 12, S. 81-89.

„Reliquien", nicht ohne den Ort der Niederschrift inmitten der hinterlassenen Bibliothek seines Freundes zu markieren.[61]

So führt die Muße aus I 8 und die Trauer aus I 28 im Fluchtpunkt der Monstren auch poetologisch auf die Konstituenten der *Essais* hin: Was passiert, wenn man sich aus dem Leben in seinen Turm zurückzieht, umgeben vom bibliophilen Erbe La Boéties und ohne recht Okkupation, sind die *Essais*, monströse Kinder eines untätigen Geistes: die Vermischungen, die Montaigne aus den Übergängen seines Schreibens und seines Lesens aufzeichnen will. In dieser Hinsicht gewinnt die Groteske schließlich den Charakter eines poetologischen Emblems; in der ständigen Überlagerungen der Textebenen spinnt sich das Buch, das den *Contre'Un* umgeben sollte, in unzähligen Wendungen weiter, sorg- und formlos, und in ständiger Kreuzung von Eigenem und Fremdem. Es sind keine Monster, die Montaigne in seinen Texten abbildet; der Text selbst konstituiert sich aus den sich entwickelnden und vielfältigen Monstern. Die *monstres et chimeres* sind „nicht das fremde Eigene der Phantasie, sondern das angeeignete Fremde der Kultur".[62]

---

61 Montaigne I 29, S. 184: „(a)C'est tout ce que j'ay peu recouvrer de ses reliques, (c) moy qu'il laissa, d'une si amoureuse recommandation, la mort entre les dents, par son testament, héritier de sa bibliothèque et de ses papiers, (a) outre le livret de ses oeuvres que j'ay fait mettre en lumiere."

62 So Pfeiffer, *Montaigne Revisionen*, S. 43, der allerdings diese Diagnose nur für die „frühen Essays" stellen will.

Mit dem Emblem des Grotesken ist nur an einer Stelle der Einfall des malerischen und des monströsen Rahmens von den *Essais* vollzogen; dieses Bild seines Schreibens verblasst, insofern es nur zu Beginn von *De l'Amitié* erwähnt wird, ohne wiederzukehren; zumindest nicht in Reinform. Denn die Wiederholung des Monströsen in Montaignes Gedanken mag oftmals auf Gegenstandsebene in das Schema der Kuriositätensammlung passen und nur der Reflexion gedient haben; doch führen die Spuren des Monströsen Kindes und der kranken Imagination beide zurück zu der Verbindung des Vermischten und Unvollständigen, die Montaigne mit der Groteske gewonnen hat. Als Grundton und Nachhall durchziehen diese Formationen die Kapitel bis zum Ende des zweiten Bandes.

So verstanden, lässt sich die poetologische Bedeutung des Grotesken von ihrem Wiederauftreten in veränderter oder vermischter Form vom Ende des Buches her erneut erkennen, und es mag keine Überraschung darstellen, wenn die Wiederkehr dieses Motivs eher in Regruppierung und Mutation erfolgt. So finden sich Spuren der Bewegung der Groteske noch im dritten Band: Nur wenige Schritte von den *sauts et gambades* entfernt wird unter erneutem Rekurs auf Platon mit der Figur des Gargoyles eine Brücke zwischen monströsem Körper und Gedanken- und Schriftfluss geschlagen, die den Anspruch an wilde Kombinatorik mit der freigesetzten Imaginationskraft verbindet. Die eindeutige Bestimmung des Poetischen für Montaigne reicht dabei sogar ans Theologische (Montaigne III 9, S. 995):

> (b) Mille poetes trainent et languissent à la prosaïque; mais la meilleure prose ancienne (c) (et je la seme ceans indifferemment pour vers) (b) reluit par tout de la vigueur et hardiesse poetique, et represente l'air de sa fureur. Il luy faut certes

Die Funktion des Emblems der Groteske lässt sich demnach mit derjenigen des Zitats korrelieren – die Monster sind angeeignete Kulturspuren, die von Montaigne in ständiger Varianz reproduziert werden. Insofern ihm an der Groteskenmalerei die Umwertung seines allgemeinen Malereivergleichs gelingt, transformiert er an ihr die Portrait-Logik zum dynamischeren Modell der Groteske, das die Differenzen innerhalb seiner Malerei miteinschließen kann. In diesem Sinn gehen Westerwelle und Kayser davon aus, dass Montaigne

---

> quitter la maistrise et preeminence en la parlerie. (c) Le poete, dict Platon, assis sur le trepied des Muses, verse de furie tout ce qui luy vient en la bouche, comme la gargouïlle d'une fontaine, sans le ruminer et poiser, et luy eschappe des choses de diverse couleur, de contraire substance et d'un cours rompu. Luy mesmes est tout poetique, et la vieille theologie poesie, disent les sçavants, et la premiere philosophie. C'est l'originel langage des Dieux.

(Mathieu-Castellani zitiert dieselbe Stelle, um den Bezug zur Theologie zu illustrieren; und tut gut daran, diesen nicht zu überstrapazieren. Der Topos eines quasi-prophetischen Sprechens als Poesie findet sich bei Zeitgenossen, wie z.B. bei Joseph Scaliger in den *Poetices libri*, I 2 (Balsamo [u.a.], „Notes et variantes", S. 1801, weist diesen Bezug aus). Das Pastiche aus Platons *Nomoi* wird um die monströse Brunnenfigur ergänzt und umfasst wie in der Bestimmung des Atheners im Dialog eine Charakterisierung des poetischen Sprechens als Ergebnis von höherer Eingebung. Ungeachtet der literarischen Gattungen von Prosa und Dichtung gilt für Montaigne der Prozess des Automatischen als Bestimmungsmoment der Poesie; von den Musen inspiriert, und ohne dem Schwall der eingegebenen Worte Barrieren vorzusetzen, dringen die Worte im Fluss wie Wasser aus ihrer Quelle; der Dichter wird wie der Wasserspeier zum Medium, das den Strahl hervorbringt, ohne ihn weiter zu beeinflussen. Die Widersprüche und Farben, die sich aus diesem Fluss ergeben, sind dem Gegenstand entsprechend und keine Fehler der vermittelnden Instanz – sie sind, entsprechend der Furor-Poetik, die auch bei Scaliger zu finden ist, göttlich entrückt und demnach selbst vom Verständnis ihrer Produktion entbunden. (So heißt es in den *Nomoi* in Susemihls Übersetzung (Platon, „Die Gesetze", übers. Franz Susemihl, in: *Platons Werke*, IV 9-15, Stuttgart: Metzler 1862/1863, 719 c: „[...] dass ein Dichter dann, wenn er [C] auf dem Dreifuß der Muse sitzt, seines Bewusstseins nicht mächtig ist, sondern wie ein Quell ungehemmt hervorsprudeln lässt was da hervorsprudeln will. Und weil seine Kunst eine nachahmende ist, so sei er gezwungen, wenn er Leute von ganz entgegengesetzten Eigenschaften darstellt, sie oft Dinge sagen zu lassen durch welche er in Widerspruch mit sich selber gerät, und zwar ohne zu wissen ob dies oder jenes hiervon die Wahrheit ist.")

Der entscheidende Anspruch Montaignes liegt allerdings weit weniger im Anschluss an diese Entrückungs-Poetik als darin, seinem eigenen Projekt mit den Bezugsgrößen von Dichtung, Theologie und erster Philosophie mehr Legitimation zu verschaffen – daher ergänzt er die Platon-Passagen in (c), die seine Aufwertung der Prosa untermauern sollen. Auch in der Prosa ist *fureur*, wenn es ihr gelingt, die entgegengesetzte Bewegung der schlechten Lyrik zu beschreiben, also vom Prosaischen ins Dichterische zu tendieren; mit fast dialektischem Eifer beschreibt Montaigne eine Technik ungebundener Rede, die dem Anspruch der Poesie darum entsprechen soll, weil ihre Form sich ebenso unwillkürlich einstellt wie die musisch inspirierte.

keine inhaltliche, sondern eine formale Funktion in den Grotesken erkennt. Mit ihr gelingt es ihm, die Analogie seines Autoportraits als Zusammenstellung des Unverbundenen in konkretere Rückbindung an sein Schreiben zu reformulieren. Was ihm in der imitativen Metapher des Bildes gefehlt hat, ist die Analogie zum Zitat. Die „Abstraktion zum Stilbegriff"[63] des Grotesken anstelle einer bloßen Anwendung des malerischen Verfahrens auf den Text erlaubt ihm, die übergehende Logik seines Schreibens ins Bild zu fassen. Ohne der Horazschen Autorität untreu zu werden, kann er anhand der alternativen Malereikonzeption nun sein eigenes Malen als Verflechtung und Verschiebung, oder schlicht als Mischung beschreiben.[64]

Montaigne erkennt den Mischwesencharakter seines Diskurses ebenso in den pluralen Grotesken wieder wie die von ihm eingeklagte Sekundarität und das bloße Ornament, das er sich zu Beginn von *De l'Amitié* eingesteht. Montaigne schreibt im Marginalen, und will sein Buch am Rande des literarischen Felds, als Sammlung exzessiver Fußnoten und verstreuter Kommentare verstanden wissen. Sein Malen ist kein Abbilden der Natur, sondern ein Sammeln und Verbinden von unterschiedlichsten Materialien in neuen Formen, die unbeständig sind und nur ihrer Fremdheit und Neuheit nach gefallen können. Die alle Textebenen umgreifenden Übergänge des Essays – in Duktus, Urheberschaft, Thema, in Sprachen und in Adresse des Textes – sind sämtlich unter den Entwurfsmomenten des essayistischen Textes verborgen und werden als Fragment so verstanden, das ihnen die Ausführung fehlt. Der Fragmentcharakter zumindest der Montaigneschen *Essais* ist vielmehr nicht das Ergebnis eines Zuwenig, sondern eines kombinatorischen Zuviel, und damit Gegenstand einer Komposition der *divers membres*, seiner *disjecta membra*.[65]

In zitativer Kopplung der Horaz-Verse kann er seinen Zitaten einen poetologisch unterfütterten Namen geben: „Die Groteske wird abstrahierend auf

63 Kayser, *Das Groteske*, S. 25: „Montaignes Verwendung fällt auf, weil er das Wort zu übertragen beginnt, und zwar sogar aus dem Bereich der bildenden Kunst in den der Literatur. Voraussetzung dafür ist, daß er es zum Stilbegriff abstrahiert." Auch Westerwelle, *Imagination*, S. 329, spricht von „Stilbegriff".

64 Scholl hat in ihrer Kritik an Bachtins Rabelais-Lektüre denselben Punkt hervorgehoben, wenn sie darauf besteht, dass die Groteske in der literarischen Form nicht als bloße Fortführung des malerischen Verfahrens verstanden werden darf. Wie bei Rabelais bleibt die Differenz von Schrift und Bild wesentlich bestehen; sie erst ermöglicht doch die Analogie des Grotesken, wie Montaigne sie vorschlägt. Vgl. Dorothea Scholl, „Zur Genealogie, Phänomenologie und Theorie des Grotesken", *Interlitteraria* 2 (1997), S. 15-39.

65 Horaz, *Sermones / Satiren* (*lat./dtsch.*), übers. Karl Büchner, Stuttgart: Reclam 1972, I 4, v 62, S. 28-39. Dieser Gedanke wurde vorbereitet von Steven Rendall, „In disjointed Parts", in: *Montaigne: Montaigne's Message and Method*, hrsg. Dikka Berven, New York (u.a.): Garland 1995, S. 273-286.

die stilistischen Eigenschaften der *Essais* übertragen: Die »divers membres« [...] sind wortwörtliche oder abgewandelte Zitate anderer Autoren, die in Montaignes Text einfließen."[66]

5.4 Dialog II: „Mischformen", Plural und Singular

Das zweiwertige Verhältnis von leerem Zentrum und rahmendem Diskurs führt zu einer zweiwertigen Sprache, die von selbst dem Dialogischen entspricht. Montaignes Muße ist das Ergebnis seines Rückzugs, der mit dem Tod des Freundes begonnen hat; ihm fehlt seine bessere Hälfte, und damit seine geteilte Essenz. Erst ihr Fehlen führt zu seiner inszenierten Abkehr von der Welt und zur Hinwendung zu sich selbst. Das Register, das er über seine müßige Imagination und die formlosen Monster führt, nimmt sich den Tod des Anderen zugleich als Vorbild und als Herausforderung; der konservative Anspruch der *Essais*, etwas für die private Erinnerung an seine Person zu hinterlassen, spiegelt das Wissen um den Verlust und die Notwendigkeit, sich abzubilden. Trotz der augenscheinlichen Selbstbezogenheit des Essayisten bleibt sein Schreiben ein Freundschaftsdienst; denn er scheint in *De l'Amitié* nahezulegen, dass in der Konservierung seines grotesken Portraits, sofern die Logik der Freundschaft gilt, auch der Widerpart seines Selbst mit aufgezeichnet werden wird.

Die *Essais* sind also eine Verlustbilanz, und zugleich der Versuch, dem tiefgehenden Mangel in der Überfülle abzuhelfen. Die Abschrift seiner selbst als Hinterbliebenem und Unvollständigem kann vielleicht an die Stelle des verlorenen Freunds treten, vorausgesetzt, dass es Montaigne tatsächlich gelingt, den Charakter seiner Freundschaft in der Schrift zu ersetzen. Das hieße, sich in seinem Buch zu verdoppeln und zu teilen. Mit diesem Anspruch bestimmt sich auch die chronische Dialogizität neu; die Hinzuziehung anderer Stimmen und deren Gruppierung in beständigem Wechsel steht im Zeichen einer supplementierten und imaginären zweiten Stimme, die am Vorbild La Boéties entwickelt wird.

Dessen tatsächliche zweite Stimme ist aber verloren und strenggenommen unersetzlich. Es verbietet sich, ihr – etwa im Stile von Petrarcas Dialog mit Augustinus – eine textuelle Maske zu geben, die den Dialog als erlebte Rede reproduzieren wollte. Ein solcher Dialog verriete gerade dasjenige, was den Ausnahmezustand tatsächlich geteilter Essenz ausmacht, denn das Gespräch der wahren Freunde nimmt die Form des Selbstgesprächs an, indem es die

66 Westerwelle, *Imagination*, S. 350.

Trennung des *alter ego* unterläuft. Der Freund wird zum idealen anderen, höheren Ich. Ihre wunderliche oder monströse Kommunikation übersteigt jede denkbare Teilung, weil im Zustand der Dopplung des Ich im Anderen nicht Zweiheit, sondern geteilte Einheit entsteht. In ihr ist keine wechselseitige Beziehung mehr denkbar, sondern reiner Überstieg des Ich im anderen. Erst gemeinsam bilden die beiden Ichs das Individuum dieses Bezugs:

> (a) Car cette parfaicte amitié, dequoy je parle, est indivisible: chacun se donne si entier à son amy, qu'il ne luy reste rien à departir ailleurs; au rebours, il est marry qu'il ne soit double, triple, ou quadruple, et qu'il n'ait plusieurs ames et plusieurs volontez pour les conferer toutes à ce subjet. [...] (c) Le secret que j'ay juré ne deceller à nul autre, je le puis, sans parjure, communiquer à celuy qui n'est pas autre: c'est moy. C'est un assez grand miracle de se doubler [...].[67]

Die Freundschaft, wie Montaigne sie begreift, ist erhaben, und lässt sich folglich nur approximativ mitteilen, indem sie als Mischung und damit als Aufhebung der getrennten Redeinstanzen gedacht wird. Nicht zufällig inszeniert Montaigne diese unhintergehbare Zweiheit mit einer Passage aus dem *Laelius*.[68] Der Dialog der Freunde ist keinesfalls mit der Befragung durch einen

---

67 Montaigne I 29, S. 191. Die Anekdote von Blossius über übersteigerte Freundschaft bis zur Selbstaufgabe findet sich schon in Ciceros Freundschaftstheorie. (Für eine deutsche Übersetzung, vgl. Cicero, *Laelius – De Amicitia* (*lat./dtsch.*), hrsg. Rainer Nickel, Berlin/Boston: de Gruyter 2011, S. 172/173: „Nun, wir erlebten es, wie Tiberius Gracchus, als er den Staat bedrohte, von Quintus Tubero und gleichgesinnten Freunden im Stich gelassen wurde. Anders handelte jedoch Gaius Blossius aus Cumae, der bei eurer Familie, Scaevola, aus und ein ging: Er kam zu mir, da ich den Konsuln Laenas und Rupilius im Rat zur Seite stand, und wollte eine Abbitte leisten. Dabei bat er mich um Verständnis für seine Haltung mit der Begründung, er habe Tiberius Gracchus so geschätzt, dass er alles, was dieser wollte, erfüllen zu müssen glaubte. Ich entgegnete ihm: ‚Hättest du auch das Kapital für ihn angezündet?' Er antwortete: ‚Das hätte Gracchus niemals gewollt; aber wenn, dann hätte ich ihm gehorcht.' Ihr seht, welche Frivolität in diesen Worten steckt! Und wirklich: Er handelte auch danach, noch mehr sogar, als seine Worte besagten; war er doch dem Tiberius Gracchus bei seinem verwegenen Unterfangen nicht bloß ein gefügiges Werkzeug, nein - er war der Hauptbeteiligte!"

Balsamo (u.a.), „Notes et variantes", S. 1415 annotiert, dass diese Stelle als Topos nicht nur bei Cicero zu finden ist, sondern ebenfalls von Plutarch im Leben des Tiberus und des Caius Gracchus erzählt wird, dessen Tonfall Montaigne eher zu entsprechen scheint. Vgl. Plutarch, „Tiberius & Gaius", in: *Les Vies des hommes illustres*, hrsg./übers. Jacques Amyot, S. 482-492.

68 Montaigne I 29, S. 189: „(a) Quand Laelius, en presence des Consuls Romains, lesquels, apres la condemnation de Tiberius Gracchus, poursuivoyent tous ceux qui avoyent esté de son intelligence, vint à s'enquerir de Caius Blosius (qui estoit le principal de ses amis) combien il eut voulu faire pour luy, et qu'il eut respondu: Toutes choses; – Comment, toutes choses? suivit-il. Et quoy s'il t'eut commandé de mettre le feu en nos temples? – Il

Fremden zu verstehen, der von einer möglichen Abweichung in den Partialintentionen ausgeht. Blosius konnte Gracchus, so Montaigne, blind vertrauen, weil er in derartige Freundschaft zu ihm stand, dass es keine Differenz mehr gab zwischen seinem Willen und dem des Anderen; die Idee, Gracchus hätte ihm Widerstreitendes von ihm verlangt, missversteht die Union, die sich aus der Mischung ihrer jeweiligen Personen ergeben habe. Wissen, Kraft und Wollen fallen ineins, oder sind vielmehr ununterscheidbar geworden.

Dieser Gemeinschaft entspricht die Pluralität und Dialogizität der *Essais*, und aus ihr leiten sich die funktionalen Momente der Öffnung des Diskurses ab. In einem kohärenten Verlauf von der Mikro- zur Makroebene wiederholt sich in der Form der *Essais* dasjenige, was die Einschlagstellen der Zitationen und Paraphrasen ausmachen. Die Ausschnitte, die jedes Zitat darstellen, eröffnen dasselbe Zusammenspiel von Abbruch und Interdependenz, das das Verhältnis der einzelnen Kapitel untereinander bestimmt. Die Durchmischung der Gedanken und die Verteilung seiner Reflexionen über diverse Topoi wiederholt in der Versuchsweise der Schrift, was als Idealzustand der Freundschaft gedacht wurde: Ein Vorrang des Plural vor dem Singular, und eine irreduzible Vielstimmigkeit, die der verlorenen Einstimmigkeit nachempfunden wird. In Anwendung der Groteskenlogik auf die Schrift entsteht das Projekt Montaignes erst schrittweise in der Performanz seiner Register: „sans ordre, et sans propos“, vollziehen sich die *Essais* in ihrer Varianz und Vielgliedrigkeit wie groteske Ornamente sich im Raum verlieren. Der lose Zusammenhang der Kapitel, der Paragraphen und der Sätze lässt das Buch als Schnittpunkt von Inter- und Intratext entstehen.

Der Vergleich zum Monster und zum grotesken Ornament gibt damit deutlichen Aufschluss über eine wesentliche Bestimmung der *Essais*, die der modernen Gattungstheorie des Essays direkt widerspricht. Denn ihn abstrakt zu definieren, etwa als kurzer Prosa-Text, der zwischen Dichtung und Wissenschaft steht,[69] wird auch dort, wo man zugleich seinen Zwischenstatus als

---

ne me l'eut jamais commandé, replica Blosius. – Mais s'il l'eut fait? adjouta Laelius. – J'y eusse obey, respondit-il. S'il estoit si parfaictement amy de Gracchus, comme disent les histoires, il n'avoit que faire d'offenser les consuls par cette dernière et hardie confession; et ne se devoit départir de l'asseurance qu'il avoit de la volonté de Gracchus. Mais, toutefois, ceux qui accusent cette responce comme seditieuse, n'entendent pas bien ce mystere, et ne presupposent pas, comme il est, qu'il tenoit la volonté de Gracchus en sa manche, et par puissance et par connoissance.“ [Die eingefügten Gedankenstriche, die den Dialog strukturieren, sind Beifügungen der Herausgabe. Montaigne verzichtet auf jede Hervorhebung der direkten Rede und fügt sie ungetrennt in seinen eigenen Diskurs ein.]

69 Ein Bestimmungsversuch jüngsten Datums hat eben dieses Dazwischen als Bestimmung des Essays angesetzt, um gleich aus der Unentschiedenheit eine Verbindung der

Mischung beschreibt unzureichend für Montaigne bleiben, dessen Verwendung des Begriffs den Vorrang des Plurals einschließt. Montaigne nennt das Buch „Essais", ohne dabei jedoch die einzelnen Kapitel als einzelne, gattungstheoretisch bestimmte „Essays" aufzufassen. Hans-Peter Balmer hat diese Eigentümlichkeit dankenswerterweise als Montaignes Bestimmung des Buches im „(indefiniten) Plural" zusammengefasst, mit dem angezeigt werde, dass sein Buch programmatisch „virtuell unendlich [viele] ‚Essais'" umfassen könnte.[70] Diese generelle Offenheit und Erweiterbarkeit ist allerdings weiterhin stark von einer modernen Konzeption des Essays aus gedacht: die Kapitel bleiben so Essays, und ihre Sammlung wird zum offenen Prozess erklärt.

Dass der Fassung als Buch im emphatischen Sinne von Montaigne mehr Bedeutung zuzumessen wäre als derjenigen einer arbiträren Versammlung einzelner, in sich abgeschlossener Essays, wird dabei übersehen. Montaigne betont beides, Textualität und Ordnung des Buches, und er steht, wie man in Abwandlung Derridas für die spezifische Situation der *Essais* sagen könnte, im Übergang vom „Ende des Buches [zum] Anfang der Schrift"; unter Ausnützung der Symbolik des Buches, dessen Demetaphorisierung aus der Natürlichen Theologie wir schon angesprochen haben, wird der Anspruch an das faktische Buch von diesem selbst unterlaufen, und die Textualität, die so sichtbar wird, erscheint gerade dort, wo Montaigne die „natürliche Totalität" des Buches zurücknimmt.[71] Die poetologische Konzeption Montaignes basiert auf einer

getrennten Bereiche zu gewinnen; Petra Gehring, „Der Essay – ein Verbindendes zwischen Literatur und Philosophie?", in: *Text als Ereignis: Programme – Praktiken – Wirkungen*, hrsg. Winfried Eckel & Uwe Lindemann, Berlin/Boston: de Gruyter 2017, S. 157-176, wo sie suggestiv fragt, S. 157: „Liegt der Essay gar zwischen Philosophie und Literatur, so dass er die Disziplinen einander annähert oder zusammenbringt?"

70 Hans Peter Balmer, *Montaigne und die Kunst der Frage. Grundzüge der „Essais"*, Tübingen: Francke 2008, S. 32: „Er [M.] verwendet den Begriff ‚Essais' nur im (indefiniten) Plural für das ganze Buch. Es scheinen ihm sogar aus dem Geschriebenen virtuell unendlich ‚Essais' hervorzugehen." (Vgl. auch allgemein zur Gattung des Essay, ders., „Aphoristik, Essayistik, Moralistik", in: *Theorien der Literatur. Grundlagen und Perspektiven*, hrsg. Hans Vilmar Geppert & Hubert Zapf, Bd. 3, , Tübingen, Francke 2007, S. 191-211.)

Brush hebt schon 1994 diesen Punkt hervor: Brush, *From the perspective of the self*, S. 37: „[H]e continued his practice of dividing his work into 'chapters' (his word; he does not call them essays individually)[...]."

Mathieu-Castellani führt eine ganze Sammlung von Verwendungen des Begriffs bei Montaigne vor, die von der Bezeichnung für das Buch als Ganzem, den Kapiteln im Einzelnen und schließlich für die Gattung reicht. Die Beschränkung auf den Plural erwähnt sie nicht gesondert. Mathieu-Castellani, *L'écriture de l'essai*, S. 8-9.

71 Derrida, *Grammatologie*, Kap. 1, („Das Ende des Buchs und der Anfang der Schrift"), S. 16-48; dort heißt, S. 35: „Die Idee des Buches, die immer auf eine natürliche Totalität verweist, ist dem Sinn der Schrift zutiefst fremd. Sie schirmt die Theologie und den Logozentrismus enzyklopädisch gegen den sprengenden Einbruch der Schrift ab, gegen ihre aphoristische

prekären Balance zwischen fragmentarischem Teil und interdependentem Ganzen; die Beziehung zur Komposition aus Grotesken ermöglicht es, dieses Zusammenspiel zu veranschaulichen. Der Mischungsanspruch wird analog zur Fortführung grotesker Motive erst im intratextuellen Tableau des Ganzen des Buches ersichtlich. Bernd Häser hat, in Anschluss an Stierle,[72] in seinem Vergleich von Essay und Dialog en passant in einer markanten Fußnote diesen Umstand zu Recht beklagt:

> Es geht dabei um das Verhältnis der *Essais* als Buch und den einzelnen Essays, aus denen sich dieses zusammensetzt. Tatsächlich wird zumeist nicht klar, ob die Prädikate, die man ‚dem Montaigneschen Essay' zuweist, von jedem einzelnen Essay (oder zumindest von den ‚typischsten' Exemplaren) oder erst von der Gesamtheit der *Essais* erfüllt werde. Gerade die beständige Diversifikation seines Selbst und seiner Ansichten in der Zeit, die Montaigne für sich in Anspruch nimmt, manifestiert sich weniger in den einzelnen Essays als in deren Aggregation zum Buch, zu ‚seinem Buch', von dem Montaigne häufig spricht, wenn er eine Bilanz seines Schreibens zieht.[73]

Häser beobachtet, dass diese beiden Logiken sich in den *Essais* ununterbrochen berühren und der späteren Bestimmung des Essays offen zu widersprechen scheinen. Gewinnen sie doch im Plural des Buchtitels die „Zyklizität" des wechselseitigen Bezugs und der Sukzession, auf die zu verzichten Montaignes Projekt empfindlich berauben würde.[74]

Diese „Bilanzen" sind gerade als Beiwerk der Bordeaux-Ausgabe von Interesse, wie sie in III 9 exemplarisch und prominent eingefügt wurden. Sie stehen am Ende des Protokolls Montaignes, um von diesem her das Corpus umzugestalten und in die unterstellte Geschlossenheit einzugreifen. In ihnen wird der Prozess der Redaktion kommentiert; vielleicht bis zur Paradoxie, wenn er so schließlich in der Anfügung auf einem Text mit einheitlicher Form insistieren will:

Energie […]. Wenn wir den Text vom Buch abheben, dann wollen wir damit sagen, daß der Untergang des Buches, wie er sich heute in allen Bereichen bloß ankündigt, die Oberfläche des Textes bloßlegt."

72 Er bezieht sich (lose) auf Stierle, „Gespräch und Diskurs".

73 Häsner, „Dialog und Essay", S. 151, (Anm. 44).

74 Anzumerken wäre hier vielleicht, dass die Publikationspraxis von einzelnen (zudem meist gekürzt gefassten) Kapiteln der *Essais* deren Popularität, von der Häsner spricht, mitbegründet haben könnte, dabei aber – wohl im Interesse einer jüngeren Erwartung an die Gattung – den Blick auf die Geschlossenheit und Selbstbezüglichkeit des Buches als Ganzem verstellt, wenn nicht verunmöglicht.

> (c) Mon livre est tousjours un. Sauf qu'à mesure qu'on se met à le renouveller, afin que l'acheteur ne s'en aille les mains du tout vuides, je me donne loy d'y attacher (comme ce n'est qu'une marqueterie mal jointe), quelque embleme supernumeraire. Ce ne sont que surpoids, qui ne condamnent point la premiere forme, mais donnent quelque pris particulier à chacune des suivantes par une petite subtilité ambitieuse. De là toutesfois il adviendra facilement qu'il s'y mesle quelque transposition de chronologie, mes contes prenans place selon leur opportunité, non tousjours selon leur aage.[75]

Schon dieser nachgereichte Selbstkommentar belegt den zyklischen Charakter der *Essais* zweifellos. Indem der Text sich selbst thematisiert, vom Standpunkt einer späteren Lektüre ebenso wie im Akt des Schreibens, ‚kreist' Montaigne um sich selbst. Dass er dabei mehr dem Zufall und dem Gefallen folgt als der Chronologie der Entstehung, hat er bisher bereits angezeigt, und verwirft damit in den letzten Kapiteln endgültig den Anschein des Autobiographischen. Die *transposition de chronologie* sind demnach kontrollierte, wohl gar gewollte Aufhebungen des linearen Ablaufs seiner Geschichtchen (*contes*).

Die Erklärung des „Übergewichts" (*surpoids*), das als deutliche Spur die Eigengeschichtlichkeit seines Buches verrät, fällt Montaigne allerdings leicht. In merkantilem Gebaren – wir werden dieselbe Strategie an prominenter Stelle bei Bayle wiedererkennen – werden die Addenda der Überarbeitung in Rücksicht auf die Kundschaft der neueren Ausgaben als bloßes Sur-Plus und „ambitionierte Subtilität" verkauft, ohne dass sie wesentlich in den Charakter des Buches eingegriffen hätten. Dieser wird vielmehr zum Anlass für die Ergänzungen; eben weil Montaigne mit den *Essais* nur schlecht sitzendes Flickwerk (*marqueterie mal jointe*) vorgelegt hat, kann es durch neue Flicken ergänzt werden. Neue Embleme lassen sich annähen und einflechten, weil der Rest des Gewebes (*tissu* oder *contexture*)[76] sie wird tragen können.

Adorno entwirft seine Form des Essays ausgehend von dessen allgemeiner Wahrnehmung als „Mischprodukt". Zwei sonst getrennte Bereiche berühren sich in ihm. Aber die Mischung ist charakteristisch nicht nur da, wo, wie Adorno annimmt, in zwei Form des Ausdrucks oder der Themenstellung zusammengeführt werden – was er selbst in den „anachronistischen Vermischungen" des Essay andeutet.[77] Die Verbindung oder der Übergang von Wissenschaft und

75 Montaigne III 9, S. 964. Meine Hervorhebung, S.G.

76 Montaigne verwendet zur Bezeichnung von Texten „tissu" (I 25, S. 139; I 26, S. 148) und „contexture" (II 12, S. 440 und II 10, S. 414).

77 Theodor W. Adorno, „Der Essay als Form", in: *Noten zur Literatur*, hrsg. Rolf Tiedemann, Frankfurt a.M.: Suhrkamp 1988, S. 9-33. Das „Mischprodukt" Essay wird als solches vom Publikum abschätzend wahrgenommen, wohingegen Adorno versucht, ihm in einer Umwertung in diesem Zwischenstatus seinen Eigenwert zukommen zu lassen. Die

Kunst, den er für konstitutiv hält, ist sicherlich eine Möglichkeit des Essays, aber eben nicht die notwendige. Die Mittel zur Erzeugung von Mischwesen in Montaignes Buch, und damit bei der Erfindung der Form zumindest dem Namen nach, reichen von der *Copia Verborum* und der Bemühung um *Varietas* bis zur Vielfältigkeit seiner Topoi und der internen Verweiszusammenhänge seiner Kapitel. Gerade weil er sich in Montaignes Schreiben Weg bricht vor einer modernen scharfen Trennung von Wissenschaft und Poesie, ist der *Essay* offen für die Mischungen, die sich später um seinen Namen gruppieren. Das bloße Kompilieren diverser Momente und schöner Stellen greift für den Essayisten zu kurz, und auch die einfache Überschneidung von Perspektiven und Inhaltsebenen wie diejenige eines gelehrten und eines Laiendiskurses bliebe ein bloßes Nebeneinander, das den Blick auf das Autoportrait verlöre. Als Mischwesen sind seine Versuche wechselseitig aufeinander bezogen, und nur im Plural oder im ständigen Dialog entfalten sie die Poetik der Übergänge. Es müssen mehrere sein, die sich zwar einer linearen oder chronologischen Struktur verweigern, aber doch im Zusammenhang eines Buches und eines Projektes, als Abbild eines Menschen verstanden werden wollen. Das Ganze seiner Person und das Ganze seines Buches bilden ein Paar, dessen Teile sich nicht isolieren lassen: wie in der idealen Freundschaft kann zwischen Autor und Buch nicht mehr unterschieden werden. Die Unhintergehbarkeit dieser Mischung findet ihren Ausdruck in der Unverstelltheit des dialogischen Diskureses Montaignes:

> (c) Qui a un entretien commun et ses escrits rares, c'est à dire que sa capacité est en lieu d'où il l'emprunte, et non en luy. Un personage sçavant n'est pas sçavant par tout; mais le suffisant est par tout suffisant, et à ignorer mesme. (b) Icy, nous allons conformément et tout d'un trein, mon livre et moy. Ailleurs, on peut recommander et accuser l'ouvrage à part de l'ouvrier; icy, non: qui touche l'un, touche l'autre.[78]

‚irreversible' Trennung von Wissenschaft und Kunst bestimmt ihm seinen Ort; ohne darauf zu reflektieren, dass diese Trennung historisch erst nach dem Aufkommen des Essays als Form in dem Ausmaß greift, wie es für Adornos Argument notwendig ist, hält er fest, dass der Essay gerade diese Differenzierung unterläuft, ohne sie aufheben zu wollen; ebd., S. 14-15: „Aber wie Kunst und Wissenschaft in Geschichte sich schieden, so ist ihr Gegensatz auch nicht zu hypostasieren. Der Abscheu vor der anachronistischen Vermischung heiligt nicht eine nach Sparten organisierte Kultur. In all ihrer Notwendigkeit beglaubigen jene Sparten institutionell doch auch den Verzicht auf die ganze Wahrheit. Die Ideale des Reinlichen und Säuberlichen, die dem Betrieb einer veritablen, auf Ewigkeitswerte geeichten Philosophie, einer hieb- und stichfesten, lückenlos durchorganisierten| [16] Wissenschaft und einer begriffslos anschaulichen Kunst gemein sind, tragen die Spur repressiver Ordnung."

78 Montaigne III 2, S. 806.

KAPITEL 6

Vom Portrait zum Tableau: *Consubstantialité*

Trotz aller Auflösung des klaren Abbilds in der Vielzahl der Monster und Chimären verliert Montaignes Poetik mit und nach der Groteske nie ganz den mimetischen Auftrag des Selbstportraits aus den Augen. In der Verbindung von Imitation (der Worte anderer) und Mimesis (der Natur) unter dem Emblem der Groteske aber wird diese Selbstabbildung verändert. Die Tendenz der *Essais* fort von der Konzentration der Darstellung auf die eigene Person und hin zur Zersplitterung in die unterschiedlichsten Facetten seiner Wahrnehmung und seines Denkens beschreibt das kontrollierte Scheitern des Portraits, das seinen natürlichen Weg ins Fragment gefunden hat. In rückblickender Anwendung der Logik von *ut pictura poesis* wird dieser Weg gespiegelt von der schrittweisen Entwicklung eines einheitlichen Buches hin zur diversen Schrift. Man könnte, auf die Gefahr hin, sich letztlich doch einer biographischen Lektüre anzuschließen, von einer „Evolution“ in Montaignes Text sprechen, wenn der Essayist sich im Fortgang seiner Versuche als eines reichen Portraits unfähig erkennt. Von Kapitel zu Kapitel rücken die *Essais* vom Leitbild des Spiegels ihres Autors immer weiter ab. Sie werden zum Skizzenbuch und zur Sammlung disparater, aber letztlich doch zusammenhängender Momente, die in der Summe, nicht in der textuellen Erscheinung, Zeugnis von der Erscheinung ihres Autors abgeben können. Und dennoch ist, wie wir sahen, Montaigne seine Abbildung gelungen: Er schaut zurück, indem er seine Schriften erneut kommentiert, mit dem gelungenen Produkt seiner imitativen Poetik in Händen. Alle, und das scheint ihn als Leser seiner selbst einzuschließen, erkennen ihn in seinem Buch, und sein Buch in ihm. Dass er dazu seiner imitativen und nachäffenden Neigung entsprochen habe, wird explizit zum Teil des Erfolgs dieser Selbstabbildung erhoben. Die Imitation ist ihm (zweite) Natur, und muss notwendig nicht nur vorgeführt, sondern expliziert und unterschrieben werden. Weil es in seiner Art liegt, andere nachzuahmen, kann er dort, wo er eben dies tut, besonders gut erkannt werden. Sein Buch entspricht ihm in der Form, wie es ihm – paradox, aber in sich schlüssig formuliert – in seinen Kapiteln zunehmend ein wenig fremder wird, und ein wenig nach dem riecht, was Montaigne zuvor gelesen hat:

> (b) J'ay faict ce que j'ay voulu: tout le monde me reconnoit en mon livre, et mon livre en moy. Or j'ay une condition singeresse et imitatrice: quand je me meslois de faire des vers (et n'en fis jamais que des Latins), ils accusoient evidemment

© WILHELM FINK VERLAG, 2021 | DOI:10.30965/9783846766064_008

> le poete que je venois dernierement de lire; et, de mes premiers essays, aucuns puent un peu à l'estranger. [...] Qui que je regarde avec attention m'imprime facilement quelque chose du sien.[1]

Die Entwicklung in der Breite in arbiträrer Ergänzung folgt der ornamentalen Funktion der Groteskenmalerei als Füllung der leeren Fläche. Was ihn umgibt, prägt sich ihm ein, und seine Neigung zur Nachahmung spielt in sein Schreiben ein, das er so rückblickend deswegen als seines erkennt. In aller Entkleidung von ihrem konkreten Inhalt wird die Groteske als Form zum abstrakten Sinnbild oder zur Allegorie der Schrift in den *Essais*. Der Anspruch, an sich selbst nicht mehr die Welt, wie sie ist, sondern die in ihr ständig und monströs waltenden Verwandlungen einzufassen und sichtbar werden zu lassen, berührt sich mit einem Text, der nicht in einem einheitlichen Diskurs, sondern in Plural und Dialogizität ein Denken mehr abbilden als nacherzählen will. Dem Autor und seinem Buch sind die fremden Dinge eingeprägt, und sie gehören nun zu ihnen.

Das ungeordnete Nebeneinander seiner Sammlung ermöglicht es ihm, die Malerei-Metapher um eine ihm wesentliche Ebene zu ergänzen. Das Protokoll seiner Einbildungen kann auch eine zeitliche Entwicklung abbilden. Diese ist keineswegs mit der Autobiographie zu verwechseln, sondern nimmt die Schnittpunkte von (Eigen-)Lektüre und Schrift sowie von Tableau und Protokoll zum Anlass einer spezifischen Erfahrung von Zeitlichkeit. Nicht das Abbild des Gewesenen, sondern der Verlauf wird protokolliert; der Maler malt sich selbst nun als malenden und gemalten ab.[2] Sein Bild fasst so im Vollzug das unhaltbare, aber in den Spuren lesbare Werden statt des wahres Seins Michel de Montaignes. Es ist eben das, was ein Portrait in der Jetztzeit der Abbildung nicht zu leisten imstande wäre. In den Mutationen seines Schreibens gelingt es ihm, wie durch die Fortführung der monströsen Strukturen in den Grotesken, die Sprünge und Veränderungen seines Denkens abzubilden. So lautet die Einleitung zum letzten Kapitel des zweiten Bandes, also zum bis 1588 letzten Kapitel seines Buches:

---

1 Montaigne III 5, S. 857.

2 Starobinski, *Montaigne en Mouvement*, S. 43: „Nous lirons un portrait; mais le peintre n'a pas voulu s'oublier: l'acte d'observer et de représenter fait lui-même l'objet d'une représentation. Le ‚rolle' nous montrera le peintre à l'ouvrage, face au miroir et à la toile où figure un autoportrait en cours de l'exécution. Les métaphores picturales dont Montaigne se sert avec insistance, et qu'il complète par des images empruntées à divers autres arts – peindre, portrait, couleurs, mouler, bâtir – ont une valeur profondément révélatrice."

> (a) Ce fagotage de tant de diverses pieces se faict en cette condition, que je n'y mets la main que lors qu'une trop lasche oisiveté me presse, et non ailleurs que chez moy. Ainsin il s'est basty à diverses poses et intervalles, comme les occasions me detiennent ailleurs par fois plusieurs moys. Au demeurant, je ne corrige point mes premieres imaginations par les secondes; (c) ouy à l'aventure quelque mot, mais pour diversifier, non pour oster. (a) Je veux representer le progrez de mes humeurs, et qu'on voye chaque piece en sa naissance. Je prendrois plaisir d'avoir commencé plus-tost et à reconnoistre le trein de mes mutations.[3]

Der Anspruch der Abbildung entspricht also dem Zufall der Abschrift. Wir sehen die Dinge nackt und ungeschönt, als wären wir bei ihrer „Geburt" dabei. Das „Bündel aus diversen Stücken" hat einen zeitlichen Index, der nicht thematisch, sondern performativ Auskunft über deren Entstehung und Veränderung gibt. Wenn Montaigne behauptet, in das bestehende Korpus nicht wieder einzugreifen, so darum, weil er in der Eigenlektüre den Zug seiner Mutation erkennen kann. Die Häufung des Adjektivs „diverse" in der kurzen Passage zeigt, dass es ihm um die Veränderungen und Abweichungen geht, die er festhalten will. Diese Diversität ist das Abbild des zeitlichen Verlaufs, an dem der Essayist die Wandelbarkeit seiner selbst erkennen kann. Sein Anspruch ist, diese in der Redaktion von (b) und (c) noch zu steigern, wo es ihm möglich scheint. Damit unterstreicht Montaigne, dass die Repräsentation der „Fagotage" diejenige einer Bewegung sein soll. Unterschiedliche „Posen und Intervalle" abzubilden und für eine späteren Lektüre zu bewahren, ist einer einfachen Übernahme der *Peinture* für die Schrift unmöglich. Die Notwendigkeit, eine Dynamisierung des Abbildungsparadigmas zu erreichen, drängt sich in dieser Rückschau auf zwei Bände gebündelte Diversität nachgerade auf.

Damit rückt der poetologische Mischcharakter der *Essais* und die mimetische Dimension der Grotesken ins rechte Licht: Das Scheitern einer linear-chronologischen Selbstabbildung wird, indem es gezeigt wird, zum Garanten der abbildenden Treue der *Essais*. Sein Portrait umfasst auch die Entscheidungen, wie er sich zu portraitieren habe, und gibt nicht das Produkt der richtigen Methode, sondern die Genese dieser Methode selbst der Lektüre an

3 Montaigne II 37, S. 758. Vgl. zudem III 9, S. 963, unter erneuertem Rekurs auf die Malerei: „(b) Laisse, lecteur, courir encore ce coup d'essay et ce troisiesme allongeail du reste des pieces de ma peinture. J'adjouste, mais je ne corrige pas[...]." Man darf diesen Selbstbeschreibungen allerdings nicht uneingeschränkt trauen; wie nicht nur die kritisch-historischen Ausgaben, sondern auch Iemma (Iemma, *Les repentirs de l'exemplaire de Bordeaux*) gezeigt hat, kommt es durchaus zu erheblichen Veränderungen bei der Durchsicht der *Essais*; allein in dieser zitierten Passage kommt es zu Streichungen und Abänderungen, die sich eher als Korrekturen denn als Diversifizierungen erklären lassen; die Stelle aus (c) macht dies überdeutlich.

die Hand, ohne (zumindest explizit) den Anspruch zu entwickeln, sie erfolgreich etabliert zu haben.[4]

Montaignes Selbstportrait war darum ein Erfolg; so stellt es zumindest die Bordeaux-Ausgabe klar, wenn sie (in Rekurs auf das vehemente Verbot der Lüge in II 18) die Spezifik des Autoportraits und insbesondere die wechselseitige Bestimmung von Autor und Werk für sich stark macht. Indem er hier in Varianz die selbe Untrennbarkeit anführt, ist es ihm ebenfalls erneut ein Anliegen, sich innerhalb seiner Intertextualität und unter der Vielzahl seiner *emprunts* erneut zu verorten. Die Verbindung von quasi-körperlicher und organischer Nähe des Supplements der *Essais* zu ihrem Urheber und der Verwendung fremder und nur geborgter Materialien muss gelingen, um der Entsprechung von Buch und Autor eine breite Basis zu liefern. So kommt er zur Malerei zurück:

> (c) Me peignant pour autruy, je me suis peint en moy de couleurs plus nettes que n'estoyent les miennes premieres. Je n'ay pas plus faict mon livre que mon livre m'a faict, livre consubstantiel à son autheur, d'une occupation propre, membre de ma vie; non d'une occupation et fin tierce et estrangere comme tous autres livres. [...] Quoy, si je preste un peu plus attentivement l'oreille aux livres, depuis que je | [S. 666] guette si j'en pourray friponner quelque chose de quoy esmailler ou estayer le mien? Je n'ay aucunement estudié pour faire un livre; mais j'ay aucunement estudié pour ce que je l'avoy faict, si c'est aucunement estudier que effleurer et pincer par la teste ou par les pieds tantost un autheur, tantost un autre; nullement pour former mes opinions; ouy pour les assister pieç'a formées, seconder et servir.[5]

Die Anmaßung dieser passgenauen und organischen Beziehung zwischen Montaigne und den *Essais* liegt in der Wortwahl begründet. Mit deutlicher

4 Für diesen umgreifenden Übergang vom Portrait zum Tableau und für die Kreuzungsfunktion des Emblems der Groteske ließe sich de Mans Lektüre von Rousseaus Auseinandersetzung mit derselben metaphorischen Problematik des Textuellen heranziehen. Er wird in Rousseaus *Julie*, ein Text, der deutlich von Montaigne beeinflusst ist (selbstredend nicht vom Modus des Essays), das Verhältnis von Portrait und Tableau als dasjenige von Charakterdarstellung und Sammlung von Einzelmomenten ausdiskutieren. Paul de Man, *Allegorien des Lesens II*, übers. Sylvia Rexing-Lieberwirth, Berlin: Matthes & Seitz 2012, S. 107-108: „In der Terminologie des Textes ist das ‚Tableau' schließlich zum ‚Portrait' geworden, aber nicht zum Portrait des allgemeinen Menschen, sondern zu demjenigen der dekonstruktiven Leidenschaft eines Subjekts. [...]. | [108] Die Polarität zwischen ‚Portrait' und ‚Tableau' erzeugt keine Referenten außerhalb des Textes. Das Innen ist immer schon ein Außen." Während Gegenstand und Lektüre mit der Beobachtung an den *Essais* in Einklang stehen, lässt sich hier allerdings nur eine Parallele bemerken; eine vergleichende Studie zum Verhältnis von Bildmetaphern bei Rousseau und Montaigne wäre noch zu leisten.

5 Montaigne II 18, S. 665-666.

Freude an der Übertreibung verwendet Montaigne hier ein einschlägiges Theologem, das er aus seiner eigenen Übersetzung des Sabundus' übernimmt und dessen Verwendung für die Beschreibung seines Verhältnisses zur Schrift eine spürbare Verfremdung dieser Erstverwendung darstellt. Wie ein Fremdkörper sticht die Vokabel aus dem Text hervor, und dies sicher nicht nur aufgrund der vermeintlichen Neuerung der Poetik durch Montaigne. Die geteilte Substanz zwischen ihnen wird mit dem selben Wort beschrieben, das in der Diskussion des Mysteriums der Harmonie innerhalb der Trinität verwendet wird: der Consubstantialität.[6] Die substantielle Überschneidung zwischen Montaigne und den *Essais* wird in derselben Weise beschrieben wie das (dort selbstverständlich dreifache) Zusammengehen von Vater, Sohn und heiligem Geist, in idealer Harmonie und als Ausdruck der ewigen Perfektion. Hierin eine tatsächlich theologische Anmaßung erkennen zu wollen, ginge mit dem Versuch einher, die Anwendung der Trinitäts-Logik auf die geteilte Substanz des Autoportraitisten zu versuchen – was in Anbetracht der vorangegangenen Auslegungen weniger naheliegt als eine intratextuelle Beziehung zum Ideal der Freundschaft als geteilter „Quintessenz“ aus I 29. Mit dem verschliffenen theologischen Begriff kann Montaigne anzeigen, wie sein Schreiben die Leere gefüllt hat, die sein Freund hinterließ. Nunmehr im Text gedoppelt, stellt sich die Aufspaltung seines Ichs erneut ein. Das Reservoir der *Theologia Naturalis*, deren Kenntnis Montaignes absolut sicher ist, hat ihm nicht nur die Buch-der-Welt-Metapher gegeben, deren Bedeutung für die *Essais* wir bereits betont haben. In der Profanisierung der Vokabel der Consubstantialität wird die Profanisierung dieser Theologeme weitergetrieben und – analog zur Verklärung der Freundschaft zu La Boétie – der Schreibakt ins Mystische erhoben. Der unerklärliche Erfolg der Selbstabschrift, in dem sich Schöpfer und Werk restlos entsprechen, kann nur noch von höheren Worten umschrieben werden.

Dass er dabei die Einwirkung seines Schreibens auf seine Person als tatsächliche Wechselseitigkeit bezeichnet, dürfte den Status der Bordeaux-Erweiterungen ebenso betreffen wie den Umschlag seiner Selbstdarstellung in die Selbstformung. Mit den *Essais* als Verzeichnis seiner Spielereien und Gedanken kann der nunmehr unerwartet gealterte Montaigne erkennen, wie die Niederschrift und die Relektüre nicht nur seine Selbstwahrnehmung verändern,

6 Raimundus Sabundus, *Theologia Naturalis. La theologie naturelle de Raymond Sebonde*, 2. Bde., übers. Michel de Montaigne, Paris: Conard 1932/1933, Bd. 1, Kap. 51 („De l'unité des deux personnes en la divine essence & comme il n'y peut avoir qu'un fils du pere“), wo es in Montaignes Übersetzung heißt, S. 48-49, „Or ceste parfaicte & entiere communication de l'essence divine, une en nombre & indivisible, conclud une extreme conformité & equalité, conclud *une conjonction consubstantielle* & inseparable, une coëternité, une semblable puissance, & une toutepareille perfection.“ [Meine Hervorhebung, S.G.].

sondern im Grunde erst bestimmen. Die Abbildung für sich selbst, wie er eingangs sagt, hat ihn zur Aufrichtigkeit in der Farbgebung verpflichtet und damit dafür gesorgt, dass das Abbild ihm wirklich entspricht. In Konsequenz hat Montaigne durch die *Essais* ein Protokoll seiner selbst gefunden, das ihn nicht unverändert gelassen hat und in sein Wesen, seine „Substanz" eingegriffen hat, und wenn es nur in der Teilung begründet liegt.[7]

Die unmittelbare Nachbarschaft der folgenden Ergänzung zum Zitat ist bisher nicht beachtet worden, dabei stellt sie die logische Folge seines poetologischen Selbstlobs zur Schau.[8] Die Notwendigkeit, in dieser Revision aller möglichen Beschönigungen, die dem Vorwurf des Betrugs und des Dementis ausgesetzt wären, ergibt sich von selbst und wird von einer weiteren schroffen Opposition etabliert. Nirgends habe es in den *Essais* Zitate als Ausweis der Gelehrtheit ihres Autors gegeben; *studier* wird dem bereits etablierten *effleurrer* entgegengesetzt, das die spezifische Differenz zum scheingelehrten Diskurs der anderen Autoren und der aufrichtigen Verfahrensweise des Essayisten anzeigen soll. Gerade weil er so wahllos und unsystematisch von diesem wie von jenem Autoren abgeschrieben habe – und dies natürlich nur, um zu sehen, welche Ansichten sich für ihn eignen und seine bereits gefassten Meinungen unterstützen – sei er kein Gelehrter; mit dem Zitat als der Abschrift eines Laien gelingt es Montaigne, sich der Kritik zu entledigen, mit dem Autoportrait doch nur ein schmeichelhaftes Bild seiner eigenen Belesenheit ausgestellt zu haben.

6.1 Peinture de Passage

Die Malerei als monströses Emblem eines Schreibens zwischen den Stilen, Gattungen, Sprachen und schließlich Meinungen und philosophischen Haltungen hat ihren Charakter als Montaignes formale Entscheidung zur

7 So radikalisiert er die verheerende Motivik, die er schon zuvor verwendet hat, indem nicht mehr nur die Identität von Autor und Werk, sondern die wechselseitige Hervorbringung betont werden soll. Es geht Montaigne anders als Cassius, der aufgrund der Entsprechung seiner Erinnerung zum Inhalt seines Werkes gemeinsam mit ihm verbrannt werden sollte. Die *Essais* sind für Montaigne selbst die Hervorbringung des Ich als Essayisten. Vgl. Montaigne II 8, S. 401: „Cassius Severus, homme tres-eloquent et son familier, voyant brusler ses livres, crioit que, par mesme sentence, on le devoit quant et quant condamner à estre bruslé tout vif: car il portoit et conservoit en sa memoire ce qu'ils contenoient."

8 Vgl. etwa Rigolot, der im Zitat sogar eine Legitimation der Konsubstanz erkennt, wenngleich er sie als paradox kennzeichnet: Francois Rigolot, *Les Métamorphoses de Montaigne*, Paris: PUF 1988, S. 192-193: „La plénitude de la ‚consubstantialité' entre le livre et son auteur ne trouverait donc sa justification que par le biais du discours des autres – ce qui ne serait pas le moindre paradoxe des métamorphoses de Montaigne."

Diversität oder *Varietas* gezeigt und die schriftstellerische Freiheit eines neuen Typs von Poetologie begründet. Allerdings bleibt der Formalismus dieses Bezugs nicht unbemerkt und nicht unkommentiert – der Vorrang des Sekundären und Ornamentalen hat in all seiner subversiven Stärke die unliebsame Nebenwirkung, den Auftrag der Abbildung zu vernachlässigen. Ganz im Sinne von Beaujours Differenzierung von Autobiographie und Autoportrait wird die Textualität des monströsen Tableaus derart hervorgehoben, dass es fast den Anschein haben könnte, als verabschiedete Montaigne mit seinen diversen Monstern die Selbstschau.[9] Die Differenzierung, die über die Groteske gewonnen und in der Fortführung der Abbildungslogik weiter ausformuliert wird, streicht den Anspruch der Abbildung keineswegs aus; vielmehr wird die Darstellung in der beständigen Analogie zur Malerei ausführlich problematisiert. Um die Zeitlichkeit erweitert, stellt sich für Montaigne nicht mehr nur die Frage, wie er sich selbst abbilden kann, sondern vielmehr, wie es möglich ist, seine Mutationen festzuhalten; nicht das Veränderte, sondern die Veränderung selbst soll sich zeigen. Erst wenn der Wert des Registers als Schnittpunkt von thematischer Breite und zeitlicher Erstreckung in seiner Abbildungsfunktion erkannt wird, ergibt sich die Poetik der *Essais* in ihrer letzten Form von Malerei; als *Peinture de Passage*.

Mit dem letzten Band und dem letzten Schritt seiner Verfeinerung der Bildmetapher wird diese Problematik schließlich ausformuliert. Fast reuig diskutiert die parataktische und thesenlastige Einleitung von *Du Repentir* aufs Neue das Verhältnis von Bild und Schrift. Die Passage bleibt dabei in ihrer synkopischen Abfolge von Selbstverortungen und Eigenkommentaren kaum noch zitierfähig und soll hier in ihrer Breite gelesen werden:

> (b) *Les autres forment l'homme; je le recite* et en represente un particulier bien mal formé, et lequel, si j'avoy à façonner de nouveau, je ferois vrayement bien autre qu'il n'est. Meshuy c'est fait. Or les traits de ma peinture ne forvoyent point, quoy qu'ils se changent et diversifient. Le monde n'est qu'une branloire perenne. Toutes choses y branlent sans cesse: la terre, les rochers du Caucase, les pyramides d'Aegypte, et du branle public et du leur. La constance mesme n'est autre chose qu'un branle plus languissant. Je ne puis asseurer mon object. Il va trouble et chancelant, d'une yvresse naturelle. Je le prens en ce point, comme il est, en l'instant que je m'amuse à luy. *Je ne peints pas l'estre. Je peints le passage: non un passage d'aage en autre, ou, comme dict le peuple, de sept en sept ans, mais de jour en jour, de minute en minute.* Il faut accommoder mon histoire à l'heure.

9 Beaujour, *Miroirs d'encre*, S. 117: „Ces ouvrages qui ne sont pas destinés à persuader, à louer, ni à blâmer, servent cependant à instruire et aussi à plaire et étonner par la variété et l'étrangeté des exemples rassemblés." Er spricht von Texten wie den *Essais* auch in anderer Abgrenzung von „pseudo-mémoires."

Je pourray tantost changer, non de fortune seulement, mais aussi d'intention. C'est un contrerolle de divers et muables accidens et d'imaginations irresolues et, quand il y eschet, contraires: soit que je sois autre moy-mesme, soit que je saisisse les subjects par autres circonstances et considerations. Tant y a que je me contredits bien à l'adventure, mais la verité, comme disoit Demades, je ne la contredy point. Si mon ame pouvoit prendre pied, je ne m'essaierois pas, je me resoudrois: elle est tousjours en apprentissage et en espreuve. Je propose une vie basse et sans lustre, c'est tout un. On attache aussi bien toute la philosophie morale à une vie populaire et privée que à une vie de plus riche estoffe: chaque homme porte la forme entiere de l'humaine condition. (c) Les autheurs se communiquent au peuple par quelque marque particuliere et estrangere; *moy le premier par mon estre universel, comme Michel de Montaigne, non comme grammairien ou poete ou jurisconsulte.*[10]

Unter dem Titel der Reue beginnt dieses Kapitel unvermittelt mit dieser Thesensammlung, die in stufenweiser Entwicklung den Gang der *Essais* nachvollzieht.[11] Mit dem Anspruch, erneut die spezifische Differenz seines Projektes von allem je dagewesenen zu erläutern, geht eine Apologie seiner zugleich schonungslosen und unsystematischen Darstellung einher. Das Chaos der fragmentarischen *Essais* ist kein bedauernswerter Missstand, kein Grund zur Reue, sondern Teil der eingehenden Reflexion auf die Umstände der Darstellung. Die Welt ist nichts anderes als ein ständiges Schwanken (*branloire perenne*), wie Montaigne im Oxymoron des beständigen Wandels festhält: Selbst die Konstanz ist nur eine andere, besonders träge Form der Inkonstanz, ein zeitlich gedehntes, sehr langsames Schwanken unterhalb der menschlichen Aufnahmefähigkeit. Diese Fassung ist ein deutliches intratextuelles Echo aus der berühmten Passage aus der *Apologie*, die Montaigne ihrerseits als Pastiche aus Plutarch zusammenstellt. Der Überschlag von der unbeständigen Welt zum unbeständigen Ich ist dort in anderer Form bereits gefasst.[12] Dementsprechend gilt es, diese Unbeständigkeit auch in literarischer

10 Montaigne III 2, S. 804-805 [meine Hervorhebungen, S.G.]. Die Notwendigkeit, diese Stelle in dieser Langform anzuführen und die internen Entwicklungen des Gedankens zumindest mitabzubilden, ergibt sich aus der Dichte des Textabschnitts und der internen Revisionen, die den Beginn von *De Repentir* zum vielleicht aufschlussreichsten Kapitel der *Essais* für Fragen der Konzeption und Poetik machen dürften. Trotz der Unübersichtlichkeit haben die Lektüren von Auerbach und Brody (s.u.) dieselbe Vorgehensweise angewendet und daher zitativ den Text in weiten Teilen mitabdrucken müssen.

11 Auerbach, *Mimesis*, S. 274, erkennt drei Stufen im Durchgang der Einleitung, die die Basis seines Montaigne-Kapitels darstellt. Seine Rekonstruktion müsste allerdings in unserem Verständnis um eine weitere Ebene ergänzt werden, die im Begriff der Passage ihren Fluchtpunkt hat.

12 Montaigne II 12, S. 601: „(a) Finalement, il n'y a aucune constante existence, ny de nostre estre, ny de celuy des objects. Et nous, et nostre jugement, et toutes choses mortelles,

Form festzuhalten. Der bereits diskutierte Naturbegriff dient ihm auch hier mit der „natürlichen Trunkenheit" (*yvresse naturelle*) zur Manifestation seines mimetischen Anspruchs; die Schwankungen in seinem Schreiben sind nur das Resultat einer besonders hohen Forderung von Entsprechungsgerechtigkeit. Was für die Felsen und die Pyramiden gilt, muss auch für dieses vergleichsweise unbedeutende Beispiel, die Person des Essayisten, gelten – dass sie im Schwanken begriffen sind und sich mit der Zeit ändern werden. Die Frequenz, nicht der ontologische Status, unterscheidet Montaignes Gegenstand von den anderen. Dieser metaphysischen Annahme des beständigen Wandels entspringt die Form seines Buches. Eine Welt im Stillstand ewiger Gesetze und Gegenstände könne in einem System oder Traktat abgebildet werden, vorausgesetzt, dass der Urheber über die nötigen Mittel zur Darstellung verfügt. Die *Essais* sind nur da nötig, wo sich der Gegenstand notorisch nicht stillstellen lässt.

Wiederum in der Geste der Umwertung gelingt es dem Essayisten, dasjenige, was man ihm als Schwächen anlasten könnte, als Stärken zu fassen. Montaigne bereut nichts, wie das Kapitel vor Augen führt, und versammelt hier in ungeheurer Dichte eine Fülle von programmatisch-poetologischen Grundsätzen, die in Miniatur die losen Enden der *Essais* zusammenführen. Er lässt seine *peinture* in der *contrerolle* münden unter dem Vorzeichen seines idiosynkratischen Darstellungsanspruchs; das signierende Subjekt Michel de Montaigne ist in den *Essais* aufgehoben, insofern es nicht nur als gegebenes, sondern als sich entwickelndes und veränderndes betrachtet wird. Die Wahrhaftigkeit seines Buches besteht in der Entsprechungsgenauigkeit seines spezifischen Malens, das nicht das Sein, sondern die *Passage* abmalen will. In ihr wird die Mischung, die wir bisher beobachtet haben, von der Durchwirkung des Gegenstands auf dessen Zeitlichkeit appliziert. Als Schwesterbegriff des *branler* meint Passage den ständigen Übergang von diesem zum nächsten Zustand, die Mutationen, die den *Essais* die Züge des Bildes (*traits de ma peinture*) geben sollen. Jeder dieser Züge wird unter dem Vorbehalt eingefügt, dass er sich ändern könne. Gemäß der *ivresse naturelle* kann Montaigne immer noch ein anderer sein, als er gegenwärtig ist, und dies, wie er vielsagend beifügt, nicht

---

vont coulant et roulant sans cesse. Ainsin il ne se peut establir rien de certain de l'un à l'autre, et le jugeant et le jugé estans en continuelle mutation et branle. Nous n'avons aucune communication à l'estre, par ce que toute humaine nature est tousjours au milieu entre le naistre et le mourir, ne baillant de soy qu'une obscure apparence et ombre, et une incertaine et debile opinion." Den Nachweis liefert u.a. Mathieu-Castellani, *La vérité du Mensonge*, S. 23: „Nous n'avons aucune communication à l'être." (II 12, 601), dit après Plutarque, *Que signifioit Ei* (*Sur l'E de Delphes*), XII 18 B." Vgl. Balsamo (u.a.), „Notes et variantes", S. 1626.

nur dem Glück, sondern auch seiner Intention nach. Was das Protokoll der Passagen verzeichnen kann, ist nur der jeweils letzte Stand und die jeweilige „Minute“; die Zeit des jeweiligen Kapitels ist dementsprechend die literarisch konstruierte Jetztzeit. Das kann aber keineswegs bedeuten, dass die Zeitlichkeit der *Essais* eine ungebrochene Gegenwart, ein permanentes Präsens wäre. Ihr Plural, und damit ihr Ablauf als Text eines Buches, ist irreduzibel. Erst in ihrem Verbund als Sammlung entwickeln sie die Diversität des monströsen Bildes und die Verlaufsform des Protokolls, die der Passage entsprechen. Wenn Montaigne selbst die Retrospektive als Modus seiner Selbstschau anhand des Buches begreift, zeigt er, dass die Komposition der Kapitel und ihrer Teile tatsächlich den Anspruch haben, Dauer als Veränderung aufzuzeichnen. Die Wahrheit, der der Essayist nicht widerspricht, mag sich in diesem internen Rückbezug der Kapitel gerade darin äußern, dass sich Montaigne gelegentlich selbst widerspricht; so wird im Protokoll die Differenz von zwei Zuständen und der Passage zwischen ihnen registriert.

Die zitierte Passage schließt letztlich mit dem Programm der Anthropologie Montaignes. In der Wiederkehr der Ausbildung (*apprentissage*) aus der Pädagogik bestimmt er dieses Verfahren als generell unabgeschlossenes, aber am Gegenstand entwickelbares. Der einzelne Mensch ist für die Frage nach der *humaine condition* gerade ausreichendes Demonstrationsobjekt, vorausgesetzt, dass es gelingt, es tatsächlich und ohne Veränderungen zu Papier zu bringen. Die Passagen, die er nachzeichnet, liefern also gerade darum sein *estre universel*, weil sie es gar nicht darauf abgesehen haben, sein *estre* zu malen. Der Umweg über die Veränderungen erreicht, was auf direktem Weg der Abbildung verunmöglicht würde. Das Universelle ist das Wandelbare, und nur es kann gezeigt werden, während das angenommene ideale oder wahre Sein sich noch im Moment der Wahrnehmung verflüchtigt. Die Verweigerung, für eine besondere Fähigkeit oder ein hervorstechendes Merkmal gelesen zu werden, deckt sich mit dieser Überzeugung und führt zum Portrait des Laien, das uns schon in der Pädagogik beschäftigt hat. Es handelt sich um die einzige Stelle des Buches, an der die Signatur aus *Au Lecteur* wiederkehrt und Montaigne sich mit vollem Namen zu erkennen gibt.[13]

Bei aller Dichte dieser so paraphrasierten Zeilen stechen zwei Begriffe besonders hervor, scheinen sie doch die Sonderstellung Montaignes besonders

13 Compagnon, *Nous*, S. 71: „Montaigne inscrit pour la première fois son propre prénom dans le livre, au tout début de son rédaction, dans l'un de ses plus anciens chapitres, rédigé vers 1572, et c'est pour le déconsidérer. Il ne le répétera pas avant après de vingt ans, dans des additions manuscrites à l'exemplaire de Bordeaux, et ce seront ce mots au début *Du repentir*, ‚mon estre universel, comme Michel de Montaigne‘. Telle est encore l'une des formes du paradoxe qui donna leur départ à ces pages.“

bezeichnen zu wollen: die Passage und das *reciter*. Beide sind offensichtlich an Textualität gebunden und erlauben es, im Metaphernhorizont von *Du Repentir* den Vorrang der Schriftlichkeit für das Autoportrait zu bestimmen.

Reciter wird schon zu Beginn der Differenzierung zum Schlüsselbegriff. Den *Essais* geht es nicht um die Formung und Ausbildung des idealen Menschen, sondern in der Darstellung (*representation*) eines mangelhaften Einzelexemplars. Der Begriff, den Montaigne wählt, hat vor allem eine deutliche Abgrenzung von der Formung und der Anleitung zu leisten. Es ist deshalb wenig verwunderlich, wenn er wegen der Nähe zum französischen „recit" beispielsweise bei Auerbach als „Erzählen" übersetzt wird.[14] Auch die wenige Zeilen später folgende Variante „Je n'enseigne poinct, je raconte."[15] dürfte als internes Eigenzitat eine Abwandlung dieser Formel darstellen und macht deutlich, dass Montaigne – ganz in Übereinstimmung mit der Pädagogik – mehr Erzähler als Erzieher sein will.

Damit Montaignes Programm aber als Narration statt Formation zu begreifen, läuft der Form des Autoportraits und des Tableaus ebenso zuwider wie den unmittelbar beigefügten Momenten seiner Selbstbeschreibung in III 2. Wenn das Autoportrait der Linearität der Nacherzählung eines Lebens direkt entgegengesetzt ist, wäre diese Festlegung der *Essais* auf die Erzählung ein eindeutiger Widerspruch. *Reciter* lässt sich aber in gleicher Weise plausibel weniger als „erzählen" denn als „anbringen" oder „anführen" begreifen. In auffälliger Häufigkeit verwendet er diese Vokabel andernorts, um zitative Querverweise auf andere Autoren zu formulieren, bei denen der Rekurs auf Exempel-Verwendung dominiert; so zum Beispiel in der *Apologie*, wo er innerhalb einer Auflistung von Beispielen immer wieder *reciter* im Schema „Plutarque recite un pareil exemple" verwendet.[16] Auch bei Nicot wird neben

---

14 Auerbach, Mimesis, S. 274. Tietz übersetzt etwas vorsichtiger mit „schildern" (Montaigne, *Essais*, übers. Tietz, S. 892).

15 Montaigne III 2, S. 806. Brody (Jules Brody, „Du repentir" [III: 2]: A Philological Reading", *Yale French Studies* 64 [1983] [= *Montaigne: Essays in Reading*], S. 238-272, hier S. 242) spricht vom „Echo-Satz".

16 Montaigne II 12, S. 511; gerade innerhalb der langen Exempla-Reihungen der *Apologie* wird dieser Begriff immer wieder verwendet und mit „tesmoinger" parallelisiert; so heißt es etwas zuvor (S. 477): „Plutarque *tesmoigne* cette histoire comme chose tres-averée et advenue en son siecle. Quant à la gratitude (car il me semble que nous avons besoing de mettre ce mot en credit), ce seul exemple y suffira, que Apion *recite* comme en ayant esté luy mesme spectateur." [meine Hervorhebung, S.G.]

Um keine zu umfangreiche Liste zu erstellen, mögen zwei Beispiele aus den Bänden I und III diese Verwendungsweise ausreichend demonstrieren; so heißt es in Montaigne I 21, S. 99: „(a) Et Celsus recite d'un Prebstre, qui ravissoit son ame en telle extase, que le corps en demeuroit longue espace sans respiration et sans sentiment." Und in III 11, S. 1032:

citare die Möglichkeit, etwas als Exemplum anzuführen, als Übersetzung für *reciter* vorgeschlagen.[17] Für Exempla, die selbst narrativen Charakter haben, allerdings in anderem Zusammenhang gebraucht werden, könnte man *reciter* so vielmehr als Aufsagen, Vortragen oder Anführen begreifen und damit dem bis heute gängigen Wortgebrauch eher entsprechen. So lässt sich eine Berührung von Montaignes Rezitieren und der Idee des Zitats konstruieren: In dem Sinne, wie die Beispiele der Geschichte in den Bezugstexten, allen voran Plutarch, angeführt werden, nimmt Montaigne sich selbst als Bezugsobjekt für die Entwicklung einer generellen menschlichen Kondition, führt sich selbst als beliebiges, aber verfügbares Beispiel an, das damit in den Status einer illustrativen Anekdote gerückt wird. Der narrative Charakter beschränkt sich daher weit mehr auf die Schilderung am Einzelfall (*particulier*), der aus den Zusammenhängen herausgelöst und in fragmentarischer Form facettenreich, aber unzusammenhängend repräsentiert wird. Seine Kapitel entsprechen jeweiligen Entnahmen oder Proben dieses Einzelfalls, die wie Zitate aus dem Ganzen dieser Erscheinung herausgelöst werden und sich erst prozessual und in groben Zügen zu einem Gesamtabbild fügen werden. Ein einzelner Mensch soll stellvertretend für die ganze Menschheit herangezogen werden. Montaignes Mutationen machen ihn zum beständig wandelnden Sonderfall der Menschheitsgeschichte, und dies nur darum, weil seine Veränderungen aufgezeichnet wurden. Er macht sich selbst zum Exemplum, in Analogie zu den Exempla, die sich bei Plutarch aus dem Ganzen einer Biographie herauslösen lassen, analog also zum Zitat, das sich in radikaler Verkürzung als Evokation des ganzen Texts verwenden lässt.

Erst unter Hinzuziehung der *Passage* als Methodenbegriff kann diese Logik des Zitats fundiert werden, ist es doch vor allem die Zeitlichkeit des Übergangs, die am Einzelfall nachvollzogen wird. Sie bildet den Gegenbegriff zu nichts Geringerem als dem Sein, was die Bedeutung der Ausnahmestellung der *Essais* anzeigen dürfte. Innerhalb dieser Opposition kann man fast versucht sein, unter Passage das „Passieren“ in der Zeit zu verstehen oder, mit höherer

„On recite par divers exemples, et Prestantius de son pere, que, assoupy et endormy bien plus lourdement que d'un parfaict sommeil, il fantasia estre jument et servir de sommier à des soldats.“

17 Nicot, Citer, in: *Thresor de la langue francoyse*: „Ce qu'on recite pour prouver ce qu'on a dit, Exemplum.“ Er führt ebenso „Aidez vous de Citer“ an, was allerdings aufgrund seines eher juridischen Verständnisses von *citer* irreführend sein dürfte; seine Übersetzung mit dem lateinischen „Narrare“ entspricht eher dem deutschen „Erzählen“. Der *Dictionnaire* von 1694 hingegen legt als erste Bedeutung das Rezitieren als auswendiges Aufsagen fest, sonst nur „raconter“.

metaphysischer Dignität, das Werden anstelle des statischen Seins.[18] In Widerspruch zu dem, was ist, als wahrem Sein und echter Essenz, steht die Passage als zeitliche Erstreckung, die keine Beruhigung in einer idealen Gegenwart zulässt: Sie beschreibt, was in Veränderung und in ständigem Schwanken ist.

Damit fasst Montaigne sein Darstellungsproblem unter dem Vorzeichen der Unverfügbarkeit des Seins erneut zusammen. Veränderung lässt sich nur zeitlich bestimmen, also wenn sie als Einspruch gegen die Feststellung dessen, was ist, verstanden sein will. Sie kann ich nur als Zwischenraum, als „Intervall"[19] oder eben Passage zwischen zwei Seinsmomenten gefasst werden, so, wie die einzelnen gemalten Züge das Portrait darstellen, so, wie die einzelnen Kapitel das Buch ergeben. Erst in der Sammlung der unterschiedlichen Momente entsteht die Nachzeichnung der Transformationen. Die Kopie der *Essais* ist eine Kopie dieses Verlaufs als Zwischenraum – daher auch die Betonung des möglichst kleinen Rahmens der Veränderungen, „non de sept en sept ans, mais de jour en jour, de minute en minute".[20] Seine *Essais* sind an die Erfahrungsumstände angepasste Mikro-Historie, deren Passagen sich gerade in den Widersprüchen und Änderungen abspielen, die im Register (auch hier: *contrerolle*) sichtbar gemacht werden. Dass es zu Änderungen kommt, steht außer Frage, ob sie nun an Montaigne selbst oder an den äußeren Umständen liegen mögen. Die Abbildung schließt also das Veränderliche nicht nur mit ein, sie will gerade mit den Mitteln der Schrift und in Analogie zur Malerei eine Technik finden, die das Nicht-Konstante, das Schwankende und Diverse, verzeichnen kann. Alles Schreiben Montaignes kreist um diese Aufgabe: Die Passagen seines Selbst in einem passagierenden Text zu erkennen zu geben. Er ist noch unfertig, und weiteren Veränderungen offen. Was er an sich selbst

---

18 So bspw. bei Brody, „Du repentir", S. 244; unter Rekurs auf Georges Gougenheim & Pierre-Maxime Schuhl, *Trois essais de Montaigne* (*I 34, II 1, III 2*), Paris: Vrin 1951.

Stiletts Übersetzungsvorschlag (Montaigne, *Essais*, übers. Stilett, S. 398: „Ich schildere nicht das Sein, ich schildere das Unterwegs-Sein[...]"), der mit dem ungelenken Kompositum „Unterwegs-Sein" die *Passage* ersetzen soll, übernimmt ausschließlich das räumliche Moment dieses „Passierens" als Dynamik und steht damit offensichtlich unter dem Einfluss des Reisenden Montaigne im *Journal* sowie der Bewegungsmetapher in Starobinskis Lektüren (Starobinski, *Montaigne en mouvment*). Die so erkaufte Verkürzung verunmöglicht die Verbindung mit dem restlichen Text und der zeitlichen Erstreckung ebenso wie die Rückbindung an die Textualität. Dass er dabei mit seiner Streichung der *Peinture* durch „schildern" dem Text an dieser Stelle noch eine weitere essentielle Ebene rauben will, lässt die Eingangszeilen von III 2 bei ihm in völlig anderer Gestalt erscheinen als im Urtext. Starobinski hat für sich genommen die Metaphern Montaignes wesentlich ernster genommen, wie wir gleich (s.u.) beifügen werden.

19 Montaigne II 37, S. 758, s.o.

20 Montaigne III 2, S. 804-805, s.o.

beobachten und niederschreiben kann, ist – bis zum Tod – nur seine aktuelle Form, und steht damit aufgrund der eigenen Geschichtlichkeit unter Vorbehalt. Sein Diskurs muss also einen Weg finden, diesem Objekt nicht eine künstliche Essenz (*estre*) zuzuschreiben, sondern es ihm Ganzen (*estre universel*) zu zeigen. Dies bedeutet, sein Schwanken und seine Veränderung abzubilden. *Montaigne en mouvement* ist ein Montaigne en passage.[21]

Auch wenn sie in erster Linie als allgemeiner Begriff für Übergänge – zwischen Orten, aber auch zwischen Leben und Tod[22] – verwendet wird, gebraucht Montaigne selbst die Passagen auch zur Kennzeichnung von einzelnen Textabschnitten, wobei er über seine eigenen Übernahmen spricht oder diejenigen anderer Autoren charakterisiert.[23] Ganz analog zu modernen Verwendungen beschreiben textuelle Passagen kurze Abschnitte, die sich einem gesonderten Thema widmen und die als Einzelpassus isoliert werden können. Es entsteht eine wenngleich unausgesprochene Korrespondenz zwischen den Übergängen der Zeit und denen im Textuellen. Passagen in einem Text sind das Pendent zu Passagen der Zeit. An ihnen werden Übergänge und Veränderungen sichtbar, die den Fortlauf des Textes als Gesamtheit seiner Passagen strukturieren und sich so fortentwickeln.

Die Doppeldeutigkeit des Wortes mag zunächst ein Zufall sein, der sich aus dem Mangel an alternativen Bezeichnungen ergibt. Aber mit der Prominenz der Stellung des Passagenbegriffs in der formelhaften Wendung und der

21 Damit beziehen wir uns auf Starobinksis Bewegungs-Metaphorik zur Beschreibung der Montaigensches Poetik. Er sieht in der Beweglichkeit der *Essais* ein immerhin bewusstes Scheitern an der Erstellung eines abschließenden, mit sich selbst identischen Bildes; zu Beginn der Studie nutzt er den Begriff der Passage in ihrer Ambiguität zur Etablierung seiner These; Starobinski, *Montaigne en mouvement*, S. 32: „Sans doute, pour avoir découpé et prélevé, dans les livres des anciens, maints traits (paroles, gestes) qu'il introduit dans son propre discours, Montaigne en a perçu de façon plus aiguë leur aptitude à se laisser mobiliser, altérer, permuter, bref: leur qualité de *passages*, au sens ambigu du mot."

22 In Montaigne I 20, S. 92 (*Que philosopher est apprende mourir*) wird gleich zweifach das Sterben als „Passage" zwischen Leben und Tod bezeichnet; die gängigere Verwendung als Weg oder Übergang findet sich erstmals in Montaigne I 3, S. 17: „(a)[…]qu'on demandast saufconduit pour le passage à ceux de Verone."

23 Zumeist verwendet er Passage als Begriff für Übergänge, oft in der Beschreibung von Heereszügen. Allerdings gibt es mehrere Stellen, an denen Lektüreabschnitte so bezeichnet werden, beispielsweise in II 2, S. 364: „J'estois à cett'heure sur ce passage où Plutarque dict de soy-mesmes que Rusticus[…]."; in seiner Verteidigung des Plutarchs in der Kritik an Bodin, II 32, S. 722: „Je le trouve un peu hardy en ce passage de sa Methode de l'histoire, où il accuse Plutarque non seulement d'ignorance (sur-quoy je l'eusse laissé dire, car cela n'est pas de mon gibier)"; und schließlich in deutlicher Kennzeichnung der Nähe von Passage und Zitat in *De l'Institution* am Beispiel von Chrysippe, I 26, S. 147: „Le philosophe Chrysippus mesloit à ses livres, non les passages seulement, mais des ouvrages entiers d'autres autheurs[…]."

Evokation der Malerei in III 3 wird diese Sinn-Überschneidung als Überschuss thematisch gemacht; es ist der Auftrag der *Essais*, den Wandel der Zeit in kleinsten Einheiten abzubilden. Das bedeutet, dass die textuelle Form diesen Übergängen entsprechen muss. Was die Mikrologie des Minutenübergangs abbilden können will, muss selbst in ständigem Anheben und Abbrechen stattfinden und die einzelnen Züge je für sich versammeln. Erst in ihrer Summe lässt sich der Wandel erkennen. Darum hebt der Passagenbegriff auch die offensichtliche Sprunghaftigkeit dieses unfeststellbaren Textes mit auf; in sanften und groben Übergängen (des Stils, der Sprachen, der Urheberschaft) drückt sich der sprunghafte müßige Geist aus. Montaignes Sammlung von Monstern und Chimären begreift diese selbst nur als kurze Passagen, die gemeinsam ein Ganzes des Verlaufs ergeben. Seine Kapitel, deren Unterabschnitte und die gekoppelten Ebenen von hohem und niederem Stil, von Französisch und Latein, von Autoritätenzitat und Kommentar, zeigen das Passieren und Durchsehen eines ungebundenen Denkens. Die begleitende Stütze der Logik des Registers trägt zu dieser Durchsicht ihren Teil bei. Der Zusammenhang des Buches ist wie derjenige einer Chronik oder eines Protokolls nicht von den einzelnen Einträgen her, sondern in der Retrospektive und damit in der Zeitlichkeit der Einzelmomente begründet. Die Erzählung Montaignes ergibt sich also nicht innerhalb der einzelnen Passage, sondern in ihrem substantiellen Zusammenspiel über die Grenzen der jeweiligen Schreibsituation hinaus. Ihre Sammlung in der Form des „déjà-dit", nicht ihre jeweilige Betrachtung macht den Charakter seines „Hypomnematons" aus, und durch sie erst ermöglicht sich der Rückbezug auf sich selbst, wie ihn Foucault als Selbstsorge beschreiben will – Abschrift des selbst ist als „zitative Praxis" zu verstehen.[24] Die Zeitlichkeit ist gerade nicht diejenige einer erzählten Zeit, die sich in einer jeweiligen Narration niederschlüge, sondern die Summe und der Nachvollzug der jeweiligen Zeit der Niederschrift als Status quo der Folge von Mutationen

24 Foucault, „Écriture de soi", S. 419-420: „Les hupomnêmata sont a restituer dans le contexte d'une tension très sensible à l'époque: à l'intérieur d'une culture très fortement marquée par la traditionalité, par la valeur reconnue du déjà-dit, par la récurrence du discours, par la pratique ‚citationnelle' sous | le sceau de l'ancienneté et l'autorité se développait une éthique très explicitement orientée par le souci de soi vers des objectifs définis comme: se retirer en soi, s'atteindre soi-même." Für welche Epoche er hier spricht, erschließt sich nicht zweifelsfrei. Der Rekus auf Montaignes Kanon – Plutarch, Seneca, Marc Aurel und Plinius – dürfte allerding seine grobe Verortung erlauben. Ob sich dieses Konzept des Registers und der Sammlung als Selbstsorge bruchlos auf Montaigne übertragen ließe, bleibt ebenfalls offen; Foucaults Anspruch besteht ja gerade darin, in Anschluss an Hadot eine Philosophie als Lebensform exklusiv für die klassische und Spätantike zu entwerfen. (vgl. Pierre Hadot, *Exercices spirituels et philosophie antique*, Paris: Michel 2008.)

und Imaginationen eines Autors, der sich sein Denken zum Gegenstand nimmt, wie es gerade kam.

Durch die Verschiebung der einzelnen Texte, die nur gemeinsam die *Essais* bilden, in den Status von zufällig sich ergebenden und gesonderten Text-Passagen kann die Malerei der Passage im Text gelingen. Form und Inhalt sowie Mikro- und Makrostruktur werden so in eine (für Montaigne) natürliche,[25] weil zufällige Entsprechung gerückt, die keinem künstlerischen Plan mehr, sondern dem Zufall folgen.[26] Sein Buch besteht also aus lauter Passagen, isolierbaren und zufälligen Kapiteln und Paragraphen, die eben dadurch, dass sie für das Ganze austauschbar und verzichtbar sein könnten, dem natürlichen Verlauf eines schwachen und in seiner Durchschnittlichkeit selbst austauschbaren Subjekt vollkommen entsprechen. Jeder Gedanke in diesem Verlauf ist von einem Ich des jeweiligen Zeitpunkts ausgesprochen, und wird in seiner Niederschrift zum protokollierten Selbstzitat, zu einem von Montaignes müßigen Versuchen. Dieser Vorbehalt der möglichen weiteren Transformation oder Mutation ist wiederum natürlich und erstreckt sich noch bis in die Festlegung der Poetik. Wesentlich erweiterbar, kann das Verfahren (*route*) Montaignes immer fortgeführt werden, und hat damit keinen bestimmenden Kern an notwendigen Inhalten.[27] In ihrem Verzeichnis ist jeder nur ein isoliertes Datum, eine zitierte Momentaufnahme unter Vorbehalt, eine weitere Passage.

Dieser Passagen-Begriff trägt auch die konstitutive Offenheit und Intertextualität der *Essais*. Mit der Überschneidung von Schrift und Lektüre, wie sie sich am zitierenden und kommentierenden Schreiben am deutlichsten zeigt, wird der Unterschied zwischen fremden und eigenen Passagen nivelliert. Was Montaigne schreibt, mag geschehen oder nicht geschehen sein, ihm oder einem anderen, von ihm oder von Platon stammen; die Urteilskraft, die den

25 Wie er wenige Zeilen später (Montaigne III 2, S. 805) auch seine Einfachheit als Autor mit der Natürlichkeit in Einklang bringt: „(b)[…] des effects de nature crus et simples, et d'une nature encore bien foiblette."

26 Ebd.: „(b) Les fantasies de la musique sont conduictes par art, les miennes par sort." Hierzu kommentiert Auerbach, *Mimesis*, S. 280: „Wenn man es genau nimmt, sind es doch die Dinge, die ihn leiten – er bewegt sich zwischen den Dinge, er lebt in ihnen, er ist immer in ihnen anzutreffen, denn er ist, mit sehr offenen Augen und immer eindrucksbereitem Geist, mitten in der Welt; nur folgt er nicht ihrem Ablauf in der Zeit, auch nicht einer Methode, die die Kenntnis eines bestimmten Dinges oder einer Gruppe von Dingen zum Ziel hat, sondern seinem eigenen inneren Rhythmus."

27 Montaigne III 9, S. 945-946: „(b) Qui ne voit que j'ay pris une route par laquelle, sans cesse et sans travail, j'iray autant qu'il y aura d'ancre et de papier au monde? Je ne puis | [p. 946] tenir registre de ma vie par mes actions: fortune les met trop bas; je le tiens par mes fantasies."

Verlauf der verschriftlichten Ideen beobachtet, wird schon ihren Nutzen ziehen. Die chronische Unsystematik seines Schreibens und die beständige Fragmentarisierung des bereits bestehenden Corpus durch die Revisionen in (b) und (c) machen selbst durch ihre Eingriffe den Text zum kommentierten Lektüregegenstand. Unter dem Vorzeichen der Passage wird mit den Erweiterungen und Ergänzungen die Diversität und Mutation vorangetrieben, die Montaigne hier als Beobachtungsobjekt bestimmt. An den rezitierten und rezitierenden Passagen seines Buches wird in deren Gesamtschau der schreibende Montaigne lesbar gemacht wie anhand eines Protokolls. Die *Peinture de Passages* verfährt selber mit Passagen und muss dies tun; die *Essais* setzen sich aus den schönen und weniger schönen Stellen zusammen, die Montaigne sich selbst oder anderen entnimmt und an ihnen die Transformation seiner Lektüre und seines Denkens abbildet.

Damit rundet sich in den Begriffen der Passage und der Rezitation die Verfahrensbestimmung in Analogie zur Malerei ab. Das Tableau der *Essais* als Sammlung und Komposition möglichst unterschiedlicher Stellen und Ansichten gewinnt in der Durchsicht die Zeitlichkeit, die dem Fortgang von Montaignes Existenz ein Protokoll sein kann. Wie die Entwicklung eines Autoportraits sich erst im Vollzug bestimmt und immer auf das portraitierte Subjekt rückwirkt, und wie die Menge und Varianz von grotesken Körpern ihre unbestimmte Ordnung nur im Ausfüllen der Fläche gewinnt – unter der Prämisse der Mimesis im „Amimetischen“[28] – lässt die *Peinture de Passage* den Text zum Schnittpunkt verschiedener Zeiten und Ebenen werden, um so einen Sinnüberschuss zu gewinnen, der das Ganze mehr sein lässt als die Summe der Teile. Die noch so persönlichen oder subjektiven Momente der Geistesabbildung müssen dabei als Passagen verstanden werden, und geraten damit in den Status, der im *Emprunt* angelegt ist. Als Variation des Kontaminationsgedankens der Zitate wird vielmehr das Eigene dem Fremden angeglichen.[29]

---

28 So entworfen von Scholl, *Von den „Grottesken“*, S. 58 (s.o.).

29 Es mag ins Auge stechen, dass Montaigne im dritten Band tatsächlich weniger mit den Worten anderer operiert als zuvor, und auch, dass die Bordeaux-Erweiterungen, die grundsätzlich den Zitatbestand deutlich ausdehnen, hier weniger wuchernd vorgehen. So ist auch III 2 auffällig arm an eingefügten Zitaten; trotz ausgiebiger unterschwelliger Paraphrasen insbesondere Plutarchs enthält der Text auf dreizehn Seiten lediglich drei fremdsprachige Zitate. Montaigne III 2 enthält eine Montage aus Cicero („[c] Tuo tibi judicio est utendum. / Virtutis et vitiorum grave ipsius conscientiae pondus est: qua sublata, jacent omniaa“; Der erste Satz stammt aus den *Gesprächen in Tusculum* L II, 26, der zweite unter Abänderung des Modus [Subjunktiv zu Indikativ] aus *De Natura Deorum* L II, 35); und in (b) ein Verspaar aus Horaz' *Oden* (Horaz, *Oden und Epoden (lat./ dtsch.)*, übers./hrsg. Bernhard Kytzler, Stuttgart: Reclam 2009, IV, X, 7-8) und ein längeres Zitat aus Lucan (IV, 237-242). Für die bibliographischen Nachweise, vgl. Balsamo (u.a.),

6.2 *Une Vérité empruntée*; Geschichte und Essay

Die konstitutive Überschneidung von Schrift und Lektüre wird mit dem Passagen-Konzept transformiert zur Überschneidung von Schrift und Re-Lektüre; Montaigne rezitiert seine Erfahrungen und seine vorangegangenen Lektüren am Protokoll der *Essais* und gewinnt so die Einsicht ins eigene Werden, das keine Linearität, sondern dessen grundsätzliche Relativität produziert. Von Minute zu Minute hat sich Montaigne verändert, und so unterliegt auch sein Text Mutationen und Varianzen. Insofern dieser Text das gelungene Abbild seines Autos ist, sich in seine Substanz eingeschrieben haben soll, ist er im Verlauf die vollkommene Spur eines müßigen und sprunghaften Geistes geworden, der von sich selbst Kenntnis erlangen will. Diese Spur ist, als Hinterlassenschaft der Schrift, Spur des Vergangenen oder des Vergehens. Die Textualität der *Essais* lässt sich so, an ihrer Intertextualität gebildet, als Abbildung des Wandels ohne Abschluss verstehen.

Montaignes Vorbild für diese privathistoriographische Schrift ist in der allgemeinen Historiographie zu finden. Nicht nur an seiner Vorliebe für Plutarch lässt sich dies belegen, sondern auch in der für den Späthumanismus typischen Darstellung historischer Inhalte als Gegenwärtiger. Die Überfülle von Anekdoten, *Exempla* und Biographemen aus antiken Quellen wird zwar keineswegs ihrer historische Eigenzeitlichkeit beraubt, aber dennoch in den laufenden Diskurs und die reflektierende Betrachtung so eingebunden, dass sie ihre epochale Spezifik verlieren. Für Montaigne ist die Stoa ebenso gegenwärtig wie die Religionsspaltung des Christentums, und ebenso weit entrückt wie die Antike ist ihm das öffentliche Leben seines Jahrhunderts, von dem er vorgibt, sich aus ihm zurückgezogen zu haben. Durch diese Mischungen von Zeitebenen entsteht eine beständige Ungleichzeitigkeit oder Unzeitgemäßheit in den *Essais*, die gerade mit dem Historischen unsanft umgeht. In ständiger Dekontextualisierung gelingt es ihm, Vergangenes nur noch als exemplarisches Material und Reflexionsgegenstand zu verwenden, indem er es aus allen Kausal- und Temporalverbindungen isoliert und in der Verkürzung eines Auszugs reproduziert; Geschichte ist für ihn zitierbares Material, und

„Notes et Variatns", S. 1721-1723. Erwähnenswert dürfte aber dennoch sein, dass in diesem Kapitel die einzige namentliche Erwähnung von Erasmus von Rotterdam zu finden ist, die Montaigne in (c) einfügt; Montaigne III 2, S. 810: „(c) Qui m'eut faict veoir Erasme autrefois, il eust esté malaisé que je n'eusse prins pour adages et apophthegmes tout ce qu'il eust dict à son valet et à son hostesse." Die Ehre, die er Erasmus zuteil werden lässt, umfasst die Kernbegriffe der *Adagien* und der Konzeption der *Copia verborum* und macht deutlich, dass Montaigne ihn nicht nur gut kannte, sondern seine Rhetorik als Maßstab ansetzen kann.

nur als dieses und in ständiger Rekonfiguration kann man mit Montaigne davon sprechen, dass *historia magistra vitae* sei. Unter diesem Titel lässt sich in der Folge von Kosellecks Darstellung zeigen, wie die Katalogisierung des Vergangenen in (bspw. biographischer) Alleinstellung eine Logik des Verweises ermöglicht, die sich der Verwendung anbietet.[30] Am Exemplum können geschichtsphilosophische Spiegelungen mit eminent praktischem Wert vorgenommen werden: Weil Menschen so gehandelt haben, ist diese Handlung auch jetzt wieder möglich, und die Prognose denkbarer Zukünfte ergibt sich aus einer Besinnung auf das Gewesene. Als Beispiele geben die Geschichte*n* in ihrer Verfügbarkeit keinen Aufschluss über die faktischen Begebenheiten der Antike. Nicht als Einblick ins Vergangene, sondern als Richtschnur für das Lebendige und offen auf den Möglichkeitsraum der Zukunft hin ist das Buch der Geschichte analog zum Buch der Natur eine Sammlung von Einzelfällen, die die Urteilskraft schulen und uns zu besseren Menschen machen sollen. Das Exemplum verweilt dabei innerhalb einer topischen Organisation der Frühen Neuzeit, die man mit Karlheinz Stierle als „Vorratskammer der Einsicht in menschliches Verhalten" bezeichnen kann und die, so Stierle weiter, bei Montaigne zum „Denkbild" wird.[31] Als topisches Moment ist der jeweilige historische Inhalt aus seinem Quellzusammenhang entnehmbar, und steht in keinem zwingenden oder systematischen Verhältnis zur *arrière-boutique*[32] des Historischen. Montaigne nimmt sich, was er brauchen kann, ohne sich darum schon der Treue zum Gewesenen zu verpflichten. Geschichte findet in Passagen statt, Geschichte wird zitiert.

Diese eklektisch-zitative Beziehung zum Bestand der Geschichte ist eine Geste der Umwertung, wenn man veranschlagt, dass Montaigne mit dem Vorzug des Historischen nur den Nachteilen des Gegenwärtigen zuvorkommen will. Die Vorratskammer der Überlieferung hat den Vorteil, dass ihre Inhalte ohnehin von den Unschärfen der Tradition betroffen sind. Das Wissen um diese Verschiebungen ist immer noch sicherer, als sich auf die eigenen und zeitgenössischen Erfahrungsquellen des 16. Jahrhunderts zu verlassen:

30 So der Titel einer epochenüberspannenden Geschichtskonzeption, die Koselleck dargelegt hat; Vgl. Kosellek, „Historia magistra vitae".

31 Stierle, *Montaigne und die Moralisten*, S. 68: „Die Form des Exempels, in der die Geschichte zur Vorratskammer der Einsicht in menschliches Verhalten wird, ist Montaigne, wo er sie sich am bewussteten aneignet, zum Denkbild geworden, dessen Prägnanz sich in der Erinnerung des Leser festsetzt und dessen Konfiguration für immer neuen [sic] Deutungen offenstehet."

32 Montaigne I 39, S. 241: „Il se faut reserver une arriereboutique toute nostre, toute franche, en laquelle nous establissons nostre vraye liberté et principale retraicte et solitude."

> (1) Quasi toutes les opinions que nous avons sont prinses par authorité et à credit. Il n'y a point de mal: nous ne sçaurions pirement choisir que par nous, en un siecle si foible.[33]

Wer sich zu seiner Zeit nur auf sich selbst beruft, ist besonders schlecht beraten. Besser ist es, sich dem Ansehen und dem guten Glauben der Vergangenheit anheimzugeben. Sokrates dient ihm zur Illustration dieses Befunds, als Extrembeispiel: Die Größe und der Reichtum seines Exemplums für die Nachwelt sowie seine unbestrittene Rolle als Pate der westlichen Philosophie griechischer Prägung stehen in keinem Verhältnis zur fraglichen, selbst in den Urtexten nur durch Platon vermittelten Quellenlage, die nie mehr sein kann als Zeugenschaft, Transfer, Wissen aus zweiter oder gar dritter Hand, kurz: philosophiegeschichtliches Hören-Sagen. Wenn also dieses Wissen um die Größe Sokrates' nur um den Preis des Transfers und unter dem Kalkül von Ungenauigkeiten der Überlieferung, mit anderen Worten: nur auf Pump und unter Berufung auf das Ansehen erkauft werden kann, dann überragt der pragmatische Wert des Wissens die theoretische Einsicht in seine Unsicherheit. Das Sich-Einlassen mit dem Bestand des gesammelten historischen Wissens von Sokrates ist notgedrungen vermittelt und, wenn auch unter diesem Vorbehalt, alternativlos. Montaigne weiß um die Unverzichtbarkeit dieses Kredits, und kehrt sie scheinbar mühelos zum Vorteil um. In einer Wendung, die seine Bewunderung für Sokrates ganz ohne Mäeutik als Technik der Hebung aus dem Selbst auskommen lässt, münzt er ihn, wie wir bereits sahen und wie wir erneut zitieren wollen, um zu einem zitativen oder dialogischen Weisen, dem jede Quelle recht ist. Seinem Beispiel folgend, ist für Montaigne Weisheit nicht, sich an den ohnehin unverfügbaren Urtext der Lehre des Sokrates zu halten. Weise ist, wer Sokrates auch und gerade darin zum Vorbild nimmt, anderen Glauben zu schenken und folgen zu lernen:

> (b) Socrates faict mouvoir son ame d'un mouvement naturel et commun. Ainsi dict un paysan, ainsi dict une femme. (c) Il n'a jamais en la bouche que cochers, menuisiers, savetiers et maçons.[34]

Die laienhafte Dialogizität oder Intertextualität von Sokrates bildet das Vorbild des naiven Diskurses von Montaigne. Wie sein Vorbild rät er, indifferent

---

33 Montaigne III 12, S. 1037

34 Montaigne III 12, S. 1037. Der Passus zu Sokrates Offenheit zum Dialog findet sich im *Gastmahl* (Platon 221 c); er wird aber auch im Adaigum 2201 „Sileni Alcibiadis" von Erasmus diskutiert, den Montaigne auch im weiteren Verlauf des Kapitels bemüht haben könnte, um Sokrates' Aussehen zu beschreiben. So bemerken auch Balsamo (u.a.), „Notes et variantes", S. 1819.

gegenüber den Quellen zu bleiben und mit dem *ainsi* die Entlehnung zu markieren, die darum zugleich natürlich und gemein ist, weil sie nimmt, was ihr begegnet.

Sokratisches Dialogiztät, wie man sie als die ironische Führung des Dialogs und der Gegenfrage kennt, wird auf die Textualität, den Dialog der Geschichte, übertragen.[35] Was man den Texten anderer entnimmt, ist gerade das, was natürlich entspringt. Man entnimmt es, ohne auf die Quelle zu achten, wohl aber aus einer Vielzahl von Quellen, die im so reproduktiv fragenden Subjekt zusammenlaufen. Montaigne will keine gelehrten Abhandlungen schreiben, sondern einen Text, in dem der programmatische *bonne foi*[36] und eine Übernahme *bona fides*[37] in eins fallen: Der Pessimismus, der mit der Vermengung unserer Ansichten mit ihrer Unsicherheit einhergeht, wird von seinem naiven Wohlwollen pariert, das er an der Sokrates-Figur wie an sich selbst entfaltet. Wenn unsere Quellen nie rein und unsere Einsicht immer getrübt sein werden, sollten wir anstelle eines generellen Verzichts auf das Unreine viel eher in dessen Überfülle nach Anhaltspunkten und Gegenständen suchen, um uns und unsere Erfahrung zu befragen.

> (c) Il est justement permis aux escholes de supposer des similitudes, quand ils n'en ont point. Je n'en fay pas ainsi pourtant, et surpasse de ce costé là en religion superstitieuse toute foy historialle. Aux exemples que je tire ceans, de ce que j'ay ouï, faict ou dict, je me suis defendu d'oser alterer jusques aux plus legeres et inutiles circonstances. Ma conscience ne falsifie pas un iota, ma science je ne sçay. [...] Je tien moins hazardeux d'escrire les choses passées que presentes: d'autant que *l'escrivain n'a à rendre compte que d'une verité empruntée*.[38]

Sein Anspruch ist es, den historischen Gegenständen mit quasi-religiösem Eifer gerecht zu werden, sie nicht zu verfälschen und so zu übernehmen, wie sie ihm gegeben sind. Dass er dabei nur reinen Gewissens, nicht besten Wissens sein kann, schließt die Aufrichtigkeit seiner Übernahmen nicht aus. Er kann nicht für die Wahrheit der Analogien, die er zieht, einstehen, wohl aber für die Übernahme ihrer Elemente. Die Dinge, über die er nachdenkt, sind, insofern sie selbst aus den Büchern anderer stammen, notwendig bereits historisch geworden; ihnen kommt die Qualität der vergangenen Dinge vor den

---

35 Für diese Übertragung und die Hervorhebung der Kommunikation für eine „neuzeitliche Sokratik“, vgl. Balmer, *Neuzeitliche Sokratik*, ins. Kap. 4, S. 129-178.

36 Vgl. Montaigne, „Au Lecteur“, S. 3 (s.o.).

37 Brousseau-Beuermann, *La copie de Montaigne*, S. 20: „Montaigne stipule les conditions d'un pacte de lecture dans la *bona fides* dont le sens contractuel est impliqué par l'origine juridique de cette expression.“

38 Montaigne I 21, S. 106. [Meine Hervorhebung, S.G.]

gegenwärtigen zu. Ihnen diesen Status zu bewahren, wenn er sie abschreibt, und keineswegs ins Material einzugreifen, ist für Montaigne fast heilige Verpflichtung. Er verwirft für sich die Möglichkeit der Schulen – womit er die Kritik der gängigen Pädagogik fortschreibt und auf die Scholastik überträgt –, freie Assoziationen herzustellen und Ähnlichkeiten zu entwickeln, wo keine vorliegen. Seine Genauigkeit in der Abbildung dessen, was er zum Exempel erhebt, übersteigt die eigentliche Aufgabe des Historikers: Mit seinem quasireligiösen, abergläubischen Verfahren gegenüber den Fakten, die er gehört hat oder die ihn selbst betreffen, geht er weiter als der *foy historialle*. Auch das, was er an den Beispielfällen selbst als unwichtig erkannt hat, wird streng mitgeliefert, und nichts verändert, was er übernimmt.

In diesem Schritt über die Geschichte hinaus, nicht hinter sie zurück, wird bestimmt, wie Montaigne sein historisch gesammelte Material quantitativ vermengt und verschaltet, ohne selbst Anspruch auf eine qualitative Ordnung zu erheben. Stierle hat das auf die griffige Formel gebracht: "Ce qui rend l'histoire impossible rend l'essai possible".[39] Und so bestimmt Montaigne auch seinen Bezug zur Geschichte in *De la Force de l'Imagination*:

> (b) Les discours sont à moy, et se tienent par la preuve de la raison, non de l'expérience: *chacun y peut joindre ses exemples*: et qui n'en a point, qu'il ne laisse pas de croire qu'il en est, *veu le nombre et varieté des accidens*. (c) Si je ne comme bien, qu'un autre comme pour moy. Aussi en l'estude que je traitte de noz moeurs et mouvemens, les tesmoignages fabuleux, pourveu qu'ils soient possibles, y servent comme les vrais. Advenu ou non advenu, à Paris ou à Rome, à Jean ou à Pierre, c'est toujours un tour de l'humaine capacite, duquel je suis utilement advisé par ce recit. Je le voy et en fay mon profit egalement en umbre qu'en corps. Et aux diverses leçons qu'ont souvent les histoires, je prens à me servir de celle qui est la plus rare et memorable. Il y a des autheurs, desquels la fin c'est dire les evenemens. La mienne, si j'y sçavoye advenir, seroit dire sur ce qui peut advenir.[40]

Unter der Aufsicht der aristotelischen Parallelisierung wird hier die Poetik der *Essais* zwischen Geschichte und Poesie verortet[41] und offenbar zugunsten

39 Karlheinz Stierle, „L'histoire comme Exemple, l'exemple comme histoire“, *Poetique* 10 (1972), S. 176-198, hier S. 197.

40 Montaigne I 21, 105-106.

41 So stellt der letzte Satz unseres Zitats seinerseits ein Zitat aus Aristoteles' Poetik dar; Aristoteles, *Poetik*, hrsg./übers Paul Gohlke, Paderborn: Schöningh 1959, 1451 a, S. 69: „Hieraus ergibt sich, daß es nicht Aufgabe des Dichters ist, zu sagen, was geschehen ist, sondern was geschehen könnte und was nach der Regel oder der Notwendigkeit möglich ist.“ Am Beispiel des Herodot zeigt er im Folgenden, dass die formale Beschaffenheit nichts am historiographischen Charakter historischer Schriften ändert.

des Erdichteten entschieden: Die Frage, wie es eigentlich gewesen sei, spielt für sein Projekt keine weitere Rolle. Ihm geht es darum, Analogien zwischen den Fällen und Ansichten herzustellen, das „comer“,[42] das er aus dem Text hin auch der Lektüre anempfiehlt. Ihm gelten „Schatten“ und „Körper“, wie er sich in vielsagender Metaphorik ausdrückt, gleichviel für seine Zwecke, und die Begebenheiten sind austauschbar, solange sie rhetorisch illustrativ verwendet werden können: „(c) je prens à me servir de celle qui est la plus rare et memorable.“[43] Selten und erinnerungswürdig, erinnerungsfähig sollen die Beispiele der Geschichte sein, und zudem wahrscheinlich, um in den *Essais* Verwendung zu finden. Was immer als Exemplum fungieren kann,[44] ist gerade gut genug, um die menschlichen Verhältnisse zu beschreiben und auf sie zu reflektieren. Montaigne ist kein Theologe, kein Philosoph und kein Historiker – er ist, als Laie, Schriftsteller, und als solcher nicht der Wahrheit an sich verpflichtet. Dieser Anspruch, der im Herzen der *Essais* steht, weist aber diese Außenseiterrolle eine allgemeinere und damit höhere Stellung zu. Für ihn gilt, was er bei den anderen gelesen hat, als Kanon seiner möglichen Einsichten. Solange er sich gegenüber diesem kompilativ verhält, ist er unverantwortbar. Er untersteht selbst, aufgrund seiner *emprunts*, der *vérité empruntée*, der entlehnten Wahrheit.

Montaignes Aufrichtigkeit muss keine Wahrhaftigkeit sein, die einer internen Prüfung seines Denkens und Schreibens standhalten können muss. Seinem Verhältnis zum Historiographen allerdings liegt keine Unterordnung, sondern eine Übersteigerung im Respekt gegenüber den Quellen zugrunde. Was er sagt, ist nur Entliehenes, und er belässt es dabei. Es ist kein Zufall, dass für diese Wahrheit erneut der Begriff des *emprunter* verwendet wird.[45] Mit

---

42 André Tournon, „Advenu ou non-advenu“, in: *Montaigne et l'Histoire, Actes du colloque international de Bordeaux (1988)*, Paris: Klincksieck 1991, S. 31-39, hier S. 35: „Le mot-clef est donne par la première phrase de l'addition qui nous occupe (p. 105): ‚Si je ne come bien, qu'un autre come pour moi'. Le sens de ce terme, que P. Villey traduit en note de façon inexacte (comme, à sa suite, A. Thibaudet), est fixe par une variante manuscrite: ‚il est justement permis aux escoles de supposer des comes quand ils n'en ont point'- version définitive: ‚supposer des similitudes'. Co(m)mer, c'est citer des cas analogues (employer la conjonction ‚comme', pour les introduire). La pratique ainsi désignée est celle des ‚escoles' de droit, selon toutes probabilites.“

43 Montaigne I 21, S. 105.

44 Diese historiographische Funktion ist eine unter anderem im Funuds der Bedeutung des Begriffs, vgl. Josef Klein, EXEMPLUM, in *Historisches Wörterbuch der Rhetorik*, Bd. 3, Sp. 60-71.

45 Brousseau-Beuermann, *La copie de Montaigne*, S. 120: „Etant donné que, dans le français de Montaigne et de son temps, la citation n'a pas encore de nom qui définisse son domaine, ce sont les modes de reproduction qu'elle recouvre qu'il s'agit d'analyser.“ Wir

dieser Beifügung aus (c) entspricht der Vorbehalt, der die essayistische Wahrheit ausmacht, genau dem zitativen Charakter von Montaignes Schreiben. Dass dieser Umstand vom Diskurs mitausgestellt und kommentiert wird, erlaubt es, vom Mangel zum Vorzug zu kommen: die eingestandene Unwahrheit wird so zur Aufrichtigkeit, und die Abbildung der *vérité empruntée* wird zum Zeigen, das sich als Vermittlung zu erkennen gibt. Indem er sich das erborgte Wissen anderer aneignet, markiert er ausdrücklich dessen Charakter auf Kredit und Autorität, der, weit davon entfernt, bloßer Mangel zu sein, den zitierenden Text entlastet.[46] Die Verantwortung liegt nicht bei ihm, sondern bei seinen Quellen, auf die er genüsslich resümierend verweist: „Car les Histoires que j'emprunte, je les renvoye sur la conscience de ceux de qui je les prens."[47]

In Montaignes Risiko-Kalkül ist dem Historischen also gerade deswegen der Vorzug zu geben, weil die Gefahr des Irrtums sowie des Missgriffs in der Einschätzung hier weniger groß ist, und zudem nicht vom Autor verschuldet. Der Umweg über die historischen Quellen fungiert so als Entlastung oder Befreiung Montaignes. Diese Strategie kann nur dann erfolgreich sein, wenn die Korrespondenz zur Quelle und zum Urheber, und damit zum Vergangenen, relativ stabil bleibt. Wenn Montaignes Gewissen rein bleiben soll, dann nur, weil er sich auf die bloße Entlehnung berufen kann. Eine solche „Rückschickung" kann aber nur bei kenntlichen Adressanten gelingen; die historischen Entlehnungen müssen also wie Zitate zumindest mit impliziten oder selbstverständlichen Quellenverweisen ausgestattet sein, oder sich virtuell als solche zu erkennen geben.

---

haben eingangs die Studien zur Zitation bereits angesprochen (s.o., Kap. 0). Vgl. insb. Blum: „La fonction du ‚déjà dit'"; MacKinley, *Words in a corner*.

46 Hierin nimmt diese Studie den von Westerwelles Ausblick angedeuteten, aber nicht eingeschlagenen Weg des Nachvollzugs dieser Umwertung. So heißt es bei ihr im Schlusskapitel (Westerwelle, *Imagination*, S. 443: „Montaigne breitet in kleinen Fragmenten (in Geschichten und Anekdoten) ein Material aus, das die Kriterien von wahr und falsch in Frage stellt. […] Mit dem Essay *De la force de l'imagination* liegt eine Groteske, ein gefährliches Monstrum, vor uns, deren kleine Teile sich im Kompositionsprinzip spiegeln. Ihre Wahrheit hat sich zu einer ‚vérité empruntée' verflüchtigt." Dass diese Wahrheit dem Materialcharakter der Fragmente entspricht, die darum Fragmente bleiben, weil sie entlehnte Teile aus einem anderen Ganzen sind, wird in ihrer Aufzählung ausgelassen – doch ist es gerade dieser zitative Charakter der Fragmente, was den qualitativen Umschlag dieser Wahrheit ermöglicht. Statt eines Defizits an ‚wahrer' Wahrheit ist das Entlehnte *als Entlehntes* wahr; statt von „Verflüchtigung" kann vielmehr von historischer Verfestigung, vom Niederschlag in der Zeit und im Transfer der Passagen gesprochen werden. Die entlehnte Wahrheit kann sich mit der Überlieferung auf eine weit weniger problematische Quelle ihrer Legitimation berufen; nur Entlehntes ist, als Niederschlag der anderen Texte, risikoarmes, und also verlässliches, Material.

47 Montaigne I 21, S. 105.

Die *choses passés* sind nur auf den ersten Blick die historiographischen Data, denn eine Gleichsetzung von *Essay* und Geschichte würde am Überhang des Poetischen scheitern.[48] Die Transformation dessen, was Montaigne entlehnt, geht vielmehr vom Gewesenen als Modell aus, das die gegenwärtigen Betrachtungen mitbetrifft. An Plutarch geschult, stellen die Vermischungen der *Essais* eine Verbindung von *Parallelbiographie* und *Moralia* dar, ohne dabei zu stark vom Vorbild abzuweichen. Wie Plutarch gewinnt Montaigne seine Reflexionsgegenstände in der Moralistik aus den historischen Sentenzen, Anekdoten und Exempla, während die Ordnung in der Geschichte von der moralischen Darstellung ihrer Charaktere getragen wird. Damit wird es möglich, die Zeitlichkeit der Passage in den Modus der *verité empruntée* miteinzuschließen; Protokoll und Retrospektive bilden die autohistoriographische Entsprechung zum Großnarrativ, und erlauben es, sich selbst im Angesicht der Überfülle von Materialien in der sicheren Distanz der zweiten oder dritten Lektüre zu erkennen. Was die Kapitel seiner *Essais* enthalten, sind die Züge seiner Person im Abbild ihres zeitlichen Verlaufs, ihres Vorüberseins und ihres Bestehens in ständigen Passagen. Damit gelingt es Montaigne, in der Spaltung des Autoportraits sich selbst als einen anderen zu sehen und lesen zu lernen. Die Ungleichzeitigkeit von Schrift und (Eigen-)Lektüre gibt ihm so, an der Ungleichzeitigkeit des Historischen im Späthumanismus geschult, die Möglichkeit, sich selbst ständig zu revidieren und neu zu erfassen.

Erich Auerbach hat diese Transformation des Zitativen und Historischen zur Umgestaltung seines durch die Schrift vermittelten Selbstverhältnisses vorbereitend beschrieben. Man kann mit ihm davon ausgehen, dass sein Buch als „Sammlung von Lesefrüchten" begann, aber sich bald veränderten; „als Stoff oder Anlaß diente nicht nur das Gelesene, sondern auch das Gelebte; sei es, was er selbst erlebte, sei es was er von anderen hörte und was um ihn herum geschah."[49] Diese werkinterne Passage als Übergang von den Büchern zur Welt, vom Gelesenen zum Erfahrenen aber ist keine bloße Ausweitung des

48 In der *Rhetorik* Aristoteles' wird auch das Exemplum in der Differenzierung von Geschichte und (Er-) Dichtung präsentiert; (vgl. Aristoteles, *Rhetorik*, hrsg. Hellmut Flashar, Berlin: Akad.-Verlag 2008, 1393a-1394a.) Dass er sich hier an Aristoteles hält, stellt einen Sonderfall in den *Essais* dar; allerdings ist es nicht unwahrscheinlich, dass er die entsprechenden Kategorien der *res gestae aut ut gestae* und der fiktionalen Exempla eher aus der Vermittlung bei Quintilian entnommen hat, auf den er sich im Weiteren eingehender bezieht. Vgl. Quintilian, *Ausbildung des Redners*, V, 11,6. Die Gegenüberstellung von Geschichte und Dichtung und der quasi-historische Charakter von (wahrscheinlichen) Exempla wird in Anschluss an Aristoteles bei Quintilian aufgegriffen, den Montaigne hier wohl als direkte Quelle vor Augen hat; vgl. Quintilian, *Ausbildung des Redners*, Buch XI.

49 Auerbach, *Mimesis*, S. 280.

Gegenstandsbereichs. Sie folgt, in Fortführung der Pädagogik und der Logik des *Buchs der Welt*, dem Schema der Lektüre, die das Gelebte in den Rang von Gelesenem rückt, um es erst kommensurabel zu machen. Dass das „Gehörte um ihn herum" von Plutarch wie Du Bellay wie auch von realen Gesprächspartnern stammen kann, macht keinen Unterschied für die sokratische Übernahme des allgemeinen Geredes, solange es nur in die Form der *Essais* übertragen werden kann. Montaigne entnimmt es dem Buch seiner Bibliothek ebenso wie dem Buch seines Lebens, in der Absicht, einen Teil davon in erneuter Abschrift aufzubewahren und für die Wiederdurchsicht bereitzustellen. Die Gegenstände (*les choses*, wie Auerbach Montaigne die „Außenwelt" nennen lässt),[50] die wir so erkennen können, sind uns gerade darum zugänglich geblieben, weil sie als Bruchstücke eines gelebten Ganzen in das Corpus der *Essais* überführt werden konnten. Sie sind, wie Zitate, nur Teile eines Ganzen, nur eine von hunderten Aspekten, die sich seiner Erfahrung darbieten. Um dies an einem Pastiche zu zeigen, zitierten wir Auerbachs Zitat der entsprechenden Stelle aus (c) I 50, um Montaignes Ausführungen etwas mehr Raum zu geben:

> Die Dinge sind für ihn nur ein Mittel der Selbsterprobung; sie dienen ihm nur „à essayer ses facultés naturelles" [...], und er fühlt sich ihnen gegenüber zu keiner verantwortlichen Stellungnahme verpflichtet. Auch das läßt sich am besten mit seinen eigenen Worten sagen:[51]
>
> (c) Car je ne voy le tout de rien: Ne font pas, ceux qui promettent de nous le faire veoir. De cent membres et visages qu'a chaque chose, j'en prens un tantost à lecher seulement, tantost à effleurer; et par fois à pincer jusqu'à l'os. J'y donne une poincte, non pas le plus largement, mais le plus profondement que je sçay. [...]. Semant icy un mot, icy un autre, eschantillons despris de leur piece, escartez, sans dessein et sans promesse, je ne suis pas tenu d'en faire bon, ny de m'y tenir moy mesme, sans varier quand il me plaist; et me rendre au doubte et incertitude, et à ma maistresse forme, qui est l'ignorance. Tout mouvement nous descouvre.[52]

Die Beschneidung der Gegenstände und das Sich-Bescheiden auf den Teil als Kapitulation vor dem Ganzen werden so zur kontinuierlichen Methode. Montaigne selbst zieht die offensichtliche Parallele zwischen den *disjecta membra* der hundertgesichtigen Gegenstände, die er zu entnehmen weiß, und den hier und dort aufgesammelten Worten, die er ohne Versprechungen aufgelesen hat; ihr Verhältnis ist dasjenige der Analogie, an deren Hervorbringung die umständlichen poetologischen Passagen der *Essais* ununterbrochen

50 Ebd., S. 287.
51 Ebd., S. 278-279. Er zitiert dieselbe Stelle wie wir im Folgenden.
52 Montaigne I 50, S. 302.

gearbeitet haben. Die Meisterform Montaignes, die Ignoranz, ist, was ihm die Abschrift und die Buchführung der Lektüre angeboten haben, und in Übertragung schreibt er so sein Leben als Buch; eine Entdeckung, die in der Beweglichkeit seiner Abschrift besteht. Die *Essais* sind wahr, weil ihre erborgten und unvollständigen Momente es gestatten, diese Entdeckung nachzuvollziehen; Montaigne en mouvement, Montaigne en passage, das heißt ein Montaigne, der sich selbst als anderen zu lesen und zu erkennen gelernt hat.

6.3 „Erfahrung"

Die *vérité emprunté* ist die Notlösung der *Essais*, die deswegen näher an der Wahrheit ist, weil sie den Vorbehalt des Singulären vor der Gleichheit des Partikularen ansetzen will. Das Sein, das Ganze, das Allgemeine bleiben uns verborgen, wir haben keinerlei Kommunikation mit ihm. In ständiger Wiederholung der Fragen von Abbildung und Darstellung ist es Montaignes Versuch, die Wahrheit dieses Entzugs festzuhalten; die Relativität des Historischen und des Textuellen gruppiert er innerhalb der Logik der Passage zur Relativität seines eigenen Seins, und gelangt zu dessen Abbildung gerade anhand der Spannung von Ähnlichkeit und Differenz. Die protokollierte Autopsie und Sezierung seines Denkens in der Schrift kann beides zugleich sein, die Essenz seiner wandelbaren und unabgeschlossenen Existenz und der wuchernde, weiteren Veränderungen und, vor allem, Ergänzungen offene Verlauf, den nur die gedoppelte Instanz des schreibend-lesenden Ichs zusammenhalten kann.

Die Übertragung der philologisch-textuellen Verfahren auf die Welt- und Ich-Erkenntnis bestimmt den Fortgang des Texts und letztlich die Einsicht in seine Entsprechung mit dem Essayisten selbst. Die Evolution oder vielmehr Mutation der *Essais* orientiert sich an der Geschichte, um sie zu übersteigen. Die Ersetzung der historiographischen Wahrheit durch das Verzeichnis des ständigen Wandels betrifft auch, was Montaigne als Rahmen seiner Selbstabbildung begreift. Die Möglichkeit, als Virtualität, tritt an die Stelle der Wahrheit in der Darstellung. Für seine Gegenstände gilt (wir zitieren erneut aus I 21):

> (c) Advenu ou non advenu, à Paris ou à Rome, à Jean ou à Pierre, c'est toujours un tour de l'humaine capacite, duquel je suis utilement advisé par ce recit. Je le voy et en fay mon profit egalement en umbre qu'en corps. [...] Il y a des autheurs, desquels la fin c'est dire les evenemens. La mienne, si j'y sçavoye advenir, seroit dire sur ce qui peut advenir.[53]

53 Montaigne I 21, S. 105-106.

In seiner anthropologischen Absicht, an sich selbst der gesamten *conditio humana* ein Bild zu erstellen, ist die Kapazität des Menschen zu Handlungen und Ansichten im Allgemeinen interessant, und so entkoppelt von der faktischen Begebenheit, an der sie sich illustrieren lässt. Sein Text (*recit*) will den Menschen abbilden, und dazu reicht es, von den Ereignissen (*evenemens*) abzusehen und die Möglichkeiten, die eintreten (*advenir*) können, zu betrachten. Die Häufung des *advenir* zeigt, wie Montaigne von der Einsicht in die Befähigung des Vergangenen zur Minimierung von Risiken selbst in Passage bringt und auf die Zukunft appliziert: Was ihm als Schatten reicht, ohne Körper sein zu müssen, ist am Modell der Geschichte entwickelt, betrifft aber alle Gegenstände der *Essais*, von der Überlieferung eines Bonmots bis hin zur privaten und subjektiven Erfahrung des Essayisten. Die Übertragung des vorbehaltlichen Wahrheitsstatus historischer Inhalte resultiert in der Infragestellung aller „Ereignisse", die Montaigne schildert. Die *vérité empruntée* greift vom Erborgten über aufs Erlebte, das – im Mindesten als protokolliertes – selbst zeitlich indiziert ist und so Teil der Mikrogeschichte des Autoportraits geworden ist. Alles kann anders sein, aber bleibt möglich, und offen für eine Änderung, die sich einstellen kann. Wie die Zitate abstrahlen auf die eigenen Worte, kontaminieren die unzuverlässigen Momente der Geschichte den aufrichtigen Bericht des schreibenden Subjekts.

Dies zeigt der Entwurf des letzten Kapitels der Sammlung, *De l'Experience*. Nicht nur aufgrund seiner Randstellung und seiner Schlussfunktion kann es als „intellektuelles Testament"[54] bezeichnet werden. Das Vermächtnis der nunmehr drei Bände von Versuchen beschließt und signiert ein Kapitel, das selbst wie die Miniatur und Rückschau auf den Rest des Buches begriffen werden kann. Die Hervorhebung der Erfahrung und mit ihr vor allem des Körpers vor Vernunft und Geist wird als letzte Spielart der Umwertungen die entscheidenden Schritte der Phasen und Modelle Montaignes noch einmal aufführen. In ihr wird Montaignes Praxis-Bezug ebenso wiedererkannt wie sein anthropologisches Interesse, und zu einem vom morbiden Tonfall der ersten Kapitel weit entfernten Standpunkt zusammengeführt: Zu einer lebens- und weltbejahenden praktischen Lebensauffassung, die tatsächlich dazu verleitet, hier das epikureische Gegenstück zur sonstigen Bevorzugung der Stoa zu erkennen.[55]

---

54 So Thibaudet, *Montaigne*, S. 246.; zitiert nach Balsamo (u.a.), „Notes et variantes", S. 1831.

55 Diese allgemeine, von Villey angestoßene Tendenz der evolutionären Lektüre von Schule zu Schule ist mittlerweile eingehend kritisiert worden. Siehe Marcel Tetel, „Montaigne: Evolution or Convolution?", in: *Montaigne's Message and Method*, S. 211-228, hier S. 213: „Montaigne was not successively a stoic, a skeptic and finally a naturalist; instead he was all three at the same time and refused to mold himself into a school of thought."

Indem er festhält, dass man dann auf die Erfahrung zurückgreift, wenn einen die Vernunft im Stich lässt, rückt er die sonst aufgestellten Regeln erneut in eine andere Reihenfolge; unter der Aufsicht des aristotelischen Diktums eines natürlichen Willens zum Wissen beginnt er mit dieser supplementären Logik das Lob der Erfahrung:

> (b) Il n'est desir plus naturel que le desir de connoissance. Nous essayons tous les moyens qui nous y peuvent mener. Quand la raison nous faut, nous y employons l'experience[...].[56]

Der Vollständigkeit halber, so scheint es, ergänzt er nun auch dieses Erkenntnismittel, das nicht nur textuell, sondern auch epistemologisch nachgeordnet wird. Dass er aber im Textuellen auch die Lektüre als Bezugsquelle seines Wissens gebraucht, ist nicht allein an Aristoteles festzumachen, den er erst später namentlich anführen wird. Auch dieser letzte Versuch schließt eine Durchsicht seiner Bibliothek und eine erneute Fülle von Zitaten und Paraphrasen ein, die deutliches Zeichen des Übergangs vom geschriebenen Wort zur gelebten Erfahrung geben. So zeigt sich die Nachbildung seiner Erfahrungskonzeption am Vorbild der Lektüre. Die Rahmung des Kapitels – und damit die Einbettung zwischen den tatsächlich letzten Worten und der Eröffnung dieser Signatur – sind ihrerseits mit deutlicher Hervorhebung zitativ. *De l'Experience* geht über von der Natürlichkeit des Wissen-Wollens aus Aristoteles *Metaphysik* bis zu den Worten Horaz', dessen Bitte um ein ruhiges Alter das Buch enden lässt.[57]

Das bedingte Lob der Erfahrung gibt sich leicht als erneute Kritik der bloßen Theorie und der Pedanterie zu erkennen. Diesmal entwickelt Montaigne diese aber nicht in pädagogischer, sondern in vor allem in juristischer Hinsicht. Am Beispiel von Montaignes eigentlicher Profession mit ihrer chronischen Neigung zum Kommentar und zur Spitzfindigkeit kann sich leicht aufzeigen, dass die Methodik der Produktion von klärenden und kommentierenden Schriften keinen tatsächlichen Beitrag zur Verbesserung weder der Sitten, noch der Einsichten leisten kann.

---

56 Montaigne, III 13, S. 1065. Aristoteles beginnt in der Metaphyisk mit den Worten (Aristoteles, *Metaphysik*, übers. Hermann Bonitz, Hamburg: Rowohlt 2007, S. 37 (980a): „Alle Menschen streben von Natur nach Wissen."

57 Montaigne zitiert die Verse „Frui paratis et valido mihi, / Latoe, dones, et, precor, integra / Cum mente, nec turpem senectam / Degere, nec cythara carentem." Laut Balsamo (u.a.), „Notes et variantes", S. 1851, stammt das Zitat aus Horaz, *Oden und Epoden (dtsch./lat)*, hrsg./übers. Gerhard Fink, Düsseldorf (u.a.): Artemis & Winkler 2002, I, 31, vv. 17-20, S. 68-69. Die Zitation wiederholt zudem die Schlussstellung im Original, wo das 31. Buch mit diesen Versen endet.

> (b) C'est de mesme, car, en subdivisant ces subtilitez, on apprend aux hommes d'accroistre les doubtes; on nous met en trein d'estendre et diversifier les difficultez, on les alonge, on les disperse. En semant les questions et les retaillant, on faict fructifier et foisonner le monde en incertitude et en querelles, (c) comme la terre se rend fertile plus elle est esmiée et profondément remuée. *Difficultatem facit doctrina.* (b) Nous doubtions sur Ulpian, redoutons encore sur Bartolus et Baldus. Il falloit effacer la trace de cette diversité innumerable d'opinions, non poinct s'en parer et en entester la posterité. [...]Jamais deux hommes ne jugerent pareillement de mesme chose, et est impossible de voir deux opinions semblables exactement, non seulement en divers hommes, mais en mesme homme à diverses heures.[58]

In Kontrast zum pedantischen Beharren auf dem Gesetzestext wird Erfahrung zum Begriff von Praxis wie zum Residuum des Einzelfalls; die Schwäche der Gesetze ist, wie er schon andernorts festgehalten hat, diejenige, dass es keine wirkliche Entsprechung zwischen jeweiligem Vorfall und allgemeiner Regel geben kann. Die Methodik der Rechtsprechung und –auslegung ist eben darum so wuchernd und ineffizient, weil sie mit jedem neuen Anwendungsfall eine Parallele zu anderen Fällen, im besten Fall exemplarischen, ziehen muss, die von den Differenzen absehen können muss. Mit der idealen Konzeption von Gleichheit der Fälle aber scheitert der juristische Diskurs von Grund auf, und die ausufernde Produktion von klärend gemeinten Kommentaren, die das Verhältnis von Regel und Einzelfall vermitteln sollten, führt nur von Neuem zu einem Überangebot an Meinungen. Wenn, wie Montaigne hier anführt, seine Selbstbeobachtung ihn gelehrt hat, dass es einen Widerstreit im Kleinstmöglichen, in seiner eigenen Person, geben kann, wie soll dann die ideale Konzeption einer Übereinstimmung zwischen zwei Menschen, zwei Aussagen, zwei Fällen möglich sein? Die Logik der Passage wird so zum Prüfstein der Allgemeinheit. Die Regeln weisen sich als unzureichendes Mittel zur Handhabung des Diversen aus, und man geht ständig von einem zum anderen über. Damit wird die Erfahrung vornehmlich zur Erfahrung von Differenzen.

Mit dieser Invektive, die sich gleichermaßen gegen das Recht sowie gegen die Identität als Konstante wendet, wiederholt Montaigne in anderem Register die Problematik der Entsprechung, die sich nun von Momenten der Abbildung abstrahieren lässt und zur Anwendung auf Gegenstände und Ereignisse anbietet. Denn das Ich im Modus der Passage entspricht nicht länger dem Ich zuvor; unter ihnen herrscht eine Kontinuität der Ähnlichkeit, die von der

58 Montaigne III 13, S. 1067. Das eingeschobene (c)-Zitat entstammt Quintilian, *Institutio Oratoria*, S. 502-503: „[...]quo pudendum est magis si difficulatem facit doctrina." (etwa: „Umso beschämender ist es, wenn die Schulbildung Schwierigkeiten macht / erschafft." Meine Übersetzung, S.G.).

Einheit abzugrenzen ist. Gleiches gilt für die Ähnlichkeiten der Erfahrung; sie ist als *Ressemblance* keine Gleichheit (*similitude*), weil in ihr immer auch ein Moment des Ungleichen (*dissemblable*) eingeschrieben ist. In Rekurs auf das sprichwörtliche Ei, das eben nicht ohne Rest dem anderen gleicht, resümiert Montaigne die Unmöglichkeit einer von der Ähnlichkeit abgeleiteten Entsprechung ohne Unterschied und Varianz (*diversité et varieté*):

> (b) La consequence que nous voulons tirer de la ressemblance des evenemens est mal seure, d'autant qu'ils sont tousjours dissemblables: il n'est aucune qualité si universelle en cette image des choses que la diversité et varieté. Et les Grecs, et les Latins, et nous, pour le plus expres exemple de similitude, nous servons de celuy des oeufs. Toutesfois il s'est trouvé des hommes, et notamment un en Delphes, qui recognoissoit des marques de difference entre les oeufs, si qu'il n'en prenoit jamais l'un pour l'autre; (c) et y ayant plusieurs poules, sçavoit juger de laquelle estoit l'oeuf. (b) La dissimilitude s'ingere d'elle mesme en nos ouvrages; nul art peut arriver à la similitude.[59]

Dieser Ausnahmefall aus Ciceros *Lucullus* wird zur Überleitung, die von der Warnung vor vorschnellen Schlüssen aus der Erfahrung explizit zur Frage nach der Kunst wird. Wenn selbst zwischen den sprichwörtlichen Eiern – und damit in den Produkten der Natur – ein minimaler, aber für einzelne erkennbarer Unterschied besteht, dann gilt, dass es nirgends wirkliche Gleichheit geben kann. Ähnliches schließt immer auch unähnliches ein, was zur Affirmation der Paradoxie des *branloire perenne* führt; universell ist nur die ständige Unterscheidung und Varianz. Allerdings, wie er wenig später bemerken wird, ist auch diese Universalität trügerisch, wenn man sie derart verstünde, dass es reine Differenz und totale Andersartigkeit gebe. Montaigne vermeidet mit einer weiteren Differenzierung seiner These diesen Überschlag ins Dogmatische, wenn er die Beziehung nicht zufällig an der Differenz von Mensch und Tier näher bestimmt. Nicht die Unterschiedenheit, sondern die Vermischung von Ähnlichkeit und Unterschiedenheit sind universell:

> (b) Comme nul evenement et nulle forme ressemble entierement à une autre, aussi ne differe nulle de l'autre entierement. (c) Ingenieux meslange de nature. Si nos faces n'estoient semblables, on ne sçauroit discerner l'homme de la beste; si elles n'estoient dissemblables, on ne sçauroit discerner l'homme de l'homme.

59 Montaigne III 13, S. 1065. Die Stelle findet sich (nach Balsamo [u.a.], „Notes et variantes", S. 1832) in Ciceros Lucullus SXVIII, 57. (Cicero, *Lucculs*, hrsg. Laila Straume-Zimmermann, Düsseldorf (u.a.): Artemis & Winkler 1997, S. 173-174.)

(b) Toutes choses se tiennent par quelque similitude, tout exemple cloche, et la relation qui se tire de l'experience est tousjours defaillante et imparfaicte.[60]

Die Ähnlichkeit, die den Richtwert der Erfahrung bereitstellt, ist selbst als „geniale Mischung" der Natur von Gleichem und Ungleichem zu verstehen und wird an der Unterscheidung von Gattung und Art expliziert. Der Mensch hat an beidem Anteil, wenn er extern zum Tier und intern zum anderen Menschen in Beziehung gesetzt werden soll. Gerade darum „hinkt" (*clocher*) jedes Beispiel, das in gewisser Hinsicht durchaus die Beziehung zwischen zwei Fällen stiften kann, in gleichem Maße aber damit die Differenz der beiden übersieht; Hinken ist aber nicht völliges Scheitern, und erst recht kein Sturz, wie man sich in Rückblick auf *Des Boyteux* erinnern mag.[61] Ganz wie die *sauts et gambades* der *Essais* ist die Erfahrung unvollkommen, ohne darum allerdings desavouiert zu sein. Dies wäre der Fall, wenn die Ungleichheit der Einzelfälle radikal ohne den Vermittlungsbegriff der Ähnlichkeit gedacht würde, wenn also jedes Beispiel absolut einzigartig wäre – eine Konsequenz aus der Kritik der Universalien, die Montaigne nicht zu teilen bereit ist. Seine Darstellung will vielmehr die epistemologische Insuffizienz von Exemplum und Erfahrungsmoment als Grundgedanken gewinnen und an die Betrachtung seiner selbst und seiner Gegenstände herantragen: Der Text, der diesen Missstand mitartikuliert, gewinnt für sich den Einschluss eines beständigen Schwankens. Dem Mangel der einzelnen Beispiele und Erfahrungen kann nicht durch deren Abschaffung, sondern nur mittels ihrer Vermehrung abgeholfen werden.

In aller Kürze wird hier der erkenntniskritische Apparat der pyrrhonischen Skepsis zusammengefasst. In Abänderung des sechsten Tropus aus Sextus Empiricus wird die Beimischung zur eigenständigen Kraft,[62] indem sich

60 Montaigne III 13, S. 170. Die Passage folgt auf eine Übertragung aus Platons *Menon*, den Montaigne fälschlich „Memnon" nennt.

61 Eine vereinigende Lektüre des *clocher* der Exempla in III 13 und der Besprechung der Lahmen in III 11 (unter Hinzuziehung der poetischen Sprünge) ist noch nicht geleistet worden; sie verspräche aber eine entscheidende Modifikation der Bewegungs-Metaphorik für den Diskurs der *Essais*, die die Umwege und Seitenstränge von Montaignes Fortkommen mit einschlösse.

62 Vgl. Sextus Empiricus, *Grundriss der pyrrhonischen Skepsis*, hrsg. & übers. Malte Hossenfelder, Frankfurt a.M.: Suhrkamp 1985, S. 122 [124]: „Der *sechste* Tropus argumentiert aus den Beimischungen. Nach ihm folgern wir daraus, daß keiner der Gegenstände uns für sich allein vorkommt, sondern immer zusammen mit etwas, daß es vielleicht möglich ist zu sagen, wie die Mischung aus dem äußeren Gegenstand und damit mit ihm zusammen Angeschauten beschaffen ist, daß wir aber wohl kaum zu sagen vermögen, wie der äußere Gegenstand an sich beschaffen ist." Montaigne überträgt dieses für sinnliche Gegenstände entworfene Argument auf die metaphysischen Qualitäten von Identität und Differenz; indem er damit den sinnkritischen Anspruch dieser Formulierungen hinter sich lässt,

überall und von selbst die Ungleichheit einmengt – vor allem in unsere Werke, wie dasjenige der *Essais* selbst. Was der Natur am Beispiel des Eis schon unmöglich ist, bleibt der Kunst umso ferner – anders verstanden, nähert sich die Kunst der Natur gerade darin an, ihre Beimischungen zu umgreifen. Der pessimistische Tenor gegen die Erfahrungsgewissheit wird so sukzessiv in die Logik des undarstellbaren Seins eingewoben. Die Ungleichheit und Varianz der *Essais* entspricht nicht nur in besonderem, weil reflektiertem Maße ihrem Kunstanspruch, sondern reicht in der Absage an den müßigen Versuch, eine tatsächliche Ähnlichkeit zu produzieren, beim Abbild in *varitété und diversité*, und damit bei der Abbildung des Universellen.

Der Nachweis für diesen Kunstanspruch und die Natürlichkeit des ständigen Wandels und der Unterschiedenheit wird von einem Ausnahme-Zitat besorgt, das hier im letzten Kapitel die vorherigen Streichungen zurückzunehmen scheint. Kein geringerer als La Boétie ist der Stichwortgeber für die Einfassung der *branloire*, die zur Bestimmung von Literatur als Intertextualität führen soll:

> (b) Ainsi voit l'on, en un ruisseau coulant,
> Sans fin l'une eau, après l'autre roulant,
> Et tout de rang, d'un eternel conduict,
> L'une suit l'autre, et l'une l'autre fuyt. | [1069]
> Par cette-cy, celle-là est poussée,
> Et cette-cy, par l'autre est devancée:
> Tousjours l'eau va dans l'eau, et tousjours est-ce
> Mesme ruisseau, et tousjours eau diverse.
>
> Il y a plus affaire à interpreter les interpretations qu'à interpreter les choses, et plus de livres sur les livres que sur autre subject: nous ne faisons que nous entregloser.[63]

Der kurze zitative Ausschnitt aus dem Gedicht seines Freundes – das hier in Abänderung des sechsten Verses noch zugespitzt wird – stellt eine Versfolge zum Heraklitschen Fluss dar, die an die deutschsprachige Dichtung zum römischen Brunnen erinnern dürfte. Die Unbestimmtheit des bewegten Wassers, das sich

---

eröffnet sich ihm die Aussage über die Erfahrung im Allgemeinen sowie ein Rekurs auf die Bestimmung der Ähnlichkeit, die als Leitbegriff der *Essais* über den Erfahrungsmodi steht. Eine ganz ähnliche Lektüre dieser Adaption des sechsten Tropus findet sich bei Popkin, *The History of Scepticism*, S. 53; Auch wenn er keinen Bezug zu Sextus herstellt, können auch die Betrachtungen von Levi-Strauss zu Montaignes Verwendung kultureller Differenzen in diesem Sinn verstanden werden. Claude Levi-Strauss, *Die Luchsgeschichte*, München/Wien: Hanser 1993, Kap. 18 („Eine erneute Lektüre Montaignes", S. 231-246).

63 Montaigne III 13, S. 1069. Das Gedicht stammt von La Boétie („À Marguerite de Carle sur la traduction des Plaintes de Bradamant [...]"). Balsamo (u.a.), „Notes et variantes", S. 1834.

hier der dichtenden Feststellung entzieht, scheint den Versen in ihrer Unfähigkeit, die Differenz von identischem Fluss und wandelnden Wassern zu versöhnen, selbst eine ungelöste Dynamik einzuschreiben. Mit dieser Illustration des Ausspruchs Heraklits gewinnt Montaigne zunächst nur die Beschreibung der Unabschließbarkeit der „Jagd nach Wissen", die er zu Beginn des Kapitels prüfen will – wie die endlose Bewegung des Wassers sich einer letztlichen Feststellung verweigert, entwischt dem Suchenden immer wieder die Beute seiner Jagd, das Wissen, das zum jeweiligen Zeitpunkt nur halb und nur ungesichert gehalten werden kann, und unter der Voraussetzung der ständigen Dynamik der Passage bald von einem anderen, bald von einem selbst modifiziert werden kann. Die Zeitlichkeit oder Geschichtlichkeit von Passage und Person sind mit einem überzeitlichen Wissensanspruch unvereinbar.

Was auf dieses Bild folgt, nimmt die Verse zum Ausgangspunkt zur Übertragung auf die Literatur. Das zugegebenermaßen leicht verständliche Gedicht verweist uns auf die Anstrengungen, die der Essayist in der Auslegung der Auslegung erkennt und anhand derer er die Aufgabe der Literatur bestimmt. Selbst Autor von *Des Livres*, scheint er in ironischem Tonfall zu beklagen, dass uns die Dinge von einer Überfülle an Literatur und Philosophie verstellt seien. Was den Autoren bleibt, ist, sich gegenseitig zu kommentieren und so am ständigen Wandel und Weitertreiben der Wasser zu partizipieren. Fußnoten auf Fußnoten, und Auslegungen von Auslegungen; der Fluss unserer Erkenntnisse scheint den Gesetzen der Intertextualität zu unterliegen und sich so fortzuspinnen, ohne an ein Ende gelangen zu können.

Diese Aussage fügt sich nahtlos in Montaignes Polemik gegen die Schulbücher ein und könnte eine Klage nach den Strapazen seiner müßigen Schreibarbeit sein. Aber eben diese Übereinstimmung verbietet es, am Ende des Buches eine aufrichtigere und weniger widersprüchliche Kritik darin erkennen zu wollen als an dessen Anfang, gerade in Hinblick darauf, dass es sich hier unzweifelhaft um eine Beifügung in Form eines Eigenkommentars handelt. Selbstverständlich spricht Montaigne auch über andere, wenn man die Formel im Sinne Foucault als „Definition der unvermeidlichen Beziehung, die die Sprache des sechzehnten Jahrhunderts mit sich selbst unterhielt" verstehen will.[64] Aber wir wissen schon seit dem ersten Band, dass er diese Allgemeinaussagen immer nur tätigt, um umso mehr von sich zu sprechen, und dürfen annehmen, dass die Gegenwartsdiagnose gleichberechtigt neben

64 Michel Foucault, *Die Ordnung der Dinge: eine Archäologie der Humanwissenschaften*, übers. Ulrich Köppen, Frankfurt a.M.: Suhrkamp 1989, S. 73. Er bespricht hier den Kommentar als Kennzeichen des 16. Jahrhunderts; zur besseren Einpflegung des Zitats zitieren wir aus der Übersetzung.

der Verfahrensbeschreibung steht; Montaignes Schreiben als fortlaufender Kommentar.

Es ist wiederum das Zitat, das die Übertragung auf den Essayisten gestattet, wenn er – zumindest dem textuellen und schriftbildlichen Anschein nach – die Verse seines Freundes bespricht und so selbst einen Kommentar verfasst. *Nous ne faisons rien que nous entregloser*: In seiner Dopplung entsteht nicht nur die Möglichkeit von dessen Reziprozität, die nicht mehr an die zeitliche Abfolge gebunden ist, wie denn der Text auch vorführt, dass die Worte La Boéties für den Diskurs Montaignes eine erklärende Beifügung darstellen können. In dem Maße, wie sich – der modernen Theorie der Intertextualität entsprechend[65] – das Verhältnis der Rezeption und der historischen Abfolge in der zitativen Indienstnahme umkehren lässt, der frühere Text also zum Kommentar des späteren werden kann, kann die Formel auch den Selbstbezug des Essayisten einschließen; „*s'entregloser*" wird, vom Kollektiv-Subjekt der verschiedenen Kapitel der *Essais* her gedacht, zur Verfahrensformel des Protokolls seiner Träumereien. Nichts spricht dafür, Montaigne aus dem kollektiven *Nous* der letzten Formel auszuschließen, aber vielleicht einiges dagegen, dieses Wir gerade ausschließlich als chronologisches und als Kollektiv aufzufassen. In der Dopplung des Wir wiederholt sich die Teilung des Essayisten in Subjekt und Objekt der Schrift.

Mit der Öffnung dieses Verweisnetzwerks lässt sich die Bestimmung der Literatur im Fluss aber auch über die unmittelbare Beziehung zwischen zwei Texten hinaus begreifen. Das Kollektiv dieser unabschließbaren Tätigkeit kann ebenso ein und dieselbe Person meinen, vorausgesetzt, dass diese Mittel und Wege findet, ihre eigene Veränderung und Geschichtlichkeit im Medium der Schrift festzuhalten und zu kommentieren. Das „Interpretation der Interpretation" überdeckt dabei vielleicht den metaphorischen Wert dieses Bekenntnisses, das fern von allem Protest gegen die Gelehrtenkultur die Bestimmung des Projektes der *Essais in nuce* enthält: Sich selbst zu glossieren, und dabei der eigenen Denkweise auf die Spur kommen, sind eben die Bestimmungen, die wir Montaigne entnommen haben. *Gloser*, als Vorstufe von „Kritik", mag auch diesen Umgang mit sich selbst einschließen, wenn das Programm der Schrift ein kommentiertes Verzeichnis der eigenen Träumereien ist – im Modus der Passage, also im Versuch, die Unterschiedlichkeit und Wandelbarkeit seiner selbst festzuhalten.[66] „(c) Moy à cette heure et moy tantost sommes bien deux;

65 Müller-Funk findet gar, man könne die Passage als „protopostmodern" bezeichnen. Vgl. Wolfgang Müller-Funk, *Erfahrung und Experiment*, S. 74.

66 Tournon, *Montaigne, la glose et l'essai.*

mais quand meilleur, je n'en puis rien dire.",[67] hatte es nur wenige Seiten zuvor geheißen; *s'entregloser* mag den Modus dieses Verzeichnisses mit umgreifen.

Bedingung dafür wäre, dass Montaigne seine Erfahrungen nicht als unmittelbar begreift, und sich so – wie zuvor – unter den textuellen Vorwurf der Interpretation der Interpretation mit einschließen will. Gerade dies ist aber in den Erklärungen am Ende der *Essais* der Fall. Wenn er den skeptischen Einwand gegen die Erfahrung bereits für seine Zwecke modifiziert hat,[68] steht die Rettung der Erfahrung unter anderem Vorzeichen am Ende des Buches und als Schlussstein seiner Methode. Mit dem gesammelten Material lässt sich bereits erahnen, dass diese sich mit dem Umweg der Textualität und der Schrift bestimmen wird. Und so dient ihm die literarische Vermittlung als Umweg, der die Autoreflexion der Erfahrung ermöglicht; im Modus des *essayer* gerät sie zum Moment als Exemplum, das sich anstelle einer unmittelbaren Erfahrungsgewissheit in Analogie zur Literatur formiert.

> (b) De l'experience que j'ay de moy, je trouve assez dequoy me faire sage, si j'estoy bon escholier. Qui remet en sa memoire l'excez de sa cholere passée, et jusques où cette fiévre l'emporta, voit la laideur de cette passion mieux que dans Aristote, et en conçoit une haine plus juste. Qui se souvient des maux qu'il a couru, de ceux qui l'ont menassé, des legeres occasions qui l'ont remué d'un estat à autre, se prepare par là aux mutations futures et à la recognoissance de sa condition. La vie de Caesar n'a | [1074] poinct plus d'exemple que la nostre pour nous; et emperière, et populaire, c'est tousjours une vie que tous accidents humains regardent. [...]
>
> Le jugement tient chez moy un siege magistral, au moins il s'en efforce soingneusement; il laisse mes appetis aller leur trein, et la haine et l'amitié, voire et celle que je me porte à moy-mesme, sans s'en alterer et corrompre. S'il ne peut reformer les autres parties selon soy, au moins ne se laisse il pas difformer à elles: il faict son jeu à part. | [1075] L'advertissement à chacun de se cognoistre doibt estre d'un important effect, puisque ce Dieu de science et de lumiere le fit planter au front de son temple, comme comprenant tout ce qu'il avoit à nous conseiller. (b) Platon dict aussi que prudence n'est autre chose que l'execution de cette ordonnance, et Socrates le verifie par le menu en Xenophon.[69]

Die Erfahrungen dienen nicht als Königsweg zu Wahrheit, noch als Einzelfälle zur Erstellung einer einheitlichen Regel; ihre Qualität für den philosophischen Diskurs, der Montaigne vorschwebt, besteht vorrangig darin, dass sie vergangen (*passé*) und erinnerungsfähig (*memoire, souvenir*) sind. Wie die *vérité emprunté*, sind die Dinge, die man durchlebt und die einem widerfahren sind,

67 Montaigne III 9, S. 963-964.

68 Montaigne III 12, wo er die Skeptiker ausdrücklich diskutiert.

69 Montaigne III 13, S. 1073-1075.

sichere, weil abgeschlossene Episoden, und nur in der Retrospektion ergibt sich aus ihnen der Sinn, der im jeweiligen Moment verborgen geblieben ist. Dass Montaigne nun nach seiner exzessiven Abwertung der *memoria* diese als entscheidendes Moment dieser Privathistoriographie versteht und mit der Aufgabe der Philosophie verbindet, zeigt, dass seine Kritik sich zuvor gegen die internalisierende Erinnerung der quantitativen Aufhäufung gerichtet hat, nicht aber gegen diejenige, die dem Autoportrait eigen ist; die textuelle. Zorn, Krankheit und Übel der Vergangenheit sind keine eigenständigen Momente unseres Lebens, sondern Erinnerungsgegenstände, die sich einer erneuten Reflexion und Besinnung anbieten. Wie die Geschichte im Großen, dienen die privaten Erfahrungen im Kleinen zur Einübung und Selbsteinschätzung, und liefern uns den unsicheren, aber doch untrüglichen Ausweis der Mutationen, denen das Ich unterliegt.

Wenn also die Erfahrungen wie die Textmomente der *Essais* der zeitlichen Dynamik der Passage unterliegen, wird unser Leben uns zum Exemplum. Der Vergleich zu Caesar lässt es zu, in beiden Richtungen gelesen zu werden. Denn einerseits wird dessen Biographie als kanonischer Bezugstext vom eigenen Leben verzichtbar gemacht – das populäre und einfache Leben enthält ebenso viele Akzidenzien, die sich der Betrachtung anbieten. Aber in ähnlicher Wendung wie in der Veranschlagung der Welt-als-Buch-Metapher wird der Vorrang des exemplarischen Lebensberichts nicht einfach verabschiedet, sondern auf die eigene Person übertragen – Montaigne empfiehlt, das eigene Leben so zu betrachten, wie man das Leben Caesars betrachten kann. Die Erfahrung dieser Exemplarität ist also in Analogie zur Lektüreerfahrung zu verstehen. Unter der Hinzuziehung der Schlüsselkategorien der Urteilskraft und der Suche nach Selbsterkenntnis wird deutlich, dass diese übertragene Lektüre dem Leben den rechten Sinn abgewinnen kann. Nach dem delphischen Spruch sich selbst zu kennen hieße, sein eigenes Leben als offenes Buch zu begreifen und mit der eigenen Urteilskraft auf die Taten, Gedanken und Befähigungen zu blicken, die dieses Leben bestimmt haben.

Das führt ihn schließlich auch zum methodischen Schluss der *Essais*: Sie haben ihr Ziel erreicht, wenn sie aufzeigen konnten, dass der Nutzen der Literatur – sowohl der hier neu produzierten, als auch der zu diesem Zweck mitreproduzierten – in der Erhöhung, nicht Abschaffung unserer Zweifel besteht, und damit in der Bestärkung, nicht Beruhigung unserer Urteilskraft. Die Einsicht in die Einzigartigkeit einer jeden Erfahrung sowie in die Unfähigkeit, verlässliche Analogien und Regeln aus ihnen zu gewinnen, stellt den Rückblick des Menschen auf sich selbst als den Einblick in eine Sammlung isolierter Zitate dar, deren chronologischer Verlauf nicht mit einem logischen, noch mit einem kausalen verwechselt werden dürfe. Das Leben des Essayisten bietet sich der Lektüre und der Revision an, ohne Reue und ohne Idealisierung, aber mit der nötigen Distanz eines Menschen, der sich seine Erfahrungen mit der Distanz des amüsierten und süffisanten Lesers anzueignen versteht. Die Welt als Buch und das Ich als Welt gipfeln in einer zweifachen Lektüre des Ich, die mit ihrer Niederschrift und Wiederschrift in eins fällt.[70]

70 Montaigne III 5.

KAPITEL 7

Anführungszeichen und Isosthenie: Zitierfähigkeit und Uneigentlichkeit

Kehren wir nach dieser umwegigen Durchsicht der Montaigneschen Poetik und Zitation zurück zum Ausgangspunkt dieser Studie und zu Montaignes Abgrenzung von einer rhetorischen oder der *vertu parliere* entsprechenden Auffassung seines Schreibens und seiner *allegations*, so füllt sich der noch nur negativ bestimmte Überschuss seines Zitierens *hors de son propos* mit Inhalt. In der ständigen Vermischung der eigenen mit den Worten anderer entsteht der spezifische Hybridcharakter der *Essais*. Das Zitat steht jenseits der drei rhetorischen Funktionszuweisungen für sich schon als Kreuzungspunkt zwischen Text und Intertext. Damit steht es zwischen gegenwärtigem und vergangenem Schreiben, zwischen Schreiben und Lesen sowie dialogisch zwischen den Stimmen. Ohne diese Passagen, die den Text mehr durchziehen als bloß befüllen, wäre die für Montaigne bestimmende Kategorie der Gleichzeitigkeit und Widersprüchlichkeit der je zitierten Momente nicht zu etablieren. Für den Diskurs der Skepsis in Montaignes eigentümlicher Adaption musste eine Darstellungsweise gefunden werden, die von sich aus den Charakter der *epoché* entwickelt und so der Gefahr der eigenen dogmatischen Setzung entgeht. Montaigne weiß, dass jeder affirmative Diskurs skeptischen Denkens unmöglich ist. Er geht sogar soweit, zu sagen, dass die Skepsis eine neue Sprache brauche, um sich zu äußern:

> (a) Je voy les philosophes Pyrrhoniens qui ne peuvent exprimer leur generale conception en aucune maniere de parler: car il leur faudroit un nouveau langage. Le nostre est tout formé de propositions affirmatives, qui leur sont du tout ennemies: de façon que, quand ils disent: Je doubte, on les tient incontinent à la gorge pour leur faire avouer qu'au-moins assurent et sçavent ils cela, qu'ils doubtent. Ainsin on les a contraints de se sauver dans cette comparaison de la medecine, sans laquelle leur humeur seroit inexplicable: quand ils prononcent: J'ignore, ou: Je doubte, ils disent que cette proposition s'emporte elle mesme, quant et quant le reste, ny plus ne moins que la rubarbe qui pousse hors les mauvaises humeurs et s'emporte hors quant et quant elle mesmes.[1]

1 Montaigne II 12, S. 527.

© WILHELM FINK VERLAG, 2021 | DOI:10.30965/9783846766064_009

Was Montaigne mit den tropischen Wendungen, den „Schlagworten" der Skepsis anzeigt, ist die Idee eines Mittels, das wirkt, indem es sich selbst aufhebt.[2] Die eingeschobenen Sätze der Relativierung, auf die er hier anspielt, sind kein Teil der Sprache im affirmativen Sinne, sondern negative und verrückende Marker eines Diskurses, der sich selbst durchstreicht. Der medizinische Vergleich skeptischer Wendungen mit der Wirkweise des Rhabarbers lässt diese ständigen Beteuerungen der Distanzierung und Relativierungen zum Medikament und somit zum bloßen Mittel werden. Die Funktion dieser Wendungen liegt in der Anzeige des vorbehaltlichen Gebrauchs der Worte, die innerhalb der verfügbaren Sprache bleiben müssen. Montaigne weiß, dass die „neue Sprache", die notwendig wäre, damit die Skepsis ihre Konzeption fassen könnte, undenkbar ist. Montaigne sieht dies, ohne darum schon in eine sogenannte Sprachskepsis zu verfallen. Im Gegenteil besteht sein Versuch gerade darin, es bei den alten Worten zu belassen ohne die Aussicht darauf, ihnen zu entkommen. Dazu ist es allerdings notwendig, ihnen ihr Alter einzuschreiben und es mitzubedenken. Der Modus des Zitats, das die Worte aus dem Bestand verfügbarer Worte herauslöst, ohne sie darum schon zu affirmieren, ist seine Lösung für das Sprachproblem: Wo man keine neuen Worte erfinden kann, muss man die alten Namen erwähnen.[3]

In der Übernahme der Worte anderer gelingt es Montaigne, die sokratische Gesprächsführung in die Schrift zu überführen und einen beständigen, ironischen Dialog mit der philosophisch-literarischen Tradition zu führen, der sich ebenso verflüchtigt wie die Eingriffe des Gesprächslenkers aus den platonischen Dialogen. So dient die Prekarität der Passagen, die nie ganz eigen und nie ganz fremd bleiben können, mittels der Um- und Anwendung des Materials in den *Essais* gerade zur Stabilisierung des textuellen Konzepts. Mit einem Text in und aus Übergängen gelingt es Montaigne, seine Versuche in der Schwebe zu halten. Mit dem (kanonischen wie abseitigen) Material und der Fähigkeit, es zu zitieren, lässt sich ein Darstellungskonzept entwickeln, dem die *vérité empruntée* über das Historische hinaus eine Schreibszene unter Vorbehalt ermöglicht. Die fast sprichwörtliche Beweglichkeit Montaignes ist das Ergebnis seiner Zitation und der zitativen Kontamination. Alles, was er je sagt, kann ebenso gut von jemand anderem gesagt werden (oder gesagt worden sein), und was er jetzt sagt, dem kann er später selbst widersprechen.

---

2 So Hossenfelders Übersetzung; vgl. Sextus, *Grundriss*, S. 135.

3 Zu dieser Unterscheidung bietet sich der Begriff der Paläonymie an, den Derrida geprägt hat. Ein Vorschlag zur Verwendung dieser Kategorie findet sich in meinem Aufsatz (Verf., „Den alten Namen erwähnen – Derridas Foucault-Kritik als Perspektive für die Geschichtsphilosophie", *Paideia* 2 (2014), S. 105-115.

Mit jedem neuen Kapitel und jeder weiteren Reflexion führt er unsichtbare Anführungszeichen ein, die das Selbstporträt nicht nur in seiner Dynamik, sondern auch in seiner Vorläufigkeit kennzeichnen. Alles ist wahr, und alles könnte ganz anders sein.

In anderer Form lässt sich also von den *Essais* ausgehend eine Erweiterung des Funktionsrahmens des Zitates versuchen, der über den Gebrauch bei Montaigne hinaus Bedeutung zukommt. Was hier unsichtbar ist, muss es sein, setzt man voraus, dass die Einführung der Anführungszeichen sowie der Quellenausweise in der heute gängigen Form erst im kommenden Jahrhundert entwickelt werden, und sich an der Zitation Bayles, wie wir zeigen werden, nachvollziehen lassen. Bei Montaigne ist der unkenntliche Diebstahl noch die Regel, und seine Reflexion auf die *emprunts* ist gerade darum so vielsagend, weil er ihnen noch eine andere Form gibt. Während Montaignes *larrecins* unkenntlich bleiben und so direkte Zitate verbergen, indem sie sie in den Textfluss einschmuggeln, kommt es nach der Einführung einheitlicher Interpunktionen zur gegenteiligen Verwendung. Einmal etabliert, gelingt es den Anführungszeichen, selbst uneigentlich gebraucht zu werden, um Abstände von dem, was man schreibt, ohne es zu vertreten, zu markieren. Es scheint fast so, als hätte Montaigne gerade diesen Gebrauch der Zeichen im weiteren Sinne vor Augen, wenn er seine Zitate im Fließtext untergehen lässt. Die Markierung eines Wortes als nur uneigentlich verwendet oder die Abstandnahme von einer zwar evozierten, aber nicht affirmierten Begriffsweise wird metonymisch mit denselben Interpunktionszeichen markiert wie die Entlehnung. Der textuelle Vorbehalt äußert sich so als „Zitat". Wer sagen muss, was er nicht will, kann so orthographisch jemand anderen sprechen lassen, und der Abstand, den sein Text vom erwähnten, aber nicht gebrauchten Wort gewinnen soll, entspricht dem Abrücken vom Eigenen. Im Reservat der Anführungszeichen bleibt nur uneigentlich und bloß angeführt, was dem Vorbehalt des Schreibenden unterliegt.[4]

---

4 Da es sich bei dieser Konvention lediglich um eine solche handelt, fällt es schwer, aus den nicht eigentlich zum Text gehörigen, aber unzähligen Verwendungen einleitender Festschreibungen in Monographien und Sammelbänden einen exemplarischen Fall auszuwählen, der das Regime der Anführungszeichen unter Berufung auf eine allgemeine Regel festschreibt. Besonders eindrücklich mag die Auflistung in einem Band sein, der sich überblickshaft und enzyklopädisch mit Sprachphilosophie beschäftigt. Marcelo Dascal, Dietfried Gerhardus (u.a.), „Vorwort", in: *Sprachphilosophie*, Bd. 1, Berlin/Boston: de Gruyter/Mouton 2008 S. XII: „Uneigentlicher Gebrauch allerdings und ebenso Hervorhebungen werden stets durch umgekehrte eckige Klammern › , ‹ beziehungsweise durch Kursivierung angezeigt. Zitiert wird unter Verwendung der in der jeweiligen Sprache des Beitrags üblichen Zeichen: „ , " (dt. Text), " , " (engl. Text), « ; » franz. Text); liegt für ein Zitat kein Stellennachweis vor, so ist es als uneigentlich verwendet markiert. Einzelne Wörter sind dabei selbst dann, wenn ein

Wenn wir im Anschluss an Montaigne zu Bayle kommen, soll dieser Effekt der Typographie genauer herausgestellt werden. Die Möglichkeit, sich derart eines zwar benötigten, aber ungeliebten Begriffs zu entledigen und die unzuverlässige Unterscheidung von Erwähnen und Gebrauchen in dieser Form der negativen Verwendung für sich zu nützen, wird nicht ohne Grund mit dem Interpunktionszeichen des Zitats angezeigt.[5] Die Distanz der Anführungszeichen ist in beiden Fällen ihrer Anwendung, die man unter Vorbehalt als „eigentlich" und „uneigentlich" bezeichnen könnte, derselben Logik des Besitzanspruchs und der damit einhergehenden Verantwortlichkeit unterstellt. Der minimale Raum, auf den man das so quasi-entlehnte Wort als das eines anderen beschränkt, wird zum Kreuzungspunkt eines (imaginären oder realen) Intertextes, auf den man sich berufen können muss, um die Differenz des so passagierenden Begriffs, Satzes oder Argumentes behaupten zu können. Das Vertrauen darauf, die Urheberschaft und mit ihr die Kritikfähigkeit an den zitierten Ursprung zurückweisen zu können, ist mit dem Versprechen eines eindeutigen und eigentlichen Regimes der Schrift verbunden, mit stummen Zeichen anzuzeigen, welcher Status den Worten zuzurechnen sei. Es ist eben diese Funktion des Zeichens, die Derrida an Heideggers Gebrauch beobachtet hat:

> Même quand on l'accueille, le mot se trouve contenu sur le pas de la porte ou retenu à la frontière, flanqué de signes discriminants, tenu à distance par la

Stellennachweis hinzugefügt ist, grundsätzlich nicht als Zitat, sondern ebenfalls höchstens als uneigentlich verwendet markiert." Selbstverständlich wird diese von vier Autoren signierte Passage keinen Anspruch darauf erheben, selbstständiger Teil des eigentlichen Textes zu sein; die vorgreifende Reproduktion der Norm oder Regel für das Folgende als Bedingung der Publikation gibt nur den zitierbaren Leitfaden vor und bleibt der Sprachphilosophie, die der Band an Autoren und Epochen bespricht, äußerlich. Dass für diese Normierung allerdings die Zitat-Zeichen und die Zeichen der Uneigentlichkeit selbst zitiert werden müssen, und nur erwähnt werden, ohne eigentlich etwas zu markieren, zeigt, dass schon im Vorwort eine Sprachphilosophie gegriffen haben muss, die diese Unterscheidungen operabel macht. Unser Zitat dieses Zitats wiederum stößt an die Grenzen der Markierung und fasst Zeichen in Zeichen ein. Die Nähe, die die Herausgeber zwischen zitiertem und uneigentlichem Wort erkennen, ist allerdings unbestreitbar.

5 Anhand dieser Unterscheidung wird die ‚Theorie des Zitats' nach Böhn zusammengefasst; vgl. Andreas Böhn, *Das Formzitat: Bestimmung einer Textstrategie im Spannungsfeld zwischen Intertextualitätsforschung und Gattungstheorie*, Berlin: Schmidt 2001, S. 21: „Im Sinne der terminologischen Unterscheidung von ‚to mention' und ‚to use' wird das Zitierte beim Zitieren erwähnt, aber nicht gebaucht, jedenfalls nicht in der Weise, wie es bei der zitierten Verwendung gebraucht wurde." Böhn stellt hier offensichtlich seine eigene Theorie vor, die ohne Belege einer verbindlichen Anwendung dieser Unterscheidung bei anderen auskommt. Er räumt allerdings durch die Formulierung des „sekundären Gebrauch[s]" (ebd.) selbst ein, dass die Differenz keine absolute ist.

> procédure des guillemets. A travers ces artifices d'écriture, c'est le même mot, certes, mais aussi un autre. Pour décrire cette situation, recourons un instant par commodité, provisoirement, à la distinction proposée par la *speech act theory* entre *usage* et *mention*. [...] Heidegger a commencé par utiliser le mot „esprit". Plus précisément, il l'a d'abord utilisé négativement, il l'a mentionné comme ce mot dont il ne fallait plus se servir. Il a mentionné son usage possible comme ce qu'il fallait exclure. Puis, deuxième temps, il s'en est servi à son compte mais avec des guillemets, comme s'il mentionnait encore le discours de l'autre [...].[6]

In Ermangelung der entsprechenden Zeichen lässt sich diese Konvention mit der Zitatpraktik in den *Essais* anders befragen. Denn folgt die uneigentliche Zitation der eigentlichen in Subsumtion nach, ließe sich die Uneigentlichkeit der eigentlichen Zitate neu konzipieren. Der Kontaminationsgedanke Montaignes führt diese Logik deutlich vor. Durch die rein quantitativ zugestandene und nur teilweise markierte Anwesenheit anderer Texte greifen diese in die Gestalt des Eigenen ein und übertragen die Distanz der Entlehnung auch auf die unentlehnten Stellen – gerade dort, wo das Grundvertrauen auf die Ordnung der Zeichen noch von keiner historisch gewachsenen Norm autorisiert wird. Die vermeintliche Aneignung des zitierten Materials schlägt um in eine ungewollte Enteignung und Entfremdung des unzitierten, insofern es seinem Status nach an die *emprunts* angeglichen werden kann. Die Ununterscheidbarkeit von eigenem und fremdem Diskurs, Nullpunkt einer Dialogizität im Sinne der *Essais*, suspendiert die Frage nach Besitzrechten.

Dieser Umstand führt unmittelbar zur Frage, ob sich diese Anzeige von Besitzverhältnissen grundlegend verändert, wenn die Interpunktion die Ebenen zitativen Schreibens markiert. Dann ließe sich Montaigne in einer historisch-kritischen Ausgabe lesen und in der Adaption und Reproduktion des Materials entschlüsseln; diese Studie mag als Ausweis dafür gelten, dass die bloße Kennzeichnung der Entlehnungen weder Aufschluss über ihr mögliches Verständnis geben konnte, noch eine Lektüre ermöglichte, die von der uneigentlichen Ebene des Textes abstrahieren könnte, um den eigentlichen, unzitierten Text lesbar zu machen. Wir interpretieren die Interpretationen Montaignes und begeben uns in einen Intertext, der sich in beiden Richtungen lesen lässt, ohne damit schon zur Einschätzung zu führen, was Montaigne gemeint haben könnte. Denn die Feststellung von Montaignes Intentionen müsste in der Lage sein, deren möglich gehaltene Revision und Passage von einem zum anderen Zustand mit zu betrachten. Trotz seiner exemplarischen Gesprächigkeit haben wir keinerlei Kommunikation zum wahren Sein Montaignes. Ein

6 Jacques Derrida, *De l'esprit: Heidegger et la question*, Paris: Galilée 1987, S. 52.

Seins-Zustand der *Essais* lässt sich zwar am jeweiligen Beispiel herausarbeiten, muss aber sofort in das Ensemble des Texts und der Texte zurückgebunden werden. Eine andere, forcierte Interpretation, die mit Montaigne zum Abschluss kommen wollte, wäre der glatte Widerspruch gegen sein Konzept einer süffisanten Lektüre, die sich an den Passagen und den Mischungen erst ermöglicht und aus ihnen eben den Nutzen zieht, der über das Investment Montaignes hinausgehen soll. Ein solcher Einspruch gegen die Malerei der Passage kann als grundlegende Unterscheidung zweier Textebenen, ähnlich denjenigen von (echtem) Gebrauch und (falscher) Erwähnung, nur oberflächlich Orientierung geben. Wenn die Bestimmung von Montaignes Schreibweise als zitative und zitierte Poetik eines belegen kann, dann die Unverzichtbarkeit des Uneigentlichen seines Schreibens für das Buch als Ganzem und für jedes Kapitel, jeden Abschnitt und schließlich jeden Satz. Die Übergänge von Eigenem zu Fremden und von Minute zu Minute binden Inter- und Intratextualität derart aneinander, dass die Dialogizität der *Essais* ihre einzig allgemeine Konstante bleibt.

Was sich so exemplarisch an Montaigne beobachten lässt, ist eine uneigentliche Rede *avant la lettre*, denn die Anführungszeichen sind noch nicht eingeführt. Ohne die Möglichkeit, sich auf die Konvention ihrer übertragenen Verwendung verlassen zu können, kann die Arbeit am Text der *Essais* als Arbeit am Zitat und an der Aufspaltung des Diskurses begriffen werden. Unter den Strategien Montaignes nimmt diejenige der Scheinrückzüge, der Finten und der Zurücknahmen den Vorrang ein.

Die Skepsis Montaignes wirkt dort, wo sie der Autorität nicht den Boden entzieht, sondern ihr vielmehr eine Bühne bereitstellt, auf der sie sich zeigen kann oder auf der sie vorgeführt wird. Der Einsatz der immer beigemischten Urteilskraft des Essayisten und seines Publikums rückt dieses in die Rolle von Richtern, die in den *Versuchen* ein Tribunal abhalten über dasjenige, was wir auf Treu und Glauben übernommen haben. Die Ideen und Ansichten, die Montaigne versammelt, sind gerade darum zur Beurteilung freigegeben, weil sie nicht von ihm stammen, ihn aber dennoch ausmachen. Indem er sie in Fülle zitiert, werden sie ihm *consubstantiel*, insofern sie Anteil an seinem Buch haben. Das bedeutet hier wie zuvor nichts anderes, als dass er ihnen wie sich selbst die Substanz in ihrer Teilung abspricht. Man mag annehmen, dass die Freundschaft als Quintessenz die höchste Intimität zweier sonst unabhängiger Subjekte beschrieben habe. Doch die Konsubstantialität ist, als profaniertes Theologem, mehr als deren trinitarisches Pendant. Geteilte Substanz ist nicht halbe Substanz, sondern deren Auflösung und Überführung in den immerwährenden, wechselseitigen Bezug von Buch zu Autor, der sich als Passage an den Anfang der Schrift gesetzt hat. Montaigne entzieht sich sein Wesen, indem er es seinem Buch mitteilt, und verliert es umso mehr, als er seinem Buch das Wesentliche abspricht.

Die Rezeptions- und die Produktionsgeschichte der *Essais* kommen darin überein, dass Montaignes unordentliche Versuche ihn nicht in der Art abbilden konnte, die er sich eingangs ostentativ vorgenommen hatte: Was er eigentlich sei, außer einer Person im ständigen Übergang, hat sich nicht bestimmen lassen. Wer hierin einen Mangel in einem Buch erkennt, das von der Passage als einziger metaphysischer Konstante spricht und dessen Glaubwürdigkeit gerade von seiner Unfähigkeit abhängt, zum Ende zu kommen, enttäuscht sich letztlich nur selbst. Die widerstreitenden Momente des Denkens und Schreibens Montaignes stellen gerade das Arsenal für die Beurteilung bereit, das sich der Leser nicht aneignen, sondern prüfen und bedenken, kurz, beurteilen soll, um eine süffisante Lektüre zu leisten. Der Appell des Buches könnte deutlicher kaum sein, und die Emanzipation seines Lesers – die darin besteht, nicht auf die eigentliche Meinung Montaignes, sondern auf die Überfülle seiner *sautes et gambandes* zu achten und aus ihnen mehr zu machen, als der Essayist veranschlagt haben könnte – sollte nicht leichtfertig ausgeschlagen werden.

Dies gilt vor allem für eines der unsichtbarsten, weil großflächigsten Zitate der *Essais*, das immer wieder bemüht wurde, um eine Verortung Montaignes innerhalb des Diskursfeldes der späten Renaissance vorzuschlagen, nämlich für die Gefolgschaft gegenüber den Philosophenschulen, die er eingehend bespricht. Der Anachronismus des Widerstreits von Stoa, Epikureismus, Skepsis, Kynismus sowie den Variationen der Scholastik und der Platonismen in den *Essais* hat immer neue Beurteilungen provoziert, die je nach Ausgangslage in der einen oder der anderen Richtung einen bedeutsamen Überhang erkennen wollten, der es erlaubt, ein Bekenntnis zu einer dieser Traditionslinien hinter den Masken und Finten auszumachen. Und keine dieser Verortungen blieb lange unbestritten, denn Montaigne hat andernorts immer nochmals dem widersprochen, was man zunächst für seine Überzeugung gehalten haben könnte. Das Phasenmodell Villeys – Stoa, Skepsis, Epikur – ist selbst vielleicht nicht anders als der Versuch, den grundlegenden internen Widerstreit der *Essais* zeitlich und werkgenetisch aufzulösen, und mündet doch nur in der Einsicht, dass keine der denkbaren Phasen je von ihm konsequent durchgehalten worden ist.

Dieser Widerstreit selbst ist ein Zitat, dass in gewisser Weise der Skepsis den Vorrang vor den anderen Schulen dort einräumt, wo Montaigne sie integriert; die Unentscheidbarkeit seiner theoretischen Heimat ist selbst Ausdruck der Ablehnung der bloßen Theorie, gegen die seine Pädagogik gemünzt ist. Damit ist nicht, wie man mit Blumenberg zunächst annehmen könnte, eine

Generalabsage an die Theorie im Allgemeinen gedacht, sondern eine sehr spezifische, die ihre Gegenstände – die abgelehnten Denkmodelle – mit anführt und explizit einer Prüfung und Beurteilung unterzieht, auch wenn diese nicht zum gewünschten Abschluss kommt. Die großen Schulen der klassischen und hellenistischen Philosophie sind zitativ Teil der *Essais*, als wären ihre Vertreter gleichberechtige Autoren; und doch erscheinen sie nur im Modus einer erborgten Wahrheit, und werden als Wiederaufnahmen aus dem Corpus der Philosophiegeschichte inszeniert. Man kann mit Blumenbergs Blick auf die „skeptische Phase" der Philosophie – und aus eben ihr stammen die anzitierten Denkschulen – davon sprechen, dass es Montaigne um diese Darstellung *als* abgelehnter und überlebter Modelle gegangen ist. Eine solche „Phase" in der Geschichte der Philosophie ist, als historische und wiederaufgegriffene, in direkter Abgrenzung von der biographischen Phase nach Villey zu verstehen. Skepsis wäre in dieser Sicht keine Denkschule für sich, sondern epochenbestimmendes Moment nicht von Montaignes Philosophie, sondern der historisch vermittelten Philosophien der klassischen und späten Antike, die er bedenkt. Der in ihr bereits historisch reproduzierte Widerstreit selbst dient – wie Blumenberg in Hinsicht auf die „Enthaltsamkeit von der Theorie" bestimmt – der Skepsis als Methode, in der Form der vergleichenden und juxtapositionierenden Auflistung. Skepsis äußert sich in der Form der Isosthenie, übersetzt als „Katalog der Widersprüche":

> In der ersten Hälfte des dritten vorchristlichen Jahrhunderts hat Bion von Borysthenes die *Philosophie in der Hanswurstjacke*, wie Nietzsche sagen wird, zur Lächerlichmachung der Philosophen ausgeübt, die am Ernst ihrer Sache | [36] festhalten wollten, darin aber nur der Rhetorik nach sich von denen unterschieden, die sich an Katalogen der Widersprüche (*Isosthenien*) von Schulen und Sekten weideten, um nichts anderes als Enthaltsamkeit von der Theorie zum Inbegriff der Theorie zu erheben. [...]
>
> Die Philosophie ist in ihre skeptische Phase gekommen. Nicht nur in den ausdrücklich so sich definierenden Schulen der Akademiker und Pyrrhoniker, auch in der *Ataraxie* der Stoiker, noch mehr in der saloppen Generalmaxime Epikurs, für das Gemüt des Menschen laufe alles Theoretische auf dasselbe hinaus, nämlich: ihn nichts anzugehen. Nichts Widersinniges also, wenn das Lachen nun in der Philosophie selbst professionalisiert wird .[7]

Getreu der anlassgebenden Anekdote der thrakischen Magd belässt Blumenberg diese skeptische Phase in ihrer Abkehr von der Theorie. Die Konsequenzen für Montaignes Pädagogik, die eine Gleichsetzung der leeren und dogmatischen Spekulationen gegen die Bildung von Fähigkeit, Charakter und Urteilskraft

7 Blumenberg, *Das Lachen der Thrakerin*, S. 35-36.

ausspielen, zieht Blumenberg selbst, wenn er Thales Sturz über die Kirchenväter bis zu Montaigne und schließlich Bayle in eine Linie der Anekdoten- und Denkgeschichte rückt, die zeige, wie diese übergreifende Skepsis in der Renaissance (und hier insbesondere in ihrem Rückgriff auf den Hellenismus, der für Montaigne vorherrschend ist) ihre eigene Wiederbelebung erfährt. Die Annahme, dass stoische oder epikureische Denkmodelle von den Späthumanisten als einfache Schablonen und Denkschulen übernommen worden seien, mag schon allgemein eine überhistorische Zumutung darstellen, die den Autoren des 15. und 16. Jahrhunderts die Rolle höriger Rezipienten zuweisen will. Für die *Essais* wird sie schließlich unerträglich, da ihr Autor sich in seiner selektiven und kompilativen Aneignung der unterschiedlichsten Diskurse vielmehr als Prüfer und Kritiker denn als Schüler begreift. Die Isosthenie, die Blumenberg als Einspruch gegen die theoretische Neugier und ihr Glücksversprechen rekonstruiert, wird weder von ihm, noch von seinem Gewährsmann Nietzsche als Privileg einer der philosophischen Schulen zugeordnet. Der *Katalog der Widersprüche*, als epochenübergreifende Methode, setzt sich von der Theorie ab, indem er sie sich einverleibt und so überwindet.

Was diese Auffassung von Isosthenie als Widerspruchsliste bedeuten kann, zeigt sich erst, wenn man von Blumenbergs allgemeiner und nur angerissener Aussage zu deren Intertext übergeht; Bion (vermittelt über Diogenes Laertius), Montaigne und Nietzsche bieten eine Mirko-Geschichte der Isosthenie, die begreifen lässt, dass mit ihr mehr gemeint ist als die bloße Technik der Auffindung von Widersprüchen in der schematischen Darstellung nach Sextus. Blumenberg baut seine Behauptung auf Nietzsche auf, der in einem Fragment zum Kynismus und (vor allem) dessen Bedeutung in der Literatur festgehalten hat:

> Die Cyniker haben auch ihren Einfluß auf die griechische Litteratur gehabt: sie wagten es die Form für ein *adiaphoron* zu erachten u. die Stile zu mischen, sie übersetzten gleichsam Sokrates in ein litterarisches genus [...] Wie Sokrates aber auch in der Form der Rede jene Doppeltheit seiner Natur ausprägte: so machten es auch seine consequentesten Jünger: und da sie schriftstellerten, waren sie genöthigt einen neuen Stil zu erfinden. Doch was unterscheidet die cynische Schrifstellerei von der des Aeschines? Ja selbst wodruch unterscheidet sich eine Schrift des Menipp von einer antisthenischen? Was ist, mit anderen Worten, jene *Philosophie in der Hanswurstjacke*, welche Bion der Cyniker aufbrachte?[8]

8 Friedrich Nietzsche, „Nachgelassene Aufzeichnungen", in: *Kritische Gesamtausgabe*, Bd. I 5, hrsg. Johann Figl, Katherina Glau & Glenn Most, Berlin/New York: de Gruyter 2003, Frag. 74 [61], S. 164.

Was Nietzsche hier beschreibt, ergänz die allgemeine Tendenz der Abkehr von der Theorie in Blumenbergs Lesart eigentlich beträchtlich im Literarisch-Werden der Philosophie unter dem Vorzeichen der Kyniker.[9] Die Transformation der Lehre klassischer antiker Philosophie setzt ein mit ihrem Fragen nach den Möglichkeiten der Form. Nietzsche spricht von der Übersetzung, die sich eine neue Form des Schreibens findet, in der die alten Inhalte in neuen, fröhlichen, ja lächerlichen Tönen reproduziert werden können. Das Lachen wird ausdrücklich Teil dieser Geschichte einer fröhlichen Wissenschaft. Philosophiegeschichte wird zur Geschichte ihrer Parodie, die sich kaum noch von der Satire unterscheiden lässt; Nietzsche denkt diese vor allem als Mischcharakter, der die vorher getrennten Dinge zusammenführt. Dass er dies an den Kynikern exerziert, zeigt weniger die Exklusivität einer solchen Tendenz in dieser „Sekte" als die Allgemeinheit, mit der die „konsequenten" Schüler Sokrates' diesen transformieren wollen.

Nietzsche bezieht sich ebenso wie Blumenberg und auch Montaigne auf das Leben des Bion bei Diogenes Laertius, in dem es in der Übersetzung eben heißt, dass dieser der „Philosophie ein blumiges Gewand angelegt" habe[10] – Nietzsches Übersetzung als „Hanswurstjacke" legt nahe, dass das Flickwerk gemeint ist, das als Cento in den *Essais* erscheint. Bion verkleidet oder maskiert die Philosophie, um sie in ihrer Wiederaufführung zu erneuern, allerdings nur in der Form einer Ridikülisierung: Philosophie wird formal parodiert. Die Überlieferung nimmt diese Formationen und Bions Lebensform eng zusammen; Bion ist der ausgezeichnet angepasste Denker der Antike, der, wie Calhoun es fasst, am Ende seines Lebens Teil in so gut wie jeder der großen Schulen gewesen sein wird – ein Lebensende, an dem, wie Montaigne festhält, trotz aller vorherigen Widerrufe der Glauben stehen wird.[11]

---

9 Eine eingehendere Untersuchung würde zeigen, wie dieses Bild – und damit auch Blumenbergs Verwendung – mit der Konzeption der griechischen Philosophie bei Nietzsche in Einklang steht; was Bion in neue Form führt, ist so schon beim sokratischen Dialog und dessen spezifischem Verhältnis zur Rhetorik angelegt. Vgl. nur ausblickshaft Heinrich Niehues-Pröbsting, „Der ‚Kurze Weg': Nietzsches ‚Kynismus'", *Archiv für Begriffsgeschichte* 24/1 (1980), S. 103-122.

10 Diogenes Laertius, *Leben und Meinungen*, Buch 4, Kap. 7 (Bion), S. 212-217, hier S. 215.

11 Calhoun, *Montaigne and the Lives of the Philosophers*, S. 72. („Bion was known for changing his sect of philosophy so often that by the end of his life, he had dabbled in nearly every school.") Montaigne hat Bions Biographie eingehend gelesen und reproduziert Teile aus ihr in Kommentaren in der *Apologie*; sein Fokus liegt dabei auf der charakteristischen Wechselhaftigkeit Bions, vorrangig dessen Abkehr vom zeitlebens aggressiv praktizierten Atheismus auf dem Sterbebett. Vgl. Montaigne, II 12, S. 446 [in (c)].

Nimmt man die biographische Mutation Montaignes hinzu, ergeben die Andeutungen Nietzsches und Blumenbergs ein anderes Bild dessen, was die skeptische Phase nicht seines Lebens, sondern in der Geschichte der Philosophie für die *Essais* bedeutet haben könnte. Die Inszenierung in den *Essais* führt den Widerstreit wieder auf, und entwirft an seinem Vorbild die Isosthenie essayistischen Schreibens.

Bions Abkehr von der Theorie und Hinwendung zur Literatur erfolgt biographisch, indem er immer wieder die Stellung wechselt und zwischen den Diskurspositionen changieren kann, bis hin zur Abschwörung auf dem Totenbett. Sein Leben selbst wird so zu einer Sammlung verschiedener „Sekten", die er sämtlich vertreten, aber auch sämtlich wieder verlassen hat; eine eigentliche Meinung dieses Opportunisten wird nicht zu gewinnen sein. Was Bion als Kyniker tut, entspricht dem, was Montaigne in seinem Umgang mit den Schulen versucht hat. Ihre Anwesenheit wird durch die *Essais* zu ihrer Parodie, und im durchwirkten Kleid des Flickenteppichs seines Schreibens geraten die unterschiedlichen Dogmen in eine grelle und kontrastreiche Opposition. Sein „Register", um diesen Begriff in die Nähe des Katalogs Blumenbergs zu bringen, ist ein zusammengetragenes Verzeichnis der Meinungen, die er nur anführt, ohne sie zu vertreten. Was ihn von anderen kataloghaften Schreibmodi unterscheidet – etwa Sanches *Quod nihil scitur* oder auch Agrippas *Vanitate-Schirft* – ist, dass er es dabei nicht auf die Position außerhalb dieses Katalogs hat ankommen lassen. Diese Verwerfung in der großen Geste einer skeptischen Enzyklopädie, die allen Meinungen ihren jeweiligen Widerspruch entgegenhält, liefe selbst Gefahr, in ihrer Ablehnung dogmatisch zu werden; das Kernproblem skeptischer Denkmodi führt Montaigne wegen der Unverfügbarkeit einer neuen Sprache zu einer Poetik der Vermittlung. Sein Schreiben, und damit die Logik der *Essais*, werden von Maske und Verkleidung in doppeltem Sinn geprägt; anstelle des konsequenten Einspruchs, geäußert vom äußeren Standpunkt des Philosophiehistorikers, begibt Montaigne sich selbst in die Verkleidungen und Masken und lässt, mit seinem Schreiben, doch im uneigentlichen Sprechen, die zitierten Philosophieschulen mit sich selbst in Widerspruch geraten. Der Verzicht auf eine Zusammenführung ihrer losen Enden bestätigt die Annahme Blumenbergs, dass die Isosthenie als umgreifender Ausdruck eines skeptischen Tenors über der Parteinahme für die Pyrrhoniker oder Akademiker anzusiedeln sei; ihre Einbindung in die Liste rückt sie selbst in den Zweifel, der notwendig wird, um nicht doch eine dogmatische Position zu vertreten. Das uneigentliche Sprechen, ermöglicht vom Modus des – fiktiven oder tatsächlichen – Zitats, eröffnet einen „parasitären" dritten Weg zwischen Affirmation und Negation, zwischen Angriff und Verteidigung; der

Scheinrückzug der *Essais*, der sich hinter seinen Zitaten verbirgt, ist eine Rekonfiguration der „Literarisierung der Philosophie".[12]

Isosthenie heißt in dieser Form der Liste nicht selbst zu widersprechen, sondern widersprechen zu lassen. Das bedeutet, sich selbst mit verstellter Stimme zu widersprechen, ohne darum schon von der Wahrheit abrücken zu müssen. Wir zitieren erneut, wie Montaigne sich situieren will:

> (b) C'est un contrerolle de divers et muables accidens et d'imaginations irresolues et, quand il y eschet, contraires: soit que je sois autre moy-mesme, soit que je saisisse les subjects par autres circonstances et considerations. Tant y a que je me contredits bien à l'adventure, mais la verité, comme disoit Demades, je ne la contredy point.[13]

Die *peinture de passage* malt den Übergang in der Zeit ab, und mit ihr denjenigen zwischen den Stimmen und Überzeugungen, von denen keine den Anspruch erhebt, eine letztgültige, eigentliche Meinung zu sein. Diese Enteignung durch die skeptische Aufhäufung ist ein kleinschrittig organisierter, durchaus intentional gesteuerter Entzug des Eigenen; die Kontamination der Übernahme dreht Montaigne das Wort der anderen im Mund herum und lässt ihn als Sprecher einer Wahrheit zurück, die nicht seine Überzeugung sein kann. Die skeptischen Kernsätze, wie derjenige Plutarchs vom unmöglichen Zugang zum wahren Sein, sind das Ergebnis dieser Zusammenstellung. Sie sind wahr, ohne ein Dogma zu ergeben, und erreichen, was Montaigne sich für sich selbst und für seinen idealen Schüler eingangs gewünscht hatte. Die Wahrheit der *Essais* liegt in der Unwahrheit der anderen Bücher begründet, und sie besteht darin, sie zu reproduzieren, zu zitieren, um ihr Ungenügen zur

---

12 Verena Olejniczak Lobsien, *Skeptische Phantasie: eine andere Geschichte der frühneuzeitlichen Literatur*, München: Fink 1999, S. 9-10: „Die selbstbewußte Abgrenzung von den anderen philosophischen Schulen, die entweder meinen, die Wahrheit schon gefunden zu haben, oder die sie umgekehrt für unerkennbar halten, verschweigt, daß die pyrrhonische Denkweise sich als vermeintlich eigenständiger ‚dritter Weg' nur etablieren kann, indem sie die von anderen vorgenommenen positiven Setzungen bzw. deren Ne-|10]gation kunstgerecht gegeneinander ausspielt. [...] Die Skepsis ist ein Denken, das nicht auf den Gewinn eigener Erkenntnis zielt, sondern das sich auf der Grundlage ‚fremder' Einsichten, in Beziehung zu ihnen und im Umfang mit ihnen vollzieht. Anders und vorgreifend gesprochen: die Skepsis ist ein Modus der Literarisierung der Philosophie." Lobsien hätte diese These auch rückgreifend an antiken Beispielen so vornehmen können, wie sie sich mit Nietzsche fassen lassen. Was sie als Defizit der Skepsis beschreibt, ihre Abhängigkeit von dogmatischen Positionen in ihrer Sekundarität, wird unter Montaignes Zugriff geradezu zu ihrer Stärke umgewertet.

13 Montaigne III 2, S. 804-805.

Beurteilung freizulegen. Das Literarisch-Werden der Skepsis geht mit ihrem Historisch-Werden einher. Die Widersprüche sind darum wahr, weil sie zitierfähig sind, weil sie parodiert werden können. Das Register ihrer Passagen und deren Bündelung im Modus des uneigentlichen Sprechens zeigt die *vérité empruntée*: Was sich gerade noch sagen lässt, hat sich so schon sagen lassen, und lässt es dennoch nicht zu.

II. POSITIONEN

Bayle in der Geschichte der Skepsis

Der Versuch einer Theorie des Zitats und der Bestimmung ihre Rolle innerhalb der Geschichte der Skepsis kann zwangsläufig weder an Montaigne, noch an Pierre Bayle vorübergehen. Erst Recht, wenn man den Abstand beachtet, der sich zwischen beiden Autoren aufspannt, und die epochale, konfessionelle, gattungsspezifische und soziale Differenz zwischen beiden betont, sticht ins Auge, dass es schon vor jeder Lektüre fraglich wird, ob es überhaupt Gemeinsamkeiten der beiden geben kann, während beide dennoch entscheidende Wegmarken in der Entwicklung des Zitierens innerhalb der französischen gelehrten Literatur im Übergang von Renaissance zur Aufklärung darstellen. Über alle Gräben, die in diesem Zeitraum entstanden sind, stellt die Rezeption Montaignes durch Bayle einen Sonderfall der Geschichte der Skepsis und des Verhältnisses der französischen Philosophie des 17. und des 16. Jahrhunderts dar. Bayle und Montaigne stehen in einem erlesenen Dialog, der sie beide zu den entscheidenden Vertretern einer Geschichte der Skepsis in Transformation oder „Variation" macht und Aufschluss darüber geben kann, wie der traditionelle Diskurs der Skepsis aus dem Späthumanismus in die Poetik der Frühaufklärung hineinwirken konnte. Gegenstand dieser Arbeit wird es sein, dieses Verhältnis in Hinblick auf das Zitat neu zu bestimmen und dem Anschluss Bayles an den Essayisten ein deutlicheres Profil zu verleihen.

Kaum ein Autor des 17. Jahrhunderts, ja vielleicht kein Autor überhaupt, hat in derart luzider und hervorgehobener Weise nicht nur selbst zitiert, sondern zudem eine begleitende Theorie der Zitation entworfen, wie der späte Pierre Bayle im *Dictionnaire historique et critique*. Insbesondere in den programmatischen Momenten dieses monumentalen Werkes der Frühaufklärung, in der extratextuellen Programmskizze des *Projets* von 1692 und im Vorwort zur Erstausgabe von 1697, sowie nochmals in den Erläuterungen und Erklärungen der berühmten *eclaircissements* der zweiten Ausgabe, diskutiert und legitimiert er sein Verfahren der Zitation. Hierfür greift er auch auf die Ansprüche neuzeitlicher Historiographie zurück, für die spezifische Bestimmung der Technik und der Nützlichkeit der Übernahme Worte anderer hatte er allerdings kein Vorbild.

 | DOI:10.30965/9783846766064_010

Die Vorrangstellung des Zitierens ist zuvörderst Teil seines Zugriffs auf Geschichte, und wird, wie Cassirer schreibt, zur wesentlichen Innovation seines *Dictionnaire*; er will etwas „radikal neues" sein.[1] Cassirer bestimmt an ihr die Bedeutung Bayles, der durch den Umfang seiner Kommentare zum „eigentlichen Schöpfer der historischen Akribie" wird.[2] Sie kommt wesentlich in seinem wirkmächtigen Spätwerk zum Tragen und ist dementsprechend meist lediglich als Teil der Genese eines historisch-kritischen Verfahrens verstanden worden. In rückblickender Anwendung von modernen Wissenschaftsstandards sind die bibliographisch exakten Angaben und die eindeutigen Markierungen von Entlehnungen auf den ersten Blick lediglich formaler Ausdruck der Akribie und Verbindlichkeit, die dem eigenständigen Arbeiten Bayles äußerlich bleiben; Anführungszeichen und Ausweis sind Mittel zum Zweck, und das Eigentliche des *Dictionnaire* kann andernorts vermutet werden. Damit wurde viel zur Erläuterung von Bayles Beeinflussung und Wirken – auch unter Einschluss Montaignes – erreicht, aber wenig, das bestimmen würde, welche Bedeutung dem Zitieren für die Historiographie und für die Modifikation von Kritik und Skepsis bei Bayle zukommt.

In der jüngeren Forschung sind Stimmen laut geworden, die diesen Missstand beklagt haben und die sich als Ausblick auf eine Neubestimmung Bayles unter wesentlich stärkerer Berücksichtigung seiner Formentscheidungen verstanden haben.[3] Die Frage, die sich diese Arbeit aus der Beobachtung Bayles

1 Anthony Grafton, *Die tragischen Ursprünge der deutschen Fussnote*, Berlin: Berlin-Verlag 1995, S. 202: „Bayle sagte klar und deutlich, daß die verdoppelte Form wie auch der faktenübersättigte Inhalt seines Werks etwas radikal Neues daraus machte: eine Abkehr von den Regeln des Genres."

2 Ernst Cassirer, *Die Philosophie der Aufklärung*, Hamburg: Meiner 1998, S. 276: „Keine Abänderung eines Berichts darf seiner Prüfung entgehen; kein ungenaues Zitat, keine Anführung aus dem Gedächtnis, ohne Rückgang auf die wirkliche Quelle, ist gestattet. Mit allen diesen Forderungen ist Bayle der eigentliche Schöpfer der historischen ‚Akribie' geworden. Aber für seine eigentlich philosophische Leistung ist freilich diese Akribie nur Mittel, nicht | [216] Selbstzweck." Weiter heißt es ebenda, dass Bayle im Historischen das leiste, was Galilei in der Naturwissenschaft getan habe, und, um die Hyperbole mit der am deutlichsten als epochemachenden Figur enden zu lassen, erklärt Cassirer Bayle gleich zu Kopernikus und Kant, wenn er fortfährt, dass Bayle „innerhalb der Geschichtswissenschaften gewissermaßen die ‚kopernikanische Drehung' vollzieht. […] Seine Kritik wird zur ‚Kritik der historischen Vernunft'."

3 Erfreulicherweise hat in Deutschland eine Neuveröffentlichung Bayles begonnen; die umfangreiche, wenngleich nur einführend nutzbare Auswahl aus dem *Dictionnaire* von Gawlick und Kreimendahl hat hier den Weg vorgegeben. Vgl. Pierre Bayle, *Pierre Bayle. Historisches und kritisches Wörterbuch. Eine Auswahl*, 2. Bde., hrsg. Günter Gawlick & Lothar Kreimendahl, Hamburg: Meiner 2003/2006; ferner Pierre Bayle, *Toleranz: ein philosophischer Kommentar*, hrsg. Eva Buddeberg & Rainer Forst, übers. Franziska Heimburger, Berlin: Suhrkamp 2016.

und aus den Neubewertungen der Literatur der französischen Frühaufklärung stellen will, ist diejenige nach der Möglichkeit einer „skeptischen Poetik" Pierre Bayles.[4]

Entgegen aller Versuche, sich der Figur Bayle historisch anzunähern – ein selbst historiographischer Anspruch, der, wie Sommer lakonisch und berechtigt anmerkt, dem Anspruch an die Historiographie, den Bayle selbst gestellt hat, gerade zuwider liefe – liegt die Aufgabe zunächst darin, zu zeigen, „wie der Dictionnaire als Text funktioniert".[5] Das Vorhaben, so eine Theorie skeptischen Zitierens zu gewinnen, ist mit der Darstellung der Textualität und der Funktion des *Dictionnaires* untrennbar verbunden. Eine solche Lektüre ist nicht nur naheliegend, sondern unvermeidlich, wenn man, wie Völkel exemplarisch gezeigt hat, der eigentümlichen und bestimmenden „Textlogik" Bayles auf den Grund gehen will: Die Angebote einer intertextuellen Situierung dieses zitativen Schreibens werden fast noch dringlicher als im Fall der *Essais*:

> Ebenso verwunderlich ist, daß Bayles Werke bislang noch nicht als „Texte" in die Perspektive moderner literaturwissenschaftlicher Theorien gerückt wurden. Ihre Strukturen werden in hohem Maße durch eine Montagetechnik bestimmt, ihr Autor ist so wenig „Autor" im klassischen Sinn, daß sich strukturalistisch-intertextuelle Interpretationen nachgerade aufdrängen. Gleichwohl hat von dem methodischen „Angebot", das Bayles Texte darstellen, bislang noch kaum jemand Gebrauch gemacht.[6]

Als Urheber einer maßgeblich kompilativen „Montagetechnik" und als Autor, der sich nur in Anführungszeichen so nennen lässt, bietet Bayle einen exemplarischen Fall von unverborgener, ja von ausgestellter Intertextualität. Sie wird nicht nur im Modus einer Beeinflussung und eines halbbewussten Genotextes wirksam, sondern in Programm und Präsentation explizit an- und ausgeführt; bei Bayle wird die Verwendung der Worte anderer explizit zur Methode.[7] Das Zitat, als Nullpunkt des Intertextuellen, und ein Text, der in

---

4 Wir entlehnen diesen Begriff der Poetik, der keineswegs selbstverständlich als Fortsetzung desjenigen Montaignes verstanden werden kann, der spezifischen Anwendung auf die Aufklärung bei Michael Hammerschmid, *Skeptische Poetik in der Aufklärung: Formen des Widerstreits bei Johann Karl Wezel*, Würzburg: Königshausen & Neumann 2002.

5 Andreas Urs Sommer, „Triumph der Episode über die Universalhistorie? Pierre Bayles Geschichtsverflüssigungen", *Saeculum* 52/1 (2001), S. 1-39, hier S. 10.

6 *Markus Völkel*, „Zur ‚*Text-Logik*' im *Dictionnaire* von Pierre Bayle", *Lias* 20 (1993), S. 193-226, S. 194.

7 In ganz ähnlicher Weise baut dieser Ansatz auf den Betrachtungen Neumeisters auf, denen die Konzeption dieser Arbeit viel verdankt. Vgl. bspw. Sebastian Neumeister, „Pierre Bayle und der Mythos. Postmoderne Lektüre eines protestantischen Querdenkers", in: *Frühaufklärung*, hrsg. derss., München: Fink, S. 127-148.

seiner Indienstnahme für die Genese eines neuen Diskurses selbst bestimmen will, was Zitieren ist und wie es konzipiert wird, erzeugen eine Textlogik und eine Logik der Texte,[8] die ihre eigene Theorie des Verhältnisses zum Bestand an zitierfähigen Texten als Bedingung hervorbringt.

Um dieses Verhältnis tatsächlich als eine skeptische Poetik zu konturieren, stellt die Verbindung zu Montaignes Poetik und deren Fortsetzung und Varianz bei Bayle die notwendige Basis dar. Gemeinsam mit der Beschränkung auf das Spätwerk und den entscheidenden Fluchtlinien von Bayles Schreiben, die darin programmatisch verhandelt werden, gewinnt die Analyse aus diesem Rückbezug ihre Perspektive auf Bayles Poetik. Eine Eingrenzung des Untersuchungsbereichs ist unvermeidlich gewesen. Bayles Oeuvre, das in seiner erschlagenden Breite den Maßstab der vergleichsweise überschaubaren *Essais* weit hinter sich zurücklässt, ist derart vielschichtig und zugleich so wenig systematisch, dass eine allgemeine Poetik für sein ganzes Schreiben hier nur vorbereitet werden kann. Die vorangegangenen Schriften Bayles können für den Moment nur, aber dafür ausgiebig in Hinblick auf ihre genetische Bedeutung für den *Dictionnaire* in diesen Ansatz integriert werden. Die naheliegende Verbindung von Werkgenese, Intertext und Intratext bleibt dementsprechend einer gewissen Teleologie verpflichtet, die im *Dictionnaire* ihren Schlusspunkt finden soll. Die vorliegende Arbeit will in einer Verschränkung von eindeutiger Rezeptionsgeschichte, poetologischer Lektüre und Betrachtung von Intertextualität und ihrer Verhandlung vor allem den Anspruch einer *vérité empruntée* als Kategorie skeptischer Historiographie gewinnen und zeigen, dass diese mit dem Aufkommen des bibliographischen und textuell markierten Zitats in Beziehung steht.

---

8 Luc Weibel, *Le Savoir et le corps: essai sur le „Dictionnaire" de Pierre Bayle*, Paris : l'Âge d'homme 1975, entwirft – ohne von deutschen Bayle-Forschern wahrgenommen zu werden – eine erste Annäherung an diese Forschungsfrage und untersucht im Anschluss an Kristeva, Genette und Barthes die Textualität des *Dictionnaire*; eine Arbeit, der dieser Versuch einiges verdankt.

KAPITEL 8

Abstände und Parallelen

Das Band zwischen Montaigne und Pierre Bayle müsste engmaschig geflochten werden, wenn es ein Jahrhundert überbrücken soll, in dem weit mehr geschehen ist als die Etablierung der orthographischen Konvention der Anführungszeichen.[1] Diese markiert einen Einschnitt in die Verfahrensweise literarischer Darstellungen, die einen anderen Typus des Autoren und eine Rekonzeption der hergebrachten der Methodiken der Renaissance mit sich brachte. Auf dem Weg zu verbindlichen Normen der Zitation und ihrer Hervorhebung durch Guillemets und Kursivierungen wäre dem ständigen Austausch mit seinen Bezugstexten bei Montaigne die Berechtigung entzogen.[2]

---

1 Eine Geschichte der Einführung dieser Konvention liegt nicht vor. In seinem Versuch über die Geschichte und Struktur des Zitats findet sich bei Compagnon eine lose Verortung der Einführung von Anführungszeichen; Compagnon, *La seconde main*, I, 14, S. 49: „Il existe un signe typographique de la citation, in indicateur équivaut à 'Je cite': les guillemets que l'imprimeur Guillaume aurait inventés au XVIIe siècle, pour encadrer, isoler un discours rapporté au style directe ou une citation." Er erwähnt Bayle nicht. Eine historisch wesentlich genauere Rückschau erlaubt es, das Entstehen dieser Konvention nachzuzeichnen, die keineswegs erst im 17. Jahrhundert beginnt; Vgl. Giordano Castellani, „Francesco Filelfo's, 1483/1484. The first example of quotation marks in print?", in: *Gutenberg-Jahrbuch 2008, 83. Jahrgang*, hrsg. Stephan Füssel, Wiesbaden: Harrassowitz 2008, S. 52-80. Er stützt sich auf Douglas C. McMurtrie, *The Book: the Story of Printing and Bookmaking*, London: Oxford University Press 1943. Castellani untersucht, ob die These der Erstverwendung von Anführungszeichen beim Straßburger Drucker Matthias Schürer (1508-1521) haltbar ist; dieser habe schon 1515 / 1516 bspw. in Ausgaben von Erasmus oder Philostratus Doppelstriche am linken Zeilenrand zur Hervorhebung von Zitaten verwendet (Castellani, „Francesco Filelfo", S. 53; Abbildung ebd., S. 54, aus *De Vitis sophistarum*). Allerdings finden sich frühere Verwendungen, so beim berühmten Baseler Drucker Aldus Manutius in seinen Ausgaben von Aristoteles (1495-1498) (ebd., 55-56); schließlich gibt er als früheste seiner Quellen die Anthologie von Francesco Filelfo, *Orationes et opuscula*, an, besorgt von den Mailändern Pachel und Scinzenzeler, bereits 1483-1484 (ebd., S. 61-62).

Dieser Ausblick muss genügen, um die These der „Erfindung" der Zitatzeichen im 17. Jahrhundert zu entkräften. Er erlaubt die Annahme, dass auch Montaigne mit der Typographie zumindest in Kontakt gekommen sein könnte Die verbindliche Verwendung in der Form, wie sie bei Bayle Text und Textbild bestimmt, ist allerdings ein Phänomen jüngeren Datums.

2 Durch die Ausgabe Marie de Gournays von 1595 und den Ausweis der Zitate in den *Essais* haben diese zwar – neben ihrer Markierung als Verse, die vom Fließtext abgesetzt sind, und selbstverständlich durch ihre Fremdsprachlichkeit – zwar ohnehin bereits Hervorhebungen als Entlehnung erhalten; der akribische Ausweis dessen, was entnommen wurde, und die Verbindung von Anführungszeichen und Quelle über den Modus des Fußnotenkommentars hat für Montaigne allerdings noch nicht existiert. Michel de Montaigne, *Les Essais de*

 | DOI:10.30965/9783846766064_011

So erscheint das späthumanistische Schriftbild der *Essais* im 17. Jahrhundert unzeitgemäß, fast exotisch,[3] wenn man bedenkt, wie die *Logique* und die *Grammatique* von Port-Royal und der neue, an Malebranche und vor allem an Descartes geschulte Methodenbegriff die Denk-, Schreib- und Publikationsformen verändert haben.[4] Wo der Laie Montaigne noch recht unbehelligt mit dem kanonischen Bestand haushalten konnte und anderen Normen der Schrift verpflichtet war, hat nun eine Spezialisierung und Professionalisierung – und zugleich eine Beschleunigung – der Veröffentlichungen den Druck auf den Zitierenden merklich erhöht.[5] Abschreiben unterliegt nun (zumindest auf den

Michel seigneur de Montaigne, édition nouvelle trouvée après le déceds de l'autheur, reveüe et augmentée par luy d'un tiers plus qu'aux précédentes impressions, hrsg. Marie de Gournay, Paris: Abel l'Angelier 1595.

3 Für einen allgemeinen Überblick, vor allem: Cassirer, *Die Philosophie der Aufklärung*. Für den deutschen Zusammenhang und die Schlüsselrolle Leibniz', Wilhelm Schmidt-Biggemann, *Topica universalis: eine Modellgeschichte humanistischer und barocker Wissenschaft*, Hamburg: Meiner 1983; ein auf die „Frühaufklärung" konzentrierter Überblick findet sich bei Werner Krauss, *Die Literatur der französischen Frühaufklärung*, Frankfurt a.M.: Athenäum Verlag 1971; ebenso im Sammelband *Frühaufklärung*, hrsg. Sebastian Neumeister, München: Fink 1994; und, mit anderem Personal, vgl. Peter Bürger, *Studien zur französischen Frühaufklärung*, Frankfurt a.M.: Suhrkamp 1972.

4 Vgl. Antoine Arnauld & Pierre Nicole, *L'art de penser: la logique de Port-Royal*, hrsg. Bruno von Freytag-Löringhoff & Herbert E. Brekle, Stuttgart-Bad Cannstatt: Fromman 1965-1967. Nicolas Malebranche, „Recherche de la vérité où l'on traite de la nature de l'esprit de l'homme et de l'usage qu'il en doit faire pour éviter l'erreur dans les sciences", in: *Œuvres complètes*, Bd. 3, hrsg. Geneviève Rodis-Lewis, Paris: Vrin 1964; Réné Descartes, *Discours de la Méthode* (franz./dtsch.), hrsg. & übers. Holger Ostwald, Stuttgart: Reclam 2001. Zur Rolle Montaignes innerhalb dieses Diskurses, vgl. etwa: Danièle Ghiolfi Rodamar, *Montaigne et la logique de Port-Royal*, Ravenna: Longo 1992. Die Auswirkungen dieses Wechsels im Zeitgeist zeigen sich auch da, wo keine Systematik angestrebt wird. Auch die aphoristischen Texte von La Mothe de Vayer oder Pascal (der trotz seines Einflusses durch ihn auch als Kritiker Montaignes auftritt) tragen Spuren dieser Bereinigungen, indem sie die Logik der Fragmentierung in den *Essais* reproduzieren, ohne ihr Wuchern zu übernehmen.

5 Beschleunigung wird unter besonderer Betonung der Periodizität als allgemeines „Merkmal der Aufklärungsbewegung" im 18. Jahrhundert konstatiert; vgl. Jens Häseler, „Periodische Formen des wissenschaftlichen Denkens, Schreibens und Publizierens", in: *Kulturen des Wissens im 18. Jahrhundert*, hrsg. Ulrich Johannes Schneider, Berlin/New York: de Gruyter 2008, S. 229-232, hier S. 229. Allgemein bietet diese Entwicklung, die gerade in Frankreich früher anzusetzen ist, die Basis für Habermas These vom „Strukturwandel der Öffentlichkeit" (Jürgen Habermas, *Strukturwandel der Öffentlichkeit: Untersuchungen zu einer Kategorie der bürgerlichen Gesellschaft*, Frankfurt a.M.: Suhrkamp 1990; dort heißt es zur Rolle der Presse auf S. 83: „Das Publikum kann diese Herausforderung um so eher annehmen, als es das Instrument mit dessen Hilfe die Verwaltung die Gesellschaft zu einer im spezifischen Sinne öffentlichen Angelegenheit schon gemacht hatte, nur umzufunktionieren braucht – die Presse. Schon seit dem letzten Drittel des 17. Jahrhunderts werden die Zeitungen durch Zeitschriften ergänzt, die nicht in erster Linie Informationen, sondern auch pädagogische

ersten Blick) strengeren Normen, die in der Exaktheit und Verbindlichkeit den heutigen Zitierregeln akademischen Schreibens in kaum etwas nachstehen.[6] Zudem hat sich im Zuge der sich vorbereitenden *Querelle des Anciens et des Modernes* der Zeitgeschmack von der *Imitatio Veterum* zumindest in Teilen abgewandt, eine Entwicklung, an der auch die Pedanten-Kritik Montaignes nicht unschuldig gewesen sein dürfte.[7] Auch hier kann man erkennen, dass Montaignes Pädagogik Früchte getragen hat: Im Schwinden der Verlässlichkeit antiker Autoritäten, die man zitativ anführen soll, lässt sich in der Rhetorik nach Descartes eine Abkehr von *Memoria* und eine Hinwendung zur Autorschaft des je Sprechenden verzeichnen.[8]

Was sich derart in der Form niederschlägt, lässt sich auch inhaltlich im Nachvollzug der Philosophiegeschichte fassen. Trotz seines Ruhms um die Jahrhundertwende und die breite, oft anschließende Rezeption der *Essais* hat Montaigne als Vorbild die Verschiebungen innerhalb des gelehrten Diskurses nur bedingt überstanden. Die von Marie de Gournay herausgegebene Fassung der *Essais*, die sie bereits um Quellennachweise und, nicht ohne ironische Spitze, eine kurze Biographie Montaignes zur Einführung ergänzt hat, hat zwar Autoren wie zunächst Charron, dann Pascal und La Mothe Le Vayer

---

Instruktionen, sogar Kritiken und Rezensionen enthalten. Zunächst wenden sich wissenschaftliche Zeitschriften an den Kreis der gebildeten Laien: das *Journal des Savants* (1665) des Denys de Sallo, dann die *Acta Eruditorum* (1682) von Otto Mencken und schließlich die berühmten *Monatsgespräche* (1688) von Thomasius, die das Muster für eine ganze Gattung von Zeitschriften prägen.")

6 So beobachtet etwa Isabelle von Treskow, „Die Entstehung der Kritik aus dem Verfahren der Disputation. Pierre Bayles *Dictionnaire historique et critique* und die akademische Refutationspraxis" in: Scientia valescit: *zur Institutionalisierung von kulturellem Wissen in romanischem Mittelalter und Früher Neuzeit*, hrsg. Elmar Eggert, München: Meidenbauer 2009, S. 353-380, hier S. 365

7 Vgl. allgemein die kommentierte Stellensammlung: *Antike und Moderne in der Literaturdiskussion des 18. Jahrhunderts*, hrsg. Werner Krauss & Hans Kortum, Berlin: Akademie Verlag 1966; zu Bayle, hier S. 31-34. Hubert Gillot, *La Querelle des Anciens et des Modernes en France. De la „Défense et Illustration de la langue française" aux „Parallèles des anciens et des modernes"*, Genf: Slatkine 1968.

8 So entwickelt Till die cartesianische Rhetorik an den Autoren von Port-Royale sowie an Cordemoys *Discours physique de la parole* (1668); Dietmar Till, *Transformationen der Rhetorik: Untersuchungen zum Wandel der Rhetoriktheorie im 17. und 18. Jahrhundert*, Tübingen: Niemeyer 2012, S. 316: „Denn das gute Gedächtnis verleitet dazu, Phrasen und Ausdrücke von anderen Rednern zu borgen, anstatt sie selbst zu erfinden; Cordemoy rechnet damit zugleich harsch mit den Praktiken einer auf den Prinzipien der *copia* beruhenden rhetorischen *imitatio auctorum* ab, wie sie im Schulunterricht der Frühen Neuzeit gängige Praxis war; er nimmt damit zugleich wesentliche Argumente der Genie-Debatte des 18. Jahrhunderts vorweg."

unzweifelhaft und bestimmend beeinflusst.[9] Montaigne ist, wie Stierle es sieht, Vorbild der gesamten Literatur der sogenannten Moralistik, die sich aus dem Praxisbezug und der anthropologischen Perspektive der *Essais* speist.[10] Zudem ist er der Stammvater der Skepsis des 17. Jahrhunderts, die mit einer Fülle von Autoren – nicht nur den pyrrhonischen Historikern – an die *Essais* anknüpft.[11]

Im selben Zug aber ist Montaigne unzeitgemäß geworden, was – wenn man die Kritik von Malebranche betont – nicht zuletzt an seiner Zitierfreude liegt. In seiner *Recherche* nimmt er explizit den Montage-Charakter der *Essais* zum Anlass, sie aus der Wissenschaft auszuschließen. Das von uns hervorgehobene Moment zitativen Schreibens und exzessiver Materialeinbettung wird in seiner Häufung als unmethodisch und darum unsinnig verworfen. Für Malebranche kommt dem Zitat keine Beweiskraft zu, und er spricht mit ihm gleich der Geschichte als Ganzer die epistemologische Dignität abspricht:

> Un trait d'histoire ne prouve pas; un petit conte ne démontre pas; deux vers d'Horace, un apophtegme de Cléomène ou de César, ne doivent pas persuader des gens raisonnables: cependant ces *Essais* ne sont qu'un tissu de traits d'histoire, de petits contes, de bons mots, de distiques, et d'apophtegmes."[12]

---

9 Pascals *Pensées* stehen in ständigem Dialog mit Montaigne; entgegen der Ansicht, dass auch Pascal bereits Montaigne als Modell verabschiedet, vgl. die an den direkten Zitaten aus den *Essais* orientierte Studie von Frank M. Chambers, „Pascal's Montaigne", *PMLA* 65/5 (1950), S. 790-804; Charron nimmt nicht nur formale, sondern vor allem wörtliche Anleihen bei Montaigne, die für sein Schreiben konstitutiv sind; so fasst Brush es zusammen: Craig B. Brush, *Montaigne and Bayle: Variations on the Theme of Skepticism*, Den Haag: Nijhoff 1966, S. 160: „[F]or Charron barrowed largely, almost literally, from the *Essais* and incorporated their diffusely organized ideas in his two most important works, *Les Trois Veritez* (1594) and *La Sagesse* (1601)."

10 Stierle, *Montaigne und die Moralisten*, S. 7: „Die neuzeitliche Moralistik hat ihren Ursprung im Werk Michel de Montaignes." Vgl. ferner Herrad Schmidt, *Die „diversité" von Montaigne bis Montesquieu: französische Moralisten im Spannungsfeld von Beobachtung, reflektierter Wirklichkeitsperzeption und Versprachlichung*, Göttingen: V&R unipress 2016; sowie *Beiträge zur französischen Moralistik*, hrsg. Margot Kruse, Joachim Küpper, Andreas Kablitz (u.a.), Berlin/Boston: de Gruyter 2008.

11 Vgl. den Überblick in Schlüters Ausgabe zum „Historischen Pyrrhonismus", hrsg. Gisela Schlüter, *Das Achtzehnte Jahrhundert* 31/2 (2007).

12 Nicolas de Malebranche, *De la recherche de la vérité où l'on traite de la nature de l'esprit de l'homme*, Bd. 1, Amsterdam: Desbordes 1688, S. 275. Band II der *Recherche* wird ein eigens Montaignes gewidmetes Kapitel enthalten, indem er dieselbe Kritik noch einmal anführt; interessanterweise in Hinblick auf die Gefahren der Lektüre für die Imaginationsfähigkeit. Nicolas de Malebranche, *De la recherche de la vérité où l'on traite de la nature de l'esprit de l'homme*, Bd. 2 (*De l'imagination*), Paris: Bellin 1886, III, Kap. 5, S. 204-216. Dort heißt es u.a., S. 213: „Un homme qui, dans trois ou quatre pages de son livre, rapporte plus de cinquante noms d'auteurs différents, avec leurs opinions; qui a rempli tout son

Diese Kritik Malebranches an Montaigne richtet sich bezeichnenderweise nicht nur an seinem Mangel an Systematik, sondern ebenso gegen die Überfülle von Zitaten und damit gegen einen Mangel an Beweiskraft wie an Eigenständigkeit – Zitate können nicht oder nicht mehr überzeugen. Bloße Züge und Striche der Geschichte – im Modus der Exempla-Literatur, die im Späthumanismus bei Montaigne wie Bodin noch blühte[13] – haben keine Beweiskraft mehr. Das Publikum des 17. Jahrhunderts scheint in Malebranches Augen mit den Digressionen und den literarischen Bezügen einer wuchernden Poetik nicht mehr viel anfangen zu können. Die Methodik ist an die Stelle der Poetik getreten, und damit sind die Überladungen des Diskurses, die den Mischcharakter der *Essais* bestimmen, nicht willkommen.[14] Dementsprechend stellt sich auch eine umgreifende Abneigung gegen das überbordende Zitat ein, das klarer und distinkter Aussagen nur im Weg stehe. Man kann annehmen, dass diese formalen Einwände auch inhaltlich motiviert waren, insofern Malebranches Kritik in Einklang steht mit einem der wichtigsten Daten der Rezeptionsgeschichte der *Essais*; ihrer Indizierung durch die Kirche im Jahre 1697 unter dem Vorwurf der „Libertinage".[15] Was für Bayle als Calvinisten und selbst indizierten Autoren den Abstand zwischen beiden wohl verringert haben dürfte, ist dennoch ein Ausdruck davon, dass Montaigne als Autorität dem ausgehenden 17. Jahrhundert äußerst zweifelhaft geworden ist. Auch wenn er weiterhin gelesen und zur Referenz genommen werden konnte, haftete ihm der Eindruck des Überkommenen an.

Während der Moralist und Skeptiker Montaigne sich also bedingt eines literarischen Fortlebens in einer recht verbreiteten, wenn auch kritischen

ouvrage des traits d'histoire et d'apophtegmes entassés sans ordre; qui dit que *l'histoire et la poésie sont son gibier en matière de livres*; qui se contredit à tous moments et dans un même chapitre, lors même qu'il parle des choses qu'il prétend le mieux savoir, je veux dire lorsqu'il parle des qualités de son esprit, se doit-il piquer d'avoir plus du jugement que de mémoire?" Vgl. hierzu Syliane Charles, „Le procès de Montaigne par Malebranche. La véracité à l'aune de la vérité moderne", *Renaissance and Reformation / Renaissance et Réforme* 21/3 (1997), S. 25-41, hier S. 27.

13 Vgl. Koselleck, „Historia Magistra Vitae".

14 Mit Bacon als Vorbild für die Genese des späteren Essays (im Singular) kündigt sich bereits eine merkliche Verkürzung der konstitutiven Elemente von Montaigne an; was unter Verzicht auf Copia und Intratextualität sowie auf die kanonischen Bezüge bleibt, ist letztlich nur die Kürze des Textes als kleinster gemeinsamer Nenner. Allgemein zur Geschichte des Essays, vgl. Christian Schärf, *Geschichte des Essays von Montaigne bis Adorno*, Göttingen: Vandenhoeck und Ruprecht 1999.

15 Unter Papst Clemens 10. wird Montaigne 1676 auf den Index librorurm gesetzt; Philippe Desan, *Montaigne: a Life*, Oxford: Princeton University Press 2017, S. 621. Seine Indizierung, die bis ins 19. Jahrhundert bestehen sollte, wird von Desan auch mit den Autoren von Port-Royal in Einklang gebracht.

Rezeptionssituation erfreut, gilt dies nicht für ihn als Essayisten, im Sinne einer skeptischen Poetik, wie sie diese Arbeit zu rekonstruieren unternommen hat. Der Essay im Singular hat sich als Gattung schnell etabliert – aber schon Bacons äußerst erfolgreicher Anschluss in der Verwendung des Begriffs kann als Transformation der jungen Gattung auch als deutliches Abrücken von der Poetik Montaignes begriffen werden.[16] Der Experiment-Charakter der Baconschen Form lässt die konstitutive Intertextualität Montaignes ebenso vermissen wie ihren Portrait-Gedanken.[17] Ähnliche Verschiebungen in der Verwendung des Begriffs *Essay* lassen sich bis zu Leibniz' *Theodizee* und damit über Bayle hinaus beobachten.

Schließlich ist auch begrifflich hundert Jahre nach der Veröffentlichung der *Essais* die Situation eine andere geworden; nicht nur, dass der titelgebende Neologismus Montaignes zum relativ festen Gattungsbegriff werden konnte. Im Französischen sind neue operative Begriffe aufgekommen, über die Montaigne noch nicht verfügen konnte. Die entscheidenden Termini des *Dictionnaire* sind allgemein für die Literatur an der Schwelle vom 17. zum 18. Jahrhundert von tragender Bedeutung. Montaigne kannte den Begriff der Kritik noch nicht, und hätte es sicherlich begrüßt, ihn in der historischen Rückschau von den Zeitgenossen Bayles zugeschrieben zu bekommen. Wichtiger noch dürfte aber sein, dass für Bayle der Begriff des *Zitats* schon selbstverständlich geworden ist – *emprunt* und *allégation*, die zwar lose fortbestehen, sind hinter diesem Terminus weit zurückgetreten.[18] Bei Furetière wird *citare* in doppelter Bedeutung erklärt, deren Reihenfolge die Abfolge im Gebrauch nachzubilden scheint: Erst eine klerikale Vokabel für die Einberufung vor ein

16 Stephen Gaukorger, *Francis Bacon and the Transformation of Early-Modern Philosophy*, Cambridge: Cambridge University Press 2001, S. 101. Gaukorger hebt die offensichtliche Beeinflussung Bacons durch Montaigne hervor, betont aber auch die merkliche die Differenz zwischen beiden Autoren. Seine Beobachtung, dass Bacon durchweg didaktischer sei und als Hof-Autor näher zu Castiglione als zu Montaigne stehe, bleibt recht vage; inwiefern die Baconschen Essays dem dialogischen Prinzip des *Hofmanns* entsprechen, erschließt sich nicht ganz.

17 So beobachtet auch Kallweit in seiner Studie zu Loci Communis einen Formwandel zwischen Montaigne und Bacon, der die beiden mehr trennt als eint; Bacon lagert seinen Umgang mit den Topoi klassischer Literatur weitgehend auf seine *Apophthegmata* und sein *Advancement of Learning* aus. Vgl. Hilmar Kallweit, *Kulturelle Konfigurationen: Studien zum Verhältnis von Wissensordnungen und Erzählformen*, Paderborn: Fink 2015, hier insb. S. 39-40.

18 So verwendet Bayle diese Begriffe weiter, aber ersetzt sie meistens mit „citer"; bspw. Bayle, DHC, Bd. 1, S. 611: „L'Auteur, dont *j'emprunte* ces paroles, & dont j'indiquerai les sources[...]."; Bayle, DHC, Bd. 2, ELISABETH, Anm. (U), S. 353: „On n'a qu'à lire le Procès: Mr. Moreri ni ses partisans ne peuvent tenir contre cela, ni *alleguer* un seul mot pour leur justification." [Meiner Hervorhebung, S.G.]

(vornehmlich) geistliches Gericht, die er auf das Lateinische zurückführt, gewinnt *citare* zusätzlich die Bedeutung von „allégation de quelque loy, de quelque autorité, de quelque passage", um sogleich Beispielsätze anzufügen:

> Ce livre est plein de *citations*. Les Pendents sont sujet à faire beaucoup de *citations* inutiles, & par pure ostentation. Les *citations* ne sont plus guères à la mode dans les discours oratoires.[19]

Angesichts dieser Abstände wäre es also ein unzeitgemäßer Rückgriff, sich am Ende des 17. Jahrhunderts auf Montaigne oder gar auf die Form seiner *Essais* zu berufen. Eine solche Bezugnahme muss folglich eine Transformation einschließen. Dies gilt nicht nur schon darum, weil Pierre Bayle in anderen Gattungen und für ein anderes, vielleicht diverseres Publikum schreibt. Journalistisches Schreiben und der Stil Montaignes mögen Gemeinsamkeiten aufweisen, folgen aber doch anderen Codes; die *Nouvelles* sind von ihrer Publikationsform und Periodizität geprägt, und Bayle würde mit seinen *Pensées* näher zu Pascal als zu den *Essais* verortet werden.[20]

Aber er ist ohnehin in allen Belangen ein anderer als Montaigne: Als Hochschullehrer, Redakteur der *Nouvelles de la Republique des Lettres* und schließlich als Autor des *Dictionnaire historique et critique* ist er alles andere als ein müßiger Renaissance-Laie, sondern professionelles Mitglied einer neu entstandenen Gelehrtenrepublik, die im Herzen seines Denkens steht. Als geflüchteter Hugenotte statt als Höfling oder französischer adliger Beamter, und insbesondere als Calvinist, der den Veränderungen, die sich aus den Religionskonflikten in ganz Europa ergeben, mehr als aufgeschlossen ist, ist Bayle ein Vertreter einer sozialen Klasse, die Montaigne so gar nicht kennen konnte; eines professionellen protestantischen Gelehrten und Publizisten, der, wenn man seinen biographischen Darstellungen glauben kann, die Bezeichnung

---

19 Antoine Furetière, CITARE, in: Antoine Furetière, *Dictionnaire universel, contenant généralement tous les mots françois tant vieux que modernes, et les termes de toutes les sciences et des arts* ..., 2 Bd., La Haye: Leers 1690, Bd. 1, o.S. (CIT) [Hervorhebung im Original].

20 So beobachtet auch William R. Carlson: „‚Pensées' and ‚Pensées diverses'. The Art of Persuasion in Pascal and Bayle", *French Forum* 4/2 (1979), S. 137-146, hier S. 137-138: „Bayle's imitation of Pascal's titles is also significant. Bayle nearly always tried in some way to legitimize his work, to suggest to the reader an identification with some book by a better-known author that would, in the reader's mind at least[...]."; zitiert auch bei Yves Bizeul, „Pierre Bayles Kritik des Aberglaubens und Plädoyer für die Toleranz", in: *Toleranzdiskurse in der Frühen Neuzeit*, hrsg. Friedrich Vollhardt, Berlin (u.a.): de Gruyter 2015, S. 177-216, hier S. 180. Ob die *Pensées* als Titelbezeichnung allerdings so deutlich auf Pascal zurückgehen – insbesondere, wenn man die Veränderung des Titels nach der Erstfassung als „Lettres" von 1682 bedenkt – dürfte dabei allerdings fraglich sein.

des *lettreferit* nicht nur als angemessen, sondern vielmehr als Ehrentitel begriffen haben dürfte.[21] Ist die Handlung vielleicht dieselbe wie Montaignes vorgebliche Weltflucht ins Turmzimmer, so stehen doch andere Motive hinter der Entscheidung, wenn Bayle schon im *Projet* einen fast mönchischen Rückzug aus der Öffentlichkeit in sein „Kabinett" ankündigt.[22] Für sein Unternehmen ist die Beschränkung seines Umgangs auf denjenigen mit Büchern unerlässlich. Dieses Selbstinszenierung kann sich auf den Ruf Bayles verlassen: er ist in all seinen Veröffentlichungen als Gelehrter im Herzen der *République de lettres* erkennbar, eines Netzwerkes von Gelehrten, das das 16. Jahrhundert so nicht vorwegnehmen konnte. Seine Öffentlichkeit ist folglich keineswegs mit derjenigen Montaignes zu vergleichen; vor den Augen der gelehrten Leser/innen in ganz Europa geht es Bayle um die Durcharbeitung und Kommentierung bestehender Wissensschätze sowie um die – oftmals theologische, oftmals politische – Beteiligung an offenen und aggressiv geführten Debatten seiner Zeit. Seine Texte sind Monumente frühneuzeitlicher Gelehrsamkeit, die zwischen Antikenbezug und tagesaktuellem Diskurs changieren. Sein konstitutiver Intertext umgreift auch das Netzwerk der parallelen Publikationen, deren Frequenz und wechselseitige Beziehung sich grundlegend verändert haben; insbesondere im Pressewesen, das in der Zeitschrift einen Modus kommunikativen und periodischen Schreibens gefunden hat, das eigenen und neuen Gesetzen folgt.[23]

Mit diesen Rahmungen seiner Schreibsituation ist Bayles Hauptwerk, der *Dictionnaire*, den er 1692 im *Projet* ankündigt, um ihn nach fünf Jahren der Kompilationsarbeit in abgewandelter Form zu veröffentlichen, keinesfalls mit den *Essais* zu vergleichen. Bayle erfindet keine neue Gattung, wenn er sich

21 Brush überschreibt sein Überleitungskapitel seiner Studie zum Verhältnis von Montaigne und Bayle darum auch mit „The Gentleman and the Scholar"; Vgl. Brush, *Montaigne and Bayle*, Kap. 8, S. 179.

22 Bayle, DHC, Bd. 4, *Projet*, S. 606: „Que si d'une part je n'ignore pas que mon entreprise demande beaucoup de forces de corps, je fais réflexion de l'autre que la patience naturelle, jointe à l'habitude de ne se mêler que de ses Livres, de sortir peu de son Cabiner, & de fuir comme la peste les manieres de ces espris brouillons dont j'ai parlé, qui cherchent à se fourrer par-tout, & jusques dans les Affaires d'Etat, peut suppléer bien des choses."

23 Die Bedeutung des Journalwesens und der Periodizität für die Literatur dieser Frühen Neuzeit spielt selbstverständlich auch für Bayle eine zentrale Rolle. Unter Einbeziehung Bayles als Vorbild, vgl. Annett Volmer, „Journalismus und Aufklärung: Jean Henri Samuel Formey und die Entwicklung der Zeitschrift zum Medium der Kritik", *Jahrbuch für Kommunikationsgeschichte* 9 (2007), S. 101-129; Vgl. für Deutschland, Thomas Habel, *Gelehrte Journale und Zeitungen der Aufklärung. Zur Entstehung, Entwicklung und Erschließung deutschsprachiger Rezensionszeitschriften des 18. Jahrhunderts*, Bremen: Edition Lumière 2007.

in die Arbeit an der Enzyklopädie mit einbringen will: Die Modernität seines Lexikon speist sich vorrangig aus dem Bezugstext, dessen Korrektur und Gegenentwurf Bayle anstrebt, dem katholischen *Dictionnaire* Moréris, das Teil einer frühen Phase der Arbeit an der Enzyklopädie ist und somit eine Organisation von Texten und von Wissen auf der Höhe der Zeit vorschlägt. Die Topik, die sich noch in Montaignes Sammlung der Einzelgegenstände niedergeschlagen hat, wurde unverbrüchlich von der Handhabbarkeit des von Alphabet und Register eingefassten Wörterbuchs ersetzt.[24]

8.1 Patenschaft

Die Debatte darum, welchen Einflüssen Bayle anstelle Montaignes gefolgt sei, wird von der Unsicherheit seiner Selbstverortungen bestärkt und bietet eine Fülle von Bezugsmöglichkeiten, die unter den neuen Skeptikern wie Huet und Gassendi auch Descartes, Malebranche, Pascal umgreifen können. Augenfällig ist neben dem generellen Ausschluss antiker Bezugspunkte für Bayles Skepsis vor allem die Reichweite dieser Positionen, die scheinbar unvereinbare Figuren zu gleichberechtigten Intertexten für Bayle erklären. Um nur zwei der prominentesten Beispiele hierfür anzuführen, wird die epochenmachende Einschätzung der Schlüsselrolle Descartes' in Labrousses Darstellung die Quelle für Bayles skeptische Momente als „érudit cartesien",[25] während Popkin den Eintrag zu ARRIAGA im *Dictionnaire* zum Schnittpunkt scholastischer Dialektik und skeptischer Topik erklären will.[26]

---

24 Diese Beobachtung bleibt hier recht unspezifisch, folgt aber der allgemeinen Tendenz, die Schmidt-Biggemann in der Geschichte der Topik beobachtet hat; vgl. Schmidt-Biggemann, *Topica universalis*.

25 So hat Labrousse in der Folge ihrer These der „Transformation" des Cartesiansimus ins Historische Bayles intellektuelles Profil als „Paradox" bezeichnet; Elisabeth Labrousse, „Le Paradoxe de l'Érudit cartésien Pierre Bayle", in: *Religion, Érudition et Critique à la fin du XVII*[e] *siècle et au Début du XVIII*[e], hrsg. Baudouin de Gaiffier d'Hestroy, Paris: Presses Univ. de France 1968, S. 53-70, insb. 66-70.

26 Popkin, *The History of Scepticism*, S. 288: „In the style of one of his heroes, ‚the subtle Arriaga,' the last of the great Spanish Scholastics, Bayle employed the critical technique he learned at the Jesuit college in Toulouse to show le fort et le faible, the strength and the weakness, of every human effort to make sense out of any aspect of human experience. Bayle tackles intellectual issues in the style of the ‚subtle' Arriaga, rather than in the style of the heirs of Montaigne."

Wir können hier nur en passant bemerken, dass diese Parallelisierung scholastischer Dialektik mit skeptischer Methode eine Verkürzung auf beiden Seiten darstellt, die wenig zur Erhellung der Begriffe und noch weniger zur anschließenden Methodik in diesem Falle Bayles beitragen kann. Die rhetorisch kodifizierte Form der Diskussion beider

Bei aller Differenz und Varianz, und bei all der offensichtlichen Unvereinbarkeit von Bayle und Montaigne gilt es als ausgemacht, dass sie doch in einer bestimmenden intertextuellen oder rezeptionshistorischen Beziehung zu einander stehen – man kann mit Brush von einer „traditionellen Referenz" sprechen.[27] Schon die erste Sekundärliteratur zu Bayle, seine Biographie in der ersten posthumen Ausgabe des 18. Jahrhunderts, weiß davon zu berichten, wenn sie neben keinem geringeren als Plutarch Montaigne zu seinen liebsten Autoren zählt.[28] Auch zeitgenössisch wurde dieser Bezug hergestellt, so etwa bei Vintet, der festhielt, „Bayle sei Montaigne abzüglich seiner Eleganz, aber unter Hinzufügung der Dialektik".[29]

Diese unzweifelhafte, aber uneindeutige Beziehung bildet die Basis für übergreifende Entwürfe einer Geschichte der Skepsis – allen voran bei Popkin[30] – ebenso wie für die Darstellungen Blumenbergs.[31] Während in der Literatur zu Montaigne der Ausblick auf Bayle meist ein solcher geblieben ist, hat die Forschung zu Bayle im Anschluss an Labrousse daran mitgewirkt, die Gräben von einhundert Jahren zwischen *Essais* und *Dictionnaire* zu überbrücken, ohne je in eine unmittelbare Gleichsetzung zu verfallen. Erste Annäherungen

---

Positionen (*in utramque parte*) lässt sich nicht ohne weiteres mit skeptischer époche gleichsetzen; und der Anschluss an scholastische Verfahrenstechniken, wie Popkin ihn hier erkennen will, stellt mehr ein schulübergreifendes Moment als eine Verortung im Skeptischen dar. Vgl. Anita Traninger, „Taking Sides and the Prehistory of Impartiality", in: *The Emergence of Impartiality*, hrsg. diess. / Kathryn Murphy, Leiden (u.a.): Brill 2014, S. 33-64, hier insb. 60-64.

27 So eröffnet Brush seine Studie, Brush, *Montaigne and Bayle*, S. 1.

28 Pierre Desmaizeaux, „La Vie de Bayle", in: DHC (1740), S. XVII: „Il les reprit avec une nouvelle ardeur, mêlant toujours à ses exercices Académiques la lecture de tous les Livres qui lui tombaient entre les mains, sans en excepter les Livres de Controverse. Mais Plutarque & Montagne étaient ses Auteurs favoris."

29 Alexandre Vinet, *Moralistes des seizième et dix-septième siècles*, Paris: Chez les éditeurs 1859, S. 295: „Bayle, c'est Montaigne moins la grâce, plus la dialectique." (zitiert nach: Sommer, *Triumph*, S. 10-11 [Anm.]).

30 Popkin, *The History of Scepticism*, S. 288: „Bayle, however, was not content just to restate the classical sceptical problem of knowledge and to continue the tradition of Montaigne against the latest dogmatic opponents – Descartes, Hobbes, Spinoza, Malebranche, Leibniz." Mit anderem Akzent und unter Einschluss weiterer Autoren, vgl. Gianni Paganini, *Skepsis: le débat des modernes sur le scepticisme; Montaigne, Le Vayer, Campanella, Hobbes, Descartes, Bayle*, Paris: Vrin 2008.

31 Neben Brush und Popkin lässt auch Blumenberg in *Das Lachen der Thrakerin* nicht nur historisch Bayle auf Montaigne folgen (vgl. Blumenberg, *Das Lachen der Thrakerin*, Kap. 8, S. 87-99); mit dem Einsatz der Kritik beschreibt er eine Radikalisierung der Perspektive aus der *Apologie*.

in komparatistischer Weise, wie diejenige von Brush und Brahami,[32] haben zeigen können, dass sich diese Beziehung fruchtbar machen lässt für den Nachvollzug zweier Denker, deren Anbindung an die Skepsis der Frühneuzeit zwar allgemein erkannt, aber nicht spezifisch erklärt worden ist. In den „Variationen" des skeptischen Denkens und seiner Überlieferungsmomente erkennt man leicht, dass beide vieles trennt, aber auch einiges verbindet – aber der Nachvollzug dieser Verbindung wird von den Hindernissen eines historischen Bezugs und dem Schweigen Bayles zu einer tatsächlichen Beeinflussung durch den Essayisten denkbar verstellt.

Brushs Rekonstruktion zeigt bereits, dass sich diese Rezeptionsbeziehung auch quantitativ belegen lässt; nach seiner Zählung erwähnt oder zitiert Bayle Montaigne in seinem Oeuvre an insgesamt 123 Stellen.[33] Dieser Wert ist nur relativ einzuschätzen, wenn man bedenkt, wie stark Bayle von den Worten anderer abhängig ist und wie selten sich gerade in den *Nouvelles* und im *Dictionnaire* ein Rekurs auf die *Essais* angeboten haben wird. Eingeschränkt auf den *Dictionnaire* sind diese Zahlen weniger enorm; hier macht Brush nur 27 Zitate aus, die er in funktionale Gruppen aufteilt.[34] Eine Rezeption und Integration als Bindeglied zwischen beiden Autoren ist derart belegt; aber aus ihr allein kann keine tiefergehende Beziehung abgeleitet werden. Vielmehr wird Montaigne so zu einer Quelle unter anderen, von denen der *Dictionnaire* allerdings übervoll ist. Auch Brush geht, trotz des Fokus' seiner Studie, nicht davon aus, dass Bayle Montaigne als Modell begriffen hat; die subkutane Wirkung Montaignes als Urheber einer Skepsis, die erst mit Bayle am Ende des 17. Jahrhunderts wieder aufkomme, sei ein „abgenutztes Klischee".[35]

---

32 Vgl. Frédéric Brahami, *Le travail du scepticisme: Montaigne, Bayle, Hume*, Paris: PUF 2001; Brush, *Montaigne and Bayle*.

33 Brush, *Montaigne and Bayle*, S. 338-343. Brush gibt weiterführend an, ebd., S. 181.: „The edition that Bayle used *was Les Essais de Michel de Montaigne, Nouvelle Edition Enrichie et Augmentée aux marges du nom des Autheurs qui y sont citez. Avec les Versions des passages Grecs, Latins, et Italiens.* À Paris, chez Christophile *Journel*, 1659, 3 vols., in 12°.1."

34 Brush, *Montaigne and Bayle*, S. 182-183.

35 Ebd., S. 190: „The battered and time-worn cliché that Bayle continues a skeptical tradition established by Montaigne, but forced to go underground [...] during the seventeenth century only to rise again with renewed energy in the philosophical movement, simply will not stand up under careful analysis. His skepticism is not the same as Montaigne's; and both of them would have disagreed with several of the characteristic views of the ‚philosophes' [...]. Bayle does not seem to have been an uncritical reader of the *Essais*." Wenn er anschließend die großen Affinitäten zwischen beiden bemerkt und in Aussicht stellt, mit seiner Studie diesen nachzugehen und ein vollständigeres Bild der Beziehung beider zu entwickeln, bleibt die Ausführung doch hinter diesem Anspruch zurück; ein Umstand, der die Fragestellung dieser Arbeit mitgeformt hat.

In ganz ähnlicher Weise geht auch Popkins *Geschichte der Skepsis* in Differenzierung davon aus, dass der Allgemeinplatz einer Referenz zwischen beiden Autoren die offensichtlichen Abstände von parallelisierbaren Positionen allzu schnell überbrücken will. In seiner ideengeschichtlichen Darstellung unterschiedlicher, als skeptisch zu verstehender Autor in je biographischen Einzelkapiteln wird dieses Band nur lose geknüpft und um alternative Beeinflussungen Bayles erweitert. Seine Rekonstruktion, die Montaigne zur Schlüsselfigur der Skepsis erhebt, unterlegt die Entwicklung skeptischen Denkens vom späten 15. Jahrhundert bis zur Frühaufklärung in Frankreich mit einem recht einheitlichen Begriff von Pyrrhonismus, der veränderungsresistent als Abgleich der unterschiedlichen Autoren angesetzt wird. Dass die von ihm beobachtete „pyrrhonische Krise" des 16. und 17. Jahrhunderts ihren Ausgangspunkt bei der Beobachtung der biographischen Annahme einer solchen Krise während Montaignes Abschrift der *Apologie* nimmt, dürfte nicht nur erklären, wieso Montaignes Rolle derart prominent ausfallen musste, sondern zudem vermuten lassen, dass seine Diagnose, wie Perler gezeigt hat, eine Extrapolation darstellt, die bestenfalls einen schematischen Pyrrhonismus-Begriff voraussetzt.[36] Die Fluchtlinie einer einheitlichen Geschichte des Pyrrhonismus im Sinne der historischen Rekonstruktion nachverfolgend, gelingt es keiner der Darstellungen, eine ungebrochene Linie zu Pierre Bayle zu ziehen und anhand der Rezeptionsmomente die Beziehung zwischen beiden Autoren zu stabilisieren. Die bloße Feststellung der faktischen Zuneigung und Rezeption reicht für diesen Rekonstruktionsansatz nicht hin.[37]

---

36 Dominik Perler, „Was There a Pyrrhonian Crisis in Early Modern Philosophy? A Critical Notice of Richard H. Popkin", *Archiv für Geschichte der Philosophie*, 86/2 (2006), S. 209-220, hier S. 212: „It is therefore not surprising that Montaigne occupies a prominent place in Popkin's study. In fact, the expression ‚Pyrrhonian crisis', which serves as the *leitmotiv* for the entire book, is introduced with respect to Montaigne. According to Popkin, the ‚Apologie' was the ‚amazing product of his own personal *crise pyrrhonienne*'." Perler bezieht sich auf die entsprechende Stelle, an der Popkin auch ausdrücklich auf Villey rekurriert; Popkin, *The History of Scepticism*, S. 47: „Many sides of Montaigne meet in his longest and most philosophical essay, ‚Apologie de Raimond Sebond,' that amazing product of his own personal *crise pyrrhonienne*." Die Anwendung von Villeys Blick auf Montaignes „philosophischsten Essay" auf eine gesamte Epoche müsste sich umso mehr darum bemühen, die philosophiehistorische Chronologie in Montaignes Leben und Schreiben argumentativ zu untermauern. Vgl. ferner: Ian Maclean, „The ‚Sceptical Crisis' Reconsidered: Galen, Rational Medicine and the Libertas Philosophandi", *Early Science and Medicine* 11/3 (2006), S. 247-274.

37 Bayle erwähnt oder zitiert Montaigne, wie erwähnt, in seinem Œuvre an insgesamt 123 Stellen, und die prominente Position, die ihm im Zusammenhang des Vorwortes sowie den Nachbemerkungen des Dictionnaire zukommt, lässt den Schluss zu, dass die Essais für Bayle mehr darstellen als eine popularisierende Textergänzung. Bayle hat Montaigne in der

An die Stelle eines epochenübergreifenden Vergleiches, der eine Parallelisierung der Verfahren leisten könnte, werden die *Essais* und das Oeuvre Bayles lose im überhistorisch gesetzten Begriff des Pyrrhonismus verortet; dieser geht grob von Pyrrhon in der Überlieferung von Sextus Empiricus aus und wird in jeweils neuen Lektüre mit eigenen Beeinflussungsgeschichten fortgesetzt. Bei aller Divergenz in den Einschätzungen bildet dabei Descartes den historischen Schnittpunkt. So folgt auch Popkin der hartnäckigen Auffassung, dass unter dem Bezug zur Skepsis die Schlüsselrolle Montaignes für das 17. Jahrhundert erkannt werden könne. Das Aufkommen des Empirismus und die Entstehung von Kritik und Methode hätten von der Lektüre der *Essais* profitiert. Mit Bayle am anderen Ende dieses Jahrhunderts der Rezeption ist der Abstand zu groß geworden; seine Beeinflussung sei eine nur mittelbare, die weniger auf Montaigne selbst als auf dessen Leser/innen zurückgehe und sich so weitergereicht zu Bayle fortsetzt. Gerade auch Descartes' „methodischer Zweifel" sei eine direkte Lektürefrucht aus den *Essais*, wie Popkin in Anschluss an Brunschvig annimmt.[38] Dass dieser selbst eingestehen muss, dass Descartes Montaigne nicht in diesem Sinn erwähnt,[39] und der Anspruch seiner Methode auch in den *Meditationes* kaum Berührungspunkte mit dem Autoportrait haben kann, tut der Fortführung dieser Genealogie keinen Abbruch.

Wenn die Geschichte der Skepsis zwischen dem 16. und 17. Jahrhundert allgemein schon so diffus ausfällt, und ihre Bindeglieder Bayle und Montaigne sich lediglich berühren, dann bietet sich besonders eine Metapher zur Beschreibung an, die den eigentümlichen Charakter dieses Bezugs verdeutlichen kann; die indirekte Linie von Montaigne zu Bayle lässt sich besser als „Familienähnlichkeit" denn als direkte Filiation beschreiben.[40] Daher

---

Neuausgabe nach Marie de Gournay gelesen (1695 bei Journel, s.o.), und folglich seit seiner ersten Lektüre den wesentlichen Anteil der Zitate und Paraphrasen erkennen können, die in dieser kritischen Ausgabe als Marginalien dem Text Montaignes beigefügt wurden.

38 Popkin verweist auf Gilson und Brunschvicg: Popkin, *The History of Scepticism*, S. 143-144: „Gilson has indicated that Descartes borrowed from Montaigne and Charron; Brunschvicg showed that some elements of Cartesian thought can best | [144] be comprehended by comparison with the views in the ‚Apologie de Raimond Sebond'." Léon Brunschvicg, *Descartes et Pascal lecteurs de Montaigne*, Paris: Pocket 1995; für Gilson stützt er sich auf dessen Ausgabe: René Descartes, *Discours de la Méthode*, hrsg. & komm. Étienne Gilson, Paris: Vrin 1947. Die Argumentation setzt sich fort, bspw. bei Richard Scholar, *Montaigne and the Art of Free-Thinking*, Oxford: Lang 2010.

39 So Brunschvicg, *Descartes et Pascal*, S. 115: „Sauf dans la Correspondance avec le marquis de Newcastle à l'occasion du débat sur les bêtes-machines, le nom de Montaigne n'est pas mentionné par Descartes."

40 Auch Popkin nutzt diese Metaphorik; vgl. Richard H. Popkin, „Bayle's Place in the 17th Century Scepticism", in: *Pierre Bayle. Le Philosophe de Rotterdam*, hrsg. Paul Dibon, Paris: Vrin 1959, S. 1-19, hier 2: „Bayle, alongside being a Protestant, was also not a direct-line

lässt sich die hier vorgeschlagene Lektüre, die vor allem an formalen und textuellen Parallelen interessiert ist, mit Neumeisters Bild fassen: Anstelle der Blutsverwandtschaft und der Abstammung, und damit auch jenseits einer abstrakten ideengeschichtlichen Genealogie, handelt es sich bei Bayles Rückgriff auf Montaigne um eine Wahlverwandtschaft oder Patenschaft. „Montaigne steht Bayles lexiographischer Widerspenstigkeit Pate."[41] Diese lose und frei konstruierte Beziehung, die, so legt die Begriffswahl nahe, auf eine Entscheidung Bayles zurückzuführen wäre, erlaubt, mit der Annahme einer Ähnlichkeit anstelle einer unmittelbaren Fortführung in identischer Form zu operieren. Und Neumeisters Ausblick in der Formulierung setzt eben dort an, wo die Bestimmung ins Stocken kommt; die Widerspenstigkeit beider Autoren ist diejenige ihrer Texte, und zugleich diejenige ihrer historischen und ideellen Verortung. Montaigne und Bayle ähneln sich im Widerstand gegen die Analyse, in der Art, wie sich ihre Texte eindeutigen Lektüren entziehen, und entziehen sich damit auch der Feststellung ihrer verbindenden Traditionslinie. Das gezielte Spiel von Verbergung und Entdeckung, von ostentativer Programmatik und stillschweigender Performanz, das wir an Montaigne bereits haben zeigen können, wird von Bayle wiederaufgeführt und mag erklären, dass die Patenschaft Montaignes gerade darum innerhalb eines so vielschichtig konturierten Netzwerks von Bezügen steht, weil Bayle selbst kein direkter Nachfolger Montaignes gewesen sein will. Er beerbt ihn in der Art, wie Montaigne selbst verschwiegener Erbe war, und es ist Teil dieses Vermächtnisses, dass sich die Spuren verwischen. Die Erbschaft ist, wie im Fall der „fille d'alliance" Marie de Gournay, aus freien Stücken angetreten worden, und muss in der Verwaltung der poetologischen Erbmasse diese an ihre neue historische Umgebung anpassen, um sie zu erhalten. Zwischen Bayle und Montaigne herrscht Ähnlichkeit, nicht Gleichheit oder Identität.

---

descendent of Montaigne. […] Bayle, not being in the cultural milieu of the Montaigne tradition, may have lacked ist sophisticated, urbane, and aristocratic flavor, is gen-| [3] teel tradition, and might have found its dilettantism and its attitude of calculated reserve and indifference somewhat alien." Popkin bemerkt hier en passant ebenfalls, dass Fideismus und Skeptizismus katholischer Natur waren und sich als Verbindung von Montaigne selbst über Marie de Gournay zu La Mothe Le Vayer, Gassendi, Foucher und Huet fortgesetzt habe.

41 Neumeister, „Pierre Bayle und der Mythos", S. 142.

8.2 Protest und Pyrrhonismus: Feuerbach und die Universalkritik

In der Schnittmenge des Biographischen und des Anekdotischen lässt sich ein Anfang machen, und mehr über die religiöse Zugehörigkeit Bayles sagen als dasjenige, was sich bereits Desmaizeaux' Biographie in der *Dictionnaire*-Ausgabe von 1740 entnehmen lässt. Seine Rückkehr zum Calvinismus nach der Konversion zum Katholizismus während der Jesuiten-Ausbildung 1670 kann vielleicht am deutlichsten Zeugnis von zugleich der Adaptionsfähigkeit und der Bedeutung des Religiösen und des Konfessionellen für seine Person ablegen.[42] Wenn er im niederländischen Exil nicht zuletzt aufgrund seiner Einforderung von Toleranz und der Absage an eine politische Einflussname im katholischen Frankreich mit dem Mainstream der Exilanten um Jurieu bricht,[43] lässt sich daran ablesen, dass die strikte Trennung von Glauben, Wissen und schließlich auch Politik als je eigener Bereiche für ihn lebensanleitend gewesen ist. Mit Blick auf seine ungeheure Publikationstätigkeit lässt sich auch die Gegenseite dieser Toleranz erkennen, die den Respekt gegenüber anderen Konfessionen und Weltanschauungen gleichsetzt mit einer gleichmäßigen Kritik an allen Veröffentlichungen und Positionen, ungeachtet ihrer Lager. Dass seine Polemik öfter und heftiger gegen katholische Autoren ausfällt, ist wenig überraschend, aber es ließe sich zeigen, dass dies nicht unbedingt an der Religionszugehörigkeit der Autoren, sondern vielmehr an inhaltlichen und methodischen Einwänden liegt.

---

42 Wir verzichten darauf, eine weitere Biographie Bayles zu schreiben, deren Anzahl mit jeder Monographie zu ihm anzuwachsen scheint; vgl. etwa jüngst Eva Buddenberg & Rainer Forst, „Zur Einleitung: Pierre Bayles Theorie der Toleranz", in: Pierre Bayle, *Toleranz. Ein philosophischer Kommentar*, hrsg. Eva Buddenberg & Rainer Forst, übers. Eva Buddenberg & Franziska Heimburger, Suhrkamp: Berlin 2016, S. 11-50, hier S. 13-17 („Eine biographische Notiz"). Es ist auffallend, dass das Biographische die Bayle-Forschung bestimmt, ganz so, als wäre die von Völkel beobachtete „Bio-Logik" des *Dictionnaire* auch für dessen Erforschung notwendig (Völkel, „Textlogik", S. 197); selbstverständlich geschieht dies in der Folge von Labrousses unersetzlicher Studie zu Bayle, die den Versuch unternimmt (mit einem Verfahren ganz ähnlich demjenigen von Villey in der Darstellung Montaignes), Bayles Denken und Leben in Einklang zu bringen. Elisabeth Labrousse, *Pierre Bayle*, 2 Bde., La Haye: Nijhoff 1963/1964. Aber auch Brush und Bost (Hubert Bost, *Pierre Bayle*, Paris: Fayard 2006.) stellen Bayle in der Form von kommentierten Biographien vor. Popkin verfährt in seiner *History* ohnehin allgemein nach dieser Methode.

43 Zur Debatte mit Jurieu, vgl. neben Labrousse vor allem die Rekonstruktion bei Antony McKenna, *Études sur Pierre Bayle*, Paris: Champion 2015, hier insb. S. 97-139 („La bataille entre Bayle et Jurieu"). Zentraler noch dürfte Van Der Lugts Vorschlag einer Lektüre des *Dictionnaire* ausgehend von dieser Debatte sein: Vgl. Mara Van Der Lugt, *Bayle, Jurieu, and the ‚Dictionnaire Historique et Critique'* Oxford: Oxford University Press 2016.

Anstelle einer Herleitung aus dem Leben Bayles kann man seine Position vielleicht anekdotisch besser illustrieren. In einem kolportierten Bonmot, das bei Labrousse mit einiger Vorsicht überliefert ist, kann die Beweglichkeit der Zuschreibung des Protestantismus zum Schlüssel für das Schreiben und Denken Bayles werden. Zieht man die historische Unschärfe des Berichts Dritter und die deutliche Tendenz zur Stilisierung in der Formulierung ab, so kann man in dem Begriff des Protestanten in Bayles Verständnis ein wenig zurückschließen auf den Charakter dieses Autors. Wie Popkin und Labrousse zitieren, ist in der Eloge für Melchior de Polignac folgender Ausspruch zu lesen, den Bayle beim Besuch Polignacs in Rotterdam auf die Frage nach seiner Religiosität getätigt haben soll:

> Je suis bon Protestant, et dans toute la force du mot: car au fond de mon âme, je proteste contre tout ce qui se dit et tout ce qui se fait.[44]

Bayle ist, aus der „Tiefe seiner Seele", ein Geist des Ein- und Widerspruchs – die Plausibilität dieser Sentenz speist sich eher aus dem Oeuvre als aus der eigentümlichen Wendung, die in der Enthebung der Zuschreibung von jedem religiösen Kontext zum Methodenbegriff zu werden scheint. Auch wenn die Szene nur indirekt überliefert ist, ist die Umdeutung des Namens seiner Konfession in der Formulierung an das Programm des Kritikers gebunden, der wohl zu unterscheiden weiß zwischen Worten und Taten – und dessen Aufgabe darin besteht, beidem im Weg zu stehen.

Wer derart als Widerständiger in die Geschichte der Philosophie eingegangen ist, wird sich ebenfalls schwer in einem einfachen Sinne der Skepsis als Denkmodell oder als Schule zuordnen lassen, ohne, dass auch hier der Geist des Protests wirksamen werden sollte. Hinzu kommt, dass die Diskursposition der Skepsis für den Calvinisten Bayle denkbar ungünstig besetzt war; die „nouveaux pyrrhoniens", die eine Neubetrachtung der Geschichte mit einer skeptischen Methode verbinden und die in direkter Nachfolge Montaignes dessen Unternehmen einer Kritik der Vernunft fortsetzen wollten, stehen der

44 Elisabeth Labrousse, *Pierre Bayle*, Bd. 1 („Du pays de Foix a la Cite d'Erasme"), S. 255. So zitiert Popkin auf ihrer Feststellung aufbauend (Popkin, *The History of Scepticism*, S. 376 [Anm. 29]: „In De Boze, ‚Eloge de M. le Cardinal de Polignac,' the preface to De Polignac, *L'Anti-Lucrece* [Paris, 1749], vol. 1, Bayle is quoted as having told the cardinal, when the latter stopped by to visit him in Holland and asked what religion he belonged to, ‚Oui, Monsieur, je suis bon protestant, et dans toute la force du mot, car au fond de mon âme, je proteste contre tout ce qui se dit et tout ce qui se fait.'"

Vgl. Claude Gros de Boze, „Éloge de M. Le Cardinal de Polignac", in: Melchior de Polignac, *L'anti-lucrece, poëme sur la religion naturelle, composé par M. le Cardinal de Polignac*; übers. M. De Bougainville, 2 Bde., Paris, 1749, Bd. 1, S. 1-19, hier S. 13

Apologie der Reformation und des Calvinismus im Sinne Bayles diametral entgegen.[45] Den pyrrhonischen Historikern zu folgen, wäre also nur schwer vereinbar mit seiner Konfession; und umgekehrt stellt für die Zeitgenossen wie für die Forschung seine Nähe zur Skepsis seine konfessionelle Überzeugung infrage.

Die Unmöglichkeit für Bayle, sich ausdrücklich zur Skepsis zu bekennen, hat ein ganzes ambivalentes Feld an möglichen Verortungen eröffnet. Die Kernthese dieser Verortungen dürfte am besten bei Hossenfelder forumliert sein, wenn er im Vergleich zu antiken Modellen festhält, dass die „Skepsis kein Selbstzweck" sein könne und hinter der Verwendung der von Sextus übernommenen Tropen und Argumentationen eine letztlich doch dogmatische Agenda stehe.[46] Bayles spezifische Skepsis wird methodisch im Anschluss an

---

45 Brush, *Montaigne and Bayle*, S. 161; Brush entwirft eine Beziehung zwischen Fideismus und Skepsis, die sich gegen den Calvinismus richtet, geht es diesem doch gerade darum, die Vereinbarkeit von Vernunft und Glauben hervorzuheben. In diese Schnittmenge zählt er auch Autoren wie Lipsius und Garasse, die vehemente Ablehnung durch Bayle erfahren haben. Die Rückführung auf die Konfession ist, wie Popkin betont hat, bedeutend; bis zu Bayle war diese neue Form der historischen Skepsis ein katholisches Privileg, und eher im Zuge der Gegenreformation zu verorten. Popkin, *History*, S. 66: „The employment of Pyrrhonism both as a means of destroying the theological opponent and as a defense of one's own faith appears in the writings of some of the major figures of the Counter-Reformation in France. For about seventy-five years after the Council of Trent, there seems to have been an alliance between the Counter-Reformers and the *nouveaux pyrrhoniens*, an alliance aimed at annihilating Calvinism as an intellectual force in France." Unter diesem Gesichtspunkt kann man von Bayles Verbindung von Calvinismus und Skepsis von der Aneignung fremder Waffen sprechen. Vgl. ferner Brush, *Montaigne and Bayle*, S. 320. Zu diesen neuen Skeptikern oder zum Pyrrhonismus historicus, vgl. Markus Völkel, *„Pyrrhonismus historicus" und „fides historica": die Entwicklung der deutschen historischen Methodologie unter dem Gesichtspunkt der historischen Skepsis*, Frankfurt am Main (u.a.): Lang 1987; Völkel konzentriert sich allerdings maßgeblich auf den deutschen Sprachraum.

46 So resümiert Hossenfelder seine Rekonstruktion skeptischen Denkens, die er in enger Auslegung von Sextus Empiricus gewinnt: „Das Dargelegte zeigt, daß die Pyrrhoneer den Skeptizismus nicht um seiner selbst willen vertreten, sondern im Interesse ihrer dogmatischen Überzeugung, daß das Glück des Menschen in einer allumfassenden Gleichgültigkeit bestehe. Daher mußten sie bestrebt sein, keinerlei Gewißheit, welcher Art auch immer, aufkommen zu lassen. Auch Bayle funktionalisiert den Skeptizismus, aber er verschleiert dies nicht, sondern spricht es offen aus. Und er verfolgt eine geradewegs entgegengesetzte Absicht, nämlich den religiösen Glauben als einzigen gewissen Führer zur Wahrheit zu etablieren. [...] [S. 27] Bayle verfolgt somit mit seinem Skeptizismus keine eigentlich skeptische Absicht, den Menschen zu verdeutlichen, daß sie zu keiner sicheren Wahrheitserkenntnis fähig seien, sondern er möchte die Widersinnigkeiten der christlichen Theologie retten, indem er der Vernunft die Kompetenz zur Wahrheitsfindung abspricht und an ihrer Stelle den religiösen Glauben als die wirkliche Quelle der Erkenntnis hinstellt." Malte Hossenfelder, „Antiker und baylescher Skeptizismus",

Descartes verstanden, entweder fideistisch und theologisch motiviert,[47] oder doch in Anschluss an Autoren wie Huet und eher im Feld der Historiographie situiert,[48] schließlich in Radikalität zur Basis seines Atheismus genommen.[49] Ohne ein Bekenntnis zu einer diese Strömungen mag diese Ambivalenz unauflöslich sein, und trotz des ausdrücklichen Lobs pyrrhonischen Denkens im *Dictionnaire* sowie seiner Indienstnahme für den historisch-kritischen Apparat wird Bayle an keiner Stelle sein eigenes Schreiben als skeptisch zu erkennen geben.

Dass ein Skeptiker, und insbesondere ein pyrrhonischer, sich mit dem Standpunkt, ein solcher zu sein, schwer tut, hat sich bereits bei Montaigne gezeigt; das Risiko des performativen Selbstwiderspruchs und die Nähe zum Dogma, das letztlich in der Verwerfung eines jeden Dogmas nur in anderer Gestalt wiederzukehren droht, kann nur umgangen werden, indem man auch seine eigene Zuordnung zur Skepsis in der Schwebe hält. Der Ernst, mit dem Bayle sein ganzes Wirken hindurch bis zum *Dictionnaire* an der Konsequenz und Konsistenz der skeptischen Einwände festhält, wird zwar tatsächlich immer von seiner Polemik gegen diesen „destruktiven und gefährlichen" Modus des Denkens begleitet.[50] Besonders prominent kommt er exkulpierend auf diese Abgrenzung in den *eclaircissements* zurück, wo im Kontrast zum Glauben das skeptische Repertoire als inferior dargestellt wird. Diese Bekenntnisse bleiben aber dennoch ambivalent, und weder in der einen (theologischen) noch in der anderen (skeptisch-vernunftkritischen) Lesart kann man eindeutig einen insgeheim doch propagierten Dogmatismus Bayles erkennen. Man bliebe damit – wie im Fall Montaignes – hinter der Performanz des Textes und der Unbestimmtheit des Autors zurück. Schon mit Feuerbachs Studie zu Bayle

Aufklärung 16 (2004), S. 21-35, hier S. 26-27. Diese Betrachtungen fußen auf der Durchsicht von Pyrrho und werden uns im Folgenden näher beschäftigen.

47 Vgl. Elisabeth Stricker, *Die maskierte Theologie von Pierre Bayle*, Berlin/New York: de Gruyter 2003.

48 Eine Überblicksdarstellung, die Bayle und Huet innerhalb der skeptischen „Epidemie" in Korrespondenz setzen lässt, findet sich bei Anton M. Matytsin, *The Specter of Skepticism in the Age of Enlightenment*, Baltimore: Johns Hopkins University Press 2016, insb. S. 25-109.

49 Israel argumentiert vor allem mit zeitgenössischen Quellen zu Bayles Atheismus, die von der Forschung zum ‚theologischen' Bayle schlicht ignoriert würden; vgl. Jonathan I. Israel, *Enlightenment Contested: Philosophy, Modernity, and the Emancipation of Man 1670- 1752*, Oxford (u.a.): Oxford Univ. Press 2008, S. 148.

50 So hat es auch Schmidt-Biggemann an Bayles Verhalten zur Skepsis beobachtet; Wilhelm Schmidt-Biggemann, *Maschine und Teufel: Jean Pauls Jugendsatiren nach ihrer Modellgeschichte*, Freiburg & München: Alber 1975, S. 50: „Bayle beschreibt die pyrrhonische Position nicht als seine eigene, das konnte er als Skeptiker auch nicht, weil ein solches Urteil gezeigt hätte, daß er Skepsis nicht auf Skepsis angewandt hätte."

kann man festhalten, dass der Protestant gegen alles eben auch als „Skeptiker des Skeptizismus“ auftritt:

> Bayle ist kein dogmatischer Skeptiker – er ist auch Skeptiker gegen den Skeptizismus; – so sehr B. die eigenen Leiden und Aporien [...] zu Leiden der menschlichen Natur und Vernunft überhaupt macht, so ist er doch ein zu flüssiger und beweg- | [179] licher Geist, als dass man diesen Confessionen des Skeptizismus [...] nicht die Bedeutung von pathetischen Ausrufen und Seufzern, die der jeweilige Gegenstand im Drange der Schwierigkeiten ihm auspresste, geben dürfte. [...] Wie B.s Philosophie nur eine occasionelle, so ist auch sein Skeptizismus ein occasioneller: er ist wenigstens kein geschworener, kein systematischer Skeptiker, wenn er auch gelegentlich den Skeptiker von Profession macht, dessen *Geschäft* es ist, überall Zweifel zu erheben. Seine Zweifel sind verflochten in die Untersuchung schwieriger [...] Materien und bedingt durch den *Wechsel* und die *Vielartigkeit* der Gegenstände, die ihn, wie namentlich in seinem *Dictionnaire*, in Anspruch nehmen.[51]

Feuerbach spricht Bayle die Schulzugehörigkeit zur klassischen Skepsis ab, indem er seine Radikalität geltend macht, die sich letztlich auch gegen die Skepsis wenden müsse. Seine Sicht auf Bayle ist dabei selbst den Gegebenheiten angepasst, also weit mehr geprägt von den Gegenständen als von einer übergreifenden Theorie. Das Okkasionelle von Bayles Denken drückt sich in seiner Beweglichkeit und Anpassungsfähigkeit aus, und der Modus des Berufs-Zweiflers wird zu einer Maske unter vielen, die den Umständen entsprechend angelegt werden kann. Feuerbach rührt selbst mit dem Oxymoron des „dogmatischen Skeptikers“ schon an die Frage nach der Definition der Skepsis, die von der Infragestellung einer letztlichen skeptischen Konfession eigentlich schon beantwortet wäre. Anstelle eines Schwurs auf ein System der Skepsis sieht Feuerbach ein von den „Materien“ oder „Gegenständen“ diktiertes Zweifeln, das nicht abstrakte Methode, sondern je gebotene und angemessene Verfahrensweise sein soll und sich entsprechend der Komplikationen je neu adaptieren kann. Diese bedingte und vorsichtige Zuordnung zur Skepsis speist sich demnach auch aus der Beobachtung des Umschlags von der eigenen Person auf die „menschliche Natur und Vernunft“ im Allgemeinen sowie, deutlicher noch, aus der Diversität und Varianz seiner Gegenstände. Bayles okkasionelle Philosophie wird Einspruch gegen das System, selbst gegen dasjenige der Skepsis.

---

51 Ludwig Feuerbach, *Pierre Bayle nach seinen für die Geschichte der Philosophie und Menschheit interessantesten Momenten*, Leipzig: Wiegand 1844, S. 178-179. Die Rechtschreibung wurde von mir behutsam angeglichen, die Hervorhebungen entsprechen dem Original.

Man muss Feuerbachs Begeisterung für den Gegenstandsbezug bei Bayle nicht teilen, um zu erkennen, dass seine Einschätzung der Ambivalenz von Bayles Skeptizismus eine adäquate Beschreibung darstellt; Bayles Okkasionalismus erlaubt es ihm, die Vorzüge skeptischen Denkens zu würdigen und nutzbar zu machen,[52] ihnen aber eine strenge Gefolgschaft zu verweigern. Bayle ist kein „*sectateur*",[53] wie er selbst die Pyrrhoniker immer wieder nennt, und dementsprechend sind seine „Konfessionen" keine Parteinahme. Der instrumentelle Charakter dieser Adaptionen darf nicht mit der methodischen Nutzbarmachung im Dienste einer höheren Agenda missverstanden werden, weder in Bezug auf sein vermeintlich calvinistisches Programm, noch als Ausdruck einer atheistischen Überzeugung – vielmehr drückt sich in diesem Zweifel gegen den Zweifel noch die Dringlichkeit aus, mit der Bayle versucht, innerhalb der Diskurse seiner Zeit eine eigenständige und undogmatische Position einzunehmen, ohne dabei Partei zu ergreifen. Seine „Variation" der Skepsis ist kein Nachbeten der Tropen von Sextus; ihre Rolle als Instrument ist vielmehr der Schlüssel zum Verständnis. Wie die Kritik will der Protest, von dem Bayle spricht, dasjenige adressieren und aussprechen, gegen das er sich wendet, und folglich kann die abstrakte Sammlung der Tropen ihm keine Mittel an die Hand geben. Was er übernimmt, ist der Impuls, die Gegenseiten eines jeden Standpunkts zu erkennen und nutzbar zu machen; was er dazu an Methoden benötigt, übersteigt den traditionellen Bestand skeptischen Denkens bei weitem. Weder in ihrer tradierten Form, die letztlich auf die Seelenruhe des Skeptikers ausgerichtet ist, noch in ihrer Anwendung auf die Geschichte, die derselben die Berechtigung entziehen will, kann sich Protest formulieren, der in Bayles Sinne den Gegenständen entspräche. Die Varianz seiner Gegenstände fordert eine Varianz der Mittel; unter dem Rückgriff auf nicht nur diese, sondern alle verfügbaren Philosophenschulen will Bayle ihren Widerstreit fortsetzen und pointieren, und dies gelingt nur, wenn er ihnen allen die Gefolgschaft verweigert – gegen sie alle protestiert.

Skepsis, der man so den Status einer verbindlichen Denkschule abspricht, wird im nur bedingten Gebrauch ihrer Mittel zur Waffe – Bayle verwendet sie, ohne sie zu vertreten. Wie Marx es fasst; Bayles Einsprüche berufen sich auf

---

52 Nach Feuerbach besteht eben in diesem Gelegenheits-Denken Bayles dessen letztlicher Makel; weil es ihm an „metaphysischem Sitzfleisch" gefehlt habe, sei er nicht über die Kritik als Protest hinausgekommen. Feuerbach, *Pierre Bayle*, S. 178. Vgl. auch Stricker, *Die maskierte Theologie*, S. 7.

53 Bayle, DHC, BD. 4, *Eclaircissements*, S. 642, wo er von den „Sectateurs du Pyrrhonisme" Abstand nimmt.

einen „Skeptizismus, geschmiedet aus den metaphysischen Zauberformeln selber".[54]

8.3 *„Scepticisme" ou, si l'on préfère, „positivisme critique"*; Kojève und die Wahrheit des Mythos

Kojève setzt Feuerbachs antireligiöse und aufklärerische Lesart und den Gedanken seines Positivismus prominent fort, wenn er in *Identité et Réalité dans le „Dictionnaire" de Pierre Bayle* eine Bestimmung der Grundlinien von Bayles Projekt vornimmt.[55] Für ihn sind *Kritik* und *Skepsis* sich berührende Namen für dieselbe positivistische Ausrichtung Bayles:

---

54 Feuerbach greift auf die Andeutungen bei Marx und Engels von 1845 zurück; Bayle wird in der Darstellung des französischen Materialismus und dessen Kritik prominent, wenn auch im Vorbeigehen erwähnt. Karl Marx & Friedrich Engels, „Die heilige Familie oder Kritik der kritischen Kritik", in: *MEW* 2, Berlin (DDR): Dietz Verlag 1972, S. 3-223; darin Kap. 6, 3, 3: „Kritische Schlacht gegen die französische Revolution", S. 131-141, hier S. 133-134: „Der Mann, der die Metaphysik des 17. Jahrhunderts und alle Metaphysik theoretisch um ihren Kredit brachte, war Pierre Bayle. *Seine Waffe war der Skeptizismus, geschmiedet aus den metaphysischen Zauberformeln selber.* Er selbst ging zunächst aus von der kartesischen Metaphysik. Wie Feuerbach durch die Bekämpfung der spekulativen Theologie zur Bekämpfung der spekulativen Philosophie fortgetrieben wurde, eben weil er die Spekulation als die letzte Stütze der Theologie erkannte, weil er die Theologen zwingen mußte, von der Scheinwissenschaft zu dem rohen, widerlichen Glauben zurückzuflüchten, so trieb der religiöse Zweifel denn Bayle zum Zweifel an der Metaphysik, welche diesen Glauben stützte. Er unterwarf daher die Metaphysik in ihrem ganzen geschichtlichen Verlauf der Kritik. Er wurde ihr Geschichtsschreiber, um die Geschichte ihres Todes zu schreiben. Er widerlegte vorzugsweise den Spinoza und Leibniz. Pierre Bayle bereitete nicht nur dem Materialismus und der Philosophie des gesunden Menschenverstandes ihre Aufnahme in Frankreich durch die skeptische Auflösung der Metaphysik vor. Er kündete die atheistische Gesellschaft, welche bald zu existieren beginnen sollte, durch den Beweis an, daß | [134] eine Gesellschaft von lauter Atheisten existieren, daß ein Atheist ein ehrbarer Mensch sein könne, daß sich der Mensch nicht durch den Atheismus, sondern durch den Aberglauben und den Götzendienst herabwürdige." [Meine Hrvh., S.G.]

55 Alexandre Kojève, *Identité et Réalité dans le „Dictionnaire" de Pierre Bayle*, hrsg. Marco Filoni, Paris: Gallimard 2010. Der unvollständige Text fußt auf Notizen zu einem Seminar von 1937, das Kojève an der École pratique des hautes études parallel zu seinem berühmten Hegel-Kurs gegeben hat und ist in dieser Form erst seit 2010 verfügbar. In der BNF befindet sich ein weiteres hierzu gehöriges Manuskript aus demselben Zeitraum, das leider noch nicht neu herausgegeben wurde (NAF 28320, Boîte 12 (6) (cote) · 6. „Bayle et Fontenelle" 1937). Dass Feuerbach ohnehin ein wichtiger Einfluss für Kojève gewesen ist, lässt sich bislang nur an den Überschneidungen in der Hegel-Lektüre zeigen; so hält Osborne fest (Peter Osborne, *The Politics of Time: Modernity and Avant-garde*, London [u.a.]: Verso 1995, S. 44): „Feuerbach's reading of Hegel in many respects anticipated Kojève's."

> L'intérêt des passages du *Dictionnaire historique et critique* que je me propose de reproduire [...] tient, à mon avis, au fait qu'ils montrent clairement ce qu'étaient l'origine et la base profonde du „scepticisme" ou, si l'on préfère, du „positivisme critique" de Pierre Bayle, et de tout ce qui en résulte – chez lui, comme ailleurs.[56]

In einer Entwicklung dieser Berührung, die auch eine Neubestimmung oder Variante des Skepsis-Begriffs darstellen soll, entwickelt Kojève mit hegelschen Vokabeln ein Programm für das Denken Bayles, dessen Positivismus darin bestehe, den Brückenschlag zwischen Vernunft und Realität zu leisten. Diese Erklärung lässt eingangs die noch zu bestimmenden Begriffe – unter der Vorsichtsmaßnahme von Anführungszeichen – aufeinanderprallen und bestimmt zugleich den Charakter der Interpretation als Reproduktion. Diese Reproduktion des *Dictionnaire* kündigt an, den Ursprung und die Grundlage von Bayles Skeptizismus oder eben seines kritischen Positivismus darzulegen. Diese textnahe Arbeit bleibt ein Versprechen, das nicht im Manuskript erhalten wurde. In der vorliegenden Form bleibt es bei der Ankündigung, und sein Text beinhaltet nahezu keine tatsächlichen Spuren aus dem Schreiben Bayles. Im Herzen der Ausgabe findet sich lediglich ein einziges Zitats Bayles, das nicht aus dem *Dictionnaire*, sondern aus dem *Commentaire philosophique* von 1687 stammt und das zudem falsch wiedergegeben wird. Kojève zitiert das Paradox im Herzen der Skepsis, also die Frage nach der Gewissheit des Unwissens:

> Et il [Bayle, S.G.] résuma sa constatation dans le *Commentaire philosophique* en écrivant: „Tout le monde sait que l'évidence est une chose relative".
>
> Au fond, cette formule équivaut à cette autre: „il est *évident* qu'il n'y a pas *d'évidence*."[57]

Kojèves beigefügte Paraphrase stellt eine weitere Abweichung vom bereits verschobenen Zitat dar und reduziert den Punkt Bayles auf das Paradox der selbstwidersprüchlichen Grundmaxime der klassischen Skepsis mit anderen Vokabeln; gerade die Evidenz der Unmöglichkeit der Evidenz wäre unmöglich zu behaupten und würde unweigerlich in die Diallele führen.[58] Diese führt

56 Kojève, *Identité et Réalité*, S. 13.

57 Ebd., S. 60.

58 Man kann hierin leicht eine Beziehung zur Hegelschen Diskussion der Skepsis in der *Phänomenologie des Geistes* vermuten, auch wenn Kojève seine Paraphrase nicht dementsprechend kennzeichnet. Siehe Georg Wilhelm Friedrich Hegel, *Phänomenologie des Geistes*, Hamburg: Meiner 2006, Kap. IV, B, „Die Freiheit des Selbstbewußtseins", S. 143 [121]: „Es läßt den unwesentlichen Inhalt in seinem Denken verschwinden, aber eben darin ist es das Bewußtsein eines Unwesentlichen; es spricht das absolute Verschwinden aus, aber das Aussprechen ist, und dies Bewußtsein ist das ausgesprochene Verschwinden; es spricht die Nichtigkeit des Sehens, Hörens, und sofort aus, und es sieht, hört und

bei Kojève nun zur Veränderung des Vernunftbegriffs, der in der Relativität seiner Evidenzmomente kein einheitliches Sein mehr ist, sondern *„processus temporel“*,[59] und schließlich zur Fernperspektive auf den Menschen nach der Skepsis, der einsehen wird, dass mit der Aufhebung der Evidenz die Theorie abgedankt hat. Aus Bayles falschem Zitat konstruiert er so einen finalen Relativismus.

Zunächst sei anzumerken, dass diese Schlussfolgerungen sich nur anbieten, wenn man dem Zitat und der Paraphrase Kojèves folgen will. Denn Bayle behauptet weder in Kojèves Pseudozitat, noch selbst in der gemeinten Stelle aus dem *Commentaire* tatsächlich die Unmöglichkeit von Evidenz, noch ist klar, ob beide Autoren mit dem Begriff dasselbe meinen. Die Evidenz ist, wie Delvolvé dreißig Jahre vor Kojève zur selben Stelle schreibt, leider selbst nicht besonders klar und distinkt.[60] Ihre Relativität festzustellen ist nicht gleichbedeutend mit ihrer Abschaffung, sondern vielmehr ihre nähere und skeptisch imprägnierte Bestimmung. Erst in der Paraphrase Kojèves wird die Evidenz durch Bayles Formulierung aufgelöst; offensichtlich, weil der Verlust der Evidenz für ihn in cartesianischer Manier mit dem Verlust von Wahrheit und Vernunft in eins fällt.[61] Bayle diskutiert an der besagten Stelle die Missionspraxis und ihre Legitimation, ohne dabei dieselben Konsequenzen wie Kojève zu ziehen.

---

sofort, selbst; es spricht die Nichtigkeit der sittlichen Wesenheiten aus und macht sie selbst zu den Mächten seines Handelns. Sein Tun und seine Worte widersprechen sich immer.“ So kennzeichnet auch Heidemann diesen „performativen Selbstwiderspruch“ in Hegels Lektüre der Skepsis; Dietmar H. Heidemann, *Der Begriff des Skeptizismus: Seine systematischen Formen, die pyrrhonische Skepsis und Hegels Herausforderung*, Berlin,/New York: de Gruyter 2007, hier Kap. 5, Dogmatischer Skeptizismus, § 31, S. 299-303.

59 Kojève, *Identité et Réalité*, S. 60.

60 Jean Delvolvé, *Religion, critique et philosophie positive chez Pierre Bayle*, New York: Burt Franklin 1971 [1906], S. 89: „Bayle […] accepte expressément le criterium de l'évidence, et il attache une importance extrême à la valeur des raisons évidentes, contre lesquelles aucune autorité, aucune raison de foi ne prévaut.[…] *Mais l'évidence n'est pas un notion parfaitement claire en elle-même.* […] Qu'il [Bayle] n'entende pas l'évidence de la même façon que Descartes, la preuve en est dans le Ier chapitre du *Commentaire philosophique* consacrée à élever l'évidence rationnelle au-dessous de toute prétention dogmatique, À faire de la raison le juge suprême de la foi.“ Delvolvé gibt denn auch an, dass die Fassung von Evidenz bei Bayle zwischen absoluter oder notwendiger Evidenz und relativer bzw. kontingenter Evidenz unterscheiden kann. Der Anschluss an Gassendi wird ebenfalls von ihm betont (ebd., S. 91).

61 Mit ihr fiele die entscheidende erste Grundregel seiner Methode; René Descartes, *Discours de la Méthode* (franz./dtsch.), hrsg. & übers. Holger Ostwald, Stuttgart: Reclam 2001, S. 38/39: „Le première était de ne recevoir jamais aucune chose pour vraie, que je ne la connusse évidemment être telle; […] et de ne comprendre rien de plus en mes jugements, que ce qui se présenterait si clairement et si distinctement à mon esprit, que je n'eusse aucune occasion de le mettre en doute.“

Ausgiebig und sorgfältig zitiert, stellt der entsprechende Abschnitt zweifellos eine Schlüsselpassage zum Verständnis der Vernunft- und Evidenzkritik bei Bayle dar und ist auch jenseits von Kojève immer wieder zum Ausgangspunkt genommen worden.

> Le deuxième moyen n'est pas meilleur que le précèdent; car outre que c'est trop s'avancer que de dire que les matieres controverses sont claires & évidentés comme le jour, chacun sait, ou doit savoir que l'évidence est une qualité rélative; c'est pourquoi nous ne pouvons guéres répondre, si ce n'est à l'égard des notions communes que ce qui nous semble évident le doit paraître aussi à un autre. Cette évidence que nous trouvons dans certains objets peut venir ou du biais selon lequel nous les envisageons ou de la proportion qui se trouve entre nos organes & eux ou de l'éducation & l'habitude ou de quelques autres causes [...].[62]

Bei kontroversen Gegenständen ist es leichtfertig zu behaupten, sie seien „klar und evident wie der Tag"; und jeder weiß oder sollte wissen, dass die Evidenz eine relative Qualität ist. Wenn es denn unmöglich wird – beispielsweise in Fragen der Konfession –, die eigenen Überzeugungen, die einem klar und deutlich sein mögen, dem Gegenüber ebenfalls abzugewinnen, stellen sich von selbst Zweifel in der vormaligen Evidenz und ihrem Geltungsbereich überhaupt ein. Nur in intersubjektiver Übertragbarkeit kann die Klarheit und Distinktheit überhaupt zur metaphysischen Grundlage taugen. Der Einspruch des Anderen, auch dort, wo er nur möglich ist, untergräbt so Descartes' erste Regel. Indem Bayle hier die Relativität der Kategorie der Evidenz markiert, stellt er sich gegen die Form der zeitgenössischen bspw. cartesianischen Beweislogiken einer „Epoche der Evidenz",[63] die eine Demonstration oder einen Begriff als klar und distinkt – eben als Merkmal ihres Zutreffens – akzeptieren würden. Ihre Annahme, dass die Evidenz den Gegenständen (*objets*) zukomme, wird von Bayle konterkariert und mit skeptischen Momenten auf Wahrnehmungsspezifika und auf kulturelle Prägungen zurückgeführt. Entgegen einer rein epistemologischen Evidenz scheint er hier eher einen rhetorischen Begriff der Wahrnehmungsqualität im Auge zu haben.[64] Bayle folgt Huet und Gassendi

---

62 Bayle *Commentaire philosophqique* II 1, OD II, S. 396. Zu dieser Stelle, vgl. bspw. Labrousse, *Pierre Bayle*, Band II („Heterodoxie et Rigorisme"), S. 71; Brush, *Montaigne and Bayle*, S. 244.

63 So titelt Rüdiger Campe, „Epoche der Evidenz. Knoten in einem terminologischen Netzwerk zwischen Descartes und Kant", in *Intellektuelle Anschauung*, hrsg. Sibylle Peters, & Martin Jörg Schäfer, Bielefeld: transcript 2006, S. 25-43.

64 Die Verbindung des Vor-Augen-Stellens ist als Übersetzung des griechischen *energeia* ein klassischer Topos der Rhetorik, der sich auf Cicero beruft; vgl. Ansgar Kemmann, EVIDENTIA, EVIDENZ, in: *Historisches Wörterbuch der Rhetorik*, Bd. 3, Spl. 33-46. Cicero führt diese Übersetzung ein; Cicero, *Lucullus*, S. 139: „[...] weil ja nichts einleuchtender sei

darin, dass in pyrrhonischer Perspektive Evidenz nicht dem Gegenstand, sondern dem Betrachter zukomme, als Gefühl, das sich einstellt.[65] Unter dem Gesichtspunkt des verhandelten Gegenstands, nämlich der Kontroverse um die rechte Konfession und den Versuch, Protestanten zur katholischen Taufe zu zwingen, sind gerade die letzteren beiden gewichtige Argumente für Bayle, an denen sich die relative Qualität der Evidenz zeigen lässt. Innerhalb von Glaubens- und Gewissensfragen ist die Feststellung von Evidenz keine gangbare Möglichkeit, und sie zu behaupten hieße, die (eigene) Vernunft zur Richtschnur des anderen machen zu wollen.

Bayle schafft sie weder ab, noch überführt er sie in einen Selbstwiderspruch, wie Kojève nahelegen will; vielmehr konzipiert er sie neu als standpunktabhängige und daher nicht verallgemeinerbare Qualität, die wir Gegenständen zukommen lassen, die sich selbst aber aus verborgenen Quellen speisen kann. Im Herzen dieser Relativierung steht die Frage nach der Intersubjektivität und der Möglichkeit, Evidenzen bei anderen anzunehmen oder zu erkennen; die einzige Möglichkeit hierzu bildet die Kommunikation (*notions communes*).[66] Bayles Argument schließt, dass man die vermeintliche Evidenz des richtigen Glauben keineswegs als Argument für die Zwangstaufe verwenden kann, da sie nicht stillschweigend beim Gegenüber vorausgesetzt werden könne. Bei der Konversion ohne Konfession des Konvertiten kann man sich folglich nur mutmaßend dazu äußern, ob es sich bei den aufgezwungenen Glaubensinhalten tatsächlich für beide Seiten um evidente Gegenstände handelt. Die Behauptung, die er hier mit diesem nicht cartesianischen Evidenzbegriffes umsetzen will, ist – und Kojève unterdrückt diesen Zusammenhang – vielmehr die Separation von Glauben und Wissen, von Konfession und Vernunft als die grundsätzliche Verwerfung aller Theorieansprüche.[67]

---

als die ἐνάργεια, wie es die Griechen nennen - ich nenne es, wenn Ihr erlaubt, ‚Klarheit' oder ‚Evidenz' und werde, wenn nötig, noch andere Wörter bilden, damit der da (und dabei zeigte er scherzend auf mich) nicht glaubt, er dürfe das allein tun […]."

65 Popkin, „Bayle's Place in the 17th Century Scepticism", S. 3: „Gassendi and Huet tried to show that *évidence* was only a feeling one had, and could not be taken seriously as the basis of rational knowledge."

66 Man könnte mit Blumenberg auch von „momentaner Evidenz" sprechen. (Vgl. Hans Blumenberg, „Wirklichkeitsbegriff und Möglichkeit des Romans", in: *Ästhetische und metaphorologische Schriften*, hrsg. Anselm Haverkamp, Frankfurt a.M.: Suhrkamp 2001, S. 47-73.

67 Diese friedlichere Lesart ist nicht die einzig denkbare; so entwickelt Popkin einleuchtend, dass die Relativierung des Konzepts der Evidenz nicht auf dessen Modifikation, sondern in letzter Konsequenz auf die Aufgabe von Evidenz als Wahrheitskriterium hinauslaufe; Popkin, „Bayle's Place in the 17th Century Scepticism", S. 7. Unter Rekurs auf den Dialog in PYRRHO im *Dictionnaire* mag diese Darstellung zwingend sein und wird auch

Für Kojève spielt diese Differenzierung keine Rolle; sein Entwurf der Konsequenzen aus der Relativität der Evidenz mündet in der Temporalisierung der Vernunft als Prozess, der sich nicht jenseitig und abstrakt einstellt, sondern erst im zeitlichen Verlauf verwirklicht. Dazu setzt er zunächst die Vernunft als wesentlich Kommunikation oder Diskursivierung voraus. Sie steht am Anfang der Entwicklung einer skeptisch bereinigten Auffassung von Realität in Kojèves Programm:

> L'homme „raisonnable" est donc un être qui *parle*. [...] Ceci signifie que les hommes raisonnables peuvent „communiquer" entre eux, et que cette communication est – en principe – universelle. Dès que je produis un discours, tout homme qui peut produire un autre discours peut re-produire aussi le mien, de même qu'inversement je puis reproduire tous les discours des autres hommes.[68]

Als kündigte Kojève diese Perspektive schon durch seinen exzessiven Gebrauch von Anführungszeichen an, wird hier die Kommunizierbarkeit (*communicabilité*) der Vernunft als *Re*produzierbarkeit des Diskurses ihr bestimmendes Moment. Bereinigt von jeder externen oder realen Bezugsquelle muss sich die ausgesprochene Vernunft als Ausdruck „ewig wiederholen", um sich zu erhalten.[69] Diese zyklische Rückversicherung klagt eine Temporalität der Reproduktion ein, die in Serie das wiedersagen kann, was die *raison* schon zuvor gesagt hat. Um ihre Kohärenz zu bewahren, bleibt sie in diesem Zyklus notwendig rein diskursiv und damit entkoppelt von den Gegenständen, denen sie sich theoretisch versprochen hat. Dies einzusehen wäre die Leistung einer ersten Kritik der Theorie. In der Wiederholung befangen, wird sie zur regressiven Reproduktion ihrer selbst:

> En effet, la Raison ne se sait avoir atteint la vérité ou [...] ne se sait *être* vraiment Raison qu'au moment où elle se voit arrêtée dans sa production et réduite à la re-production."[70]

Was die Vernunft, wenn sie so reproduktiv geworden ist und bleibt, nun nicht mehr „produziert", ist die wahre Theorie der Gegenstände. Sie bemerkt, dass sie ohnehin von der Realität entkoppelt war. Kojève stellt diese Unvereinbarkeit

---

in dieser Arbeit wieder aufgegriffen werden (s.u.); für die Diskussion des Zitats aus dem *Commentaire* bei Kojève hingegen bleibt festzuhalten, dass die Aufhebung der Allgemeinheit des Evidenzbegriffs dessen Verwendung nicht verunmöglicht, wenngleich er nicht mehr als verbindliches Wahrheitskriterium fungieren kann.

68 Kojève, *Identité et Réalité*, S. 16.

69 Ebd., S. 18.

70 Ebd. S. 23.

als extreme Opposition dar, die im Fortgang auch nicht wieder eingeholt werden wird. Die Autarkie der reproduktiven Vernunft unterstellt auch die Autonomie der unvernünftigen Realität, beide werden restlos von einander isoliert. In seiner „naiven" Fassung bemerkt und bedauert der Skeptizismus lediglich diese Entkopplung von Vernunft und Realität, von Theorie und Wirklichkeit; er kritisiert einen wiederum „naiven" Positivismus, dem der Übergang von Materie zu Theorie noch möglich schien, anhand der Affirmation ihrer Unterscheidung und der Autonomie, d.h. theoretischen Uneinholbarkeit der Realität.

Im Fortgang der Kojèvschen Evolution gelingt es der Skepsis aber erst in der nächsten, selbst- wie theoriekritischen Wendung, diesen Widerspruch zu reflektieren und, wie er in offenbarem Anschluss an Hegel denkt, aufzuheben.[71] In dieser Fortentwicklung der Skepsis greift die wirkliche Erschütterung des Rationalismus, da sie nicht mehr nur feststellt, dass die Bemühungen der Vernunft der Realität bislang nicht entsprechen, sondern zudem den Schluss ziehen kann, dass die Realität als Ganze nicht vernunftgemäß eingerichtet ist.[72] Anhand einer Temporalisierung des Programms der Vernunft wird unter dem Zugriff des „zweiten Skeptizismus" diese Reflexion zur Retrospektion. Indem sie sich selbst betrachten soll, nimmt die Vernunft den verwickelten Faden ihres monotonen Selbstgespräches wieder auf, um nun ihn selbst zu ihrem Gegenstand zu machen – die Skepsis schreitet von den Sinneseindrücken und deren Theorie fort zur Geschichte dieser Theorie(n). Die Transformation des skeptischen Projektes verlagert den Blick von der Distanz zwischen Wort und Sache zur Betrachtung der Kommunikation; anstelle der Kritik der Theorie anhand der Realität tritt die Kritik der Realität der Theorie, ihrer faktischen und zeitlich-historischen Gegebenheit anstelle ihres Anspruchs auf Repräsentation.[73]

Für Kojève mündet dieser zweite Skeptizismus (und damit, wie sich zeigen wird, auch Bayles Vorhaben einer Transposition der Skepsis ins Historische) letztlich in bloßem Relativismus. Die Abschaffung der Evidenz und der Bruch

---

71 Bei Hegel ergibt sich aus dem Widerspruch des skeptischen Denkens eine „entzweigebrochene Wirklichkeit", die wieder zusammenzuführen der Skepsis selbst nicht gelingt. Hegel, *Phänomenologie*, S. 150 [127].

72 Zentrales Argument für diesen Schluss stellt die Lehre der Totalität der Vernunft dar, die mit Hegel annimmt, dass das „Ganze das Wahre" ist; Kojève, *Identité et Réalité*, S. 23.

73 Kojève, *Identité et Réalité*, S. 76: „La Raison n'est pas créatrice; réduite à elle-même, elle se réduit au néant, à la tautologie, au silence ‚éléatique' (conséquence positiviste:) *si* l'on veut avoir des *contenus communicables* – et puisque c'est un *fait* qu'il y *a* de tels contenus – il faut admettre l'existence d'une Réalité autonome, qui transmet des contenus positif à la Raison."

zwischen *Raison* und *Realité* sind irreversibel geworden, und die Einsicht in die bloß kommunikative, aber unwirkliche und inadäquate Form der diskursiven Vernunft zur Beschreibung der Welt lässt die Skeptiker mit der Einsicht zurück, dass nichts gewusst werden könne. Wer festgestellt habe, dass sich der Diskurs der Wahrheit oder der Theorie unversöhnlich zur Realität verhalte, gewinne durch diesen Prozess nur die Einsicht, dass es keine Verbindlichkeit des Sprechens und damit des Denkens geben könne. Was bleibt und wovon letztlich auch Bayles Schriften ein Zeugnis sein sollen, ist das „rein literarische Geschwätz" (*bavardage purement littéraire*), das der Skeptiker dem toten Schweigen der unerreichbaren Realität entgegensetzen könne.[74]

Die Enttäuschung Kojèves am Ende der von ihm beobachteten Entwicklung ist deutlich spürbar. Im nun gewonnenen Wissen um die Unerreichbarkeit der theoretischen Wahrheit kommt der Mensch „zum Anfang zurück" und wird – Mythograph:

> On peut dire aussi qu'à la fin de son évolution l'homme raisonnable redevient mythographe en se rendant compte de ce qu'il fait. Si, au début, l'homme prenait son mythe pour la vérité, il comprend à la fin que la vérité est un mythe.[75]

Mit der Betonung des historischen Prozesses, der hier unterstellt wird, zieht Kojève so die letzte Konsequenz aus seiner Trauer um die Evidenz. Sein Mensch am Ende der Geschichte hat nichts dazugelernt außer dem Wissen um seine Lernschwäche, und die Gleichsetzung von Wahrheit und Mythos, die als Frucht von Skepsis und Kritik geblieben ist. Er verdammt ihn zur zwar nunmehr selbstbewussten, aber immer noch unzufriedenstellenden und schließlich ausweglosen Reproduktion des Gleichen und Unwahren. Mythos und Literatur sind die einzigen Formen, die der Vernunft bleiben, aber in ihnen liegt nun wenigstens das Wissen um ihren Trugcharakter begründet.[76] Dass

---

74 Ebd., S. 104: „Et l'appel positiviste à la Réalité lui permettra seulement de substituer à cette mort silencieuse un bavardage purement littéraire, qui anéantit l'idée d'une Raison pouvant satisfaire l'homme raisonnable pleinement et définitivement par la production d'une théorie communicable, cohérente et démontrable. […] [F]inalement, il aboutit au second scepticisme, qui lui fait voir que son idéal de vérité est irréalisable. […] Il pense de nouveau que pour se satisfaire il lui suffit de parler en disant n'importe quoi ; en parlant comme il lui *plait* de parler."

75 Ebd., S. 105.

76 Man könnte diese Annahme leicht mit Bayles expliziter Ablehnung des rein Literarischen entkräften, wie es bei Delvolvé rekonstruiert wird; Delvolvé, (*Religion, critique*, S. 94), verweist auf Pierre Bayle, *Pensées diverses, écrites à un docteur de Sorbonne, à l'occasion de la comète qui parut au mois de décembre 1680*, Rotterdam: Leers 1683, S. 8, wo Bayle das Verhältnis von Historikern und Dichtern mit Quintilian und Cicero diskutiert. („Certes il est plein de défiance à l'égard des historiens, qui sont à son avis, gens à assaisonner de fables,

diese Behauptung selbst ihren Anspruch auf Evidenz nur auf die Plausibilität des Historischen stützen kann, und in der Wiederkehr zugleich eine geschichtliche Kontinuität wird behaupten müssen, scheint dem Autor kein Mangel seiner These zu sein. Das „Positive" seines Positivismus bleibt, unhistorisch gedacht, allerdings epistemologisch negativ; die Realität dessen, worauf er sich stützen kann, ist in der Entfernung zwischen *Raison* und *Realité* aufgegeben worden. Bayle hat er am Ende völlig aus den Augen verloren.

„Positiv" ist aber nicht nur nicht das Negative, sondern auch das Gegebene; an ihm orientiert sich Bayles Positivismus, wenn damit der Begriff zur korrekten Bezeichnung für den Gegenstandsbereich eines historisch-kritischen Wörterbuchs verwendet wird. Er nimmt sich des Gegebenen an, und will in der Durchsicht der Fehler, die sich in historischen Darstellungen faktisch finden lassen, nur über diese sprechen. Von Feuerbach und Kojève kommend, lässt sich Bayles Positivismus wie folgt bestimmen: Er ist der offene Protest, an den Gelegenheiten und Gegebenheit formuliert, und so die Befragung der Fakten. Bayles Skepsis lässt sich an der zweiten Stufe des Gangs Kojève erkennen. Sie verhält sich zu den historischen Gegebenheiten, und zwar als solchen. Indem er Verzicht leistet auf die Kategorie der Evidenz als überzeitlichem Anspruch der Vernunft, stellt er gerade die metaphysische Behauptung auf, die ihren zeitlichen Prozess ernstnimmt; Bayle entwirft eine Skepsis, die sich am Gegebenen orientiert, um auf eine übergreifende Theorie zu verzichten; Positivismus im Historischen heißt, die gegebenen Fakten als solche zu verstehen. Die Frage nach der Realität jenseits des Diskurses wird von Bayle nicht gestellt und doch beantwortet. Die „Fakten" sind positives Material, dessen ontologische Belastbarkeit Kojève für widerlegt hält. Sie sind für den Nachvollzug des tatsächlichen Prozesses der Vernunft ausreichend, und können ungeachtet

pour les rendre agréables aux lecteurs, leurs histoires qui seraient trop fades dans leur naturelle vérité. Ne répète-t-on pas à satiété, après Quintilien que 'l'histoire est une poésie libre de la servitude de la versification'?") Bayle spielt auf die entsprechende Stelle in der *Ausbildung* an; Quintilian, *Institutionis Oratoriae*, S. 443: „Auch die Geschichtsschreibung kann die Kraft des Redners mit einer Art bekömmlicher angenehmer Kraftkost nähren. Indessen müssen wir auch bei ihr die Lektüre so betreiben, daß wir uns bewußt sind, daß der Redner die meisten ihrer Vorzüge meiden muß. Denn sie steht der Dichtung am nächsten, ist gewissermaßen ein Gedicht ohne die Bindung an Verse; sie wird zum Erzählen verfaßt, nicht zum Beweisen, und alles, was in ihr dargestellt wird, gilt nicht der Rüstung zur Tat und einem gegenwärtigen Kampfgeschehen, sondern der Erinnerung der Nachwelt und dem Ruhm des begabten Erzählers; und deshalb geht es durch fernerliegende Wörter und auch durch freiere Redefiguren dem Überdruß an der Erzählung aus dem Weg." Diese Differenzierung steht parallel zu Montaignes Darstellung seiner eigenen Situation gerade zwischen Historie und Dichtung, und trägt trotz der gegenteiligen Ausrichtung bei Bayle Spuren dieses allgemeinen Topos der Poetik an sich.

ihrer Fähigkeit zur Repräsentation der Realität als solche betrachtet werden. Dies bedeutet keineswegs, ihnen auf affirmative Weise zu begegnen; das Historische wird nicht einfach anstelle des Evidenten gesetzt. Vielmehr will die Kritik gerade den Versuch unternehmen, ihnen ihre relative oder momentane Evidenz zu geben. Anstelle der Resignation des vernünftigen Menschen, sich mit der Produktion neuer Mythen (in Kojèves Sinne) zu begnügen, lässt sich Bayles Unternehmen gerade affirmativ als Re-Produktion der alten begreifen: Als Mythologe, nicht als Mythograph, wird er darauf beharren, dass es gerade die faktische Gegebenheit seines Materials ist, die Pessimums und Relativismus als naiv kennzeichnen werden. In seiner Abkehr von einer Darstellung *clare et distincte* liegt auch die Behauptung begründet, mit dem Bestand an positivem, d.h., historischem Material mehr Gewissheit erlangen zu können als mit den evidenten Sätzen reiner Theorie. Nicht die Kapitulation vor den leeren Geschichten, deren Evidenz nicht zufriedenstellt, sondern *Arbeit am Mythos* stehen am Ende des Prozesses und am Anfang von Bayles Skepsis.[77]

77 Vgl. Hans Blumenberg, *Arbeit am Mythos*, Frankfurt a.M.: Suhrkamp 1990. Wir kommen resümierend auf diesen Gedanken zurück, der ein Gegengewicht zum Relativismus Kojèves darstellen wird. Die Beobachtung wurde bereits – in kritischer Distanznahme – an Bayle herangetragen. Paul Geyer, *Die Entdeckung des modernen Subjekts: Anthropologie von Descartes bis Rousseau*, Tübingen: Niemeyer 1997, S. 104: „Wertet man Bayles ‚schwaches Denken' als protopostmoderne Absage an argumentative Konsequenz, dann kann man den *Dictionnaire historique et critique* als ungeheure Anekdotensammlung und als Arbeit an den Mythen der abendländischen Geschichte lesen." Der Gedanke eines „protopostmodernen" Bayle führt Geyer in Abgrenzung auf Neumeister zurück; dieser beobachtet in „Pierre Bayle und der Mythos", S. 136-137, die Nähe von Blumenbergs Beobachtungen zur „Umständlichkeit" zu Bayles Verfahrensweise (s.u.).

KAPITEL 9

Präfigurationen: Vorformen von Bayles Kritik

Dieses spezifische Verhältnis von Geschichte und Kritik stellt einen roten Faden in Bayles Denken dar, und lässt bereits weit vor der Abfassung des *Dictionnaire* seine Beeinflussung durch Montaigne erkennen. Doch darf man nicht der Fehlannahme erliegen, dass aufgrund der Prominenz des *Dictionnaire* Bayles Ausrichtung als Historiker einerseits sein Denken erschöpfend bestimme, und andererseits nur in den direkt der Historiographie gewidmeten Schriften zu erkennen sei. Die Frage der Kritik bildet einen konstanten Bezugspunkt seiner Publikationen, und für die Genese seines Entschlusses zum *Dictionnaire* stellen auch die früheren Texte eine unverzichtbare Quelle dar.

In Korrespondenz zu Autoren wie Fontenelle, dessen *Histoire des Oracles* am selben Projekt mitzuschreiben scheint, findet sich bereits in der berühmten Kometen-Schrift *Pensées diverses sur la comète de 1680* eine Erstfassung seiner avisierten historiographischen Methodik,[1] die sich aus der Auseinandersetzung mit Prophetie und der Projektion von Kausalität in die Weltzusammenhänge ergibt.[2] Die lose Form der *Pensées* ist vielleicht mehr Experimentierfeld, als es der Gattungsvertrag eines Wörterbuches bei aller Freiheit Bayles würde zugelassen haben, und der Begriff der Kritik steht hier nicht wie später im Zentrum. Dennoch kann, wie Borghero gezeigt hat,[3] ein für die Genese der historischen Kritik grundlegendes Theorieensemble in der Kometenschrift erkannt werden.

1 Die *Pensées* erscheinen 1683 bei Leers (s.o.). Eine erste, kürzere Version, die eigentlich für den *Mercure Galant* bestimmt war, erschien bereits ein Jahr zuvor unter Pseudonym. Vgl. Bizeul, „Pierre Bayles Kritik des Aberglaubens und Plädoyer für die Toleranz“, S. 180.

2 Bernard Le Bovier Fontenelle, *Histoire des oracles,* hrsg. Louis Maigron, Paris: Hachette 1908; Bayle, *Pensées*. Blumenberg beschreibt die Nähe der beiden Projekte wie folgt (Hans Blumenberg, *Arbeit am Mythos*, S. 121: „Die Einebnung von Bedeutsamkeit durch die Aufklärung […] hat ihr vielleicht schönstes Beispiel in der ‚Histoire des Oracles' des jungen Fontenelle von 1686 gefunden. Diese glänzende Streitschrift läßt den Gegenstand der nach Bayles Muster vollzogenen historischen Aufklärung nicht weniger eindrucksvoll erscheinen als die Genauigkeit des Aufklärers, sich mittelbar sein destruktives Hauptthema zu suchen.“

3 Die Verbindung von Fontenelle und Bayle im Schnittpunkt Montaigne wird von Borhero umrissen; vgl. Carlo Borghero „Historischer Pyrrhonismus, Erudition und Kritik“, *Das Achtzehnte Jahrhundert* 31 / 2 (2007), S. 164-178, hier S. 172-173. Fontenelles spätere Schrift, die auf Bayle aufbaut, setzt in breiterem Rahmen das Projekt, das die *Pensées* angestoßen haben, fort. Eine Korrespondenz im Projektaufbau ist unbestreitbar, allerdings bleibt fraglich, inwiefern Fontenelles Entwurf für Bayles Fortführung seiner Geschichtskonzeption bindend gewesen ist.

 | DOI:10.30965/9783846766064_012

Sie ist als „Fanal der Aufklärung“[4] Bayles erster großer literarischer Erfolg, dem es in seiner Kritik der Vorhersagen und des Aberglaubens auch um die Infragestellung des Anthropomorphismus in der Betrachtung der Bewegung der Himmelskörper geht.[5] Im Zuge dieser Kritik, die dem Anlass entsprechend den Vorhersagen aus der Kometenerscheinung von 1680 gewidmet ist, wird bereits eingehend das Verhältnis des Denkens zur Geschichte diskutiert. In der Infragestellung der Zeichenhaftigkeit der Himmelserscheinung und im Nachvollzug der Quellen des Glaubens an Omen unterzieht Bayle den Autoritätsanspruch der Tradition einer Revision; nichts ist schon darum glaubhaft, weil es alt ist.[6] Zugleich ist die Schrift sein erstes Plädoyer für Toleranz, das schon auf seinen späteren *Commentaire* vordeuten mag.[7] Bayle nimmt die Himmelsbetrachtung zum Anlass, um sich von hier weiterzubewegen. Er inszeniert unter der Ausnutzung diverser literarischer Mittel und in loser Verbindung zwischen unterschiedlichen Gedanken eine komplexe Argumentation, die gleichermaßen an Pascal und Montaigne erinnert; die Freiheit in Themen- wie Formwahl sowie die Bearbeitung unterschiedlicher Gegenstände in losem Zusammenhang übernimmt Züge essayistischen Schreibens. Einzige Maßgabe scheint die Freiheit der Vernunft zu sein, die Bayle gegen die Vorurteile anbringt und die einen „Dekonstruktionsprozess“ in Gang setzt, der offensichtlich über diese Publikation hinaus wirksam geworden ist.[8]

Für die *Pensées* ist aber auch jenseits der Form der Intertext von entscheidender Bedeutung. Bayle integriert immer wieder Stimmen anderer in seine Reflexionen und nimmt sie zum Anlass einzelner Kapitel. So wird auch Kapitel 49 zum kompilativen Literaturreferat, das sich auf Montaigne berufen kann. Schon der Titel „Combien il est ridicule de chercher les causes de ce qui

4 So die betreffende Überschrift bei Friedrich W. Stumm, *Zu den Anfängen der französischen Aufklärung - Pierre Bayles Kometenschrift*, Marburg: Tectum Wissenschaftsverlag 2010, S. 165.

5 So formuliert bei Krauss, *Die Literatur der französischen Frühaufklärung*, S. 40.

6 Vgl. etwa Israels Kapitel zu Bayle; Jonathan I. Israel, *Radical Enlightenment: Philosophy and the Making of Modernity 1650-1750*, Oxford (u.a.): Oxford Univ. Press 2003, Kap. *8* („*Bayle* and the ‚*Virtuous Atheist*‘“), S. 331-339, hier insb. S. 333-334.

7 So beobachtet bei Bizeul, „Pierre Bayles Kritik des Aberglaubens und Plädoyer für die Toleranz“, S. 181: „In Bayles Schrift geht es ungeachtet des Titels nicht vordergründig um Kometen, sondern um die religiöse Toleranz.“ Diese Lesart erlaubt die Verbindung der *Pensées* mit dem *Commentaire philosophique sur ces paroles de Jésus-Christ „Contrains-les d'entrer“* von 1687 (Bayle, *Toleranz.*).

8 Vgl. Bizeul, „Pierre Bayles Kritik des Aberglaubens und Plädoyer für die Toleranz“, S. 181: „In der Schrift findet sich eine eigenartige Mischung von orthodoxem Calvinismus, Skeptizismus und rationaler Philosophie, wobei der Autor Wert darauf legt, als Philosoph und nicht als Theologe aufzutreten. Als Philosoph fühlt er sich dazu verpflichtet, der Vernunft freien Lauf zu gewähren. Damit setzt er aber einen Dekonstruktionsprozess in Gang, der letztendlich auch die Fundamente der Vernunft selbst zerstören muss.“

n'est point." evoziert ihn fast zitierend unter Rekurs auf seine Betrachtungen in *Des Boyteaux*.[9] Mit dieser Maxime beginnt Bayle eine kurze Diskussion von Plutarch und Seneca – mit einem kurzen Seitenhieb auf Malebranche und die „Herren von Port-Royal" – um die Einbettung des Bezugs auf Montaigne zu untermauern.[10] Bayle referiert zunächst die Feigenanekdote aus der *Apologie*;[11] als Variante der berühmten Thales-Anekdote vom Sturz des Philosophen wird hier Demokrits Nachsinnen über den eigentümlich an Honig erinnernden Geschmack von Feigen vom Lachen seiner Dienerin unterbrochen. Sie belehrt ihn, der über die Gründe für diesen neuen und ungewohnten Geschmack nachdenken will, dass sie lediglich die Früchte in die Honigschale gelegt habe, dass also ein häuslicher Umstand anstelle einer botanischen Anomalie für die Verwirrung gesorgt habe. Die Anekdote zielt ganz auf die Entlarvung hohler Theorie ab; wer wie Demokrit über die leeren und kontingenten Phänomene wie das Erscheinen eines Kometen nachsinne, begebe sich in dieselbe peinliche Situation, Vernunftgründe und Bedingungen für etwas zu finden, das nicht nur leicht erklärlich, sondern zudem völlig irrelevant sei.

9 Bayle, *Pensées*, S. 127-130. Die Montaigne-Stelle wird Bayle in Kap. 49 selbst mitgeben, wir zitieren sie weiter unten. Brush, *Montaigne and Bayle*, S. 189: „In the *Pensées divers* he quotes from ‚Des boyteux' (III 11) on the folly of men who seek explanations form events that never occurred."

10 Nach Popkins Auffassung ist Bayles Verhältnis zu Malebranche gekennzeichnet von einer ähnlichen Ambivalenz wie dasjenige zu Leibniz. Seine Kritik an dessen System geht mit der Würdigung seiner Person als entscheidendem Denker seiner Zeit einher; Popkin, *History*, S. 257: „Perhaps the most critical sceptical challenge against Malebranche was that of Pierre Bayle. The great sceptic was perhaps the first to try to present Malebranche as a major figure in the contemporary philosophy of the time. He personally got involved with Malebranche in editing and publishing a volume of essays by various post-Cartesian philosophers, including Malebranche. He described him in various writings as one of the most important philosophers of the day. However, he then went on to insist that when one had seen the beauty of the system Malebranche had developed one also had to realize that the system, like that of Leibniz, while thoroughly consistent, was not believable by ordinary mortals."

11 Montaigne, II 12, S. 510-511: „Democritus, ayant mangé à sa table des figues qui sentoient le miel, commença soudain à chercher en son esprit d'où leur venoit cette douceur inusitée, et, pour s'en esclaircir, s'aloit lever de table pour voir l'assiete du lieu où ces figues avoyent esté cueillies; sa chambriere, ayant entendu la cause de ce remuement, luy dit en riant qu'il ne se penast plus pour cela, car c'estoit qu'elle les avoit mises en un vaisseau où il y avoit eu du miel. Il se despita dequoy elle luy avoit osté l'occasion de cette recherche et desrobé matiere à sa curiosité: Va, luy dit-il, tu m'as fait desplaisir: je ne lairray pourtant d'en chercher la cause comme si elle estoit naturelle. (c) Et ne faillit de trouver quelque raison vraye d'un effect faux et supposé."

Bayle vermerkt die Anleihe beim Essayisten in den Marginalien, um seinerseits eine eigene Variante anzubringen. Bei ihm ist während der Ernte etwas Wolle unter die Feigen gekommen, und er lässt seinen – namenlosen – Philosophen darüber sinnieren, wie die Pflanze dies habe hervorbringen können. Hier wie dort wird die Eitelkeit eines solchen Denkens sowie sein Verführungspotential sichtbar gemacht. Durch die Modifikation Bayles kann aber auch von einer schweigsamen Kritik an Montaigne gesprochen werden. Im *Dictionnaire* wird er später dieses Detail zu Demokrit diskutieren und zeigen, dass Montaignes Darstellung der historischen Kritik nicht standhält.[12]

In der Folge wird ein weiteres Beispiel für eitle Theorie von Plutarch auf Seneca rückübertragen und damit der unmittelbare Bezugsrahmen der *Essais* bedient; der Anspruch dieses Kapitels der *Pensées*, sich schreibend in die Nähe des Essayisten zu setzen, wird überdeutlich. All das kann als Einleitung für die eigentliche Verwendung Montaignes gehalten werden, wenn er ihn schließlich mit seiner Wendung aus III 11 ausgiebig und im Wortlaut seines „alten Gallisch" zitiert:

> Ecoutez son parler en son vieux Gallois, qui a souvent plus de graces, que les periodes les plus étudiees de nos puristes: *Je ravassois presentement, comme je faicts souvant, sur ce, combien l'humaine raison est un instrument libre et vague. Je vois ordinairement que les hommes, aux faicts qu'on leur propose, s'amusent plus volontiers à en chercher la raison qu'à en chercher la verité. Ils passent par dessus les presuppositions, mais il examinet curieusement les cosequences. Ils laissent les choses, et s'amusent à traiter les causes. Plaisans causeurs. Ils commencent* | [S. 1027] *ordinairement ainsi: Comment est-ce que cela se faict? – Mais se fait il? faudroit il dire. Je trouve quasi par tout qu'il faudroit dire: Il n'en est rien; et employerois souvant cette responce; mais je n'ose etc.*[13]

Dieses eingehende Zitat stellt eine Abschrift aus dem dritten Band dar, lässt sich aber aufgrund der unterschiedlichen Textstellen nur mit Mühe auf die Bordeaux-Ausgabe zurückführen – der Vergleich der (b) und (c)-Ausgaben der Stelle legt den Verdacht nahe, dass Bayles Übertragung keine absolute Kontinuität zum Original verfolgt und qua Auslassung die Passage trotz der

---

12 Bayle ist Anekdotenhistoriker, wenn er in Bayle, DHC, DEMOCRITE, Bd. 2, S. 275, schreibt: „Je n'ai encore trouvé aucun Moderne, qui ait cité pour cela un ancien Auteur: voici de quelle maniere Montagne rapporte la chose." Er legt auch die Übernahme Montaignes aus Amyot nahe; Vgl. Plutarch, „Le propos du table", in: *Les œuvres morales de Plutarque*, übers. Jacques Amyot, Bd. 2, Paris: Chevalier 1612, S. 1-260, hier Buch I, *Question* 10, S. 31-32; er erzählt dieselbe Anekdote und überträgt sie auch auf die Person Demokrits.

13 Bayle, *Pensées*, S. 129.

attestierten „Grazie" von Montaignes Stil eingekürzt hat.[14] Montaignes Vorrang der Sachen (*choses*) vor ihren möglichen Gründen (*causes*) entspricht ganz der Entwicklung, die Bayle hier untersuchen will; die bloße interne Widerspruchsfreiheit eines Reflexionsobjektes, die er kommentierend an Avicenna illustrieren will, ist in seinen Augen ungenügend für eine berechtigte Reflexion, die sich mit den wirklichen Fakten allein befassen soll. Hierbei betont er wie Montaigne die Bedeutung der Erfahrung.[15] Sie wird gegen die

---

14 Zum Vergleich, die Stelle nach der Bordeaux-Ausgabe unter Berücksichtigung der Textgestalt in (b): Montaigne III 11, S. 1026-1027: „(b) Je ravassois presentement, comme je faicts souvant, sur ce, combien l'humaine raison est un instrument libre et vague. Je vois ordinairement que les hommes, aux faicts qu'on leur propose, s'amusent plus volontiers à en cercher la raison qu'à en cercher la vérité: ils laissent là les choses, et s'amusent à traiter les causes. (c) Plaisants causeurs. La cognoissance des causes appartient seulement à celuy qui a la conduite des choses, non à nous qui n'en avons que la souffrance, et qui en avons l'usage parfaictement plein, selon nostre nature, sans en penetrer l'origine et l'essence. Ny le vin n'en est plus plaisant à celuy qui en sçait les facultez premieres. Au contraire: et le corps et l'ame interrompent et alterent le droit qu'ils ont de l'usage du monde, y meslant l'opinion de science. Le determiner et le sçavoir, comme le donner, appartient à la regence et à la maistrise; à l'inferiorité, subjection et apprentissage appartient le jouyr, l'accepter. Revenons à nostre costume. (b) Ils passent par dessus les effects, mais ils en examinent curieusement les consequences. Ils commencent | [p. *1027*] ordinairement ainsi: Comment est-ce que cela se faict? – Mais se fait il? faudroit il dire. Nostre discours est capable d'estoffer cent autres mondes et d'en trouver les principes et la contexture. Il ne luy faut ny matiere ny baze; laissez le courre: il bastit aussi bien sur le vuide que sur le plain, et de l'inanité que de matiere,

dare pondus idonea fumo.

Je trouve quasi par tout qu'il faudroit dire: Il n'en est rien; et employerois souvant cette responce; mais je n'ose, car ils crient que c'est une deffaicte produicte de foiblesse d'esprit et d'ignorance."

Auch der lateinische Vers, den Montaigne zur Illustration dieser Neigung zur Kausalität verwendet, ist bei Bayle verschwunden. Die Übernahme einiger Teile aus (c) bei gleichzeitiger Beibehaltung von (b) entgegen den (an dieser Stelle vielzähligen) Streichungen und Abänderungen ist erstaunlich und stellt die Lektüre des Zitates vor einige Herausforderungen.

15 Bayle, *Pensées*, S. 129. „Il y a bien des gens qui font ce que dit Montagne, qui laissent les choses, & courent aux causes; c'étoit le defaut d'Avicenne, grand Medecin en raisonnement, mais sans experience." Wenn er im weiteren noch Galen zu diesen *causeurs* hinzuzählt, übernimmt er auch die Kritik an der Medizin, die in den *Essais* schon eingehend ausgeführt wurde. Vgl. etwa Montaigne II 37, S. 766: „Les medecins ne se contentent point d'avoir la maladie en gouvernement, ils rendent la santé malade, pour garder qu'on ne puisse en aucune saison eschapper leur authorité. D'une santé constante et entiere, n'en tirent ils pas l'argument d'une grande maladie future? J'ay esté assez souvent malade: j'ay trouvé, sans leurs secours, mes maladies aussi douces à supporter (et en ay essayé quasi de toutes les sortes) et aussi courtes qu'à nul'autre: et si n'y ay point meslé l'amertume de

Neigung der Vernunft gesetzt, die sich offenbar mehr den Gründen als den Fakten zuwendet und dementsprechend – wie an Demokrit expliziert – die unnötigen Spekulationen der Einsicht in Montaignes „Wahrheit“ vorzieht. Für die *Pensées* stellt dieser Einwand der Praxis das eigentliche Ziel des Kapitels dar. Das Lachen der Magd des Demokrit zu wiederholen und den kosmischen Spekulanten entgegenzuhalten, dass ihre Ergründungen und Erörterungen gegenstandlos sind, wenn ihre Objekte überhaupt nicht existieren.[16]

Die Einschätzung Borgheros, dass diese zitative Übernahme aus den *Essais* auch über den Umkreis der Kritik der Prophetie hinaus und damit schon zum Zeitpunkt der *Pensées* im dezidiert historiographischen Interesse Bayles steht, lässt sich anhand von Bayles eher idolatrie- als geschichtskritischen Ausführungen nicht unbedingt belegen. Dazu sind die *Pensées* eben zu *divers*, und die Betrachtungen, die sich um die Kometenerscheinung entwickeln – allen voran die berühmte Spekulation über die tugendhaften Atheisten – sind eher allgemein philosophisch als strenggenommen historisch. Ganz so, als hätte die Hinwendung zur Erfahrung den Astrologen jede Berechtigung entzogen, geht Bayle zu einer indirekten Apologie der Atheisten über und untersucht die Risiken von Idolatrie, wie sie die Sterndeutung darstellt. Sein diesbezügliches Quellenstudium untersucht eher unterschiedliche Glaubens- und Kulturmodelle, als dass es an einer Aufarbeitung der historischen Entwicklung mitwirkt.[17] Seine Argumentation, die als Versuch zu verstehen ist, Moralität und Religiosität zu entkoppeln, baut sicher auf Spinozas *Theologisch-Politischem*

leurs ordonnances.“ Dort verweist er ebenfalls auf Galen. Bayles Betonung des Vorrangs der Erfahrung vor der Theorie in der Medizin kann sich direkt auf *De l'experience* berufen; Montaigne III 13, S. 1079: „Si faict la medecine profession d'avoir tousjours l'experience pour touche de son operation.“

16 So beobachtet auch Brush, *Montaigne and Bayle*, S. 189.

17 So zeigt Anne Eusterschulte Bayles *Pensées* im Zusammenhang von Bayles Spinoza-Rezeption und ihrem Charakter nach eher als vergleichende Kulturstudie denn als historisches Projekt. Anne Eusterschulte, „Ist Spinozismus Atheismus? Die Diskussion um die atheistischen Konsequenzen der Philosophie Spinozas im 17. und 18. Jahrhundert“, in: *Atheismus. Ideologie, Philosophie oder Mentalität?*, hrsg. Richard Faber & Susanne Lanwerd, Würzburg: Königshausen 2006, S. 35-73, hier S. 53: „In seinen *Pensées diverses sur la comète* (1682) zeigt Bayle anhand umfangreicher Studien zu verschiedenen Völkern und Religionen, wie stark abergläubische Vorstellungen, irrige Götterlehren, Vorurteile wie Irrtümer das menschliche Denken bestimmen und zwar die sogenannte heidnische Religion nicht weniger als die christliche.“

Traktat auf,[18] entwickelt aber kein eigenständiges historisches Narrativ.[19] Im Herzen der *Pensées* entwickelt er so schrittweise das Argument, dass Atheismus der Idolatrie vorzuziehen wäre; dass dies im Interesse der Kirchen stünde, da den Atheisten die Einsicht in die christliche Offenbarung leichter fiele als Anbetern falscher Religionen; und schließlich, zu Beginn des zweiten Teils in Kap. 133, dass die Leugnung Gottes keine notwendige Amoralität nach sich ziehen müsse.[20]

---

18 Bayles Beeinflussung durch Spinoza, insb. durch den *Tractatus theologico-politicus* (1670), ist sicher unbestreitbar; insbesondere die Trennung von Philosophie und Religion, die Spinoza im *Traktat* entwickeln will, bestimmt sein Denken weitgehend. Die Gesellschaft der Atheisten kann als Zuspitzung dieser Trennung gelesen werden, in der Bayle die Entkopplung weitertreibend legitimiert. Vgl. Baruch de Spinoza, *Theologisch-politischer Traktat*, hrsg. / übers. Carl Gebhardt, Hamburg: Meiner 1955.) Bayle selbst verbirgt seine Schuld gegenüber dem Traktat nur halb, wenn er im *Dictionnaire* auf die Gefahr dieses Buches hinweist: Bayle, DHC, SPINOZA, BENOÎT DE, Bd. 4, S. 255: „[...]on sait pourtant qu'il y mit beaucoup de choses qui ont ensuite paru dans son *Tractatus Theologico-Politicus*, imprimé à Amsterdam l'an 1670, Livre pernicieux & détestable, où il fit glisser toutes les semences de l'Athéisme qui se voit à découvert dans ses *Opera posthuma*." Wenn er also dort schon den „Samen" von Spinozas Atheismus erkennt, mag dieser auch in sein eigenes Schreiben eingewirkt haben.

Vidal fasst dies in seiner Besprechung der Neuausgabe der Kometenschrift in diesem Sinne besonders pointiert als Umwertung der Werte zusammen: Daniel Vidal, „Pierre Bayle, Pensées diverses sur la comète", *Archives de sciences sociales des religions* 142 (2008), S. 191-321, hier S. 195. „Bayle formule ici l'un des enjeux les plus décisifs de ses *Pensées*. Cet enjeu: dire la ‚moralité' compatible avec ‚l'incrédulité', après que fut dite ‚compatible avec l'immoralité' la ‚croyance en Dieu'. Retournement de toutes les valeurs: génie de l'athéisme. Voici que devient en effet pensable une ‚société d'athées'."

19 Ein ambitionierter Vergleich von Spinozas und Bayles Fassung des Atheismus, der interessanterweise auf Bayles Betrachtungen zu Spinoza selbst als einem der moralischen Atheisten aufbaut, findet sich bei Michael Czelinski-Uesbeck, *Der tugendhafte Atheist: Studien zur Vorgeschichte der Spinoza-Renaissance in Deutschland*, Würzburg:Königshausen & Neumann 2007, insb. S. 100-133.

20 Vgl. Bayle, *Pensées*, Kap. 133 („Preuve VII: L'Atheïsme ne conduit pas nécessairement à la corruption des mœurs"), S. 392-396; die Argumentation beginnt als Konsequenz aus dem Wunderglauben der Heiden mit Kap. 113 und entwirft unter Rekurs vor allem auf die beispielhaft moralischen Heiden der klassischen Antike ein Panorama an Einwänden gegen die Untrennbarkeit von Rechtgläubigkeit und guten Sitten. Bayle wird auch im *Dictionnaire* immer wieder dieses Argument anführen, das eine Variante des Montaigneschen Praxistest der Philosophie darstellt; so wird gerade Spinoza, den Bayle als fürchterlichen Atheisten darstellt, aufgrund seiner vorbildlichen Lebensweise ausdrücklich gelobt. Bayle, DHC, Bd. 4, Spinoza, S. 253-256: „Il a été un Athée de Systême, & d'une méthode toute nouvelle[...]. Il mourut, dit - on, bien persuadé de son Athéisme, & il prit des prêcautions pour empêcher qu'en cas de besoin son inconstance ne fût reconnue." Dem entgegen schildert er seine guten Sitten, S. 257: „Ceux qui ont eu quelques habitudes

Als kontrafaktisches Gedankenexperiment steht Bayles Gesellschaft der Atheisten im Raum des Denkbaren und als Folie des interkulturellen und auch historisch relativen Vergleichs. Dennoch liegt die Tragweite seines Argumentes nicht im Historischen im engeren Sinne. Die Rolle, die seine *Pensées* aber für die Entwicklung des späteren historiographischen Ansatzes spielt, wird innerhalb des Gelehrtennetzwerks der *République de Lettres* und im Rückbezug auf Montaigne deutlicher. Denn der Grundsatz aus III 11 kehrt aus der Adaption in den *Pensées* durch Fontenelles Aufgriff im Zusammenhang der Historiographie zu Bayle zurück, der sie in der Besprechung der *Histoire des oracles* eingehend zitiert.[21] Bayle greift im selben Maße, wie er sich gegen die Kometenschau richtet, die Transportwege der Tradition und die Autorität der Geschichte an. Auch wenn ihm die Wahrheit als faktische Gegebenheit fehlt, gelingt es der Überlieferung dennoch, das Spekulieren weiterzutragen und zu stabilisieren. In der faktischen Geschichte dieses Weitertragens wird so der Diskurs Folge eines ersten Irrtums, und er lebt nicht nur in der Übernahme auf Treu und Glauben fort, sondern verhärtet sich auf dem Weg, indem er unbefragt kopiert wird:

> Souvenez-vous, Mr., de certaines opinions fabuleuses à qui l'on a donné la chasse dans ce derniers tems, de quelque grande nombre de témoins qu'elles fussent appuyées, parce que on a fait voir que ces témoins s'étant copiez les uns les autres, sans autrement examiner ce qu'ils citoient, ne doivent être contéz que pour un […].[22]

Bayle hat den Beweis hierfür schon erbracht, wenn er anekdotisch Demokrits leere Spekulationen im Modus des Zitats weiterleben lässt und zudem

avec Spinoza, & les païsans des villages où il vêcut en retraite pendant quelque tems, s'accordent à dire que c'étoit un homme d'un bon commerce, affable, honnêre, officieux, & fort réglé dans ses mœurs.", versehen mit der Anmerkung (I), wo er in näheren Details unter Berufung auf die Biographie Spinozas von Kortholt dessen Umgangsformen charakterisiert.

Ähnlich verfährt er auch mit anderen Autoren, beispielsweise mit dem ausdrücklich als Vorbild inszenierten La Mothe de Vayer; Bayle, DHC, Bd. 4, VAYER, S. 408: „[…] un vrai Philosophe dans ses mœurs, qui méprisoit même les plaisirs permis, & qui aimoit passionnément la vie de cabinet, & à lire & à composer des Livres. Cette régularité, cette austérité, cette sagesse, n'empêchérent point qu'on ne soupçonnât qu'il n'avoit nulle Religion […]."

21 So bei Borghero „Historischer Pyrrhonismus, Erudition und Kritik", S. 172: „In seiner Rezension der *Histoire des Oracles* in den *Nouvelles de la République des Lettres* feierte Pierre Bayle das von Fontenelles angewandte Kriterium, das dazu aufforderte, sich zunächst sorgfältig der Fakten zu vergewissern, bevor man sich Gedanken über die Ursachen machte."

22 Bayle, *Pensées*, Kap. 7 („Pourquoi on ne parle point de l'autorité des philosophes"), S. 15-18.

nachverfolgt, wer an dieser Geschichte noch Anteil hatte. Was hier als Einwand gegen die bloße Quantität der Überlieferung vorgebracht wird, ist die pragmatische und historiographische Umwendung des Diktums der fehlenden wirklichen Gründe. Die Entwicklung der Überlieferung ist selbst ein falscher Effekt, der nur die erste oder spätere Quelle reproduziert, ohne die Frage nach deren Richtigkeit beantworten zu können. Die Untergrabung der Autorität der Tradition setzt hier an; Bayle lobt ausdrücklich, dass man diesen Umstand angezeigt hat (*fait voir*) und nun wisse, wie sich ein Irrtum oder eine „fabulöse Meinung" im Prozess der Kolportage erhärtet und bestätigt. Wenn er in den *Pensées* seine Betrachtungen zum Wunderglauben und zum Atheismus auf diese Basis stellt, zeigt sich, dass er von der Kritik an den Quellen ausgeht, um sie fruchtbar zu machen. Im Rückschritt der historischen Kritik von Station zu Station eines solchen Transferprozesses wird sich zeigen lassen, dass am Anfang der Übertragung nichts anderes gestanden hat als ein lebensweltliches Missverständnis; die Honigschale am Anfang der Geschichte.

Kritik arbeitet also an gegen die Schwäche der Verselbstständigung der Überlieferung, die ihren Anfang bei der epistemologischen Problematik der Bezeugung als Vermittlung schon genommen hat, in der Folge aber nur mehr Instanzen der Vermittlung und damit Verunreinigungen des überlieferten Inhalts einschaltet. Kritik operiert differentiell oder komparatistisch. Die Durchsicht der unterschiedlichen Zeugnisse in ihrer Differenz erlaubt es, die Geschichte einer Stringenzüberprüfung zu unterziehen. Voraussetzung dafür ist sowohl die Pluralität der Quellen als auch ihre Varianz; da die Kritik ohnehin nicht den Wahrheitsgehalt des einzelnen Zeugnisses eruieren kann, muss sie ihren qualitativen Mangel quantitativ ausgleichen und ist auf die Sammlung und den Vergleich angewiesen. Wie später im *Dictionnaire*, ist dabei die Fülle von Zeugnissen maßgebend für den Erfolg. Je breiter sich eine Überlieferung in ihren Irrtümern und ihren Abweichungen nachvollziehen lässt, umso sicherer kann die Kritik in ihrem stets nur graudellen Verfahren bestimmen, was am überlieferten Inhalt authentisch sein könnte. Bayle bemüht die Formulierung aus den *Essais*, um diese Methodik zu beschreiben, wie Labrousse festhält; es gehe darum, die Bezugsquellen ‚zu wiegen, nicht nur zu zählen'.[23]

---

23 Elisabeth Labrousse, „La méthode critique chez Pierre Bayle et l'Histoire", *Revue Internationale de Philosophie*, Bd. 11, 42 (4) (1957), S. 450-466, hier S. 455: „La lâche du critique consiste donc en une comparaison minutieuse des documents: selon une formule que Bayle affectionne il ne s'agit pas de les compter mais de les peser." Sie selbst stellt den Bezug zu Montaignes Verwendung der Metapher in II 10 und III 8 her und belegt die Verwendung bei Bayle in den Kapiteln 4, 15, 19 und 33 der *Pensées*.

9.1 Die *Critique Générale*; Bayles Pyrrhonismus und der Nutzen der Geschichte

Die Genese von Bayles Kritikkonzeption lässt sich also in losem Anschluss an Montaigne in den *Pensées* erkennen, allerdings in noch gänzlich anderer Gestalt als späterhin im *Dictionnaire*. Bayle schreitet von der Nutzung des kritischen Status der Geschichte voran zur Mitwirkung an ihrer Durcharbeitung. Vor allem formale und gattungsbedingte Differenzen zeigen, dass innerhalb von Bayles Schreiben eine Transformation dessen stattgefunden hat, was er mit den Betrachtungen zum Kometen begonnen hat. Auf diesem Weg spielen die Rezensionen der *Nouvelles* eine erhebliche Rolle, sind sie doch das Medium kritischer Öffentlichkeit, das für die Aufklärung als vorherrschend begriffen werden kann.[24]

Für die spezifische *historische* Kritik aber dürfte ein anderer, kaum beachteter Text Bayles mehr als nur eine Vorlage gewesen sein. Schon der Titel verrät, dass es eine klare Verbindung zwischen dem *Dictionnaire* und der *Ciritque générale de l'histoire de Calvinisme de Mr. De Maimbourg* von 1684 geben muss.[25] In Reaktion auf die polemische jesuitische Darstellung der Geschichte des Calvinismus und seiner Verfolgung in Frankreich – die unter der Parteinahme Maimbourgs natürlich eine Apologie erfährt – unternimmt Bayle einen umfangreichen Gegenangriff, der die katholische Erzählung von der Verworfenheit und Gefahr des Calvinismus nicht nur entkräften, sondern vor allem delegitimieren soll. Anstelle einer Gegendarstellung geht es Bayle um eine Demontage der gegnerischen Methodik. Dazu ist nicht nur eine Kritik der Darstellung, sondern vor allem der historiographischen Mittel notwendig;

---

24 Die *Nouvelles* können hier nur am Rande angesprochen werden; ihre Entwicklung sowie ihre komplementäre Stellung zum späteren *Dictionnaire* müssten gesondert untersucht werden. Die Rolle Bayles als Journalist hat Bost in seiner Monographie deutlich konturiert; Hubert Bost, *Un „intellectuel" avant la lettre, le journaliste Pierre Bayle: l'actualité religieuse dans les* Nouvelles de la République des Lettres *(1684-1687)*, Amsterdam (u.a.): APA-Holland Univ. Press 1994. Vgl. ferner Louis Betz, *Pierre Bayle und die „Nouvelles de la république des lettres": Erste populärwiss. Zeitschrift.* (*1684-1687*) Réimpr. [Zurich 1896], Genf: Slatkine 1970.

25 Pierre Bayle, *Critique générale de l'histoire du calvinisme de Mr. Maimbourg*, 2 Bde., Ville-Franche: Le Blanc 1684; Bayles Text erscheint anonym 1683; Ort und Druckernahmen sind falsch, Bayle versucht mit ihnen, seine Anonymisierung weiter zu treiben, indem er die Publikation möglichst weit von Rotterdam entfernt hält; tatsächlich hat er den Text in Amsterdam bei Abraham Wolfgang veröffentlich. Siehe Bost, *Pierre Bayle*, S. 202. Bayle richtet sich gegen Louis Maimbourg, *Histoire du Calvinisme*, Paris: Mabre-Carmoisy 1682. Zuvor erschien ebenfalls dort seine *Histoire du Lutheranisme* (1680). Bayles Verbergungsversuche können das Buch nicht davor bewahren, noch im selben Jahr in Frankreich indiziert und öffentlich verbrannt zu werden (vgl. Bost, ebd., S. 209).

eine direktere Stellungnahme zu Bayles Geschichtsphilosophie findet sich auch erwartungsgemäß in den ersten Ausführungen gegen Maimbourg. In ihrer Kontinuität zu den *Pensées* und dem *Dictionnaire* sind sie zur genetischen Rekapitulation von Bayles Kritikkonzept unverzichtbar, und sie sind fast deutlicher als seine späteren Ausführungen. Im Herzen der Kritik steht die Idee einer unparteilichen Geschichtsschreibung, die Bayle ohne Zögern mit der skeptischen Haltung zur Geschichte vergleicht. Maimbourg bezieht zu der Frage nach der kriegerischen Aktivität der Calvinisten im 16. Jahrhundert eindeutig Stellung und nutzt dies zur Legitimation ihrer Verfolgung; Bayle widerspricht dem, allerdings in Enthaltung. Die Möglichkeit, mit hugenottischen Autoren die Gegenposition zu vertreten und so Partei zu ergreifen, schlägt er aus:

> Dispute là dessus qui voudra, pour moy je veux être Pyrrhonien, je n'affirme ny l'un ny l'autre, & cela me suffit pour ne trouver dans toutes ces Guerres aucune prejugé legitime contre la Divinité de ma Religion, car puis je ne sais rien de motifs et circonstances qui peuvent excuser ou non, la prise des armes que l'on reproche aux Calviniste, c'est à moi a juger de leur Doctrine par elle-même, sans avoir égard à tous ces Demelez dont il m'est impossible de desbrouiller le Cahos.[26]

Der Weg von der Parteilichkeit zur gewissermaßen immanenten Kritik will das Chaos der überbordenden Quellen umgehen und bleibt selbst unentschlossen und negativ (*je n'affirme pas*), und erst am Ende seiner Durchsicht nicht der Einschätzungen, sondern der Lehre selbst wird Bayle zu Richter.[27] Es ist an ihm zu richten (*juger*), was aus der Geschichte des Calvinismus zu lernen ist, und nur aus ihr, nicht aus ihren Verstrickungen innerhalb der Debatte der Historiker. Parteinahme wird also nicht ausgeschlossen, sondern im starken Sinne suspendiert – bis zum Abschluss der Durchsicht aller Quellen aufgeschoben. Diese Purifikation des Gegenstandsraumes und der Methode macht Bayle zum „Pyrrhonien",[28] und seine Haltung ist geprägt von der Negation der Parteien. Dies ist eine Vorformulierung seiner „Überparteilichkeit", die nicht beide Seiten

---

26 Bayle, *Critique générale*, S. 18.

27 Bayles Kritik bleibt gewissermaßen immanent. Sie besteht darin, dass sie die Fakten, die sie untersucht, nicht nur für sich, sondern auch in Rekurs auf ihre Quelle bestimmen will und dazu die Bedingungen, unter denen sie präsentiert werden, mitverhandeln muss. Wie Delvolvé es fasst (Delvolvé, *Religion, critique et philosophie positive chez Pierre Bayle*, S. 232): „[…] à la critique des faits, il ajoute donc la critique des systèmes de pensée." Die zitative Übernahme aus diesen Quellen bleibt dabei der Präsentationsform treu; Bayle verzichtet weitgehend auf externe Einwände.

28 So beobachtet auch Frédéric Brahami, *Travail*, S. 145: „Bayle se donne une tâche tout à fait modeste et négative en apparence: montrer les lacunes, les choix, les préjugés de

darstellt, sondern sie zunächst beide negiert, um einen Prozess der Evaluation zu beginnen, an dessen Ende die eigene Partei nicht als Haltung, sondern als Urteil stehen soll. Die skeptische Enthaltung stellt dabei das Komplement zur stoischen Gelassenheit dar, die Bayle sich selbst als Historiker zuschreibt.[29]

Mit diesem Entzug der Affirmation geht aber keineswegs auch eine Verwerfung der parteilichen Bezugstexte einher. Gerade das Gegenteil ist der Fall und ermöglicht es Bayle, sein Urteil vorzubereiten. Sein Einspruch gegen die Parteilichkeit macht diese selbst zum Gegenstand der Geschichte, und der Nachvollzug der Motivationen wird zur Methode, die er schon hier – in Vorgriff auf den *Dictionnaire* – als graduelle Versicherung der Geschichte einführt:

> Je vous avoüe aujourd'huy que l'on peut quelquesfois pousser la certidue de l'Histoire jusques à quelque détail. Par exemple l'on peut-estre persuadé d'un fait, ou d'un dessein, ou d'un motif particulier, lors que tous les Partis en conviennent; lors qu'estant infame à l'un des Partis, il ne laisse pas d'estre avoüe par ceux à qui il est infame, ou bien lors qu'Estant glorieux à l'un des Partis, il n'est pas contesté par l'autre. Sur ce principe je ne doute pas que nous ne soyons en droit d'apportet en preuve de l'innocence de nos Peres, tout ce que Monsieur Maimbourg avoüe au desavantage de son parti; […] J'avoüe encore qu'en examinant l'enchainure des plusieurs faits, en considerant le genie des Acteurs, en pefant toutes les circonstances, en comparant ensemble ce qui a esté dit par les uns & par les autres, on peut éclaircir bien des choses, découvrir bien des impostures, refuter bien des calmonies.[30]

Seine Methode einer kritischen und vergleichenden Geschichte nimmt also ihren Ausgang gerade in den Unreinheiten der Überlieferung und dem Partisanentum der Vermittlungsinstanzen. Bayle entwirft eine Geschichtsschreibung, die nicht nur die einfachen Fakten, sondern vor allem die Bedingungen ihrer jeweiligen Präsentation mitbedenkt. Die Intentionen der Autoren dieser Überlieferung spielen dabei ebenso eine Rolle wie die interne Verbindung ihrer Narrative, also die Plausibilität ihrer Verkettungen (*enchainure*).[31] Die Prüfung

---

l'auteur d'un texte. C'est uniquement ce type de travail qu'il met en œuvre dans la *Critique générale*."

29 Er führt dazu ein stoisches Ideal der Unberührtheit und Unberührbarkeit der unparteilichen Geschichtsschreibung ein. Balye, *Critique générale*, S, 14. Er tut dies, nicht ohne ausreichenden Spott am ganz unstoischen Engagement seines Kontrahenten zu äußeren. Trotz seines vorangeschrittenen Alters sei es ihm nicht möglich gewesen, seine Leidenschaften zu zügeln.

30 Bayle, *Critique Générale*, S. 21-22. Eine Seite später zitiert er zur Wiederlegung der Darstellung von Maimbourg aus Brantomes *Vie de Duc de Guise*, und wenig später (S. 28) aus La Mothe de Vayers *Discours sur l'Histoire* über die Parteinahme antiker Historiker.

31 So beobachtet auch Neumeister, „Pierre Bayle und der Mythos", S. 132: „Nicht das Bekenntnis zu einer bestimmten Auslegung oder Theorie kennzeichnet Pierre Bayles Position,

von mehr als einer Quelle und der interne Vergleich erweitern den Möglichkeitsraum der Historiographie ungemein. Die Versammlung der diversen Stimmen schließlich dient weniger zur Versicherung durch Übereinstimmung, als dass anhand ihrer Diversität eine Einschätzung der Schnittmengen möglich wird. Unter Einschluss gerade der widerstreitenden Momente der Überlieferung, gewissermaßen an den Bruchstellen der sonst geschlossenen Kette, kann die Kritik ansetzen. Geschichte schreiben heißt, die Geschichte dieser Brüche zu schreiben. Der Nutzen der Geschichte besteht gerade in der Einsicht in die Motivationen und die Konstruktionen der Gegenstände – Bayle will nicht die Dinge, sondern ihre Darstellung untersuchen, wenn er Historiker liest. Die Unsicherheit der Geschichte wird zur Sicherheit der Betrachtung ihrer Darstellungsweise. Mit dieser Aussage markiert Bayle den Abstand vom Anspruch der Historiographie, die Wirklichkeit des Vergangenen zu belegen, und die Affirmation ihrer Form als Untersuchung der Vermittlung.

> Ce n'est pas que je sois fort en peine sur cela, car je vous avoue que je ne lis presque jamais les Historiens dans la vue de m'instruire de choses qui se sont passées, mais seulement pour savoir ce que l'on dit dans chaque nation & dans chaque parti sur les choses qui se sont passées.[32]

Dieses Programm einer spezifischen skeptischen Geschichtsbetrachtung noch vor dem *Projet* hat einen begrenzten Geltungsrahmen, der sich auf den konkreten Anlass dieser Schrift, die eingehende Kritik Maimbourgs, beschränkt. Das Vorgehen in den Briefen, die zum Medium dieser Kritik werden und die immer wieder und unter immer anderen Gesichtspunkten historische und literarische Kritik verbinden werden, ist für den Einzelfall aufgestellt. Diese Form ist relativ zu ihrem Inhalt; Bayle inszeniert eine Kommunikation, die im Tonfall und in der Abfolge der einzelnen Schriften an periodische Publikationsmodi angelehnt ist und den Widerspruch der adressierten Gegenseite direkt provoziert. Zudem kann er in dieser Form seine Kritik in mehreren Einzelschritten, also in mehreren Attacken platzieren, die je für sich stehen. So wird ein systematisches Durcharbeiten der Vorlage im Modus eines Kommentars vermieden.

Auch wenn diese Momente einer kommunikativen Öffnung und einer Auffächerung in lose gekoppelte Teilschriften auch über die *Critique générale* hinaus Bayles Schreiben prägen, stellt diese Technik nur eine Vorstudie zum

---

sondern die Freilegung ihrer jeweiligen Berechtigung, aber auch ihrer Bedingtheit. Bayle gewinnt durch dieses historisch-kritische Verfahren eine geistesgeschichtliche Bedeutung, die vielleicht erst heute ganz sichtbar wird."

32 Bayle, *Critique Générale*, S. 15.

Dictionnaire dar. Die Ähnlichkeit im Verfahren muss als Entwicklung des Kritik-Begriffs verstanden werden; mit dem Schritt von der Kritik an Maimbourg zur Ankündigung des *Projets* gewinnt Bayle die Perspektive einer allgemeinen Kritik. Dass er auch hierzu eine Vorlage braucht, deren Darstellung ihm seine Entwicklungsmöglichkeit liefert, zeigt die unabdingbare Abhängigkeit der Kritik vom Vorgänger. Er findet seinen Widerpart wiederum in einem katholischen Geschichtswerk, dem *Dictionnaire* Moreris; insofern dieses historische Projekt weitaus allgemeiner ist als die Geschichte des Calvinismus, kann auch Bayles Kritik allgemeiner werden. Die *Critique générale* war ein erstes Unternehmen innerhalb des großen Zusammenhangs, den Bayle erst mit dem *Dictionnaire* abschließen wird.

9.2 *Projet d'un dictionnaire*: Faktizität und Geometrie

1684 beginnt Bayle, die *Nouvelles* herauszugeben, und verfolgt schon mit ihnen den Versuch, den noch begrenzten Rahmen des kritischen Programms zu erweitern. Im Modus der Rezension gelangt er so zur periodischen und aktuellen Überprüfung jüngster Veröffentlichungen. Die Frequenz dieser kurzen Texte sowie ihre schiere Menge ist erdrückend; Bayle ist weitestgehend allein für die *Nouvelles* verantwortlich, und muss dieses Projekt nach vier Jahren einstellen.[33] Für die Genese seiner Form historischer Kritik dürfte dieser Zeitraum entscheidend gewesen sein. Allerdings befindet Bayle selbst, dass er in dieser schnelllebigen Form nicht den Modus wiederkennt, den er eigentlich für kritisch hält. Im Spannungsfeld von publizistischer Höflichkeit und intensiver Überprüfung fehlt ihm in den *Nouvelles* die Muße, den Fehlern der kritisierten Bücher auf den Grund zu gehen und ihre Schwächen auszustellen. So resümiert er nach dem Bekenntnis seiner geringen Stellung innerhalb der *République*:

> Il n'y a guere de Livre qui ne me paroisse bon, quand je ne le lis que pour le lire: il faut que pour en trouver le foible, je m'attache de propos délibéré à le chercher. Je ne faisois jamais cela pendant que je donnois les Nouvelles de la République

33 Bost, *Pierre Bayle*, Kap. IX, S. 229-260; Bost schildert die Entwicklung und die Rezeption seiner Zeitschrift. Er geht auch darauf ein, inwiefern die *Nouvelles* einen Sonderstatus innerhalb von Bayles Oeuvre einnehmen. Ebd., S. 252: „Les *Nouvelles de la République des Lettres* revêtent, dans l'œuvre de Bayle, un statut un peu particulier, puisqu'elles abordent une foule de questions sans rapport direct avec ses propres centres d'intérêt." Bost geling es aber, die Kontinuität zu diesen Kerninteressen – in unserem Fall: der Geschichte – aufzuweisen und die *Nouvelles* als Echokammer und Instrument zur Selbstverortung Bayles zu begreifen.

> des Lettres. Je ne faisois le Critique, & je m'étois mis sur un pié d'honnêteté. Ainsi, je ne voiois dans les Livres que ce qui pouvait les faire valoir: leurs défauts m'échappoient.[34]

Auch wenn diese Aussagen im Zusammenhang der Replik auf die Kritik Renaudots stehen, lässt sich an ihnen bei allem gebotenen Misstrauen doch ablesen, worin der Mangel der *Nouvelles* bestanden hat: In ihrer Kürze. Bayle war zu wohlwollend, weil er in zu kurzen Abständen zu viel besprechen musste, und gibt so – im Umkehrschluss – zu verstehen, was ihm als tatsächlich kritische Arbeit vorschwebt; die Schwächen der Werke zu erkennen.

Wenn also die Kritik auf eine breitere Basis gestellt werden soll, musst Bayle ein anderes Medium finden als die *Nouvelles*. Er entwirft dieses selbst noch während ihrer Veröffentlichung im *Projet*.[35] Prospektiv will er den begrenzten Rahmen der Geschichte des Calvinismus gegen das gesamte, verfügbare historische Wissen eintauschen. Das Format des Wörterbuchs gibt ihm hierzu die entscheidende, vom Journal unterschiedene Form vor. Seine Kritik will sich die vorliegenden Wörterbücher zur Grundlage nehmen und vermittelt in ihrer Korrektur die Kritik der Geschichte als Ganzer umsetzen – eine Zielsetzung, die unweigerlich der Logik aus der *Critique Générale* folgt, indem sie den Gegenstandsrahmen unendlich viel weiter fasst. Als Verfahrenskritik seiner Vorgänger wird diese Suche *sämtlicher* Fehler, die Bayle vorschwebt, von den vorliegenden Kompendien zwar ermöglicht, stellt aber zugleich eine unendliche „Herkules-Arbeit" dar; die Kritik, die er anstrebt, wird zur fundamentalen Arbeit an der Geschichte, die in jedem gefundenen Fehler

---

34 Bayle, DHC, Bd. 4, „Reflexions sur un imprimé qui a pour titre: Jugement du Public, & particuliérement de l'Abbé Renaudot, sur le Dictionaire Critique du Sieur Bayle", S. 620. Zuvor heißt es dort seine eigene Ausbildung und seine Leichtgläubigkeit betreffend: „J'ai dit dans la page 575 des Nouvelles Lettres contre Maimbourg, que plusieurs Livres méprisez par d'habiles gens me paraissoient bons. Ce manque de discernement était excusable: si je n'étais pas fort jeune dans le Monde, je l'étais du moins dans la République des Lettres. J'avais commencé tard à etudier, je n'avois eu des Maîtres presque jamais, je n'avais jamais suivi de méthode, jamais consulté en fait de méthode ni les vivans ni les morts. Tout cela joint à d'autres obstacles faisait de moi un homme fort jeune quant à l'étude, & quoiqu'il en soit je me laissais aisément duper par les Auteurs." Zu dieser Stelle, vgl. auch Bost, *Pierre Bayle*, S. 258-259.

35 Zur Publikation, siehe van der Lugt, *Bayle, Jurieu*, S. 16. Eine erste Ankündigung des Entwurfs erfolgte in der *Histoire des Ouvrages des Sçavans* (Nov. 1690). Erst im Januar 1692 erscheint der *Projet* als Broschüre in 8° République bei Leers in Rotterdam (Pierre Bayle, *Projet et fragmens d'un Dictionaire historique*, Rottderdam: Leers 1692; vgl. Bost, *Pierre Bayle*, S. 390); er umfasst die Ankündigung, adressiert an Jacques du Rondel, sowie erste Beispielartikel zu historischen Personen (bspw. BRUTUS und ERASMUS).

mit einer Fülle weiterer Korrekturen zu rechnen hätte.[36] Von den Fehlern der einzelnen Darstellungen in ihrer kritischen Masse kann auf die Geschichte als solche zurückgeschlossen werden. Damit ist Bayles Anspruch ins herkulisch-übermenschliche gesteigert: Das Historisch-Werden der Kritik, als Revision der Geschichten anderer, kann so als Folge aus der *Critique Générale* und den *Nouvelles* verstanden werden.

In der Anlage seines Entwurfes liegt allerdings noch mehr begründet als die bloße Verbreiterung des Gegenstandsbereichs und die Zusammenfassung in einer nicht-periodischen Publikation. Der Einsatz, den Bayle bringt, verlässt den Rahmen bloßer historischer Überprüfung, indem er sein Vorhaben im philosophischen Diskurs der Zeit verortet, oder vielmehr, indem er ihn als Einspruch gegen diesen formuliert. Geschichte ist ihm nicht nur Material, sondern auch methodischer Bezugspunkt, dem ausdrücklich metaphysische Geltung zugesprochen wird.

Bayles kühne Behauptung, die auch die Wette des *Projets* zusammenfassen soll, ist zugleich dessen Rechtfertigung vor möglicher Kritik: Im Widerspruch zum cartesianischen Denken und der Mode von System, Methode und Geometrie muss sich eine Neukonzeption der Historiographie schon im Vorfeld behaupten können. Die Opposition von historischem Fakt und geometrischer Wahrheit unterläuft die von Descartes ausgehende Debatte um den ontologischen Status extramentaler Objekte.[37] Bayle ergreift Partei für den Bereich, der durch die Methodenlehre von 1637 nach dem cartesianischen Zweifel disqualifiziert wurde.[38] Die Geschichte kann, weil in ihr Irrtümer möglich

36 Wie Bayle selbst mythologisch erklärt; Bayle, DHC, Bd. 4, *Projet*, S. 606: „Il [Bayle, der sich so in der dritten Person selbst kritisiert, S.G.] veut corriger les Dictionaires; c'est tout ce que lui auroient pu prescrire ses plus malicieux ennemis, s'ils avoient eu sur sa destinée le même pouvoir qu'avoit Eurysthée sur celle d'Hercule; c'est pis qu'aller combattre les monstres; c'est vouloir extirper les têtes de l'Hydre [...]."

37 Die beiden – eher akademischen – Skeptiker Foucher und Huet setzen in eben dieser Frage mit ihrer Kritik an Descartes und Malebranches Metaphysik an; so in der Darstellung bei Popkin, *The History of Scepticism*, S. 277-279: „Foucher thought that he had shown that neither Descartes nor Malebranche had a theory of knowledge that could lead to any information about an external real world and hence that Cartesianism could not provide a basis for any certainty about the objective physical universe. [...] Huet followed previous critics of Descartes – Gassendi, Hobbes, and Simon Foucher – in intensively examining the Cartesian theory of knowledge. Huet also joined the Jesuits in their campaign to show Descartes' philosophy as both irreligious and incoherent."

38 Es ist eine allgemeine Forschungsannahme, dass dieser radikale Ausschluss der Geschichte aus dem Bereich der Wissenschaften in Anschluss an den *Discours de la Methode* geschehen sei, auch wenn sich weder bei Bayle, noch in der Forschung die entsprechende Stelle bei Descartes finden lässt. Für Descartes wird meist die biographische Passage aus dem ersten Teil des *Discours* angeführt; Descartes, *Discours de la Méthode*,

sind, nicht verlässlich sein. Wenn sie einmal getäuscht hat, immer wieder täuschen, und scheitert so am zeitgenössischen Anspruch, unbezweifelbare und täuschungsresistente Erkenntnisse produzieren zu können. Geschichte ist nur Sammlung von Fakten und empirischen Daten, und hat damit keine Möglichkeit, allgemeinen Gesetzten zu folgen, keine Chance darauf, klar und distinkt zu werden. Wie Cassirer die Gegenseite zu Bayle zusammenfasst:

> Kein faktisches Wissen kann zu diesem Ideal, zur echten „sapientia universalis" führen. So behält der cartesische Zweifel der Geschichte gegenüber einen rein negativen Charakter: Er wirkt abstoßend und ausstoßend.[39]

Als Vertreter der Geschichte so ab- und ausgestoßen, will Bayle protestieren, indem er einen Versuch der Rehabilitation der Geschichte unternimmt. Die Provokation hat unbestreitbar gefruchtet; Bayles Ausblick auf eine alternative Wissensform speist sich aus den Annahmen Descartes, um ihnen – radikal

---

I 8, S. 16/17: „Outre que les fables font imaginer plusieurs événements comme possible qui ne le sont point; et que même les histoires les plus fidèles, si elles ne changent ni n'augmentent la valeur des choses, pour les rendre plus dignes d'être lues, au moins en omettent-elles presque toujours les plus basses et moins illustres circonstances[...]." Eine ähnliche Stelle findet sich in den *Regulae* III 2, wo Descartes die Wissenschaft der *Histoire* entgegengesetzt darstellt.

Die wirkliche Ausführung des Ausschlusses der Geschichte aus der Wissenschaft findet eher bei Malebranche statt. Im selben Zug, indem er den *Essais* die Überzeugungskraft abspricht, verwirft er überhaupt die Idee von wahrer Erkenntnis, die aus historischen Daten und Gegebenheiten gewonnen würde. Malebranche, *De la recherche*, Bd. II, Kap. II 4, S. 123: „Ainsi la science et la philosophie qu'ils apprennent est proprement une science du mémoire, et non pas une science d'esprit. Ils ne savent que des histoires et des faits, et non pas des vérités évidentes; et ce sont plutôt des historiens que de véritables philosophes, des hommes qui ne pensent point, mais qui peuvent raconter les pensées des autres." In der Folge entwickelt Malebranche die Gefahren der Überladung mit den Gedanken anderer in Anschluss an Montaigne, nimmt dabei allerdings erneut ausgerechnet dessen *Essais* zum Gegenstand einer aggressiven Kritik, die sich aus der Pedantenkritik sowie der Imaginationstheorie Montaignes speist.(wie wir bereits zitiert haben, s.o.). Für Malebranches Ausschluss der Geschichte, vgl. auch Christian Zwink, *Imagination und Repräsentation: Die theoretische Formierung der Historiographie im späten 17. und frühen 18. Jahrhundert in Frankreich*, Berlin/Boston: De Gruyter 2012, insb. S. 229-236.

Bayle scheint aus dieser Frontstellung dieselbe Konsequenz zu ziehen wie Blumenberg zu Beginn der *Paradigmen*, wo er auch ohne Stellenbezug erläutert, dass die Bestimmung des „Klaren und Distinkten" zum Ausschluss des Historischen führen müsse: Hans Blumenberg, „Paradigmen zu einer Metaphorologie", *Archiv für Begriffsgeschichte* 6 (1960), S. 7-142, hier S. 7: „Zugleich aber mit der Erreichung ihres endgültigen begrifflichen Zustandes müßte die Philosophie jedes vertretbare Interesse an der Erforschung der Geschichte ihrer Begriffe verlieren." Auch bei ihm wird der Gegenentwurf Vicos angeführt.

39 So diskutiert bei Cassirer, *Die Philosophie der Aufklärung*, S. 210-211.

gewendet – neue Konsequenzen abzutrotzen.[40] Dies gelingt ihm nicht nur dadurch, dass er eine spezifische Gattungsdifferenz zwischen historischem und metaphysischem Wissen einführt und für das Faktische eine Sonderstellung einfordert, die sich jenseits des Zuständigkeitsbereichs des methodischen wie pyrrhonisch-destruktiven Zweifels situieren lässt. Vielmehr versucht Bayle eine aggressive Umwertung, die fast den Anspruch dieser anderen und eigenen Wahrheit des Gewesenen metaphysisch für höherwertig erklärt:

> Je soutiens que les Veritez Historiques peuvent être poussées à un degré de certitude plus indubitable, que ne l'est le degré de certitude à quoi l'on fait parvenir les Véritez Géométriques ; bien entendu que l'on considérera ces deux sortes de Véritez selon le genre de certitude qui leur est propre. [...]Dans les Disputes qui s'élevent entre les Historiens, pour savoir si un certain Prince a regné avant ou après un autre, on suppose de chaque côté qu'un fait a toute la réalité, & toute l'existence, dont il est capable hors de notre entendement, pourvu qu'il ne soit pas de la nature de ceux qui sont rapportez par l'Arioste, ou par les autres Conteurs de Fictions, & l'on n'a nul égard aux Difficultez dont les Pyrrhoniens se servent, pour faire douter si les choses, qui nous paroissent exister, existent réellement hors de notre esprit. Ainsi un Fait Historique se trouve dans le plus haut degré de certitude, qui lui doive convenir, dés que l'on a pu trouver son existence apparente: car on ne demande que cela pour cette sorte de Véritez, & ce seroit nier le principe commun des disputans, & passer d'un genre de choses à un autre [...].[41]

---

40 In Labrousse Darstellung (Labrousse, *Pierre Bayle*, Bd. 2, „Hétérodoxie et Rigorisme", Kap. 2, S. 39-68, „La transposition de la méthode cartésienne en histoire";) wird diese Provokation derart ernst genommen, dass Bayles Entwurf als gesteigerter Gehorsam gegenüber Descartes verstanden wird. Seine „Transposition" sei eine Anwendung und Radikalisierung dessen, was der *Discours* vorgegeben habe. Bayle sei nicht sein Opponent, sondern sein Musterschüler gewesen, dessen Denken sich als Echo des Meisters begreifen lasse: (ebd., S. 50) „Car [...] Bayle a réalisé une transposition réfléchie de la méthode cartésienne dans le domaine de l'histoire. [...] Cependant, le véritable disciple n'est-il pas celui qui, sans s'arrıeter servilement aux contours d'une pensée, en accueille l'inspiration et lui fait librement écho dans ses propres recherches." Dieser Einschätzung, die Labrousse eingangs selbst anhand von Zeugnissen Bayles relativieren musste, kann diese Arbeit nicht folgen. Dass Bayle – nicht zuletzt in seinem *Système* – ein Kenner Descartes gewesen ist und ihn als Denkmodell übernimmt, bedeutet keineswegs, dass seine Kritik an der Geometrie und der *mathesis universalis* nicht eine Absage an dessen Denken darstellt. Vielmehr kündigt sich in der Übernahme der metaphysischen Annahmen der Evidenz und der Klarheit und Distinktheit das Echo bereits im Modus einer Parodie an. Bayles scheinbare Übernahme der Axiome seiner Gegenseite wäre als Versuch zu verstehen, ihre Hinfälligkeit in der Anwendung zu demonstrieren. In Bezug auf Moréri wird dies später untersucht werden. Zum *Système*, das eine pädagogische Darstellung der Philosophie seiner Zeit wiedergibt: Pierre Bayle, *Système de philosophie: contenant la logique et la métaphysique*, Berlin: Pitra 1785.

41 Bayle, DHC, Bd. 4 *Projet*, S. 613-614.

So wird die These aus der *Ciritque générale* verallgemeinert und als Gegenmodell zur kartesischen Metaphysik installiert. Entscheidend für diese graduelle oder approximative Wahrheit des Historischen ist die gleich mehrfache Abgrenzung gegen andere Gattungen, die, wie Bayle unterstellt, anderen Autoren abgehe. Er trennt die Geschichte als Sonderfall gleichermaßen von Erfahrungsgegenständen allgemein und, mit ähnlicher Dringlichkeit, vom Fiktiven ab, und gewinnt so ein freies Feld zwischen den Cartesianern – hier als „Mathematiker" karikiert – und einer sie angreifenden Gruppe von Skeptikern – den Pyrrhonikern[42] – denen Bayle sich hier ausdrücklich auch selbst entgegenstellt und deren Angriff auf die Grundfesten eines Denkens nach Descartes ihm zum Anlass seiner Wette wird.[43] Die Grundlage dieser Differenzierungen bildet die von Descartes angestoßene Debatte um die Realität extramentaler Gegenstände, die auch später im *Dictionnaire* weiter und prominent zur Folie von Bayles Programmatik genommen wird.[44] Man kann sich in seinen Spekulationen auf die reinen und wahren Sätze der Geometrie

42 Weder für die Cartesianer, noch für ihre Gegenpartei liefert der *Projet* namentliche Bezüge. Aber die Debatte zwischen Descartes selbst und Malebranche mit Huet, Simon Foucher (und Gassendi) wird für die Zeitgenossen klar identifizierbar gewesen sein. Bayle spielt eindeutig auf die Debattenlage an, die sich aus Huets *Censura philosophiae Cartesianae* von 1689 ergeben hat, und auf den – noch aktuelleren – *Nouveau mémoire pour servir a l'histoire du Cartesianisme* (1692). Simon Fouchers *Critique de la Recherche de la vérité* (1675) ist eine eingehende Kritik zu Malebranche, die vor allem die erkenntnistheoretischen Annahmen des Cartesianismus kritisiert. Zu Malebranches Konzeption der Idee sowie seinem Bezug zu Descartes, vgl. Dominik Perler, „Ideen als abstrakte Gegenstände. Zum Ideenbegriff bei Malebranche", *Archiv für Begriffsgeschichte* 39 (1996), S. 207-232. Zur Diskussion, vgl. Richard A Watson, *The breakdown of Cartesian metaphysics*, Atlantic Highlands, NJ: Humanities Press 1987, hier Kap. 5 („The Controvery Concerning Ideas between Malebranche and Foucher"), S. 57-78.

43 Das Vorwort greift hier dem Eintrag zu PYRRHON vor, wo eben der Einspruch gegen die neue Philosophie durch die Skepsis als besonders fruchtbar angeführt wird: Bayle, DHC, Bd. 4, PYRRHON, S. 732: „Le Cartésianisme a mis la derniere main à l'œuvre; & personne parmi les bons philosophes ne doute plus, que les Sceptiques n'aient raison de soutenir que les qualitez des corps, qui frappent nos sens, ne sont que des apparences."

44 Vom Standpunkt des Cartesianismus betrachtet, ist Bayles Überspitzung der Probleme seiner Metaphysik sicher eine Zumutung. Von einem Missverständnis Bayles auszugehen, der lediglich die Konsequenzen der neuen Methode nicht verstanden habe, scheint wenig plausibel. Der Einsatz innerhalb dieser Diskussion stammt keineswegs von Bayle selbst, sondern ist geteiltes Gut innerhalb des Diskurses des 17. Jahrhunderts. Vgl. etwa. David E. Curtis, „Pierre Bayle and the Range of Cartesian Reason", *Yale French Studies*, 49 (1973), S. 71-81, hier S. 72: „[T]aking up the sceptical arguments of Gassendi and Huet and reviving those of Sextus Empiricus himself, Bayle concludes that mathematical quantity cannot exist outside the mind: a similar misunderstanding of Descartes' distinction of imagination and understanding vitiates Bayle's interpretation of Malebranche and, more spectacularly, of Spinoza."

stützen, begeht aber dann den Fehler, den Bayle schon in den *Pensées* angreift: das Schließen aus falschen, weil inexistenten Gegebenheiten, die Suche nach den Begründungen vor den Gegenständen. Denn ob die idealen Figuren der Geometrie in ihrer Gesetzmäßigkeit und Reinheit *de facto* wirklich existieren oder nur ideale Annahmen bleiben, lässt sich nicht mit den Mitteln der Geometrie selbst beweisen.[45] In dieser Logik, so unterstellt Bayle en passant, bleiben die Schwierigkeiten der Pyrrhoniker bestehen – dass es nach den *Meditationes* keine selbstevidente Möglichkeit gebe, sich der aktualen Wirklichkeit der perzipierten Gegenstände zu versichern, insofern unser Kriterium für Wahrheit im cartesianischen reflexiven *Ego* allein besteht.[46]

Was Bayle vorschwebt, ist ein Bereich oder eine Gattung der Erfahrung, der von diesem Vorwurf unbetroffen bliebe und den er von diesem pyrrhonischen Zweifel ausnehmen könne. Diese sei die Geschichte: in ihr stelle sich die betreffende Frage nach der Existenz im metaphysischen Sinne gar nicht erst, insofern vorausgesetzt wird, dass es Fakten gebe. Gerade die offene Streitigkeit dessen, was faktisch gewesen ist, wird zum Nachweis der Unbezweifelbarkeit des Faktischen selbst. Denn wenn es in Fragen der Geschichte zum Disput komme, müsse – anders als in metaphysischen Fragen – jede disputierende Partei zumindest anerkennen, dass es allgemein Fakten gebe und dass diese als ehemalige reale Gegenstände, als existiert-habend vorausgesetzt werden müssen, um überhaupt am Streit um sie zu partizipieren. Nur hierin bestehe die Abgrenzung von der Fiktion, die mit Ariost als Gegenmodell angeführt wird. Die Behauptung, dass etwas so oder anders gewesen sei, muss selbstverständlich annehmen, dass ihr Gegenstand nach „allen seinen Möglichkeiten" existiert habe.[47] Wer hieran methodisch zweifeln wollte, entzöge dem Disput selbst jede Grundlage. Dies wäre nicht nur ein Einspruch gegen dessen

45 So fasst Eusterschulte Bayles Standpunkt zusammen: Anne Eusterschulte, „Pierre Bayle's Dictionaire historique et critique: Historical Criticism and Impartiality of Judgement", in: *The Emergence of Impartiality*, hrsg. Kathryn Murphy & Anita Traninger, Leiden (u.a.): Brill 2014, S. 305-332, hier S. 328: „Critical historiography is not only of the highest dignity with regard to the education of practical reasoning but also with regard to the evidence of the ‚truth of facts' in contrast, for example, to the abstract truth of mathematical demonstrations. For, as Bayle asks, is there a proof for the existence of mathematical objects beyond our minds, i.e. for their indubitable existence? He does not want to disqualify rational disciplines entirely, but rather to restore the unevaluated truth of historical facts and to set new priorities with regard to the moral use of reasoning."

46 Zu diesem Gedanken und der Kritik des *Ego* bei Descartes, vgl. Thomas M. Lennon, *The Plain Truth. Descartes, Huet, and Skepticism*, Leiden (u.a.): Brill 2008, S. 174-178.

47 Diese Abgrenzung ist das Negativ zu Montaignes Bestimmung der *Essais* als Dichtung; Bayle nimmt den entgegengesetzten Weg, indem er sich auf dieselbe Alternative beruft.

Wirklichkeit, den Bayle ausschließen will, sondern zudem ein Kategorienfehler in der Argumentation: Geschichte ist von einer anderen Gattung der Wahrheit.

Etwas formalisiert reformuliert, gewinnt Bayle die metaphysische Legitimation des Historischen aus dem Fakt ihrer Fraglichkeit. Weil es faktisch den Disput um die Fakten gibt und geben kann, und die Metaphysik diesen nicht schlicht verneinen kann, kann es, mit dem Einverständnis beider Parteien des Disputs und ihrem Anspruch nach, im Historischen offenbare Existenz geben.[48] Dass es nicht nur eine, sondern mehrere Geschichten gibt und ihre Geltung noch fraglich ist, ist der Garant für die Gewissheit, dass ihre Gegenstände in irgendeiner Form existieren müssen – soviel setzen in fraglichen Punkten beide Parteien voraus. Darin besteht Bayles Begriff der Geschichte als Betrachtung der Faktizität und als Positivismus dieser Betrachtung. In der kritischen Revision wird seine Geschichte zur Geschichte der Geschichten.[49]

Die Aufwertung Genres gegenüber den „geometrischen Wahrheiten" ist auf den Einbezug des skeptischen Einwands angewiesen, der so vom *Projet* an zur Schlüsselreferenz von Bayles Vorhaben wird.[50] Die Abgrenzung von Fakt und Erfahrungsgegenstand ist auch Konkurrenz, und der „höhere Grad der Gewissheit" historischer Fakten bemisst sich daran, dass er dem Angriff der Pyrrhoniker entzogen sein soll. Die Wahrheit der Fakten ist gerade durch ihre Vermitteltheit graduell besser gesichert. Anders als die unsicheren

---

48 Eine ähnliche Logik unterliegt auch schon den *Nouvelles*, wenngleich mit anderem Gegenstand. Die Periodizität der Publikation kann die Debatten der Zeit abbilden und, indem sie sich auf diese Abbildung „zweiter Hand" beschränkt, die eigene Position legitimieren. Bost, *Un „intellectuel" avant la lettre*, S. 165: „Négligée comme objet historique tant qu'elle est perçue comme un discours seconde main sur des ouvrages à la source desquels il serait nécessaire de remonter pour découvrir une vérité originelle des concepts, la presse savante retrouve tout son intérêt dès lors que, considérée comme le véhicule et le point de rencontre des débats qui animent un champ culturel donné, elle livre à la fois une description et une interprétation de ces débats. Si les idées peuvent engendrer une crise, la presse des idées s'impose comme lieu de sa manifestation."

49 Vgl. Neumeister, „Pierre Bayle und der Mythos", S. 139: „Pierre Bayle zieht der Geschichte die Geschichten vor, er hat eine Schwäche – und das ist seine Stärke – für die narrative Phantasie, die eigene ebenso wie die fremde." Er stützt diese Beobachtung einige Seiten später (ebd., S. 145) auf Lyotards Betrachtungen zu den Geschichten in Opposition zur Meistererzählung.

50 Die Veranschaulichung des Problems mit der Geometrie erfolgt polemisch anhand der Quadratur des Kreises; Bayle, DHC, Bd. 4, *Projet*, S. 614: „En effet, l'existence d'un cercle quarré hors de nous ne paroit gueres plus impossisble, que l'existence hors de nous pareiliement du cercle dont les Géometres nous donnent tant de belles Demonstrations; je veux dire d'un cercle de la circonférence duquel on pusse tirer au centre autant de lignes droites, qu'il y a de points dans la circonférence."

Sinneseindrücke unterliegen sie der Autorität einer Vermittlung, die Bayle nicht als weitere Fehlerquelle, sondern als zusätzliche Berufungsinstanz versteht. Ganz im Sinne einer *vérité empruntée* sind die vergangenen Dinge weniger gefährlich. Diese bedingte Wahrheit unterscheidet sich also gleichermaßen von der bloßen Erfahrung und der reinen Abstraktion.[51] Was sonst als Defizit gelten würde, die Approximation oder das Graduelle, ist durch seine Rückbindung an den Disput der Historiker gerade ein Vorzug, der einkalkuliert, dass sich die Gewissheit im Modus der Kritik nicht nur behaupten lässt; zudem noch kann der Grad der Gewissheit erhöht werden, was besagt, dass sich historisches Wissen – anders als geometrisches – schrittweise und fortschreitend verbessern lässt. Gewissheit als Wissenskategorie wird so zur temporalen und unter den allgemeinen Fortschrittsanspruch subsumiert.[52] Entgegen der angreifbaren ewigen Wahrheit innerhalb eines universalen abgeschlossenen Systems ist die Geschichte immer noch in der Lage, sicherer und besser zu werden. Gattungsspezifisch optimierbar, ist es die Dynamik und Progressfähigkeit des historischen Wissens, das es für Bayle der Mängel anderer Wissensformen enthebt.[53] Geschichtliches Wissen ist nicht nur deshalb weniger prekär, weil es vergangen ist, sondern kann aufgrund seiner eigenen Geschichte auch als Wahrheit, die noch aussteht, gefasst werden. Die Annahme einer Fortsetzung dieser Dynamik aus dem Vergangenen kann, als Extrapolation der Überlieferung, als Fortführung von Montaignes Geschichtsfassung verstanden werden.

Mit diesem Gattungsunterschied zweier distinkter Wissensbereiche kann Bayle in einem nächsten Schritt auch die faktische Nützlichkeit seines Vorhabens näher bestimmen sowie einen Ausblick auf die Methodik geben; Positivismus den Fakten gegenüber heißt, es deutete sich bereits an, vor allem Negativität des Verfahrens. Die Betrachtung der historischen Fakten und Daten soll, so zumindest das Versprechen, zur moralischen Verbesserung des Menschen beitragen und ihn lehren, seine Urteilskraft an den dargelegten und

51 Labrousse, *Pierre Bayle*, Bd. 2, S. 51: „La vérité de fait, au sens où le prend Bayle, ce n'est pas l'expérience sensible en tant que telle qui en est porteuse, c'est l'expérience chargée de signification humaine, singulière et datée."

52 So wird Kojèves Temporalisierung der diskursiven Vernunft von Bayle umgesetzt, s.o.

53 Wohlgemerkt geht es um den Fortschritt der Kritik, nicht um denjenigen des Menschen und seiner Geschichte. Man muss mit Koselleck gleich hinzufügen, dass dieser Fortschritt keinen Optimismus miteinschließt; die Fortsetzung des Projektes würde vielmehr zu weiterer Einsicht in die Fehlbarkeit der Geschichte und des Menschen, eher in die Festals in die Richtigstellung der Irrtümer führen; Reinhart Koselleck, *Kritik und Krise: eine Studie zur Pathogenese der bürgerlichen Welt*, Frankfurt a.M.: Suhrkamp 1997, S. 91: „Der Fortschritt ist der *modus vivendi* der Kritik, auch dort, wo er – wie von Bayle – nicht als eine Aufwärtsbewegung verstanden wurde, sondern als Destruktion, als Dekadenz."

stets strittigen Inhalten zu erproben. Wachsamkeit und Klugheit gerade den gedruckten Worten gegenüber sind das Ergebnis der Geschichtsdarstellung, mit dem die Mathematik nicht konkurrieren könne:

> Or n'est-ce rien que de corriger la mauvaise inclination que nous avons à faire des jugmens (sic) téméraires? N'est-ce rien que d'apprendre à ne pas croire légérement ce qui s'imprime? n'est-ce pas le nerf de la prudence que d'être difficile à croire? En-vain chercheroit-on ces utilitez morales dans un Recueil de Quintessences d'Algebre. D'ailleurs, n'en déplaise à Messieurs les Mathématiciens, il ne leur est pas aussi aisé d'arriver à la certitude qu'il leur faut, qu'il est aisé aux Historiens d'arriver à la certitude qui leur suffit. [...] Ainsi, il est métaphysiquement plus certain, que Ciceron a existé hors de l'entendement de tout autre homme, qu'il n'est certain que l'objet de Mathematicians existe hors de notre entendement. Je laisse à part ce que le savant Mr. Huet a representé à ces Messieurs, pour leur apprendre à ne pas tant mépriser les Véritez Historiques.[54]

Der Zweck seiner Durchsicht der Geschichte liegt also nicht unmittelbar in deren wahrhafter Aufarbeitung, noch in der Behebung von Irrtümern, die uns begegnen. Stattdessen soll in praktischer Hinsicht das Vorhaben, das in dieser Form schon als Ergebnis der Lektüre der *Essais* in der Betonung des *jugements* lag, mit anderen Mitteln fortgeführt werden. Gerade wegen des nur bedingten Anspruchs auf Wahrheit in der Geschichte ist sie der Ort, an dem eine lesende und vergleichende Beurteilung überhaupt stattfinden kann. Von der Bringschuld der ewigen Wahrheiten wie in der Mathematik befreit, werden die entworfenen Fakten- und Irrtumssammlungen ganz analog zu den Zusammenstellungen der *Essais* zu Versuchen einer Durchsicht des Gewesenen und Überlieferten. Ihr Ziel ist eine Pädagogik der Beurteilung, die vom Text an den Leser weitergereicht wird.[55] Die Fakten werden in den Zeugenstand zitiert: Indem die historische Wahrheit im Prozess ihrer kritischen Durcharbeitung vor dem Gericht des Historikers reproduziert und evaluiert wird, wird die Lektüre zur Schulung des/der Leser/in, und fördert durch die Vorlage der Beurteilung die Fähigkeit, selbst zu urteilen – eine moralische Verbesserung des Menschen, die von den Einsichten der Mathematik nicht geleistet werden kann.[56]

---

54 Bayle, *Projet*, DHC IV, 614.

55 Vgl. Brush, *Montaigne and Bayle*, S. 250: „Each article is in a sense a trial of his judgment and eruditiion, just as each essay was a trial of Montaigne's judgment."

56 So beobachtet auch Eusterschulte, „Pierre Bayle's Dictionaire", S. 326: „[...] [H]istoriography and critical philology here are considered as a field of moral education, forming men's judgement. [...] The critique of historiographical documents is a way of avoiding the levity of overhasty judgements and in this sense a moral advantage."

Die *Vérités Historiques* (konstitutiv im Plural) sind, wie Bayle mit dem späten Hinweis auf Huet resümiert,[57] den mathematischen also auch praktisch überlegen, da sie tatsächlich zur Besserung des Menschen beitragen können. Zudem, und dieser Umstand dürfte die skeptische Prägung unübersehrbar machen, sind sie auch pragmatisch. Denn der relative Anspruch, den Bayle für den Bereich der Geschichte gelten macht, ist weit bescheidener als derjenige der Mathematiker, die er angreift. Wo sie sich schwer tun, zu erreichen, was sie für ihre Gewissheit benötigen, kann der Historiker schneller zu dem gelangen, was für ihn völlig ausreichend ist. Die Bedingtheit dieses Anspruchs bleibt bestehen, wird aber so zum Vorzug der Methode. Mit der Evokation Ciceros schließlich wird die graduelle Differenz der epistemologischen Gattungsbereiche festgehalten. Dass Cicero als historische Person faktisch existiert habe, ist weit weniger anfällig für skeptische Destruktion als die Annahme, ein Dreieck, ein Punkt oder eine Strecke hätten außerhalb des Geistes, der sie denkt, eine reale oder ontologische Gegebenheit.[58]

Der negative Entwurf eines Denkens, dass sich aufs Faktische beschränken will und mit ihm nur bereinigend, negativ oder korrigierend verfahren will, stellt so den Gegenentwurf zur metaphysischen Maximalforderung nach Descartes dar. Nur relational und sozusagen vor jeder Spekulation über das Überzeitliche bildet die Geschichte zunächst das Reservoir der möglichen Wissensgegenstände, und ihre Existenz ist nur auf den ersten Blick weniger fraglich. Um der metaphysischen Aufgabe zu entsprechen, muss man mit Bayle gerade dieses Wissen und seine Sicherheit überprüfen. Kritik, das hieße nichts anderes als die Bearbeitung der Fakten, um ihren Grad an Sicherheit zu erhöhen. Sie sind „sicherer und brauchbarer", wie man die Kritik Bayles an Descartes in Anwandlung von Pascals *Pensées* reformulieren könnte.[59] Bayle

57 Huet hat Bayles Aufwertung der Geschichte deutlich vorgeprägt. Brahami betont, wie dessen *Demonstration évangélique* (1673) vor allem diesen Einspruch gegen das geometrische Schema bei Descartes mit Philologie und Geschichte beantwortet hat. Brahami, *Travail*, S. 94: „Une démonstration strictement philologique et historique a au moins autant de certitude qu'une démonstration rationnelle parce que l'histoire peut accéder à l'intelligibilité, alors que les principes mêmes de la géométrie sont inintelligibles."

58 Cicero als Beispiel hierfür ist nicht ganz zufällig gewählt. Seine Figur als Inbegriff der Rhetorik, aber auch als Jurist, erlaubt einen leisen Bezug zur Idee der Geschichte als Gegenstand der Gerichtsbarkeit. Eusterschulte zeigt diesen Effekt, der über die Beurteilung hinaus „also elicits esteem and nourishes the admiration for good judges or the faculty of judgement". Eusterschulte, „Pierre Bayle's Dictionnary", S. 325.

59 Vgl. Blaise Pascal, *Pensées*, hrsg. Louis Lafuma, Paris: Seuil 1962, Nr. 887, S. 351: „Descartes inutile et incertain". Nicht unbedeutend dürfte sein, dass dieser Gedanke benachbart steht zu Nr. 886: „Pyrrhonien pour opiniâtre." Zur Bedeutung dieser Kritik für Bayle, vgl. Brush, *Montaigne and Bayle*, S. 171-172.

entwirft – als Widerspruch gegen die Universalwissenschaft nach dem Vorbild der Mathematik – eine Wissenschaft des Faktischen, deren Verfahren in Approximation und ständiger Verbesserung besteht. Sein „Positivismus" im Sinne Kojèves „verzichtet auf jede Erkenntnis der ersten absoluten ‚Gründe' des Seins".[60] Die faktische Existenz Ciceros in einer realen Situation mag demnach als Ausgangspunkt eine eigene Plausibilität haben und die „existence apparante" annehmen lassen. Der Positivismus, der hierin seinen Ausgang nimmt, darf aber erst als Ergebnis eines Prozesses der Quellenbetrachtung und der Bereinigung als Argument in der Opposition von Mathematik und Geschichte herangezogen werden. Der Weg vom Faktum zur Sicherheit führt durch das Graduelle von Wahrscheinlichkeit und Plausibilität. Diese müssen aus den vereinzelten Zeugnissen heraus erst generiert werden.

Bayles Denken von Wahrscheinlichkeit ist, wie sich in Anschluss an Blumenberg zeigen lässt, also auch eine Abkehr von der bloßen Theorie in dem Sinne, in dem sie – wenn auch exemplarisch – den Menschen an die Stelle der sonst abstrakten Spekulationen der Metaphysik setzen will. Diese Tendenz zur Anthropologie ist die ständige Begleiterin eben des skeptischen Diskurses der Frühen Neuzeit, der als Verbindung von Montaigne und Bayle fungiert. Das Wahrscheinliche, also die faktische Gegebenheit des jeweiligen Individuums und der menschlichen Verhältnisse, wie es sich aus den historischen Zeugnissen rekonstruieren und plausibilisieren lässt, ist das Näherliegende im Vergleich zur geometrischen Wahrheit, die so von der historischen Kritik nicht um ihre Berechtigung, wohl aber um ihren Alleinstellungsanspruch gebracht werden soll.

Dieses anthropologische Verständnis des Wahrheitsanspruchs der Geschichte wird sogleich als Teil der Verbesserung des Menschen verstanden, an der die Mathematik nicht partizipieren kann. Anstelle der ewigen Wahrheit untersucht die Geschichte den einzelnen, faktischen Menschen, und rückt ihn ins Zentrum. Die Abkehr von der universellen Wahrheit ist als anthropologische die Hinwendung zum vereinzelten und defizitären Menschen als Subjekt der Geschichte. Das Programm, das Bayle hierzu entwirft, spricht die Sprache einer erneuten Herabwürdigung des Menschen und eine Durchsicht seiner Eitelkeit (*vanité*), die sich so ebenfalls bei Montaigne und Agrippa finden lässt.[61] Mit diesem Brückenschlag zwischen der Betrachtung

60 Cassirer, *Die Philosophie der Aufklärung*, S. 211. Ebenfalls dort heißt es: „So wird er [Bayle, S.G.] mitten in einem streng rationalen und rationalistischen Jahrhundert der erste überzeugte und konsequente ‚Positivist'".

61 Zur Vanitas-Rhetorik bei Bayle, Agrippa von Nettesheim und Montaigne sowie allgemeiner zum Verhältnis der Motivik der Vergänglichkeit und Nichtigkeit des Menschen zur Tradition der Skepsis liegen meiner Kenntnis nach keine einschlägigen Studien vor.

von Überlieferung und Schickungsirre und deren Adaption im Modus der Kritik gewinnt der Entwurf des *Dictionnaire* eine praktische Bedeutung. Die Läuterung des Menschen geht mit der Einsicht in seine Fehlbarkeit einher. In dieser so gefasst negativen Anthropologie wird der Fokus auf den Menschen und dessen Fakten zum Residuum einer abwertenden Neubestimmung des Menschen. Die Skepsis gegenüber der historischen Überlieferung führt zu einer Skepsis gegenüber dem Menschen und dient in seiner Demütigung der Selbsterkenntnis und damit seiner der Verbesserung.

Dieser praktische Wert einer Kritik menschlicher kultureller Produktionen steht zweifach komplementär, einerseits zur Metaphysik der „Philosophen", deren Gegenstände jenseits des historischen Blicks stehen, und andererseits zur Theologie. Die oftmals beobachtete Nähe von Bayles skeptischem Programm zum Fideismus schlägt sich bereits hier nieder, und die Analogie, die sich zwischen der topisch organisierten Enzyklopädie der eitlen Wissenschaften bei Agrippa und dem alphabethisch organisierten *Dictionnaire* der Irrtümer bei Bayle ziehen lässt, bestimmt Bayle auch als Patenkind seines Versuchs, mit anderen, von der Kritik neu konzipierten Mitteln, moralisch wirksam

---

Einen allgemeinen Überblick für die frühe Neuzeit bietet Christian Kiening, *Das andere Selbst. Figuren des Todes an der Schwelle zur Neuzeit*, München: Fink 2003; der leider nur auf Agrippa eingeht. Sommer, „Triumph", S. 29, spricht vom „anthropologische Pessimismus und [...] Zweifel an der Besserungsfähigkeit des Menschen, die so christlich-barock anmuten[...]." Die Beziehung zwischen Pessimismus und Pyrrhonismus bringt Bost deutlich auf den Punkt: In Bezug auf die *Critique Générale* schreibt er (Bost, *Pierre Bayle*, S. 204) „Le pyrrhonisme historique est aussi un pessimisme anthropologique." Auch Blumenberg rückt Agrippa durch die Erwähnung bei Heumann in den Zusammenhang der Theorie-Kritik der Frühaufklärung; vgl. Blumenberg, *Das Lachen der Thrakerin*, S. 99.

Bayle nimmt Agrippa als „großen Magier" in den *Dictionnaire* auf; vgl. Bayle, DHC, Bd. 1, AGRIPPA (Henri Cornelius), S. 103-111. Der Artikel beschränkt sich weitestgehend auf die Richtigstellung seiner Lebensdaten und –fakten sowie auf eine Apologie Agrippas gegenüber den Vorwürfen der Hexerei. Bayle zitiert zwar aus der *Vanitate*-Schrift, belässt aber deren Invektive gegen Wissenschaft und Vernunft und ihr Plädoyer für ein Sich-Einfinden in den Glauben unbehandelt. Auch Popkin führt in ihn seiner Geschichte der Skepsis an: Popkin, *The History of Scepticism*, S. 28: „Probably the most notorious of those who have been ranked as sceptics in this period is the curious figure Henricus Cornelius Agrippa von Nettesheim (1486-1535). He was a man who was interested in many things, most notably occult science. A strange work he wrote in 1526, *De Incertitudine et vanitate scientiarum declamatio invectiva*, has led him to be classed as an early sceptic." Auch wenn dieser Einschätzung in Hinblick auf Bayle und die Skepsis zuzustimmen ist, ist damit nur der halbe Agrippa umgriffen. Er ist, wie seine *Occulta Philosophia* belegt, eben nicht nur Kritiker der Wissenschaften; zeitgleich lässt er sich in der Tradition des Lullismus verorten, in der er an der Erneuerung einer topisch-kombinatorischen Universalwissenschaft mitwirkt. Vgl. Anita Traninger, *Mühelose Wissenschaft: Lullismus und Rhetorik in den deutschsprachigen Ländern der frühen Neuzeit*, München: Fink 2001.

zu werden. Als Gegenentwurf zu den „abstrakten Tiefen der Mathematiker" soll der Hochmut des Menschen mit einer Vorhaltung all seiner Missgriffe bekämpft werden, um ihn entgegen der Spekulation zurückzuverweisen auf den Ort, den ihm die Offenbarung zugewiesen hat und der die wahre Tugend des Menschen ausmacht:

> Les profondeurs abstraites des Mathématiques, dira-t-on, donnent de grandes idées de l'infinité de dieu. Soit: mais croit-on qu'il ne puisse pas résulter un grand bien moral d'un Dictionaire Critique? L'Oracle qui ne peut mentir assûre que la Science enfle, il n'y a donc rien sur quoi il soit plus important de mortifier l'orgueil de l'homme. Qui dit l'orgueil dit le défaut le plus éloigné de la véritable vertu, & le plus diamétralement opposé à l'esprit évangélique. Or que sauroit-on imaginer de plus propre à bien faire comprendre à l'homme le néant & la vanité des Sciences, & la foiblesse de son Esprit, que de lui montrer à tes & à piles les Faussetez de fait dont les Livres sont remplis? Une infinité de gens de Lettres, les Esprits les plus pénétrans & les plus sublimes, ont pris à tâche pendant plusieurs années d'éclaircir l'Antiquité. Cette tâche de Mrs. les Critiques, aiant pour objet les actions de quelques hommes, devoit être plus facile que celle des Philosophes, qui a pour objet les actions de Dieu: cependant les Critiques ont donné tant de preuves de l'infirmité humaine, qu'on peut composer de gros volumes de leurs Faussete.[62]

Im Dienste einer Wissenschaftskritik und einer negativen Anthropologie wird so wie von selbst das von Descartes und der geometrischen Methode marginalisierte Feld der Geschichte als der Sammlung der kulturellen Güter zum bevorzugten Gegenstand einer kritischen Betrachtung, auf die Bayle sich in seinem Hauptwerk verlegen will. In der Abkehr von Gott, dem Gegenstand der Theologie und Philosophie, und damit in der Zurücknahme der Abstraktionen des metaphysischen Diskurses rückt der Mensch an die frei gewordene Stelle. Diese Vermenschlichung der Geschichte zeigt darum nicht weniger ein äußerst pessimistisches Bild des Menschen. Bayle weist ihm als

62 Bayle, DHC, Bd. 4, *Projet*, S. 614. Diese formale wie theologische Beziehung zur *Vanitas*-Schrift ist deutlich, obgleich Agrippa in gegensätzlicher Dramaturgie verfährt. Sein Resümee der Durchsicht aller eitler Wissenschaften führt ihn erst am Ende des Buches zur Einsicht in das Lob der Einfältigkeit und den Gewinn religiösen Wissens, das von den menschlichen Vernunftmühen gänzlich entkoppelt wird. Vgl. Heinrich Cornelius Agrippa von Nettesheim, *Über die Fragwürdigkeit, ja Nichtigkeit der Wissenschaften, Künste und Gewerbe*; hrsg. Wollgast Siegfried, übers. Gerhard Güpner, Berlin: Akad.-Verl. 1993, Kap. 101, S. 258: „In den Evangelien kann man lesen, wie Christus von den Einfältigen und vom einfachen Volk aufgenommen wurde, während ihn die Hohenpriester, Gesetzeslehrer, Schriftgelehrten und Pharisäer ablehnten, verurteilten und töteten. Deshalb wählte Christus keine Schriftgelehrten, Lehrer oder Priester als Apostel aus, sondern Einfältige aus dem niederen Volke, Leute ohne alle Bildung, Unwissende und Esel."

Urheber der Geschichte zwar die Verantwortung für diese zu, aber indem er zeigt, dass sie menschengemacht ist, wird ihr Verständnis als Aufhäufung der Verfehlungen und Verirrungen nur umso kränkender.[63] Bayles Anthropologie und Moral verfahren dabei grundsätzlich negativ. Statt einer Erhöhung des Menschen soll die Retrospektive und Listung der überlieferten Fehler ihm vielmehr den von der Philosophie geräumten Platz innerhalb der Schöpfung wieder zuweisen und offenlegen, dass seine Abhängigkeit von Gnade und Offenbarung durch die Errungenschaften der Diskurse der noch jungen neuen Philosophie und der beginnenden Aufklärung keineswegs überwunden ist.

Die kritische Geschichte als Anthropologie und Revision der Fehler des Menschen, als Kritik einer unreinen Vernunft, steht also als Invektive gegen einen von ihr gereinigten Raum der bloßen Theorie. Im von Bayle avisierten Modus gewinnt sie dementsprechend metaphysische Geltung, wenngleich negative: in der Einklage des gleichen, wenn nicht höheren Ranges der Autokorrektur der Tradition gegenüber den bloß spekulativen Wahrheiten der Geometrie und des cartesianischen Denkens wird eine Metaphysik der Gegebenheiten eingeführt, die sich *en gros* als performativer Einspruch gegen den bestehenden Gegenentwurf begreift. Bayle will also das abschaffen will, was sich am Ende des 17. Jahrhunderts als Metaphysik gesetzt hat.[64] Schon der *Projet* gibt Bayle als Gegner jeder natürlichen Theologie zu erkennen, indem er das Irdische vom Göttlichen radikal getrennt halten will: Ein Denken des defizitären Diesseits, das den Menschen ins Zentrum nimmt, anstelle eines Denken des idealen Jenseits, auf das man aus dem Irdischen in Absehung von den Verirrungen der Vernunft weiterschließen kann.

63 Sommer, „Triumph", S. 29: „Unter Bayles kritischer Hand rückt Geschichte in die Gestaltungsmacht des Menschen – was freilich den illusionslos pessimistischen Blick auf die Moralität des Menschen mitnichten trübt. Vielmehr erscheint dieser Mensch ganz als Spielball seiner Leidenschaften, der sein Handeln vernünftigen Prinzipien unterzuordnen nicht im Stande ist. [...] Der geschichtsmächtig gewordene Mensch ist seiner selbst nicht mächtig."

64 Vgl. Marx & Engels, „Die heilige Familie oder Kritik der kritischen Kritik", S. 133: „Er [Bayle, S.G.] unterwarf daher die Metaphysik in ihrem ganzen geschichtlichen Verlauf der Kritik. Er wurde ihr Geschichtsschreiber, um die Geschichte ihres Todes zu schreiben."

KAPITEL 10

Poetik: Skepsis und Kritik

> Weder das Genre „Lexikon“ noch die alphabetische Lemmatisierung des Wissens ist Bayles Erfindung, wohl aber der gängige Wissenshierarchisierungen untergrabende Gebrauch der alphabetischen Lemmatisierung und des Genres „Lexikon“.[1]

Wenn das Zitat im Zentrum der skeptischen Poetik Bayles steht, und in ihm die Effekte von Intertextualität und uneigentlicher Rede zusammenlaufen, so bestimmt dies seine Technik der Übernahme, aber noch nicht seine Form des Wörterbuches. Seine Präsentation der Geschichte in der kondensierten und handhabbar gemachten Form eines Nachschlagewerks der Fakten wird vom Schriftbild und von der vorangestellten Kritik bereits entstellt. Was bleibt, ist die Verkürzung und Entkopplung von jeder Hierarchie oder Systematik, die zugleich den freien Bezug der Artikel unter- und aufeinander ermöglicht. Die arbiträre Ordnung des Alphabethischen gibt ihm den Leitfaden für die kursorische und fragmentarische Geschichte der Irrtümer. Sein einziges System speist sich aus den Namen seiner Protagonisten. Dieser performative Einspruch wiederholt den spezifisch antirationalistischen Positivismus Bayles formal, wie Cassirer schildert:

> Es ist kein Zufall, daß er für seine kritische Arbeit die Form des „Dictionnaire historique et critique“, die Form des Wörterbuchs gewählt hat. Denn das Wörterbuch läßt, entgegen dem Geist der Über- und Unterordnung, der die rationalen Systeme beherrscht, den Geist der bloßen Nebenordnung am reinsten hervortreten. In ihm gibt es keine Hierarchie der Begriffe, keine deduktive Ableitung des einen aus dem anderen; sondern in ihm gibt es nur noch ein einfaches Beisammen von Materien, deren jede der anderen gleichbedeutend ist und sich mit ihr in [sic] den Anspruch auf vollkommene Darstellung und erschöpfende Behandlung teilt.[2]

Bayles Innovationskraft ist sicher unbestreitbar. Allerdings sind die Modelle und Vorgänger in seinem Fall deutlich konturierter als bei den *Essais*, denn die Enzyklopädie und das Wörterbuch sind zum Ende des 17. Jahrhunderts weit verbreitete Formen der Versammlung und Speicherung des Wissens, und der Ruhm dieser Publikationsform gibt Bayles Schreiben erst die Gelegenheit,

1 Sommer, „Triumph“, S. 8.

2 Cassirer, *Die Philosophie der Aufklärung*, S. 211.

© WILHELM FINK VERLAG, 2021 | DOI:10.30965/9783846766064_013

seine Form aus ihr zu gewinnen.[3] Seine Vorformen sind, konkret und allgemein, vielfältig:[4] Neben Moréris *Grand Dictionnaire* wäre zum Beispiel Furetière zu nennen. Denn Bayles nicht zufällige Entscheidung für ein Wörterbuch, das in seinem historischen Vorgehen allerdings keiner rein definitorischen Richtung folgt, stellt das Komplement zu Antoine Furetieres von Bayle sehr gelobten „Dictionnaire Universel" dar, das 1690 ebenfalls bei Leers mit einem Vorwort erscheint, das Bayle schreibt, ohne es zu signieren.[5] Der *Trésor de la langue francaise* von Jean Nicot (1606) dürfte ihm ebenso vor Augen gestanden haben, wie die Vielzahl von Wörterbüchern, die Bayle selbst in der Einleitung erwähnt.[6]

Bayles Wörterbuch hat auch im zeitgenössischen Vergleich erstaunlichen Umfang und ergibt schon aus einer quantitativen Betrachtung des Corpus und des Schriftbilds eine Vorstellung von Funktion und Aufbau sowie von der Transformation seiner Vorlagen.[7] Auf den ersten Blick in die Folio-Bände folgt die Einsicht in die Hybridität dieses Wörterbuchs; seine Kommentare und Anmerkungen überflügeln den Kopf- oder Leittext bei weitem.[8] Den – nach

---

3 Eine umfangreiche Situierung Bayles innerhalb dieses Diskurses findet sich bei Sebastian Neumeister, „Unordnung als Methode: Pierre Bayles Platz in der Geschichte der Enzyklopädie", in: *Enzyklopädien der frühen Neuzeit. Beiträge zu ihrer Erforschung*, hrsg. Franz M. Eybl, Tübingen: Niemeyer 1995, S. 188-199.

4 Für den „Bezug auf die Tradition der zusammenstellenden Literatur", vgl. Martin Gierl, „Kompilation und die Produktion von Wissen im 18. Jahrhundert", in: *Die Praktiken der Gelehrsamkeit in der frühen Neuzeit*, hrsg. Helmut Zedelmaier, Tübingen: Niemeyer 2001, S. 63-94; für die die Enzyklopädie im Besonderen, vgl. Wilhelm Schmidt-Biggemann, „Enzyklopädie und Philosophia perennis", in: *Enzyklopädien der Frühen Neuzeit*, S. 1-18.

5 Das Vorwort erschien in der 1690er Ausgabe: Furetière, *Dictionnaire universell*, Bd. 1, *Preface*, o.S.; Vgl. Bost, *Pierre Bayle*, S. 388. Die Bedeutung von Antoine Furetière für die Genese des *Dictionnaire* ist bisher wenig betont worden, ungeachtet der Prominenz dieses Autors im Denken Bayles sowie seiner unbestreitbaren Rolle als Vertreter des historischen Pyrrhonismus. Bayle hatte sich schon zuvor um Furèrtiere bemüht und Teile seiner *Essais* von 1684 in den *Nouvelles* (Februar 1685) wieder abgedruckt, um sie „einem größeren Publikum zugänglich" zu machen (So die Darstellung bei: Dorothea Behnke, *Furetière und Trévoux: Eine Untersuchung zum Verhältnis der beiden Wörterbuchserien*, Berlin/Boston: de Gruyter 2017, S. 19.)

6 Er geht im Folgenden (Bayle, DHC, Bd. 1, *Preface*, S. III-VI.) noch auf weitere zeitgenössische Publikationen ein, anhand derer er seinen Gegenstandsbereich – entgegen der Tendenz des *Projet* – hat eingrenzen müssen.

7 Zu seiner Entstehungsgeschichte, vgl. Labrousses Darstellung (Labrousse, *Pierre Bayle*, Bd. 1, „Du pays de foix a la cité d'Erasme", Kap. 7, S. 168-200.)

8 Allgemein und komprimiert fasst Neumeister die Data des *Dictionnaire* als Auswertung seiner Statistik, „Pierre Bayle oder die Versuchung der Geschichten", in: *Wissenschaftliches Erzählen im 18. Jh. Geschichte, Enzyklopädistik, Literatur*, hrsg. Veit Elm, Berlin: Akademie-Verlag 2010, S. 73-84, hier S. 73: „Das *Dictionnaire historiqne et critique* bietet auf etwa 3.500 Druckseiten ca. 2.000 Artikel – die Zählungen schwanken zwischen 1.950 und 2.044 Artikeln – mit ca. 10.000

Völkel, der sich aus Lieshouts Zählung stützt – 2053 Artikeln des *Dictionnaire* stehen etwa 54.000 Anmerkungen und Fußnoten gegenüber.[9] Der Umfang von über zweitausend Einträgen und der Mangel an Ordnungskriterien – wie ein einleitender Index, um zu wissen, welche Artikel das Buch enthält – sind Teil der „Widerspenstigkeit", die Neumeister beobachtet hat.[10]

Entscheidend an diesem „Beisammen von Materien" ist allerdings, dass es so „einfach" eben nicht ist, denn die Bedeutung des expliziten intratexutellen Bezugs durch Bayle sowie sein fortlaufendes Gegenüberstellen widersprüchlicher Meinungen zeigen, dass die je vereinzelten und verkürzten Momente des historischen Ganzen keineswegs eine friedliche Koexistenz führen, sondern sich gegenseitig ihre Ansprüche streitig machen. Im ständigen Fortgang der Sammlung seiner „Materien" stellt der *Dictionnaire* die Unvereinbarkeit zweier Artikel aus, die zwei Personen darstellen, die wiederum metonymisch für zwei historische Positionen einstehen sollen; und hält virtuell immer die Möglichkeit offen, von Z zurück zu A zu gehen und den Text mit sich selbst in Disharmonie zu bringen. Die arbiträre Ordnung ist nur dem Anschein nach objektiv und desinteressiert; der Umstand, dass man – wie Cassirer – Bayles Gegenstände gerade dort, wo er sie nur zitiert und reproduziert, für roh und unverfälscht halten kann, darf nicht übersehen lassen, dass kein einzelner Teil dieser „Materialien" für sich steht. Sein Register der Missgriffe der menschlichen Vernunft und Kultur besteht, analog zum Protokoll der wild gewordenen Imagination bei Montaigne, aus ständigen Ein- und Widersprüchen, die in ihrer eigenen Geschichtlichkeit dynamisch geblieben sind. Die Bestandsaufnahme anhand des arbiträren Ordnungssystems des Alphabets ist das Register des „Katalogs der Widersprüche".[11]

Anmerkungen und ca. 50.000 Belegen, die zu über 60 Prozent Personen des 16. und 17. Jahrhunderts gelten, wobei verständlicherweise die französischen Namen dominieren."

9 Vgl. Markus Völkel, „Bayles Umgang mit seinen Quellen", *Aufklärung* 16 (2004), S. 37-48, hier S. 38: „Im Corpus enthält das DHC 10 350 Marginalnoten, die Remarques enthalten 44 100 Noten. Auf über 3500 Werke wird insgesamt verwiesen. 3756 Quellen werden für die Moderne nachgewiesen, von denen 2086 nur in einem, 2656 nur in zwei Artikeln benutzt werden. Zu den 3765 *modernes* kommen dann noch 267 *anciens*. Insgesamt sind es 2053 Artikel […]." Die Darstellung bei Helena Henrica Maria van Lieshout, *The Making of Pierre Bayleś* Dictionaire historique et critique, Amsterdam (u.a.): APA-Holland Univ. Press 2001, hier S. 113-117, bzw. S. 177-186. Völkels Argument, dass die Ratio zwischen Quellen und Einzeleinträgen keineswegs den Schluss zulässt, dass es sich bei Bayle um einen „Quellenforscher" gehandelt habe, untergräbt die Argumentation von Lieshout, ist aber durchaus überzeugend und kehrt den selektiven Modus von Bayles Textauswahl weiter hervor.

10 Neumeister, „Pierre Bayle und der Mythos", S. 142.

11 Wir greifen wieder auf Blumenbergs Übersetzung von „Isosthenie" zurück. Blumenberg, *Lachen der Thrakerin*, S. 35-36; siehe Teil I dieser Arbeit.

Die folgende Durchsicht des *Dictionnaire* wird darauf festgelegt sein, Selbstbeschreibungen und Programmatisches in Bayles Text zu finden, da nur solches eine Möglichkeit zum Vergleich der beiden Projekte bietet. So werden die begleitenden Texte außerhalb der Lemmata einen bevorzugten Untersuchungsgegenstand darstellen, die wir in anachronistische Reihung bringen wollen. In Hinblick auf die dynamische Konzeption des *Dictionnaire* bildet eine gemeinsame Lektüre der Vorworte zur ersten Ausgabe mit den Erläuterungen der *eclaircissements* der zweiten Ausgabe zusammen mit den Leitlinien des *Projets* die Möglichkeit, der Poetik des Dictionnaire eine Form zu geben und ihre Entwicklung zu untersuchen. Die Selbstbeschreibungen, Ausblicke und Rechtfertigungen, die oftmals im Modus der (vorgreifenden oder rückblickenden) Selbstkritik erfolgen, erfüllen im *Dictionnaire* die Funktion der einleitenden und eingeschobenen Digressionen Montaignes und lassen einen mitlaufenden Paratext zum Eigenkommentar des Unternehmens werden.[12]

Allerdings muss gleich hinzugefügt werden, dass eine strikte Beschränkung auf den so markierten Paratext für einen umfassenden Vergleich schon darum ausgeschlossen ist, weil der *Dictionnaire* mit der Überschreitung klar differenzierter Textualitätsebenen so konstitutiv spielt und die Lektüreerwartung zur Abfolge der Darstellungsmomente derart brüsk enttäuscht, dass eine Festlegung auf textuelle Funktionen anhand eines klaren Schemas unterlaufen wird. Auch diese Eigenschaft teilt Bayle mit Montaigne, und wie bei ihm ist es auch hier unabdingbar, die tatsächliche Textgestalt und, vor allem, ihre Performanz mit den Selbstdarstellungen in Abgleich zu bringen – erwartungsgemäß wird an den internen Abständen zwischen Programm und Umsetzung erst das zu erkennen sein, was sich als Bayles Poetik zusammenfassen lässt.

Gerade durch die beigefügten Erläuterungen wird die Gestalt des *Dictionnaire* nach der ersten Ausgabe noch heterogener. Ganz in der Logik des Fortschritts auch im eigenen Schreiben sekundiert so die Textgestalt die Varianz des Wörterbuchs in seiner ungleichgewichteten Zweiteilung von Leittext und Anmerkung. Bayle erweckt mit beiden Beifügungen den Eindruck besonderer Zurückhaltung; der Tonfall seiner Erläuterungen lässt die erste Kritik des *Dictionnaire* auf ihn selbst anwenden und in der Form einer *excusatio propter infirmitatem* die Leitlinien des Programms bestimmen.[13] In seiner

---

12 Bost hat eine gesonderte Herausgabe der Erläuterungen Bayles besorgt; vgl. Pierre Bayle, *Les „Éclaircissements" de Pierre Bayle: édition des „Éclaircissements" du „Dictionnaire historique et critique" et études*, hrsg. Hubert Bost, Paris: Champion 2010.

13 Bayles Mischung von Entschuldigung, Leser/innenansprache und Methodenerklärung greift dieselbe Strategie auf, mit der Montaigne die *Essais* eröffnet sowie immer wieder poetologisch werden lässt. Diese Einschätzung teilt auch Weibel; Weibel, *Le Savoir et le corps*, S. 13: „Il est d'usage immémorial de placer au début d'un texte de savoir une *excusatio*

Vorrede will Bayle die Verzögerung der Bearbeitung seines Projekts nach der Ankündigung von 1692 erklären. Sie bildet das Hauptthema der einleitenden *excusatio*. Die gesamte hier entwickelte Poetik steht im Zeichen dieses Bekenntnisses, ein langsamer und wenig produktiver Autor zu sein:

> J'avoue de bonne foi que les Auteurs laborieux & diligens auront lieu de me regarder comme un Ecrivain peu actif. J'ai mis plus de quatre années à la composition de ces deux Volumes.[14]

Deutlicher noch als im Falle Montaignes dürfte hier die Logik des „Blitzableiters"[15] greifen, die sich den Einwänden gegen das noch unbegonnene Buch vorgreifend widmet und so in der doppelten Logik der rhetorischen Form wirksam wird; als Immunisierung gegen die bereits vorweggenommene und so entkräftete Kritik, die Bayle selbst formuliert, um sie anderen zu verunmöglichen, sowie als Bekräftigung seiner Aufrichtigkeit, die sich im Bekenntnis zum Verfahren und in einer Fülle von Bescheidenheitstopoi niederschlägt. Auch wenn diese Bescheidenheitserklärung schon angesichts der bloßen Quantität der beiden Bände kaum ernst genommen werden kann, fällt auf, dass die Montaignesche Formel des *bonne foi* hier in der gleichen Funktion wiederkehrt und die Besprechung seiner Aufrichtigkeit mit dem begrenzten Rahmen untermauert, der ihm gattungsmäßig zukommt. Bayles Schwäche als Autor wird von der Intensität seiner Akribie begleitet, und beide führen zum selben Ziel. Man müsse ihm die Langsamkeit und Langatmigkeit seiner verdienstvollen, aber zähen Tätigkeit nachsehen, was so viel besagt wie: man kann ihn nicht dafür angreifen.

In gedrängter Form hierarchisiert er die Einwände, die sich teilweise als direkter Bezug zur vom *Projet* angestoßenen Debatte ausnehmen, teilweise die Gattungs- und Poetikspezifika des Buchs betreffen. Innerhalb dieses Programms, das sich vom *Projet* abgrenzen muss, nimmt die Art des Zitierens einerseits und die Darstellung seiner eigenen Person als Urheber einer Kompilation und damit als Sammler des historischen Wissens den meisten Raum ein.

Innerhalb seiner Rechtfertigung greifen so autobiographische Momente und die Bedeutung der Intertextualität ineinander. Weit davon entfernt, sein

---

propter infirmitatem: d'avouer ses limites, son incompétence. […] Elle ne manifeste pas, en effet, la nostalgie d'un savoir total, ni le regret de n'être pas celui qui aurait pu traiter le sujet avec autorité et compétence. Elle revendique au contraire cette in-firmité, cette in-certitude comme la condition de tout discours possible aujourd'hui."

14 Bayle, DHC, *Preface*, S. IV.

15 Vgl. Genette, *Seuils*, S. 192.

Projekt in Isolation und als eigenständiges Projekt zu inszenieren, evaluiert Bayle vor allem die Lücke in der *République des Lettres*, die er nun zu füllen beabsichtigt. Alles, was Bayle zur Modifikation und zur schließlich umgesetzten Textgestalt sagt, speist sich aus einer Art kritischer Bestandsaufnahme der vorliegenden Vergleichswerke und wird als Teil der Bemühungen um eine Sammlung des verfügbaren historischen Wissens angesehen. Der *Dictionnaire* soll sich einfügen in eine Publikationslandschaft, in der spezialisierte wie allgemeine Bereiche bereits ausreichend abgedeckt seien, sodass für Bayle nur die noch unbehandelten Gegenstände übrigbleiben. Anstelle der Aufnahme aller Fehler ist also die Ökonomie der Ergänzung und Richtigstellung getreten, die sich beschränken will.

10.1 „Kritik" bei Bayle

Mit der *excusatio* und der Revision des vorangegangenen *Projets* lässt Bayles Vorwort den *Dictionnaire* mit einem Sonderfall der historischen Kritik, der werkgenetischen oder autobiographischen Selbstkritik, beginnen. Seine Veröffentlichung kann den Anspruch, den er zuvor mitgeteilt hatte, nicht erfüllen, denn die Ideen des *Projet* mussten im Arbeitsprozess modifiziert werden.[16] Dieses Abrücken vom Entwurf legitimiert Bayle zunächst, aber nicht in erster Linie mit der Ökonomie.[17] Zweifellos erkennt er an, dass die Leistung der durchgängigen Korrektur sämtlicher Fehler in den verfügbaren Wörterbüchern und somit eine Geschichte der Irrtümer in einem *Wörterbuch der Fehler* zu schreiben eine fast unlösbare Aufgabe darstellt.[18] Nach der Veröffentlichung des *Projet* und unter Einbezug der Kritik am Entwurf hat Bayle seine Entscheidung revidiert, auch wenn der Anspruch des Korrektivs ungebrochen bleibt.[19] Die Differenz zwischen Plan und Wirklichkeit hat mehr quantitative

16 Dies könnte selbstverständlich auch an der Kritik des *Projet* liegen, die die gelehrte Welt gegen Bayle geäußert hat; vgl. Lieshout, *Making*, S. 15-20; Bayle selbst gibt diesen Grund für die Abkehr vom Entwurf selbst als Beifügung zum wiederabgedruckten *Projet* im *Dictionnaire* mit an. Dort heißt es (Bayle, DHC, *Projet*, S. 615): „Notez que dans la composition de ce Dictionaire je n'ai pas suivi par-tout les idèes de ce Projet. La déference que j'ai eue pour les Avis de quelques lecteurs intelligens m'a fait suivre une autre route sur certains chefs."

17 Bayle selbst spricht von „*nouvelle Oeconomie*"; Bayle, DHC, *Preface*, S. II.

18 Bayle, DHC, *Preface*, S. I: J'avois dessein de composer un Dictionaire de Fautes: la perfection d'un tel Ouvrage demande que toutes les Fautes, petites & grandes, y soient marquées."

19 Der berühmteste und vielleicht wirkmächtigste Kommentar zu Bayles Entwurf dürfte von Leibniz stammen. vgl. Sebastian Neumeister, „Pierre Bayle oder die Lust der Aufklärung",

als qualitative Gründe, die im Arbeitsaufwand und in der Intensität der Auseinandersetzung liegen. Obwohl er nur abrückt, ohne mit dem *Projet* zu brechen, macht Bayle deutlich, dass der Auftrag der durchgängigen und vollständigen historischen Kritik mit der Sammlung *sämtlicher* Fehler gescheitert sei. Eine notwendig unvollständige Sammlung nur einiger ergänzender Informationen, wie er sie nun präsentieren kann, bleibt weit hinter seinem ursprünglichen Vorhaben zurück.[20]

Bayle ist allerdings weder am Anspruch der Vollständigkeit dieses Wörterbuchs, noch an der beständigen Fortführung und Multiplikation der Irrtümer gescheitert. Was ihn wirklich von seinem Plan abgebracht habe, sei ein neues Bewusstsein für den Geschmack des Publikums (*le goût du Public*).[21] Bayle will nicht behaupten, er habe sein Schreiben an den Zeitgeist angepasst, sondern vielmehr eine Reflexion darauf, welche Form von Informationen den vorliegenden Arbeiten – allen voran Moréris, den er im *Projet* noch nur randständig erwähnt hatte[22] – eine wirkliche Ergänzung beifügen könnte, die nicht nur für einen Diskurs von Spezialisten von Relevanz wäre.[23] Die Beteuerungen,

---

in: *Welt der Information: Wissen und Wissensvermittlung in Geschichte und Gegenwart*, hrsg. Hans-Albrecht Koch, Stuttgart: Metzler 1990, S. 62- 78, hier S. 65 „Der Kritiker des *Projet* mit dem größten Namen ist Leibniz." Er bringt den Einspruch an, dass die „Fehler" nur geringes Interesse des Publikums erwecken würden. So lautet seine Kritik, die auch dem enormen Umfang des avisierten Wörterbuchs gilt: „Die meisten Leser wollen nicht wissen, wie oft Moreri sich geirrt hat, sie interessieren sich nur selten für die gelehrten Dispute, aber sie werden mit Freuden erfahren, daß man ihnen ausschließlich gesicherte Fakten liefert, oder zumindest gut verbürgte." Wir zitieren die Übersetzung aus Neumeister, S. 65, der allerdings keine Quelle für die Stelle angibt. Siehe Gottfried Wilhelm Leibniz, *Commercii epistolici Leibnitiani*, hrsg. Johannes Feder, Hannover: Hahn 1805, S. 50. Vgl. ferner Lorenzo Bianchi, „Leibniz et le Dictionnaire de Bayle", in: *Leibniz Auseinandersetzung mit Vorgängern und Zeitgenossen*, hrsg. Ingrid Marchlewitz & Albert Heinekamp, Stuttgart: Steiner 1990, S. 313-324, hier 316-317. Nach der Angabe von Bianchi kann noch angefügt werden, dass der entsprechende Brief Leibniz' als „Beilage" erschien in Gottfried Wilhelm Leibniz, *Die philosophischen Schriften*, Bd. 6, hrsg. Carl I. Gerhardt, Berlin 1885 [1978] (= GP VI), S. 16.

20 So bemerkt Lieshout, *Making*, S. 31, zum Abstand zwischen Entwurf und Vorwort: „The message is unmistakable: readers could no longer expect any of this from the *Dictionnaire*."

21 Kallweit, *Kulturelle Konfigurationen*, S. 245, gibt dieselbe Motivation zur Umgestaltung an. Vgl. ferner Lieshout, *Making*, S. 106.

22 In einer langen Durchsicht (Bayle, DHC, *Preface*, S. II-III) diskutiert er nicht nur die unterschiedlichen Werke, sondern auch ihre jeweiligen Neuherausgaben mit Ergänzungen, um den Eindruck zu erwecken, mit jeder dieser Neuerscheinungen um einen Teil seiner Vorarbeit gebracht worden zu sein.

23 Das Relevanzkritierum ist die eigentliche Pointe der Umgestaltung; Bayle gibt en passant zwar zu verstehen, dass er im Gegensatz zu Moréri durchaus in der Lage gewesen wäre, ein vollständiges Wörterbuch antiker Helden- und Mythenfiguren zu erstellen und mit dieser Arbeit schon begonnen habe, nur um im Fortgang zu bemerken, dass solche Bücher

bei der Abfertigung des *Dictionnaire* an seine Marktfähigkeit und die Erwartungen der Öffentlichkeit gedacht zu haben, durchziehen zwar das Ganze des Vorworts, nicht zuletzt auch in Rücksicht auf die Zitate und deren Wiederabdruck im neuen Text – ihre bloße Reproduktion wäre eine abträgliche Vermehrung der Texte, ihre genaue und wiederauffindbare Platzierung im neuen Text allerdings ist gerade in Rücksicht auf die Leserschaft, die über keine umfangeiche Bibliothek verfügt, ein besonderer Dienst.[24] Über diese pragmatischen und publikumsorientierten Motivationen hat aber auch eine tatsächliche Revision des Entwurfes stattgefunden, die unmittelbar den Status der Kritik betrifft. Anstelle der Korrektur aller Fehler in einem gelehrten Kommentar soll etwas anderes präsentiert werden. Bayle blickt auf den Nutzen der Geschichte und ihrer Kritik, den er neu einschätzt. Er bestehe für ihn nicht mehr darin, die Irrtümer zu erkennen, vorzustellen und erschöpfend zu rekonstruieren. Für sein historisch-kritisches Vorgehen mag diese Erklärung verblüffen:

> [...] moi je soutiens qu'il n'y en avoit aucune [d'erreurs, S.G.] qui fût importante, & qu'encore que généralement parlant elles ressemblassent à celles qui ont été observées par les grands Critiques, elles ne pouvoient rien contribuer au bien public. Ce n'est pas de-là que dépendent les destinées du Genre humain. Un

nur sehr wenigen gefallen und nur als Ladenhüter in Foliobänden taugen: Bayle, DHC, *Preface*, S. II: „Et comme Mr. Moréri s'est beaucoup plus abusé dans ce qui concerne la Mythologie, & les Familles Romaines, que dans l'Histoire moderne, j'avois principalement fait des Recueils sur les Dieux & sur les Héros du Paganisme, & sur les grands Hommes de l'ancienne Rome. L'Ouvrage, que je me proposois de publier, eût contenu une infinité d'Articles semblables à l'Achille, au Balbus, & aux Cassius de mon Projet. Tous ces vastes Recueils me sont devenus inutiles; car j'ai appris que ces matieres ne plaisoient qu'à très peu de gens, & qu'on laisseroit moisir dans les magasins du Libraire un Volume in Folio, qui rouleroit presque tout sur de tels sujets."

24 Bayle, DHC, *Preface*, S. III-IV: „[...] [F]aut-il faire acheter deux fois les mêmes Histoires? J'ai donc mieux aimé m'abstenir d'une matiere si féconde, & si aisée à trouver, que de redire ce que l'on pouvoit apprendre plus commodément ailleurs. [...] J'ai considéré qu'un Ouvrage comme celui-ci doit tenir lieu de Bibliotheque à un grand nombre de gens. Plusieurs personnes, qui aiment les Sciences, n'ont pas le moien d'acheter les Livres; d'autres n'ont pas le loisir de consulter la cinquantiéme partie des Volumes qu'ils achetent. Ceux qui en ont le loisir seroient bien fâchez de se lever à tout moment, pour aller chercher les instructions qu'on leur indique. Ils aiment mieux rencontrer dans le Livre même, qu'ils ont sous les yeux, les propres paroles des Auteurs qu'on prend pour témoins. Si l'on n'a pas l'Edition citée, on se détourne pour long-tems; car il n'est pas toujours aisé de trouver dans son Edition la page qu'un Auteur cite de la | [VI] sienne. [...] Ainsi, pour m'accommoder aux intérêts des Lecteurs qui n'ont point de Livres, & aux occupations ou à la paresse de ceux qui ont des Bibliotheques, j'ai fait ensorte qu'ils vissent en même tems les Faits Historiques, & les Preuves de ces Faits, avec un assortiment de Discussions & de Circonstances qui ne laissàt pas à moitié chemin la curiosité."

> récit, plein de la plus crasse ignorance, est aussi propre que l'exactitude historique à remuer les passions.[25]

Die großen Kritiker haben bereits vor Bayle den Versuch der Bereinigung von Missgriffen und Fehldarstellungen in der Historiographie unternommen, und dies sicher methodisch beispielhaft und zufriedenstellend – aber ohne den gewünschten Erfolg, der nicht in der Korrektur, sondern in der Verbesserung des Wissens um die Geschichte bestünde. Die Öffentlichkeit hat sich schlicht nicht für diese Pedanterie interessiert, und trotz ihrer Korrektur bleiben die als falsch zensierten Momente weiterhin wirksam. Bayle denkt an das öffentliche Wohl (*bien public*), das von diesen kleinen Korrekturen ebenso unbeeindruckt wie von möglichen größeren bleibt. In der Zurücknahme seines eigenen Vorschlags einer Geschichte als Korrektiv entwirft er das Spannungsfeld der „historischen Exaktheit" der Details zu ihrem Widerpart, der Erzählung (*recit*). Denn Erzählungen bleiben trotz aller Desinformation und Unrichtigkeit ihrer Inhalte rhetorisch wirksam, sind also geeignet, die Leidenschaften des Publikums zu erregen. Bayle liefert sogleich – in Zitaten – zwei Beispiele dieses uninformierten, aber erfolgreichen Geschichtsbezugs, die nicht zufällig aus Predigten stammen und für historisch gebildete Leser sofort als Fehldarstellungen erkennbar sind. Für die Bewegung der Masse (*dix mille personnes très-ignorantes*) ist dieses Wissen um die Fehlgriffe irrelevant. Der rhetorisch-persuasive Effekt beim Publikum hat mit der Glaubwürdigkeit der Aussage keine nähere Beziehung.[26]

Die Bestimmung der Aufgabe des Historikers sowie der Auftrag der Kritik, und damit die Neufassung von Bayles Übertragung des Kritischen auf die Geschichte im Allgemeinen, leitet sich also aus der politisch-rhetorischen

---

25 Bayle, DHC, *Preface*, S. I.

26 Diese Formulierung greift die Kritik Leibniz' am *Projet* fast wörtlich wieder auf; vgl. Neumeister, „Lust der Aufklärung", S. 65. Die Beispiele für rhetorisch nutzbargemachte Darstellungen, die jeder faktischen Grundlage basieren, aber dessen ungeachtet die Massen bewegen können, entnimmt er katholischen Predigten, die historisch unzutreffende Inhalte erfolgreich für ihre Zwecke gebraucht haben. Seine Quelle ist hier u.a. Furètiere; Dieser habe, wie die *Fureteriana* berichten, eine Predigt gehört, in der Phyrrhus und Pompeius zu Zeitgenossen gemacht wurden, um die Gemeinde zum Mitleid vor dem Kreuz zu bewegen. Es handelt sich um das erste Zitat des gesamten Buches; Bayle, DHC, *Preface*, S. I: „Dites leur, *Quoi Chrétiens! vous ne serez pas touchez de voir notre Sauveur Jésus-Christ à l'arbre de la Croix, tout meurtri de coups, & l'Empereur Pompée sut bien ému de compassion, lorsqu'il vit les élephans de Pyrrhus percez de fleches*; vous ferez autant d'effet que si vous disiez de Pompée une chose très-véritable." [Bayle fügt an, Anm. (3)]: „On assure dans le *Furetieriana*, pag. 127 de l'Edition de Bruxelles, que Furetiere entendit prêcher cela en Flandre."

Wirksamkeit des Materials ab. Für die Bewegung der Massen scheint in Bayles Augen dieselbe Maxime zu gelten, die sich bei Montaigne in Bezug auf den Wahrheitsgehalt der Überlieferung finden ließ, also die Gleichwertigkeit von belegten und fiktiven Geschichten daran zu bemessen, inwiefern sie zur affektiven Lenkung taugen und wie massenkompatibel sie sich aufbereiten lassen.[27] Bayles Revision des Programms kommt dabei allerdings ganz ohne Affirmation dieses Umstands aus; vielmehr führen die unvermittelt eingeführten Beispiele insbesondere religiöser Manipulation durch Fehlinformationen gerade vor, dass der kritische Impetus seines Blicks auf den Nutzen der Geschichte von der Diagnose selbst unbetroffen ist. Wenn der *Dictionnaire* den Ansprüchen des Publikums angeglichen worden ist, so ist diese Modifikation eine Verschiebung im Aufbau und in der Form, die den Impetus der Kritik aufrechterhält und die Effektlosigkeit akribisch-philologischer Arbeit bedauernd konstatiert. Zeitgleich wird Bayle gegenüber der Herkulesaufgabe des *Projet* freier: Sein neues Projekt gewinnt vielmehr gegenüber dem ersten Entwurf an Kontur dadurch, dass Bayle die Dopplung seines Vorgehens – faktenbasierte Biographie von *historischen* Personen und die kritische Diskussion der Überlieferung, der Bezugnahme sowie des jeweiligen Werkes, falls vorhanden – als Diversifikation eines sonst einheitlich gedachten Kritikapparates begreift. Mit der Einsicht in die Effektlosigkeit der reinen kritischen Aufarbeitung geht eine Vervielfältigung der möglichen Zugriffe auf die Geschichte einher. Der zweifache Charakter des Buches in der Korrespondenz von Historie und Kritik führt nicht, wie man annehmen könnte, zu einer zweigliedrigen Struktur mit klarer interner Abgrenzung; „Kritik" wird von ihrer strikten Bestimmung befreit zum Sammelbegriff für eine Fülle von Gattungen und Funktionen, greift von den Anmerkungen immer wieder in die Darstellungen der Biographie ein und multipliziert die Dualität des Vorgehens ins Vielfache.[28]

27 So verstanden, ist Bayles Einsicht in die Gleichwertigkeit die Gegenfassung zu Montaigne I 21, 105-106: „Advenu ou non advenu, à Paris ou à Rome, à Jean ou à Pierre, c'est toujours un tour de l'humaine capacite, duquel je suis utilement advisé par ce recit. Je le voy et en fay mon profit egalement en umbre qu'en corps. Et aux diverses leçons qu'ont souvent les histoires, je prens à me servir de celle qui est la plus rare et memorable. Il y a des autheurs, desquels la fin c'est dire les evenemens. La mienne, si j'y sçavoye advenir, seroit dire sur ce qui peut advenir." Der gemeinsame Fluchtpunkt beider gegensätzlicher Verortungen – wo Montaigne die Geschichte als Gegenentwurf fasst, entscheidet Bayle sich ausdrücklich gegen die Dichtung – ist Aristoteles, *Poetik*, 1451 a. Wo Montaigne eine Lizenz erkennt, in Möglichkeiten zu schreiben und sich nicht um die Tatsächlichkeit seiner Quellen bemühen zu müssen, ist Bayles Einsicht in die Wirkungslosigkeit der historischen Kritik deren Öffnung.

28 Brush hält in Anschluss an Dibon und Sandberg fest, dass die Annahme einer grundlegenden „Duplizität" des *Dictionnaire* eine unbegründete „Legende" sei. Brush, *Montaigne*

In dieser Zuspitzung des Mischcharakters seines Vorhabens überwindet Bayle vielmehr falsche Leseerwartungen als seine eigene Konzeption. Entgegen der Inszenierung als von der Kritik und der Mühe der Arbeit geläuterter und einsichtiger Autor steht die Beschreibung seines Vorgehens in Diversifikationen der Textformen in Kontinuität zu seiner Ankündigung im *Projet*. Dort hieß es mit Blick auf die Programmatik des Entwurfs, dass die Übersetzung desselben in die Praxis mit einer Verformung und Vervielfältigung der Mittel einherzugehen drohe: die Kommentare würden sich wie von selbst gegen strenge Schemata sträuben, und vielmehr eine Mischform erzeugen, die sich durch *bigarrure* auszeichnet:

> J'ai donc choisi les morceaux dont je me défiois le plus, ou qui contenoient chacun en son espéce les irrégularitez les plus sensibles, comme vous diriez une longue queue de Remarques, une Digression qui ressemble à une Dissertation en forme, &c. Je loue la simplicité d'un plan: j'en admire l'exécution uniforme & degagée: je fais consister en cela l'idée de la perfection; mais si je veux passer de cette théorie à la pratique, j'avoue que j'ai de la peine à me régler sur cette idée de perfection. Le mêlange de plusieurs formes, un peu de bigarrure, pas tant d'uniformité, sont assez mon fait.[29]

Diese Mischung verschiedener Formen gleicht sich ihrem Gegenstand an und steht gerade dem Ideal der Emendation und Zensur entgegen, das man für die Begründung der Kritik bei Bayle halten könnte. Bayles Kritikapparat wird in seinen ausschweifenden Kommentaren, Erläuterungen, Ausführungen und Abschweifungen (*digressions*) gerade das spiegeln, was der Gegenstand der Kritik war; die Schickungsirre der Überlieferung, die in ihren vielfältigen Formen gerade bereinigt und auf einen glaubwürdigen Urtext reduziert werden müsste. Das Beibehalten und Reproduzieren der Fehler statt ihrer stillschweigender Behebung spricht bereits aus, was der Flickenteppich der modifizierten Kritik im *Dictionnaire* zum Ziel hat; in ihrem zugleich destruktiven wie proliferierenden Schreiben von losen kleinen Formen steht Bayles *Dictionnaire* nur mittelbar im Dienste der Bereinigung. Eigentliches Ergebnis der kritischen Durchsicht seiner Quellen ist deren Abbildung. In der Verbindung von Historie

---

and Bayle, S. 251 (unter Einbezug von Karl Sandberg, *Faith and Reason in the Thought of Pierre Bayle, 1670-1697*, Madison: University of Wisconsin 1961, hier S. 35; vgl. Karl Sandberg, *At the Crossroads of Faith and Reason: an Essay on Pierre Bayle* Tucson: University of Arizona Press 1966; ferner *Pierre Bayle. Le Philosophe de Rotterdam*, hrsg. Paul Dibon, Paris: Vrin 1959.

29 Bayle, DHC, *Projet*, S. 609. „Bigarrure" wird bei Nicot mit „Varietas" übersetzt; vgl. Jean Nicot, BIGARRURE, in: *Le Thresor de la langue francoyse*. Zu dieser Stelle, vgl. Bost, *Pierre Bayle*, S. 392.

und Kritik, von Fehlerdurchsicht und begleitendem Kommentar wird der *Dictionnaire* zur Kopie der Diskussionen, die er aufnimmt. Sein Schreiben verfährt in der Freiheit der *varietas* nicht reduzierend, sondern maximierend. Aus einem vielleicht lässlichen Fehler wird, wenn man seine Geschichte nicht nur nachstellt, sondern diese Nachstellung zudem noch kommentiert, ein Netzwerk aus Irrtümern.[30]

10.2 Kritik und Gelehrtenrepublik

Die so hergeleitete Zweiteilung spiegelt nur bedingt die Dopplung des Titels seines Buches wider. Sie ist keineswegs derart paritätisch zwischen Geschichte und Kritik angelegt, wie die abstrakte Schilderung seines Vorgehens zunächst nahelegt. Der „historisch" genannte Teil beschränkt sich (zumindest in Bayles Ankündigung) auf die Fakten, und will als *„un narré succinct des faits*"[31] lediglich zeigen, was als Material einer möglichen Narration für eine jeweils personengebundene Biographie in Frage käme. Der zweite und schon in der Beschreibung umfangreichere Teil des Buches, der der Kritik entspräche, übernimmt keineswegs einfach die Aufgabe der Emendation. Kritik muss als wesentlich breiterer Begriff verstanden werden, wenn die Abkehr von der reinen Fehlerpräsentation im *Dictionnaire* wirksam geworden sein soll. So sehr

30 So könnte man die Zusammenfassung des Kritik-Verständnisses Bayles bei Labrousse weniger als sein Programm denn als Beschreibung von Bayles Texten verstehen; das, was Labrousse für Bayles Kritikgegenstand hält, ist das, was er selbst mit dem *Dictionnaire* (re-)produziert. Wenn sie die Stationen auf dem Weg eines Irrtums als mögliche Fehlerquellen aufzählt, bildet sie mit ihnen exakt das ab, was bei Bayle im Verhältnis von Kopie und Kommentar an uneinheitlichem Text entsteht. Vgl.: Elisabeth Labrousse, „La méthode critique chez Pierre Bayle et l'Histoire", S. 456: „Dans l'immense majorité des cas – en particulier pour tous les Textes antiques – le document nous parvient par une copie, ce qui implique qu'une multitude d'erreurs ont, pu se glisser dans le texte original. Par inadvertance le copiste a pu amputer un mot, sauter un ligne; il a pu se tromper en déchiffrant le texte, confondant ainsi des noms propres les uns avec les autres ou interprétant inexactement ce qu'il lisait. Parfois il a introduit des corrections malheureuses faute de comprendre correctement le docu ment qu'il voulait reproduire; parfois il a mêlé à l'original des gloses ou des notes marginales d'une rédaction bien postérieure ou même tout simplement, ses propres commentaires. [...] C'est presque à chaque page du Dictionnaire que Bayle a l 'occasion de signaler à son lecteur un exemple de l'une ou l'autre de ces multiples causes d'erreurs. Et il n'y a pas que les copistes ! Les abréviateurs, les continuateurs, les compilateurs et les traducteurs sont eux aussi à l'origine de multiples bévues : des mutilations désastreuses, d'irréparables contresens parsèment les textes anciens et les œuvres plus récentes sont loin d'échapper entièrement à ces calamités."

31 Bayle, DHC, *Preface*, S. II.

sich der erste Teil auf Kürze und Faktenreichtum beruft, wird der zweite in seiner Hybridität vielseitiger; der Text gewinnt „*assez de variété*", um einem breiten Publikum von Laien wie Gelehrten zu gefallen:[32]

> [...] l'autre est un grand Commentaire, un mêlange de Preuves & de Discussions, où je fais entrer la Censure de plusieurs Fautes, & quelquefois même une tirade de Réflexions Philosophiques; en un mot, assez de variété pour pouvoir croire, que par un endroit ou par un autre chaque espece de Lecteur trouvera ce qui l'accommode.[33]

Dem Leser als Käufer und Mitglied einer idealen Öffentlichkeit kommt also ein erheblicher Anteil an der Textgestaltung zu; und Bayles Einsicht in das Schicksal von Spezialdiskursen, unbemerkt und spurlos an den *dix milles personnes* vorüberzugehen, ist die eigentliche Motivation hinter seinem kritischen Apparat. Diese zehntausend Personen bilden eine Idealkonzeption seiner Leserschaft, deren angenommene Menge ihm erlaubt, sie als breit und divers zu fassen. Die Diversität seiner (möglichen) Leser/innen wird gespiegelt von der Diversität von Anmerkungsmodi, die in ihrer Offenheit und Varianz eben der Öffentlichkeit entsprechen sollen, für die Bayle sich zu schreiben vorgenommen hat und die, in einem nächsten Schritt, als die Lesergemeinschaft vom Text durch die Adresse erst konstituiert wird. Noch als Teil der *Excusatio* und in Hinblick auf ein Publikum, dessen angenommene Diversität mitverantwortlich für die Buchform sein soll, bestimmt das Buch sich selbst so durch seine *varietas* und seinen Mischcharakter. Bayles Kritik ist nicht bloßes Narrativ der Geschichte, noch einheitliche Überprüfung der Daten und Fakten, sondern eine Mischform, für die er auf diesem Umweg die Lizenz eingeklagt hat. Mit dieser Auffächerung, die Bayle schließlich auch erlauben soll, einige philosophische Reflexionen zu inserieren, gewinnt er gegenüber der bloßen „Zensur" des *Projets* eine Freiheit, die mit der Darlegung der Fehlergeschichte allein nicht möglich gewesen wäre.

Wenn so der Publikumsgeschmack die Struktur der Kritik mitgestaltet und Bayle zu einer Öffnung und Diversifizierung des Apparats verleitet, entspricht diese Modifikation der Entwicklung innerhalb der historischen Genese und Modifikation der Kritik in der Beschreibung Jaumanns. Er beobachtet, wie das Aufkommen der *critique mondaine* die Ansprüche die Vorgängerform

32 Am Beispiel von Sophie Charlotte, die Bayle 1700 besucht haben soll und stets seine Bücher mit sich führte, will Rétat diese Ausweitung des Adressatenzirkels als „Vulgarisierung" jenseits der Gelehrten veranschaulichen; siehe Pierre Rétat, *Le dictionnaire de Bayle et la lutte philosophique au XVIIIe siècle*, Paris (u.a.): Les Belles Lettres 1971, S. 102-104.

33 Bayle, DHC, *Preface*, S. II.

schrittweise ablöst. Die mondäne Kritik grenzt sich ab von der Strenge einer grammatisch, biblisch oder historisch begriffenen Kritik und gewinnt damit zugleich vielseitigeren Anwendungsraum und die Freiheit des Tonfalls.[34] Kritik ist nicht mehr rein geistlich oder geistig, sondern weltlich – ihr Mondän-Werden entrückt sie dem auf wenige Spezialisten reduzierten Gelehrtendiskurs und bringt sie in eine andere, breitere Öffentlichkeit der *dix milles personnes* als Profaner und Laien (im doppelten Sinne). Bayles Verweigerung gegenüber der Sphäre der reinen Gelehrsamkeit folgt zwar der Mode, die sich ebenso auch bei Malebranche hätte finden lassen, wiederholt sie doch ebenfalls die Geste der Pedantenkritik, die sich schon im 16. Jahrhundert und prominent bei Montaigne hat finden lassen.[35] Auch als intimer Kenner des gelehrten Diskurses der Vorzeit und seiner Kritik *avant la lettre* weiß Bayle bestimmt, dass man zu seiner Zeit, wie Koselleck sich ausdrückt, „keine dicken Bücher mehr schreibe".[36] Zu wissen, was man dem Humanismus verdanke, geht mit der Einsicht einher, dass sich der Maßstab der Kritik nicht im Rahmen der

34 Vgl. Herbert Jaumann, *Critica: Untersuchungen zur Geschichte der Literaturkritik zwischen Quintilian und Thomasius*, Leiden (u.a.): Brill 1995, Kap. III, 3 („Die Wendung zur Aktualität: von der *critica perennis* zur *critique mondaine*"), S. 193-212; hier S. 193: „Die *critique mondaine* ist die andere Antwort auf die Infragestellung der gelehrten Kritik, des philologischen *humanisme érudit*. [...]von der Ordnungsarbeit der Polyhistorie zur Synchronie der Vernunft und ihrer nicht von der Autorität des Textes abhängigen Urteilspraxis; zum *bon esprit*, zu den laufenden Ereignissen der Zeit, vor allem zur laufenden und sich beschleunigenden Produktion des literarischen Markts und in diesem Sinne zur Aktualität."

35 Jaumann, *Critica*, S. 193: „Der Kritiker arbeitet nicht mehr an der immerwährenden Aufgabe der gelehrten Sicherung und Ausdeutung, also der Reproduktion des klassischen Kanons in den 'deux langues anciennes', die Chapelain verächtlich ‚la critique éternelle' nannte. Er konzentriert sich immer nachdrücklicher auf den Vergleich mit volkssprachigen Werken der eigenen Zeit, jedoch weniger als gelehrtes exercitium als vielmehr mit dem Ziel, den Leistungen der Gegenwart ein relatives Eigenrecht zuzuerkennen. Diese Position findet sich lange vor der formellen ‚Querelle des anciens et des modernes' bei Montaigne, und die Programmatiker der Pléiade, vor allem Du Bellay in La Défense et Illustration de la Langue Française (1549), sowie Henri II Estienne (*Projet de l'œuvre intitulée de la Precellence du Langage Français*, 1579) und Etienne Pasquier (*Recherches de la France*, I: 1560) führen eindrucksvoll vor, wie dieser Relativismus sich etablierte." Jaumann beschränkt den Geltungsbereich zwar einerseits auf die Literatur und das Aufkommen ihrer Kritik unter dem Vorzeichen der Aktualität der gegenwärtigen Publikationen. Dass er aber hier schon ähnliche Tendenzen bei Autoren des 16. Jahrhunderts, allen voran Montaigne, bemerkt, kann die Entwicklung der Kritik als mondäner in einen längeren Verlauf setzen und so die eigene Geschichtlichkeit dieser Entwicklung markieren. Eine Übertragung auf den Bereich der Geschichte wird sicher nicht in seinem Sinne der Aktualität verschrieben sein. Man kann den folgenden Anschluss an Jaumanns Beobachtung als deren Transposition für Bayle begreifen, der am Ende einer langen Entwicklung und doch noch am Beginn einer anderen Form der Kritik steht.

36 Koselleck, *Kritik und Krise*, S. 89.

gelehrten Literatur und der Überlieferung halten muss. Die kritische Tätigkeit, von der strengen Bindung an den Kanon und den Diskurs der Gelehrten entkoppelt, lässt sich verallgemeinern.[37] Mit dieser Transformation, die dem ununterbrochenen Vorgang von Emendation und Quellenstudium eine stärker kommunikative und öffentliche Rolle des Kritikers neuen Typs entgegenstellt, wird der Anspruch der Vollständigkeit und der wissenschaftlichen Expertise verschoben hin zu einer Öffnung der Diskursebenen und dem Auftrag, als Vermittler zwischen Publikum und literarischer Produktion zu fungieren.[38] Setzt man dieses Verständnis der neuen Kritik als Vermittlung von Divergenz und öffentlichem Diskurs als vorherrschend voraus, erkennt man, dass Bayles Selbstkorrektur in weiten Teilen mit ihr zu verbinden ist, und dies nicht nur in Anwendung auf seine Tätigkeit als Redakteur der *Nouvelles*.[39] Der Abstand zwischen *Projet* und *Preface* ließe sich als Applikation einer *critique mondaine*

---

37 Ebd.: „,Le règne de la critique', in dem die gelehrten Philologen, die Grammatiker der alten Sprachen und ihre Übersetzer herrschen, beginnt für ihn [Bayle, S.G.] mit dem Humanismus, von dem sich aber die Gegenwart wesentlich unterscheide. Heute – um 1700 – schreibe man keine dicken Bücher mehr: ,on s'est tourné vers la justesse du raisonnement, on a cultivé l'esprit beaucoup plus que la mémoire ... on devient sensible au sens et à la raison plus qu'à tout le reste.' [zitiert Bayle, DHC, ALEGAMBE, S. 155; und ACONTIUS, S. 66 a]. Indem Bayle mit der kritischen Methode bereits alle Gebiete des menschlichen Wissens und der menschlichen Geschichte erfaßte und in einen unendlichen Prozeß der Relativierung verwickelte, wurde die Kritik zur eigentlichen Tätigkeit der Vernunft."

38 Koselleck, *Kritik und Krise*, S. 98: „Der Kritiker ist ein Führer, sagt die Enzyklopädie [...]"; Er verweist vorgreifend auf die Bestimmung des Kritikers in Diderots *Dictionnaire*, wo es unter Erwähnung Bayles etwas genauer heißen wird: (o.A., wahrscheinlich Marmontel), CRITIQUE, in: *Encyclopédie*, hrsg. Denis Diderot (u.a.), Bd. 4, Paris: Briasson (u.a.) 1751, S. 489-497 „[...] qui faisait anciennement la principale et la plus belle partie de la Grammaire, avant que les mauvais grammairiens l'eussent obligée de changer son nom en celui de Philologie, qui embrasse bien les principales parties de la Littérature et quelques-unes des sciences, mais qui regardant essentiellement les mots de chacune, n'en traite les choses que rarement et par accident; tels ont été chez les anciens Varron, Athénée, Macrobe, etc. et parmi les modernes les deux Scaliger, Lambin, Turnebe, Casaubon, MM. Pithou, Saumaise, les PP. Sirmond et Pétau, Bayle, etc. On peut encore ajouter aux critiques ceux qui ont écrit contre certains ouvrages [...] C'est au critique, en guide sage, d'obliger le voyageur à s'arrêter où finit le jour, de peur qu'il ne s'égare dans les ténèbres." Eusterschulte schildert, wie diese Spiegelung am Autoren – im Modus der Unparteilichkeit – auf das Publikum zurückwirken soll. Der Historiker wird als Kritiker zum Vorbild eines zu schulenden Publikums, das an den Lektüren die eigene Kritik zu formen lernt. Vgl. Eusterschulte, „Pierre Bayle's *Dictionnaire*", S. 324.

39 Für die *Nouvelles* kann Jaumanns Vorrang des Aktuellen vor der Historie für die *critique mondaine* unzweifelhaft angewendet werden. Dass schon die Zeitgenossen eine Abfolge von den *Nouvelles* zum *Dictionnaire* angenommen haben, lässt sich aus den Reaktionen auf den *Projet* und die Erstveröffentlichung des *Dictionnaire* ablesen. Vgl. Rétat, *Le dictionnaire de Bayle*, S. 62-68.

auf den Bereich der Geschichte beschreiben. Bayles Reaktion auf die Divergenz zwischen Publikum und Gegenstand liegt in der Diversifizierung seiner Zugriffe. Die erneuerte Kritik des Kommentarapparats, die vorgeblich vor allem den Publikumswünschen entsprechen will, folgt dieser Öffnungstendenz.[40]

Mit dieser Folie lässt sich einerseits der spezifische Anschluss des *Dictionnaire* besser beschreiben; auch Jaumann, der Bayle nur am Rande erwähnt, bemerkt, dass vor allem diese Öffentlichkeit bei ihm als Fortsetzung der Gelehrtenrepublik mit anderen Mitteln zu verstehen sei. Was er als „sozialen" Fokus der Kritik in Bayles Prägung erwähnt,[41] lässt Schlüsse zu auf die Konzeption einer allgemeinen Leserschaft, die interkonfessionell und übernational, gelehrt und ungelehrt sein mag und das mit unterschiedlichen Interessen und Vorerfahrungen den *Dictionnaire* lesen wird. Die virtuelle *République de Lettres*, die er dem Namen nach dem vorangegangenen Periodikum entnimmt, hat sich im Verlauf von Bayles Schaffen verändert und wird, zumindest in der Adresse des *Preface*, von der Beschränkung auf eine exklusive Gruppe der *Litterati* gelöst. So definiert Bayle auch wenig später das Charakteristikum dieses eigenen Staats der Lesenden; er ist, vor allem, „extrem frei":

> Cette république est un Etat extrêment libre. On n'y reconnoit que l'empire de la Vérité et de la Raison, et sous leurs auspices on fait la guerre innocemment à qui que ce soit. Les amis s'y doivent tenir en garde contre leurs amis, les peres contre leurs enfants es beaux-peres contre leurs gendres: c'est comme au siecle de fer:
> Non hospes ab hospite tutus,
> Non socer à genero[42]

Bayles Republik ist gleichermaßen von dieser Freiheit und von kriegerischen Tendenzen gekennzeichnet, aber beide sind bewusst als unpolitische, ja

40 Jaumanns Kernbegriff der *Divergenz* wird eben auch mit denselben Argumenten eingeführt, die den Marktwert der Publikationen mitbedenken, so Jaumann, *Critica*, S. 195. „Erst die Divergenz zwischen den einem Text eingeschriebenen Erwartungen und Normen und denen des Publikums, – eine Divergenz, die unter den Bedingungen der marktförmig organisierten Produktion und Distribution von Druckerzeugnissen vorrangig durch die im Zeitablauf sich entfaltende Konkurrenz konstituiert wird, erfordert den Kritiker neuer Art."

41 Jaumann, *Critica*, S. 214-215: „Wenn Pierre Bayle absolute Freiheit von *reason* und *jugement* vindiziert, so gilt sein Interesse bereits der ‚Kritik', der ‚guerre de plumes', also einem nicht allein rationalen, sondern ebenso auch rhetorischen und sozialen Prozeß. Sein Autonomie-Modell ist in einen pragmatischen Kontext eingebunden. Bayle rekurriert nicht auf die *facultas intelligendi* als solche. Wenn er die Autonomie der Vernunft | [215] fordert, dann steht damit immer zugleich die Handlungsautonomie der rational und kritisch auf ihrem Gebiet tätigen Subjekte in Frage."

42 Bayle, DHC, Bd. 2, CATIUS, (D) , S. 102.

unwirkliche Qualitäten konzipiert. Der Staat, von dem er spricht, ist, in Anschluss an Spinoza, ein „Nicht-Ort" der *libertas philosophandi*.[43] Diese Entrückung aus der tatsächlichen Gegenwart erlaubt es Bayle, seine „Traditionskonstruktion" in ein überhistorisches, zitatives Ensemble zu verrücken.[44] So wird Geschichte der Gelehrsamkeit als kontinuierlicher Dialog der freien Vernunft inszeniert, und jeder Autor, der in ihr vorkommt, wird retroaktiv als Mitbürger eingemeindet. Es ist kein Zufall, dass Bayle diese radikale Bestimmung des intellektuellen Bürgerkriegs im Artikel zum Epikureer Catius platziert. Diese Inszenierung erstellt einen hybriden zeitlichen Raum, in dem sich die gegenwärtige gelehrte Debatte mit der Antike durchmischt. In dieser historischen Rückschau ins klassische Rom werden die angeführten oder zitierten Autoren zu Mitbürgern erklärt – Cicero und Horaz sind Teil dieses überhistorischen Dialogs, vor allem aber Ovid, dessen Verse aus den *Weltaltern* der *Metamorphosen* den historischen Wiederholungscharakter noch weiter verschalten, indem Bayle ausdrücklich den Bezug zwischen der Gelehrtenrepublik des 17. Jahrhunderts und der „Eisenzeit" aus Ovids Menschheitsgeschichte herstellt.[45]

Der Anspruch an die *Res Publica Litteraria* ist denn auch keineswegs eine reine Innovation der Frühaufklärung, sondern schließt transformierend an Diskursnormen an, die bei Bayle für den metaphorischen Staat neu ausformuliert werden.[46] In Idealisierung wird so ein virtuelles Diskurssystem eher normativ als deskriptiv beschrieben. Die „vorurteilslose" und im

---

43 Anita Traniger, „Libertas philosophandi", in: *Neue Diskurse der Gelehrsamkeit in der frühen Neuzeit*, hrsg. Herbert Jaumann & Gideon Stiening, Berlin (u.a.): de Gruyter 2016, S. 269-318, hier S. 313: „Diese freidenkende Gelehrtenrepublik situiert sich an einem institutionellen Nicht-Ort, indem sie sich zwar eine Staatsform gibt, gleichzeitig aber die Normen der hergebrachten Institutionen der Gelehrsamkeit dezidiert negiert." Traninger zeichnet nach, wie die Transformation eines eher regulativen und institutionsgebundenen Kommunikationskonzepts in der Freiheit zum Philosophieren am Ende des 17. Jahrhunderts gerade von der Umbesetzung bei Bayle (u.a.) erfolgt.

44 Der Begriff stammt von Traninger, ebd., S. 312.

45 Die zitierten Verse beschreiben eigentlich die Bronzezeit Ovids (Aenea Aetas); ein Zeitalter, in dem man vom Raub lebt (zum Nachweis, vgl. Ovid, *Metamorphoses* [*lat./engl*], Bd. 1, Books 1-8, übers. Frank Justus Miller, Cambridge [MA]: Harvard University Press 2014, S. 12,VV 144-146: „Vivitur ex rapto: non hospes ab hospite tutus, / non socer a genero, fratrum quoque / gratia rara est."

46 So rekonstruieren Traninger und Stader unter Einbezug von Christian Gottfried Hoffmann: Daniel Stader & Anita Traninger, „Unparteilichkeit und das Problem der Trennung von Person und Sache", *Scientia Poetica* 20/1 (2016), S. 44-80, hier S. 50 „Die Selbstbeschreibungen von Akteuren in diesem neuen Freiheitsraum, der zwar nur ‚in der Phantasie', wie Christian Gottfried Hoffmann schreibt, angesiedelt ist, verweisen klar zurück auf die alten Diskursnormen[…]."

„Naturzustand" befindliche Republik ist nur der Ort des gelehrten Austauschs, und beschreibt mehr Bayles Wunsch als die publizistische Wirklichkeit.[47] Was so als Freiheit in die virtuelle Republik projiziert wird, strahlt selbstredend auf den Autor zurück, der mit dem friedlichen, weil rein literarischen Krieg aller gegen alle die „absolute Freiheit" für seinen Diskurs eingeführt haben will.[48]

> [...] est bien aisé de connoitre pourquoi la Puissance Souveraine a dù laisser à chacun le droit d'écrire contre les Auteurs qui se trompent, mais non pas celui de publier des Satires. C'est que les Satires tendent à dépouiller un homme de son honneur, ce qui est une espece d'homicide civil, & par conséquent une peine, qui ne doit être infligée que par le Souverain; mais la Critique d'un Livre ne tend qu'à montrer qu'un Auteur n'a pas tel & tel degré de lumiere: or comme il peut avec ce défaut de science jouïr de tous les droits & de tous les privileges de la Société, sans que sa réputation d'honnête homme, & de bon sujet de la République, reçoive la moindre atteinte; on n'usurpe rien de ce qui dépend de la Majesté de l'Etat, en faisant connoitre au public les sautes qui sont dans un Livre. Il est vrai que par là on diminue quelquefois la réputation d'habile homme qu'un Auteur s'étoit aquise, & le profit pécuniaire qu'il en tiroit; mais, si on le fait en soutenant le parti de la Raison, & par le seul intérêt de la Vérité, & d'une maniere honnête, personne n'y doit trouver à redire.[49]

---

47 In den Marginalien zum Ovid-Zitat ist keine Stellenangabe zu finden, dafür aber der Verweis auf Kritiker von Bayles idealem Staat; stellvertretend und ohne klaren Quellenbezug verweist er auf César Vichard de Saint-Réal, und vermutlich auf dessen *Conjuration des Espagnols contre la république de Venise, précédées de sept discours sur l'usage de l'Histoire*, Paris: Barbin 1674. Dass dieser Krieg in seiner Unschuld denn auch de facto durchaus nicht nur polemisch, sondern parteilich und interessengeleitet geführt worden ist, dürfte wenig überraschen; Muslow zieht aus seiner Betrachtung zur Polemik in der Gelehrtenrepublik folgendes Resümée: „So wie Pluralisierung immer in ihrem Widerspiel mit Entdifferenzierungsprozessen zu sehen ist, so auch das Unparteilichkeitsideal der Gelehrtenrepublik in seinem Widerspiel zur faktischen Parteilichkeit." Martin Mulsow, *Die unanständige Gelehrtenrepublik: Wissen, Libertinage und Kommunikation in der Frühen Neuzeit*, Stuttgart & Weimar: Metzler 2007, Kap. 6, („Netzwerke gegen Netzwerke. Polemik und Wissensproduktion im politischen Antiquarianismus um 1600"), S. 176.

48 So Koselleck zur selben Stelle; vgl. Koselleck, *Kritik und Krise*, S. 91: „In der Gelehrtenrepublik ist daher jeder eines jeden Herrn und durch jeden richtbar. Der Bürgerkrieg, den der Staat eliminiert, taucht unversehens wieder auf; und zwar genau in dem privaten Innenraum, den der Staat dem Menschen als Menschen konzedieren mußte. In ihm herrscht absolute Freiheit, das *bellum omnium contra omnes*; das gemeinsame Ziel aller ist die Wahrheit, und der wahre Souverän im geistigen Streit ist die Kritik." Kosellecks Interpretation dieser Passage lebt vom Umschlag dieses privaten – oder, für uns: virtuellen – Raums ins Politische, das er schon bei Rousseau in direkter Anknüpfung an Bayles kritisches Ideal in seiner „totalen Demokratie" (ebd.) verwirklich sieht.

49 Bayle, DHC, Bd. 1, CATIUS, D, S. 102.

Bayles Abstand vom *Projet* ist eine Befreiung gewesen, die sich nicht nur in seiner Loslösung von der bloßen Einhaltung philologischer Akribie zu erkennen gibt. Die Freiheit bestimmt vielmehr in dreifacher Hinsicht, was die Erwartungen an den *Dictionnaire* ausmacht. Da er in seiner Modifikation der Methode eine neue Freiheit der Form gefunden hat, gelingt es ihm, einer freieren, weil diverseren Leserschaft entsprechen zu können, die dem exklusiven und starren Konzept einer gelehrten Öffentlichkeit eine Öffnung zumutet. Diese Öffentlichkeit schließlich dient Bayle dazu, rückwirkend sein Konzept der Kritik als Umgangsform innerhalb dieser neuen Öffentlichkeit zu legitimieren. Insofern er sich als Staatbürger der *République des Lettres* begreift, kann seine Kritik, gerade weil sie sich von der Satire unterscheidet, auf dem Fundament des höflichen und achtungsvollen Umgangs als *critique mondaine* von der Attacke ad hominem unterscheiden. Die „*maniere honnête*", die er zuvor in Rückblick auf die *Nouvelles* noch als Widerstandsmoment gegenüber dem wirklich kritischen Verfahren begriffen hat, wird so in der Gelehrtenrepublik zur Konstituente ihrer öffentlichen Zirkulation.[50]

Der Mischcharakter des Kommentarteils des *Dictionnaire* greift aber aus den kleinsten Einheiten der *Varietas* innerhalb einzelner Fußnoten über auf den Charakter des Werkes als Ganzem. Von der Entscheidung an, den historisch-kritischen Auftrag zweigliedrig zu erfüllen, besteht der *Dictionnaire* aus einer Fülle von weiteren und mehrförmigen Vermischungen, die seinen Charakter bestimmen. Damit entspricht die Polyphonie der Zitation der Vielfalt des eigenen Schreibens derart, dass die Passagen zwischen den Anmerkungen jeweils gesonderte, aber nur lose an den Kopftext gebundene Einzeltexte darstellen. Ungeachtet der allgemein losen Form des Wörterbuchs stehen auch Kommentar und Kommentiertes nicht zwangsläufig in Linearität oder Kongruenz zu einander. Die Verbindung der unterschiedlichen Textregister wird (selbstständig oder, was näherliegt, konzeptionell) zum Double des beständigen Dialogs mit der verfügbaren Literatur und erlaubt es dem Kompilator, buchstäblich zwischen den Zeilen zu operieren, ohne je den

50 Wie Eusterschulte betont (Eusterschulte, „Pierre Bayle's *Dictionnaire*", S. 307), werden die Apologeten Bayles gerade diese Qualität der Höflichkeit und der Umgangsform an Bayle als Einwand gegen seine Kritiker vorbringen. Sein Freund, Anthony Ashley Cooper, Earl of Shaftesbury, wird nicht nur an ihm diese Eigenschaft als Ideal kosmopolitischer und gelehrter Kommunikation betonen; in seinen *Characteristics* [1711] wird er in der Form eines essayistischen oder miszellenhaften Kompendiums die Linie der Betonung von Pädagogik und Haltung innerhalb der Gelehrtenrepublik fortsetzen, die Montaigne und die Moralisten mit Bayle verbindet; vgl. Anthony Ashley Cooper, Earl of Shaftesbury, *Characteristics, Men, Manners, Opinions, Times, etc.*, 2. Bde, hrsg. John Robertson, London: Richards 1900.

Anlass seines Schreibens unabhängig vom intertextuellen Bezug legitimieren zu müssen. Jede von Bayles Anmerkungen, auch die wenig rückgebundenen „philosophischen Reflexionen", spiegeln in der Intratextualität die werkumspannende Intertextualität. In der ausgestellten Abhängigkeit seiner Lemmata von den historischen Darstellungen anderer wiederholt sich die Abhängigkeit der Anmerkung vom Kopftext.

Bayles Neubestimmung der Kritik im *Dictionnaire* ist folglich nicht als Abkehr von der traditionellen Form historischen Schreibens oder als bloße Profanisierung der Historiographie zu verstehen.[51] Was er eingangs ankündigt, ist vor allem ein diverseres und vielseitigeres Schreiben, das mehr das Ergebnis einer Verbreiterung der Mittel als das ihrer Ablösung und Vereinfachung gewesen ist. Die akribische Kritik als philologisch-quellenkritische Kleinstarbeit, die er im selben Programm betont, bleibt seiner Leserschaft erhalten. Seine Beteuerungen der Publikumsöffnung und der Abkehr vom langatmigen Quellenstudium bleiben eben das: Beteuerungen, die dem *Dictionnaire* zwar die Freiheit, mit den gefundenen Materialien zu haushalten, einräumen mögen, der oftmals ermüdenden Pedanterie des Textes und der Weitläufigkeit seiner Nachforschungen allerdings keinen Abbruch getan haben. Noch im Vorwort selbst wird Bayle nicht müde, sich als idealen und fast mönchisch weltabgewandten Stubengelehrten zu inszenieren und damit ein Selbstporträt zu entwerfen, das eben dem Pedanten entspräche, dessen Diskurs mit der *critique mondaine* überkommen sein sollte. So ist noch die Konzeption der Kritik selbst Ergebnis einer Durchmischung ihrer Schemata; seine Kritik ist weder lediglich die perennierende, noch bloße mondäne, sondern ein Hybrid, dem auch die Einbettung eigenständiger „Reflexionen" offen gehalten wird.

10.3 Profanisierung; Die *Welt als Bücher*

Ist schon die Verortung Bayles innerhalb der fast ausschließlich katholischen Skepsis des 17. Jahrhunderts ein deutlicher Ausweis seiner heterodoxen Position, nimmt sich sein Anschluss – wenn auch nur als vermittelter – an die Kritik des Bibeltextes in der Form, wie er von Autoren wie Erasmus und

51 Ob von Profanisierung oder vom Mondän-Werden der Kritik wie bei Jaumann, von der Fortsetzung der Säkularisierung im Sinne Blumenbergs oder von der „Vulgarisation großen Stils" wie bei Schmitt (Carl Schmitt, *Der Begriff des Politischen*, Berlin: Duckner und Himblot 1996, S. 82.) gesprochen wird; die Narrative des Wandels in der Philosophiegeschichte zum Beginn der Aufklärung und das Aufkommen der Kritik wird durchgängig mit dem Schwinden des zunächst Sakralen oder Theologischen, dann im Verlauf des 17. Jahrhunderts des Metaphysischen begriffen.

Valla, dem „Galilei der Kritikgeschichte",[52] vorbereitet wurde, aber vor allem, wie er zeitgenössisch von Richard Simon vorgelegt worden ist, als Provokation protestantischer Gelehrsamkeit aus.[53] Bayle bestimmt schrittweise den Gegenstand seiner Untersuchung als den der Geschichte, die ihm von den anderen kritischen Wörterbüchern übriggelassen wurde. Darunter zählt er auch ausdrücklich Simons *Dictionnaire de la Bible* von 1693.[54]

Die von Jaumann als frühere Form der Kritik beschriebene *critica sacra* steht ebenfalls für Bayles Neufassung Modell.[55] Kritik ist das Unternehmen der Erläuterung und Verbesserung des menschlichen Bezugs zur Offenbarung gewesen, und liefert so das Denkschema, innerhalb dessen sich Bayles Geschichtstheorie situiert. Kritik ist, wie Foucault wirkmächtig und unter Einschluss Bayles definiert, „historisch gesehen biblisch."[56]Diese Einsicht speist sich nicht nur aus der Prominenz des Offenbarungstext in Bayles Auseinandersetzung seiner Methodik. Die Nähe zur zeitgenössischen Arbeit Simons und

---

52 Herbert Jaumann, „Bibelkritik Und Literaturkritik in Der Frühen Neuzeit", *Zeitschrift Für Religions- und Geistesgeschichte* 49/2 (1997): S. 123-134, hier S. 126.

53 Koselleck, *Kritik und Krise*, S. 89: „Damit wurde er [Simon] – obwohl ein Priester – sinngemäß zum Schrittmacher des Pierre Bayle, der 1695 mit einem ‚Dictionnaire historique et critique' das Arsenal bereitstellte, aus dem das kommende Jahrhundert seine Waffen bezog. War Kritik zunächst nur ein Symptom der sich verschärfenden Differenz zwischen Vernunft und Offenbarung, so wird bei Pierre Bayle die Kritik selbst die Tätigkeit, die beide Bereiche trennt." Koselleck macht deutlich (S. 87), dass Richard Simons *Histoire Critique du Vieux Testament* von 1678 größeren Einfluss auf Bayle gehabt haben mag als dessen calvinistischer Widerpart, die titelgebende *Critica Sacra* von Ludovicus Capellus (Paris 1650). Auch Jaumann nimmt an, dass mit (Jaumann, Critica, S. 145) „Richard Simon [...] seit 1678 diese Epoche der Bibelkritik auf ihren Höhepunkt geführt wurde [...].", um Cappel nur unter anderen zu erwähnen. Ebenso sieht Bost Bayle eher in der Folge als in der Vorbereitung der Kritik des Offenbarungstextes; Bost, *Un „intellectuel" avant la lettre*, S. 163: „L'inspiration divine de l'Écriture est remise en question dans la mesure où la philologie biblique, avec Richard Simon, dégage les variantes du texte. [...] On assiste à la montée de l'empirisme et du déisme ainsi qu'à une sécularisation progressive du droit." Ferner Neumeister, „Lust der Aufklärung", S. 63.

54 Bayle, DHC, *Preface*, S. II: „Nonobstant toutes ces Difficultez j'étais résolu à donner l'Article de la plupart des Personnes mentionnées dans la Bible; mais j'appris qu'on ferait paraître bien-tôt à Lion un Dictionaire tout particulier sur ces matieres. Anm (5): Il est intitulé Le Dictionaire de la Bible. C'est un in solio, imprimé, à ce que porte le Titre, l'an 1693, & composé par Mr. Simon, Prêtre, Docteur en Théologie." Die Nähe zwischen Bayles und Simons Vorhaben betont auch Lieshout, *Making*, S. 113.

55 Vgl. Stricker, *Die maskierte Theologie*, S. 47. Sie verweist auf: François Laplanche, „Tradition et modernité au XVIIe siècle: L'exégèse biblique des protestants français", *Annales. Histoire, Sciences Sociales* 40/3 (1985), S. 463-488.

56 Michel Foucault, *Was ist Kritik?*, übers. Walter Seitter, Berlin: Merve 1992, S. 13: „Von John Wiclif (sic) bis zu Pierre Bayle hat sich die Kritik zu einem beträchtlichen Teil im Verhältnis zur Heiligen Schrift entwickelt. Die Kritik ist historisch gesehen biblisch."

die gemeinsame Verwendung des Begriffs der Kritik ist bereits bemerkt, allerdings noch nicht auf ihre Abwandlung in der Verwendung Bayles hin befragt worden.

Begreift man das Mondän-Werden der Kritik als Abkehr von ihren spezialisierten Modi und als Öffnung auf die Welt hin, lässt sich diese Transformation vom Sakralen über das Literarisch-Philologische oder Historische hin zum Allgemeinen als Anwendung der bisher den theologischen Gegenstände vorbehaltenen Methodik auf die profanen begreifen; die Kritik findet, orientiert an aktuellen und gegenwärtigen Diskussionen der gelehrten Welt, ihr Material in der Profangeschichte und in der Philosophie. Diese Tendenz stünde im Rahmen einer Säkularisierung, die der Logik der „Lesbarkeit der Welt" noch folgt, ihr aber neuen Spielraum abgewinnt. Die Nähe zum theologischen Verfahren lässt sich als Figur der Säkularisierung als „Verweltlichung" verstehen.[57] In der Übertragung des kritischen Apparats der Bereinigung des Offenbarungstextes auf das Ganze des Historischen, das menschlich und weltlich gedacht wird, entgeht der *Dictionnaire* der Aufgabe der Philosophen, sich mit Gott allein zu befassen. Zugleich überführt Bayles Programm das philosophische Modell der Erkenntnis auf Gegenstände, die von Malebranche und Descartes aus dem Bereich der Philosophie ausgeschlossen waren. An die Stelle Gottes, die Bayle am Ende der metaphysischen Spekulationen sieht, tritt für ihn der Mensch als historisches Wesen, das in konkreten einzelnen Biographien untersucht werden soll. Im Reservat der Geschichte kann Bayle seine Kritik am cartesianischen Modell des Wissens, nämlich von seinen eigenen Gegenständen ausgehend, formulieren. Sein anthropologisch-historischer Gegenentwurf ist auch als „Umbesetzung vakant gewordener Positionen" zu verstehen, wenn in seinem Zugriff die Geschichte der Menschheit an die Stelle des Offenbarungstextes treten kann, um ihrerseits der Kritik unterzogen zu werden.[58] Die Folgen dieser Neubewertung der Historischen sind absehbar.

57 So im ersten Kapitel der *Legitimität der Neuzeit*: Hans Blumenberg, *Die Legitimität der Neuzeit*, Frankfurt a.M.: Suhrkamp 1988, S. 11-114; Blumenberg hat den Begriff so weit mehr problematisiert als übersetzt.

58 Blumenberg, ebd., S. 75. Blumenbergs historische Fluchtlinien finden bei Kosellecks ihre Zuspitzung. Indem er die Kritik als Durchsetzung der Trennung von Religion und Wissenschaft begreift, wird in *Kritik und Krise* Bayle zum Vorreiter der Religionskritik. In Fernperspektive schon auf Voltaire, Rousseau und Kant habe mit der *Dictionnaire* erst die Infragestellung der Religion vorbereitet. Koselleck S. 92: „Religion und Offenbarung haben mit der Vernunft keine Gemeinsamkeit. Damit vollzog Bayle eine Abgrenzung, die es der kommenden Zeit erleichterte, Religion und Offenbarung selbst der Kritik zu unterwerfen, um weiter vorzustoßen zur Kritik an dem Bestand der Kirchen überhaupt." Damit vernachlässigt Koselleck allerdings die Beeinflussung durch die theologische Bibelkritik, die Bayle erst ermöglicht hat.

Weit davon entfernt, in ihr eine bloße Aufwertung des Realhistorischen und damit des Menschen zu sehen – wie Feuerbach es fassen dürfte – unterzieht Bayle den Raum der Geschichte einer Reinigung und Destruktion, die nichts weniger als die Erschütterung der Gewissheit der Tradition im Blick hat.

Die profane Geschichte ist ein Gegenstand, der sich in doppeltem Ausschluss bestimmt. Bayle scheidet sie von der konfessionell-theologischen Offenbarungswahrheit einerseits, aber ebenso von der Empirie als Naturbetrachtung andererseits, und damit auch von der Natürlichen Theologie. Anders als ein Wörterbuch der *Ars et Metiers* beschränkt sich sein *Dictionnaire* ausschließlich auf Leben und Werk berühmter Personen. Naturbeschreibung spielt für ihn keine Rolle.[59]

Diese Umbesetzung in Konkurrenz zur Mode des Denkens im 17. Jahrhundert ist bei Bayle noch nicht abgeschlossen; was sich, von Montaigne und anderen Späthumanisten kommend, auch bei Descartes als Hinwendung zur Praxis ankündigt, muss noch in Verbindung zum Vorrang der Natur als Schöpfung und damit zu einer theologischen Basis formuliert werden. Der Übergang, der eine Hinwendung zum Menschen einerseits und zur Praxis andererseits noch nur vorbereitet, belässt es bei einer Schwächung des Vorrangs der Theologie, die erst in der fortgeschrittenen Entkopplung der Wissenschaften von der Religion im folgenden Jahrhundert ihre volle Wirkung entfalten soll. Der Gedanke der Enzyklopädie, an dem Bayle offensichtlich partizipiert, steht im Zentrum dieses Schwebezustands; Blumenberg beschreibt ihn retrospektive als bestimmende Vorbereitung für die Aufklärung:

> Im Hinblick auf den Vorrang der Geschichte vor der Natur läßt sich sagen, das ‚große Buch' habe sich von seinem bis dahin einzig denkbaren Autor schon abgelöst, den neuen Autor aber noch nicht gefunden. Es ist ‚herrenlos', in einem Schwebezustand zwischen göttlicher und menschlicher Zuständigkeit angesiedelt. [...] Auch wenn der Aufklärung und ihrem Rationalismus das Inzitament der Rivalität mit der Bibel genommen ist, bleibt ihr doch der programmatische Gedanke, in einer großen Zusammenfassung alles Wißbaren über die Welt auch das Könnbare zu registrieren.[60]

---

59 Schon Feuerbach konstatiert: „Bayle befriedigt die Empirie nicht; Er weiß, daß sie nichts ohne Philosophie, ohne Metaphysik ist." Feuerbach, *Pierre Bayle*, S. 178. Feuerbach geht noch weiter, wenn er diese Tendenz zwar aus Bayles skeptischem Denken ableitet, aber zum Ausdruck des „Volksgeists" (ebd.) Frankreichs erhebt; auch bei Descartes sei eine Neigung zu beobachten, der Untermauerung der Empirie in der erschließenden Metaphysik weit weniger Aufmerksamkeit zu widmen als der Anwendung der von ihm gesicherten Erkenntnisse in praktischer Ausführung wie Mechanik und Physik. Ohne diese Annahme näher überprüfen zu können, sei noch angemerkt, dass der pragmatische Rahmen des *Dictionnaires* Diderots durchaus innerhalb dieser Tendenz zu stehen scheint.

60 Hans Blumenberg, *Die Lesbarkeit der Welt*, Frankfurt a.M.: Suhrkamp 1983, S. 163-164.

Die Kritik muss sich innerhalb dieses Schwebezustands orientieren, und kann das in ihrer früheren Form bei Bayle noch schlechter als später bei Diderot, auf den Blumenberg anspielt. Die Mittel der Kritik müssen sich an ihrem neuen Gegenstand bestimmen, bleiben aber entlehnte. Die Spuren der Diskussion um das Buch der Schöpfung sind deutlich anwesend im *Dictionnaire*, tragen aber auch die neuerlichen Spuren dessen, was Montaigne – wie sich mit Blumenberg zeigen lässt – ihnen hinzugefügt hat. Damit ist das Wissbare dieser Welt auch für Bayle schon nicht mehr die vernünftige Durchdringung der gesamten Schöpfung – die Natürliche Theologie kommt für ihn, wie er deutlich belegen wird, keinesfalls in Frage.[61] Bayle zieht die Konsequenzen aus Montaignes Adaption und Destruktion der Metapher des Buchs der Welt; seine Kritik nimmt ihren Ausgang in der *Apologie*.[62] Für Bayles Infragestellung der Vernunft und des Menschen ist, aufbauen auf Montaignes Invektive, das Band zwischen Erkenntnisfähigkeit und Welt ebenso durchtrennt wie dasjenige zwischen Vernunft und Glaube.[63]

Anstelle der *Welt als Buch* tritt die *Welt als Bücher*, und die Logik der Erkenntnis wird in deutlichem Anschluss an die *Apologie* umgekehrt. Die Geschichte des Menschen als seine profane Geschichte, entkoppelt von jeder Ätiologie und der Leitung eines Heilsplans, entsteht als *zweitnatürliche* Theologie, die keinen Rückschluss mehr über den Menschen hinaus beinhaltet. Als Geschichte der Kultur kann sie eine Welt zum Gegenstand haben, die ebenso virtuell geworden ist wie die Gelehrtenrepublik, die Bayle erträumt. Für diese Betrachtung der Geschichte des Menschen als seiner zweiten Natur ist es

61 Diese Absage steht im Herzen des Theodizee-Problems und ist die Frage nach der Harmonie in der Geschichte und Schöpfung. Wir werden in der Diskussion mit Leibniz darauf zurückkommen.

62 Die Genese von Bayles Kritik aus dem Diskursfeld der Apologetik lässt sich bei Schmidt-Biggemann in groben Zügen finden. Er entwirft einen Rezeptionszusammenhang von Sabundus über Montaigne und dann Vives, Grotius bis hin zu Bayle, der „die Frage zuspitzt". Wilhelm Schmidt-Biggemann, *Theodizee und Tatsachen: das philosophische Profil der deutschen Aufklärung*, Frankfurt a.M.: Suhrkamp 1988, S. 63.

63 Vgl. Jacques Solé, „Religion et conception du monde dans le Dictionnaire de Pierre Bayle", *Bulletin de la Société de l'Histoire du Protestantisme Français* 117 (1971), S. 545-581. Entgegen seines Titels geht es Solé in seiner Studie vor allem um die Betonung der religiösen und spezifisch calvinistischen Ansichten Bayles und deren Rolle innerhalb seiner Vernunftkritik. Seine Darstellung ruft deutlich ins Gedächtnis, dass bei aller Betonung seines vorgeblich rein profanen und mondänen Verfahrens Bayles Agenda sich durchaus mit seinen Gedanken zur Kritik des Katholizismus und zur Toleranz überschneidet. Eine „Säkularisierung" der Geschichte, wie sie hier betont wird, steht keineswegs außerhalb der Religionskonflikte seiner Zeit. Vielmehr kann man – wie bei Montaigne – Bayles ohrenbetäubendes Schweigen über seine konfessionelle Verortung als Strategie begreifen, die ihm gestattet, in seiner Kritik an paganen Autoren der Antike zeitgenössischen Wunderglauben und religiöse Verfehlung zu attackieren.

aber unabdingbar, die Gegenstände der Betrachtung in ihrer Vermitteltheit zu belassen – also bis auf weiteres zu zitieren.

Mit dieser säkularisierenden Applikation kappt er jeden Kontakt zum cartesianischen Methodenkanon, dessen Vertrauen auf die Vernunft als letztgültige Instanz im eingangs verworfenen *more geometrico* dem Unternehmen Bayles nachgerade entgegengesetzt ist. Dies bedeutet aber in keiner Weise eine Verabschiedung der Vernunft, sondern eine Umwertung ihres Gegenstandbereichs und ihrer Funktion. Bayle, der die Prüfung der internen Plausibilität von historischen Darstellungen nur anhand einer Abwägung des Wahrscheinlichen und der Entsprechung von diversen Quellen leisten kann, bestimmt seinen Vernunftbegriff in MANICHÉES frei, und vorrangig negativ:

> La Raison humaine est trop foible pour cela; c'est un principe de destruction, & non pas d'édification: elle n'est propre qu'a former des doutes, & à se tourner à droite & à gauche pour éterniser une Dispute; & je ne croi pas me tromper, si je dis de la Révélation naturelle, c'est-à-dire des Lumieres de la Raison, ce que les Théologiens disent de l'Œconomie Mosaïque. Ils disent qu'elle n'étoit propre qu'à faire connoître à l'homme son impuissance, & la nécessité d'un Rédempteur, & d'une Loi miséricordieuse. Elle étoit un Pédagogue (ce sont leurs termes) pour nous amener à Jesus-Christ. Disons à-peu-près le même de la Raison: elle n'est propre qu'à faire connoitre à l'homme ses ténèbres & son impuissance, & la nécessité d'une autre Révélation. C'est celle de l'Ecriture.[64]

Wie in Montaignes *Apologie*, geht es Bayle bei der Erniedrigung des Menschen und seiner Vernunft um die Beförderung des Glaubens – die gesamte Argumentation von der Unvereinbarkeit von Glauben und Wissen, die Bayles Denken durchzieht, baut auf diesem Anspruch auf und macht deutlich, dass hinter der Zuwendung zu Menschen noch immer theologische Momente wirken. Wollte Montaigne durch die Lächerlichkeit des Vernunftstrebens der Menschen und die Anmaßung seines Vorrangs in der Natur erklärtermaßen die Nützlichkeit der Natürlichen Theologie durch ihre vollkommene Verkehrung in ihr Gegenteil retten, ist es für Bayle nun die Vernunft selbst, der diese Verkehrung als Destruktion wesentlich ist. Die Kritik der Geschichte ist keine rein gelehrte Kritik mehr, und auch keine sakrale; und doch ist sie deren Modifikation. Als Geschichte der defizitären Vernunft, die sich gelehrt glaubt, obwohl sie nur zur Abtragung ihrer eigenen Einsichten taugt, steht im Dienste einer neuen Einsicht in die Notwendigkeit der absolut transzendenten religiösen Wahrheit.[65] Bayle nennt dieses Wirken der destruktiven Vernunft

---

64 Bayle, DHC, Bd. 3, MANICHÉENS, Anm (D), S. 305.

65 Cassirer sieht die destruktive Vernunft mehr im Dienste ihrer Ausrichtung auf die Geschichte, um die Annahme der Vorschule des Glaubens zu untergraben; eine Einschätzung, die berechtigt ist und sich mit der hier noch zu entwickelnden Annahme

ausdrücklich (wenngleich zitierend) Pädagogik, und sie ist Mittel zum höheren Zweck. In Adaption der Vorbereitung des Christentums durch das Alte Testament wird das negierte Wissen um die Welt und ihre Geschichte zur Vorschule des Glaubens. Skepsis ist, so verstanden, kein Selbstzweck, sondern Mittel zur Beförderung des Glaubens als *Preperatio Evangelico*.[66]

Bayles Transformation der Kritik unternimmt also den Versuch einer Profanisierung der bisher theologisch motivierten Kritik, eine Übertragung ihrer Technik auf einen anderen Gegenstand, der erst in diesem Schritt als solcher entsteht: das Ganze der Geschichte.[67] Als Konsequenz einer Infragestellung der Überlieferung der Offenbarung wird diese auf den Bereich menschlich-profaner Geschichte ausgeweitet, um festzustellen, dass auch in ihr keine Kohärenz auszumachen ist. Die unterliegende theologische Motivation belässt diese Form der Revision in einem spezifischen Außen zum Glauben. Die radikale Trennung nimmt zum Axiom, was erst am Ende der Durchsicht stehen sollte; die Unvereinbarkeit von Glauben und Wissen. Die spezifische Kritik der unreinen Vernunft des *Dictionnaire* steht also im Dienst des Glaubens, ohne darum schon selbst in ihm zu sein.

---

zum Verhältnis von Skepsis und Glauben verbinden lässt. Cassirer, *Die Philosophie der Aufklärung*, S. 214: „Und doch ergibt sich aus ebendieser Auflösung und Zerschlagung der geschichtlichen Welt bei Bayle zuletzt eine neue, positive und höchst fruchtbare Gesamtkonzeption. Das Getrennte schließt sich wieder | [214] zusammen und kristallisiert sich um einen festen Mittelpunkt. Dieser Mittelpunkt wird dadurch gewonnen, daß Bayle das Sein der „Tatsache" nicht nur im materialen, sondern im formalen Sinne nimmt, daß ihm dieses Sein nicht nur inhaltlich, sondern vor allem *methodisch* zum Problem wird." Er nennt Bayle hier „Logiker der Geschichte".

66 Schmidt-Biggemann beschreibt derart die Rezeption der Bayleschen Skepsis bei Thomasius als Vorbereitung für den Glauben; Wilhelm. Schmidt-Biggemann, „Jacob Bruckers philosophiegeschichtliches Konzept", in: *Jacob Brucker (1696-1770): Philosoph und Historiker der europäischen Aufklärung*, hrsg. Wilhelm. Schmidt-Biggemann & Theo. Stammen, Berlin: Akademie Verlag 2015, S. 113-134, hier S. 199: „Denn der Nutzen der Philosophie konnte entweder die ‚Praeparatio evangelii' sein oder die Hilfestellung fürs praktische Leben. Die Wahrheit, auf die es ankam, war allemal die theologische. Und angesichts dieser festen Wahrheit konnte auch der ‚historische Pyrrhonismus' in Kauf genommen werden, denn hier ging um ‚Fides historica', nicht um eine theologische Heilswahrheit."

67 So fasst es Cassirer als Entwicklung von Bayle selbst zusammen; Cassirer, *Die Philosophie der Aufklärung*, S. 217: „[Bayle hat] die Geschichte endgültig aus den Ketten des Glaubens befreit und sie auf eine selbstständige und methodische Grundlage gestellt […]. Er beginnt hierin mit der Kritik der theologischen Überlieferung; aber er bleibt bei ihr nicht stehen, sondern dehnt seine Untersuchungen über das Ganze der profanen Geschichte aus."

KAPITEL 11

„[…]la liberté qu'on prend de faire sa vie." Freiheit der Lebensbeschreibung

Auch jenseits dieses späten Bezugs zur Bestimmung des Destruktiven der Kritik spielt Montaigne eine zentrale Rolle für Bayle, der ihn nicht nur mit Jugendbegeisterung gelesen hat, sondern auch Montaignes Auffassung von Skepsis, die von seiner Theorie des Zitats und seiner Poetik imprägniert ist, bei der Konzeption des *Dictionnaire* vor Augen hat. In dem Maße, wie er ihn im *Projet* noch nicht erwähnt hat, findet er als einer der ersten namentlich genannten Autoren Einzug ins Vorwort des *Dictionnaire*, wenngleich diese Form des zitativen Bezugs allgemein und entschuldigend gehalten wird. Hier wird Montaigne der Pate der neuen Schreibart: Gemeinsam mit Brantôme wird er Teil der Öffentlichkeitsarbeit des *Dictionnaire* und soll der Lektüre eine Stil-Orientierung geben. Ein möglichst anschlussfähiges Buch darf nicht, wie für den *Dictionnaire* notwendig, aus einer bloßen Sammlung lateinischer und griechischer Zitate bestehen. Mit dem Essayisten kann Bayle sein Repertoire erweitern und auch volkssprachliche Laien und Populärautoren einführen,[1] die ein breiteres Publikum ansprechen sollen:

> Les gens graves & rigides blâmeront sur-tout les Citations de Brantome, ou de Montagne, qui contiennent des Actions & des Réflexions trop galantes. Il faut dire un mot là-dessus. Quelque personnes de merite qui prenoient à cœur l'interêts du Libraire, ont jugé qu'un aussi gros livre que cet ouvrage, farci de citations Grecques & Latins en divers endroits, & chargé des discussions plus divertissantes, effraieroit les lecteurs qui n'ont point d'étude, et ennuieroit les gens doctes ; […] qu'il faloit donc qu'en faveur de mon Libraire je rapportasse

1 Der Kanon seines Vorhabens ist ungemein breiter als derjenige der akademischen und gelehrten Welt; wie Völkel unter Rekurs auf Bost belegt, Völkel, „Text-Logik", S. 202 (Anm. 15): „Bayle zitiert im Dictionnaire keineswegs nur gelehrte Werke oder klassische Autoren. Er macht in hohem Maße von periodischer Literatur Gebrauch, wobei er seine eigene Zeitschrift, die *Nouvelles de la République des Lettres*, in gleicher Weise heranzieht wie fremde Journale. Zitiert werden 20 Zeitschriften mit etwa 1100 Referenzen, die Nouvelles davon mit etwa 250." Völkel verweist auf: Hubert Bost, „Un journaliste sur les journaux de son temps: le cas de Pierre Bayle," in: *La diffusion et la lecture des journaux de langue française sous l'Ancien Regime*, hrsg. derss., Amsterdam/Maarssen: APA-Holland University Press 1988, S. 203-211.

 | DOI:10.30965/9783846766064_014

> quelquefois ce que les auteurs un peu libre ont publié; que l'emploi de telles matieres est semblable qu'on prend de faire sa vie.[2]

So eingeführt und in Verbindung mit Brantôme scheint es ganz so, als borge der Gelehrte sich die leichteren und freieren Momente des Essayisten, um nicht nur sein sonst trockenes Werk aufzuhübschen, sondern um dessen Verkaufswert zu steigern. Montaignes freies Schreiben wird so zum Gegenmittel eines Diskurses, der übervoll von lateinischen und griechischen Zitaten ist und dementsprechend wenig Lektürefreude verspricht. Als galanter Autor ist Montaigne ein Korrektiv für die mondän gewordene Kritik, und so Teil der Rekonzeptionalisierung der Erscheinung des *Dictionnaire*. Eben als der freie Autor der *Essais* und als paradigmatischer Kritiker der Pedanterie und des Bücherwissens übernimmt Montaigne die Patenschaft für ein Wörterbuch, das nicht nur den strengen Augen einiger weniger Gelehrter, sondern einem breiten Publikum neuen Typs entsprechen soll. In Bayles Abgrenzung von den rigiden Spezialisten dient ihm der Essayist als vorbildlich freier Autoren, wenn er ihn so zur Konstitution seines Projektes heranzitiert.[3] In unzeitgemäßem Rückgriff auf die Autoren der späten Renaissance gewinnt Bayle so einen neuen Tonfall, der der gewünschten Gepflogenheit der virtuellen Gelehrtenrepublik entsprechen sol.

Bayle führt dieses Bild Montaignes ein, das der Form, in der ihm die *Essais* vorliegen, schlicht widerspricht: Er baut sichtbar auf Montaignes Selbstbeschreibungen und der Ablehnung der Gelehrsamkeit auf, um dabei zu unterschlagen, wie stark die *Essais* selbst Flickwerk aus altsprachlichen Zitaten sind – eine Kritik, die er, wenn nicht aus eigener Beobachtung, so doch schließlich aus Malebranches Lektüre kennen muss. Aber Bayle geht hinter dessen *Recherche* und hinter die anderen Patenkinder Montaignes zurück, indem er ihn als freien Edelmann zum Vorbild schriftstellerischer Lizenz wie *honnêté* nimmt. Indem er so paratextuell Montaignes Selbstbeschreibung scheinbar

2 Bayle, DHC, *Preface* S. VII. Wir vernachlässigen in der Folge Brantôme, dessen Memoiren in ähnlicher Weise wie Montaignes *Essais* in die Schreibart Bayles hineinwirken und ihm den Modus der Lebensbeschreibung nahelegen. (Vgl. etwa eine zeitgenössische Ausgabe seiner Viten; *Vie des hommes illustres et grands capitaines français* und die *Vie de femmes illustres*). Zu Brantôme, vgl. Anne Grimaldi, *Brantôme et le sens de l'histoire*, Paris: Nizet 1971. Eine eingehende Studie zum Verhältnis Bayles zu Brantôme liegt nicht vor. Eine genealogische Notiz findet sich allerdings bei Sainte-Beuve (Charles-Augustin Sainte-Beuve, „Du Génie critique et de Bayle", *Revue des Deux Mondes* 4 (1835), S. 543-561. Vgl. ferner zur Freiheit und Obszönität Bayles, Mara van der Lugt, „Les Mots et les Choses: The Obscenity of Pierre Bayle", *The Modern Language Review* , 113/4 (2018), S. 714-741.

3 Brush, *Montaigne and Bayle*, S. 184: „[...]five times he referred to the liberties of the essayist as an example that he could legitimately follow."

naiv akzeptiert, wird diese indirekt auch für den *Dictionnaire* veranschlagt. Entscheidend ist, dass er sich auf ihn als Autor, der bereits veröffentlich hat (*publié*), berufen kann.

Der Einfluss Montaignes ist hier schon über die namentliche Erwähnung hinaus wirksam. Sowohl das ökonomische Interesse an der Buchherstellung als auch die Rede vom *farci* trägt deutliche Spuren von Montaignes ablehnender Erwähnung der Stellensammlungen in III 12. Es handelt sich um ungekennzeichnete Zitate im Modus einer entfernten, von Bayle frei gewählten Familienähnlichkeit.[4] Dass Montaignes Ablehnung dieses Sammlungsverfahrens keineswegs mit einem Nachvollzug der Schreibart desselben erreicht werden könnte, hat der erste Teil dieser Arbeit gezeigt. Entnimmt man – wie die Zeitgenossen es vorschlagen – den *Essais* ihre eigenen gelehrten Zitate und bricht den Text auf die höfischen oder galanten Einwürfe des Essayisten herunter, führt dies nicht nur zu einer editorischen Entstellung des Textes, sondern auch zu einem Kohärenzmangel der entlehnten Momente. Montaignes Zitierfähigkeit ist ohnehin prekär, wenn man bedenkt, dass seine Fremd- und Eigenkommentare in beständiger Abhängigkeit von den Bezugstexten gehalten werden.

Bayles Gegenmittel gegen einen übergelehrten Duktus würde nicht anschlagen, wenn man den *Essais* die Maske des Laien nimmt und ihre Durchwirkung von Gelehrsamkeit in den Blick nimmt. Montaignes Freiheit in der Lebensbeschreibung, die Bayle sich zum Vorbild nimmt, ist intertextuell sehr bedingt. Aber vielleicht macht gerade das die *Essais* zum geeigneten Schema für Bayle, insofern sie Mittel sind, nicht Prinzip; indem er Montaigne und Brantôme als galante Biographen und Historiker in sein Schreiben integrieren will, wird der Mischcharakter der Poetik des *Dictionnaire* näher bestimmt. Eben weil er *Teile* aus den beiden Autoren übernehmen will, tragen sie zum Wechsel des Tonfalls bei. Bayle belässt es bei der Feststellung, dass die Qualität dieser Teile ihm Material sei, und er die freie Form, die sich so in sein Buch fügt, lediglich übernehme, ohne etwas hinzuzufügen. Die Einklage, nur

4 Montaigne II 12, S. 1056: „Sans peine et sans suffisance, ayant mille volumes de livres autour de moy en ce lieu où j'escris, j'emprunteray presentement s'il me plaist d'une douzaine de tels ravaudeurs, gens que je ne feuillette guiere, de quoy esmailler le traicté de la phisionomie. Il ne faut que l'espitre liminaire d'un alemand *pour me farcir d'allegations*; .[...] J'ay veu faire des livres de choses ny jamais estudiées ny entendues, l'autheur commettant à divers de ses amis sçavants la recherche de cette-cy et de cette autre matiere à le bastir, se contentant pour sa part d'en avoir projetté le dessein et empilé par son industrie ce fagot de provisions incogneues; au moins est sien l'ancre et le papier. Cela c'est en conscience achetter ou emprunter un livre, non pas le faire. C'est apprendre aux hommes, non qu'on sçait faire un livre, mais, ce dequoy ils pouvoient estre en doute, qu'on ne le sçait pas faire." [Meine Hervorhebung, S.G.]

Kompilateur zu sein, bestimmt noch vor der ersten Verwendung von Stellen aus Montaigne oder Brantôme deren Status *als Zitate*. Bayle habe nur das rohe und vielleicht manchmal defizitäre Material zusammengetragen.[5]

Diese Ambivalenz in der Indienstnahme Montaignes rückt den Fokus auf die textuelle Inszenierung des Bezugs selbst. Dass Bayle ihn unter unmittelbarem Rekurs auf die Frage nach dem Zitat einführt und seine galanten Worte als Zitate verwenden will, erinnert in der Geste der Selbstabwertung als nur unzureichend Gelehrter ebenso an die betreffenden Stellen der *Essais* wie der Wunsch, sich selbst gerade in Opposition zu den *gens graves et rigides* als freierer und leichterer Autor zu inszenieren. Bayle gibt sich eingespannt zwischen diesen strengen Kritikern, die von Montaigne Abstand nehmen, und den Anwälten der Buchhändler, die den merkantilen Wert neuer Publikationen im Auge behalten. Es ist augenfällig, dass Bayle auch diese Opposition als Widerstreit der Meinung anderer inszeniert, ohne eindeutig selbst Partei zu ergreifen. Indem Bayle so seine Zitierstrategie als Auflockerung eines sonst schweren und damit schwer verkäuflichen Textes kennzeichnet, veranschlagt er die charakteristische Freiheit der Bezugstexte auch für sich selbst: Die „ein wenig freien Autoren" strahlen auf seine eigene Schreibart ab.

Schon an dieser Stelle greift die textuelle Logik des *Dictionnaire*, die beständig intratextuelle Beziehungen stiftet und so die Einheitlichkeit des Textes gegen eine Streuung der Bezüge eintauscht. Bayle führt zwei Formen des Biographischen als Bezugsmomente ein. Mit Tacitus lässt sich das Erzählen des eigenen Lebens als Zudringlichkeit und Fehler begreifen.[6] In Bezug auf seine eigenen Artikel zu Polydor Virgile und zum stark von Montaigne beeinflussten François de la Mothe le Vayer aber lässt er im Gegenteil gelten, dass die Aufrichtigkeit der Darstellung mit der Offenheit des eigenen Lebensberichtes einhergehe.[7] Beide Möglichkeiten, über die Lebensbeschreibung zu entscheiden, werden aufgerufen und auf Autoritäten zurückgeführt, um die Entscheidung für diese spezifische Freiheit offen zu halten. Der Weg vom Vorwort in den Text, der Bayles Gegenüberstellung erst stützen soll, eröffnet das Verweissystem des

5 Bayle, DHC, *Preface*, S. VII: „Il est certain que j'ai toujours souhaité de n'avoir pour mon partage dans ce travail, que le soin de compiler: j'eusse voulu que d'autres prissent la peine de donner la forme aux matériaux, d'y ajoûter & d'y retrancher; [...]."

6 Bayle annotiert (ebd., Anm. 21): „Plerique suam ipsi vitam narrare fiduciam potius morum quam arrogantiam arbitrati sunt. Tacitus, in Vita Agricolae, Cap. I."

7 Diese intratextuellen Bezüge in der Einleitung kündigen den Verweischarakter des Werkes als Ganzem bereits an. Zudem knüpft Bayle an seine Betrachtungen aus der *Critique Général* an, wo er bereits de la Mothe le Vayer als Gegenbeispiel einer parteilichen Geschichtsschreibung anführt. Im zweiten Brief zitiert er ausführlich aus dessen *Discours sur l'histoire* zur Verwerfung historischer Parteilichkeit; vgl. Bayle, *Critique générale*, S. 28. Vgl. François de la Mothe le Vayer, *Discours de l'histoire*, Paris: Camusat 1638.

Dictionnaire. Dieser interner Querverweis täuscht einen Nachweis allerdings nur vor, denn die betreffenden Textstellen werden so allgemein bezeichnet, dass es unmöglich wird zu bestimmen, welche Passage aus den Anmerkungen der beiden Artikel Bayle gemeint haben mag. Weit wichtiger scheint zu sein, dass er mit den beiden Namen Geschichtsschreiber adressiert, die als Bezugsgrößen nach Montaigne und Brantôme eingeführt wurden, um dem programmatischen Charakter dieses Vorworts weiter Profil zu verleihen.

Neben diesen beiden Bezugsgrößen des 16. Jahrhunderts rückt Bayle zwei weitere Vorbilder für sein Vorgehen ein, die er der Antike entnimmt: einen Rhetoriker und Philosophen, Cicero; sowie einen (zudem satirischen) Dichter, Horaz.[8] Bayle entwirft in Transformation der bloß popularisierenden Tendenzen des *faire sa vie* den Grundsatz seiner Historiographie in Anschluss an Cicero, den er zum Garanten seiner Darstellungslizenzen macht. Die Freiheit des Stils geht einher mit derjenigen des Geschichtsschreibers, *alles* zu sagen. Indem Bayle diese aus Gattung und Gegenstand begründet, wird Freiheit und Offenheit zur Tugend des Historikers, für den bindend sei, nichts zu verschweigen. Wie Montaigne einleitend ankündigt, alles von sich zu zeigen und damit mit seiner „Nacktheit" an die Grenzen des sittlich noch Akzeptablen zu gehen, macht Bayle mit diesem Bezug klar, dass der Verzicht auf jede Beschönigung in den folgenden historischen Miniaturen den Kernanforderungen an die Geschichtsschreibung aus dem *Redner* folgt:

> Un Historien moderne a déclaré dans une Préface, que *c'est à ceux qui nous ont prescrit les Loix inviolables de l'Histoire* [*] *qu'il faut s'adresser, pour leur faire rendre compte de leurs Ordonnances, si l'on en est peu satisfait; & non pas aux Historiens, qui doivent indispensablement obéir, & dont toute la gloire qu'ils peuvent espérer consiste à bien exécuter leurs ordres.*
>
> [*in der Marge*] * Ne quid veri non audeat, ne quid falsi audeat. *Cicer.* Les paroles de *Ciceron*, au II. Livre *de Oratore*, folio m. 74 *A*, sont, *Quis nescit primam esse Historiae Legem, ne quid falsi dicere audeat, deinde ne quid veri non audeat?*[9]

Die Textperformanz belegt schon deutlich, was Bayle zunächst sagen will; dass er hier nur seine Autoren anführt, ohne darum schon für das Gesagte

8 Auf die Betrachtungen zu Horaz, an dem sich das Verhältnis von Poetik der Geschichte und Satire bestimmen lässt, kommen wir in unten wieder zu sprechen. Die Bedeutung Horaz' für Montaignes Poetik haben wir im ersten Teil dieser Arbeit bereits ausgiebig hervorgehoben, und es ist unwahrscheinlich, dass sie Bayle entgangen sein dürfte.

9 Balye DHC, *Preface*, S. VII. Das Zitat stammt – wie Bayle ja selbst belegt – aus Cicero, *De Oratore* (*lat./dtsch.*), II 62, S. 244-245 (Übers. ebd.: „Wer wüßte denn nicht, daß die erste Regel der Geschichtsschreibung gebietet, keine falsche Aussage zu wagen, die zweite, keine wahre nicht zu wagen, damit beim Schreiber weder Verdacht der Sympathie noch der Feindschaft aufkommt?").

einstehen zu müssen, wird von der Verweisfülle dieser kurzen Passage bereits deutlich hervorgehoben. Von den Biographen geht er über klassische und moderne Historiker über zum Zitat-Amalgam, dessen kursiv gesetzter Teil als Abschrift eines namenlos bleibenden zeitgenössischen Historikers gekennzeichnet ist und in den Marginalien erlaubt, die Kernforderung Ciceros zu wiederholen:[10] Nichts Falsches zu sagen, aber eben auch nichts Wahres zu verschweigen. Bayle schreibt also mit doppeltem Boden, wenn er sich so absichert. Einerseits stützt er sich die Formulierung eines Dritten, der ihm die Maßstäbe der Historiographie vorgibt, die er hier nur zitiert. Andererseits entnimmt er dieser zitierten Formulierung selbst, dass die Geschichtsschreiber Befolger, nicht Schöpfer ihrer Gesetze seien, und diese Gesetze vermittelt aus einer so anerkannten Quelle wie Cicero stammen.

Montaigne wird vorerst nur markiert, ohne zitiert zu werden. Im weiteren Textverlauf aber kündigen sich die Bezugnahmen, die wir untersuchen werden, schon deutlich an und erlauben eine Parallelisierung der Verfahrensweisen. Es mag – ähnlich wie die Rhetorik des Proömiums – zum Zeitgeist gehören, dass Bayle sich weiter gegen Einwände absichert und dabei seine Mängel lieber zugibt, als sie von anderen angeklagt zu wissen. Aber diese Darstellung von Mängeln, die in ihrer Offenheit kein Blatt vor den Mund zu nehmen verspricht, erinnert stark an die Selbstbeschreibung Montaignes, der gewissermaßen an der eigenen Person das zu tun versprochen hatte, was Bayle nun auf historische Figuren übertragen will. Die Logik der *excusatio* ist dieselbe; wer vorgeblich nichts von sich und anderen verschweigt, erhält dafür die Freiheit, alles zu sagen, und den guten Glauben des Publikums an die Aufrichtigkeit des Autors. Auch hierfür muss er sich sogleich entschuldigen. Er wählt hierzu die Metapher des Portraits, das er von seinen Gegenständen malen will, und die Ausflucht ins Zitat, das ihn von der Verantwortung für die Darstellung entbinden soll:

> Voilà mon portrait. Je ajoute encore que quand il s'agit de ce qui n'est pas avantageux à la memoire d'un homme, je ne me rends point garant, je ne fais que rapporter de que d'autres disent, & je cite mes auteurs.[11]

---

10 Gawlick zitiert die nämliche Stelle leider ohne Ausweis des Zitatursprungs. Seine Rekonstruktion legt nahe, dass es sich beim zitierten modernen Historiker um Giacomo Bonfadio handeln könnte, der, wie Gawlick berichtet, „[...] als offizieller Geschichtsschreiber der Republik die Rolle einiger mächtiger Familien „[...] ‚satirisch', d.h. sehr nicht leidenschaftslos, sozusagen ‚cum ira et studio' dargestellt und damit den Zorn der Betroffenen erregt [hatte]." Günter Gawlick, „Ciceros Präsenz in Pierre Bayles ‚Dictionnaire historique et critique'", *Aufklärung* 16 (2004), S. 49-66, hier S. 51.

11 Bayle, DHC, *Preface* S. VIII.

Die doppelte Bedeutung von Portrait – als paratextueller Entwurf des Buches als Ganzem, sowie als Portrait der jeweils besprochenen Person im Einzelnen – belässt es bei der Anleihe an der omnipräsenten Metapher der *Essais*, nicht ohne zugleich die Verantwortung für die Einzelabbildungen von sich zu weisen. Bayle beschließt die Besprechung seiner Stilvorgaben mit dem Ausschluss jeder Verantwortung. Ermöglicht wird ihm dies durch den expliziten Vorbehalt des Zitats. Die Poetik, die sich so ankündigt, ist diejenige eines zitativen Portraits.

Biographie ist nicht Autobiographie, und Portrait nicht Autoportrait. Montaigne bleibt Bayles Pate, und die Technik Bayles ein Erbe, das sich verändert hat. Die Verfahrensnähe zu den *Essais* lässt sich nicht bruchlos als Fortführung desselben Prinzips fassen. Bayles Portrait ist mit dem Vorwort vielleicht schon beendet, und er wird sich als Autor hinter seinen Gegenständen verbergen und keine Anstalten machen, der historischen Darstellung eine Selbstdarstellung als Selbstbefragung abzugewinnen, wie man dies bei Montaigne annehmen könnte.[12] Im Spannungsfeld von Subjektivität und Objektivität scheinen die beiden Projekte eher diametral entgegengesetzt zu sein.[13] Montaigne will sich selbst aus den Exempla und Biographemen der gelehrten Literatur als Mosaik zusammensetzen, schreibt also im Dienste einer umwegigen Ich-Darstellung. Bayle hingegen übernimmt diese Technik an anderen Gegenständen: Seine zitierten Texte verbindet er zu einer Galerie von Einzelporträts, die dem Biographischen in weit engerem Sinne Folge leisten als die *Essais*. In seinem Versuch, in groben Zügen die Fakten und mit ihnen die charakterlichen Eigenschaften der *hommes illustres* zu umreißen, stellt er eine Sammlung von Skizzen oder Karikaturen eben verschiedener Objekte zusammen, die er untereinander parallelisiert. In diesem Punkt überspringt die Patenschaft wohl eine Generation und weist weit mehr Gemeinsamkeiten

---

12 Der Schlussstein dieser Differenz besteht wohlmöglich in der für die Rezeption entscheidenden Biographie, die Maizeaux dem *Dictionnaire* in der Ausgabe von 1740 vorangestellt hat. In logischer Konsequenz aus der Arbeit am *Dictionnaire* hat er ihr selbst die Form eines von Bayles Einträgen zu geben versucht und vermischt in seiner Darstellung derart Lebensdaten und eine Einführung in das folgende Werk, dass man fast annehmen will, dass Bayles Lexikon durch diesen neuen ersten Eintrag – außerhalb der Logik des Alphabets – eine neues Lektüremodell vorangestellt bekommen hat. Die Funktion dieser einleitenden Biographie als Apologie des Autors harmoniert mit der *Excusatio* von Bayles Vorwort.

13 So nimmt stellvertretend Brush die Differenz in der Autorposition zwischen Subjektivität und Objektivität als Markierung der Diskontinuität Bayles und Montaignes; Brush, *Montaigne and Bayle*, S. 250-251. Zum Abschluss der Lektüre soll sich zeigen, wie Bayles vermeintlich zurückgenommenes Ich dennoch in ähnlicher Weise als *persona* skeptischen Denkens im Dictionnaire inszeniert wird wie Montaigne in den *Essais*.

mit Plutarchs *Parallelbiographien* auf als mit den Selbstversuchen Montaignes. Jenseits des enzyklopädischen Auftrags stellen die parallelen Lebensberichte Plutarchs auch als Schnittpunkt des gemeinsamen Intertextes Bayles und Montaignes eine stabilisierende Referenz dar, in der Bayle deutlicher ein historiographisches Vorbild erkannt haben wird.[14] In der Anwendung des Portrait-Begriffs neigt Bayle von Anfang an stärker zum Tableau als Montaigne. Für den *Dictionnaire* ist der Schritt vom Autoportrait zurück zu den Portraits unverzichtbar, die ein Mosaik der Gesichter und mit ihnen ein ganzes Bild ergeben sollen. Folgerichtig muss der Autor hinter diesen Bildern aus dem Fokus geraten.

Allerdings hat sich bei Montaigne leicht zeigen lassen, dass sein Ich im Textverlauf eben im Übergang von Subjekt zu Objekt gehalten wird und die vermeintliche Ich-Rede im Zuge der durchgehaltenen Polyphonie vielmehr als Kulminationspunkt divergierender Diskurse und Schnittpunkt isosthenischer Denkfiguren fungiert denn als Ausgangspunkt einer Befragung, deren Ego letztlich vom Befragt-Werden unberührt bleiben soll. Ähnlich unrein erscheint auch die Objektivität, die man Bayle zu unterstellen geneigt sein könnte. Entgegen seiner Beteuerungen und der ständigen ostentativen Zurücknahme seiner Person vor dem historisch-kritisch aufgearbeiteten Material ist das Profil, das sein Text dem verborgenen Ich des *Dictionnaire* verleiht, deutlich erkennbar. Schon von der Inszenierung der zurückgenommenen Anonymität seines Buches an gibt Bayle immer wieder zu verstehen, dass ihm nur die Aufgabe des Kopisten und Kompilators in der für diese Tätigkeit bestimmenden Beschränkung zukomme, und er folglich immer wieder hinter seiner Sammlung zurückzutreten habe.[15] Nur schwer lässt sich diese Behauptung für

---

14 Diese Beobachtung bleibt hier recht allgemein. Die Gleichrangigkeit Plutarchs und Montaignes für Bayle als liebsten Autoren (s.o.) kann nicht zur Annahme einer methodischen Anwendung seiner Vorbilder extrapoliert werden. Lieshout (*Making*, S. 244) vermerkt, dass Bayle für die Erstellung des *Dictionnaire* wohl auf umfangreiche Lektürenotizen aus den Parallelbiographien verwendet habe, die er schon 1672 vorbereitet hat; Die Wahrscheinlichkeit, dass er ihn zum Modell des Biographischen nimmt, ist kaum von der Hand zu weisen. Spuren aus Plutarchs historischen und moralischen Schriften im *Dictionnaire* sind ohnehin leicht zu finden; vgl. etwa Henri-F. Bergeron, „Le manichéisme de Bayle et Plutarque“, *Revue Philosophique de la France et de l'Étranger* 156 (1966), S. 205-210. Eine eingehendere Untersuchung könnte die Rolle Plutarchs für die Historiographie und die Kritik bei Bayle allerdings deutlicher herausarbeiten.

15 Nur auf den Druck der Öffentlichkeit hin und unter der Annahme, ohnehin schnell entdeckt zu werden, hat Bayle sich dazu überreden lassen, den *Dictionnaire* unter Nennung seines Autornamens zu publizieren. Für einen Autor, dessen sonstiges Oeuvre in weiten Teilen unter Pseudonym erschien und der sich nicht nur als Autor Verfolgungen ausgesetzt sah, darf angenommen werden, dass er auch im *Dictionnaire* mit der Wirkung seines Namens (oder seines Entzugs) kalkuliert hat. Popkin etwa bemerkt, dass die Indizierung

bare Münze nehmen, und ihre insbesondere paratextuelle Situierung rückt sie in das Umfeld derselben rhetorischen Strategie, die für die *Essais* den Grundton angegeben hat: die *excusatio propter infirmitatem*.

Bayles Abstand vom *Projet* ist eine Befreiung gewesen, die sich nicht nur in seiner Loslösung von der bloßen Einhaltung philologischer Akribie zu erkennen gibt. Die Freiheit bestimmt vielmehr in dreifacher Hinsicht, was die Erwartungen an den *Dictionnaire* ausmacht. Da er in seiner Modifikation der Methode eine neue Freiheit der Form gefunden hat, gelingt es ihm, einer freieren, weil diverseren Leserschaft entsprechen zu können, die dem exklusiven und starren Konzept einer gelehrten Öffentlichkeit eine Öffnung zumutet. Diese Öffentlichkeit schließlich dient Bayle dazu, rückwirkend sein Konzept der Kritik als Umgangsform innerhalb dieser neuen Öffentlichkeit zu legitimieren. Insofern er sich als Staatbürger der *République des Lettres* begreift, kann seine Kritik, gerade weil sie sich von der Satire unterscheidet, auf dem Fundament des höflichen und achtungsvollen Umgangs als *critique mondaine* von der Attacke ad hominem unterscheiden. Die „*maniere honnête*", die er zuvor in Rückblick auf die *Nouvelles* noch als Widerstandsmoment gegenüber dem wirklich kritischen Verfahren begriffen hat, wird so in der Gelehrtenrepublik zur Konstituente ihrer öffentlichen Zirkulation.[16]

Der Mischcharakter des Kommentarteils des *Dictionnaire* greift aber aus den kleinsten Einheiten der *Varietas* innerhalb einzelner Fußnoten über auf den Charakter des Werkes als Ganzem. Von der Entscheidung an, den historisch-kritischen Auftrag zweigliedrig zu erfüllen, besteht der *Dictionnaire* aus einer Fülle von weiteren und mehrförmigen Vermischungen, die seinen Charakter bestimmen. Damit entspricht die Polyphonie der Zitation der Vielfalt des eigenen Schreibens derart, dass die Passagen zwischen den Anmerkungen jeweils gesonderte, aber nur lose an den Kopftext gebundene Einzeltexte darstellen. Ungeachtet der allgemein losen Form des Wörterbuchs stehen auch Kommentar und Kommentiertes nicht zwangsläufig in Linearität oder Kongruenz zu einander. Die Verbindung der unterschiedlichen Textregister wird (selbstständig oder, was näherliegt, konzeptionell) zum Double

des *Dictionnaire* in Frankreich, die unter der Verwendung eines Pseudonyms vielleicht weniger schnell erfolgt wäre, ebenso wie die protestantische Kritik an seinem Vorgehen ganz in Bayles Sinn gewesen sein könnte. Popkin, *The History of Scepticism*, S. 287: „The work was attacked by Jurieu and was brought to the attention of the Consistory of the French Reformed Church of Rotterdam by his coterie. It was also banned in France. Both of these events no doubt helped to make the work notorious and more popular. Bayle was grateful for the ban in his homeland, since it saved him from the charge of not having been sufficiently pro-Protestant and anti-Catholic."

16 Vgl. Eusterschulte, „Pierre Bayle's Dictionnaire", S. 307.

des beständigen Dialogs mit der verfügbaren Literatur und erlaubt es dem Kompilator, buchstäblich zwischen den Zeilen zu operieren, ohne je den Anlass seines Schreibens unabhängig vom intertextuellen Bezug legitimieren zu müssen. Jede von Bayles Anmerkungen, auch die wenig rückgebundenen „philosophischen Reflexionen“ spiegeln in der Intratextualität die werkumspannende Intertextualität. In der ausgestellten Abhängigkeit seiner Lemmata von den historischen Darstellungen anderer wiederholt sich die Abhängigkeit der Anmerkung vom Kopftext.

11.1 Die *Servitude de citer* – Akribie und Dialogizität

Von den freieren Zitaten aus Montaigne und Brantôme ist es nur ein Schritt zur Zitation im Allgemeinen, die das Herzstück der Poetik des *Dictionnaire* ausmacht. Die Legitimation durch die *excusatio propter infirmitatem* beherrscht die folgende Beschreibung, in der Bayle neben dem Zitat auch seinen Stil als Hindernis im Arbeitsprozess beschreibt. Während er für sich geltend macht, keine rhetorische Feinheit zu beherrschen und eher mit veralteten und unpassenden Wendungen zu operieren, meldet er eine unmäßige Skrupelhaftigkeit dort an, wo es um die Klarheit und Eindeutigkeit seiner Darstellung geht:

> L'oserai-je confesser? Le style est une autre cause de ma lenteur: il est assez négligé il n'est pas exemt de termes impropres, & qui vieillissent, ni peut-être même de barbarismes: je l'avoue, je suis là-dessus presque sans scrupules. Mais en récompense je suis scrupuleux jusqu'à la superstition sur d'autres choses plus fatigantes. (Anm. 16: *Comme d'éviter les équivoques, les vers, & l'emploi dans la même période d'un* on, *d'un* il, *de* pour, *de* dans, *&c., avec différens rapports: de faire qu'un il au commencement d'une période se rapporte non à un cas oblique, mais à un nominatif de la précédente, &c.*[17]

Die Beieinanderstellung dieser Momente seines Schreibens sowie die Betonung der „fast abergläubischen“ Sorgfalt, die er hier investiert, zeigen, dass Zitate für ihn selbstverständlich sind: Geschichte ist immer auch Zitat.[18] Der

---

17 Bayle, DHC, *Preface*, S. IV.

18 Neumeister bringt dies pointiert auf den Punkt. Neumeister, „Pierre Bayle und der Mythos“, S. 136: „Pierre Bayle liebt wie die Architekten der Postmoderne das Zitat. In den Fußnoten seines *Dictionnaire* überwuchern die Anmerkungen voller Zitate, die sich zudem oft gegenseitig aufheben, bekanntlich den eigentlichen Text in einem Ausmaße, das diesem oft nur noch eine oder zwei Zeilen des lexigraphischen Anstands läßt. Die Demokratie des Widerstreits – des ‚differend‘, wie Lyotard das nennt - erfaßt die ganze Druckseite und Pierre Bayle mischt sich nur als einer von vielen Diskutanten - auch er hat

mondäne Kritiker zeigt schon hier sein zweites Gesicht, das die Notwendigkeit der freieren Zitate erklärt. Bayle ist ein Pedant, der sich jede Mühe macht, die Gegenstände unbeschadet in seinem Wörterbuch zu reproduzieren. Die Gravität dieses Unternehmens schlägt sich sofort nieder. Hinzu kommt noch die für den historischen Rückblick selbstverständliche Mehrsprachigkeit und Durchmischung von Ebenen und Quellen. Mit den insbesondere lateinischen, aber auch griechischen Zitaten im Original kündigt Bayle einen schwer leserlichen, weil hybriden Text an, denn in Folge der *servitude de citer* und unter der Versicherung, die nötigen Zitattexte im Ganzen zu liefern, rücken die entlehnten Passagen vom Status des Einschubs in den Rang schriftbildlich markierter Intertexte und Charakteristika.

> Qu'on juge donc que je suis trop lent, je ne le trouverai pas étrange; je n'ignore pas que cela est vrai: j'en ai de la honte, & j'en serois beaucoup plus confus, si je ne savois qu'une santé fort souvent interrompue, & qui me demande beaucoup de ménagemens, ne me permet pas de faire ce qu'on voit exécuter à des Auteurs bien robustes, & qui aiment le travail. Je sai d'ailleurs que la servitude de citer à laquelle je me suis assujetti. (Anm. 14: *Je cite les pages, lors même que je renvoie à d'autres endroits de mon Dictionaire.*), fait perdre beaucoup de tems; & que la disette prodigieuse des Livres qui m'étoient fort nécessaires accrochoit ma plume cent fois le jour.[19]

Wenn er also zuvor die Bedeutung der Freiheit als eines der bestimmenden Elemente des *Dictionnaire* geschildert hat, entwirft er im selben Zug die Sklaverei seines Vorgehens. So entsteht einleitend eine gespannte Dualität der Orientierung, die Bayle vielleicht nur en passant, aber umso wirkmächtiger seiner konkreten Arbeit an den Biographien voranstellt – sie spiegelt sich ebenso in der Textgestalt und in der Differenz von Corpus und Annotation wieder: Die Bearbeitung des historischen Materials ist darum so unerwartet in Verzug geraten, weil Bayle sich der „Sklaverei des Zitierens [...] unterworfen hat" (*la servitude de citer à laquelle je me suis assujetti*). An ihr findet die Freiheit seines Zugriffs ihre natürliche Grenze, denn Bayles Arbeit ist trotz allem noch diejenige eines Gelehrten, der den Auftrag der Korrektur der Fehler nie ganz aufgegeben hat. Der Zeitaufwand, der mit dieser Sklavenarbeit einherging, wird von dem Raum, den seine Betrachtungen zum Zitieren im Vorwort einnehmen, gespiegelt. Die Leichtigkeit seiner Gegenstände und Darstellungsweise wird so durch die Akribie seiner Nachweise und die Nachvollziehbarkeit und versprochene Korrektheit seiner intertextuellen Bezüge aufgewogen. Die

---

schließlich ein Recht auf eine Meinung - unter sie, eher unaufdringlich, eher amüsiert, so scheint es, als engagiert."

19 Bayle, DHC, *Preface*, S. IV.

Beifügung der Marginalien stellt diese unfreie Arbeitsweise nochmals hervor, wenn Bayle bemerkt, dass er auch Seitenzahlen integriert, selbst bei internen Querverweisen: Der Maßstab könnte nicht weiter von demjenigen Montaignes entfernt sein, und doch will Bayle in der Verbindung von Sklaverei und Freiheit im *Preface* den Versuch einer Verbindung wagen. Der sanfte und unterhaltsame Tonfall der Freiheit der Lebensbeschreibung wird also konterkariert von der Akribie des philologisch-editorischen Nachweises. Das Zitat ist beides, Mittel zur Freiheit wie zur Sklaverei, je nachdem, welche Quelle Bayle anführt und welchen Darstellungszweck er verfolgt.

Bayles Verfahren des Ausweises in den folgenden Lemmata steht tatsächlich unter der Maßgabe von Genauigkeit und Nachvollziehbarkeit. Die Behauptung, dass er immer ausführliche bibliographische Angaben mache, mag eine Übertreibung sein, stellt aber doch den generellen Anspruch an sein Buch und sein Verfahren dar. Dank der Marginalien ist es bis heute möglich, die angemerkten und zitierten Stellen zu identifizieren sowie zwischen zeitgenössischen Ausgaben der Bezugstexte zu unterscheiden. Auch dort, wo die Marginalien lediglich Querverweise liefern, ohne, dass eine zitierte Passage integriert wird, lässt sich oft – und im Besonderen bei jüngeren Publikationen – mit den gemachten Informationen der entsprechende Titel genau rekonstruieren und auf eine passende Stelle zurückführen.

Alles hängt davon ab, dass Bayles Spezifikum, der Umgang mit den Übernahmen von Passagen, vorgreifend verstanden wird. Der notorische Zweifler Bayle ist sich zumindest darin sicher, dass seine Methode angegriffen werden wird, und kommt dem ausdrücklich zuvor:

> Je ne doute point que la methode que j'ai suivie en rapportant les passages des auteurs ne soit critiquée. Plusieurs diront que je n'ai cherché qu'à faire un gros Livre à peu de frais. Je cite souvent de très-longs Passages: quelquefois j'en donne le sens en notre Langue, & puis je le rapporte, & en Grec, & en Latin. N'est-ce pas multiplier les êtres sans nécessité? Fallait-il copier une longue Citation d'un Auteur moderne que l'on trouve chez tous les Libraires? Fallait-il citer Amyot en son vieux Gaulois? Pour bien répondre à ces Critiques, je ne crois pas qu'il soit nécessaire de nier que leurs Objections ne soient spécieuses. Je leur avoue qu'elles sont plausibles, & qu'elles m'ont tenu en balance assez long-tems; mais enfin des Raisons encore plus spécieuses m'ont déterminé au choix que j'ai fait. J'ai considéré qu'un Ouvrage comme celui-ci doit tenir lieu de Bibliotheque à un grand nombre de gens. Plusieurs personnes, qui aiment les Sciences, n'ont pas le moien d'acheter les Livres; d'autres n'ont pas le loisir de consulter la cinquantiéme partie des Volumes qu'ils achetent. Ceux qui en ont le loisir seraient bien fâchez de se lever à tout moment, pour aller chercher les instructions qu'on leur indique. [...] Ainsi, pour m'accommoder aux intérêts des Lecteurs qui n'ont point de Livres, & aux occupations ou à la paresse de ceux qui ont des Bibliotheques, j'ai fait ensorte qu'ils vissent en même tems les Faits Historiques, & les

> Preuves de ces Faits, avec un assortiment de Discussions & de Circonstances qui ne laissàt pas à moitié chemin la curiosité. Et parce qu'il s'est commis beaucoup de supercheries dans les citations des auteurs, & que ceux qui abregent de bonne foi un passage, n'en savant pas conserver toujours toute la force, on ne sauriont pas combien les personnes judicieuses sont devenues defiantes.[20]

Die mögliche Kritik an Bayles Methode der Zitation wird ausführlich evaluiert, und ihr wird zuerst stattgegeben. Der Einwand, mit der unnötigen Wiederholung verfügbarer Texte wenig zu leisten, und vielmehr mühselige und überfrachtete Texte zu produzieren, ist in sich schlüssig. Besonders gilt dies, wenn er sich auf veraltete Autoren wie Montaignes Helden Amyot bezieht, und seine langen Passagen in der Originalsprache mitgegeben werden. Die Legitimation dieser Fülle erfolgt über einen externen Grund, der den Anspruch einer mondänen Kritik wiederholt. In Rücksicht auf seine avisierte Leserschaft geht Bayle davon aus, mit der Länge und Fülle seiner Zitate der Neugier gerade derjenigen Leser/innen entgegenzukommen, die – wie der Autor selbst – über keine eigene Bibliothek verfügen und folglich auf die Mitlieferung der Bezugstexte angewiesen sind, um der Darstellung zu folgen.[21] Die langen Passagen sind also der anthologische Teil des kritisch-historischen Projektes. In ihnen entsteht sukzessiv ein Lesekompendium der Passagen, die vielleicht wenig neu, aber dennoch brauchbar sind und in der komprimierten Form von Bayles Zitat handhabbar und erschwinglich geworden sind. Der *Dictionnaire* ist durch sie auch ein philosophisches Lesebuch.

Beiläufig mischt Bayle unter diesen materiellen Aspekt die Idee historischer Akribie, für die ihn die Rezeption feiern wird. Die Ausführlichkeit seiner Nachweise geht mit dem Versprechen einher, die Oberflächlichkeit und Fehler bei der Abschrift vermieden zu haben, die sonst vorkämen. Schlechte Zitate, die auf solche Missgriffe zurückzuführen sind, werden als Gefahr für die Leserschaft vorgestellt: Viele kluge Leser/innen seien durch sie argwöhnisch geworden. „Paraphrase und Zusammenfassung" sind immer unter Vorbehalt zu sehen, während das Zitat in Reinform im „Dienste der Wahrheit" steht.[22]

Die Logik der Zitate und die Berechtigung der Methode sind der Kreuzungspunkt der beiden kritischen Maßstäbe Bayles zwischen gelehrter und mondäner

---

20 Bayle, DHC, *Preface*, S. VI.

21 Bayle solidarisiert sich mit seinen Leser/innen, die er nach seinem eigenen Vorbild konzipiert; schilderte er doch selbst seinen Mangel an Literatur als Hindernis für die Produktion des *Dictionnaire*; Bayle, DHC, *Preface*, S. IV: „Il faudroit pour un Ouvrage comme celui-ci la plus nombreuse Bibliotheque qui ait jamais été dressée: au lieu de cela, j'ai très-peu de Livres."

22 So bei Weibel, *Le Savoir et le corps*, S. 35: „Pour Bayle, la citation est d'abord au service de la vérité. [...] [L]a paraphrase, le résumé, sont toujours sujets à caution."

Kritik; denn er erläutert sie einerseits aus dem Publikumsinteresse und den ökonomischen Bedingungen seiner Leser, andererseits aber aus der Treue den Quellen gegenüber. Die quantitative Fülle und treue Akribie seiner Zitation wird so zum Residuum des kritisch-philologischen Programms. Dasjenige, was Bayle an der Form seiner Darstellung in Hinblick auf den historischen Auftrag der Durchsicht kassiert hat, bewahrt sich in dieser Form der gelehrsamen Praxis. Sie ist die notwendige Beifügung der *critique mondaine* des Geschichtlichen, und in ihr bleibt der grundlegende Anspruch des *Projet*, die Fehler als solche zu sammeln und zu zeigen, bis zur Abschrift des *Dictionnaire* erhalten. Bayle gelingt es dennoch, seine Akribie in das System seiner einleitenden Selbstabwertung zu integrieren. Die Mühe, die er sich mit den weitschweifigen und oftmals kleinlichen Zitaten gemacht hat, ist Teil seiner *Excusatio*, und der Apparat von gelehrten Inhalten, die er hier reproduzieren will, hat in seiner Sperrigkeit den Prozess des *Dictionnaire* noch zusätzlich verlangsamt.[23] Damit kommt dem Zitieren eine Vorrangstellung innerhalb der spezifischen Methodendiskussion im Vorwort zu. Sein Vorwort wird zur Sammlung des „Prétexte" für ein „Gewebe aus Zitaten":

> Ils savent que c'est un soin long & pénible, & qu'il n'y a rien qui demande plus de patience qu'un bon tissu de Citations. Ils ne croiront pas que sous prétexte qu'il y a beaucoup de matieres étrangeres dans cet Ouvrage, je puisse dire que sans me hâter je l'ai fait croître en peu de tems; car, diront-ils, une juste application d'une infinité de Passages est plus pénible, qu'un long attirail de Raisonnemens, & de Réflexions. Il faut chercher ces Passages, il faut les lire avec attention, il faut les placer à propos, il les faut lier avec vos propres Pensées, & les uns avec les autres. Il est impossible d'aller vîte, quand on fait cela parfaitement bien.[24]

---

23 In der genauen Sammlung der unterschiedlichen Abwertungsmomente in Bayles Vorrede fügt Völkel das Zitat nur am Rande ein: Völkel, ‚Text-Logik', S. 194: „Seine Entstehungszeit sei zu ausgedehnt (zwei Foliobände in vier Jahren!), wobei aus nachstehend angeführten Gründen trotzdem zu geringe Sorgfalt waltete. Die Schrift leide an Materialknappheit, denn andere *Dictionnaires* hätten ihr, vom biblischen Personal bis zur englischen Aristokratie, Gegenstände genommen. Den Autor plagte während der Herstellung Mangel an Arbeitskraft und Gesundheit. Bücher und andere Quellen hätten ihm merklich gefehlt. Dazu komme ein sehr unvollkommener Stil. Das 1694 erschienene Wörterbuch der *Academie* sei ihm nicht mehr zugute gekommen. Als Körper betrachtet, entbehre das Dictionnaire der Geschlossenheit, was auch als Ergebnis der Isolation des Autors während seiner Arbeit zu werten sei. Insgesamt liege da ein Werk ohne Originalität vor; die vielen Zitate seien mit Recht zu kritisieren."

24 Bayle, DHC, *Preface*, S. V.

Kompilatives Schreiben, das er späterhin als Hand- oder Körperarbeit bezeichnen wird,[25] wird von der Kritik an der Penibilität der Zitate aufgewertet. Erst ihre Qualität, gesichert durch den akribischen Nachweis von Herkunft und Vollständigkeit, lässt das eingeführte „tissu" aus der Verdammung bei Montaigne durch Malebranche retten. Bayles Umwertung greift nicht nur über Malebranche auf Montaigne zurück, sondern wiederholt auch die Charakterisierung von kompilativer Literatur aus *Du Pedantisme*; wo Montaigne den Anspruch der Sammlung schöner Stellen gerade – ganz im Sinne der Kritik, die Malebranche an ihm üben wird – verwirft und bestimmt, dass dieses Verfahren eher ein Buch kaufen als schreiben hieße, entkoppelt Bayle die Kopie vom Vorwurf der Uneigenständigkeit, indem er das *tissu* neuen Maßstäben unterstellt.[26] Die Transformation erfolgt über den Begriff des Zitats. In diesem Modus sind sie nicht länger nur lose „traites d'histoire", wie es noch bei Malebranche hießt, sondern *als* „Zitate" das Ergebnis des

25 Dies geschieht In Bezug auf die Eitelkeit, seinen Namen – hier zum ersten Mal in seinem Oeuvre – auf den Titel des Buchs setzen zu lassen. Er erklärt sich mit Scaliger zum eitlen Kompilieren; Bayle, DHC, *Preface*, S. X-XI: „Voilà les Maximes qui me portoient à ne pas mettre mon Nom à la tête de ce Dictionaire. Les médisans ne m'en croiront point; ils se persuaderont que mes scrupules étoient fondez sur le peu d'honneur que l'on aquiert en paroissant à la tête d'un gros Ouvrage de Compilation, qu'ils appelleront Egout de Recueils, Rhapsodie de Copiste, &c. De tous les emplois, diront-ils, que l'on puisse avoir dans la République des Lettres, il n'y en a point de plus méprisable que celui des Compilateurs: ils sont les porte-faix des grands Hommes. A la vérité ils ne sont pas inutiles: *Telles gens*, disoit Scaliger, *sont les crocheteurs des hommes doctes qui nous amassent tout: cela nous sert de beaucoup; il faut qu'il y ait de telles gens*. Mais les métiers les plus vils ne sont-ils pas nécessaires? & l'utilité qu'ils apportent les tire-t-elle de leur bassesse? Il y a donc plus de vanité que de modestie, à ne vouloir point passer pour un Auteur porte-faix, & à vouloir sortir de la Classe des Ecrivains, dont les Productions ne sont pas tant un travail d'esprit qu'un travail de corps, & qui portent leur cervelle sur leurs épaules. Les médisans croiront ce qu'il leur plaira; ce n'est point contre eux qu'il faut raisonner: je dirai donc seulement que ce n'est point par | [xi] inconstance, mais pour obéir à l'Autorité souveraine, que je fais ce que j'ai dit si souvent que je ne voulois point faire."

26 Vgl. Montaigne I 25, S. 139: „J'ay veu chez moy un mien amy, par maniere de passetemps, ayant affaire à un de ceux-cy, contrefaire un jargon de galimathias, propos sans suite, *tissu de pieces rapportées*, sauf qu'il estoit souvent entrelardé de mots propres à leur dispute, amuser ainsi tout un jour ce sot à debatre, pensant tousjours respondre aux objections qu'on luy faisoit." ; ebenfalls in I 26 über Lipsius, wie wir sahen: „Je trouvai belles les imaginations de cet Auteur, la contexture de son ouvrage bien suivie, & son dessein plein de pieté." Der rote Faden der Metaphern- und Zitatgeschichte dieses wertenden „Gewebes" von Montaigne zu Bayle ließe sich sicher noch weiter verfolgen; Bayle übernimmt die alternative Prägung der „contexture" von Montaigne nur zitierend aus der *Apologie*; siehe Bayle, DHC, Bd. 4, SEBONDE, RAYMONDE, Anm. (D), S. 184; er zitiert Montaigne II 12, S. 440: „Je trouvai belles les imaginations de cet Auteur, la contexture de son ouvrage bien suivie, & son dessein plein de pieté."

methodischen Zugriffs auf die gesammelte Literatur der gelehrten Welt. Mit dieser Aufwertung und Sichtbarmachung des Intertextes korrespondiert die Freiheit der Kommentare, die jeden Weg nehmen können, den Bayle einschlagen will, eben vorausgesetzt, dass die Akribie seiner philologischen Nachweise ihm das Recht zur Digression verschafft. Freiheit und Sklaverei sind auch hier aneinander gebunden; denn die freie Wahl seiner Quellen wie Gegenstände wird dadurch legitimiert, dass sie methodisch gebunden scheint. Bayle kann schreiben, was er will, solange er einhält, dass die einzelnen Momente sich rückverfolgen lassen.

So ergibt sich aus der Unfreiheit der Akribie schließlich die Freiheit, zu sagen, was man will. An Ciceros Einforderung an die Unverschwiegenheit des Historikers anknüpfend setzt sich hier der Gedanke fort, der das Gewissen des Kompilators betrifft: Dass er nämlich für die Gegenstände seiner Kompilation nur sehr bedingt verantwortlich gemacht werden kann. Während das Vorwort sich noch auf die Genauigkeit und Nachvollziehbarkeit der Entlehnungen beschränkt, greift dieses Moment der Zitation vom anderen Ende des Buches her. In den *Eclaircissments* soll die Kompilation die Kritik aushebeln. Die Ähnlichkeit zur Funktion der Verbergung der Autoren bei Montaigne ist verblüffend. An die Stelle von Montaignes Paralyse der Kritik durch die permanente Drohung der plagiierenden Paraphrase tritt im *Dictionnaire* die Unfreiheit des Kompilators Bayle, die ihm die Möglichkeit einräumt, zu sagen, was er will, wenn er nur in anderen Texten die Stellen findet, die dies für ihn leisten.

> Je me trouve dans un cas infiniment plus favorable que tous les Auteurs dont j'ai parlé; car que l'on condamne Catuile, Lucrece, Juvenal, & Suetone tant qu'on voudra, on ne pourra point condamner un Ecrivain qui les cite. Ce font des Auteurs exposez en vente chez tous les Libraires; ils ne peuvent pas faire plus de mal par les passages que l'on en rapporte, que dans leur source; & il y a une différence extrême entre les prémiers Auteurs d'une Obscénité, & ceux qui ne la rapportent que comme la preuve d'un fait ou d'une raison que la matiere qu'ils traittent les oblige de mettre en avant.[27]

Die Obszönitäten, die hier gemeint sind und die Bayle sogleich dem Namen nach evoziert, sind Inhalte der römischen Dichtung ebenso wie historische Berichte. Dass er, insbesondere im zensierten Artikel DAVID,[28] auch biblische

27 Bayle, DHC, Bd. 4, Eclairissement IV, S. 650.

28 Bayles DAVID ist besonderes streitbar, weil er hier ausnahmsweise biblisches Personal bespricht. In bleibt in den *Eclairicissements* geht er gesondert auf diesen Fall obszöner Darstellung ein, wird sich aber auch wirklich der Zensur in der Darstellung beugen. Vgl. hierzu van der Lugt, „Les mots et les choses", S. 720-723; vgl. auch [o.A.], „Pierre Bayle et l'article David: une lettre inconnue [à François Durand, 29 juin 1702]", *Bulletin de la Société*

Quellen mit diesem Interesse durchsucht hat, verschweigt er hier geflissentlich, wie auch sein allgemein übersteigertes Interesse am Sexuellen und Frivolen.[29] Aber dieses Interesse steht nicht im Vordergrund der Argumentation, die den Vorwurf der Obszönität eher mit der literaturgeschichtlichen Abhängigkeit entkräftet: Die „extreme Differenz" der Sprachhandlungen, die sich zwischen erster und zweiter Verwendung eines Satzes einstellt. Denn die Übernahme aus den bestehenden Texten mag den Urheber des anzüglichen oder obszönen Wortes zurecht der Kritik aussetzen, aber auf ihrer Grundlage den Zitierenden zu verdammen, stünde außer Frage. Die Entsprechung zwischen den zitierten Passagen zeigt, wie absurd der Vorwurf ist; Wieso sollte bei ihm zensiert werden, was an der Ursprungsstelle frei verfügbar ist? Dieses Argument, das vor allem für den lateinischen Kanon gemacht werden kann – denn zeitgenössische Libertins sind durchaus ebenfalls zensiert oder indiziert, allen voran Montaigne – lebt von der Qualität der Entlehnung und der entlehnten Wahrheit. Bayle dienen seine Obszönitäten nur zum Beweis und zur Demonstration, dass dies, was hier angeführt ist, schon bei anderen und in eben dieser Art gesagt wurde.

Aus dieser Differenz im Umgang ergibt sich die wörtliche Einforderung gleicher Rechte für Schriftsteller und Kompilator; ein unverbrüchliches Recht, das Bayles Anspruch auf die Freiheit zu Zitieren manifestiert. So fordert er unter Rekurs auf Montaigne, den er unter die antiken „lasziven" Autoren reihen will, dieses Recht für sich und für alle ein:

> Le droit qu'on a de citer ce que j'ai cité se sonde sur deux raisons: l'une : que l'il est permis à toute la terre de lire Catulle & Martial, &c, il est permis à un Auteur de rapporter de ces Poetes les passages que bon lui semble: l'autre, que l'il est permis aux Historiens de raporter une action impure commise par Caligula, il est permis &; un Auteur de rapporter une pensée ou une remarque obscéne de Montagne ou de Brantome; car cette remarque n'est pas une action à beaucoup près aussi criminelle que les infamies de Caligula. Quiconque a droit sur le plus a droit sur le moins, & il seroit contradictoire ou absurde de vouloir bien que Petrone, & Suetone, & les Poetes les plus lascifs, soient imprimez & vendus publiquement avec des Notes qui en expliquent les Obscénitez les plus brutales, &

---

de l'Histoire du Protestantisme Français (1903-2015) 111 (1965), S. 352-355; und den Überblick Walter Rex, „Pierre Bayle: The Theology and Politics oft he Article on David", *Bibliothèque d'Humanisme et Renaissance*, 24/1 (1962), S. 168-189.

29 Stricker, *Die Maskierte Theologie*, S. 21, verneint diese zentrale Stellung von Sexualität bei Bayle, die ihn zu Unrecht den Libertins zugeschlagen habe. Bost geht davon aus, dass die Bezugnahme auf Anzüglichkeiten im *Dictionnaire* im Dienste der Publikumsöffnung des Vorwortes stehe und das „sex appeal" von Bayles Schreiben – eher als dekoratives Element – ausmache. Bost, *Pierre Bayle*, S. 454.

de défendre à l'Auteur d'un Dictionaire Historique commenté de se servir d'un passage de ces Ecrivains pour confirmer ou pour éclaircir quelque chose.[30]

Bayles Forderung ist äußerst bescheiden und radikal zugleich, und gibt zu erkennen, welche Bedeutung dem Sprechen mit Worten anderer zukommt.[31] Das Recht zu Zitieren wird zum universellen Bürgerrecht der *République de Lettres*, die sich gegen die Zensur und die Kritik absichert. In der virtuellen Gelehrtenrepublik, und damit im Modus der allgemeinen Kritik, muss schon aus Gründen der Plausibilität alles, was in unzensierten Werken erscheint, als freie Verfügungsmaße der Republikaner verstanden werden. Der Kanon, dessen Bestand Bayle namentlich anzitiert, ist eine Materialsammlung für alle Diskursteilnehmer, und kann durchaus noch kritisiert und verändert werden – allerdings nur unter Rückführung auf die Quellen und Erstverwendungen. Die freien Bürger, die sich in der Republik verständigen, dürfen alles, sofern es zitiert ist, sagen.

Bayle und Montaigne erkennen im Zitat dasselbe Moment einer schriftstellerischen Freiheit als Immunisierung gegen die Kritik. Beide nutzen dieses Potential aber auf diametral entgegengesetzten Wegen, die – nach Montaignes Motto aus I 1 – zum selben Ziel führen. Während das eingestandene, aber unkenntlich gemachte Zitieren bei Montaigne die Kritik seines Schreibens durch die Autorität seiner möglichen Intertexte paralysiert, will Bayle im Gegensatz dazu durch die Worte anderer seine eigenen verbergen und erreichen, dass er im Modus der bloßen Kompilation für die Textgestalt und vor allem die Aussagen und die Drastik seiner Darstellungen nicht verantwortlich gemacht werden kann. Verbergung und provokante Offenlegung sind zwei Strategeme eines Schreibens, das in der Hybridisierung des eigenen Diskurses die Möglichkeit der Kritik erkennt. Bayles Verfahren der akribischen Integration lässt den Autoren des *Dictionnaire* hinter seinem Text und, vielmehr, hinter

30 Bayle DHC, Bd. 4, S. 661.

31 Die Sprachdifferenz der lateinischen Autoren entlastet ihn weiter; insofern ihre Anzüglichkeiten nur in der toten Sprache verfügbar sind, kann auch nur ein gelehrtes Publikum sie als solche erkennen. In Bezug auf französische Quellen rechtfertigt Bayle seine Freiheit zum Obszönen, indem er sie an der Freizügigkeit Montaignes misst. Die Auswahl der Kompilation habe das Schlimmste vermieden und sei demnach am Original und dessen Akzeptanz zu bemessen. Er sei noch vorsichtiger als anderswo verfahren, wenn er den *Essais* und Brantôme Passagen entnommen habe. Vgl. Bayle, DHC, Bd. 4, S. 650: „J'ai évité en second lieu, d'exprimer en notre Langue le sens d'une Citation qui contenoit quelque chose de trop grossier, & je ne l'ai rapporteé qu'en Latin. Je n'ai pris de Brantome & de Montaigne que certains endroits qui n'étoient pas des plus choquans. J'ai usé de la même précaution à l'égard de d'Aubigné, & des autres Ecrivains François un peu trop libres que j'ai appellez quelquefois en témoignage."

dessen Vielzahl von Stimmen, zurücktreten und für den Zugriff diverser Kritikinstanzen unnahbar werden – während er doch auktorial über die Auswahl nicht nur seiner Zitate, sondern auch seiner Gegenstände und ihrer Reihenfolge und Darstellung verfügen kann.

11.2 Passagen; Zitate als Geschichte

Die späteren Betrachtungen des Zitierens bei Bayle verlegen selbst die Dissimulation hinter den Worten anderer ausdrücklich ins Historische. So kommt er im Apparat des Wörterbuches auf die Einschätzung des Vorwortes zurück. In Epicure wird die Frage nach der Differenz von eigenständiger Genieproduktion und sekundärer Kompilation an den topischen historischen Beispielen, Chrysippe und Epikur, verhandelt. Diese Form des Eigenkommentars im Rekurs auf allgemein bekannte historische Figuren stellt selbst einen zitativen Umweg dar, nur umso mehr von sich selbst zu sprechen; Bayle greift wie Montaigne auf die Darstellung bei Diogenes Laertius zurück,[32] der Chrysippe und Epikur in Betrachtung der Textmenge in Hierarchie gebracht hat:[33]

> Puis que l'occasion s'en présente, disons quelque chose sur ces deux manieres de composer, je parle de celle d'Epicure, & de celle de Chrysippe. On auroit grand tort de prétendre, généralement parlant, que la méthode d'Epicure est celle des grands génies, & celle qui coûte le plus, & que la méthode de Chrysippe est celle des petits esprits, & celle qui coûte le moins. Prenez bien garde que par la méthode de Chrysippe j'entens seulement la coutume de ramasser des Autoritez. Je n'entens pas la négligence personnelle de ce Philosophe, & les excès où il se portoit en compilant. Cela posé, je soutiens qu'il y a d'aussi grands Auteurs, &

32 Wir erinnern an die betreffende Stelle bei Montaigne, I 26, S. 148 (s.o.); wie dort schon angegeben, findet sich die entsprechende Beschreibung bei VII, 181 ; Diogenes Laertius, *Leben und Meinungen berühmter Philosophen*, S. 416.

33 Vgl. Bayle, DHC, Bd. 1, Epicur, Anm. (E), S. 366: „Diogene Laërce, en parlant des Philosophes qui ont le plus écrit, met Chrysippe au 1 rang, & Epicure au 2: c'est ainsi qu'il dispose des places dans sa Préface; mais dans son X Livre il dit absolument & sans réserve qu'Epicure est celui de tous les Auteurs qui a le plus composé." Bayle hebt den Selbstwiderspruch bei Diogenes hervor. Im zehnten Buch, aus dem auch Montaigne zitiert, überwiegen die Schriften Epikurs, im Vorwort halten er und Chrysippe sich die Waage. (hierzu Anm. [47]: „Diog. Laert., in Prooemio, num. 16."). Für die entsprechenden Stellen bei Diogenes Laertius, siehe Diogenes Laertius, *Leben und Meinungen berühmter Philosophen*, „Proömium", S. 10, wo Epikur und Chrysippe (entsprechend Bayles Darstellung) ohne Hierarchisierung als Vielschreiber aufgeführt werden; und ebd., Buch X, 27, S. 552, wo er als produktivster Autor der Philosophen angeführt wird. (Bayle zitiert dieselbe Stelle, Bayle, ebd., Anm. (48).

> des génies aussi sublimes dans la Secte de Chrysippe, que dans la Secte opposée [...].[34]

Bayle vermeidet es, seine Parteinahme für den Kompilator Chrysippe für sich selbst stehen zu lassen, und lässt Naudé sein Urteil sprechen, allerdings nicht über den antiken Philosophen, sondern über die drei „großen Männer“: Seneca, Plutarch und Montaigne:

> [...] car s'il y eut jamais Auteurs qui pussent veritablement s'estimer tels, ç'ont esté sans controverse Plutarque, Seneque, & Montagne, qui n'ont toutesfois rien laissé chez les autres de ce qui pouvoit servir à l'embellissement de leurs discours: tesmoin les vers Grecs & Latins qui se rencontrent presque à chaque ligne de leurs œuvres, & entre autres cette Consolation de sept oil huit feuilles que le premier envoya à Apollonius, dans laquelle on peut remarquer de compte fait plus de cent-cinquante vers d'Homere, & presque autant d'Hesiode, Pindare, Sophocle, & Euripide.[35]

Mit dieser Apologie, die damit argumentiert, dass alle drei Autoren trotz ihres zitativen Unwesens noch im 17. Jahrhundert die größte Popularität genießen, zeigt Bayle seine Vorbilder, vermittelt über die Zitation aus Naudé – also ohne selbst sein Urteil sprechen zu müssen. Wenn man annimmt, dass große Autoren nicht abschreiben dürften und ihnen Kompilation als Mangel ausgelegt würde, dann, so Naudé, würden Plutarch, Seneca und Montaigne nicht zu ihnen zählen. Sie sind aber weithin anerkannte und über ihre Zeit hinaus populäre Autoren, die wiedergedruckt und -gelesen werden; folglich kann dem Verfahren des Kompilators, das Chrysippes Methode entspräche, nicht das eigenständige Genie abgesprochen werden. Mit dieser zitierten Literaturkritik, die aus dem faktischen Erfolg die Güte der Autoren abliest, legitimiert Bayle *en passant* auch sein eigenes Vorgehen und stellt es in die Genealogie der genialen Zitatoren Chrysippe, Seneca, Plutarch und Montaigne. Er begreift sich in einer Linie mit diesen großen Männern, und versucht, im Windschatten ihrer Apologie durch Naudé auch den *Dictionnaire* vor der Kritik zu bewahren. So kann er – in Rückgriff auf die Vorrede – auch nochmals betonen,

---

34 Bayle, DHC, Epicur, Anm. (E), S. 366.

35 Bayle, DHC, Epicur, Anm. (E), S. 366. Er zitiert aus Garbiel Naudé, *Apologie pour tous les grands hommes qui on este acusez de magie*, Paris: Eschart 1669. Naudé ist, wie Popkin darlegt, nicht nur Verteidiger Montaignes und dessen antiker Vorbilder, sondern auch Vorreiter der skeptischen Methode, an den Bayle anschließen konnte. Vgl. Popkin, *The History of Scepticism*, S. 83: „In his earliest work, a defense of some famous people accused of magic, Naudé made his sceptical attitude fairly clear.[...] To those who wished to learn to judge reasonably, he recommended reading such excellent critical authors as Charron, Montaigne, and Bacon.“

dass allein quantitativ die Mühe einer Zusammenstellung den bloßen Ausfluss des Genies bei weitem übersteigt.[36]

Hierauf aufbauend entwickelt Bayle die Binnendifferenzierung der „großen Zitateure", die Aufschluss darüber gibt, wo er sich selbst verortet. In der Trennung zweier Klassen der Zitation wird der bestimmende Unterschied erkennbar. Die Skizzierung der Abschreiber aus den modernen Texten, die ohne Überprüfung Mengen von Zitaten anhäufen und so leichtfertig zu Veröffentlichungen schreiten, stellt das exakte Gegenmodell zur historischen Akribie des *Dictionnaire* dar. Während Bayle sogar noch für die Belege Belege findet, reicht ihnen die gefundene, unüberprüfte Stelle. Sie schreiben nicht einmal selbst ihre Passagen, sondern lassen sie von zweiten abschreiben:

> Je croi qu'on peut reduire à deux Classes les grands Citateurs: il y en a qui se contentent de piller les Auteurs modernes, & de ramasser en un corps les compilations de plusieurs autres qui ont travaillé sur une même matiere. Ils ne verifient rien, ils ne recourent jamais aux Originaux: ils n'examinent pas même ce qui précede & ce qui suit dans l'Auteur moderne qui leur sert d'Original; ils n'écrivent point les Passages; ils marquent seulement à leur Imprimeur les pages des Livres imprimez d'où il faut tirer ces Passages. On ne peut nier que cette méthode de faire des Livres ne soit très-aisée, & que sans fatiguer beaucoup la tête d'un Ecrivain, elle ne le puisse mener bien-tôt à dix gros volumes. Il y a d'autres Citateurs, qui ne se fient qu'à eux-mêmes; ils veulent tout vérifier, ils vont toujours à la source, ils examinent quel a été le but de l'Auteur, ils ne s'arrêtent pas au Passage dont ils ont besoin, ils considérent avec attention ce qui le précéde, ce qui le suit. Ils tâchent de faire de belles applications, & de bien lier leurs Autoritez: ils les comparent entre elles, ils les concilient, ou bien ils montrent qu'elles se combattent. D'ailleurs ce peuvent être des gens qui se font une religion, dans les matieres de fait, de n'avancer rien sans preuve.[37]

Indem er Topoi aufgreift, die schon Montaigne so verwendet hat, um bloße Kopisten zu attackieren, reformuliert Bayle die Kritik der Plagiatoren für das 17. Jahrhundert. In seinem Vergleich ist die Akribie der Quellenkunde der bloßen Kopie weit überlegen. Es gelingt ihm, an der Intensität der Vorgehensweise der „*autres citateurs*", zu denen er sich selbst zählt, eine neue Form von Eigenständigkeit zu illustrieren. Vielleicht begründet von der Einsicht bei Malebranche und Naudé, dass auch Montaigne von seinen überzähligen Zitaten abhängig ist, stehen der Apologie der Zitation am Ende des

36 Etwas später heißt es: Bayle, DHC, EPICUR, Anm. (E), S. 366: „[…]& par conséquent ce qui naît de notre propre génie coûte quelquefois beaucoup moins de tems que ce qu'il faut compiler". Bayle fügt im Verweis auf sich selbst an: Anm (60): „Voiez in Nouvelles Lettres du Critique de Mr. Maimbourg, au commencement de la X Lettre, pag. 298, 199."

37 Bayle, DHC, EPICUR, Anm. (E), S. 366. [Meine Hervorhebungen, S.G.]

17. Jahrhunderts nicht mehr die vorgeschobene Logik der Urheberschaft, noch diejenige der Transformation als absoluter Aneignung des Fremden zur Verfügung. Bayle verlagert diese Möglichkeiten auf die Zitation selbst: Sie wird zum Eigenen des Kompilators, der sich mit beißendem Zweifel gegen jede ungeprüfte Übernahme abschirmt und jedem Wort, das er übernimmt, einen Beweis an die Seite stellen muss, um ihm den Rang des Zitates zu verleihen. Die Autoritäten werden versammelt, und dabei auch untereinander in Beziehung gesetzt. Ihr Verhältnis wird Teil der zitierenden Darstellung und muss in die Dynamik des Vor- und Nachgängertums, das mit zu untersuchen ist, eingeschlossen werden. „Quasi-Religiös", wie Bayle sagt, kann ohne den – selbst erbrachten – Beweis kein Material als Fakt anerkannt werden.

Der autarke Autor, der nur schreibt, was von ihm selbst stammt, wird so in der Abgrenzung vom Plagiator vom korrekt Zitierenden gleich mit übertroffen und beerbt. Das Ich, das Bayle hier inszeniert, verändert sich: Es wird vom Subjekt des Diskurses zum Subjekt des Beweises. Im Gegensatz zur Selbstgenügsamkeit des Genies, das nur aus sich selbst heraus produziert, steht die Autarkie des historischen Kritikers, der sich nur an sich selbst hält (*qui ne se fient qu'à eux-mêmes*). Das Zitat allein, wie es der Zitierende ersten Typs leicht sammeln kann, ist von Bayles Methode ausgeschlossen. Wer nur übernimmt, ohne ordnungsgemäß zu zitieren und nachzuweisen, der „schreibt keine Passagen", wie oben hervorgehoben wurde. Bayle transponiert im gleichen Zug, wie er die Tätigkeit des Schreibenden auf die Prüfung der Schrift anderer verlagert, den Status der schönen Stellen selbst ins Historische. Die Passage unterscheidet sich in dieser Gegenüberstellung von der bloßen Angabe: Passagen, die abzuschreiben sind, dürfen nicht einfach vom Drucker entnommen werden, um der zweiten Klasse der Zitierenden zu entsprechen. Ihre Aneignung ist diejenige der Zitate *als* Passagen, die sie selbst abgeschrieben haben. In der akribischen Wiederholung wird die Geschichte und Entwicklung mitbedacht, und die quasi-religiösem Treue dem Original gegenüber erhebt das Zitieren zur exakten Wissenschaft.[38] Nur diese Akribie trennt den kolportierten Ausspruch aus einer Sammlung von Bonmots vom überprüften Material des Faktischen (*matieres de fait*) – für Bayle wird der Begriff der Passage zum Ausgangspunkt eines Überschlagens der Stellen, die ihre Genese und historische Interdependenz in der Applikation mitausstellen.

---

38 Bayle knüpft offensichtlich an den *Projet* an, wenn er hier die Approximation des nachforschenden Kompilators schildert. Es sollte aber auch bemerkt werden, dass sein ironischer religiöser Eifer die These stützt, dass die Kritik im Übergang zum *Dictionnaire* mondän geworden ist. Insofern die Treue gegenüber der Schrift und dem Buchstaben nur dem Zitat und seiner Geschichte, aber keineswegs dem Inhalt gilt, ist die philologische Genauigkeit eine säkulare Fortsetzung der Bibelkritik.

11.3 Plagiat und Parodie

Obwohl vom *Projet* an der Bezug zu Moréris Wörterbuch hergestellt ist, hat sich die Forschung bisher wenig für den *Grande Dictionaire historique* als Intertext Bayles interessiert. Hatte er schon im Entwurf Moréri nur als bestes Beispiel unter anderen angeführt, wurde durch die Modifikation der kritischen Vorgehensweise der Rahmen so deutlich verschoben, dass man die Beziehung vernachlässigen konnte. Bayle hat sich in Abkehr vom *Projet* von dem Vorhaben, einen sekundären Begleittext anderer Texte zu schreiben, mit der Neukonzeption des *Dictionnaire* 1697 in gewissem Sinne emanzipiert. Schon Maizeaux hat wirkmächtig festgehalten, dass Moréri – den er in Bayles Biographie nur ein einziges Mal erwähnt – mit dessen Arbeit nichts mehr gemein habe.[39] Das Unternehmen, sich nicht nur kritisch gegen ihn zu wenden, sondern vielmehr noch in zu überflügeln und vergessen zu machen, ist Bayle also gelungen.

Aber seine erklärte Absicht in der veränderten Form des *Dictionnaire*, Moréris Fehler wo nicht in ihren Einzelheiten nachzuvollziehen und zu bereinigen, so doch im Fortgang seines eigenen Projektes zu markieren und zum Abgleich seines eigenen Gegenstandsbereichs zu verwenden, ist allgemein als Schreibanlass vermerkt. Erst im Vorwort zum *Dictionnaire* kommt seinem Wörterbuch die prominente Position der Grundlage der Kritik zu: Im Zuge der Neuausrichtung des kritischen Unternehmens dient ihm Moréri als notwendiger Untersuchungsgegenstand, ohne den der *Dictionnaire* keinen Ansatzpunkt hätte. Die Form von Bayles Buch ergibt sich aus der Form von Moréris *Le grand dictionaire historique, ou Le mélange curieux de l'histoire sacrée et profane*. Der beständige Rekurs zu seinem katholischen Vorgänger ist allerdings weit mehr als eine polemische Positionierung. Zumindest eine Ebene seiner Kritik gewinnt ihre Struktur erst aus der Verwendung Moréris, der konsequenterweise auch als wichtigste Quelle Bayles gelten darf. Um eine Vorstellung von seiner Präsenz im *Dictionnaire* zu gewinnen, muss man bedenken, dass in Absehung von den Paratexten und der Biographie eine quantitative Analyse der Ausgabe von 1740 auf 1090 namentliche Erwähnungen kommt.[40] Bayle übernimmt

39 Pierre des Maizeaux, „La vie de monsieur Bayle", in: Pierre Bayle, *DHC*, Bd. 1, S. XVII-CXII, hier S. LXXVII: „En effet, l'Ouvrage de Mr. Bayle n'a presque rien de commun avec celui de Moreri. C'est un Dictionaire d'une espece nouvelle & singuliere. Il y regne une varieté infinie. Dans le Texte ou le Corps des Articles, il fait avec beaucoup d'exactitude & de précision l'histoire des personnes dont il parle, mais il se dédommage dans les Remarques qui sont au-dessous du Texte, & qui lui servent de Commentaire."

40 Diese Zahl gewinnt man durch die Verwendung der ARTFL version; Lieshout führt statistisch an, dass etwa 39 % der Artikel Moréri erwähnen und nach Bayles Zählung 1612 seiner Fehler im *Dictionnaire* in den Folgeausgaben korrigiert werden. Lieshout, *Making*, S. 127.

nicht nur die entscheidenden formalen Parameter aus dem *Grand Dictionnaire* und gestaltet seine eigene historische Darstellung nach ihrem Vorbild – hierbei ist eher der Abstand von Bedeutung, den Bayle durch die Einführung des Kommentarapparates gewinnt, der bei Moréri fehlt.[41] Er erklärt ihn im Vorwort ausdrücklich zum unveränderten Gegenstand seines Vorgehens. In einer Art erster Fußnote, die in neun methodischen Bemerkungen bestimmt, wie Bayle Moréri nutzbar machen will, erklärt er nicht nur ausführlich, welche Ausgabe er konsultiert, sondern vielmehr, wie er mit Zitaten aus ihm im Besonderen verfahren will. Dies alles stehe nicht im Dienste der Ersetzung und Abschaffung des Vorgängers:

> Il résulte de tout cela, que mon Dictionaire n'est point destiné à diminuer le débit de l'autre; & qu'au contraire il l'augmentera, & qu'il en rendra la lecture plus profitable.[42]

Die Nähe beider Texte ist also in Bayles Augen gefährlich, und im Zuge seiner *Excusatio* will er auch legitimieren, dass sein *Dictionnaire* sich ausreichend vom Vorgänger abhebt – trotz des offensichtlichen Abstands zwischen den Schriftbildern und im Verfahren. Die Strategie dieser Legitimation geht soweit, sich als Kooperative zu begreifen und den *Dictionnaire* als eine Art *Errata*-Sammlung für Moréri zu inszenieren.[43] Diese Abhängigkeitserklärung scheint Bayle dem Vorwurf des Plagiats vorzuziehen zu sein:

> VI. Cette conduite n'est pas l'effet de la crainte de passer pour Plagiaire. C'eût été une peur panique, une peur très-ridicule; car personne jusqu'ici n'a poussé l'extravagance jusques à traiter de Plagiaires ceux qui rapportent les événemens qu'un autre avoit rapportez, mais qui les vont prendre à la source, & qui n'emploient ni le tour, ni l'ordre, ni les expressions d'un autre. Il n'y a point d'apparence qu'à l'avenir personne s'avise de définir si folement le Plagiat. Une définition si absurde nous conduiroit à ce dernier point de l'impertinence, c'est que le plus excellent Historien, qui entreprendroit d'écrire la Vie de Charles-Quint, seroit nécessairement le Plagiaire du plus misérable Chroniqueur qui ait ramassé des Rhapsodies sur les actions de ce grand Prince.[44]

41 In Moréris Sammlung sind keine Fußnoten oder Marginalien gesetzt, Quellenangaben werden selten angefügt; Zitate sind, wenn sie gelegentlich verwendet werden, kursiv gesetzt und ebenfalls nicht auf Quellen rückgeführt; bspw. im Artikel zu ALPHONSE DE AVALOS, S. 633, wo Moréri eine längere Passage aus Brantôme anführt, ohne sie auszuweisen.

42 Bayle, DHC, *Preface*, S. IX.

43 Lieshout betrachtet die beiden Texte in konstitutiver Komplementarität; Lieshout, *Making*, S. 126.

44 Bayle, DHC, *Preface*, S. IX.

Dies ist in dem Sinne zu verstehen, in dem Bayle einleitend markiert, dass die Gegenstände und Materialien, die hier vorgelegt werden, nicht auf ihn, sondern allgemein die Geschichte zurückzuführen sind, und damit auch auf seinen Vorgänger Moréri. Wenig schmeichelhaft, aber durchaus konstitutiv rückt dieser an die Stelle des „bedauernswürdigen Chronisten", den Bayle als Steinbruch seiner Arbeit braucht. Er benötigt ihn, denn die Korrektur der Fehler und der Nachvollzug ihrer eigenen historischen Genese und ihres Verlaufes setzt die Bezugnahme auf diese Quellen voraus. Zudem lässt die Unverfügbarkeit des historischen Materials in irgendeiner nicht-textuellen Form die Kategorie der widerrechtlichen Aneignung an der Historiographie scheitern. Selbst der beste Historiker müsste sich auf Chroniken stützen, die denselben Gegenstand – das betreffende historische Ereignis – darzustellen hätten. Nur so könne er seine eigene Struktur im Material finden und überprüfen. Die Übernahme von mangelhaften Vorarbeiten ist sehr wohl ein Zitat, aber keineswegs ein Plagiat. Der geistige Diebstahl ist im Bereich der Geschichte kein Missgriff, sondern eine Notwendigkeit.

Trotz dieser notwendigen Bezugnahme auf Moréri bemüht sich Bayle darum, den Zugewinn und Abstand zwischen beiden Wörterbüchern zu markieren; dieser ist methodisch. Sein Verfahren besteht darin, Moréris Vorarbeiten auf spezifische Weise zu übernehmen und sein Material „neu zu strukturieren, zu ordnen, auf die Quellen zurückzuführen und dem Ton anzupassen". Der Mehrwert dieser Arbeit liegt eben darin, dass der spätere Historiker den früheren verbessern soll. Die Transformation des Materials erfolgt im Modus der Kritik und erfüllt die Aufgabe der besseren Einsicht in die Vergangenheit. Das *ad fontes* Bayles schließt diese grundsätzliche Vermittlung mit ein. Geschichte wird für ihn zu demjenigen, was die Kritik hervorbringt, also zum Ergebnis dessen, was sich zwischen den Texten abspielt. Der Abstand zwischen Bayle und Moréri ist, selbst als Mirko-Geschichte, Ausweis der eigenen Geschichtlichkeit der Historiographie. Wenn man die Korrektur als nachträgliche Kooperation begreift, haben beide Texte, Bayle und Moréri, Anteil an dieser Zeitlichkeit als Dialogizität und Prozessualität.[45]

Auch für diese Geschichtlichkeit kann Bayle in den Marginalien eine Bezugsautorität aufführen, die den ambivalenten Charakter seiner Gefolgschaft nur noch verschärfen wird. Mit Rekurs auf Horaz' Betrachtungen zur Literaturgeschichte und zum Vorrecht der Innovation vor der Verbesserung

45 Der beste Beweis für diese Annahme Bayles dürfte sein, dass die späteren Ausgaben Moréris Bayles Einwände und Korrekturen aufgenommen haben. Die Fülle von Ergänzungen und Korrekturen, die dem *Dictionnaire* schon bei seiner englischen Übersetzung zugefügt worden sind, lobt Bayle ausdrücklich in diesem Sinne. So führt bereits die Ausgabe Louis Moréri, *Le Grand dictionnaire historique*, Basel: Brandmüller 1733; Pierre Bayle als Beiträger inkludierter Kritik auf dem Titelblatt mit an.

aus den *Satiren* versucht Bayle, den impliziten Vorwurf, den eine Korrektur am Korrigierten mit sich bringen mag, zu entkräften:

> Je ne souhaite point que l'idée méprisante, que cela pourra donner de son travail, diminue la reconnoissance qui lui est due. J'entre dans les sentimens d'Horace à l'égard de ceux qui nous montrent le chemin (33): les prémiers Auteurs des Dictionaires ont fait bien des Fautes; mais ils ont rendu de grands services, & ils ont mérité une gloire dont | [x] leurs Successeurs ne doivent jamais les frustrer. Mr. Moreri a pris une grande peine, qui a servi de quelque chose à tout le monde, & qui a donné des instructions suffisantes à beaucoup de gens.
>
> > (in der Marginalie :) (33) Hoc erat, experto frustra Varrone Atacino;
> > Atque quibusdam aliis, melius quod scribere possem,
> > Inventore minor: neque ego illi detrabere ausim
> > Haerentem capiti multâ cum laudt coronam.
> > Horat. Sat. X. Libri I. vs. 46.[46]

Bayle ist Kompilator, wie er Nachfolger (*successeur*) ist, und es ist ihm aufgrund dieser historischen Position gar nicht möglich, den Vorrang seines Vorgängers infrage zu stellen. Horaz nutzt dieselbe Logik, wenn er die satirische Schreibweise im ersten Buch als Fortführung desselben begreift, als von der literaturgeschichtlichen Tradition an ihn weitergereichtes Projekt. Horaz diskutiert das Verhältnis griechischer und römischer sowie früherer und jüngerer Literatur mit dem poetologischen Interesse der Selbstverortung. Dies ist ein exemplarischer Fall für die Behauptung Bayles, Moréris Ruhm überhaupt nicht schmälern zu können, und für die Anzeige seiner eigenen Abhängigkeit von ihm. Die Metapher des Weges, der ihm gezeigt wurde, korrespondiert mit der allgemeinen Konzeption des Fortschritts, die für Bayle unabdingbar wird – diesmal allerdings in neuer und bescheidenerer Ausrichtung. Der fortschreitende Nachfolger sei dem vorangegangenen Pionier zu Dank verpflichtet, unabhängig davon, wie sehr dieser sich geirrt haben mag.

Bayles Schreiben versteht sich also nicht als Überwindung, sondern als Dialog mit seinem Vorgänger, und im gemeinsamen Gespräch entsteht eine Geschichte in *zwei* Büchern, die weiterhin verbesserungsfähig ist. Geschichte schreibt man – so Bayle – fortschreitend. Die Dopplung in Bayles Titel verpflichtet ihn zur zweifachen Entnahme aus früheren Texten. Wie der Historiker auf Quellen und deren Sammlung angewiesen ist, so benötigt der Kritiker den

46 Bayle, DHC, *Preface*, S. IX-X. Bayle hat die Verssatzung von Horaz nicht übernommen, wir fügen sie hier ein. Vgl. Horaz, *Sermones*, I 10, vv. 54-57, S. 82-83; (Übers. ebd.: „dies hier war es, was Varro von Atax vergeblich versuchte | nebst ein paar andern und ich gelungner zu schreiben vermochte | niedrer an Rang als sein Schöpfer; wagt' ich doch nicht, herab zu | reißen den Kranz ihm, der haftet am Haupt mit vielerlei Ruhme.")

Irrtum und die Fehler der Vergangenheit, um sie korrigieren zu können. Die Übernahme der falschen ersten Geschichte wird so zur notwendigen Methode der zweiten. Erst in der Wiederholung dessen, was man überkommen will, kann dieser Fortschritt gelingen. Der Fehler des ersten muss vom zweiten nicht nur korrigiert, sondern zugleich auch reproduziert, sichtbar gemacht werden – aufgehoben, könnte man in metaphysischer Zuspitzung sagen, oder zitiert, um in Bayles Vokabular zu bleiben.[47]

Derart abgesichert, sollen die beiden Vorwürfe gegen Bayles Darstellung – die Satire einerseits, das Plagiat andererseits – anhand der Form und des spezifischen Gegenstands am *Dictionnaire* abprallen. Weil er Historiker ist, kann man ihm diese Vorwürfe nicht machen. Seine Gegenstände sind die faktisch gegebenen, und er muss sie notgedrungen anderen entnehmen, um sie zu behandeln. Er folgt weder der satirischen Aufgabe der Entehrung seiner Gegner – im Kampf aller gegen alle sind diese vielmehr nur virtuelle Kontrahenten, und in Wirklichkeit und auf lange Sicht Mitwirkende – noch versucht er sich, bestehenden Material widerrechtlich anzueignen.[48]

Entgegen diesen Beteuerungen aber wird die Distanz der Kritik dennoch wirksam, ohne den kooperativen Aspekt der Korrektur je ganz aus den Augen zu verlieren. Moréri wird nicht nur durch den Spott in der Gleichsetzung zum Chronisten desavouiert, sondern in jeder der Erwähnungen, die seine historischen Befunde korrigieren wollen.[49] Zugleich leitet sich aber die Form von Bayles Buchs aus der Vorlage der Enzyklopädie allgemein und bei Moréri im Besonderen ab. Derart abhängig von der gattungsgemäßen Vorform, kann Bayles Abwertung nicht absolut werden, ohne die eigene Textlegitimation aufs Spiel zu setzen. Die Haltung Bayles, die er über die Herleitung einer allgemeinen Regel für die Historiographie gewinnt, bleibt performativ ambivalent

47 Vgl. Weibel, *Le Savoir et le corps*, S. 17: „L'erreur, l'aberration, la déformation est ‚censurée' dans le Dictionnaire: cela ne veut pas dire qu'elle est éliminée, mais exposée, critiquée, blâmée, si longuement et si complètement qu'elle prend une importance énorme, et occupe à vrai dire les trois quarts du texte: le ‚fait vrai' tenant bien souvent, quant à lui, en une phrase."

48 Die Abgrenzung von der Satire ist selbstverständlich ambivalent. Der entgegen seinen Beteuerungen satirische und oftmals persönlich beleidigende Tonfall Bayles ist kaum zu überhöhren. Da unser Fokus auf der Konzeption des *Dictionnaire* als Parodie liegt, untersuchen wir nicht vorrangig diese Bestimmung; vgl. etwa van der Lugt, *Bayle, Jurieu*, S. 87-89. Sie legt auch nahe, dass Bayle Antoine Furetières Definition der Satire als allgemeinem Begriff für Diffamationen aus dem *Dictionnaire Universel* folgt (ebd., S. 87).

49 Die Rezeption hat diesen Umstand überdeutlich gemacht; während enzyklopädische Projekte im Anschluss an Bayle, wie der *Dictionnaire de l'Academie* oder Voltaires philosophisches Wörterbuch, vielfältig beforscht sind, ist das Desinteresse an Moréri als eigenständigem Autor nicht nur in der Bayle-Forschung erstaunlich und bedauernswert.

gegenüber ihrer Hauptquelle. Das Verhältnis von Fortschreibung und Bruch ist hier nur unzureichend zu bestimmen.

Diese Ambivalenz in Bayles Haltung zu beschreiben, lädt zu einer Begriffsanwendung ein, die sie nicht als Problem, sondern als paradigmatisches Ergebnis von Bayles Methode ansieht. Der Gedanke, den *Dictionnaire historique et critique* als Parodie des *Grand dictionnaire* zu betrachten, erlaubt es, einen Begriff der Parodie vorzuschlagen, der von der geläufigen Verwendung abweicht.[50] Dieser Modus der Bezugnahme als parodistisches Schreiben darf nicht als bloße Ironisierung missverstanden werden, noch kann sie einfach im Gattungsbegriff der Parodie als *burleske* oder *karnevaleske* Entstellung erklärt werden.[51]

Gesetzt, dass die Parodie bei Bayle in einem minimalen Zustand gefasst werden müsste, lässt sich der Begriff dennoch mit Theoremen des 20. Jahrhunderts erläutern – wenn man den Umstand berücksichtigt, dass diese Beschreibungen nicht bruchlos auf Texte des 17. Jahrhunderts angewandt werden können. Schlüsseltexte der Intertextualitätstheorie haben in ihren Versuchen einer Minimaldefinition der Parodie eben diejenigen Momente zu ihrer Bestimmung herangezogen, die Bayles Schreiben aufweist. Mit dem Begriffsapparat Genettes und Bachtins kann man so eine nähere Bestimmung des Verhältnisses von Bayle zu Moréri gewinnen. Gerade im Abstand zur

---

50 Schon bei Schneider und Zedelmaier wird festgehalten, dass Bayles *Dictionnaire* „formal wie eine Parodie anmutet", aber „inhaltlich eine Revolution in der Denkart" sei. Ulrich Johannes *Schneider*, Helmut *Zedelmaier*, „*Wissensapparate.* Die Enzyklopädistik der Frühen Neuzeit", in: *Macht des Wissens: die Entstehung der modernen Wissensgesellschaft*, hrsg. Richard van Dülmen & Sina Rauschenbach, Köln (u.a.): Böhlau 2004, S. 349-364, hier S. 358. Im Folgenden soll es darum gehen, diese Beobachtung um eine Annäherung von Form und Inhalt zu ergänzen.

51 Die Bedeutung der so konzipierten „Parodie" für die Literatur der Aufklärung findet sich auf eindrucksvolle Weise aufgearbeitet bei: Patrick Neiertz, *Lumières obliques: ironie et dialogues au XVIIIe siècle*, Paris: Champion 2012. Wie er zeigt, kommt der Ironie – im weiten Sinne, der Konzepte Kierkegaards wie Schlegels auf das 18. Jahrhundert anwenden will – und im Besonderen dem Parodistischen eine besondere Rolle bspw. bei Diderot und Voltaire zu. Seine Untersuchungen befassen sich dabei leider fast ausschließlich mit der Literatur des 18. Jahrhunderts. Außerdem investiert Neiertzs einen Begriff der Parodie, der sie im Wesentlichen als dramatisches Phänomen fasst; so sind auch die Betrachtungen zur „Kritik" / II-4, „Ironie parodique et ciritque littéraire", S. 297-347) sowie zur „philosophischen Ironie" (S. 521-534) am Dialogischen (als erzählter Rede) orientiert. Eine nähere Bestimmung der Rolle Bayles innerhalb dieser Literaturgeschichte und damit der Parodie in der Frühaufklärung wäre sicher gewinnbringend, kann an dieser Stelle aber leider nur angedeutet werden. Neiertz zieht auch die *Parodiae Morales* von Henri Estienne oder Scaligers Poetik nicht zur Bestimmung seines Parodie-Begriffs in Betracht. Er diskutiert sie als Gattung – in offensichtlichem Anschluss an Bachtin – als „verkehrte Welt", und damit eher in Bezug zur Ästhetik des Erhabenen – ein Schicksal, das auch die Forschung zur Groteske im 16. Jahrhundert teilt (s.o.).

verworfenen Satire kann der intertextuelle Ansatz des zitativen Schreibens im *Dictionnaire* als Variante der Parodie oder als Form der Minimalparodie begriffen werden.

Folgt man Genettes Darstellung aus den *Palimpsests*, lässt sich die Parodie als der Modus der *Hypertextualtität* bestimmen. Sie beschreibt den Modus des Bezugs von Text B auf Text A, der mit „Pfropfung" operiert, und der definierend vom Kommentar ausgeschlossen wird.[52] Die Parodie ist das Gegenteil der Rhapsodie, von der Bayle sich ausdrücklich distanziert hat.[53] Sie ist zwar an sich Wiederholung, muss aber selbst in ihrem Minimalfall mehr als einfache Wiederholung sein: Etwas muss hinzugefügt, transformiert oder, im Regelfall des Minimalen, abstrahiert werden, damit aus dem Zitat eine Parodie werden kann. Für Genette ist sie folglich zu definieren als ein Sonderfall des Zitats:

> La forme la plus rigoureuse de la parodie, ou *parodie minimale*, consiste donc à reprendre littéralement un texte connu pour lui donner une signification nouvelle. [...] La parodie la plus élégante, parce que la plus économique, n'est donc rien d'autre qu'une citation détournée de son sens, ou simplement de son contexte et de son niveau de dignité [...].[54]

Der „neue Sinn" der Minimalparodie ist also formal bestimmbar. Die Ökonomie der Entnahme erlaubt es, so gut wie jedes Zitat als parodistisch zu bezeichnen, wenn die Bedingung schon erfüllt ist, dass der „Kontext" sich ändert – eine beim Zitieren unvermeidliche Nebenwirkung, die auch dann greift, wenn das Zitierte in einem relativen Außenbereich zum neuen „Kontext" gehalten wird. Zitation ist immer auch Iteration.[55]

Aber auch ohne diese sehr offene Definition trifft auf Bayle zu, was Genette an Molière exerziert. Selbst bei möglichst genauer „buchstäbliche[r] Übernahme", die durch Bayles Akribie verbürgt wird, erreicht die zitative Wiederholung doch auch im Minimalfall eine „neue Bedeutung". Bei den Übernahmen des *Dictionnaire* wird der Sinn umgeleitet oder auf Umwege gebracht (*détournée*), insofern er bei Erst- und Zweiterwähnung eines Zitats nicht

---

52 Gérard Genette, *Palimpsestes: la littérature au second degré*, Paris: Seuil 1982, S. 11-12: „C'est donc lui que je rebaptise désormais *hypertextualtié*. J'entend par là toute relation unissant un texte B (que j'appellerai *hypertexte*) à un texte antérieur A (que j'appellerai [...] *hypotexte*) sur lequel il se greffe d'une manière qui n'est pas | [12] celle du commentaire."

53 Genette ebd., S. 23; „[L]a Parodie, c'est l'envers de la rhapsodie [...]."

54 Ebd., S. 24.

55 Dieses Argument steht im Zentrum der Debatte zwischen Derrida und Searle über die Verortung der Zitation in der Sprechakttheorie. Dort wie hier ist mit dieser Subsumption des Zitats unter die generelle Beobachtung der Iterabilität von Zeichen keinesfalls eine Gleichsetzung angestrebt; Jacques Derrida, *Limited Inc*, S. 98: „Nor was citationality ever confused with iterability in general, but simply traced back to it, as in the case of a more spectacular or more pedagogical example or illustration."

identisch ist. Allem voran haben die Zitate einen historischen Index, insofern sie – als Zitate – bereits von anderen gesagt wurden. Bayles Übernahmen bspw. aus Moréri sind getragen von der Idee der Kritik und folglich nur dann für den Prozess, den er ihnen macht, brauchbar, wenn er sie zitierfähig hält; also ausstellt, dass sie einem anderen Kontext entstammen. Erst von hier aus kann ihre Funktion dahingehend verschoben werden, dass sie nicht mehr den jeweiligen Fakt angeben, sondern *zudem* performativ angeben, dass dieser *so* von Moréri veranschlagt wurde. Die Funktion des Zitats als Markierung besteht gerade darin, diesen Abstand zwischen B und A zu etablieren. Bayles Zitate haben nur als Zitate ihren „neuen" Sinn, der nichts hinzuzufügen verspricht, sondern nur darin besteht, Zitat zu sein. Bayle verdoppelt den Text, der dadurch im Status des Zitats den Status der *vérité empruntée* erhält und ihn der Korrektur zugängig macht. Bayle nimmt das noch mangelhafte Material seines Vorgängers mit auf, konstelliert es zitativ mit anderen, bespricht es und erreicht so die „neue Bedeutung" des nicht nur bekannten, sondern kenntlich gemachten Textes: nämlich seine berichtigte Bedeutung.

Die definitorische Abgrenzung der Parodie vom Kommentar bei Genette spiegelt in diesem Sinne die Refunktionalisierung der Bezugnahme auf den anderen, früheren Text wider. Das Spezifikum oder die Neuerung in der Verwendung der Worte anderer bei Bayle besteht gerade darin, dass sie sich im Modus der sich konstituierenden Kritik vom Kommentar abgrenzen lässt. Die Fußnote und das Zitat etablieren einen anderen Bezug zwischen erstem und zweitem Text, und die Kompilation der Stellen, die Bayle nutzbar macht, belässt ihr Material nicht länger in der Einheitlichkeit eines zu entschlüsselnden Ganzen, sondern transportiert oder transplantiert sie, wie man in Anschluss an Montaigne sagen könnte, in eine neue Umgebung. Bayle fügt sie in ein neues, prekäres Ganzes ein. So vollzieht sich eine Verschiebung der Passagen, die mit der Abänderung ihrer Form und Funktion einhergeht. Ist die Parodie in Genettes Bestimmung gerade das Andere des Kommentars, mag sie vielleicht auch sein, was nach ihm kommt: die Kritik. Zumindest im Sinne der Ideengeschichte des 17. Jahrhunderts bei Foucault ließe sich diese Bestimmung festmachen. Für ihn ist der Übergang zwischen diesen beiden Modi der Intertextualität das bestimmende der Zeit Bayles.

> [O]n ne cherche plus à faire lever le grand propos énigmatique qui est caché sous ses signes; on lui demande comment il fonctionne: quelles représentations il désigne, quel éléments il découpe et prélève, comment il analyse et compose, quel jeu de substitutions lui permet d'assurer son rôle de représentation. Le *commentaire* a fait place à la critique.[56]

56 Michel Foucault, *Les mots et les choses*, (in Kap. 5,1: „Critique et commentaire"), S. 94. So auch zitiert bei Neumeister, „Lust der Aufklärung", S. 64-65.

In der weiteren Bestimmung unterscheidet Genette anhand des Kriteriums des Sinns auch Pastiche und Parodie. Erstere sei in Abgrenzung lediglich eine „Imitation des Stils" und von jeder satirischen Funktion freigesprochen, während die Parodie als „minimale Transformation" nur den Nullpunkt der Übernahme markiere. Die satirische Funktion kommt der Travestie zu, die immer eine erniedrigende (*dégradante*) Funktion erfülle.[57] Für die Methodik mag diese Binnendifferenzierung sinnvoll und anschlussfähig sein; für Bayle, bei dem die bloß übernehmende Funktion mit dem Stil-Imitat aber derart in eins greift, dass auch eine heuristische Trennung von Zitat als Parodie und Methoden-Zitat als Pastiche hinter der Textgestalt zurückbleibt, ergäbe sich eine unhaltbare Trennung von Form und Inhalt, Darstellung und Sinn, die der Agenda der Historiographie zuwider liefe. Bayles Übernahme der Form des Wörterbuchs ist ebenso von Moréri entnommen wie seine direkten Zitate aus ihm, und es ist gerade diese Dopplung, die den Bezug so fruchtbar macht.

Bachtins Theorie der Parodie ist, ähnlich wie seine Betrachtungen zur Groteske, die wir bereits anzitiert haben, getragen von der Annahme einer karnevalesken Sonderstellung sowie eines rituellen Moments der Ausnahme innerhalb der Kodifizierungen einer Volkskultur.[58] Der Abstand zur gelehrten Kommunikation bei Bayle scheint unüberbrückbar zu sein. Doch kann anhand seiner Bestimmung dessen, was sie leisten soll, eine Beschreibung von Bayles Verhältnis zum Vorgänger gewonnen werden. Die Unbestimmtheit von Bayles Zugriff auf Moréri ist eben das, was bei Bachtin im Herzen der Parodie steht: die Ambivalenz.

> Die Parodie ist unabdingbares Element der Menippischen Satire und aller anderen karnevalistischen Gattungen. Den reinen Gattungen (der Epopöe, der Tragödie) ist die Parodie wesensmäßig fremd, den karnevalistischen Gattungen ist sie wesensmäßig vertraut. [...] Parodieren ist die Herstellung eines profanierenden und dekouvrierenden Doppelgängers, Parodie ist umgestülpte Welt. Deswegen ist sie ambivalent. [...]| In der Parodie der Renaissance (bei Erasmus, bei Rabelais) war das Karnevalsfeuer noch nicht erloschen. Sie war ambivalent, sie spürte ihre Beziehung zum Tod und zur Erneuerung.[59]

---

57 Genette *Palimpsestes*, S. 33-34: „Je propose donc de (re)baptiser *parodie* le détournement de texte à transformation minimale [...] et simplement *pastiche* l'imitation d'un style dépourvue de fonction satirique[...]." Die weiteren Zitate des oben markierten Satzes sind Übersetzung aus derselben Stelle.

58 Uwe Wirth, PARODIE, in: *Komik: ein interdisziplinäres Handbuch*, Stuttgart: Metzler Verlag 2017, S. 26-30, hier S. 28: „Für Bachtin zielt die Parodie – darin der Karnevalslogik folgend – auf eine Transformation der normativen Gesellschaftsordnung durch das Erzeugen einer ‚umgestülpten Welt', etwa durch ‚die Herstellung eines profanierenden und dekouvrierenden Doppelgängers' (Bachtin 1985, 54)."

59 Michail Bachtin, *Literatur und Karneval*, übers. Alexander Kaempfe, München: Hanser 1969, S. 54-55.

Diese „umgestülpte Welt“, die Bachtins Lektüren der Renaissance-Literatur beherrscht, erklärt die Parodie zum Element der Satire, nicht zu ihrem Double, und weist schon damit auf das bestimmende Kriterium der Menippischen Satire, ihren Mischcharakter.[60] Die Bezugnahme des Doppelgängers auf sein Original operiert anhand der Gegenüberstellung der beiden Versionen, und kann nur dann gelingen, wenn Vor- und Nachbild in der Schwebe der Ähnlichkeit zwischen Identität und absoluter Differenz erkennbar sind. Man darf nicht ganz kopieren, um zu parodieren. Der Doppelgänger wird von Bachtin selbst als „profanierend“ dargestellt, was er nur sein kann, wenn die zweite Welt noch ausreichend Spuren der ersten an sich trägt, um diese Ab- und Umwertung zu erkennen zu geben. Bachtins Bestimmung der Parodie dürfte von seine Untersuchungszeitraum in der Parodie des 17. Jahrhunderts eine Zuspitzung in der Form der Kritik erfahren haben.

Auf Bayles Verhältnis zu Moréri lässt sich diese Definition in der Verbindung mit Genettes Betrachtungen bedingt, aber fruchtbar anwenden und zeigt, wie seine doppelte Abgrenzung von der Satire und vom Plagiat im Dienste einer Bestimmung des *Dictionnaire* als Parodie in Fortführung zu verstehen wäre. Anstelle eines bloß korrigierenden Kommentars seines Vorbilds erzeugt Bayle eine hybride und verzerrende zweite Version, die sich aus zwei Quellen speist, die diese Minimalparodie ermöglichen und das Band zum Original etablieren: Einerseits aus dem paratextuell hervorgehobenen Bezug, der auch der übernommene Gattungsvertrag ist, der sich bis in die lexiographische Logik hinein niederschlägt und so dem *Dictionnaire* seine Form vorgibt;[61] und andererseits in der ans Plagiat grenzenden Übernahme der Worte aus seinem

60 Dass die Satire, und insbesondere die menippische, in mittelbarem Verhältnis zur Geschichte der Kritik steht, legt die Darstellung von Jaumann nahe. Vgl. Herbert Jaumann, „Satire zwischen Moral, Recht und Kritik. Zur Auseinandersetzung um die Legitimität der Satire im 17. Jahrhundert“, *Simpliciana* 13 (1991), S. 15-27. Auch in *Critica* nimmt er Bezug zur Satire und ihrer Wirkung innerhalb der Geschichte der Kritik, Jaumann, *Critica*, S. 187-188, unter Rekurs auf Bayles Verhältnis zur Satire. Jaumann führt Agrippa von Nettesheim und Lipsius als Vertreter einer späthumanistischen Satire an, die er allerdings eher als Invektiven gegen die aufkommende Gelehrtenrepublik und gegen die *critici* versteht. Er verweist auf Justus Lipsius & Petrus Cunaeus, *Two Neo-Latin Menippean Satires*, hrsg. Constantijn Matheeussen, Leiden: Brill 1980. Ein allgemeiner Rückblick findet sich bei Burkhard Meyer-Sickendieck, SATIRE, in: *Historisches Wörterbuch der Rhetorik*, Bd. 8, Sp. 447-469.

61 Neben der alphabetischen Ordnung übernimmt Bayle vor allem – und selektiv – die Form der Biographie aus Moréri; bei ihm liegen einerseits mehr genealogische Bezüge vor als im *Dictionnaire*, andererseits gibt er mehr Artikel zu Orten als Bayle. Für Bayle versteht es sich fast von selbst, dass sein Wörterbuch einem biographischen Paradigma folgen muss, auch wenn er hierin vom genuin intertextuellen, weil kommentierenden und korrigierenden Programm des *Projets* abgewichen ist.

Vorgänger, die durchs Zitat in reiner Markierung fast jenseits der Schwelle zum Parodistischen bleibt. Dieser beständige Rekurs aufs Original ruft dessen Erscheinung immer wieder in direkter Kopie hervor, um seinen eigenen Apparat an Begleitmomenten an ihn heranzutragen und so die Welt, wie Moréri sie geschildert hatte, zu verfremden und zu verkomplizieren. In eben diesem Wechselspiel von Imitation der Gattung und Kopie der Passage entsteht die Baylesche Minimalparodie, die es erlaubt, nicht nur ihre Herkunft anzuzeigen, sondern im Modus des Projektes aufs Original zurückzuwirken. Für diesen Modus der Bezugnahme greift ein Begriff wie der des „Formzitats" zu kurz, da er gerade das gekennzeichnete Plagiat seiner ausstellenden Kraft beraubt. Gerade weil Bayle die Worte seines Vorgängers kopierend gebraucht, gelingt es ihm, sie umzuwerten.[62] In der Weise, wie bei Bayle die Kritik den Kommentar abgelöst hat, entsteht aus dem Material Moréris die neue Form Bayles.

Bayles Parodie kann als Kontrafaktur begriffen werden, die ihre Nähe zum Double nur umso mehr betont, je mehr sie sich sein Verfahren zu eigen machen will.[63] So verstanden, wird die parodistische statt kommentierende

62 Böhn, *Formzitat*, S. 23: „Mit Blick auf den Gesamttext sollte man daher vom Zitieren literarischer Formen sprechen, die ‚erwähnt', aber nicht in der üblichen Weise ‚gebraucht' werden. Durch das Formzitat werden vorgängig verwirklichte Möglichkeiten des Schreibens vorgeführt, ihre Gültigkeit wird aufgehoben und sie werden in das neue formale Arrangement des Doppelromans integriert, das wir mit *Kater Murr* vor uns haben."

63 Wirth hat in seiner Konzeption der Parodie auf ihre theoretische Fassung bei Estienne hingewiesen und – unter Rekurs auf Verweyen/Witting und Niel – die spezifische Form von Aneignungen unter diesem Paradigma hervorgehoben. Uwe Wirth, PARODIE, in: *Komik: ein interdisziplinäres Handbuch*, Stuttgart: Metzler Verlag 2017, S. 26-30, hier S. 26: „So orientieren sich Parodiensammlungen wie die *Parodiae morales* (1575) von H. Estienne eher an Argumenten und Beschreibungsmustern der Imitatio-Theorie, die nicht einmal auf eine abgrenzende Distanzierung, sondern eher auf eine Aneignung der Vorlage setzen. Mit anderen Worten: derartige ‚Parodien' erweisen sich als Kontrafakturen, nämlich als Um- und Nachdichtungen (vgl. Verweyen/Witting 2003, 338). Die von Estienne begründete ‚kontrafaktorische Parodia-Dichtung' (Niel 2006, 12) zeichnet sich dadurch aus, dass ein als Vorlage dienendes Gedicht als Ganzes bearbeitet wird – unter Beibehaltung des Metrums, aber mit einem anderen Thema. Während Klang und Syntax so weit wie möglich erhalten bleiben, werden ‚möglichst viele sinntragende Wörter [...] ersetzt'."

Trotz der Nähe in dieser Beschreibung kann Bayles Minimalparodie nicht einfach durch die moralische Parodie Estiennes erklärt werden. Bayle ist zwar Leser Henri Estiennes, was wenig verwunderlich sein dürfte, und zitiert (mit sichtbarer Zuneigung) häufig aus dessen Apologie des Herodot. Ob er schon darum als Intertext für den Entwurf eines Gegen-Wörterbuchs als Quelle fungiert haben kann, obwohl die *Parodiae morales* im *Dictionnaire* nicht erwähnt werden, bleibt fraglich; auch in Hinblick darauf, dass es Bayle zwar um den praktischen Nutzen seines Wörterbuchs, aber weniger um die moralische Läuterung seiner Leserschaft als um die Beförderung ihrer kritischen Urteilsfähigkeit bestellt ist. Das Schema bei Etienne kann dem Verhältnis zum Vorgänger einige

Bezugnahme auf Moréri zum Befreiungsschlag seiner Methode. Mit dem erarbeiteten Abstand zum Original verliert sich die Verpflichtung, seinen Aufbau getreu nachzuvollziehen. So gewinnt er die Freiheit, in der Neukonzeption zwar seine zitative Abhängigkeit paratextuell und im Verlauf immer wieder überdeutlich zu markieren. Moréris Inhalten und seine übergreifende Ordnung aber werden subvertiert und einer Kritik unterzogen, die einerseits die Fakten, die Bayle entnimmt, andererseits den Gattungsvertrag, den Bayle nur zum Modell nimmt, gleichermaßen berührt. In dieser Ambivalenz von Affirmation und Negation bleibt Bayle abhängig und darin eigenständig.

Kontur geben, bleibt aber letztlich eine Orientierung; in der Adaption des Momentes einer Fortführung mit anderen Mitteln könnte Bayles Projekt eher als historische oder eben kritische Parodie bezeichnet werden.

KAPITEL 12

Dialog und Korrespondenz

Mit diesem Begriff einer historisch-kritischen Parodie, die Form und Inhalt des *Dictionnaire* umgreift und die Ablösung vom Kommentar beschreibt, tritt für eine eingehendere Lektüre von exemplarischen Artikeln die Dialogizität Bayles in den Vordergrund.[1] Diese ergänzt den schon bei Montaigne erkannten Modus des mehrstimmigen Sprechens um zwei Ebenen der direkten Bezugnahme auf die Texte anderer. Die Gleichrangigkeit von Inter- und Intratext multipliziert diese Mehrstimmigkeit noch, indem sie die einzelnen textuellen Momente zusätzlich fragmentarisiert, um sie auf höherer Ebene wieder zusammenzuführen. Davon zeugt schon die Schriftbildlichkeit oder die „Typographie" als irreduzibler Bestandteil der Lexikographie, die zum Schnittpunkt divergierender Achsen wird, die eine vertikale und horizontale Lektüre zugleich ermöglichen.[2] Horizontal verweist Bayle in Kopft- und Fußnotentext beständig auf die externen Quellen zurück; vertikal findet in den Biographien und ihren unzähligen Anmerkungen ein beständiger und expliziter Verweis auf andere Texte statt, aus denen sich – ebenfalls typographisch markiert – der *Dictionnaire* speist. Diese intratextuelle Verweisstruktur, die von Völkel vor allem als Durchgang durch die Anmerkung entlang der Spalten gedacht wird, nimmt im Fußnotenteil eines Artikels kein Ende, sondern verweist – über die Ebene der Marginalien sowie über Kommentar im Fließtext – immer wieder auf andere Stellen im Haupttext, in anderen Kommentaren sowie auf gänzlich andere Artikel, die so *en passant* selbst in den Status wechselseitig sich stützender Sekundärtexte gerückt werden. Trotz der verbrauchten Bildlichkeit kann man tatsächlich von einer „*mise en abyme*" der Textebenen sprechen, die

1 Auch jenseits der inszenierten literarischen Dialoge im *Dictionnaire* verwendet Bayle diese Form; so am prominentesten vielleicht in Pierre Bayle, *Entretiens de Maxime et de Themiste*, Rotterdam: Leers 1707. In diesem anonym erschienen Dialog setzt sich Bayle en detail mit Le Clercs Kritik am *Dictionnaire* auseinander. Eine Neuausgabe in englischer Übersetzung ist erschienen als Pierre Bayle, *Dialogues of Maximus and Themistius*, hrsg./übers. Michael W. Hickson Leiden/Boston: Brill 2016.

2 Völkel, „Zur ‚Text-Logik'", S. 199: „Auf diese Weise macht die Typographie des *Dictionnaire* dem Leser durchgängig Angebote auf vier Ebenen: 1. Führtext als durchlaufende Schiene, mit den Großbuchstaben als Weichen für die Anmerkungen – er betont die Horizontale für das Auge; 2. die kursiv mit dem (oft umformulierten) Satz aus dem Führtext beginnenden Anmerkungen – Betonung der Vertikale; 3. die unterbrechenden kursiven Textzitate; 4. das Gewimmel der Fußnoten auf den Rändern, in denen sich horizontale und vertikale Leserichtung überschneiden."

 | DOI:10.30965/9783846766064_015

der Lektüre ständig weiterführende Verweise liefert, ohne in sich zur Ruhe zu kommen.[3]

Als kritische Parodie auf Inhalt und Form seiner Vorgänger übersteigt Bayles Schreiben derart die schon sehr breiten Rahmungen der Dialogizität. Der *Dictionnaire* wird beherrscht von der unzeitgemäßen Verbindung von gegenwärtigem Diskurs (der Abschrift bei Bayle im *Dictionnaire*) mit der Mehrstimmigkeit seiner Quellen, deren Diversität und Differenz es Bayle im Modus der zitierenden Anführung erlaubt, eine Fülle von Ansichten und Standpunkten zu orchestrieren, ohne sie je für sich vertreten zu müssen. Diese Ebene seines Schreibens, die er mit dem Begriff der Kompilation ein wenig zu bescheiden fassen will, wird von ihm als notwendiger Modus von Historie und Kritik verstanden und dementsprechend entschuldigt.

Ohne klare Abgrenzung von dieser notwendigen Arbeit an den Quellen aber findet dasjenige statt, was dem Parodistischen der Poetik des Wörterbuchs entspricht. Die Parodie des Schemas des *Grand Dictionnaire historique* besteht gerade darin, den abgeschlossenen und vollständigen Lektüreeindruck des Wörterbuchs zu unterwandern und als unfertig auszustellen. Im Abrücken vom Kommentar erzeugt Bayle ein textuelles Double der organisierten Welt Moréris, innerhalb dessen die Organisation ins Wanken gerät. Gemäß seiner Behauptung, in Kooperation statt Konkurrenz zu Moréri zu stehen, wird dieser Mangel zur Invektive gegen den Vorgänger; nicht Bayles, sondern sein Werk ist offensichtlich unfertig gewesen, und muss anstelle des abgeschlossenen Eindrucks einer Enzyklopädie ein dynamischeres Konzept der Schrift anerkennen, wie Bayle es nahelegt. Neben der diachronen Dialogizität steht der Text also auch in synchroner Korrespondenz: Am Modell journalistischer Kommunikation wie in den *Nouvelles* orientiert, und unter Einbezug faktischer publizierter Korrespondenz in Form von Kritiken und Einwänden gegenüber jüngsten Erscheinungen situiert Bayle seine Dialoge innerhalb eines verzweigten Netzwerks aus Intertexten, die im Modus der Kritik aufgegriffen, angegriffen, angespielt oder nur provoziert werden. Sie begreifen sich selbst als aktuelle Debattenbeiträge und werden so, insbesondere in Fragen der Konzeption von Geschichte und der Methodik der Historiographie, über die rein inhaltliche Übernahme von Zitaten auch formal an andere Schriften rückgebunden. Diese Form von Intertextualität wird auch anders inszeniert als anhand der bloßen Kompilation. Stärker noch als bei Montaigne simuliert die Verschaltung der intertextuellen Referenzen untereinander und die Disharmonie der Bezüge, die Bayle über die Bände des *Dictionnaire* hinaus

3 Olivier Abel, „Introduction“, in: *Pierre Bayle: la foi dans le doute*, Genf: Labor et Fides 1995, S. 11-14, hier S. 11.

ausweist, den Diskurs der Gelehrtenrepublik als solche, der in der Netzwerktätigkeit der Lemmata abgebildet ist. Wie die diversen Gedanken, die innerhalb der mondän gewordenen Kritik möglich geworden sind, miteinander in Korrespondenz stehen und sich zustimmen oder widersprechen, so begreift Bayle auch den ewigen Widerstreit der Gelehrtenrepublik, deren Wortführer er in seiner historischen Darstellung unterzubringen versteht.

Dialogizität und Korrespondenz finden zitativ statt; die ohnehin nur funktionale Unterscheidung der Weisen der Kompilation und der Kritik lässt sich ohne die Übernahme der Worte anderer nicht denken, kann aber im jeweiligen Moment des Zitierens keine grundlegende Differenz der Verweismodi entwickeln; es ist Teil des Mischcharakters des *Dictionnaire*, dass die unterschiedlichen Funktionen der Zitation ineinander greifen. Daher ist eine Durchsicht der faktischen Zitierweisen Bayles unumgänglich. Für die vorliegende Studie gilt es vor allem, Stellen zu identifizieren, die sich zur Demonstration der entscheidenden Rolle der Zitation für den *Dictionnaire* besonders eignen, Stellen also, an denen Form und Inhalt derart miteinander verbunden werden, dass die Methodik, die wir bislang maßgeblich an Bayles Selbstbeschreibungen illustrieren konnten, in Anwendung erkennbar wird. Mit diesem Auftrag kann die ohnehin unleistbare Aufgabe, dem Ganzen von Bayles Produktion gerecht werden zu wollen, vertagt werden;[4] der *Dictionnaire* widersetzt sich durch seine bloße quantitative Ausdehnung einer solchen globalen Durchsicht und zwingt jede Lektüre zur eigenen Entscheidung und Ökonomie. Ein Oeuvre in sich, müssen die Artikel – gerade beim Versuch, ihre Poetik einer Bestimmung zuzuführen – als Einzelstücke gelesen werden in der Hoffnung, dass die Teile den Rückschluss aufs Ganze ermöglichen und dass damit an Momenten eindeutiger Dialogizität auch der Aspekt der Korrespondenz erläutert werden kann.

Man muss sich der Masse der Angebote unterwerfen und selektieren, und einige exemplarische Lektüren, die im Folgenden als Belege der entwickelten Momente der Theorie des Zitats fungieren sollen, können nur Fallstudien sein. An ihnen soll das Verfahren und das Wechselspiel zwischen Inter- und Intratext illustriert werden, um ein Lektüreschema zu gewinnen, das sich für die Adaption auf weitere Artikel des Werkes anbietet. Bedauerlicherweise werden so entscheidende Artikel, die Bayles Ruf und Wirkung geprägt haben und Schlüsseltexte seines Denkens darstellen, nicht berücksichtigt werden können;

4 Schon die Herausgabe einer Auswahl aus Bayle zeugt von der rein logistischen Unmöglichkeit, seine Texte in adäquater Form zu veröffentlichen; nicht in Folio gesetzt, erstrecken sich selbst rigorose Auswahlen über hunderte von Seiten, wie die Neuausgabe Gawlicks und Kreimendahls trotz ihrer beherzten Streichungen vor Augen führt.

allen voran konnte SPINOZA nicht in unsere Auswahl aufgenommen werden, was umso bedauerlicher ist, da diese für unverständig gehaltene Lektüre Bayles einen Sonderfall des *Dictionnaire* darstellt und für die Situierung innerhalb des Diskursnetzwerks des 17. und 18. Jahrhunderts eigentlich unerlässlich wäre.[5] Die vier Artikel, an denen überprüft werden soll, wie Bayles Zitattheorie umgesetzt wird, bilden einen Querschnitt durch das Werk; während die beiden ersten, LUTHER und LOYOLA, vor allem Kernfunktionen und Distanzierungsmomente ausstellen, sind bei RORARIUS und PYRRHON Form und Inhalt derart verbunden, dass die Zitation als skeptische Poetik bestimmt werden kann.

12.1 Martin LUTHER

Die Ökonomie des *Dictionnaire* sieht nur vor, dasjenige zu bringen, was andernorts fehlt oder fehlerhaft gewesen ist; dies legitimiert auch den Eintrag zu Martin Luther, den Bayle in gedrängter Form anführen wird. Zu Moréri belässt er es hier exemplarisch dabei, sich mit dem Gröbsten zu begnügen, und verweist für weiterführende Informationen auf den Bestand seines katholischen Vorgängers, mit dem Hinweis, sich erst gar nicht um die Korrektur der entsprechenden Fehler zu kümmern – jeder könne „die Spreu vom Weizen trennen," heißt es in der Marginalie – sondern sich mit den Lügen gegen ihn zu begnügen.[6]

5 Bayle DHC, Bd. 4, SPINOZA, BENOÎT DE, S. 253-271. Schon aus dem einfachen Grund, dass es sich um den umfangreichsten Eintrag handelt; Popkin, *The History of Scepticism*, S. 289: „The article on Spinoza is by far the longest in the dictionary. I think there is much to be figured out about its real message. Bayle made a strenuous effort to find out the actual facts of Spinoza's life."

Vielleicht kann man auf Gründe der Symmetrie verweisen, wenn man festhält, dass unsere Arbeit auch bei Montaigne Verzicht auf eine gesonderte Besprechung der *Apologie* geleistet hat; auch wenn viele Stellen, die zur Theorie des Zitats in den *Essais* beitragen, von dort entnommen sind, war die Aufgabe, eine Lektüre von II 12 zu leisten, nicht im erforderten Detail in die Analyse zu integrieren.

6 Bayle, DHC, Bd. 3, LUTHER, MARTIN, S. 222: „Il est facile à tout le monde d'y séparer le bon grain d'avec la paille: c'est pourquoi je n'examine point les fautes que cet Auteur peut avoir comises dans l'Article de Luther." Vgl. Moréri, *Grand dictionnaire*, LUTHER, Bd. 6, S. 508-509. Moréri gibt allerdings dasselbe Geburtsdatum wie Bayle an; und auch sonst verzichtet er weitestgehend auf Diffamierungen des Reformators, den er zwar für gebildet, doch sehr eitel hält (ebd., S. 509). Inhaltlich geht er vor allem auf die Frage des freien Willens ein, die er selbstredend gegen Luthers Unfreiheit in *De servo arbitrio* entscheidet.

> Son Histoire est si connue, & se trouve dans un si grand nombre de Livres, & nommément dans Moréri, que je ne m'amuserai point à la rapporter. Je m'arrête principalement aux mensonges qu'on a publiez contre lui.[7]

Diese Einschränkung sorgt dafür, dass der Kopftext aus nichts anderem als einer Aneinanderreihung der Schmähungen besteht, die Luther zuteilwurden und die Bayle als Topoi seiner historischen Charakterisierung derart zitierend anführt. Ihre Bearbeitung wird gänzlich in den Fußnotentext verschoben, wo Bayle zumeist die tatsächliche Quelle dessen angibt, was er oben listet. Seine Richtigstellung der aufgeführten Lügen verfährt folglich anhand des Zitates vornehmlich reproduktiv: Die Anklagen, die sich als falsch erweisen werden, bleiben in ihrer Anführung erhalten und werden so zitierend reproduziert oder erneuert, um überhaupt kritisiert werden zu können.

Allerdings bleibt die Kritik nicht nur erstaunlich zurückhaltend und erzeugt eine Ambivalenz, die den gesamten Artikel durchzieht. Die Struktur der paraphrasierten Luther-Biographie im Kopftext setzt sich auch in den Fußnoten fort. Streckenweise unterlässt Bayle es völlig, die zitierten Schmähungen auch nur zu kommentieren, geschweige denn zu wiederlegen. Dies erstaunt umso mehr, wenn man bedenkt, dass nicht nur sein selbstgesetzter Auftrag, sondern auch seine Rolle als Korrektor Moréris und damit des katholischen Lagers ihn verpflichtet; die Gelegenheit, den katholischen Schmähungen entgegenzutreten und für das reformierte Lager Partei zu ergreifen, ist in Bayles Augen offensichtlich vielmehr Gelegenheit, seine eigene Unparteilichkeit unter Beweis zu stellen – wobei durchaus auch sein Missfallen an der historischen Person Luthers durchdringt.[8] Bayle nimmt vor allem Anstoß an seinen *Tischgesprächen*, von denen er sagt, er liebe sie nicht besonders. Dieser Hinweis wird allerdings Teil einer Zitatgeschichte, die er anführt, um die Frage nach Luthers Überzeugungen zur Unsterblichkeit der Seele zu diskutieren. Von einer persönlichen Einschätzung ist der Artikel weitestgehend frei. Zitierend entsteht so ein Verhältnis zu den Parteien, das nicht nur jenseits der Interessen steht, sondern ihnen gar ostentativ entgegen zu wirken scheint. In Bayles Verzicht darauf, seine Partei zu vertreten, übernimmt er eine Stellung, die den Widerstreit oder „Prozeß" reinszeniert, in dem aber Bayle alle Rollen – Ankläger, Angeklagter, Zeuge und schließlich Richter, der sein *jugement* einbringt – selbst spielt; eine

---

7 Ebd.

8 Dieselbe Ambivalenz wird beobachtet bei Barbara Sher Tinsley, *Pierre Bayle's Reformation: Conscience and Criticism on the Eve of the Enlightenment*, Selinsgrove (u.a.): Susquehanna University Press 2001, S. 53-80.

Haltung, die man in Überbietung Bayles mit Koselleck als „Überparteilichkeit" bezeichnen könnte.[9]

12.1.1 *Zitatgeschichte*

Diese Überschneidung von mehreren Ebenen von Zitaten aus historischen und zeitgenössischen Quellen bietet eine deutliche Illustration der Bedeutung zitativer Verfahren für das Vorgehen Bayles. Mit dieser Geschichte aus Zitaten kann anhand von LUTHER die charakteristische Ambivalenz des *Dictionnaire* vorgestellt werden. In Anmerkung (E) des Artikels übernimmt Bayle die Argumentation des Jesuiten Garasse, der Luther auf der Grundlage eines Zitats aus den *Tischgesprächen* nachsagen will, er habe die Lehre von der Unsterblichkeit der Seele geleugnet. Garasse übernimmt also einen Satz aus einer Schrift Luthers, um diesen als Beleg gegen den Urheber anzubringen. Wenn Bayle in seinem Kommentar diesen Angriff wieder abdruckt, bringt er ihn als Zitat eines Zitats; Bayle übernimmt den Auszug, den Garasse selbst mit editionsgenauen bibliographischen Angaben liefert, in Anführungszeichen.[10]

---

9 Koselleck, *Kritik und Krise*, S. 90: „Gerade kraft seiner doppelten Funktion, Ankläger und Verteidiger in einem zu sein, erhebt sich der Kritiker zur überparteilichen Instanz [...]", was Koselleck gleichzusetzten scheint damit, dass er „zum Anwalt der Vernunft" werde. Der Begriff wird von Koselleck in der Beschreibung Bayles eingeführt, bleibt aber recht vage. Er scheint sich für das, was sich an Bayle beobachten lässt, anzubieten, weil in ihm die juridische und politische Tragkraft der gemeinten Haltung angezeigt wird; anstelle des bloßen Verzichts auf eine eigene Parteinahme im Modus der unparteilichen Beobachtung geht mit der Erhebung über die Parteien und ihren Widerstreit eine Ermächtigung einher, die dem Subjekt einen privilegierten und – innerhalb der politischen Metaphorik der *République des lettres* – souveränen Status zuweist. Ohne von Performanz zu sprechen, zeichnet Koselleck diese Anmaßung in groben Zügen vor (ebd., S. 95): „Die herrschende Politik wurde in den Prozeß der Kritik verwickelt. Damit wurde aus dem Für und Wider der Kritik, die innerhalb der République des lettres ihren unpolitischen Prozeß führte, tatsächlich ein Prozeß zwischen dem ‚règne de la critique' und der Herrschaft des Staates. Auch in diesem Prozeß waren die Kritiker Ankläger, oberste Urteilsinstanz und Partei zugleich. Indem sich die Kritiker auf die überparteiliche Souveränität der Kritik beriefen, aber zugleich die Politik in ihren Prozeß verwickelten, blieben sie als Kritiker kraft ihrer Kritik zwar überparteilich, waren aber gerade als Kritiker des Staates Partei."

Unter diesem Gesichtspunkt müsste sein politischer Konservatismus, den schon Jurieu Bayle vorhält und den auch Bost noch beobachtet, neu bedacht werden. Seine „soumission inconditionnelle aux autorités politiques" (siehe Bost, *Un „intellectuel" avant la lettre*, S. 168.) findet eben doch nicht ganz ohne Bedingungen statt; sie ist bedingt von der Möglichkeit zur Kritik der Politik, die Bayle ausschöpft.

10 Wir sind nahezu gezwungen, unsererseits dieses doppelte Zitat zu zitieren, um die Argumentation Bayles zu verdeutlichen; der Übersicht zuliebe wollen wir uns im Fließtext auf eine Paraphrase beschränken; Bayle, DHC, LUTHER, (E), S. 223: „Martin Luther, qui estoit un homme tout corporel & composé de lard, enseigne en plusieurs endroits, que l'immortalité de l'ame n'est qu'une pure chimere; car voicy ses propres termes du

Seine Widerlegung des Angriffs geht allerdings nicht mittels eines Gegenbeweises vor, sondern unternimmt Verfahrenskritik: Die erste Passage aus Luther sei derart entstellt, dass man auf ihr kein Urteil aufbauen könne („qu'on n'y peut asseoir aucun jugement"). Die zweite hingegen sei verkürzend zitiert und stehe gar nicht, wie Garasse nahelege, im Widerspruch zum christlichen Dogma der Unsterblichkeit: Man könne leicht den Einwand gegen Luthers Seelenlehre mit den Kirchenvätern in Einklang bringen.

So jäh wie unsere Paraphrase bricht auch Bayle selbst die Diskussion von Garasses Lutherkritik ab; anhand einer eingeschobenen Frage verlagert er die Diskussion derart, dass Luther in ihr für den Moment keine Rolle mehr spielt. Ist Bayles Haltung zuvor schon ambivalent geblieben, weil er lediglich die Momente anführt, um sie halbherzig zu entkräften, zeigt er jetzt, worum es ihm mit der Anmerkung überhaupt ging und zudem, dass die Frage nach der Überzeugung Luthers ihm ohnehin unentscheidbar scheint. Was für ihn interessant ist, ist die Quellen- und Zitatkritik des Jesuiten:

> Mais à quoi est-ce que je m'amuse? Il n'y a pas moins de folie à prendre la peine de prouver que Luther a cru l'immortalité de l'ame, qu'à l'accuser d'avoir cru qu'elle est mortelle. Mais afin qu'on sache le cas qu'il faut faire de ce que Garasse cite des Propos de table, de Martin Luther, il faut que je montre ici comment il cite Prateolus. [...][11]

Die Überleitung könnte kaum abrupter sein, und das Eingeständnis, dass es Wahnsinn gleichkäme, in dieser Sache für oder wider zu entscheiden, enthebt den gesamten Kommentar des Auftrags vom Beginn; wer erwartet hat, dass Bayle sich für die protestantische Sache stark macht und Garasses der Lüge überführt, wird enttäuscht. Über die Ansichten zur Seelenlehre Luthers oder des Protestantismus schweigt sich der *Dictionnaire* aus, die Frage wird ohnehin für unbeantwortbar erklärt. Die Methode der Zurückweisung ist selbst

---

second tome de ses oeuvres de l'Edition de Witemberg l'an MDLI, dans l'Article XXVII de ses Assertions: Quos Leo Pontisex definivit articuli fidei, de immortalitate animae, portenta sunt: & au même tome de l'Edition de l'an MDLII, dans les Articles XXXI & XLI il dit clairement, *Nihil est quod dicitur, Anima rationalis creando insunditur, & insundendo creatur: meliùs hac in re ratio decernit & Poëta dicens, Patrem sequitur sua paroles.* Il vaut mieux, dit ce gros buffle, croire ce que dit le Poëte, que non pas ce qu'on nous enseigne dans l'Eglise: voylà d'où c'est que ce Reformateur puisoit ses Articles de Foy; des Poëtes Libertins, & qui n'ont cogneu autre divinité que Venus, ny autre plaisir que les vilaines." Für das Zitat Garasses gibt Bayle lediglich *Doctrine Curieuse* und die Seitenzahlen an; er könnte etwa die Ausgabe verwenden: François Garasse, *La Doctrine curieuse des beaux esprits*, Paris: Cramoisy 1623. Vgl. hierzu Thomas M. Lennon, „Jansenism and the Crise Pyrrhonienne", *Journal of the History of Ideas* 38/2 (1977), S. 297-306.

11 Bayle, DHC, LUTHER, (E), S. 223.

Methodenkommentar und untergräbt nicht das Argument, sondern den Autor und seine Fähigkeit zur Darstellung: Bayle zitiert nun seinerseits aus Garasse, der wiederum zitiert; diesmal Prateolus,[12] der belegen soll, dass die Protestanten allgemein nicht an die Unsterblichkeit der Seele und ans Purgatorium glauben. Bayle hält sich nicht lange bei der entsprechenden Stelle auf, sondern lässt die Geschichte dieser irrigen Darstellung weiterlaufen – Prateolus hat seinerseits die Darstellung aus Lindanus' *Dubitantius* von 1562 abgeschrieben,[13] und dieser wiederum aus den Akten des Prozesses gegen Valentin Gentilis.[14]

> Si ce Jésuite abuse ainsi de l'autorité de Prateolus, quel fond peut-on faire sur ce qu'il nous citera des Propos de table de Martin Luther? Je ne le réfuterai que par cette voie générale; car n'aiant point le Livre même, je ne puis en opposer les paroles aux allégations de Garasse.[15]

Erst nachgereicht gibt Bayle zu, das Buch selbst (gemeint sind wohl die *Tischgespräche*) nicht vorliegen zu haben, obwohl er zuvor die zitierten Passagen diskutiert hat. Eine eingehende Prüfung der Darstellungen seiner Referenztexte ist ihm also aus praktischen Gründen unmöglich, oder aber er will diese nicht leisten. Die eingangs geforderte Akribie kommt also an ihre Grenzen, wenn Bayle trotz des Mangels an Quellen seine Kritik umsetzen will. Was er als alternatives Verfahren zur Zurückweisung Garasses wählt, verfährt ausschließlich anhand der Rekonstruktion von Zitaten sowie mittels der Offenlegung der von ihm gewählten Quellen. Wenn Garasse für seine Behauptungen zur Lehre Luthers nur verstreute Passagen und – mit Prateolus – nur unglaubwürdige Zeugen anführen kann, ist sein Zugriff desavouiert. Indem er zeigt, dass sich Garasse auf Texte bezieht, deren eigener Quellenhaushalt mehr als fragwürdig ist, kann er seine Glaubwürdigkeit im Ganzen in Zweifel ziehen.

Bayle nutzt den Modus der Akribie, um zu illustrieren, dass mit ihrem Fehlen der Anspruch der Historiographie nicht eingehalten werden kann.

---

12 Die Textgrundlage, die sich beide teilen, lässt sich heute nur schwer rekonstruieren; es handelt sich bei Prateouls um den Theologen Gabriel Dupréau, den Autoren des *Elenchus Haereticorum omnium qui ab orbe condito* […], das mir nur zur Ansicht in einer Ausgabe aus Köln von 1605 (bei Arnold Quentelius) vorlag. Bayle hat diese Ausgabe verwendet, wie die Ersterwähnung im DHC bezeugt: Bayle, DHC, ACINDYNUS (GREGOIRE), Anm. (l), S. 64: „Prateoli Elench. Haeret. pag. 26, Edit. Colon. An. 1605, in 4."

Sehr überschaubare Hinweise zur historischen Figur des Prateouls finden sich bei Tinsley, *Pierre Bayle's Reformation*, S. 350.

13 Bayle gibt an Bayle, DHC, LUTHER, (E), Anm. (17), S. 223 „*Dialogo II, pag. m.* 247."

14 Wilhelm Niesei, „Zum Genfer Prozess gegen Valentin Gentilis", *Archiv für Reformationsgeschichte* 26/2 (1929), S. 270-273.

15 Bayle, DHC, LUTHER, (E), S. 223.

Ohne ausdrücklich die Parteilichkeit seiner Autoren zu markieren, stellt er sie, von einem Standpunkt aus, der sich selbst jenseits der Parteien hält, indirekt bloß. Die Kritik der ideologischen Motivationen der von ihm verworfenen Autoren erfolgt am Material, nicht an den Überzeugungen; der Rückschluss auf diese und ihre Mängel ist vom Publikum selbst zu leisten.

12.1.2 *LUTHERS Horoskop*

In ganz ähnlicher Weise verfährt Bayle in Kommentar (B) desselben Artikels, indem er eine Brücke schlägt zwischen einem Kernthema seiner früheren Schriften – dem Aberglauben um die Sterndeutung in den *Pensées* – und der Diskussion der Invektiven gegen den Reformator, um wiederum rein zitativ und demonstrativ zu verfahren und die Quellen, die er zu diesem Zweck sammelt, für sich selbst sprechen zu lassen. Wenn er in (E) anhand der Methode argumentiert, führt er in (B) vielmehr eine immanente Kritik ins Feld, die ihren Gegenstand in seiner Varianz selbst obsolet werden lässt. Zudem greift hier in exemplarischer Weise Bayle Positivismus, dem es gelingt, das Festhalten am Faktum bzw. Datum – der Geburt Luthers – mit dem Modus der Kritik zu verschränken.

Der Kopftext führt diese Verbindung bereits vor: „[…]& l'on a falsifié même le jour de sa naissance, afin d'avoir lieu de lui dresser un Horoscope desavantageux […]" heißt es zur Einbettung von (B) unter Verschränkung von Fälschung und Motivation.[16] Der entsprechende Kommentar beginnt mit dem Gegenbeweis und paraphrasiert die entsprechenden Angaben aus Seckendorfs Biographie;[17] sie beinhalten aber keine Jahreszahl, die, wie er unter Rekurs auf dieselbe Quelle und an der Figur Melanchthons weiter ausführt, offenbar nicht mit Sicherheit festgestellt werden kann. Was folgt, ist eine Ausführung dessen, was das Vorwort angekündigt hat und was als Geschichte des Irrtums die Ideen des *Projet* umsetzt: Bayle unterzieht Biographien und auf ihnen aufbauende Werke einer vergleichenden Lektüre, die sich um den Unterschied des Datums – 22. Oktober oder 10. November – dreht.

Eine der Stimmen, die sich für den 22. aussprechen, ist Florimond de Remond, ein Autor, den Bayle vielerorts zitiert und dessen Parteilichkeit gegenüber

---

16 Bayle, DHC, LUTHER, S. 222.

17 Ebd.: „Martin Luther vint au monde le 10 de Novembre, entre onze heures & minuit à Islebe, où sa mere étoit allée à cause de la foire, & ne croiant pas être si proche de son terme; car il faut savoir que son mari, homme de petite condition, & qui travailloit aux mines, et demeuroit point alors à Islebe, mais au village de Meza." [Bayle fügt an, Anm. (4):] „Seckendorf, Historia Lutheran. Libr. I. pag. 20, col. 2." Zum Vergleich, siehe Veit von Seckendorff, *Commentarius Historicus et apologeticus de Lutheranismo, sive de refomatione religionis*, 3 Bde., Frankfurt: Gledtisch 1688.

dem Protestantismus er hervorhebt.[18] Auch hier will Bayle wieder ausstellen, wie seine Überzeugung seine Darstellung beeinflusst. Die Motivation für die forcierte Verschiebung in Remonds Luther-Darstellung ist offenbar das für die Diffamierung günstige Horoskop, das sich mit dem 22. Oktober erstellen lasse. Mit bereits vorliegendem astrologischen Material, das zum Bild Luthers als gottlosem Provokateur passt – also astrologischen Entwürfen und Prophezeiungen, die im historischen Rückblick auf den Beginn des 16. Jahrhunderts vorliegen oder noch konstruiert werden können –, ist dieses Datum besonders geeignet, das vergangene prophetische Potential in der Gegenwart wirksam werden zu lassen. Ist Luther am 22. geboren, kann Remond es so einrichten, als habe man den schicksalhaften Schrecken seines Wirkens schon aus seinem Horoskop ablesen können. Remond nutzt hierfür die Unterbestimmtheit des Geburtsdatums aus, und die Geschichte des Irrtums nimmt von hier ihren Verlauf als Ausformulierung des Suchens nach Gründen für Effekte, die überhaupt nicht existieren. Bayle zitiert den Einspruch gegen diese Auslegung des astrologischen Materials aus Seckendorf, der sich mit Isaacus Malleolus gegen diese Ansicht stellt und bemerkt, dass für dasselbe (falschen) Datum ein gegenteiliges Horoskop gültig sei: die Sterne verkünden, dass wer an diesem Tag geboren ist, ein großer Mann werden müsse.[19]

In der Folge sammelt Bayle die divergierenden astrologischen Einschätzungen, die sich um Luther ranken, und gelangt zu einem Bild, das der divergierenden Einschätzung seiner Person zwischen den konfessionellen Lagern exakt entspricht, und das unabhängig von der faktischen Festlegung des Geburtsdatums, das schließlich um ein ganzes Jahr variiert.[20] Die Horoskope von katholischen Sterndeutern und ihren Nachfolgern, die in (B) rezitiert werden, sind sich ungeachtet dieses Entzugs der gemeinsamen Grundlage dennoch einig, dass Luther entweder der aufkommende Antichrist oder der Vollender des Christentums sein müsse. Mit sichtlicher Freude verzeichnet Bayle die Diversität der Ansichten zu Luthers Geburtsdatum, und wendet den Anspruch der Astrologie als exakter Wissenschaft auf diese mangelhafte Datenbasis an. Was sich zeigt, ist die bloße ideologische Motivation, der es überhaupt nicht auf Fakten ankommt. Die Korrelation eines Horoskops mit seiner Wirkung

---

18 Bayle, DHC, Bd. 4, REMOND, FLORIMOND DE, S. 45-48, hier S. 48. Es ist vielleicht hilfreich zu erwähnen, dass Remond nicht nur Zeitgenosse, sondern auch Freund von Montaigne gewesen ist; so verzeichnet bei Sarah Bakewell, *How to Live: A Life of Montaigne in One Question and Twenty Attempts at an Answer*, London: Vintage 2011, S. 159.

19 Bayle, DHC, LUTHER, (B), S. 222: „[…]selon les regles de l'Astrologie Luther devoit être un grand personnage."

20 Ebd.: „La diversité de ces deux fameux Astrologues ne fut pas si grande que celle de quelques autres, qui différerent d'une année entiere quant au jour natal de Martin Luther."

(etwa in der Geschichte der Theologie) ist derart dreist bereits vorausgesetzt, dass sie letztlich resistent gegen das faktische Material bleibt.

Bayle knüpft mit diesem Kommentar an die Verwerfung der Vorhersagen und des Aberglaubens aus den *Pensées* an, und nutzt die Gelegenheit, die ihm Luther bietet, keineswegs zur Richtigstellung der Einschätzungen, sondern zur Illustration der Beliebigkeit der Vorhersagen, und damit auch ihrer Parteilichkeit. Eine letztliche Entscheidung dafür, welches der unterschiedlichen Horoskope zuträfe, muss konstitutiv ausbleiben; Bayle geht es darum, die Motivationen und pseudowissenschaftlichen Methoden hinter den tradierten Urteilen auszustellen. Ein lutherisch motiviertes, entsprechend positives Horoskop des Reformators – wie dasjenige von Malleolus – wird ebenso verworfen wie sein Gegenteil. Die Aufhebung der Geltung beider astrologischer Einschätzungen ergibt sich schlicht aus ihrer Zitation in Opposition.

Bayles Verfahren findet in zwei Schritten statt, von denen die aufklärerische Geste der *reductio ad absurdum* der Sterndeuterei,[21] die er im Rückschluss aus der quantitativen Diversität der Urteile auf deren jeweilige Qualität anbietet, nur die Hälfte ausmacht. Damit bekommt das von Bayle absolut verworfene Material der Astrologie heuristischen Wert, der mit der historisch-kritischen Methode einhergeht; an den falschen Zeugnissen lässt sich zeigen, wie ihre Weitergabe organisiert wird und welche Positionen in der Scheindebatte eingenommen werden – so gibt die Geschichte der Irrtümer Aufschluss über die Geschichte der Überzeugungen und Neigungen ihrer Autoren. Der kritische Impuls wendet sich selbstverständlich gegen diese und ihre Glaubwürdigkeit, sowie gegen die Astrologie als solche; aber Bayle braucht nur zu zitieren, nicht zu widersprechen, um diese Diskreditierung zu erreichen. Seine Darstellung bleibt auf Distanz und lässt die Regeln der Astrologie selbst das Urteil über sie sprechen.

---

21 Die Verwendung dieser Figur bei Bayle wird häufig beobachtet, und stellt für Popkin eine Art Meistertrope der Skepsis dar; Richard R. Popkin, „The High Road to Pyrrhonism", *American Philosophical Quarterly* 2/1 (1965), S. 18-32, hier S. 27. „The onion is peeled until nothing is left. This high road to Pyrrhonism is the utter and total reductio ad absurdum [...] of all our intellectual pretensions." Vgl. Stricker, *Die maskierte Theologie*, S. 16.

Der Begriff wird von Desmaizeaux als Leitbegriff des Vorgehens angeführt: Desmaizeaux, „La Vie de Bayle", in: DHC, Bd. 1, S. L: „Au milieu de cette guerre d'Auteurs politiques & satiriques, on vit paroitre sur la fin du mois d'Avril 1690, un Livre intitulé, Avis important aux Refugiez sur leur prochain retour en France. Donné pour Etrennes à l'un d'eux en 1690. Par Monsieur C. L. A. A. P. D. P. A Amsterdam chez Jaques le Censeur, 1690. [...] Il combat vivement cette Doctrine, se servant de la maniere de disputer que l'on appelle *reductio ad absurdum*, & soutient avec beaucoup de chaleur le dogme de la Souveraineté absolue des Rois." Der Text erschien (mit den hier gegebenen Angaben zu Ort und Verlag) anonym.

12.2 Ignatius von LOYOLA

Es ist auffallend, dass der parataktische und telegrammatische Stil der Kurzbiographeme nur in äußerst seltenen Fällen Zitate im Fließtext unterbringt; auch dort, wo der Text eindeutig einen Nachweis einfordert, dienen ihm Anspielungen und Ellipsen zur Platzierung des betreffenden Zitats. Die Wechselwirkung dieses Verweisschemas ist erstaunlich, reduziert sie doch den Kopftext auf eine Sammlung von Stichworten, die zur näheren Ausführung in den Fußnoten angelegt sind.

Beispielhaft und in entgegengesetzter Weise zu Luther kann dies an *IGNATIUS VON LOYOLA* verdeutlicht werden. Die Figur des Gründers der Societas Jesu wird von ihm selbstverständlich in keinem vorteilhaften Licht dargestellt, stellt aber zugleich eine weitere Gelegenheit für Bayle dar, seine Un- oder Überparteilichkeit zu veranschaulichen – wie bei Luther versucht Bayle, sich in der Objektivität der Quellenpräsentation mit einer Beurteilung zurückzuhalten. Der Fließtext verzichtet explizit auf längere Auslassungen zu Loyolas Leben. Nach einer Reihe von insbesondere Reisedaten, flankiert mit groben Zügen der Motivation des Geistlichen für seine Ziele und Aufenthalte, vermerkt Bayle „Je ne parle point des Avantures miraculeuses de son voiage (C)",[22] nur um in (C) die eigene distanzierte Schilderung mit Ansichten anderer Autoren zu revidieren. Bayle lässt den Helden in den Anmerkungen deutlicher als im Kopftext als Flüchtigen vor der Obrigkeit erscheinen, ohne dieses Urteil selbst zu fällen, und ohne sich von selbst zu der Einschätzung von Stilingfleet hinreißen zu lassen. Der Abstand zwischen Bayles eigenem Diskurs und den kompilierten Belegen in der Anmerkung bleibt intakt, wenn er unter Rekurs auf „Le Fanatisme de l'Eglise Romaine" schreibt:

> Voiez le Docteur Stillingfleet (17), qui tire de là une bonne preuve que les Jésuites, aussi bien que les autres Moines, ont un Institut fondé sur le Fanatisme.[23]

Die Vermittlungsinstanz des harschen Urteils des Fanatismus wird so gedoppelt, indem Bayle angibt, welche Quelle Stilingfleet verwendet hat, und an seiner Stelle diese, den Historiker Melchior Canus, zitiert. Wir lernen, dass Loyola die aus Dummheit geäußerten Häresien eines von ihm geschätzten Mitgläubigen mit dem Verweis auf dessen temporären Wahnsinn entschuldigen

22 Bayle, DHC, Bd. 3, LOYOLA, IGNATE DE, S. 138-149, hier S. 140.
23 Ebd.

wollte; bei besserer Mondstellung (*conjunctionem Lunae*) wäre auch der von Canus befragte in besserer Verfassung gewesen.[24]

Diese Kombination aus paraphrasierter Anekdote und kursiv gesetztem lateinischem Zitat gibt ein deutlich abwertendes Sittenbild des Jesuiten ab; und doch ist die Verbindung zur oben gemachten Ankündigung, nicht von den wundersamen Abenteuern des Loyola zu erzählen, kaum bestehen geblieben. Anmerkung (C) beinhaltet lediglich einen weiteren Querverweis zur Devaluation; Bayles Verweishaushalt täuscht und belässt hier entgegen der Erwartung den Intertext unangetastet. Was er durch diese ambivalente Schilderung aus zweiter Hand gewinnt, sind Zweifel; sie decken hinter der Person Ignatius' dessen Ideologie oder „Fanatisme" auf. Die Diskreditierung erfolgt allerdings nicht durch eine Verdammung Bayles, sondern durch seine Juxtaposition der Überlieferung.

Wenn er nun in diesem Artikel unerwartet einen Vergleich zwischen Ignatius und Luther einpflegt, wird die Unbestimmtheit im Intratext noch deutlicher. In den Lebensberichten des Jesuitenführers findet Bayle eine Stelle, die sich zur Einfügung von Anzüglichkeiten anbietet und dementsprechend ihren Weg in den *Dictionnaire* findet. Anhand der Frage nach der Möglichkeit eines jesuitischen Frauenordens kann Bayle den Zölibat ebenso wie die anekdotisch belegte moralische Integrität seines Protagonisten infrage stellen. Von der akribischen Stellensammlung zur satirischen Zuspitzung ist es hier nur ein Schritt:

> Il y eut des personnes de l'autre sexe, qui voulurent se soumettre à sa discipline (M); mais la peine, que la direction de trois femmes lui avoit donnée, l'obligea à délivrer pour toujours de cette fatigue sa Société. [Anm. (M)] [...] l'image de la continence de Loyola: les oeillades les plus lascives, les caresses les plus tendres, & en général tout ce que les femmes auroient voulu mettre en œuvre contre sa vertu, l'auroit trouvé impénétrable. Bien entendu que l'on s'en rapportera aux paroles de Massée. J'ai lu un Parallêle de Luther & de Loyola, où l'on observe que Luther, sans aucune grace extraordinaire, vêcut dans un chaste célibat jusqu'à l'âge de quarante-deux ans, & que s'étant marié ensuite, il ne blessa

24 Ebd.; Bayle zitiert die Darstellung aus *Melchior Canus' Judicio de Societate Ignatii Loiolae* (1548); ein entsprechender Nachdruck ist auch in dessen *Opera*' nicht zu finden. Zum Vergleich kann die Veröffentlichung einer Kritik an der Einführung des Jesuitenordens herangezogen werden, die auf der Grundlage eines spanischen Manuskripts neu ediert wurde von *Terence O'Reilly* (*Hrsg.*), „Melchor Cano's *Censura y parecer contra el Institutio de los Padres Jesuitas*. A Transcription of the British Library Manuscript", in: *From Ignatius Loyola to John of the Cross: Spirituality and Literature in Sixteenth Century Spain, Aldershot (u.a.): Variorum 1995, S. 1-22.* Vgl. ferner Terence O'Reilly, „Melchor Cano and the Spirituality of St. Ignatius Loyola: The Censura y parecer contra el Insituto de los Padres Jesuitas", *Journal of Jesuit Studies* 4/3, (2017), S. 365-394.

> point la pudeur & la piété & qu'après tout la chasteté de Loyola ne mériteroit aucune louange, puis qu'il n'y a point de vertu sans une victoire disputée contre les passions.[25]

Die Frage nach dem Einschluss von Frauen in den Jesuitenorden wird schon im Kopftext beantwortet. Ignatius hat sich von dieser „Bürde" freigesprochen. In der Anmerkung diskutiert Bayle die Gründe für diesen Ausschluss, und legt – wenngleich verneinend – nahe, dass er eben aufgrund der Unbeständigkeit der zölibatären Verpflichtungen des Gründers und seiner Ordensbrüder geschehen sei. Indem Bayle ostentativ und unter der Verwendung der Worte Ignatius' selbst diesen Verdacht weiträumig entkräftet, schießt er kontrolliert übers Ziel hinaus. Was er sammelt, um die Spekulation zu entkräften, die ja nur er selbst begonnen hat, belässt er im offiziösen Latein des Jesuiten sowie in der Art der Darstellung seiner Biographen, die selbstverständlich ein Bild seiner moralischen Integrität nachzeichnen. Die wörtliche Verwendung dieses Intertexts allerdings erlaubt, die Beweiskraft dieser Quellen in Zweifel zu ziehen, und belässt die Anspielung Bayles in ihrem Recht; wie er in (M) einfügt, ist das „Bild der Standhaftigkeit" Ignatius' nur in den Worten seines – jesuitischen, und daher parteiischen – Biographen Maffei beigefügt.[26] Indem er so die Zitation unterstreicht, setzt er die Darstellung unter Vorbehalt und erzeugt unmerklich Raum für seine eigens eingeführte Andeutung; was gerade geeignet wäre, sie zu verwerfen, wird im virtuellen Raum der Zitation gehalten und überlässt – in einer Art stillschweigendem ad-hominem-Argument – die Einschätzung Ignatius' dem Leser.

Eine ähnliche Unentschiedenheit generiert die Anmerkung in ihrem letzten Schritt, die als intratextueller Bezug den Artikel zu Luther evoziert. Bayle erzeugt eine Parallele zwischen ihm und Ignatius von Loyola, deren Wert er einzig aus der Auffindung in der Literatur ableitet; er behauptet, eine solche Parallelisierung bei Seckendorf gefunden zu haben. Bayle karikiert die Unberührbarkeit des Jesuiten, die er aus Maffei zitiert, und stellt ihr Luthers Bruch mit dem Zölibat entgegen. Die Gegenüberstellung lebt vom Einsatz eines subjektiven Moments in der jeweiligen charakterlichen Tugend der

---

25 Bayle DHC, LOYOLA, S. 142 (inkl. [M]).

26 Bayle zeichnet dieses Bild nach den Angaben jesuitischer Biographen, die er konsultiert; er verweist explizit auf den Maffei und dessen Loyola-Biographie (Johannes Petrus Maffei, *De Vita Et Morib. Ignatii Loiolae, Qui Societatem Iesu Fundavit, Libri III*, Köln: Cholinus 1585); und – von der Gegenseite, deren Parteilichkeit weniger Aufmerksamkeit erhält – auf Seckendorfs *Commentarius historicus*. Sein erstaunliches Schweigen über die naheliegenste Quelle – die Autobiographie Igantius' – zeugt deutlich davon, dass seine eigene Darstellung ebenfalls interessengeleitet ist. Vgl. Ignacio de Loyola, *Der Bericht des Pilgers*, übers. Burkhart Schneider, Freiburg (u.a.): Herder 1979.

Opponenten; auch hier wiederholt er nur ein Argument aus Seckendorf, auf den er auch die Parallele zurückführt. Der Zölibat sei für einen Charakter wie Ignatius' keine Bürde, wenn er – wie seine Bio- und Hagiographen beteuern – ohnehin so erhaben über jeder Versuchung gestanden habe; bei Luther hingegen sei dessen Einhaltung des Gebots während seines Verbleibs innerhalb des Katholizismus sehr wohl zu loben, da er anders als der Jesuit durchaus gegen seine Neigung hat handeln müssen. Die eingeschobene moralphilosophische Maxime – dass Lob für Tugend nur für Leistung, nicht für gegebene Anlage zu erbringen sei – entscheidet den Vergleich zugunsten Luthers. Allerdings kann man kaum überlesen, dass Bayles Verwendung der Gegenüberstellung auch hierin nicht einer Parteinahme für den Reformator gleichkäme. Vielmehr wird das Bild des Jesuiten durch den Vergleich unausgesprochen zur Diskussion gestellt; denn wenn es nur aufgrund der Interessen seiner Selbstdarstellung und seiner Parteigänger derart überzogen und verklärend ausfällt, wie er zuvor zitiert hat, kann die Bescheidenheit Luthers auch ohne die moralische Aufwertung über den Widerstand als Gegenentwurf begriffen werden.

12.3 Rorarius: Leibniz, Descartes und Montaignes *Apologie*

Rorarius dürfte einer der bekanntesten Artikel des *Dictionnaire* sein, und das treffendste Beispiel für die Dissimulationsarbeit der Textgestaltung, die ihm zugrunde liegt.[27] Der Artikel empfiehlt mit seinem beachtlichen Umfang dessen Schrift *Quod Animalia bruta ratione utantur melius Homine*, ein wenig beachtetes Pamphlet aus dem 16. Jahrhundert, dass erst 1648 im Umfeld eben der Debatte, die auch Bayle im Blick hat, veröffentlicht wurde.[28] Die Frage nach der Vernunftfähigkeit der Tiere stellt sich angesichts der Annahme des Tier-Apparates neu; die Invektive über Rorarius kann also gerade

27 Labrousse gibt in kritischer Abgrenzung an, dass der Artikel das „klassische Beispiel" für die Verbergungsstrategien Bayles sei; Elisabeth Labrousse, *Pierre Bayle*, Bd. 1, S. 238: „Ce serait assurément renverser les perspectives de Bayle que de tenir la présentation typographique de l'ouvrage pour un stratagème destiné à dépister les censeurs éventuels." Sie selbst glaubt aber nicht, dass die Verteilung der zensuranfälligen Themen auf pagane Autoren oder abseitige historische Personen als „Taktik der Dissimulation" aufzufassen sei, aus dem Grund, dass die „Distinktion" der Textebenen diese Struktur durchaus erklären könne (ebd.).

28 Bayle zitiert die Ausgabe bei Amsteled 1654; der Text muss hundert Jahre zuvor entstanden sein, Wild datiert ihn (ohne Quellenangabe) auf 1544; Wild, *Die anthropologische Differenz*, S. 17. Ein Faksimile-Nachdruck der Ausgabe von 1648 liegt vor: Hieronymus Rorarius, *Quod Animalia bruta ratione utantur melius Homine Libri duo* [Paris 1648], Hildesheim: Olms 2005.

für Zeitgenossen unmittelbar als gegenwärtiger Beitrag begriffen werden. Der zeitliche Abstand und die Indienstnahme eines kaum bekannten Autoren, den Bayle im Stile einer lobenden Rezension als Lektüreempfehlung anführt, ohne weitere biographische Hinweise zu ihm zu geben, ist unzweifelhaft eine Inszenierung als Strohmann, unter dessen Namen der *Dictionnaire* ganz andere Inhalte vermitteln will. Durch den zitativen Verweis auf einen wenig kanonischen Autoren gelingt es Bayle, einen thematischen Bezug zur avisierten Debatte zu etablieren, ohne diese an eine der Schlüsselfiguren und damit auf eine der Parteien zurückführen zu müssen, deren Widerstreit sich gleich in den Fußnoten des Artikels wird finden lassen.[29] Rorarius wird also weniger als tatsächlich eigenständige und alternative Position eingeführt, sondern als Schreibanlass für die Frage nach dem Ort des Tieres in der Metaphysik des 17. Jahrhunderts, und damit zum Sonderfall der Orientierungslosigkeit innerhalb des Widerstreits zwischen den Systemen von Scholastik, Cartesianismus und demjenigen, was als „neues System" mit dem Namen Leibniz' verbunden ist.

Der Text des Artikels unterhält dabei nicht nur den expliziten Intertext mit *Quod animalia bruta*, noch entfaltet er bloß die aktuelle Tier-Diskussion bei Leibniz, Descartes, und Maignan, den Bayle zum Vertreter der aktuellen Position im Umkreis der Scholastik macht.[30] Zudem wird in der typischen Verzweigung der Dialogizität die Aufwertung des Autoren vom intratextuellen Rückbezug sogleich wieder relativiert, indem Bayle die Verbindung zum

29 Blackburns vierzeilige Notiz zu Rorarius im *ODP* enthält denn auch kaum mehr Informationen als diese, dass ohne Bayles Verwendung dieses exotischen Namens im DHC der Autor der Tiervernunft wohl in völlige Vergessenheit geraten wäre. Simon Blackburn, RORARIUS, HIERONYMUS, in: *The Oxford Dictionary of Philosophy*: Oxford University Press 2008. (http://www.oxfordreference.com/view/10.1093/acref/97801995 41430.001.0001/acref-9780199541430-e-2726).

30 Maignan wird als Stellvertreter der scholastisch-aristotelischen „Schulphilosophie" genommen und steht Bayle mit seiner *Philosophia Naturalae* Modell für deren Denkart im 17. Jahrhundert; allerdings rückt Bayle mit ihm einen wenig orthodoxen Schulphilosophen in den Vordergrund, dessen Anpassungsfähigkeit und Neuerungswillen er in dem ihm gewidmeten Artikel des *Dictionnaire* ausdrücklich und lobend hervorhebt; Bayle, DHC, Bd. 3, MAIGNAN, S. 280-283, hier 281: „[...]l'un des plus grands Philosophes du XVII Siècle. [...] Il abandonna les opinions de l'Ecole, & les combattit fort solidement. Il n'étoit ni Cartesien, ni Gassendiste; mais il s'accordoit avec les deux Chefs de ces deux Sectes à rejetter les accidens, les Mathématiques; & il avoit joint à cultiver la Physique expérimentale. [...] Il a eu beaucoup de Disputes à soutenir contre les Péripatéticiens; & il étoit d'autant plus propre à leur tenir tête, qu'il gardoit beaucoup de la méthode des Scholastiques dans ses Ecrits. La maniere, dont il explique la conservation des accidens sans sujet dans le mystere de l'Eucharistie, est plus heureuse que celle de Mr. Des Cartes."

vorangegangenen Artikel PEREIRA in der Anmerkung selbst vorschlägt.[31] Tatsächlich stellen beide Artikel ein Ensemble zur aktuellen Metaphysik dar, die mit den historischen Figuren die Extrempositionen besetzen, die die Thematik bestimmen – der Vorrang der Vernunft der Tiere vor dem Menschen bei Rorarius, die cartesianische Reduktion des Tiers auf einen Apparat bei Pereira. Letzteres wird allerdings noch deutlicher in den zeitgenössischen Zusammenhang gesetzt, wenn Bayle explizit diskutiert, ob die These bei Descartes nicht aus der Feder des spanischen Mediziners stammt. Dieser kaum verborgene Plagiatsvorwurf, der in dieser Form von der Textgestalt erst ermöglicht wird,[32] fällt im Vergleich zur Darstellung bei Huet von 1689 erstaunlich sanft aus. Huet nutzt in seiner Verwerfung des cartesianischen Denkens den Umstand, dass Pereira in seiner Rekonstruktion einen großen Einfluss auf Descartes gehabt habe und so nicht nur die Tierseelenidee vorgegeben habe.[33]

---

31 Bayle, DHC, Bd. 4, RORARIUS, S. 83: „Mais ce qu'il y eut de plus surprenant dans ses Paradoxes, fut qu'il enseigna que les bêtes sont des machines, & qu'il rejetta l'ame sensitive qu'on leur attribue. On peut voir toutes ces choses dans le Livre qu'il intitula *Antoniana Margarita* (B). On prétend que Mr. Descartes lui a dérobé le Paradoxe sur l'ame des bêtes, & que Pereira n'en a pas été l'Inventeur."

32 Bayle, DHC, Bd. 3, PEREIRA, S. 650: „Mais ce qu'il y eut de plus surprenant dans ses Paradoxes, fut qu'il enseigna que les bêtes sont des machines, & qu'il rejetta l'ame sensitive qu'on leur attribue. On peut voir toutes ces choses dans le Livre qu'il intitula *Antoniana Margarita* (B). On prétend que Mr. Descartes lui a dérobé le Paradoxe sur l'ame des bêtes, & que Pereira n'en a pas été l'Inventeur."

In Anmerkung (C) und (D) greift Bayle denn auch auf die entsprechende Diskussion der Beziehung Descartes und Pereiras zurück und zensiert sich selbst, wenn er korrigiert; Vgl. Bayle DHC, PEREIRA Anm. (12) „Nouvelles de la Républ. des Lettres, Mars 1634, Article II, pag. 20."; & Anm. (13), „Nouvelles de la République des Lettres. Mars 1684. pag. 22."

33 So in seiner *Cenursa philosophiae Cartesianae,* Paris: Horthemels 1689. Wir zitieren aus einem Nachdruck (Boulogne: Typis Laelii a Vulpe 1723), S. 215: „At nemo doctrincam hanc vel tradidit apertius, vel fusius propugnavit, quam Gometius Pereira, qui in Antoniana sua Margarita, perfractis Lycei, in quo eductus fuerat, repagulis, & ingenii sui libertati obsecutus, novum hoc Hispaniæ paradoxum aliaque multa proposuit. Venit ex Lyceu pervulgata haec argumentatio; quam in Meditationibus suis usurpavit Cartesius, esse se dicens, vel a se, vel ab alio; nun a se, quippe fore se Deum [...]."

Auch Huet geht in seiner Darstellung nicht so weit, die erstaunliche Nähe in den Formulierungen um die epochemachende Formel des *Cogito* anzuzeigen. Die Herleitung in Descartes' Meditation erinnert doch stark an die entsprechende Passage bei Pereira: Gómez Pereira, *Antoniana Margarita* (*span./lat.*), übers. José Luis Barreiro, [1749], Santiago de Compostela: Servicio de Publ. da Univ (u.a.) 2000, S. 277: „*Nosco me aliquid noscere, & quidquid noscit, est, ergo ego sum*" – eine letztliche Prüfung der von Descartes abgestrittenen Beeinflussung kann an dieser Stelle nicht geleistet werden, nur sollte angemerkt werden, dass Bayles Hinweis auf diese Nähe in seiner Explizitheit den Vorwurf Huets mehr als nur erwähnt. Die Parallelisierung der beiden Denker in Hinblick auf

Das Maskenspiel dieser beiden Miniatur-Biographien, die sich letztlich nur auf die Namens- und Werktitelnennung belaufen, ist offenbar, und die naheliegende Hypothese, dass Bayles exotische Autoren Platzhalter für andere und prominentere Denker sind, kaum zu vermeiden. Wenn Pereira die historische Spiegelung Descartes' sein soll, so bliebe nach Wild für Rorarius die Rolle von Montaigne vorbehalten; er wird mit der *Apologie* zu einer der wichtigsten Quellen von Bayles Sammlung in Anmerkung (D). Eine wirkliche Gleichsetzung der historischen Paare ist aber ausgeschlossen, wie auch Wild selbst festhält.[34] Dies ist vor allem der Fall, insofern es Bayle gerade um die Verschiebung der Debatte ins Historische und vielleicht weniger Bekannte geht, an dem sich die Panoramen beider Artikel erst entwickeln können. Pereira und Rorarius sind Stellvertreter von Debattenpositionen, und ihre anachronistische Anwendung erlaubt es Bayle, zumindest seinen Leitbegriffen und den Artikelnamen nach mit dem Anspruch der Gegenwart im Vergangenen zu operieren. Die Historie wird so kritisch in dem Sinne, dass von den besprochenen Texten und Themen ein Licht auf die zeitgenössische Debatte geworfen wird; zugleich greift der Vorwurf des Plagiats auch auf die Thematik im Allgemeinen über, wenn ersichtlich wird, dass die neue Philosophie des 17. Jahrhunderts sich mit althergebrachten Problemen befasst.[35]

Während er zuvor die Verbindung stark machen will, gibt er in RORARIUS zu verstehen, dass die Annahme einer Lesertäuschung oder einer bloßen Instrumentalisierung seines Autors am Anspruch des *Dictionnaire* vorbei gehe; die erste Anmerkung soll den Eindruck zerstreuen, dass Bayle sich lediglich mit einem Strohmann versorgt habe. Diese Immunisierung gegen die Kritik, die im Modus des Zitats die Möglichkeit erkennt, die eigene Redlichkeit unter Beweis zu stellen, geht allerdings weiter und erweckt Misstrauen. Bayle bringt

die hier verhandelte Lehre kann als verschwiegener Kommentar der Plagiatsaffäre verstanden werden.

34 Wild, *Die anthropologische Differenz*, S. 18: „Man kann vermuten, dass Bayle mit Pereira Descartes meint, mit Rorarius hingegen Montaigne." Wild wird aber sogleich hinzufügen, dass diese Gleichsetzung angesichts der Debattenrekonstruktion in beiden Artikeln wenig sinnvoll wäre. Bayle geht es vielmehr darum, gleich in zwei Artikeln den Umkreis der Debatte abzubilden und nicht um eine historische Parallelisierung unterschiedlicher Autoren; allerdings ist seine Lesart, Bayle ziele vor allem auf eine Ablehnung des aristotelischen Konzepts ab, wenig überzeugend; Wild ebd.: „Die Extremwerte im Tierseelenstreit sind die Mühlsteine, zwischen denen die ‚alte' aristotelische Zwischenposition zerrieben werden soll."

35 Vielleicht lässt dies auch den Schluss zu, dass der Montaigne-Bezug weniger deutlich ausfällt, hat Bayle doch in ihm bereits eine zweite Position des 16. Jahrhunderts im Blick. Indem er aber die Debatte im vorangegangenen Jahrhundert wiedererkennt, spricht er im Anachronismus der Gegenwart ihren Anspruch auf Innovation zumindest indirekt ab.

ein längeres Zitat aus *Quod Animalia bruta*, das den Ursprung des Werkes in einem Scherz gegen die Gelehrten situiert; Rorarius bespricht den besseren Vernunftgebrauch der Tiere, weil ein besonders gelehrter Mensch ihm den Beweis von der Fehlbarkeit der menschlichen Rationalität gegeben hat, indem er einen für Rorarius unerträglichen historischen Vergleich gezogen habe; nämlich, dass der aktuelle König von Frankreich, Karl der Achte, es weder mit den Ottonen noch mit Friedrich Barbarossa aufnehmen könne. Die Spiegelung der *Querelle* ist deutlich, und Bayles Freude an der thematischen Umlenkung, die nur auf Distanz sowohl als Beleidigung des Gesprächspartners als auch als Infragestellung des Wertes der Gelehrsamkeit verstanden werden kann, liegt vor allem in der kuriosen Werkgenese begründet.

Diese will er eingangs belegen und darum direkt aus Rorarius zitieren:

> Je suis sûr qu'on m'accusera de me munir quelquefois de preuves sans nécessité; mais on auroit tort de le prétendre à l'égad (sic) de ce que j'ai avancé touchant le motif de cet Ouvrage de Rorarius. Si je ne citois ses propres paroles, on auroit lieu de penser que j'ai fient l'idée d'un Ecrivain chimérique pour divertir mon Lecteur; car que peut-on voir de plus grotesque, qu'un homme qui ne prend la plume pour mettre le Genre humain au dessous des bêtes, que parce qu'un Savant trouve mauvais que l'Empereur Charles-Quint aspire à la Monachi (sic) universelle sans avoir les qualitez d'un Othon le Grand, ou d'un Frideric Barberousse?[36]

Was hier als chimärenhafter und gar grotesker Ursprung des Werkes im Sinne einer historischen Kuriosität angeführt wird, geht seiner Funktion nach weder in der Verfahrensdarstellung, noch in der Lust am Abwegigen auf, sondern ist vielmehr als Kommentar zum Kopftext und zur Eigentümlichkeit der Lemma-Wahl zu verstehen. Der Fleiß und die Akribie, die er hier an den Tag legt, um die wirre Motivation seines zitierten Autors zu belegen, verwirft im Konzept von (A) den Verdacht der Täuschung, indem es den Ausnahmefall unterstreichend belegt. Damit ist innerhalb des kontrollierten Zusammenhangs des tatsächlich zitierbaren eine Beglaubigung des restlichen Eintrags geleistet, deren eigentlicher Wert allerdings in der Wiederholung des anekdotischen Ursprungs von Rorarius' Werk erschöpft ist. Die Not, das Zitat zu bringen, wurde von Bayle zuvor selbst erzeugt und stellt die Verzichtbarkeit der Anmerkung sowie der eingefügten Rechtfertigung dieser Anmerkung klar vor Augen; was bleibt, ist der Effekt der Unterstreichung seiner Aufrichtigkeit. Dass diese von der Unnötigkeit (*sans necessité*) seiner Beweise tangiert werden könnte, scheint qua Zitation bereits wiederlegt zu sein. Tatsächlich aber ist dies die Ablenkung, vor

36 Bayle, DHC, RORARIUS, S. 76

der der Text ausdrücklich warnt. Denn Bayle gelingt es, anhand des historischen Details die Rechtfertigung von der inhaltlichen Debatte um die Vernunftbegabung der Tiere auf die Kuriosität umzulenken. Seine Immunisierung gegen mögliche Kritik bringt diese erst in autoritativer Setzung hervor, um sie dann im Zitieren verstummen zu lassen. Damit ist Rorarius' Aufnahme in den *Dictionnaire* sowie seine Bedeutung für den nun in den Anmerkungen zu entwickelnden Diskurs scheinbar legitimiert.

12.3.1 *Tierdenken und Isosthenie*

Wenn er dies dennoch tun wird, und in ausführlicher Form nicht nur aus II 12, sondern auch vermittelt aus Montaignes Quellen zitieren wird, so geht es ihm nicht um die Tradition, sondern die Variation des skeptischen Gedankens. Eine Fortführung der *Apologie* scheint ihm wenig sinnvoll, und wird von ihm auch nicht auf die Technik geführt, die Montaigne eingangs gegenüber Sabundus angebracht hatte; trotz der Ambivalenz in der Parteinahme in II 12 will Bayle eine andere Form der Rekonstruktion der Frage erreichen, die – von Montaigne vorbereitet, von Descartes' Annahme des Tiers als Automaten zugespitzt – im Herzen sowohl der Metaphysik als auch der Frage nach dem System und der natürlichen Theologie im 17. Jahrhundert erneuerte Relevanz bekommen hat. Ob die Tiere Seelen haben und vernunftbegabt sein müssen, bietet als „Schibboleth für den Cartesianismus" ein Diskursfeld an, in dem sich die unterschiedlichen Richtungen der Metaphysik versammeln und positionieren lassen.[37]

Die Technik dieser Rekonstruktion besteht maßgeblich in der Juxtaposition der unterschiedlichen Fußnoten und Anmerkungen, die selbst ein intratextuelles Gefüge ergeben, das als Ganzes erst die Diskussion des *Dictionnaire* bilden soll; die stärker philologisch und biographisch geprägten Einschübe in diese Diskussion, (A) und (I),[38] bilden nur ein loses Gerüst für die *tour de force*, die eine thematisch gruppierte Geschichte der Metaphysik in nuce umgreift. So wird in (B) offengelegt, dass die Frage nach der Vernunftfähigkeit der Tiere ein Angriff gegen beide Schulen, alte und neue Philosophen – also Cartesianer und Scholastiker – darstelle.

---

37 So bezeichnet Schmidt-Biggemann die Rolle des Tierdenkens in der metaphysischen Debatte. Schmidt-Biggemann, *Maschine und Teufel*, Kap. 5, „Bayle: Skeptische Reprisen", S. 50-59, hier S. 53.

38 Neben Bayle, DHC, RORARIUS, Anm. (A), die maßgeblich der Widerlegung der Strohmannthese und der Aktualisierung von Rorarius dient, diskutiert (I) die Aussage „Je me persuade qu'il étoit natif de Pordenone en Italie" anhand von unterschiedlichen Zeugnissen und Biographemen im Werk von Rorarius; beide Anmerkungen sind von der Diskussion des 17. Jahrhunderts losgelöst.

In Ergänzung zu dieser Darstellung wird in Anmerkung (F) – die ihrerseits bereits eine Überfülle an Bezugstexten aufzuführen weiß – die Bedeutung der Debatte weiter ausgedehnt und um die Theologie ergänzt. Bayle inszeniert den Streit um Rorarius (und, mit ihm, um Montaigne), bei dem nicht nur die Plausibilität der beiden Systemphilosophien auf dem Spiel stehe. Das Interesse der Scholastiker wie der Cartesianer sei es, eine Seelenkonzeption vorzulegen, die mit dem wahren Glauben kompatibel sei. Diese würde von der Tierseele verunmöglicht, und damit auch von der Annahme der Tiervernunft. Der Angriff durch die unerklärlichen Phänomene der Vernunftbegabung der Fauna ist also auch eine Attacke auf diese dogmatische Position, und wird mit ihr theologisch weitaus bedrohlicher. Für die Cartesianer im Besonderen entnimmt Bayle dieses Risiko der Argumentation bei Malebranche und kehrt dessen Autoritätsargument zur Ausweitung der Kampfzone um. Insofern dieser darlegen will, dass Descartes' Tier-Automaten in Einklang mit der Seelenkonzeption z.B. bei Augustinus zu bringen wären,[39] wird dies in Bayles Zitation umgewertet: die Konsequenz gibt er mit einem unkenntlichen Selbstzitat aus den *Nouvelles* an:

> L'ame des bêtes confond cet ordre, & renverse ces idées si distinctes: il faut donc demeurer d'accord que les automates de Monsr. Des Cartes favorisent extrêmement les principes selon lesquels nous jugeons de l'être infini, & par lesquels nous soutenons l'Orthodoxie. Lisez ce qui fuit. "On intéressa d'abord la Religion dans cette cause, par l'espérance que les Anti-Cartésiens conçurent de ruïner par là les machines de Mr. Descartes; mais on ne sçauroit assez dire le bien qui en est venu aux Sectateurs de ce Philosophe. Car ils croyent avoir montré qu'en donnant aux bêtes une ame capable de connoissance, ou ruïne teutes les preuves naturelles de l'immortalité de notre ame.[40]

---

39 Bayle, DHC, RORARIUS, S. 76, zitiert aus Malebranche, „*Eclaircissemens*, &c. pag. 381 à la marge". In ähnlicher Weise könnte die Herleitung desselben Arguments greifen, das Bayle in Pereira zitiert; Baillet will anhand der Vorformen der Annahme von Tier-Automaten bei Autoren weit vor Pereira in seiner Biographie Bayles den Verdacht entkräften, Descartes habe plagiiert. Die stabile Geschichte dieser Annahme zeige, dass Descartes den Gedanken nicht nur aus anderen Quellen, sondern durchaus auch selbst habe entwickeln können. Bayle, DHC, Bd. 3, PEREIRA, S. 651, Anm. (D): zitiert aus Baillet, *Vie de Descartes*, Tom. II, pag. 517.: „Ce dogme au reste n'étoit pas né avec Péreira: & du tems de (*) saint Augustin il étoit agité par de très sçavans hommes, comme une chose qui ne laissoit pas de se bien soutenir, malgré l'apparence d'absurdité que le vulgaire y trouvoit. Cette opinion étoit encore plus ancienne que S. Augustin, que Seneque même, & que les premiers Cesars (**), selon l'observation de M. du Rondel, qui la fait remonter jusqu'aux Stoïciens & aux Cyniques (30)."

40 Bayle DHC, Rorarius, Anm. (C), S. 76; „cette cause" wird von der Anmerkung (12) als die Debatte um die Tierseele erläutert; das eingefügte Zitat stammt, wie Bayle selbst angibt, aus den *Nouvelles de la République des Lettres*, Mars 1684, S. 26-27.

Diese Ausgangslage stellt das Interesse am Ausschluss der Tierseele und die Gefahr ihrer Akzeptanz deutlich vor Augen: „Voilà comment la Secte de Mr. Descartes a mis la Religion dans ses intérêts.",[41] heißt es wenige Zeilen später. Bayle liefert also eine Rahmung für die folgende Kompilation eben dieser bedrohlichen, weil ungelösten Einwände. Die vermeintliche Stärkung der Position, mit christlichen Überzeugungen in Einklang zu stehen, dient demnach vielmehr der Offenlegung der Motivation der Philosophenschulen.

Mit dieser Bestimmung der Problemlage beginnt die eigentliche Arbeit an der Isosthenie, die Bayle erreichen will – sie erstreckt sich über die interdependenten Anmerkungen (D) bis (G) und behält den Widerstreit zwischen neuer und alter Philosophie als Struktur bei. (D) wird durch Bayles Parallelisierung zum Schlag gegen „beide Systeme". Seine Kompilation, die wir hier nur in Fluchtlinien darstellen können, ist gerade der historische Gegenentwurf zur Harmonie von Augustinus bis Descartes; in ausführlichem Rekurs auf Vossius ergänzt er die schon in Pereira annotierten Autoritäten, die sich den Systemen in dieser Frage entgegenstellen, und versammelt so Vorsokratiker wie Parmenides oder Empedokles als Vertreter der Auffassung, dass Tiere beseelt seien.[42] Für die Antike sei dies auch kosmologisch denkbar, insofern die Annahme einer Weltseele den Begriff auf alle Lebewesen ausdehne und folglich die Hervorhebung des Menschen verneine, wie Bayle als Praeteritio beifügt.[43] Von hier schreitet Bayle historisch über Philon zum Christentum voran und untersucht insbesondere Laktanz als Gegenbeispiel zu Augustinus, dessen Konzeption die Tiere zwar vernunftunfähig fasst, aber dem Menschen nur dem Glauben nach unterscheidet; alles weitere sei lediglich quantitativ

41 Ebd.

42 Bayle, DHC, Rorarius, Anm. (D), S. 77. Er stützt sich auf die Darstellung in Gerhard Johannes Vossius *De theologia gentili et physiologia Christiana, sive de origine ac progressu idololatriae, deque naturae mirandis quibus homo adducitur ad Deum, Libri IV* von 1641. Bayle fügt noch an, dass Vossius sicher aus Plutarch geschöpft habe; ein Hinweis, der sich ebenso gut auf Montaignes *Apologie* beziehen ließe.

43 Ebd.: „Je laisse là l'opinion qui a été si commune dans l'Antiquité, que les corps vivans contenoient une ame qui étoit une portion de l'ame du Monde. Je conviens que la fuite naturelle de ce dogme est de dire que l'ame des bêtes est de la même nature que celle de l'homme […]." Er zitiert aus Vergils Betrachtungen zu den Bienen aus den *Georgica* (Buch 4). Eine weitere und bedeutende Präteritio besteht im Verweis auf Salomon, den Bayle nur anführt, um die Exegese zu kommentieren: „Je ne dis rien de Salomon qui semble dire formellement (38) que l'ame de l'homme & celle des bêtes sont d'une même nature; car il ne faut point prendre ses paroles au pied de la lettre, il faut leur donner un meilleur sens." Er bezieht sich offenbar auf *Prediger*, III 18 (zit. nach der Elberfelder Ausgabe): „Denn was das Geschick der Menschenkinder und das Geschick der Tiere betrifft, so haben sie einerlei Geschick: wie diese sterben, so sterben jene, und einen Odem haben sie alle; und da ist kein Vorzug des Menschen vor dem Tiere, denn alles ist Eitelkeit."

different.[44] Auf dieser breiten Basis aufbauend, führt Bayle noch Maimonides, die Sozinianer und schließlich neuere Autoren an, um mit der Erwähnung Varros und schließlich Montaignes und Charrons diesen (ersten) Katalog zu beschließen:

> Montagne s'est déclaré pour ce sentiment, & l'a soutenu avec tant de soin, qu'il semble qu'il aït voulu que l'Apologie de Raimond Sebond fût en partie celle des bêtes. Charron l'a suivi en cela, comme en plusieurs autres choses.[45]

Die Performanz trägt das Argument ebenso wie der Inhalt; denn Bayle verweist intern auf die betreffenden Artikel, die zum selben Thema beitragen könnten, und gibt zu verstehen, dass seine Liste ohnehin verlängert hätte werden können. Mit dieser Offenheit geht aber auch einher, dass Bayle keine der Aussagen affirmierend präsentiert; die Kaskade an Beispielen behält den Anschein der Kompilation bei, ohne darum schon Bayles eigene Überzeugung ins Spiel zu bringen. Die Offenheit dieser Liste als ihre Fortsetzbarkeit steht für die Kontinuität des Gedankens ebenso wie für die Funktion, die Bayle dieser historischen Rückschau gibt ein; dxdie Hartnäckigkeit des verhandelten Einwurfs. Als gemeinsame Schwäche der Scholastik und des Cartesianismus will Bayle belegen, dass die Probleme der Tierseele keineswegs von einem der beiden neuen Systemen gelöst werden konnten.

Was folgt, ist der exemplarische Fall von Bayles Überparteilichkeit, die sich jenseits der Debatte positioniert, um die widerstreitenden Parteien darzustellen. Für den RORARIUS ist die Tendenz bestimmend, die Ähnlichkeit der Komplikationen auf beiden Seiten aufzuzeigen sowie den Bestand an Einwänden in ihrer Mitte aufrecht zu erhalten. Die Neufassung des metaphysischen Streits wird – scheinbar ungeachtet des noch offenen historischen Materials – zwischen Scholastik und Cartesianismus ausgetragen, die sich am selben Streitpunkt orientiert wechselseitig die Legitimation abstreiten wollen. Die Zusammenstellungen der Anmerkungen Bayles generiert so eine zweifache Isosthenie; die Infragestellung beider Schulen durch die Gegentradition aus (D) einerseits, die wechselseitige Infragestellung der Schulen untereinander andererseits in (E) – (G).

In (E) nimmt Bayle sich zunächst die spezifische Sicht der Scholastiker zum Gegenstand, den er besonders unterhaltsam (*divertissant*) findet. Ihr

---

44 So unter Verweis auf *Dies Ira*, ebd.: „[I]l ne laisse pas de soutenir dans le Traité de ira Dei, qu'excepté la Religion il n'y a rien en quoi les bêtes n'imitent les hommes, & ne participent aux avantages de l'espece humaine. La différence n'est que du plus au moins."

45 Bayle DHC, RORARIUS, S. 77: Bayle markiert *en passant* die Affinität Charrons zu Montaigne.

Vorhaben bestehe darin, den Tieren durchaus eine Seele, aber keine Vernunft zuzusprechen; die rein sensitive Seele sei nur für Empfindungen zugänglich, die vernunftbegabte und menschliche Seele hingegen sei dazu fähig, diese Empfindungen als solche zu erkennen und ein Wissen von ihnen zu haben. Diese Auffassung wird notgedrungen den spezifischen Unterschied zwischen Mensch und Tier aufgeben müssen; denn wenn sie den Tieren Gedanken auch in ihrer schwächsten Form zutrauen, müssen sie eine gewisse Fähigkeit zur Vernunft in ihrer Seele annehmen. Eine Binnendifferenzierung von Nous und sensitivem Intellekt führt unweigerlich dazu, sie einander anähneln zu müssen, solange ein eindeutiges Differenzierungskriterium fehlt. Die Folgen sind – in Abwandlung der rein quantitativen Differenz von Laktanz – offenbar:

> C'est assez; elle [die Tierseele, S.G.] est donc une substance qui pense, elle est donc capable de la pensée en général: elle peut donc recevoir toutes sortes de pensées, elle peut donc raisoner, elle peut connoître le bien honnête, les Universaux, les Axiômes de Mêtaphysique, les Regles de la Morale, &c; car comme de ce que la cire peut recevoir la figure d'un cachet, il s'ensuit manifestement qu'elle est susceptible de la figure de tout cachet; il faut dire aussi que dès qu'une ame est capable d'une pensée, elle est capable de toute pensée.[46]

Der Einwand Bayles steht zumindest noch hier im Zeichen cartesianischer Argumentation, die den graduellen Unterscheid der Scholastik unterminiert.[47] In seiner Rekonstruktion bleibt die Scholastik der Einforderung des Cartesianismus gegenüber ausgesetzt, eine klare Distinktion einziehen zu müssen; in der Form, die Bayle hier wiedergibt, verliert die Unterscheidung ihren Wert.[48] Die Folgen sind – insbesondere für die Religion, die die *Philosophes de l'Ecole* doch verteidigen wollen – verheerend, wie es abschließend heißt:

> On ne peut songer sans horreur aux suites de cette doctrine, *l'ame de l'homme & l'ame des bêtes ne different point substantiellement, elles sont de même espèce, l'une acquiert plus de lumieres que l'autre, mais ce ne sont que des avantages accidentels, & dependans d'une institution arbitraire.* Cette doctrine coule nécessairement & inévitablement de ce qui s'enseigne dans les Ecoles sur la connoissance des

46 Bayle DHC, RORARIUS, Anm. (E), S. 79.

47 So beobachtet bei Brahami, *Travail*, S. 142-143, hier 143: „L'argument est cartésien. […] Même s'il était établi que les bêtes sont inaptes à la pensée discursive, on n'en pourrait rien conclure sur la nature de leur âme."

48 Richard Fry, „Bayle's ‚Rorarius', Leibniz and Animal Souls", *Rivista di Filosofia* 18/II (2015), S. 113-127, hier S. 116: „In sum, the Scholastics marshal evidence of animal sagacity to show that non-human animals must be closer to humans than the Cartesians allow. Bayle accepts this evidence and uses it to show that it destabilizes the Scholastic position, too. The Scholastics must also find a way to make humans and nonhumans close, but not too close (else they lose the purported difference in kind of soul)."

> bêtes. Il s'ensuit de là que si leurs ames sont matérielles & mortelles, les ames des hommes le sont aussi, & que si l'ame de l'homme est une substance spirituelle & immortelle, l'ame des bêtes l'est aussi. Conséquences horribles de quelque côté que l'on se tourne; car si pour éviter l'immortalité de l'ame des bêtes, on suppose que l'ame de l'homme meurt avec le corps, on renverse la doctrine d'une autre vie, & l'on sappe les fondements de la Religion.[49]

Bayle weiß in dieser Anmerkung keinen Vertreter dieser Denkrichtung, noch eine Quelle für seine Behauptungen anzugeben außer Daniel Maignan, den er auf Latein zitiert.[50] Der Rest seiner Betrachtungen kommt – für den *Dictionnaire* völlig untypisch – ohne Nachweise aus. Ein deutlicherer Abstand zum vorangegangenen Kommentar wäre kaum möglich. Der Aristotelismus, den er hier schildert, bleibt merklich konturlos. Dennoch versucht Bayle, seiner Darstellung den Anschein von Zitation zu verleihen, indem er Paraphrasen ohne Quellenangabe kursiv setzt und so als – vermeintliche – Worte anderer markiert. Die Geste stellt deutlich heraus, dass die entworfenen Konsequenzen sich allgemein auf die Scholastik beziehen und nicht Bayles Meinung, sondern die Folgen aus den Annahmen in Distanzierung markieren sollen. Zitationsmarkierungen dienen so zur Unterstreichung der uneigentlichen Rede.[51]

Diese setzt er auch in (F) fort, wo er das Resultat seiner Paraphrase aus (E) weiter diskutiert; die Annahme der Scholastik, dass die Tiere entgegen des cartesianischen Bildes durchaus zu Handlungen fähig seien, die einem Automaten unmöglich wären, beweist zu viel und wirkt autodestruktiv auf ihr eigenes Anliegen. Denn, so Bayle, wenn ihr Argument der Fähigkeit der Tiere schlüssig sei, so ließe es sich leichthin umkehren und stellt keinen Einspruch dar; in einer Umwertung skizziert er den Überschlag dieser Darstellung, der auf die rein materielle Seele zurückführe und beweisen ließe, dass sich anhand der tierischen Fähigkeiten auch die menschlichen auf mechanisch-körperliche

---

49 Bayle DHC, RORARIUS, Anm. (E), S. 79

50 Einen Überblick für die Rezeption der Seelenlehre Aristoteles' im 17. Jahrhundert findet sich bei Sascha Salatowsky, *De Anima. Die Rezeption der aristotelischen Psychologie im 16. und 17. Jahrhundert*, Amsterdam (Philadelphia): B.R. Grüner 2006.

51 Fry übersieht diese Markierungen, wenn er aus der Darstellung in Anm. (B) folgert, dass auch Bayles Argumente in (F) seine eigene Meinung zum freien Willen der Tiere darstellen; Fry, „Bayle's ‚Rorarius', S. 126: „Through other examples, Bayle concludes that non-human animals must also be capable of guilt and vengeance, acting with design, improving with experience, foreseeing what's to come, cunning, precaution, docility." Die Diskussion in (F) über den freien Willen dient aber vornehmlich der Illustration der irrigen Polemik gegen den Calvinismus in Théophile Raynauds *Calvinismus Bestiarum Religio* (1630) und sind keineswegs als Stellungnahmen Bayles als solche zu verstehen.

Gründe zurückführen lassen – eine Position, die nicht mehr nur Descartes, sondern auch die Scholastik selbst trifft und beide Lehren aufhebt.[52]

Derart dem Cartesianismus den Weg zu bereiten, ist nicht Bayles Programm gewesen, auch wenn er im folgenden Kommentar nicht nur dessen Vokabular bedient, sondern auch einen anderen Gegenstand ins Zentrum zu rücken scheint; seine Darstellung der Diskussion verleitet fast dazu, die Karikatur des Cartesianismus im PEREIRA zu vergessen und den Spott gegen die Schulphilosophie als indirektes Bekenntnis zu Descartes zu werten.

So fährt er auch im RORARIUS fort und behält die intratextuelle Ambivalenz aufrecht.[53] Indem er Daniel und dessen *Voyage du monde de Descartes* bespricht,[54] entfaltet er fortlaufend den Disput, der – nun auf der Basis einer Lektüre und Kritik an Descartes – letztlich im Verwerfen des Angriffs dennoch nicht zeigt, dass Descartes' Vorschlag zur Tierseele überzeugender sei.[55] Während Daniel unfähig bleibt, die Einwände Descartes' zu entkräften, kann

---

52 Bayle DHC, RORARIUS, Anm. (F), S. 80: „Je prie tous mes Lecteurs de prendre garde à la malheureuse situation où se trouvent les Scholastiques, par rapport au dogme de l'ame sensitive. Ils alleguent contre Des Cartes les actions les plus surprenantes des animaux, ils les choisissent exprès pour le confondre plus à coup sûr; mais après cela ils éprouvent qu'ils se sont trop avancez, & qu'ils ont fourni des armes à leur Adversaire, pour ruïner la différence spécifique qu'ils souhaitent d'établir entre notre ame & celle des animaux. Ils voudroient bien que l'on oubliàt tous ces exemples de ruse, de précaution, de docilité, de connoissance de l'avenir, qu'ils ont étalez avec tant de pompe afin de montrer que les bêtes ne sont pas des automates: ils voudroient que l'on ne songeàt qu'aux actions grossieres d'un boeuf qui ne fait que paître; *mais il n'est plus tems d'exiger cela: on emploie ces mêmes exemples à les confondre, & à leur prouver que si une ame matérielle est capable de toutes ces choses, elle pourra faire tout ce que l'ame de l'homme produit*; il faudra seulement donner à l'ame des bêtes plus de degrez de rafinement; ne faut-il pas qu'on suppose que l'ame d'un chien ou d'un singe est moins grossiere que l'ame d'un boeuf? En un mot, s'il n'y a qu'une ame spirituelle qui puisse produire les actions d'un gros lourdaut de païsan, je vous soutiendrai qu'il n'y a qu'une ame spirituelle qui puisse produire les actions d'un singe: & si vous dites qu'un principe corporel est capable de produire tout ce que les singes font, je vous soutiendrai qu'un principe corporel pourra être cause de tout ce que sont les gens stupides, & que pourvu que l'on subtilise la matiere, & qu'on la dégage de ce qui s'appelle terrestreïtez, phlegmes, &c. elle sera cause de tout ce que font les habiles gens." [meine Hervorhebung, S.G.]

53 Sie karikiert sich zudem selbst, wenn man den Hin- und Rückverweisen folgt, die Bayle platziert. Eine Prüfung in PEREIRA schickt die Lektüre mit Anmerkung (F) zurück zum RORARIUS.

54 P. Gabriel Daniel, *Voyage du monde de Descartes*, Paris: Simon Bénard 1680.

55 Bayle hätte sich ebenso gut auf Gassendi, der er im RORARIUS nicht anführt, oder auf Arnauld, dessen Malebranche-Kritik er schon oben erwähnt hat, berufen können. (Bayle verweist in Anm. 40 auf: „Arnauld, Reflexions sur le Systême du P. Mallebranche, Livr. I, Chap. XIII, pag. 24").

er seinerseits solche an die neue Philosophie bringen, die den Cartesianismus in die Verlegenheit bringen:

> Le Cartésien n'a pas plutôt renversé, ruïné, anéanti l'opinion des Scholastiques sur l'ame des bêtes, qu'il éprouve qu'on peut le battre par ses propres armes, & lui montrer qu'il prouve trop; & que s'il raisonne conséquemment il renoncera à des opinions, qu'il ne pourroit abandonner sans s'exposer au ridicule, & sans admettre des absurditez qui sautent aux yeux; car où est l'homme qui oseroit dire qu'il n'y a que lui qui pense, & que tous les autres sont des machines?[56]

Indem Bayle das Risiko des Solipsismus bei Descartes betont, wird Daniel zum berechtigten Kritiker der Annahme einer grundlegenden Differenz zwischen den Seelen von Mensch und Tier; denn Descartes System habe keine Möglichkeit, intersubjektiv die Vernunftfähigkeit einer anderen Person zu erschließen.[57] Diesen Einwand rückt Bayle in seine Besprechung der *Voyage* ein und lässt ihn unwiderlegt; wenn er fortfährt, Daniels Gegenkonzeption zu verwerfen, nutzt er dabei cartesianische Vokabeln, ohne Anstrengungen zu unternehmen, mit ihnen die Gegenseite zu stärken. Als Kritik der Kritik belässt Bayle es dabei, zu zeigen, dass es Daniel nicht gelingt, Descartes zu widerlegen; das liegt allerdings nicht an der Richtigkeit seines Systems, sondern an der Gleichwertigkeit und Unverbindlichkeit der investierten Begriffsapparate:

> La définition de l'ame de la bête, *une substance capable de sensation*, c'est-à-dire, de voir, d'entendre, &c., est aussi claire que la définition Cartésienne de l'esprit, *une substance qui pense & qui raisonne*. Ce sont les paroles du P. Daniel [...].[58]

Beide Bestimmungen sind gleich „klar", was so viel bedeutet wie: gleich unklar. Bayle ergreift hier keine Partei, sondern stellt die Mängel bei Descartes indirekt mit aus; anhand dieser Gleichsetzung sowie durch den Gebrauch der Begriffe aus dem Cartesianismus kontaminiert sein „Nachweis der Nutzlosigkeit der Lehre" Daniels auch dessen Widerpart.[59] Der Katalog, den er zu diesem Nachweis aufstellt, umgreift eben auch den Einwand, den er in (B) und (D) bereits geschildert hat und der auch Descartes trifft; dass ein System, das die Seele des Tieres ausreichend bestimmen will, Ausweis über die „erstaunliche

---

56 Bayle DHC, Rorarius, Anm. (F), S. 81.

57 Zum Solipsismus bei Descartes, der – in Analogie zu seiner Skepsis – als rein methodisch oder heuristisch motiviert verstanden werden kann. Vgl. etwa Dominik Perler, „Descartes über Fremdpsychisches", *Archiv f. Gesch. d. Philosophie* 77 (1995), S. 42-62.

58 Bayle DHC, Rorarius, Anm. (F), S. 81.

59 Ebd.: „Il me reste à faire voir l'inutilité de l'Hypothese de ce Jésuite."

Geschicklichkeit“ mancher Tiere geben können muss.[60] Gerade das kann die Philosophie Descartes’ nicht leisten.

Spätestens mit dem abschließenden Zitat aus Daniel wird die Ambivalenz in Bayles Verwerfung seines Vorschlags deutlich. Bayle lässt ihn die Gleichwertigkeit der alten und neuen Philosophie selbst zusammenfassen, die im Zitat ein skeptisches Resümee zieht. Der einzige Vorzug der Peripatetiker bestehe darin, wenn schon nicht die bessere, so doch wenigstens die ältere Theorie zu vertreten; mit den Worten eines „großen Ministers des Staats“ heißt es bei Daniel:

> On m’a dit aussi, repondit-il, qu’il y a bien des fadaises & des chimeres dans la nouvelle; ainsi, continua-t-il, folie ancienne, folie nouvelle, je croy qu’ayant à choisir, il faut preserer l’ancienne à la nouvelle.[61]

12.3.2 *Negative Isosthenie und ihre Geschichtlichkeit*

Trotz der Asymmetrie in seiner Darstellung, die einen deutlichen Überhang der expliziten Ablehnung der aristotelischen Konzeption vorweist, lässt der Kommentarapparat die Diskussion im RORARIUS unentschieden. Sie ist ein exemplarischer Fall der Isosthenie im Sinne der Kritik, die in Bayles Anwendung eine Transformation als Zuspitzung erfährt. Sextus definiert die *isosthenes diaphonia* als erste der fünf Tropen:

> Der Tropus aus dem Widerstreit besagt, daß wir über den vorgelegten Gegenstand einen unentscheidbaren Zwiespalt sowohl im Leben als auch unter den Philosophen vorfinden, dessentwegen wir unfähig sind, etwas zu wählen oder abzulehnen, und daher in die Zurückhaltung (*epoché*) münden.[62]

Vorrangig für diese Form der Relativität ist das „Vorfinden“ der Widersprüche, die kontextunabhängig konstatiert werden können; eine Aussage und ihr äquivalentes Gegenteil sind nicht nur möglich, sondern werden faktisch erfahren oder vertreten, und folglich kann anhand des Bezugs auf eine der Positionen keine Gewissheit erlangt werden. Das Verfahren operiert anhand von Paarungen; zur Generation dieses skeptischen relativierenden Arguments braucht es Entsprechungen, die tatsächlich in Äquivalenz münden; diese werden, wie es bei Sextus zuvor hieß, nur aufgeführt und so in Balance gehalten:

---

60 Ebd.: „III. Nous avons besoin d’un Systême qui donne raison de l’industrie surprenante des abeilles, des chiens, des singes, des éléphans; & vous nous venez donner une ame de bêtes qui n’a que des sensations, qui ne pense (71) point, qui ne raisonne point. Songez y bien, vous comprendrez qu’une telle ame ne suffit pas à l’explication des phénomenes.“

61 Ebd., S. 81.

62 Sextus Empiricus, *Grundriss der pyrrhonischen Skepsis*, S. 130.

> Mit „entgegengesetzten" Argumenten meinen wir nicht unbedingt Verneinung oder Bejahung, sondern schlicht „unverträgliche" Argumente. „Gleichwertigkeit" nennen wir die Gleichheit in Glaubwürdigkeit und Unglaubwürdigkeit, so daß keines der unverträglichen Argumente das andere als glaubwürdiger überragt.[63]

Zentral ist das Verhältnis von Wertfreiheit und Äquivalenz; Sextus will absolute Geltungsgleichheit der Oppositionen, ohne, dass eine der Seiten darum schon vertreten würde. Die Gegenüberstellung greift die vorliegenden Argumente heraus, und stellt sie in einen virtuellen Widerstreit, den der Skeptiker von einem distanzierten Standpunkt aus betrachtet, ohne zu bejahen oder zu verneinen. Ob sie aus dem „Leben" oder aus den „Philosophen" stammen, ist für diese Entrückung zunächst irrelevant; entscheidend ist ihr Vorliegen als Bezugspunkte innerhalb der skeptischen Konstruktion, sowie die Anführbarkeit als gleichwertiger Entsprechung. Sextus schlägt eine Relativierung vor, die mit den Mitteln des Zitats operiert; die gefundenen Materialien werden nur für die Gegenüberstellung verwendet, ohne vertreten zu werden.

In Bayles Anwendung dieser Relativierung durch Gegenüberstellung besteht die entscheidende Modifikation in der Beschränkung auf die negative Verfahrensweise; in der Verbindung mit dem Prinzip der Kritik radikalisiert sich die Logik des Widerstreits „unter den Philosophen". Bayles Isosthenie ist von jeder Affirmation bereinigt und wird so verneinend, bevor sie zur Äquivalenz kommt. Dem *Dictionnaire* geht es prinzipiell nicht um die Herausstellung der Gleichwertigkeit, sondern – unwertigkeit der Theorieangebote; deren Prüfung anhand eines gemeinsamen Anforderungskatalogs, den Bayle aus den Theorien selbst entwickeln will, zeigt gerade nicht, dass beide gleich plausibel sind, sondern will vielmehr ausstellen, dass ihre Unvereinbarkeit Ausweis ihrer Unzulänglichkeit ist. Diese Funktion ist in der graduellen Unterscheidung bei Sextus zwar durchaus mit angelegt, fokussiert allerdings mehr auf die Äquivalenz. Anstelle des Versuchs, beide Seiten möglichst stark wiederzugeben, um so in der Plausibilität beider den Schluss auf ihre Unentscheidbarkeit zu machen, verfährt Bayle rein negativ.

Anhand dieser Transformation lässt sich die entscheidende Verschiebung innerhalb des Denkgebäudes pyrrhonischer Skepsis erkennen, die Bayle

---

63 Ebd., S. 95. Vgl. zur Wirkungsweise der Isosthenie, Julia Annas & Jonathan Barnes, *The Modes of Scepticism. Ancient Texts and Modern Interpretations*, Cambridge/New York: Cambridge University Press 1985, S. 24-25; Dietmar Heidemann, *Der Begriff des Skeptizismus: Seine systematischen Formen, die pyrrhonische Skepsis und Hegels Herausforderung*, Berlin/Boston: de Gruyter 2008, (§ 8, „Die fünf Tropen und Agrippas Trilemma"), S. 42-56, hier insb. 46-47.

vornimmt und die die destruktive Kraft seines Denkens bestimmt.[64] Seine negative Isosthenie unternimmt den Versuch, die gleiche *Schwäche* von zwei Argumenten zu zeigen, also ihre gleichermaßen fehlende „Glaubhaftigkeit" auszustellen.[65] Das Urteil des *Dictionnaire* über die Unaufhebbarkeit der Einwände in beiden Richtungen ist definitiv, und zeigt nicht gleiche Schwäche, sondern gleiche Abwesenheit der Überzeugungskraft. Die Wertigkeit dieses Verfahrensunterschieds operiert mit gleicher Unwahrheit, und ist das Ergebnis immanenter Überprüfung beider Seiten, nicht ihrer bloßen Entgegensetzung. Indem die Kritik bereits die Mangelhaftigkeit der beiden Positionen jeweils dargelegt hat, ist ihr eigentlich isosthenisches Moment, ihre wechselseitige Ausschaltung, obsolet geworden.

Diese Negativität der Entgegensetzung bei Bayle geht mit der Positivität ihrer Paarungen einher; der Widerstreit von Scholastik und Cartesianismus wird nicht von Bayle nach den Tropen Sextus' erstellt, sondern er liegt – zumindest so, wie Bayle ihn inszeniert – in seiner faktischen Gewordenheit als Ergebnis der Philosophiegeschichte vor.[66] Die Operation im *Dictionnaire* ist keine einfache Juxtaposition, die versucht, einen Widerstreit zu konstruieren oder theoretisch aufzustellen; sie will vielmehr diesen selbst als historisches Faktum begreifen. Dies ist für Bayle keine bloße Beifügung des Fundorts seines Materials; die Dynamik des Widerstreits wird von den zitierten Schulen selbst *als* Schulen hervorgebracht und besteht auch in ihnen fort. Die Isosthenie, die

---

64 In seiner Überprüfung, ob Bayle die pyrrhonische Skepsis angewandt oder zumindest richtig dargestellt habe, stellt auch Hossenfelder fest, dass sich an der Isosthenie der Abstand zwischen Bayle und Sextus beschreiben lässt; für ihn geht es dabei allerdings ausschließlich um Bayles Verortung innerhalb der skeptischen Schulen. Hossenfelder, „Antiker und baylescher Skeptizismus", S. 33-34: „Das ist das Motiv, weswegen sie ihre Skepsis allein auf die Isosthenie, die gleich starke Überzeugungskraft der Meinungen, gründen. Denn so können sie argumentieren: Da es zu jeder These eine gleich überzeugende Antithese gibt, stehen wir zwischen ihnen wie Buridans Esel zwischen den Heuhaufen und sind zur Entscheidungsunfähigkeit verurteilt. Das Für-und Wider-Argumentieren hat im Pyrrhonismus also eine ganz andere Funktion als in der Akademie. In dieser dient es zum einen dem Falschheitsbeweis evidenter Vorstellungen nach dem Satz vom ausgeschlossenen Dritten. Zum anderen | [34] dient es der Gewinnung der wahrscheinlicheren Position, um danach das praktische Verhalten auszurichten. Beides wäre für den Pyrrhonismus undenkbar. Hier dient das Für und Wider dem Aufweis von Isosthenien. Diese und weitere wesentliche Unterschiede, zum Beispiel was den Begriff der Epoché betrifft, finden bei Bayle keine Beachtung."

65 Malte Hossenfelder, „Einleitung", in: Sextus Empiricus, *Grundriß der pyrrhonischen Skepsis*, S. 50.

66 Sextus spricht von der „Findung" der entgegengesetzten Tropen; Ebd., S. 101, 13; [31]: „Diese – die Zurückhaltung – entsteht also [...] durch die Entgegensetzung der Dinge. Wir setzen dabei entweder Erscheinungen Erscheinungen oder Gedanken Gedanken oder diese einander wechselseitig entgegen."

ihm vorschwebt, hat also einen historischen Index, der selbst die Entgegensetzungen konstruiert, die Bayle nur kommissarisch verwaltet. Ihre Theorien und Systeme sind faktisch in Widerspruch mit einander, und dieser Widerspruch selbst ist historisch situiert. Seine Diskussion ist, während sie innerhalb der metaphysischen Angebote operiert, selbst nicht metaphysisch, sondern von ihnen bedingt; sie findet nur im Modus einer *vérité emprunté* statt. So resümiert auch Schmidt-Biggemann: „Es gehört zur Epoché des Begründers des historisch-kritischen Methode, sich hinter Zitaten zu verstecken."[67]

Unter dem Einbezug der Kritik wird so die Schwäche der Isosthenie zu ihrer Stärke; denn, wie moderne Kommentatoren bemerkt haben, reicht der Verweis auf faktische Widersprüche logisch keineswegs aus, um auf die letztgültige Unentscheidbarkeit des Gegenstands zu schließen; vom Gegebenen aufs Notwendige zu schließen, käme einer Absolutierung der Geschichte gleich und wäre nur die Aufstellung eines Dogmatismus mit anderen Mitteln.[68] Die Relativierung bei Bayle bleibt aber dezidiert innerhalb des Geschichtlichen und belässt es nicht bei der Feststellung eines Widerstreits, sondern entwirft diesen innerhalb einer historischen Dynamik, die zum Zeitpunkt der Feststellung noch unabgeschlossen ist. Der *Dictionnaire* argumentiert quantitativ, und befasst sich nicht mit der grundlegenden Unmöglichkeit sicheren Wissens, sondern der umfassenden Kritik der bestehenden Versuche, dieses Wissen zu erlangen. Die negative Methode untergräbt den Anspruch, den die Philosophen in der Geschichte unternommen haben, und lässt ihre widerstreitenden Positionen als Irrtümer innerhalb ihres Verlaufes stehen. Indem er also die Trope von Sextus unter die Bedingung ihrer Geschichtlichkeit stellt,

---

67 Schmidt-Biggemann, *Maschine und Teufel*, S. 51: „Bayles Aussage paralysiert sich selbst, denn die Prüfung der Argumente dient nicht der Invention von Wahrheit, sondern der Verhinderung von Erkenntnissicherheit durch deine Anhäufung von Gedanken, die aus Büchern stammen." Er bezieht sich auf Bayles Darstellung der Äquivalenzproduktion in der klassischen Skepsis, die – wie Schmidt-Biggemann feststellt – nur scheinbar eine Kritik des Verfahrens sein will: Bayle DHC, PYRRHO, S. 732: „Il trouvoit par-tout, & des raisons d'affirmer, & des raisons de nier: & c'est pour cela qu'il retenoit son consentement après avoir bien examiné le pour & le contre, & qu'il réduisoit tous ses Arrêts à un *non liquet, soit plus amplement enquis.* Il cherchoit donc toute sa vie la vérité; mais il se ménageoit toujours des ressources pour ne tomber pas d'accord qu'il l'eût trouvée."

68 Heidemann, *Der Begriff des Skeptizismus*, S. 46: „Es ist von vornherein nicht klar, was die Pyrrhoneer mit diesem Hinweis bezwecken. Denn aus dem bloßen Vorliegen von Meinungsunverträglichkeiten lässt sich kaum auf eine Unentscheidbarkeit schließen, etwa dass in ein und derselben Sachfrage die einander entgegengesetzten Meinungen a und b gleichermaßen präferiert oder abgelehnt werden können; eine solche Schlussfolgerung setzt zusätzliche Argumentationen voraus."

und mit der internen Kritik der Oppositionen amalgamiert, ist noch sein Anschluss an die Skepsis nur unter Vorbehalt zu verstehen.[69]

Bayle selbst entwirft karikierend ausdrücklich die Fluchtlinien dieser Historisierung der skeptischen Widersprüche, wenn er den Täuschergott Descartes zum Lenker einer Unheilsgeschichte der Philosophie erklärt, der selbst die Entwicklung des Denkens zum Schauplatz der wechselseitigen Aufhebungen gewählt habe. Mit mythologischem Bezug kommt es in der Besprechung Daniels im RORARIUS, unmittelbar vor der Stelle, die wir oben zitierten, zur Beschreibung eines Kampfes:

> L'Auteur avoue de bonne foi le peu d'adresse qu'eurent d'abord les Péripatéticiens, contre ce grand Paradoxe de Monsr. Des Cartes, & l'avantage que les Sectateurs de celui-ci en tirérent. Il se sert habilement des conséquences fàcheuses qu'on peut insérer de ce Paradoxe; car il montre que les Argumens des Cartésiens nous conduisent à juger que les autres hommes sont des machines. C'est peut-être l'endroit le plus foible de la place, & cela confirme une pensée très-judicieuse que l'on peut avoir de la nature des connoissances humaines. Il semble que Dieu qui en est le distributeur agisse en pere commun de toutes les Sectes, c'est-à-dire qu'il ne veuille point souffrir qu'une Secte puisse pleinement triompher des autres, & les abîmer sans ressource. Une Secte terrassée, mise en déroute, n'en pouvant plus, trouve toûjours les moiens de se relever, dès qu'elle abandonne le parti de la défensive, pour agir ossensivement par diversion, & par rétorsion. Le combat des Sectes est toûjours ce que fut pendant quelque tems celui des Troiens & des Grecs, la nuit que Troie fut prise: tour à tour elles se vainquent l'une l'autre, selon qu'elles changent les parades en rispostes.[70]

Wie die Göttergestalten der antiken Dichtung um Troja herrscht der nunmehr monotheistische Gott, der einzige Spender der Einsichten, die die Sekten für sich beanspruchen, über deren Schicksal und unterstützt die im ewigen Widerstreit gerade unterliegende Partei im Moment ihres Sturzes; nur derart, dass sie einen letzten tödlichen Schlag gegen den Gegner führen können. Die Bildwahl des Trojanischen Kriegs ist nicht zufällig von den Versen Vergils statt Homers begleitet, will Bayle doch gerade zeigen, dass die vernichtend geschlagene Partei innerhalb dieses göttlichen Plans in anderer Form und umso mächtiger wird wiederkehren können wie Vergils Held das aufkommende Weltreich Rom begründet; keine Sekte wird letztgültig triumphieren, und während ihre

---

69 Vielleicht deutet Popkin dies an, wenn er Bayles Übernahme der Skepsis titelgebend als „Superscepticism" bezeichnet; vgl. Popkin, *The History of Scepticism*, Kap. 18, S. 283.

70 Bayle DHC, RORARIUS, Anm. (F), S. 81. Anmerkung 61 zitiert Vergils *Aeneis* (Buch II, VV 366-368):
„nec soli poenas dant sanguine Teucri;
quondam etiam victis redit in praecordia virtus
victoresque cadunt Danai. crudelis ubique."

unterschiedlichen Schicksale gesichert sind, ist der Streit, der sie trennt, nach Gottes Wille weiter in Gange.

Sicherlich ist diese Stelle eine Parodie auf Descartes' *genius malignus* aus den *Meditationen*, und sicherlich will Bayle hier nur lebhaft illustrieren, was er ohnehin wiedergeben will.[71] Aber der Entwurf dieses perennierenden Widerstreits in der Geschichte der Philosophie spricht im Kleinen aus, was das Buch im Ganzen an Vernunftpessimismus und an Antidogmatik ausmacht. Bayles Geschichtsphilosophie eines unaufhebbaren Widerspruchs zwischen den Systemen und Dogmen findet in diesem Bild ihre deutlichste Prägung; der Kampf aller gegen alle der Gelehrtenrepublik ist die auf Dauer gestellte nächtliche Entscheidungsschlacht um Troja, und Gott selbst greift ein, um die Waffen immer neu zu verteilen. Die Geschichte als Geschichte der Irrtümer ist zugleich die Geschichte der Entgegensetzungen, die aus der „Natur menschlichen Wissens" selbst,[72] und nicht aus deren skeptischer Aufarbeitung, entstehen; es ist, im RORARIUS wie anderswo, Bayles Versuch, diesen Widerstreit in seinem Verlauf zu beschreiben.

Der Grund für die Dynamik der Geschichte (zumindest der Philosophie) liegt folglich für Bayle in der Disharmonie der unterschiedlichen Schulen; sie besteht aus wechselseitigen Zurückweisungen und Aufhebungen, und speist sich gerade aus der Schwäche der menschlichen Vernunft. Die Dignität dieses Bildes für die Konzeption Bayles mag überreizt erscheinen, solange man den Intertext dieses historischen Pessimismus außer Acht lässt. Kein geringerer als Leibniz, den Bayle prominent als dritten Weg im RORARIUS diskutiert, wird das historische Großnarrativ in gerade gegenteiliger Weise in seiner Reaktion auf Bayles Kritik am *Neuen System* aufgreifen und an ihn herantragen.

Bayle hatte eine solche Gegenthese provoziert, indem er Leibniz, mit dem er ohnehin in Korrespondenz stand, in die Diskussion um den ewigen Widerstreit um die Ordnung der Welt und die Seele des Tieres integriert hatte;[73] Die

71 Zu Descartes, Vgl. René Descartes, *Meditationes de Prima Philosophie* (*lat./dtsch.*),übers./hrsg. Gerhart Schmidt, Stuttgart: Reclam 1986, S. 68-75, hier S. 73 (I, 12): „Ich will also annehmen, daß nicht der allgütige Gott [...], sondern ein ebenso böser wie mächtiger und listiger Geist (*genium malginum*) all sein Bestreben darauf richtet, mich zu täuschen." Dass Bayle keineswegs eine derart gnostische Auffassung von Geschichte hatte, dürfte auf der Hand liegen. Labrousse diskutiert diese Frage, ob für Bayle die „Histoire Universelle" als „*Gesta Dei per omnes*" zu begreifen sei, ausdrücklich verneinend in: Labrousse Darstellung (Labrousse, *Pierre Bayle*, Bd. 2, Kap. 15 („La Philosophie de l'Histoire"), S. 449-473, hier S. 453.

72 So bei Bayle, s.o.

73 Vgl. überblickshaft für die Beziehung zwischen Bayle und Leibniz, Popkin, *The History of Scepticism*, S. 263; er gibt den Beginn des Kontakts in einem Brief von Leibniz an Bayle 1687 an.

Anmerkung (H) ist fast ausschließlich der Überprüfung seines *Neuen Systems* von 1695 gewidmet.[74] Leibniz scheint mit seinem System eben die unüberbrückbare Distanz des zu viel und zu wenig zwischen den beiden Lagern meistern zu wollen; die Ausgangslage des ungelösten Streits zwischen den beiden alternativen Systemen des *Dictionnaire* kehrt in seiner Darstellung unter anderem Vorzeichen wieder.[75] Die Ehre, die Bayle Leibniz damit als dritten Weg innerhalb des Streits erweist, wird von der Kritik konterkariert. Die *Hypothèse d'accord*, die den Hiatus zwischen Materie und Geist im cartesischen System überbrücken soll, ist für Bayle unbegreiflich.[76] Bayle wendet ein, dass die Spontanität der unterschiedlichen Sphären von Körper und Seele für ihn keine hinreichende Erklärung für die Phänomene darstelle.[77] Ferner betreibt er Metaphernkritik, wenn er das Bild der gleichlaufenden Uhrwerke anführt, dem nicht zu entnehmen wäre, wie es zu spontanen Änderungen des Ablaufs käme, ohne dass äußere Umstände, also Umstände aus der jeweils anderen Sphäre, diese hervorriefen und so doch Körper und Seele miteinander interagieren könnten.[78] Schließlich erkennt Bayle in Anschluss an Foucher nicht,[79]

---

74 Im Original erschienen im *Journal des Savants*. Nachdruck in: Gottfried Wilhelm Leibniz, *Kleine Schriften zur Metaphysik* (*franz./dtsch*), Darmstadt: Wissenschaftliche Buchgesellschaft 1965, S. 201-227.

75 Markus Wild, *Die anthropologische Differenz*, S. 223: „Leibniz stellt das Dilemma fest, in dem sich die Philosophie hinsichtlich der Tiere spätestens seit Descartes bewegt und das Bayle in den beiden Artikeln „Rorarius" und „Periera" herausgearbeitet hat: Entweder spricht man den Tieren Geist ab oder man spricht ihnen Geist zu; entweder sind die Tiere zu weit weg vom Menschen oder zu nahe am Menschen; entweder ist die Distanz zwischen Tier und Mensch zu groß oder zu klein. Ein Problem der Position, Tiere seien Maschinen, liegt in Leibniz' Augen darin, dass sie sowohl die Verhaltensweisen und kognitiven Leistungen der Tiere, als auch die Tatsache, dass es sich um Lebewesen handelt, offenbar nicht im Maschinenmodell unterzubringen vermag."

76 Vgl. Blumenberg, *Lesbarkeit der Welt*, S. 123-125.

77 Bayle DHC, Bd. 4, Rorarius, Anm. (H), S. 82: „[J]e ne fautrois comprendre l'enchainement d'actions internes & spontanées, qui seroit que l'ame d'un chien sentiroit de la douleur immédiatement après avoir senti de la joie, quand même elle seroit seule dans l'Univers."

78 Bayle DHC, Bd. 4, Rorarius, Anm. (H), S. 82: „[C]omme il suppose avec beaucoup de raison, que toutes les ames sont simples & indivisibles, on ne sauroit comprendre qu'elle puissent être comparées à une pendule; c'est-à-dire que par leur constitution originale elles puissent diversifier leurs opérations, en se servant de l'activité spontanée qu'elles recevroient de leur Créateur. On conçoit clairement qu'un être simple agira toûjours uniformément, si aucune causé étrangére ne le détourne."

79 Foucher hatte seinerseits ähnliche Einwände gegen Leibniz vorgebracht, auf die Bayle in Anm. (91) hinweist (er gibt für den Artikel an: „Journal des Savans du 12 de Septembre 1695") zur Rekonstruktion der Debatte zwischen Bayle, Foucher und Leibniz, vgl. Marta Mendonca, „Leibniz vs. Foucher. Is there anything wrong with the *Système Nouveau*", in: *The Practice of Reason: Leibniz and his Controversies*, hrsg. Marcelo Dascal, Amsterdam (Philadelphia): John Benjamins Pub. Co. 2010, S. 187-222.

wie die unterstellte beständige und göttliche Harmonie weniger wundersam sein soll als der supponierte *deus-ex-machina* bei Descartes.[80]

Leibniz reagiert prompt auf diese Darstellung der 1697er Ausgabe des *Dictionnaire* und veröffentlicht im Folgejahr in der *Histoire d'Ouvrages* seine *Erläuterungen*, die Bayles Einwände korrigieren wollen.[81] Wir können diese Debatte hier nicht erschöpfend darstellen; Bayles Beifügung der Anmerkung (L) „Aux Notes que je veux faire sur les Réfléxions de Mr. Leibniz" in der zweiten Auflage des *Dictionnaire* greift dessen Richtigstellungen wiederum (zitierend) auf und expliziert die Problemlagen, die Bayle im neuen System sieht, mit derselben Insistenz erneut. Die Folge, die sich in der Theodizee Leibniz' niederschlägt, wird in der Philosophiegeschichte weit deutlichere Spuren hinterlassen als diese Debatte, die sich von Seiten Bayles auf die Beifügung des *Dictionnaire* beschränkt. Leibniz Großentwurf einer Erläuterung des Ursprungs des Bösen und der „besten aller möglichen Welten" wird als neuestes System nicht nur Spuren von Bayle tragen, sondern immer wieder auf ihn in Zitat und Kommentar Bezug nehmen, auch dort, wo Bayle an andere Adresse geschrieben hat.[82]

Noch vor diesen Einschnitten, die vom Tod Bayles ihrer Korrespondenz beraubt wurden, hat Leibniz in den *Erläuterungen* versöhnliche Töne

---

80 Bayle DHC, Bd. 4, Rorarius, Anm. (H), S. 82: „D'ailleurs la raison pourquoi cet habile homme ne goûte point le Systême Cartésien, me paroit être une fausse supposition; car on ne peut pas dire que le Systême des causes occasionnelles fasse intervenir l'action de Dieu par miracle (90), Deum ex machina, dans la dépendance réciproque du corps & de l'ame: car comme Dieu n'y intervient que suivant des Loix générales, il n'agit point là extraordinairement. La vertu interne & active communiquée aux formes des corps, selon Mr. Leibniz, connoit-elle la suite d'actions qu'elle doit produire? Nullement; car nous savons par expérience que nous ignorons, si dans une heure nous aurons telles ou telles perceptions: il faudroit donc que les formes fussent dirigées par quelque principe externe dans la production de leur actes. Cela ne seroit-il pas le Deus ex machina, tout de même que dans le Systême des causes occasionnelles."

81 Leibniz, „Erläuterungen zu den Schwierigkeiten", in: *Kleine Schriften zu Metaphysik*, S. 252-271.

82 Leibniz wird im *Dictionnaire* nur im RORARIUS erwähnt; die *Theodizee* nimmt aber auch andere Texte, insbesondere die *Reponse aux questions d'un provincial* von 1704 stehen in seinem Fokus, wenn es um die Vereinbarkeit von Vernunft und Glauben geht; vgl. Gottfried Wilhelm Leibniz, *Versuch in der Theodicée, über die Güte Gottes, die Freiheit des Menschen und den Ursprung des Übels*, übers. Arthur Buchenau, Hamburg: Meiner 1996, Teil II, S. 159.

Auch jenseits der metaphysischen Konkurrenz im Rorarius und der unmittelbar anschließenden Frage nach der natürlichen Theologie gibt Bayle Leibniz' Schrift die Form vor. Es ist vor allem das Problem des Bösen, das Leibniz sich innerhalb seiner Systematik zu lösen vorgenommen hat und dessen Konzeption bei Bayle ihm als Folie für die Entwicklung dient.

angeschlagen; schon zuvor erkennt er unter Bezugnahme auf den ZENON die eigentliche, nur Bayle noch unbekannte Übereinstimmung zwischen ihm und dem *Dictionnaire*.[83] Dass sein Interesse hier nicht nur rhetorisch, sondern auch systematisch Gewicht hat, schlägt sich im Umschwenken des Gegenstands nieder; Leibniz bemerkt die Berührungspunkte beider Denker, und will an ihnen die Harmonie erkennen, die sich für ihn ohnehin in der Welt und damit auch in der Philosophiegeschichte zeigen muss. Also entwirft er in der Geste des wechselseitigen Einverständnisses das exakte Gegenbild zum ewigen Widerstreit bei Bayle, der nicht nur über sein Interesse an der Harmonie, sondern auch über die Bedeutung der philosophiehistorischen Notiz im RORARIUS Aufschluss geben kann:

> Die nähere Erwägung meines Systems zeigt auch, daß sich, wenn man den Dingen auf den Grund geht, bei der Mehrzahl der philosophischen Sekten mehr Vernunft findet, als man glaubte. Die geringe substantielle Wirklichkeit der sinnlichen Dinge bei den Skeptikern, die Zurückführung aller Dinge auf Harmonien oder Zahlen, Ideen oder Vorstellungen bei den Pythagoräern und Platonikern, das eine und zugleich alles ohne jeden Spinozismus bei Parmenides und Plotin, die mit der Selbstbestimmung der andern verträgliche Verknüpfung der Stoiker, die Philosophie des Lebendigen der Kabbalisten und Hermetiker, die allen Dingen Empfindung beilegen, die Formen und Entelechien des Aristoteles und der Scholastiker und im Gegensatze dazu die mechanische Erklärung aller einzelnen Erscheinungen nach Demokrit und den Neuem usw. – alles dies findet sich gleichsam in ein perspektivisches Zentrum vereinigt, von wo aus der Gegenstand, der beim Anblick von jedem andern Orte aus verworren erscheint, seine Regelmäßigkeit und die Angemessenheit seiner Teile erkennen läßt.[84]

Das „Mehr an Vernunft", das Leibniz hinter den Wortgefechten der Philosophiegeschichte nicht nur in unterschiedlichen Schulen, sondern in allen Epochen in Einklang mit seiner eigenen Hypothese sieht, widerspricht geradeaus dem Krieg bei Bayle; dass Leibniz die Passage überlesen habe, die in der 1697er Ausgabe bereits enthalten war und nur wenige Seiten vor der Besprechung des Neuen Systems zu finden ist, kann ausgeschlossen werden. Die Taktik, Bayle gerade das zumuten zu wollen, was er vehement ausschließt, kann vom Affront

83 Leibniz, „Erläuterungen zu den Schwierigkeiten", S. 269: „Übrigens habe ich mit Vergnügen gelesen, was Herr Bayle im Artikel *Zenon* sagt. Vielleicht wird er innewerden, daß die Folgerungen daraus besser mit meinem Systeme harmonieren als mit jedem andern, denn das Wirkliche an der Ausdehnung und an der Bewegung besteht nur in der Begründung der Ordnung und der geregelten Folge der Erscheinungen und der Vorstellungen. Sowohl die Akademiker und Skeptiker wie ihre Gegner scheinen hauptsächlich nur deshalb in Verlegenheit geraten zu sein, weil sie in den sinnlichen Außendingen eine größere Wirklichkeit als die geregelter Erscheinungen suchten. […]."

84 Ebd.

bis zur indirekten Belehrung verschiedene Formen annehmen; es zeigt aber in seinem parodistischen Tonfall bei Leibniz in jedem Fall, dass Bayles Methode der Juxtaposition der widerstreitenden Parteien selbst als aufzuhebender Widerspruch gegen die *Hypothèse d'accord* wahrgenommen wurde.[85]

Wo Leibniz die Vernunft als verbindende und harmonisierende Kraft wirken sieht, ist Bayle der Destruktion und Aufhebung verpflichtet; die beiden Ausblicke auf die Philosophiegeschichte nutzen dasselbe Material, um die widerstreitenden Positionen zu vertreten, die sich anhand der Betonung von entweder Differenz oder Ähnlichkeit und Identität formieren; Leibniz will, dass die Geschichte sich in einem letzten Punkt – ihm selbst – sammle und sich die Widersprüche lösen lassen, und sieht in allen Schulen, deren Abfolge er skizziert, die Vorarbeiten zu seinem eigenen System, die bei fortschreitender Klärung ein harmonisches Ganzes ergeben. Bayle sieht die Ähnlichkeit nur im Irrtum, und will mit seinem *Dictionnaire* performativ vorweisen, wie wenig Einheit und Eintracht sich in der Geschichte der Philosophie finden lässt. Leibniz muss die Differenzen nivellieren, die sich zwischen den Epochen und Etappen seiner Entwicklungsgeschichte eingestellt haben, und transponiert so die Geschichte des Denkens in einen virtuellen und ahistorischen Dialog des Einverständnisses, durchwirkt von einer prästabilierten Harmonie der so befriedeten Vernunft. Bayle tut mit seinem kriegshungrigen Gott exakt das Gegenteil; die Unvereinbarkeiten des Denkens bilden eine ewige Wiederkehr des Gleichen, und die Erkenntnisfähigkeit des Menschen scheitert, wenn auch immer neu, auf gleiche Weise an den gleichen Gegenständen, und, mehr noch, an sich selbst.

Die Tragweite dieser widerstreitenden Großnarrative für die jeweilige Denkart ist in beiden Fällen gleich groß. Der an Descartes und Aristoteles illustrierte Widerstreit dient Bayle nicht nur als Debattenbeitrag zur Metaphysik, sondern zur Illustration und Legitimation seines Vorgehens. Die historische Dynamik

85 Die Performanz der Debatte müsste in einer nähergehenden Untersuchung ebenfalls berücksichtigt werden; denn Gegenstand und Form der Auseinandersetzung berühren sich derart, dass der Einsatz beider Autoren mitverhandelt wird, wo es explizit nur um verschiedene Großnarrative in der Geschichte der Philosophie geht. Dass Bayle, der die Harmonie seines Korrespondenten ohnehin bezweifelt, in dieser ebenfalls um die Hervorhebung von Dissonanzen geht, und dass Leibniz sein eigenes System im Gleichklang mit dem Ganzen der Entwicklung des Denkens sehen will, bildet ein deutliches Profil ihrer widerstreitenden Denkrichtungen ab. In Israels Darstellung wird auch gezeigt, wie Leibniz von seiner ersten harmonisierenden Strategie in Bezug auf Konkurrenzunternehmungen (vor allem Descartes und Locke, aber eben auch Bayle) nach 1680 zunehmend abrückt, um einen kompetitiveren und aggressiv-kritischeren Duktus zu entwickeln; für die Debatte mit Bayle dürfte dieser sicher in der *Theodizee* gipfeln. Vgl. Israel, *Radical Enlightenment*, S. 511.

des Irrens und des Widerspruchs, die er hier geschildert hat, strahlt weiter auf sein Vorgehen im *Dictionnaire* im Allgemeinen und auf seine Methodik der Juxtaposition im Besonderen. Nur insofern zutrifft, dass Bayles Erkenntnispessimismus tatsächlich in der Gleich*un*wertigkeit der überparteilich dargestellten Auffassungen seine Bestätigung erfahren hat, ist die Anwendung der destruktiven Vernunft auf den Raum der Geschichte der Weg, der einem metaphysischen System im Sinne Leibniz' vorzuziehen wäre. Die negative Isosthenie bestimmt, und zwar nur insofern sie sich am historischen Material festmachen lässt, den negativen und deshalb dynamischen, weil noch offenen Charakter der Philosophiegeschichte – während Leibniz darauf abzielt, den Widerstreit aufzuheben und einen immerwährenden Frieden der Vernunft herbeizuführen, bestimmt Bayles Transformation der Skepsis die Geschichte als auf Dauer gestellten Widerstreit falscher Argumente.

12.4 Pyrrhon: Kritik der Skepsis, Skepsis der Geschichte

Wenn von dieser Verbindung von Kritik und Isosthenie im Raum der Geschichte eine Verfahrensbestimmung des *Dictionnaire* gewonnen ist, deutet sich bereits an, wie Bayle den Abstand seines Verfahrens zum klassischen Pyrrhonismus verstehen will. Es kommt zu einer Definition skeptischen Denkens, die einerseits die Unüberwindbarkeit von Pyrrhos Denkschule ausstellt, die aber andererseits das Programm des *Dictionnaire* nicht als pyrrhonische oder skeptische Konzeption in Fortsetzung der Skepsistradition präsentieren will. Die Erklärung eines methodisch-historischen Pyrrhonismus aus der *Critique Général* hallt im *Dictionnaire* nur bedingt nach, wenn Bayle ihn zum Gegenstand des Wörterbuchs macht. Wie bei Luther liegt hier vor allem die Biographie als Ausgangspunkt der Darstellung vor. Dass Pyrrho als historische Figur wenig Kontur gewonnen hat, und dass seine Lehre nur über die extreme Vermittlung der Philosophiegeschichte und der Darstellung bei Sextus ermöglicht wird, ist an dieser Stelle überraschend nebensächlich für die historische Kritik; Bayle weiß lediglich zu berichten, dass die Teilnahme Pyrrhos an Alexanders Feldzügen gesichert sei, und er versammelt einige einschlägige Anekdoten zu seiner Lebensführung und seiner Haltung, um schließlich sogar Moréris Darstellung für ihre Korrektheit zu loben.[86]

86 So sammelt er in Anmerkung (I) (eingeleitet mit „Je n'ai pas beaucoup de fautes à reprocher à Monsr. Moréri" im Kopftext) lediglich fünf Fehler in dessen Darstellung; Bayle, DHC, Pyrrho, S. 735.

In diesem Geist gelingt es ihm auch, in der ersten Anmerkung des Textes in einem großen historischen Panorama *en passant* die Binnendifferenz der Skepsis zwischen Pyrrho und der Akademie anzusprechen, um ihre Verbindlichkeit zu desavouieren – in einer Form der Gegenüberstellung der möglichen Widersprüche zwischen beiden, die nicht als unentscheidbar, sondern optional versöhnbar dargestellt wird. Für Bayle stimmen die beiden Urväter der Skepsis, Pyrrho selbst und Arkesilaos, in der entscheidenden Trennfrage nach der Unwissenheit des Menschen letztlich doch überein; nämlich darin, dass uns die Dinge grundlegend unverständlich seien.[87] Indem er in der betreffenden Anmerkung fast ausschließlich zitativ verfährt – unter besonderem Rekurs auf Aulus Gellius und Vossius – wird diese entscheidende Frage des Dogmatismus von ihm verworfen. Bayle gibt als Fazit der Zitate zu verstehen, dass es um eine Scheindifferenz geht, deren Kern in der Affirmation der Unbegreiflichkeit nur einen Fluchtpunkt beider Denkschulen darstellt, die bei rechter Rekonstruktion ihrer Argumente einsehen müssten, dass sie übereinstimmen.[88] Man darf annehmen, dass Bayles Unterschlagung dieser Argumentation Aufschluss über ihren Charakter geben kann: Der Ausblick, den auch die *eclaircissements* nicht einlösen werden, markiert eher Bayles Verständnis als eine logische oder natürliche Notwendigkeit.

> C'est avec raison qu'on le déteste dans les Ecoles de Théologie (B), où il tâche de puiser de nouvelles forces, | [733] qui ne sont que des chimeres: mais il peut avoir

---

87 Mit dieser Aufhebung entzieht sich Bayle der Diskussion der Forschung, die immer wieder versucht, ihn dem einen oder anderen Lager zuzuschlagen, schon vorgreifend selbst; insofern die Differenz in seinen Augen hinfällig ist oder sich zumindest aufheben lässt, ist der Versuch, ihn ohne weitergehendes Bekenntnis zu einer der Schulen zuzuschlagen, müßig, wie z.B. die Differenzierung bei Hossenfelder, „Antiker und baylescher Skeptizismus", S. 21-35. Bayle fügt noch an, dass Pyrrho zwar Namenspatron, aber keineswegs Schöpfer der skeptischen Philosophie sei, die er wie folgt minimal definiert: Bayle, DHC, PYRRHO, S. 732: „Quoiqu'il ne soit pas l'Inventeur de cette méthode de philosopher, elle ne laisse pas de porter son nom: l'Art de disputer sur toutes choses, sans prendre jamais d'autre parti que de suspendre son jugement, s'appelle le Pyrrhonisme: c'est son titre le plus commun."

88 Bayle, DHC, Bd. 3, PYRRHO, Anm. (A), S. 731: „Dans le fond l'un n'étoit pas pour le doute avec plus d'ardeur que l'autre; & rien n'étoit plus facile que de les mettre d'accord. Il ne faloit que leur demander qu'ils s'expliquassent nettement & sincérement."

Er schließt eingehend ausdrücklich an „Ascagne d'Abdere" an, um ein zweifaches Zitat zu inserieren. Diogenes bringt diesen Namen als Zeugen oder Quelle für die Lehre Pyrrhos, um ihn bestimmen zu lassen, dass Urteilsenthaltung und Unbegreiflichkeit der Dinge für ihn Hand in Hand gehen. (Diog. Laert., 9 / 61, S. 511). Dass d'Abdere keineswegs als Beleg taugt und historisch nur durch diese Stelle legitimiert ist, kann Bayle unmöglich entgangen sind, zudem er in der Folge ja mit anderen Autoren argumentiert.

> ses usages pour obliger l'homme par le sentiment de ses ténèbres, à implorer le secours d'enhaut, & à se soumettre à l'autorité de la Foi.[89]

Bayles Kopftext reicht in dieser kurzen Wendung bereits von der Verdammung zur Nutzbarmachung, die den Charakter von PYRRHO bestimmen soll und die in der extremen Verknappung des Artikels – er zählt etwa 500 Worte und befasst sich nur entfernt mit den biographischen Hinweisen zur historischen Person – die Spannweite von Bayles Evaluation des Skeptikers bereitstellen. Der Umstand, dass die Aktualität des skeptischen Diskurses mit der Überlieferungssituation kollidiert, wird von Bayle wenig beachtet.[90]

Schon bei den Artikeln zu anderen Autoren, die man der Skepsis zurechnet, hat der *Dictionnaire* diese Distanz zu wahren versucht. Neben dem Artikel zu ARCESILAS[91] lässt sich dies besonders deutlich an SANCHEZ erkennen. Er erwähnt dessen Zugehörigkeit zur skeptischen Tradition *en passant*, und fasst sein *Quod nihil scitur* zwar lobend, aber deutlich spürbar desinteressiert in einem Satz zusammen.[92] So fällt auch das Urteil über Pyrrho nur sehr verhalten aus. Anstelle einer Apologie oder eines Lobs steht vielmehr eine recht nüchterne Rekonstruktion der Lebensdaten des Urvaters der Skepsis, den er als historische Figur, nicht als Denker, derart von Irrtümern reinigen will. Die Parallelen zu Luther sind auffällig, lassen aber auch die Beobachtung zu, dass Bayle bei der Biographie Pyrrhos weitreichendere Kommentare anfügt.

In Anmerkung (B) allerdings wird die Einschätzung der Skepsis ungewohnt deutlich, und auf die Aktualität ihrer Methodik hin für den *Dictionnaire* auch poetologisch relevant. Als wollte Bayle prüfen, ob die Gefolgschaft Pyrrhos ein gangbarer Weg wäre, diskutiert er vor allem theologische Einwände; und stellt den Schluss voran, den er auch zu unterschreiben scheint:

> Il n'y a donc que la Religion qui ait à craindre le Pyrrhonisme: elle doit être appuiée sur la certitude; son but, ses effets, ses usages, tombent dès que la ferme persuasion de ses véritez est effacée de l'ame.[93]

---

89 Bayle, DHC, PYRRHO, S. 732-733.

90 So findet sich in der ersten Anmerkung (A) zur Differenz zwischen Akademie und Pyrrhonischer Skepsis eine Fülle von Verweisen auf historische Werke. Bayle stützt sich auf Diogenes Laertius, „Pyrrhon", in: *Leben und Meinungen berühmter Philosophen*, Buch 9, Kap. 11, S. 511-533, hier insb. S. 518-518; und „Arkesilaos", Buch 4, Kap. 6, S. 203-212.

91 Bayle, DHC, BD. 1, ARCESILAS, S. 285: „Il étoit fort opposé aux Dogmatiques, il n'affirmoit rien, il doutoit de tout, il discouroit du pour & du contre, & suspendoit son jugement. *C'est parce*, disoit-il, *qu'il n'y a rien de certain*."

92 Bayle, DHC, Bd. 4, SANCHEZ (FRANÇOIS), S. 133, Anm. (A): „Le Traité Quod nihil scitur représente ingénieusement & subtilement la vanité de ce qu'on appelle Sciences, Etude, composition de Livres &c."

93 Bayle, DHC, PYRRHO, S. 732-733.

Mit dieser Gegenüberstellung von Religion und Skepsis wird die Diskussion Pyrrhos zum Sonderfall der Differenzierung der destruktiven Vernunft und dem irreduziblen Glauben. Die Religion ist der einzig würdige und zugleich bedrohliche Gegner der Skepsis; denn ihre sichere Überzeugung steht über allen Zielen und Zwecken der Skepsis – sie kann es leicht mit seinen Einwänden aufnehmen. Diese Rekonstruktion der Ausgangssituation rückt beide Seiten der Opposition unverkennbar in den absoluten Vorrang vor dem Rest der Philosophiegeschichte, und rekapituliert die Trennung von Glauben und Vernunft in der letztgültigen Form. So gewinnt er auch den Darstellungsmodus, der vor allem als Entgegensetzung theologischer und skeptischer Denkweise ausgeführt wird. Sie stehen sich als Gegensätze gegenüber, ohne sich zu berühren, noch ohne – wie er sich zu beweisen bemüht – in tatsächlichem Widerspruch zu einander zu befinden. Als destruktive Kraft innerhalb der Philosophie repräsentiert die Skepsis in Bayles Augen deren grundlegende Erschütterung, an deren anderem Ende der Glauben bestehen bleibt.

So ist auch seine Darstellung des performativen Selbstwiderspruchs in PYRRHON zu verstehen, die die den Dogmatismus des Zweifels in der Form wiedergibt, wie er sich bei Bayle selbst niederschlägt; durch die letztliche Relativierung des negativen Dogmas der Unwissbarkeit hebt sich für Bayle die Vernunft als solche auf; das destruktive Prinzip bereitet so dem Glauben neuen Boden:

> Quand on est capable de bien comprendre tous les moiens de l'époque qui ont été exposez par Sextus Empiricus, on sent que cette Logique est le plus grand effort de subtilité que l'esprit humain ait pu faire; mais on voit en même tems que cette subtilité ne peut donner aucune satisfaction: elle se confound elle-même; car st elle étoit solide, elle prouveroit qu'il est certain qu'il faut douter. Il y auroit donc quelque certitude, on auroit donc quelque regle sûre de la Vérité. Or cela ruïne le Systême; mais ne craignez pas qu'on en vienne là, les raisons de douter sont elles-mêmes douteuses; il faut donc douter s'il faut douter. Quel cahos, & quelle gêne pour l'esprit! Il semble donc que ce malheureux état est le plus propre de tous à nous convaincre que notre Raison est une voie d'égarement, puisque lorsque'elle se déploie avec le plus de subtilité, elle nous jette dans un tel abîem. La suite naturelle de cela doit êtrè de renoncer à ce Guide, & d'en demander un meilleur à la Cause de toutes choses. C'est un grand pas vers la Religion Chrétienne; car elle veut que nous âttendions de Dieu la connaissance de ce que nous devons croire, & de ce que nous devons saire: elle veut que nous captivions notre entendement à l'obéïssance de la Foi. Si un homme s'est convaincu qu'il n'a rien de bon à se promettre de ses Discussions Philosophiques, il se sentira plus disposé à prier Dieu, pour lui demander la persuasion des véritez que l'on doit croir.[94]

---

94 Bayle, DHC, PYRRHON, Anm. (C), S. 733. Er bezieht sich wenige Zeilen später ausdrücklich aus Pascal und Calvin, die dieselbe Logik propagiert hätten. Hierauf macht auch Popkin aufmerksam; Popkin, *The History of Scepticism*, S. 291: „If one compares Bayle's

Mit der Selbstanwendung des Zweifels beginnt sowohl die interne Plausibilität der Skepsis wie auch das Chaos, das den Geist erniedrigt. Die Skepsis versenkt uns im Abgrund der Subtilität des Denkens, und keine andere Form des Denkens erreicht hierin mehr. Bayles halbherzige Versuche, diese Diagnose im Modus der Entrüstung zu formulieren, täuschen kaum darüber hinweg, dass seine Hochachtung vor der Konsequenz der Skepsis zu eben der Zone der undogmatischen Unentschiedenheit führt, an der es keinen Ruhepunkt, keine mögliche Ataraxie gibt. Skepsis ist in dieser Darstellung die Selbstkritik der Vernunft, die zu ihrer Selbstaufhebung führen soll; der desorientierte Mensch kann nur noch nach einer besseren Orientierung suchen, die er, vielleicht, im Glauben finden kann.

Ein entscheidender Schritt von der Erschütterung des Vertrauens in die Vernunft führt zum Glauben und zur religiösen Wahrheit. Stricker, die hier einen „Sprung" erkennt, sieht die Skepsis im Dienste des so belegten Fideismus Bayles, ohne, dass dieser die „logische Folge" der skeptischen Erschütterung sei.[95] Dabei spricht Bayle in PYRRHON deutlich von der wenn nicht logischen, so doch „natürlichen Folge" des skeptischen Programms, die Aufgabe der Vernunft und die Hinwendung zu einem „besseren Führer". Ihre Einklage, Bayles konstante Entwicklung eines fideistischen Programms nicht als Camouflage abzutun,[96] widerspricht vehement der gegenteiligen Lesart Israels, der bezeugt, Bayle sei nichts anderes als ein überzeugter Atheist gewesen, der nur

calm and tepid statement on the debacle of reason and the need for divine guidance in remark C 17 of article „Pyrrho" with Pascal's passionate and desperate *pensée* 434 (on which Bayle's passage seems to be based) or with Hume's anguished finale to the first book of A Treatise of Human Nature, where he could find no faith and no way of overcoming Bayle's ultimate doubts, then one definitely finds that some feature is absent. Bayle suffered, apparently, from no angst, no fear and trembling."

95 Stricker, *Die maskierte Theologie*, S. 58: „Zwar dient die skeptische Argumentation der Darstellung der Unzulänglichkeit der Vernunft und damit der Entwertung der Philosophie als rationalen, die Wahrheit etablierenden Diskurses über das Göttliche; aber der Skeptizismus stößt hier auf eine ganz andere Dimension, die des Glaubens, und damit auf eine von ihm nicht gekannte Instanz bezüglich der Erkenntnis der Wahrheit. An die Stelle der Ungewißheit der Vernunft setzt nun der hier in den Vordergrund tretende Fideismus die Gewißheit des Glaubens. Man könnte von einem epistemologischen Sprung sprechen, denn die religiös motivierte Schaffung einer neuen Instanz, der des Glaubens, ergibt sich nicht als logisch erkennbare Folge der Niederlage der Vernunft."

96 Ebd., S. 61: „Bayle versteckten Atheismus zu unterstellen entspricht angesichts der religiösen Motivation, die sein Denken beherrscht, einer völligen Mißachtung oder einer rein oberflächlichen Betrachtung seiner fideistischen Theologie, die sich wie ein roter Faden durch sein ganzes Werk zieht.177 Diese fideistische Theologie warnt vor der Gefahr des Atheismus, die sich aus der rationalen Betrachtung Gottes ergibt."

zum Vorschein am Glauben festhielt.[97] Fast, als hätte Bayle mit seiner Selbstinszenierung seine Leserschaft selbst in eine Isosthenie geführt, bleibt die letztliche Entscheidung offen, und es gibt gleichwertige Argumente für beide Seiten, über die sich nicht entscheiden lässt.[98]

Aber für die Bestimmung der Skepsis im Verhältnis zur Theologie braucht es vielleicht auch kein eindeutiges Bekenntnis Bayles zu einer bestimmten Ausrichtung des Glaubens; denn auch wenn die pädagogische Funktion der skeptischen Kritik der Vernunft nur zum Schein im Dienste eines Vertrauens in einen transzendenten Gott bestünde, bliebe ihre Charakterisierung als vernichtende Kraft erhalten, die an Schlüssigkeit und Aggression alle anderen Ausdrücke der Vernunft übertrifft. Bayle befindet sich in der glücklichen Lage, sie als solche beobachten zu können, ohne sie darum selbst anwenden zu müssen. Die Einsprüche, die sie gegen die Philosophie vorbringen kann, liegen – so inszeniert es der bekenntnislose Duktus des Artikels – schon vor. Sie müssen ihrerseits nicht affirmiert werden, um die Schwäche der Vernunft auszustellen. Die Diskussion der pyrrhonischen Skepsis erfolgt im Modus der Rückführung auf mögliche Quellen, und damit als Zitat; Bayle lässt sie selbst sprechen, und weiß sie in dieser Form von der Theologie in nötigem Schutzabstand zu etablieren.

12.4.1 *Dialogizität*

Diese Engführung auf Distanz von Theologie und Skepsis dürfte nirgendwo im *Dictionnaire* klarer sein als im Dialog in Anmerkung (B). Bayle behält das gesamte Buch über die Ambivalenz seiner Einschätzung aufrecht, verweigert auch hier jedes Bekenntnis und verbindet doch die Verdammung der

---

97 Israel, *Radical Enlightenment*, S. 339-340, argumentiert vor allem aus der Rezeption und der zeitgenössischen Lesart Bayles als ‚spekulativer Atheist' oder als Spinozist, also Deist. Brush gibt an (Brush S. 321): „Charles Lenient's *Etude de Bayle*, Jean Delvolvé's *Religion, critique et philosophie positive chez Pierre Bayle*, and Howard Robinson's *Bayle the Sceptic*, share [...] the conviction that the refugee scholar had lost any meaningful faith." Feuerbach schlägt die Option, Bayle zum Erzatheisten zu machen, aus, indem er ihn für den wichtigen, aber nicht letztentschlossenen Wegebreiter hält; zu dieser Darstellung, vgl. auch den Forschungsüberblick bei Sticker, *Die maskierte Theologie*, insb. S. 7-10.

98 So scheint auch Popkin vor der letztgültigen Entscheidung zu kapitulieren; Popkin, *The History of Scepticism*, S. 296: „Bayle has been seen as an atheist, as a critic of traditional religion, an enlightened sceptic, an advocate of complete toleration, a fideist, a true believer, a man of faith." vgl. ferner ebd., S. 301: „Bayle had said he was destroying reason to make room for faith. Hume, after presenting a range of sceptical arguments in the *Dialogues Concerning Natural Religion*, had his sceptical spokesperson declare that to be a philosophical sceptic in a man of letters was the first and most essential step in becoming a true and believing Christian."

Skepsis als gefährlicher Denkschule mit der Feststellung, dass sie innerhalb der Grenzen der bloßen Vernunft nicht zu entkräften wären. Am augenfälligsten dürfte dies bei der direkten Konfrontation werden, die er im Dialog zweier Abbés und damit Theologen zur Evaluation der Gefahr der Skepsis herstellt. Die Verwendung dieser Vermittlungsmodi im berichteten Gespräch darf als Grundzug der Inszenierung skeptischen Denkens verstanden werden. In der Diskussion, die Bayle hier verhandelt, erscheinen in Dialogform zwei Abbés, die im Gespräch die beiden versöhnbaren Positionen zur Einschätzung des Gefahrenpotentials des skeptischen Diskurses verhandeln.[99] In Fortführung des umgreifenden Vergleichs zwischen Antike und Moderne reduziert Bayle die Frage nach dem Risiko der Skepsis auf diejenige nach der Differenz ihrer Wirksamkeit vor und nach der christlichen Offenbarung.

In der Inszenierung lediglich den Transfer der eigenen Position in den Mund von grob umrissenen Figuren zu sehen, ist durchaus berechtigt, greift aber wesentlich zu kurz und übersieht die Vermittlungsinstanzen, die Bayle der Entschärfungsform des Dialogs zur Seite stellt.[100] Neben dem spezifischen Zuschnitt der Debattenfrage wird dies vor allem durch die Gestalt des Miniaturnarrativs geleistet. Bayle entscheidet sich offensichtlich mit Kalkül gegen die direktere Form des szenischen Dialogs, wie er für den Humanismus verbreitet gewesen ist, und sucht – in Analogie zur indirekteren Dialogizität bei Montaigne – eine weitere Distanzierungsebene. Sein Disput wird in die Erzählung überführt, die von einer kaum merklichen, aber tragenden Erzählerinstanz auf Distanz gehalten wird.

> Il y a environ deux mois qu'un habile homme me parla fort amplement d'une Conférence où il avoit assisté. Deux Abbez, dont l'un ne savoit que sa routine, l'autre étoit bon Philosophe, s'échaufférent peu-à-peu de telle sorte dans la dispute, qu'ils pensérent se quereller tout de bon.[101]

---

99 Bereits Feuerbach weist deutlich auf die Vermittlung durch die Dialogform hin: Feuerbach, *Bayle*, S. 129. In der Zuspitzung bei Lennon wird es möglich, diesen tatsächlichen Dialog als Ausweis der das Werk durchziehenden Dialogizität als Distanz zu begreifen. Er erkennt zurecht, dass die Vorbehalte gegenüber der Metaphysik sich auch in der Form des dialogischen Sprechens niederschlagen; Lennon, *Reading Bayle*, S. 24: „To deal with the Bayle enigma, or at least to explain why it has arisen, the metaphysics of individual essences must be rejected, and the key to this approach to Bayle is Bayle's own approach to other authors: he lets them speak *dialogically*."

100 Er wird später selbst noch einmal darauf hinweisen: „Notez que c'est un Abbé qui parle." Bayle, DHC, PYRRHO, Anm. (B), Anm. (15), S. 732.

101 Ebd., Anm. (B), S. 732.

Die vermeintliche und aktuelle Datierung – vor zwei Monaten – sowie der Vorgriff auf das fatale Ende ihres Streits sind sicher als Realitätseffekte zu verstehen und unterscheiden sich im Anekdotischen derart deutlich nicht nur vom vorangegangenen Text, sondern auch von der sonstigen Beweislast im *Dictionnaire*, dass der Bruch zwischen diesem und dem vorangegangenen Teil der Anmerkung (B) kaum deutlicher ausfallen könnte. Mit satirischem Eifer will Bayle an der narrativen Distanz dieses Dialogs die zitative Vermittlung weitertreiben. Der Gebrauch der namenlosen Geistlichen in der Form des Hören-Sagens inszeniert sich als Szene, innerhalb derer Bayle gleichermaßen das katholische Dogma und die neue Philosophie parodieren kann, ohne von den Aussagen, die doch deutlich von Bayle selbst stammen, als die eigenen begreifen zu müssen. Der Pseudo-Dialog korrespondiert mit dem Zitationscharakter des Materials, das Bayle ausdrücklich nicht selbst erfahren haben will, sondern aus dritter Hand und dem Hören-Sagen nach abschreibt. Dass die beiden Helden der weitergetragenen Geschichte als katholische Geistliche mit sehr unterschiedlichen Interessen oder Befähigungen die Idealbesetzung für die Verschiebung von Bayles eigenen Ansichten darstellen und mit der normierten Form der Disputation, wie Bayle sie leicht schematisch schildert, unabdingbar den Widerspruch abbilden müssen, der im *Dictionnaire* angestrebt wird, wird kaum verborgen. Allerdings tendiert der als Widerstreit gegensätzlicher Thesen begonnene szenische Part bald schon zum Monolog, in dem es zum Einklang unter den Abbés kommt. Zwischenzeitlich verliert man gar aus den Augen, welche der beiden Positionen gerade spricht. Ihre Namenlosigkeit hat an dieser Umständlichkeit sicher einen wichtigen Anteil.

Was Bayle hier leistet und auf eines seiner Paradoxe hinausläuft, ist mehr eine Parodie der gelehrten Form des Dialoges und seiner vermeintlichen Dialoghelden als eine bloße Ausführung des Gegenstands, also der Bedrohung durch den Pyrrhonismus. Die Anonymität, die er mit der Dialogform erreicht, erlaubt es ihm, die Darstellung so zu verhandeln, als stamme sie nicht von ihm; das fiktive Gespräch der Abbés dient also nicht nur der Eingliederung seiner Gedanken in ein katholisch-theologisches Setting, sondern mehr noch der Veränderung des Textstatus. Die Aussagen, die er kolportiert, erhalten den Status von Zitaten.

Diese Zitate, die als solche nur den Masken der Geistlichen in den Mund gelegt werden, dienen Bayle zur Rekapitulation der kartesischen Philosophie in einer Kritik, die er so überhaupt nicht führen würde. Ihm bleibt die genüssliche Beobachtung, dass die spekulativen Inhalte von Descartes' Einfallstore für die skeptische Aufgabe der Suche nach der Wahrheit sind. Malebranche und Descartes werden so aus der Sicht der Abbés als dankbare Stichwortgeber des aktualisierten skeptischen Diskurses eingeführt, und der philosophische Abbé zeigt die Parallelen auf:[102]

> Chacun de nous peut bien dire, je sens de la chaleur à la presence du feu, mais non pas je sai que le feu est tel en lui-même qu'il me paroit. Voilà quel étoit le style des anciens Pyrrhoniens. Aujourd'hui la nouvelle Philosophie tient un langage plus positif: la chaleur, l'odeur, les couleurs, & c. ne sont point dans les objets de nos sens; ce sont des modifications de mon ame; je sai que les corps ne sont point tels qu'ils me paroissent. [...] Bien plus; les objets des sens ne sauroient être la cause de mes sensations: je pourrois donc sentir le froid & le chaud; voir des couleurs, des figures, de l'étendue, du mouvement, quoiqu'il n'y eût aucun corps dans l'Univers. Je n'ai donc nulle bonne preuve de l'existence des corps.[103]

Von der Erkenntnistheorie schreitet der Dialog denn auch gleich fort zum Betrügergott der Meditationen. Die Abbés diskutieren in Verkürzung der Meditationen, ob nicht „Dieu trompe-t-il les hommes par rapport à ces couleurs", und berühren schnell die Frage nach der realen Existenz der anderen Körper. So handeln sie die bestimmenden Diskursfelder der „neuen Philosophie" ab und zeigen auf, dass diese Fraglichkeiten keineswegs besser gegen die skeptische Erschütterung wappnen, sondern dieser Tür und Tor öffnen und ein weit größeres Risiko darstellen als die vorchristliche, pagane Metaphysik. In Folge dieser mit der christlichen Lehre inkompatiblen Vernünfteleien wäre das Denken anfälliger für die pyrrhonische Invektive.[104] Die beiden Abbés geben so eine Art Propädeutik in skeptische Argumentationsmuster, und übertragen sie auf die cartesianischen Argumente.

Nach dieser Rekapitulation der skeptischen Muster wird die Evidenz als unbestritten einzige Kandidatin für ein *criterium veritatis* eingeführt; an dieser Stelle bricht der Dialog mit der Befragung des Cartesianismus durch

102 Descartes wird nur dem Namen nach mit „Le Cartésianisme" angefügt; Malebranche wird in Anm. 12 selbst zum Zeugen, dass der Nachweis der Existenz der Außendinge schwer zu erbringen sei (unter Rekurs auf die Erläuterungen zur *Recherche de la vértié*).

103 Bayle DHC, PYRRHO, Anm. (B), S. 734. Bayle treibt die zitative Sturktur noch weiter, indem er den Abbé eindeutig die Dinge wiederholen lässt, die er selbst gerade zur Bestimmung skeptischer Argumentationen angeführt hat.

104 Bayle DHC, PYRRHO, Anm. (B), S. 734. Die Argumentation lässt auch den Täuschergott wieder auftreten. So etwa in der Lektüre von Ulrich Dierse, „Bemerkungen über Bayles Verhältnis zu Descartes und Spinoza", *Aufklärung* 16 (2004), S. 177-189, hier S. 187: „Gerade dies kann nun noch an einem weiteren Motiv aufgezeigt werden, einem Motiv, das im Grunde auch auf ein Postulat hinausläuft, am Motiv täuschenden Gott. Es stammt unübersehbar von Descartes. Zuerst erscheint im Artikel ‚Pyrrho', und zwar in dem (fingierten) Gespräch der beiden Abbés. Der philosophische Abbé *zitiert* das Motiv des täuschenden Gottes als einzigen Beweis für die Realität der Körper, fügt aber sofort hinzu, daß dadurch ‚zu viel' bewiesen werde [...]."

die Skepsis und entwickelt eine doppelte Parodie, deren Schlagrichtung sich kaum entscheiden lässt. Bayle lässt das Kriterium der Evidenz mit dem christlichen Dogma unmittelbar kollidieren; die Debatte der Abbés unternimmt es nun, zu überprüfen, ob denn das neue Modell der verbindlichen Wahrheit überhaupt mit den unbestreitbaren christlichen Mysterien in Einklang stehe. Dazu verbindet Bayle Glaubenswahrheiten mit passenden logischen Axiomen, die er der Evidenz unterzuordnen scheint. Ziel des sprechenden Abbés ist es, den Widerspruch aufzuzeigen und damit zu belegen, dass Evidenz kein hinreichendes Kriterium für Wahrheit sein kann: „je vous ferai voir des choses que vous rejettez comme fausses, qui sont de la derniere évidence."[105] Derart zählt er auf:

1) das Mysterium der Trinität widerspricht dem Satz der Identität; in der Unterschiedenheit der drei Gottesinstanzen herrsche nicht die Identität, die in dem Satz „Quae sunt idem uni tertio sunt idem inter se" gemeint sei.[106]
2) Ebenfalls die Trinität habe gezeigt, dass es entgegen der Evidenz eine Mehrzahl von Personen mit derselben Natur und als dasselbe Individuum geben könne.
3) Die Bedingungen für den Menschen, aus Körper und Seele zusammengesetzt zu werden, ist nicht allein hinreichend; denn Gott habe durch die Inkarnation eine alternative Möglichkeit aufgetan; Menschen können folglich auch anders erzeugt werden.
4) Die Transsubstantiation widerlegt die evidente Regel, dass ein identischer Körper nicht zugleich an mehreren Orten sein könne.[107]

Mit dieser Konfrontation zwischen Glauben und neuer Philosophie verlieren beide Seiten gleichermaßen, und der Abbé, den Bayle so sprechen lässt, wird zum Agenten einer isosthenischen Aufhebung, die vor allem eines zeigt: Die Unvereinbarkeit des christlichen Dogmas mit der cartesianischen Philosophie.

---

105 Bayle DHC, PYRRHO, Anm. (B), S. 734.

106 Hier erfolgt ein Seitenhieb auf Spinoza; Bayle wird in seinem Artikel diesen Satz gegen die Konzeption des einheitlichen und ungeteilten Gottes anführen: Bayle, DHC, Bd. 4, SPINOZA (Benoît de), S. 259. „Nous allons voir des absurditez encore plus monstrueuses, en considérant le Dieu de Spinoza comme le sujet de toutes les modifications de la pensée. Cest déja une grande difficulté, que de combiner l'étendue & la pensée dans une seule substance; car il ne s'agit point ici d'un alliage comme celui des métaux, ou comme celui de l'eau & du vin. Cela ne demande que la juxta-position: mais l'alliage de la pensée & de l'étendue doit être une identité: le pensant & l'étendu sont deux attributs identifiez avec la substance: ils sont donc identifiez entre eux, par la régle fondamentale & essentielle du raisonnement humain. (Anm. [96]: Quae sunt idem uni tertio sunt idem inter se.)"

107 Bayle DHC, PYRRHO, Anm. (B), S. 734. Die Nummerierung strukturiert den Text, den wir aus praktischen Gründen hier nicht ganz wiedergeben wollen.

Bayles Komposition rückt die Mysterien an den Begriff der Evidenz heran, um die Unversöhnlichkeit zu zeigen. Der Duktus innerhalb des Dialogs soll deutlich machen, dass mit Descartes an den Mysterien nicht festgehalten werden könne, und unterstellt dem Gesprächspartner die selbstverständliche Konsequenz, nämlich, dass die so gefasste Evidenz kein Wahrheitskriterium sein kann. In der zweiten Anwendung dieser Einwände wird deren Tragweite noch deutlicher, nämlich dort, wo statt der Mysterien die Begründung der Moral diskutiert wird; die dargestellten Einwände verlagern wiederum den Versuch, moralische Evidenz zu begründen, auf die Lehre des Christentums, von der die Erbsünde sowie die Theodizee-Problematik nicht auf der Basis bloßer Vernunfteinsicht, sondern im Modus des Kategorienunterschieds zwischen menschlichem und himmlischem Recht aufgefasst werden. Die Vernunft ist kein Maßstab für die Einschätzung Gottes; der Kategorienunterschied, den der Abbé hier erkennt, ist unüberwindlich. Die Größe der göttlichen Vernunft ist gerade aufgrund ihrer Unergründlichkeit die Basis der christlichen Moral; wer versucht, sie aus der Transzendenz zu lösen, hebt sie unweigerlich auf:

> Outre que si les exceptions que vous faites aux principes de Morale sont fondées sur l'infinité incompréhensible de Dieu, je ne pourrai jamais m'assûrer de rien: car je ne pourrai jamais comprendre toute l'étendue des droits de Dieu.[108]

Was in diesem Dialog geschieht, ist weit weniger der Versuch, die Gefahren der Skepsis für die Theologie als den Widerspruch zwischen Descartes und insbesondere der katholischen Theologie aufzuweisen. Was hier als Skepsis erkannt werden kann, liegt vielmehr in dem, was Bayle zeigt, als in dem, was der Abbé sagen will. Anstelle einer Rekapitulation des antidogmatischen Moments bei Sextus oder den neuen Philosophen inszeniert Bayle eine Konfrontation zweier widerstreitender Dogmen in der Vermittlung des Dialogs. Auch hierin verfährt Bayle negativ, denn die Berechtigung der einen wie der anderen Seite dieser Konfrontation bleibt nicht nur fraglich, sondern wird von der unvorsichtigen Gegenüberstellung des Abbés nur noch gesteigert.

Ausgangspunkt für die Opposition ist die Frage nach dem Wahrheitskriterium. Die Abbés versuchen, einen Evidenz-Begriff in Anschlag zu bringen, der zur Parodie des Konzeptes bei Malebranche und Descartes wird. Indem sie sich so auf diese Kategorie als Erfahrungsqualität berufen, die epistemologisch verlässlich sei, rücken sie die neue Philosophie deutlich von der Skepsis ab. Vielmehr soll versucht werden, mit ihr der Skepsis die Basis zu entziehen und damit gleichzeitig dem Glauben einen festen Grund zu geben. „Tout aussi-tôt

---

108 Bayle DHC, PYRRHO, Anm. (B), S. 734.

l'Abbé Philosophe déclara à l'autre que pour espérer quelque victoire sur un Sceptique, il faut lui prouver avant toutes choses que la Vérité est certainement reconnoissable à quelques marques."[109] Was folgt, ist eine Attacke des Kriteriums durch den Abbé, die als Vorspiel zum eigentlichen Gegenstand des Dialogs, der Gefahr der Skepsis für den wahren Glauben, eingeführt wurde: Der Abbé wird unversehens zum Agenten einer skeptischen Kritik der Evidenz, indem er die Verbindlichkeit der evidenten Axiome – die zumindest von ihm so eingeführt werden – durch je ein Gegenbeispiel zu entkräften versucht.

Bayles Dialog ist keine Parteinahme; er enthält sich, wie der Artikel zuvor geschildert hat, der Entscheidung, und in diesem demonstrativen oder performativen Sinne fallen Gegenstand und Form dieses Artikels zur Skepsis ineins. Das Ziel ist die Etablierung einer Isosthenie, die den Widerstreit in Ambivalenz überführt.[110] Was der Abbé an Mysterien auflistet, die nicht dem Anspruch der Evidenz entsprechen können, ist diesem Kriterium als gegensätzliche, aber gleichwertige Wahrheit – in den Augen des Geistlichen, nicht in Bayles eigenen – entgegengesetzt und zeigt, dass die integrative Kraft der Evidenz nicht hinreicht, um Glaubenswahrheiten zu umfassen. Wer an dem einen festhalten will, muss das andere lassen; der Abbé befördert also mit seinen Argumenten gerade das Einfallstor der Skepsis und zeigt die Gefahr an, die mit den neuen Philosophen für den Glauben entwickelt wurde. Anstelle einer rationalen Begründung dessen, was das christliche Dogma vorsieht, hat das Evidenzkriterium vielmehr zur Folge, dass man sich vom Mystischen verabschieden müsste. Hält man an ihm fest, gibt es keine Möglichkeit, die Verbindlichkeit des Kriteriums aus seiner Universalität abzuleiten.

Die Konsequenz aus dieser Aporie ist nur für die beiden Gläubigen im Dialog selbstverständlich, und deckt sich mit dem Programm, das Bayle eingangs entworfen hatte; die Schwäche der reinen Vernunft im Angesicht der Skepsis führt unweigerlich zur Einsicht in die Wahrheit des Glaubens:

109 Ebd.

110 Gianni Paganini, „Pierre Bayle et le statut de l'athéisme sceptique", *Kriterion: Revista de Filosofia* 50(120) (2009), S. 391-406, [online veröffentlicht; abgerufen am 22. Dezember 2019; (https://dx.doi.org/10.1590/S0100-512X2009000200008)]: „À l'égard du problème de la nature religieuse ou non du scepticisme, Bayle adopte ici la méthode pyrrhonienne et phénoméniste, qui oppose phénomène à phénomène, opinion à opinion. [...] A la rigueur, on pourrait observer qu'après ce couple de thèses et antithèses sur les ‚mérites' religieux ou antireligieux du scepticisme contenus dans la rem. C de l'article Pyrrhon, la conclusion, surtout pour un sceptique, devrait être l'irrésolution, précisément dans l'esprit de l'isosthénie pyrrhonienne. Or c'est justement le concept sceptique de suspension du jugement (épochè) qui donne à Bayle la clef pour résoudre le problème complexe du rapport entre le scepticisme et la croyance, en faisant pencher la balance pyrrhonienne toute d'un côté, à savoir du côté de l'irréligion sceptique."

> [I]l conclut qu'il ne faloit point s'amuser à la dispute avec des Pyrrhoniens, ni s'imaginer que leurs Sophismes puissent être commodément éludez par les seules forces de la Raison; qu'il faloit avant toutes choses leur faire sentir l'infirmité de la Raison, afin que ce sentiment les porte à recourir à un meilleur Guide qui est la Foi.[111]

Man könnte nun annehmen, dass Bayle seine Charaktere für sich sprechen lässt und zeigen will, dass der ‚Sprung' zum Fideismus unvermeidlich sei,[112] und sicher entspricht dies der expliziten Aussage, die den Eintrag zu Pyrrho rahmt und trägt. Aber die Vernunftkritik als bloßes Resümee zu verstehen, verliert die Performanz der Passage aus den Augen, die keineswegs über den Streitfall entschieden hat; was Bayles Dialog ausdrücklich belegt, sind die Gefahren der Skepsis für die Theologie, die er so aufgezeigt, nicht beendet hat. Eigentliches Ergebnis der Debatte bleibt ihre Ambivalenz und Offenheit – der Effekt, lediglich die katholischen Abbés in der Sache anzuhören, kann nicht einfach überlesen werden. Denn insofern die Skepsis hier wirkt, muss auch eingestanden werden, dass die Prüfung des Abbés zeigt, dass die Glaubenswahrheiten, die er zu unverzichtbaren Gegenargumenten nimmt, gerade aus dem Anwendungsbereich der Vernunft ausgeschlossen sein sollen.[113] Würde der Dialog nicht einfach mit der Einklage des Glaubens jenseits der Vernunft abbrechen, und

---

111 Bayle DHC, PYRRHO, Anm. (B), S. 734.

112 So resümiert Stricker, *Die maskierte Theologie*, S. 95: „Der Maßstab, den die Vernunft an das menschliche Verhalten anlegt, ist nicht der, an dem Gott gemessen werden kann. Dieser ist um so unzutreffender, als in Gott die Attribute der Gerechtigkeit, Güte etc. nicht als von seinem Wesen unterschiedene Eigenschaften begriffen werden können, sondern Gott selbst sind, weshalb die Idee, die sich der Mensch von diesen macht, niemals pertinent sein kann. Aufgrund ihrer Äquivozität sind diese Begriffe von vornherein illusorisch und falsch. Diese Absage an die Vernunft gilt jedoch nicht nur bezüglich des Verhaltens Gottes, sondern, wie Bayle ausdrücklich betont, gegenüber allen evidenten Ideen, die sich im Widerspruch zur Schrift befinden. Grundlage des Glaubens ist die Offenbarung, nicht die Begriffe der Vernunft – so lautet die Absage des Fideisten Bayle an jegliche Form natürlicher Theologie."

113 Ohne die Maske des Dialogs kann dieser Punkt überhaupt nicht erstellt werden. Während die Abbés in den dogmatischen Grundsätzen unerschütterliche Wahrheiten erkennen, sind diese für den Calvinisten Bayle in keiner Weise bindend. Insbesondere die Transsubstantiationslehre, die hier exerziert wird, ist nach Calvin nicht bindend. Dass Bayles Darstellung zugleich auch die lutherische Ubiquitätslehre als Gegenmodell zur Transsubstantiation mit anspricht, mag nur unterschwellig greifen; aber der Schluss aus den Problemen, die die Abbés in der Philosophie sehen, zur Einsicht, dass der Calvinismus mit ihnen vereinbar wäre, wird zumindest angedeutet. Die ambivalente und meist verschwiegene Haltung zur historischen Person Calvin sowie zu seiner Konfession hat Bost in einer Einzelstudie umrissen; Hubert Bost, „Calvin au prisme du ‚Dictionnaire' de Bayle", *Bulletin de la Société de l'Histoire du Protestantisme Français (1903-2015)* 155 (2009), S. 245-265.

ließe Bayle die Gegenseite sprechen, müsste diese ihrerseits die Konsequenzen aus der Opposition ziehen; also entweder zeigen, dass die Mysterien dennoch evident sein können, oder ihnen – zur Bewahrung des Kriteriums – den Anspruch auf Wahrheit absprechen. Nicht Bayle gibt sich als Atheist zu erkennen, wenn er dies als Folge des Rationalismus inszeniert. Seine Behauptung, die er kaum merklich einflicht, kennzeichnet gerade die Cartesianer als unbewusste Atheisten. Sie müssten ihren Gott nach ihren Kriterien begreifen, und würden sich damit von der Wahrheit der Liturgie und der Offenbarung entfernen.

Der Einwand des Abbés fußt auf der Überzeugung, dass dies keine Option darstelle; und sein Gesprächspartner wird ihm keinen Grund geben, dies zu bezweifeln. Aber die Mittel, die er wählt, wären – entsprechend des fortwährenden Kriegs der Sekten – ebenso geeignet, die radikale Gegenseite zu stärken. Nichts hindert Bayles Leserschaft daran, die Infragestellung des Mysteriums zu affirmieren und sich angesichts seiner rationellen Uneinsichtigkeit von ihm loszusagen.

Die Gefahr des Atheismus ergibt sich folglich weniger aus der Skepsis – diese hat gerade die unerschütterlichen Axiome von Descartes aufzuheben geholfen – als aus dem Rationalismus. Was der Dialog der Abbés zeigt, ist gerade die Dienstbarkeit skeptischen Denkens für die Etablierung des Glaubens. Die „neuere Philosophie", die, selbst das Ergebnis eines jedoch nur methodischen Zweifels,[114] ist für die Mysterien weit gefährlicher, und die Ablehnung der Skepsis durch die Abbés ist weit eher eine Ablehnung der Philosophie als solcher. Der Dialog bleibt in der isosthenischen Schwebe, und nur die sprechenden Abbés scheinen nicht bemerkt zu haben, wie sehr sie ihnen zur Apologie irrationaler Dogmen dienlich gewesen ist.

Diese Offenheit wäre besser mit Unentschiedenheit bezeichnet, und ist in der Art, wie sie sich beiden widerstreitenden Interpretationen zuordnen zu lassen scheint, eine Provokation in beide Richtungen – sowohl die Rationalisten als auch die (katholischen) Theologen werden zu einer Karikatur, die Bayle mit sichtlicher Freude an der Übertreibung präsentiert. Aber der Widerstreit zwischen den Positionen endet nur dem Wort der Abbés nach mit der Verwerfung der Skepsis, nachdem sie selbst sich ihrer bedient haben. So haben sie *en passant* umgesetzt, was Bayle eingangs eingefordert hatte; die Destruktion der Philosophie und ihres Urvertrauens auf die Vernunft mit den Mitteln der Gegenüberstellung zur Beförderung des Glaubens.

---

114 Pointiert wird die Differenz zwischen methodischem, vernunftoptimistischem Zweifel und Skepsis (unter Hinzuziehung des Empirismus) zusammengefasst bei Hans Poser, *René Descartes: Eine Einführung*, Stuttgart: Reclam 2003, S. 13.

12.4.2 *Skepsis zwischen Glauben und Wissen*

Die Darstellung der Skepsis, wie sie in den Artikeln insbesondere zu PYRRHO und zu ZENON erfolgt, hat selbstverständlich und vorhersehbar Anstoß erregt, und Bayle dazu verpflichtet, sein Verhältnis zum Pyrrhonismus sowie dessen theologische Implikationen in den *eclaircissements* erneut zu verhandeln.[115] Die Klarstellung dient als Eigenkommentar und will die Distanz bekräftigen, die schon zuvor entwickelt wurde. Bayles Vermeidung eines Anschlusses an die zeitgenössischen Diskurse, die sich der Skepsis oder dem Pyrrhonismus zuordnen lassen, insbesondere des Historischen Pyrrhonismus, erklärt sich leicht aus dem Versuch, sich vom Vorwurf einer skeptischen Kritik am christlichen Dogma reinzuwaschen. Als Autoimmunisierung wird so erneut ein verzerrtes Bild der Skepsis entworfen, dem Bayle nicht zu folgen, ja vor dem er vielmehr zu warnen vorgibt. Die Anmerkung der zweiten Ausgabe folgt dabei aber derselben Diktion wie die Artikel zuvor. Durch Paraphrase und Deskription skeptischen Denkens, wie er es vornehmlich aus Sextus referiert, wiederholt er vielmehr die Streitpunkte aus PYRRHO, anstatt sie zu widerlegen.

Besondere Betonung kommt dabei einerseits der Diallele zu, deren Diskussion er zuvor ausgespart hatte. Er führt sie als „Waffe" der Skeptiker lediglich mit Namen und Quelle an, unterlässt es aber, ihren Labyrinth-Charakter weiter auszuführen.[116] Indem er sie von den übrigen Tropen absondert und mit ihr eine weitergehende Infragestellung markiert, spricht Bayle aber doch mit der Evokation der Diallele die leitende Thematik an, die schon im Vorwort entwickelt wurde und die dem Unternehmen des *Dictionnaire* ihre Legitimation geben soll; in ihr wird bei Sextus das Problem des Wahrheitskriteriums in einen endlosen Regress überführt. Folgt man seiner Darstellung insbesondere aus dem zweiten Kapitel, so gilt für Erstbegründungen die Unmöglichkeit ihrer Auffindung. Die Diallele, als Variante der *petitio principi*, ist die ständige Begleitung einer metaphysischen Aufstellung von Axiomen, die

115 Zu den wichtigsten Kritikern gehört sicher Renaudot; er nahm gerade daran Anstoß, dass Bayles *Dictionnaire* mit der katholischen Lehre – und damit mit der französischen Gesellschaftsform, die auf ihr aufbaue – unvereinbar sei und eine Gefahr für den sozialen Frieden darstelle. Vgl. Eusèbe Renaudot, *Jugement du public et particulierement de M. l'abbé Renaudot, sur le dictionnaire critique du Sr. Bayle*, Rotterdam: Acher 1697. Vgl. Bost, *Bayle*, S. 429-430; vgl. für einen Überblick über die Kritik am *Dictionnaire* vor allem Rétat, S. 121-142. Jean Le Clerc und Isaac Jaquelot hatten Bayle vor allem die Beförderung des Atheismus vorgeworfen; er verteidigte sich – in der Form eines Dialogs: *Entretiens de Maxime et de Thémiste*, Rotterdam: Leers 1707 (OD IV, S. 1-106).

116 So charakterisiert Bayle die Skeptiker: „[I]ls ont une sorte d'armes qu'ils nomment le dialléle. [...] C'est un labyrinthe où aucun fil d'Ariadne ne peut donner mil secours." Er verweist allgemein auf die Kapitel Sextus Empiricus, *Grundriß der pyrrhonischen Skepsis*, I 15 (S. 130-133) und II 4 (S. 157-158).

als Wahrheitskriterium fungieren sollen, denn ihre eigene Wahrheit, d.h. Angemessenheit als Kriterium, kann selbst nur zirkulär rückgeführt werden.

> Ferner, um den entstandenen Streit über das Kriterium zu entscheiden, müssen wir ein anerkanntes Kriterium haben, mit dem wir entscheiden können, und um ein anerkanntes Kriterium zu haben, muß vorher der Streit über das Kriterium entschieden werden. So gerät die Erörterung in die Diallele, und die Auffindung des Kriteriums wird aussichtslos, da wir es einerseits nicht zulassen, daß sie ein Kriterium durch Voraussetzung annehmen, und wir sie andererseits, wenn sie das Kriterium durch ein Kriterium beurteilen wollen, in einen unendlichen Regreß treiben.[117]

Die Diallele wird so zum Zustand des Denkens in Letztbegründungen, innerhalb dessen die Zirkularität des Argumentes in ständiger Schwebe verbleibt und so die Beliebigkeit der Setzung anzeigt.[118] Bayles Privileg dieses Moments vor den Tropen allgemeiner Relativierung erschließt sich aus diesem Vorrang in Hinblick auf die Kriterien-Frage; allerdings wird dieser Punkt im *Eclairissement* nur zitativ gestreift. Wirksam wird sie nur in der Performanz der Verweise sowie in der Dramaturgie der Darstellung der Skepsis. Bayles erneute Diskussion skeptischen Denkens folgt einer Hierarchie der Wahrheitsansprüche. Unter dem Vorwand, den ungeheuerlichen Anspruch des skeptischen Programms nur zu zeigen, führt ihn der Weg von der Kritik der Sinne zu den geometrischen und mathematischen „Demonstrationen", die ebenfalls von den Skeptikern verworfen würden.[119] In der Diallele markiert er die Verwerfung von Letztbegründungen allgemein. Diese kann nur noch von der obligatorischen Frage nach der Gewissheit der Ungewissheit gesteigert werden, die Bayle den Pyrrhonikern als nächste Stufe des Zweifels einräumt:

> Ils se perdent eux-mêmes dans leurs propres subtilitez, & ils en sont ravis, vu que cela sert à montrer plus nettement l'universalité de leur Hypothese que tout est incertain, de quoi ils n'exceptent pas même les Argumens qui attaquent l'incerticude.[120]

---

117 Sextus Empiricus, *Grundriß der pyrrhonischen Skepsis*, II 4, S. 158.

118 Das Verhältnis von *Diallele* und *Petitio Principi*, infinitem Regress und schließlich Beliebigkeit als Fehlen von Kriterien wird von Gabriel als Trilemma im Herzen der pyrrhonischen Skepsis geschildert; vgl. Markus Gabriel, *Die Erkenntnis der Welt: Eine Einführung in die Erkenntnistheorie*, Freiburg (u.a.): Alber 2012, S. 210-213.

119 Bayle DHC, *Eclaircissement* III, Bd. 4, S. 642: „Ils ne se contentent pas de combattre le Témoignage des Sens, les Maximes de la Morale, les Regies de la Logique, les Axiômes de la Métaphysique; ils tâchent aussi de renverser les Démonstrations des Géometres, & tout ce que les Mathématiciens peuvent produire de plus évident."

120 Bayle DHC, *Eclaircissement* III, Bd. 4, S. 642. Die deutschen Herausgeber sind der Meinung, die „incertitudes" am Satzende sollten besser die „Gewissheiten" sein (Gawlick /

Innerhalb dieser Schilderung und der Logik der Dramaturgie gibt Bayle im Vorübergehen zu verstehen, dass mit jedem Schritt nur die folgerichtigen Konsequenzen aus den Annahmen des skeptischen Zweifels gezogen würden; die tatsächliche Diskussion dieser Axiomatik oder „Methode" verlagert er aber auf seine Verweise, die sich intra- und intertextuell gruppieren lassen. In letzter Instanz wird so unter Rekurs auf Sextus' *Adversus Mathematicos* die Frage nach der ontologischen Gegebenheit wieder aufgegriffen; man müsse, wie schon in ZENON angemerkt, auch die Existenz von Gegenständen im Allgemeinen bezweifeln, wenn man die Unsicherheit derart ernstnehme.[121]

> On va si loin par leur méthode, que ceux qui en ont bien pénétré les conséquences font contraints de dire, qu'ils ne savent s'il existe quelque chose.[122]

Entgegen Bayles Beteuerungen kann dieser Geltungsbereich nicht ohne Selbstanwendung gelesen werden. Seine Steigerungsform korrespondiert deutlich mit dem Programm des *Dictionnaire* und lässt sich als Variation des Widerstreits von Geschichte und Geometrie begreifen; die Schlussformel, die das letzte Fundament ontologisch-metaphysischer Spekulation angreift, nämlich die Frage nach der bloßen Existenz, liest sich als Kommentar zur cartesianischen Formel des *ergo sum*. Seine Eigenapologie wiederholt nur nochmals die Schemata des Dialogs; so hatte schon der andere Abbé seinem Gegenüber gezeigt, wie wenig unbezweifelbar seine eigene und durchgängige Existenz gewesen sei.[123] Diesmal ohne den Rekurs auf die Theologie formuliert, wird am Horizont konsequenter Skepsis selbst dieses *fundamentum inconcussum* nur folgerichtig verabschiedet, wenn es nicht schon zuvor unter den Vorwurf der Diallele subsumiert werden konnte. Die skeptische „Methode" will deutlich

---

Kreimendahl, *Historisches und kritisches Wörterbuch*, S. 252 [Anm.]); beide Begriffe lassen sich allerdings in Bayles Diktion gleichberechtigt verwenden, was einiges über die „Universalität" des pyrrhonischen Programms sagen dürfte.

121 Bayle DHC, Bd. 4, ZENON, S. 541-542: „Je parle de quelques Cartésiens qui | [542] soutiennent publiquement, & même dans les Païs d'Inquisition, qu'on ne peut savoir que par la Foi, qu'il y ait des corps: les Sens nous trompent, disent-ils, à l'égard des qualitez de la matiere, nous devons donc nous défier de leur témoignage à l'égard des trois dimensions."

122 Bayle DHC, *Eclaircissement* III, Bd. 4, S. 642.

123 Bayle DHC, PYRRHON, Anm. (B), S. 734: „Votre ame a été créée: il faut donc qu'à chaque moment Dieu lui renouvelle l'existence; car la conservation des créatures est une création continuelle. Qui vous a dit que ce matin Dieu n'a pas laissé retomber dans le néant l'ame qu'il avoit continué de créer jusques alors, depuis le prémier moment de votre vie? Qui vous a dit qu'il n'a point créé une autre ame modifiée comme étoit la vôtre." Vgl. hierzu Brush, *Montaigne and Bayle*, S. 276. Er sieht diese Stelle als Umschlagspunkt Bayles sonst durchgehenden Annahme des *cogito* als epistemologischer Grundlage seines Denkens.

machen, was die verheerenden Folgen der skeptischen Annahmen sind; eine Darstellung, die Bayle selbst nur als derjenige leisten kann, der sie durchdrungen hat. Indem er zeigt, wie sie immer noch einen Schritt nehmen und folglich zu weit gehen, dekliniert er durch, dass der „methodische Zweifel" Descartes' diese nicht zu nehmen bereit gewesen ist – und er folglich nicht mit der tatsächlichen Methodik Pyrrhos übereinstimmen kann. Er wiederholt diesen Punkt hier, der in PYRRHON noch nur angelegt war. Bayle expliziert, was er zuvor die Abbés an Einwänden hat vorbringen lassen, und bleibt diesmal innerhalb des skeptischen Programms. Als Spott inszeniert, der die Unfähigkeit, zum Abschluss zu kommen, und das „Sich-Selbst-Verlieren" der wahren Skeptiker karikiert, soll sich auch zeigen, dass die bloß methodische Übernahme von Teilen der Skepsis inkonsequent bleibt; wer die Skepsis ernst nehme, müsse einsehen, dass diese Denkform in letzter Instanz auch auf die Abschaffung eines methodisch gesicherten *cogito* hinausläuft.

Entgegen dieser Kritik an Descartes wird das Bild der Vereinbarkeit von Skepsis und Evangelium explizit. Bayles Eigenkommentar erhellt, dass der Dialog in seiner Konzeption tatsächlich auf die Stärkung der Skepsis, nicht auf ihre Ablehnung, gezielt habe. Er sieht die Vernunftkritik im Rahmen der exzeptionellen Stellung der Offenbarung:

> Mais n'est-il pas bien scandaleux, me dira-t-on, que vous aiez rapporté sans le réfuter l'aveu que fit un Abbé, que le Pyrrhonisme trouve dans les Dogmes des Chrétiens plusieurs Argumens qui le rendent plus formidable qu'il ne l'étoit? [...] C'est pourquoi il est écrit: Je détruiray la sagesse des sages, & j'aboliray la science des sçavans. Que font devenus les Sages? Que font devenus ses Docteurs de la loy? Que font devenus ceux qui recherchent avec tant de curiosité les sciences de ce siecle? Dieu n'a-t-il pas convaincu de folie la sagesse de ce monde? Car Dieu voyant que le monde avec la sagesse humaine ne l'avoit point reconnu dans les ouvrages de la sagese divine; il lui a plu de sauver par la folie de la prédication ceux qui croiroient en luy.[124]

Der zitierende Rekurs auf den Offenbarungstext soll die noch vage Gefolgschaft der Skepsis für den Glauben deutlicher belegen – Bayle wird dazu auch wieder auf Laktanz zurückkommen.[125] Die Weisheit der Welt ist Torheit vor Gott, wie

124 Bayle DHC, *Eclaircissement* III, S. 642.

125 Bayle zitiert Jesaja 29. 14. und 33,18; sowie die obligatorische Stelle in Röm. I 16; „Car la parole de la croix est une folie pour ceux qui se perdent: mais pour ceux qui se sauvent, c'est-à-dire pour nous, elle est la vertu." Etwas später zitiert er Laktanz (Anm (12): „Lactant. Libr. IV, Cap. II, pag. m. 226.") „Aujourd'hui, tout comme au tems de Lactance, l'on peut assûrer, que la recherche de la véritable Religion se doit faire en s'adressant à la prétendue & apparente folie sous laquelle Dieu a caché les thrésors de sa sagesse. *Quid putemus suisse causoe cur tot ingeniis, totque temporibus summo siudio, & labore quoesita*

es unter Rekurs auf die einschlägige Paulus-Passage heißt, und umgekehrt sind die theologischen Wahrheiten den Philosophen nichts als Wahnsinn. Wer sich folglich als Gläubiger von einem Philosophen – etwa einem von ihnen, die die Philosophie zur Spitze treiben, einem Skeptiker – in Beunruhigung bringen lasse, sei kein wirklich Gläubiger:

> De tout ce que je viens de dire il est aisé de conclure, que l'on ne peut s'allarmer des Objections Pyrrhoniennes, sans faire paroître l'infirmité de sa Foi, & sans prendre du mauvais sens ce qu'il faloit prendre de la bonne sense. [...] Tout Chrétien qui se laisse déconcerter par les Objections des Incrédules [hier sind die Pyrrhoniker gemeint, S.G.], & qui en reçoit du scandale, a un pied dans la même fosse qu'eux.[126]

Die Skepsis wird so selbst zum Kriterium der Glaubenswahrheit, allerdings zum negativen; wer von ihr ins Wanken gebracht wird, beweist nicht die Fraglichkeit der Glaubenslehre, sondern seinen eigenen Mangel an Überzeugung – eine Übertragung dieser Faustregel auf die echauffierten Abbés aus PYRRHON ist hier mit angelegt und zeigt den Abstand an, den man zwischen ihrem Dogmatismus und dem eines reinen Glaubens annehmen kann. Skepsis ist die Erschütterung, die sich gerade zwischen der Philosophie und dem Glauben einstellt. In der Metaphorik des Schritts (*le pas*, s.o.) beschreibt sie eben das Dazwischen einer sonst unüberbrückbaren Distanz, und lässt zu, in ihrer Unvereinbarkeit mit beiden Seiten als Bindeglied zu fungieren, wenngleich nur in der Negativität, die sie auszeichnet. Als „Vorschule des Evangeliums" ist sie selbst nicht der Glauben, sondern der Entzug des Wissens;[127] von hier aus steht das Denken auf der geometrischen Mitte zwischen den Extremen.

(sapientia) non reperiretur; nisi quod eam pbilosopbi extra sines suos quoesierunt? Qui quoniam peragratis, & exploratis omnibus, nusquam nullam sapientiam comprebenderunt, & alicubi esse illam necesse est: apparet, illic potissimum esse quoerendam, ubi STULTITI titulus apparet; cujus velamento Deus, ne arcanum summi sui divini operis in propatulo esset, tbesaurum sapieniae, ac veritatis abscondit."

126 Bayle DHC, *Eclaircissement* III, S. 644.

127 Cassirer parallelisiert diese destruktive Funktion der Vernunft mit Kants Diktum Immanuel Kant, Kritik der reinen Vernunft, hrsg. Wilhelm Weischedel, Frankfurt a.M.: Suhrkamp 1995, Bd. 1, S. 33 [B XXX]: „Ich mußte also das Wissen aufheben, um zum Glauben Platz zu bekommen, und der Dogamtism der Metaphysik, d.i. das Vorurtheil, in ihr ohne Kritik der reinen Vernunft fortzukommen, ist die wahre Quelle alles der Moralität widerstreitenden Unglaubens, der jederzeit gar sehr dogmatisch ist." Vgl. Cassirer, *Philosophie der Aufklärung*, S. 592-595; Der Bezug wird – kritisch – rekapituliert bei Stephan Schmauke, *„Wohlthätigste Verirrung": Kants kosmologische Antinomien*, Würzburg: Königshausen und Neumann 2002, S. 107.

Wenn das Evangelium selbst diese absolute Separation der beiden Wissensformen und -bereiche vornimmt, kann die Skepsis, die nichts anderes tut als den Wahnsinn der Philosophie auszuweisen, doch keineswegs mit dem wahren Glauben unvereinbar sein. Vielmehr gelingt es Bayle, anhand des Rekurses auf die Offenbarung und innerhalb ihrer Logik selbst exakt den Abstand etabliert zu sehen, den er mit der Skepsis markieren will. Die Unversöhnlichkeit von Glauben und Wissen ist nicht das Ergebnis seiner Behauptungen, noch der skeptischen beidseitigen Erschütterung; sie ergibt sich schon aus der Erlösung und dem Evangelium selbst. Die Revolution des Christentums besteht in der radikalen Abkehr von der Rationalität des Heidentums – Wissenschaft und Offenbarung stehen diametral zueinander, nach dem Willen Jesu:

> Il [Jesus-Christ, S.G.] a voulu que son Evangile choquât, non seulement la Religion des Païens, mais aussi les Aphorismes de leur Sagesse; & que nonobstant ce contraste entre ses principes, & ceux du mon de, il triomphât des Gentils par le ministere d'un petit nombre d'ignorans qui n'emploioient ni l'Eloquence, ni la Dialectique, ni aucun des instrumens nécessaires à routes les autres Révolutions. Il a voulu que ses Disciples & les Sages de ce Monde fussent si diamétralement opposez, qu'ils se traitassent réciproquement de fous; il a voulu que comme son Evangile paroissoit une folie aux Philosophes, la Science de ceux-ci parût à son tour une folie aux Chrétiens.[128]

Mit diesem wohl höchsten möglichen Autoritätsargument wird die Unterscheidung, die Bayle einführen will, nicht nur unüberwindlich, sondern unmittelbar gottgewollt – es ist frappant, dass Bayle ausgerechnet hier auf die Implementierung des Korintherbriefs sowie des Buchs Kohelet verzichtet, während er sie paraphrasiert.[129] Was Christen und Heiden tatsächlich unterscheide, sei die Unfähigkeit der Überbrückung zwischen ihnen; wer auf der Seite der Gnade und der Offenbarung stehe, dem müsse zwangsläufig alles auf der gegenüberliegenden Seite der Philosophie und der Wissenschaft als bloßer Wahn vorkommen.

Entscheidend für diese distinkte Demarkationslinie zweier völlig inkommensurabler Sphären der Wahrheit sind zwei Momente, die Bayle nicht expliziert, die allerdings unweigerlich wirksam werden und die es erlauben, sein Verhältnis zum Glauben und zur Skepsis zugleich zu bestimmen.

Einerseits gibt es trotz der Radikalität der biblisch begründeten Separation ein Dazwischen, das im Herzen der Argumentation steht und von dem sich gerade zeigen sollte, wie sie – als Extrempunkt des Einen – zum Anderen

128 Bayle DHC, *Eclaircissement* III, S. 642.

129 Die Stelle Bayles spielt unmittelbar an auf 1. Kor 2,1-3,23; sowie auf die Eitelkeit in Kohelet I 2.

hinüberführt; an der Demarkationslinie dieses diametralen Gegensatzes steht eben die Skepsis, deren Apologie Bayle hier zu schreiben versucht. Hergeleitet wird dies durch ihren Charakter als „Waffe" oder Instrument, das sich unversöhnlich gegen alles wenden kann; was die Skeptiker ihrem Fragenkatalog entnehmen können, lässt sich gegen Glauben und Wissen gleichermaßen einsetzen, sie ist ihrem Wesen nach in ihrer Negativität neutral. Aber aufgrund der absoluten Disparatheit der Sphären muss sie in beiden je unterschiedliche Effekte hervorbringen; während sie auf der einen Seite mit immer neuen Einwänden die Überzeugungen erschüttert – und so idealiter, im Modus einer unabschließbaren Kritik – zur Prüfung und schließlich zur Aufgabe der philosophischen Dogmen führt, läuft sie auf der anderen dort ins Leere, wo durchaus geglaubt wird.

Anders gefasst, die beiden Bereiche weltlichen und göttlichen Wissens sind vom Zwischenraum der skeptischen Erschütterungen penibel getrennt, um sich folglich in ihnen zu berühren. Dies Skepsis stellt den äußersten Punkt dessen dar, was minimal dem Raum der Vernunft zuzuordnen wäre, und nähert sich so – um im geometrischen Bild zu bleiben – ihrem Nullpunkt an, ohne ihn jemals zu erreichen. Könnte sie diesen Nullpunkt nun überschreiten, würde sie im Negativ der Vernunft, dem Raum des Glaubens, ankommen. Die Skepsis ist der aufs Kleinste reduzierte Abstand zwischen den beiden Reichen menschlicher Erkenntnis und Erfahrung, Vernunft und Glauben; In ihrer Negativität stößt sie sich möglichst weit von der Vernunft ab, ohne aber darum schon den Schritt aus ihr heraus hinüber zum Glauben leisten zu können, den sie nur vorbereiten kann. Der unendliche Regress, der in ihrer Logik als Double der unendlichen Arbeit der Kritik angelegt ist, geht auf einen Nullpunkt des Wissens zu, von dem aus erst der Übertritt in den Glauben möglich wird. In Umkehrung ihrer Kriteriums-Funktion für den Glauben kann sie auch als Prüfstein des Wissens verstanden werden, das in dessen Abtragung mit jeder neuen Schicht des methodischen Gangs von der Sinnkritik bis zur Aufhebung des Ich mögliche Passagen vorbereitet. Skepsis führt nicht selbst zum Glauben, sondern steht außerhalb unmittelbar vor ihm; sie markiert die Grenze als äußerster Teil des Innen, den Bayle eben in dem Maße unüberwindlich fasst, wie er die Skepsis für unwiderlegbar hält. Skepsis ist für ihn keine eigene Lehre, sondern der Fluchtpunkt sämtlicher Lehren, die sie anhand ihres Mechanismus zur Probe bringt. Und kann so, als Verneinung des Wissens, der Umschlagspunkt zum Glauben sein.[130]

---

130 So irrt Hossenfelder in seiner Rezension nur zum großen Teil, wenn er bei der Verbindung von Skepsis und Glauben, wie Popkin sie bei Bayle beobachtet, von einer „Perversion der Skepsis" spricht; als Genetivus subjektivus besteht sie gerade darin, ihren Gegenstand – das

Ist dieser Zwischenraum der Extreme selbst als Extrem gefasst, ergibt sich daraus aber *andererseits* die Berechtigung der *beiden* Sphären jenseits der Skepsis; als das Dritte, das sie trennt, ist die Möglichkeit der Philosophie wie des Glaubens offengehalten, wenngleich unter der Aufsicht der trennenden Instanz des Zwischenraums. Denn das von ihr konstruierte Verhältnis zwischen Religion und Wissenschaft ist „*reziprok*" und gottgewollt. Bayle entwickelt ein unterschwelliges Argument für die Legitimität atheistischer und atheologischer Wissenschaft, ohne darum selbst schon Partei für diese zu ergreifen, und tut dies selbstverständlich nicht von ihrem, sondern vom gegenüberliegenden Standpunkt. Gott selbst hat die Reiche, die Bayle beschreibt, geschieden; so kommt über die Unterscheidung die Legitimität der Wissenschaften selbst zustande, die sich durch die Entrückung des Göttlichen vollständig von diesem emanzipieren. Aus Sicht der Gläubigen sind die heidnischen Wissenschaften gegenüber dem Glauben zwar hoffnungsloser Wahn und ausgeschlossen. In diesem Ausschluss wird die Wissenschaft aber auch als solche bewahrt. Auch dies ist Teil der Trennung, die mit dem Evangelium gesetzt wurde, und folglich Teil von Gottes Plan. Daraus speist sich auch der Überhang zum Glauben in Bayles Konzeption des *Dictionnaire*, der seinen Fideismus so plausibel macht; er argumentiert vom Standpunkt eines Heilsplans, der die Trennung verabsolutiert, selbst aber – gedacht oder angenommen als historischer Fakt – diese erst bewirkt hat. Dass es Gott gefallen hat, Glauben und Wissen unversöhnlich zu scheiden, bedeutet im selben Zug auch, dass er in der Revolution der Offenbarung diesen Widerstreit selbst erst erzeugt hat und weiter erhält. Bayle bringt die Worte des Offenbarungstextes, die das nahelegen, als Zitate. Sie zeigen die absolute Transzendenz des Göttlichen, aber darum eben auch die Eigenständigkeit und in ihrer Hinfälligkeit völlige Autarkie des Menschlichen. Was aus der Perspektive des Zwischenraums bleibt, mag die vielleicht unleistbare, aber radikal offene Möglichkeit zur Entscheidung seiner Seite sein:

> Il faut nécessairement opter entre la Philosophie & Evangile: si vous ne voulez rien croire que ce qui est évident & conforme aux notions communes, prenez la Philosophie, & quittez le Christianisme: si vous voulez croire les Mysteres incompréhensibles de la Religion, prenez le Christianisme, & quittez la Philosophie; car de posséeder ensemble l'évidence & l'incompréhensibilité, c'est ce qui

Wissen – zu verkehren; sie ist in Bayles Augen Umschlags-, nicht Endpunkt. Malte Hossenfelder, „Review: Perversion der Skepsis (Rezension zu Richard H. Popkin: ‚The High Road to Pyrrhonism')", *Philosophische Rundschau* 34 3/4 (1987), S. 214-221. Hossenfelder zeigt sich in seiner Besprechung Popkins derart irritiert von der Möglichkeit einer Indienstnahme skeptischen Denkens für den Glauben, dass man annehmen muss, er halte weder die neuen Pyrrhoniker, noch Montaigne für kompatibel mit der Skepsis in seinem sehr traditionalistischen Verständnis.

> ne se peut, la combinaison de ces deux choses n'est guere plus impossible que la combinaison des commoditez de la figure quarrée & de la figure ronde.[131]

Bayles Entkopplung geht mit einer beidseitigen Unabhängigkeitserklärung einher, die uns – direkt angesprochen – vor die Wahl stellt; wir haben das Recht auf unseren Glauben, aber im selben Zug auch auf die Philosophie, im Sinne einer notwendigen Wahl.[132] Diese Offenheit der Frage ist das Ergebnis einer *epoché*, und die Urteilsenthaltung Bayles ein Kennzeichen seines skeptischen Denkens; aber *dass* er sie offen lässt, um in direkter Leser/innenansprache das Entweder – Oder auszuführen, vor das sie uns stellt, ist ein Überschuss der Isosthenie, das auf keinerlei Beruhigung unserer Seelentätigkeit abzielt. Der Skeptiker Bayle hat in seinem Werk und im *Dictionnaire* zur Genüge gezeigt, wie fallibel der Mensch ist und wie schwer es fällt, zu glauben. Beide Optionen werden nicht affirmiert, sondern als Gegensätze eingeführt, die darum offenbleiben, weil Bayle sie nicht affirmiert hat. Er unterbricht jeden denkbaren Dialog zwischen beiden Positionen. Die Glaubenswahrheit ist in sich autark, und kann ebenso wenig auf die skeptischen Invektiven reagieren wie die Philosophie, die ihrerseits ganz ohne Glauben weiter nach der Wahrheit fragen kann. Bayle stellt den Widerspruch als unterbrochenen, weil unmöglichen Dialog dar, und weist jedem Bereich durch die Skepsis ihren Ort zu.[133] Was bleibt, wenn man die beiden derart auseinander dividiert, ist die Freiheit,

131 Bayle DHC, *Eclaircissement*, S. 644.

132 Gros zieht aus dieser Stelle ausschließlich (unter Einschluss der *Pensées*) den Schluss zur Emanzipation der Wissenschaften; Jean-Michel Gros, „L'art d'écrire dans les ‚éclaircissements' du *Dictionnaire historique et critique* de Pierre Bayle", *Revue philosophique de la France et de l'étranger*, Band 130/1 (2005), S. 21-37, hier S. 37: „Formule qui, prise en elle-même, pourrait avoir l'aval de saint Paul, mais qui, dans ce contexte d'une revendication du droit à la liberté de philosopher, prend une tout autre valeur ; elle rejoint alors la proposition dissimulée au cœur des *Pensées diverses*: seule la philosophie est susceptible de nous émanciper des superstitions."

133 Schon zuvor hatte Bayle zeigen wollen, dass die Skepsis den Glauben nicht erreichen kann; ihre Fragen erschüttern vielleicht die Wissenschaft im Grunde; aber für den Theologen sind sie einfach falsch adressiert; Bayle DHC, Bd. 4, S. 642. „Les Théologiens ne doivent point avoir honte de confesser, qu'ils ne peuvent point entrer en lice avec de tels Disputeurs, & qu'ils ne veulent point exposer à un pareil choc les Véritez Evangéliques. La nacelle de Jésus-Christ n'est point faite pour voguer sur cette mer orageuse, mais pour se tenir à l'abri de cette tempête au port de la Foi. Il a plu au Pere, au Fils, & au Saint Esprit, doivent dire les Chrétiens, de nous conduire par le chemin de la Foi, & non pas par le chemin de la Science, ou de la Dispute. Ils font nos Docteurs & nos Directeurs, nous ne saurions nous égarer sous de tels Guides; & la Raison même nous ordonne de les préférer à la direction."

Kenshur kommentiert die Passage wie folgt (Oscar Kenshur, „Pierre Bayle and the Structures of Doubt", *Eighteenth-Century Studies*, 21/3 (1988), S. 297-315, hier S. 306: „Faith is unable to contend against Pyrrhonism for the same reason that it is a refuge from its sich für eine der beiden Optionen zu entscheiden, mit allen Konsequenzen, die Bayle dieser Entscheidung geben will.

Die Unentscheidbarkeit zwischen den Polen von Atheismus und Fideismus, die sich aus seinem ständigen Entzug vor der Festschreibung ergibt, ist somit der Schlussstein von Bayles Projekt.[134] Für ihn bedeutet der langwierige Prozess einer skeptischen Befragung der Geschichte des Menschen und des Denkens vor allem eines: Diese Freiheit zu befördern. Dass man die Aufrichtigkeit seines Glaubens bezweifeln kann, macht ihn noch nicht zum Atheisten; aber ebenso wenig machen ihn seine Argumente für den Fideismus zu dessen treuem Anhänger. Unter dem Vorwurf des Atheismus geschrieben, versucht Bayle, die Trennung aus der Logik des Glaubens selbst abzuleiten und mit dem Evangelium zu etablieren,[135] im Dienste beider Seiten.[136]

So verstanden, hätte die Rezeption des *Dictionnaire* in ihrer ständigen Reproduktion der Alternative von Atheismus und Fideismus Bayles Punkt bewiesen, indem sie sich jeweils die Freiheit genommen hat, das eine zu betonen, um das andere zu vernachlässigen. Diese Freiheit speist sich aus der Freiheit, die Bayle sich innerhalb der Isosthenie nimmt; indem er die beiden Seiten des aporetisch konstruierten Modells nur anführt, ohne sie letztgültig zu vertreten, belässt er sie in der Form des bloß aufgezeigten, nicht selbst beschrittenen Wegs – er bleibt innerhalb der Isosthenie, in ihrem skeptischen Zwischenraum.

---

onslaughts. For faith and reason speak separate languages, and Christ himself did not expect them to be able to speak to one another."

134 Eine eingehendere Besprechung der Verbergungen und Finten in dieser Argumentation findet sich bei Oscar Kenshur, „Sincérité oblique chez Bayle: le scepticisme et la foi dans le Dictionnaire", in: *Pierre Bayle: la foi dans le doute*, Genf: Labor et Fides 1995, S. 31-48.

135 Bei aller Hervorhebung dieses Zwischenstadiums muss man doch einräumen, dass Bayles Konstruktion doch ein entschiedenes Opfer hat; eine natürliche Theologie wird von der Trennung verunmöglicht, und jede Versöhnung zwischen den Sphären muss ausbleiben. So beobachtet auch Harry M. Bracken, „Bayle's Attack on Natural Theology: the Case of Christian Pyrrhonism, in: *Scepticism and Irreligion in the Seventeenth and Eighteenth Centuries*, hrsg. Richard H. Popkin & Arie Johan Vanderjagt, Leiden: Brill 1993, S. 254-266; (Allerdings unter der Prämisse, dass dies sich auch gegen den Katholizismus richtet. Katholizismus, den Bayle sicherlich auch attackiert, und Natürliche Theologie stehen aber in keinem stabilen Verhältnis zu einander.)

Die Konsequenz aus dieser Verunmöglichung hat die vielleicht prominenteste Rezeption Bayles schon sehr früh gezogen. Leibniz' Variation der Natürlichen Theologie ist, in Fortsetzung des Streits um das *Neue System*, in der *Theodizee* als lange Antwort an Bayle ein Versuch, diese Trennung zurückzunehmen; die Differenz seines Gegenmodells besteht gerade darin, dass es ohne die Distanz der Skepsis einen Überschlag der Vernunft zum Glauben geben könne.

136 Eine eingehendere Besprechung der Verbergungen und Finten in dieser Argumentation findet sich bei Kenshur, „Sincérité oblique chez Bayle", S. 31-48.

KAPITEL 13

Enzyklopädie als Maskenspiel: Uneigentliches Sprechen bei Bayle

Verortungen Bayles diesseits oder jenseits dieses Zwischenraums sehen sich beständig der Infragestellung von der jeweils anderen Seite ausgesetzt, ohne sich letztgültig absichern zu können. Dieser Befund macht zwar Bayle zum idealen Vertreter einer radikalen und unberuhigten Skepsis, die am eigenen Beispiel demonstriert, wie sich die Unentscheidbarkeit umsetzt. Aber im gleichen Zug kann man nur schwer umhin, als Leser nicht den Schritt in die Ataraxie zu nehmen und zu sagen, dass es letztlich nicht darauf ankäme. Wo die Differenz offenbar nicht zur Entscheidung taugt, müsse man letztlich Bayles Selbstdarstellung als Performanz und Pädagogik skeptischen Denkens begreifen und von ihm lernen, das eigene Urteil über seine Stellung innerhalb des Diskursnetzwerkes, das er entworfen hat, zu suspendieren. Die Versuchung wäre groß, Bayles Isosthenie von Theologie und Philosophie – im Sinne von Kojèves Pessimismus am Ende der Skepsis – im Relativismus aufzulösen.

So schließt Sommer in seinem Entwurf zum Verständnis Bayles an Popkin an (und steht damit auch in Einklang mit Kojève, ohne Kenntnis von ihm zu nehmen), wenn er sich – in Abwendung der Fideismus-These aus dem ZENON – von der Verortung allgemein verabschiedet und sich der Textform zuwendet, um Bayles Beschreibung zu gewinnen. Sommer gelangt unter tatsächlicher Berücksichtigung der Formalisierungen bei Bayle zu einer Beobachtung, die an der Schnittstelle der unterschiedlichen und oft für unverträglich gehaltenen Diskurse um Bayle den zentralen Begriff seiner Wirksamkeit markieren könnte. Seine Kernthese entwickelt er an der übergreifenden Form der *Pensées*, die sich als Briefe inszenieren; diese „Fiktion des Briefs“ wird für ihn zum Modus der „Verstellung“, der verbirgt, was eigentlich gemeint war: also ein „uneigentliches Sprechen“:

> Der Brief ist als „ursprünglichste Form des literarischen Verkehrs“ mutmaßlich „die fesselloseste“ – eine Fessellosigkeit, die sich auf die Fiktion von Briefen durchaus überträgt. Das Faktum der Fiktion als solches verdient im gegebenen Fall auch mehr Beachtung, als ihm gewöhnlich zuteil wird. Denn es weist Bayle als einen Meister der Verstellung aus, der sich des uneigentlichen Sprechens mit Bravour zu bedienen versteht.[1]

1 Sommer, „Triumph“, S. 24; er zitiert Franz Overbeck, „Aus dem Briefwechsel des Augustin mit Hieronymus“, *Historische Zeitschrift* 42/6 (1879), S. 222-259.

 | DOI:10.30965/9783846766064_016

Sommer enttarnt derart Bayle „schon in seinem ersten Buch als Spezialist[en] für Fiktion und Maskenspiel".[2] Werkintern gewinnt er so eine Folie, die auch im *Dictionnaire* angelegt werden kann. Er nimmt sich eines der prominentesten Argumente vor, um die Masken fallen zu lassen; was er vorlegt, ist gerade eine Destruktion des Bayleschen Fideismus, den er aus ZENON zitiert. Unter Rekurs auf diese vielbesprochene Stelle verspricht er zu zeigen, dass entgegen einer „oberflächlichen Lektüre"[3] das vermeintliche Kippmoment vom radikalen Zweifel zum radikalen Glauben gar nicht die Verbindlichkeit für Bayle als Person habe, die man annehmen könne. Die Inszenierung im *Dictionnaire* ist vielmehr als Maskerade zu erkennen und zu interpretieren. Er zitiert zunächst:

> Il est utile de savoir qu'un Pere de l'Oratoire, aussi illustre par sa piété que par ses lumieres philosophiques, a soutenu, que la foi seule nous convainc légitimement de l'existence des corps. La Sorbonne, ni aucun autre Tribunal, ne lui a point fait d'affaires à cette occasion. Les Inquisiteurs d'Italie n'en out point fait à Mr. Fardella, qui a soutenu la même chose dans un Ouvrage imprimé. Cela doit apprendre à mes Lecteurs, qu'il ne faut pas qu'ils trouvent étrange que je fasse voir quelquefois, que sur les matieres les plus mystérieuses de l'Evangile la Raison nous met à bout, & qu'alors nous devons nous contenter pleinement des lumieres de la Foi.[4]

Sommers Destruktion der fideistischen Lesart operiert mit den Vermittlungsinstanzen, die hier angeführt werden und die die Gleichsetzung von Gegenstand und Überzeugung infrage stellen. Der angesprochene Geistliche, den er leicht mit Malebranche identifiziert,[5] wird neben Fardella und der Sorbonne von Bayle in der Debatte des Cartesianismus über die Realität der Materie, die mit den Mitteln der Vernunft selbst nicht zu beweisen sei, angeführt. Am Ende einer längeren Liste von Beispielen für diese Debatte verweist Bayle also auf zwei paradigmatische katholische Institutionen, die zeigen sollen, dass der Mangel der Vernunft, innerhalb des gegebenen axiomatischen Systems einen tatsächlichen Beweis für die Wirklichkeit äußerer Gegenstände zu geben, für den Glauben keiner ist; mit Malebranche kann man, wie Bayle weiter oben

2 Ebd., S. 25.

3 Stellvertretend für diese mangelhafte Lektüre verweist er auf Paul Dibon, „Redecouverte de Bayle", in: *Pierre Bayle. Le philosophe de Rotterdam. Emdes et documents*, hrsg. derss., Amsterdam/London (u.a.): Elsevier 1959, S. VII-XVII, hier S. VIII.

4 Bayle, DHC, ZENON, (H), S. 543. Sommer verlegt die Stelle fälschlich auf Anm. (FF).

5 Sommers Enttarnung trägt zur Klärung der Stelle nicht viel bei, da die gesamte Darstellung in (H) sich ausdrücklich auf Malebranche bezieht. Es ist zwar thematisch naheliegend, aber wenig plausibel, warum Bayle ihn nach mehrfacher Nennung zuvor nun als Beifügung unkenntlich machen sollte.

zitiert, an deren Existenz durchaus glauben, auch wenn der Beweis der Vernunft bisher noch mangelhaft bleibt.[6]

Sommers Einsicht darin, dass es hier gar nicht um einen Beweis, sondern schlicht um die Anführung von Scheinargumenten geht, ist zutreffend, aber nur für eine Lektüre überraschend, die einen solchen affirmativen Beweis erwartet hätte. Wer annimmt, dass Bayle in dieser Liste von möglichen Argumenten für den Beweis der Materie durch die Vernunft seinerseits beweisen wolle, missversteht den Anspruch von (H), und damit den eigentlich uneigentlichen Charakter des Verfahrens, das nur zitativ zu sein vorgibt. In der Rekonstruktion der Debatte um den Beweis der extramentalen Körper organisiert oder reproduziert er vielmehr einen Streit, an dem er selbst gar nicht beteiligt ist, nämlich denjenigen zwischen Malebranche und Arnauld.[7] In der Position des unbeteiligten Beobachters sammelt Bayle unterschiedliche Momente aus dieser Debatte um das Verhältnis von Glauben und Metaphysik, ohne in ihm bereits Partei zu ergreifen.

Trotz der Beschränkung auf den Zusatz im *Dictionnaire* entgeht Sommer keineswegs die Technik der Gegenüberstellung in (H); er beobachtet selbst ganz zurecht, dass Bayle Autoritäten *als* Autoritäten anführt, ohne ihnen darum schon Glauben zu schenken, und ferner, dass sein Zugeständnis an Malebranches These nicht mit dessen Bestätigung ineins fällt. Aber die Einfassung in den größeren Zusammenhang legt offen, dass nicht nur dort, wo Sommer sie beobachtet, sondern im gesamten Kommentar dasselbe Maskenspiel am Werk ist; weder hier, noch zuvor hat Bayle eigentlich und für sich selbst gesprochen.

So verstanden, könnte man an der oben wiedergegebenen Stelle fast eine tatsächliche Parteinahme Bayles erkennen, der seine eigene Position am Ende

---

6 Bayle, DHC, ZENON, (H), S. 543: „*Je croi,* continue-t-il, *qu'il y a des corps,* mais *je le croi comme bien* prouvé & *mal* démontré. *Je le croi même comme* démontré, *mais en supposant la foi.*" Nicht nur anhand dieses Zitats, sondern auch über den intratextuellen Verweis auf die selbe Diskussion im PYRRHON wird die Fortsetzung desselben Problemaufzugs mit anderen Mitteln von Bayle deutlich makriert; er vermerkt so ebd.: „ne bonne partie des choses, que j'ai insérées dans cette Remarque, peut servir de Suplément à un autre endroit de ce Dictionaire" und merkt an (Anm. 104): „À la remarque (B) de l'Article PYRRHON."

7 Wir können die Debatte hier nicht vollständig rekapitulieren; Bayles aktuelle Rekonstruktion folgt vor allem den jüngeren Veröffentlichungen der 1680er, namentlich Malebranches *Traité de la nature et de la grace* von 1680 und Arnaulds Antwort von 1683 *Des vraies et des fausses idées*; vgl. etwa Tad M. Schmaltz, „Nicolas Malebranche" in: *A Companion to Early Modern Philosophy,* hrsg. Steven Nadler, Malden (Mass.): Blackwell 2002, S. 152-166; Gianni Paganini, *Skepsis: le débat des modernes sur le scepticisme; Montaigne, Le Vayer, Campanella, Hobbes, Descartes, Bayle,* Paris: Vrin 2008, hier Kap. 6, Unterkapitel: „Le contexte post-cartésien: Bayle et le débat entre Malebranche et Arnauld sur l'existence des corps", S. 371-379.

der Kaskade von Zitaten mitanführt. Ohne Anschluss an eine der Positionen erlaubt ihm die Rahmung, seinen eigenen Fideismus ins Verhältnis zu setzen. Anstelle eines Autoritätenarguments, das Sommer zurecht ausschließt, steht ein komparatives: Indem Bayle mit den Beispielen des Zitats auf andere Texte verwiesen hat, demonstriert er, dass der Rückzug auf den Glauben nach dem Scheitern der Vernunft, den auch er „gelegentlich" propagiere, auch bei anderen Autoren statthabe und folglich bei ihm so berechtigt sei wie bei anderen. Bayle betont lediglich diese Parallele zwischen seiner und Malebranches bzw. Fardellas Haltung, und Sommer bemerkt, dass er damit keine Gleichsetzung anstrebt. Der Leser solle lediglich bemerken, – dazu ist die Stelle nützlich (*utile*) gewesen – dass fideistische Argumente also keineswegs völlig befremdlich (*étrange*) sind.

Die Logik des „uneigentlichen Sprechens", die Sommer seiner Lektüre als Titel voranstellt, ist keine der einfachen Umkehrungen. Ob man von Ironie oder von „Maskenspiel" spricht, eine einfache Demaskierung als Entlarvung, die hinter der vorgeblichen Position die eigentliche entdecken kann, greift zu kurz. Man kann mit dem hier auffindbaren Material lediglich zeigen, dass Bayles Position aus ihr nicht ausreichend rekonstruiert werden kann. Der Schluss von seiner Inszenierung als Fideist auf das exakte Gegenteil, eine Verabschiedung fideistischer Tendenzen, widerspräche nicht nur den vergleichbaren Stellen, an denen Bayle sich auf die Allein- und Sonderstellung des Glaubens beruft. Auch in ZENON (H) selbst bleibt die Zuordnung letztlich offen; die Verbindung zum Fideismus ist weder gekappt, noch wirklich geknüpft. Auch, wenn sie fällt, bleibt der Raum hinter der Maske leer. Der „aufmerksame Leser"[8] Sommer sieht das ebenso, wenn er resümiert, dass der kritische und aufklärerische Gewinn von Bayles Demonstration die „tatsächliche" Pointe der Stelle markiere.[9] Damit plädiert er für eine zugleich performative und offene Lektüre des *Dictionnaire* jenseits des Versuchs, seinen Autor eindeutig zu verorten:

> Die ganze, alle Aufmerksamkeit absorbierende Debatte um Bayles konfessionelle Bindung verkennt die mitunter heitere, mitunter sarkastische Verschmitztheit seines Schreibens. Wer ihn auf propositionale Offenbarungswahrheiten, aufs Bierernste zurückbuchstabieren will, hat in die (offenbarungs)wahrheitsneutralisierende Struktur des *Dictionnaire* wenig Einsicht gewonnen.[10]

---

8 So nennt Sommer sein eigenes Verfahren; Sommer, „Triumph", S. 26.

9 ebd.: „Was Bayle mit dem scheinbaren Bekenntnis zum Fideismus hier tatsächlich vorführt, ist, wie leicht man als Leser einer Scheinargumentation zum Opfer fällt."

10 Ebd., S. 27.

Sommers Einklage der Beachtung des formalen wie performativen Modus, in dem Bayle in seinen Anmerkungen operiert, kann nur vorbehaltlos zugestimmt werden, und die „Rückbuchstabierung“ darf nicht dazu führen, vom uneigentlichen zum eigentlichen Sprechen und zum „Bierernst“ der Propositionen zurückkehren zu wollen. Seine Lektüre der Stelle schließt mit der Pointe, die er aus der Schmittschen These gewinnt, die schon eingangs als Beschreibung der Wirkweise skeptischen Denkens in der frühen Neuzeit erwähnt wurde; Bayles Maskenspiel ist strukturell Teil der Neutralisierungen der Wahrheit und der Offenbarung. Sein Ich ist darum uneigentlich, weil es ihm um die Aufhebung der Theologie und der Metaphysik gehe.

> Der *Dictionnaire historique et critique* aspiriert nicht darauf, Selbstbekenntnisse abzulegen; sein „je“ ist eine auf dem Spielbrett der Neutralisierung vorgeblicher Wahrheiten strategisch verwendete Figur, oft genug auch nur ein zielsicher positionierter Pappkamerad. [...] [Diese Beobachtung] beschreibt nur, wie das funktioniert, was der Dictionnaire tut: *Neutralisierung des Theologischen und des Metaphysischen mittels pyrrhonistischer Isosthenie*.[11]

Handelt es sich aber um Neutralisierung, also um die Auflösung der Wahrheit, wenn diese nur entschuldigend und vergleichend und unter Bezug auf die Fülle von Autoritäten angeführt wird? Nimmt man an, dass Bayle sie nur zitiert hat, rückt dasjenige, was er von Malebranche und Arnauld, ebenso wie von Descartes oder schließlich Zenon, übernommen hat, in den Status der *vérité empruntée*, der entlehnten, aber darum noch nicht neutralisierten Wahrheit. Der Umstand, dass er sie nur uneigentlich angefügt hat und zudem – wie Sommer auslässt – mit ihrem Widerpart in Reibung gebracht hat, ist in sich selbst noch keine Auflösung weder der Wahrheiten im Plural, die sich in den Reservaten ihrer Anführungszeichen gegen die Angriffe aus dem Nachbarreservat immun zeigen, noch der Wahrheit im Singular, die eben nicht in der Proposition, sondern in der Anführung besteht; man braucht sie überhaupt nicht „zurückzubuchstabieren“, weil man sie dank des Marginalienappartas zurückführen kann.

---

11 Ebd., S. 11, unter Rekurs auf Carl Schmitt, „Das Zeitalter der Neutralisierungen und Entpolitisierungen“, in: Der *Begriff des Politischen. Text von 1932 mit einem Vorwort und drei Corollarien*, Berlin 1996, S. 79-95. Bei Schmitt ist von Isosthenie in diesem Text allerdings nirgends die Rede; seine Kritik an der vermeintlichen Neutralität der Technik und ihres Fortschritts mag als Applikation auf den Streit um das cartesianisch-mechanistische Weltbild sicher erhellend sein. Sommers Konstruktion, die Neutralisierungs-Tendenz aus diesem Zusammenhang zu lösen und auf Bayles Agenda anzuwenden, scheint mir allerdings nicht tragfähig zu sein.

Die beobachtete Neutralität kann folglich nicht die Auflösung des Widersprüchlichen sein. Dieses bleibt katalogisiert erhalten und zitativ als je einzelne Position gekennzeichnet, ohne dass es Bayle darum ginge, in der Beobachtung des wechselseitigen Ausschlusses schon dessen reductio ad absurdum zu erkennen. Gerade darin unterscheidet er sich deutlich von orthodoxeren Pyrrhonikern wie Sanchez, für den die Eitelkeit der Wissenschaften in der Abfolge ihrer Teile den dogmatischen Satz der Unwissbarkeit der Dinge ergibt. Derart ‚neutralisiert' geht es bei Bayles Übernahmen nicht zu. Sie sind vielmehr offen gehalten durch ihre interne Spannung und werden zur Erweiterung freigehalten. Die Diskussion, die sich aus den Missverhältnissen, die Bayle reinszeniert, bis heute speist und immer neue Verortungen vorzuschlagen versteht, zeigt, dass die Neutralisierung der Wahrheit nicht letztgültig gewesen sein kann, und dass vielmehr der *Dictionnaire* die Konservierung der Unwahrheit betrieben hat. Als Schwundstufe des großen *Dictionnaire des fautes* kein überraschendes Fazit der Lektüre – Bayles Geschichte der Fehler bewahrt sie im selben Zug, in dem sie sie attackiert.

Was hier eigentlich aufgelöst wurde, ist eben die Position eines identifizierbaren Ich; und dies ist nicht das historisch-biographische, sondern das historiographische oder das Subjekt der Geschichtsschreibung. Das „dialogische" Denken Bayles nimmt sich die Freiheit der Textualität zum Ausgangspunkt der Auflösung und Neutralisierung der eigenen Position, die hinter der Fülle der Überlieferung und Irrtümer zurückgetreten ist; eine skeptische Durchsicht ohne Ende und ohne zur Ruhe zu kommen, „ohne die Zusammenführung der jeweils eingenommenen Perspektiven zu einem höheren, einheitlichen Standpunkt auch nur zu beabsichtigen".[12] Isosthenie ohne Ataraxie.[13]

---

12 Gawlick & Kreimendahl, „Einleitung", in: *Historisches und kritisches Wörterbuch*, S. XXVIII, mit Verweis auf Lennon, *Reading Bayle* (ohne eine spezifische Stelle anzugeben): „Vielleicht müsse man, wie Thomas M. Lennon jüngst versichert hat, Bayle als einen dialogisch denkenden und schreibenden Philosophen verstehen, der die Dialogpartner, d.h. die von ihm behandelten Philosophen, jeweils für sich sprechen läßt, ohne die Zusammenführung der jeweils eingenommenen Perspektiven zu einem höheren, einheitlichen Standpunkt auch nur zu beabsichtigen. Bayle steuere diese Dialoge nicht eigentlich, sondern lasse ihrer in der Sache begründeten Eigendynamik freien Lauf mit dem Ergebnis, daß es keine definitiven Sieger oder Verlierer in den Auseinandersetzungen gebe."

13 Oscar Kenshur, „Pierre Bayle and the Structures of Doubt", *Eighteenth-Century Studies* 21/3 (1988), S. 297-315, hier S. 301: „Bayle clearly portrays Pyrrhonism as a highly rigorous mode of inquiry, a search for truth, and seems to see the equipollence of pro and con not as definitive, but as a spur to further inquiry. Meanwhile he leaves out of account any subsequent ataraxia, and in leaving out the ethical goal of quietude, he may be seen to eliminate the need for an end to the process of doubt-whether in the form of an explicit

Um diese Stillstellung der Widersprüche zu vermeiden und die Ataraxie zu verunmöglichen, braucht Bayle den „Pappkamerad" des Ich als Sammlungspunkt und Exemplum für den historiographischen Diskurs, der – der Logik der gleichen Rechte im Krieg aller gegen aller entsprechend – nur die Position des Kritikers vorführt, ohne sein Abbild zu sein. Seine Präsenz im Text ist instruktiv die Anzeige eines Ego, das nur im Modus des uneigentlichen Sprechens verfährt.[14]

Pierre Bayle hat keinen anderen Text unter seinem Namen veröffentlicht; nur der *Dictionnaire* trägt seine Unterschrift. Das Vorwort kommentiert diese Ausnahme seiner Regel eingehend; mit seiner Unterschrift unterwirft Bayle seine Kompilation dem Wunsch der „souveränen Autorität", die ihn dazu veranlasst hat, mit seiner Gepflogenheit zu brechen und „blindlings zu gehorchen":

> Les médisans ne m'en croiront point; ils se persuaderont que mes scrupules étoient fondez sur le peu d'honneur que l'on aquiert en paroissant à la tête d'un gros Ouvrage de Compilation, qu'ils appelleront *Egout de Recueils, Rhapsodie de Copiste*, &c. De tous les emplois, diront-ils, que l'on puisse avoir dans la République des Lettres, il n'y en a point de plus méprisable que celui des Compilateurs: ils sont les porte-faix des grands Hommes. [...] Mais les métiers les plus vils ne sont-ils pas nécessaires? & l'utilité qu'ils apportent les tire-t-elle de leur bassesse? Il y a donc plus de vanité que de modestie, à ne vouloir point passer pour un Auteur porte-faix, & à vouloir sortir de la Classe des Ecrivains, dont les Productions ne sont pas tant un travail d'esprit qu'un travail de corps, & qui portent leur cervelle sur leurs épaules. Les médisans croiront ce qu'il leur plaira; ce n'est point contre eux qu'il faut raisonner: je dirai donc seulement que ce n'est point par -- xi -- inconstance, mais pour obéir à l'Autorité souveraine, que je fais ce que j'ai dit si souvent que je ne voulois point faire. On a trouvé à propos, pour appaiser le différend de quelques Libraires, que je me nommasse. Sans cela, le Sieur Reinier Leers n'eût pu obtenir le Privilege dont il avoit, à ce qu'il a cru, un besoin indispensable. J'obéïs donc aveuglément. Je n'aurois donc point à craindre le Tribunal même du redoutable Caton le Censeur.[15]

---

affirmation that knowledge is unattainable, or that of an implicit affirmation about the evidentiary structure of the universe."

14 Lennons Lesart zeigt die Drastik dieses modifizierten *Ego* mit einer überraschenden Parallele auf: Lennon, *Reading Bayle*, S. 18: „Bayle is indeed present in his texts, but in a special way that distinguishes him from, not just the Cartesians, but virtually all other philosophers. He is there as God is in the Bible, both as author and as character." Abgesehen davon, dass Gott nicht unbedingt als „Autor" des biblischen Texts angesehen werden kann, zeigt sich in der doppelten Funktion der Anwesenheit Bayle in seinem Text eine interessante Möglichkeit, sein Autor-Ich im *Dictionnaire* in Spannung zur Einfachheit des cartesianischen Ego zu sehen.

15 Bayle, DHC, *Preface*, S. X-XI.

Bei aller Ironie dieser Stelle bekennt sich Bayle zu seinem Werk. Scheinbar aus Gehorsam und unter dem Druck externer Instanzen – seines Verlegers – hat er sich dazu durchgerungen, sich gegen seinen Willen doch zu nennen. Er verbindet diese Ausnahme mit der Gattungsbestimmung des *Dictionnaire* als Kompilation. Den Namen aus Eitelkeit vor seine *travail du corps* zu setzen, kann man ihm nicht vorwerfen, weil mit einem kompilativen Werk ohnehin kein Ruhm zu erheischen sei. Die wahre Eitelkeit bestünde in diesem Fall darin, den Namen zu unterdrücken, um nicht auf diese Form der literarischen Fleißarbeit reduziert zu werden, als „Last-Träger" der richtigen Autoren. Hier kann Bayle leichthin unterzeichnen, insofern damit keine Subjektivität investiert wird: Der Name auf dem *Dictionnaire* wird geradezu zum Garanten dessen Objektivität.[16]

So verstanden wird die Autorinstanz von der gewählten Gattung selbst – der Kompilation eines *Dictionnaire*, die er selbst schon andernorts entlehnt hat – bereits neutralisiert. Die Beschränkung auf die Rolle des Sammlers relevanter Passagen spricht ihn von der Verantwortung für deren Anführung frei. Das Ich ist dementsprechend bereits keine Instanz der Eigentlichkeit, sondern die Klammer für einen Diskurs, der unter dem Vorbehalt der *Histoire* gesammelt wurde. Das Ego dieses Diskurses versteht sich selbst nicht als Urheber, sondern als Transporteur dessen, was es zeigen will. Bayles Sprechen steht unter Vorbehalt, und kann deshalb auch nicht als seine eigentliche Überzeugung verstanden werden. Seine Signatur des Buches korrespondiert also mit dem Verständnis der Kompilation. Im Greifen ihres Gattungsvertrages wird alles, was auf das Vorwort folgt, in den Zwischenraum unsichtbarer Anführungszeichen gesetzt. Sie sind seine juridische Versicherung vor dem Tribunal der *République des Lettres*. Selbst vor Cato, den er mit Plutarch anführt, kann er sich jederzeit unter Berufung auf diese *Excusatio* vom Gesagten wieder distanzieren. Was dieser Schreibstrategie ihr Wesen gibt, ist ihre Uneigentlichkeit.

Sommer wird, auch wenn er ihn nicht erwähnt, an de Man gedacht haben, wenn er Bayles „Maskenspiel" hervorhebt. Der Zugriff auf seine Theorie der Autobiographie erlaubt tatsächlich eine Beschreibung der Situation, die entsteht, indem Bayle hier mit seiner Anonymität bricht. So kritisiert de Man Lejeunes Annahmen zum Gattungsvertrag qua Unterschrift wie folgt:

---

16 So nimmt stellvertretend Brush die Differenz in der Autorenposition zwischen Subjektivität und Objektivität als Markierung der Diskontinuität Bayles und Montaignes; Brush, *Montaigne and Bayle*, S. 250-251.

> Der Leser wird von einer Figur, in der sich der Autor spiegelt, zu einem mit Polizeigewalt versehenen Richter, der die *Authentizität* der Unterschrift verifiziert und beurteilt, wie es mit der Konsequenz im Verhalten des Unterzeichners bestellt ist, inwiefern er die von ihm unterschriebene vertragliche Übereinkunft respektiert oder verletzt. Hier muß entschieden werden, wer die transzendentale Autorität besitzt, der Autor oder der Leser, beziehungsweise (was auf das gleiche herausläuft) der Autor *von* dem Text oder der Autor *in* dem Text, der seinen Namen trägt.[17]

Bayles Selbstpositionierung ist gerade in Hinblick auf diese Unentschiedenheit der Autorität hin richtig als Maskenspiel zu verstehen; die Provokation, den Text seines kompilierten Wörterbuchs mit seiner Person zu verbinden, besteht gerade darin, dass er diese Person als Autor mit beschränkter Haftung einführt. Die negative Isosthenie, die den *Dictionnaire* durchziehen soll, überträgt diese Leerstelle auf jeden der dargestellten Streitfälle, und rückt damit deren widerstreitende Parteien in den Zustand der Unabgeschlossenheit und Unentscheidbarkeit. Bayles zitative oder skeptische Poetik würde gerade daran scheitern, die Ambivalenz der Isosthenien in der dargestellten Geschichte zu fassen, wenn ihr Autor letztlich auf eine authentische Position zurückzuführen wäre. Die Frage, die er anhand der völlig unzuverlässigen Instanz seines Schreibens an sein Publikum – die kriegstreibende *République* – zurückgibt, ist diejenige nach der Autorität des Autors. Im Modus der Kompilation bleibt diese dem Text vorgelagert, sie speist sich aus den ständig mit angegebenen Quellen. Bayles Neutralität oder Überparteilichkeit ist nicht Bedingung, sondern Ergebnis dieses Schreibens. Hinter seiner Dialogizität verliert er den Anspruch auf eigene Autorität.[18] Von dieser ist es nur ein Schritt, den das Publikum zu leisten hätte, um auch die Autorität der übernommenen Passagen infrage zu stellen. Es ist das Zitat, als *faktische* Rückführung auf die Worte anderer,

---

17 de Man, „Autobiographie als Maskenspiel", S. 135-136.

18 Gawlick und Kreimendahl sehen in Balye nicht nur „einen dialogisch denkenden und schreibenden Philosophen" („Einleitung", S. XXVIII, s.o.). Sie stellen zugleich fest, dass man Bayle als „Atheisten, Deisten, Fideisten oder Skeptiker, als Calvinisten, Sozinianer oder Manichäer, als rationalistischen Theologen, Materialisten, als Aufklärer oder Apologeten religiöser Toleranz" verstanden hätte (ebd., S. XXIX). Siehe auch Bizeuls Fazit zur Kometenschrift, in der bereits die Ambiguität des Autors zu erkennen sei. Er schreibt unter Rekurs auf die Einführung Gawlicks und Kreimendahls: Bizeul, „Pierre Bayles Kritik des Aberglaubens und Plädoyer für die Toleranz", S. 207: „Bayle ist ein komplexer Denker und Protestant, der kein in sich geschlossenes Denksystem entworfen hat. Er wusste nur zu gut, dass der Mensch in seinem Inneren hin- und hergerissen ist: Er wolle weder eine Fremdbestimmung durch Religion und Politik noch eine völlige Willkür, weder ganz Sklave noch völlig frei sein."

das in der Neutralisierung des Ich die Neutralisierung der Anderen erreicht. Bayle positioniert sich zwischen seinen Zitaten, und stellt diese bereitwillig als Material für die Urteilskraft neue Öffentlichkeit zur Verfügung. Die eigentliche Lektüre findet bei ihnen, und später, statt. Der Fortschritt, an den Bayle denkt, geht in die gewünschte Rezeption des *Dictionnaire* über.

KAPITEL 14

Ausblick: Vorsicht im Zitieren

Cassirer stimmt zeitgleich mit Marx und Dilthey überein, wenn er den *Dictionnaire* zur „Rüstkammer der Aufklärung" erklärt[1] – die Inhalte, die Bayle versammelt hat, werden für ihn wie für seine Vorgänger zum Arsenal von Invektiven und Techniken, die im Dienste der aufkommenden Aufklärung stehen. Dieser Befund ist ganz richtig, lässt aber in der Bildlichkeit den Eindruck entstehen, dass Bayle selbst sich diesen Zweck im Verständnis seiner Leser/innen gesetzt habe und die Menge an Materialien als Munition für die Zukunft verstanden habe. Waffen sind allerdings zuvörderst Mittel, die sich bei feindlicher Übernahme ebenso gegen den Besitzer wenden können; ohne mit zweischneidigen Schwertern und bedenklichen Ladehemmungen die Metapher der Bayle-Rezeption zu überreizen zu wollen, sollte nur festgehalten werden, dass diese Waffenkammer erst dann genutzt werden konnte, als jemand den Schlüssel zu ihr fand und sich das Geschütz aneignen konnte, das für seine Zwecke dienlich war. Der *Dictionnaire* bietet sich in den Ambivalenzen und Isosthenien, die er zusammenträgt, viel eher als Pulverfass an, dessen Sprengkraft der bereits beginnenden Entwicklungen das Feld bereitet haben mag. Die Parteinahme Bayles, der sicher den *lumières* offen entgegensah, hat ihn nicht dazu geführt, nur eine Seite zu beliefern; seine Radikalität und die Gefahr, die von seinem Spätwerk ausgeht, mag vielleicht genau darin bestehen, dass er sich eine virtuelle Zwischenposition erschrieben hat, die Neue Philosophen wie traditionelle, Calvinisten und Reformierte wie Katholiken, Historiker wie Metaphysiker in Verunsicherung versetzt hat. Sein Ruhm als Autor des „einzigen ‚Wörterbuchs', das ein philosophischer Klassiker geworden ist", kommt vielleicht daher, dass noch dieses Wörterbuch bei seiner Nennung in einer Neuausgabe nur in Anführungszeichen zu setzen ist.[2]

Bayle selbst hat ein anderes Bild, eine andere Kammer gefunden, um diesem „Wörterbuch" seine Funktion zuzuweisen. Im *Projet* schreibt er abschließend gänzlich unmartialisch und in der Form eines fiktiven Zitats:

1 Cassirer, *Philosophie der Aufklärung*, S. 222. (Die Formulierung geht zurück auf Wilhelm Dilthey, *Grundriß der allgemeinen Geschichte der Philosophie*, hrsg. Hans-Georg Gadamer, Frankfurt a.M.: Klostermann 1949, S. 178.) Marx hatten wir bereits in dieser Richtung zitiert (s.o.), der von Bayles Position allgemein als „Waffe" spricht. Vgl. ferner Gawlick & Kreimendahl, „Einleitung", S. X.

2 Vgl. ferner Gawlick & Kreimendahl, „Einleitung", S. IX; sie verwenden doppelte Anführungszeichen.

© WILHELM FINK VERLAG, 2021 | DOI:10.30965/9783846766064_017

> Que faire donc, Monsieur, pour ôter tous ces sujets de défiance, y aiant un si grand nombre de Livres qui n'ont jamais été réfutez, & un si grand nombre de Lecteurs qui n'ont pas les livres où est contenue la suite des Disputes Litéraires? Ne seroit-il pas à souhaiter qu'il y eût au monde un Dictionaire Critique auquel on pût avoir recours, pour être assûré si ce que l'on trouve dans les autres Dictionaires, & dans toute sorte d'autres Livres, est véritable? Ce seroit la pierre de touche des autres Livres, & vous connoissez un homme un peu précieux dans son langage, qui ne manqueroit pas d'appeller l'Ouvrage en question, *La Chambre des Assûrances de la République des Lettres*.[3]

Bayle spielt damit an auf die Einführung der *Chambre des Assurances* von Jean-Baptiste Colbert, die seit 1686 als Versicherungsanstalt Frankreichs fungierte und sich vor allem durch die Absicherung beweglicher Handelsgüter auf Meerwegen konstituierte.[4] Sein *Dictionnaire* sei die Versicherungsanstalt eines anderen Staats, der Gelehrtenrepublik, und könne beständig als Prüfstein für die Debatten dieses freien, aber streiterfüllten virtuellen Staates zu Rate gezogen werden. Als Meta-Wörterbuch steht es so in unhintergehbarem Bezug zum Intertext der anderen Wörterbücher, mit denen gemeinsam es den Raum des literarischen Streits formt, um überparteilich die Wahrhaftigkeit der anderen der Kritik zu unterziehen. Sein Wörterbuch ist die „Versicherungsanstalt" dieser Republik, weil in ihm die Kreditwürdigkeit und die Zuverlässigkeit der anderen Texte verzeichnet wird. Diese bürokratische, nicht kriegerische Metapher stärkt den Eindruck Bayles als un- oder überparteilichem Sachverwalter und distanziertem Kritiker, der mehr Chronist als Teilnehmer sein will. Darin liegt der Versicherungs-Gedanke der Überprüfbarkeit, der vom *Projet* bis zum Vorwort dem *Dictionnaire* seine Aufgabe zuweist. Wo das verlässliche Wahrheitskriterium fehlt, bietet dieses Buch den „Stein des Anstoßes" oder „Prüfstein" der literarischen Kommunikation, und steht damit in untrennbarer Korrespondenz zu den anderen Publikationen und zur lesenden Öffentlichkeit. Als Versicherungskammer dient das Register der Irrtümer und die Kritik der Historiographie den Bürgerinnen und Bürgern der Gelehrtenrepublik als verlässliche Bezugsquelle, um sich der Richtigkeit anderer Aussagen zu versichern. Bayles Kompilation gerät so in die Stellung eines historischen Minimalkanons, der als Gründungsdokument dieses Staates

---

3 Bayle, DHC, *Projet*, S. 608. [Hervorhebung im Original]

4 Vgl. Jean-Marie Thiveaud, „La naissance des assurances maritimes et Colbert", *Revue d'économie financière* 88/4 (1988), S. 151-156; Colbert hatte zunächst (1668) Anteil an der Entstehung einer Versicherungsgesellschaft für Handelswaren im „transports maritim"; unmittelbar vor dem Erscheinen des *Dictionnaire* bzw. des *Projet* war in der Folge eine allgemeine Kammer als Anstalt für Versicherungen in Frankreich etabliert worden.

fungieren kann; seine Akribie der Zitation wird zur Berufungsinstanz, die das Recht zu zitieren, das Recht auf Gebrauch der Texte anderer, fundieren soll.

Fasst man diese Versicherungsanstalt bildlicher, wird in ihr auch die Dienstbarkeit dieses Buches selbst konturiert, was der Metapher der Waffenkammer nähersteht. Der *Dictionnaire* verhält sich zu seinen Inhalten wie eine Versicherung zum versicherten Gegenstand, dessen Wert sie überprüft und verzeichnet, um ihn im Ernstfall zu erstatten. Versicherungen sind Risiko-Geschäfte, die unter Vorbehalt für Ausfälle und Verluste einstehen, vorausgesetzt, der entsprechende Ernstfall tritt ein. So verstanden, verhält sich Bayle zu den Werten, die er verwaltet, im Modus eines Verzeichnisses der Interessen und Investments anderer, auf die sich diese bei Bedarf beziehen können. Wie sein Staat, ist auch diese Versicherung nur virtuell; ihre Einlösung als faktische Nutzung obliegt nicht dem Buch, sondern einer kommenden Leserschaft, die sich der Angebote des *Dictionnaire* bedient. Seine Kritik will selbst nicht verwerfen, sondern überprüfen, und setzt so erst fest, welche Werte auf dem Spiel stehen; am deutlichsten ablesbar ist dies an der Konkurrenz von Vernunft und Glauben, die sich gegenseitig aufzuheben scheinen, wenn sie in Berührung gebracht werden. Der Cartesianismus wird sich verändern müssen, wenn er letztlich mit dem Glauben vereinbar bleiben will; das religiöse Dogma kann hingegen nicht unter der Voraussetzung der neuen Metaphysik unbeschadet bleiben und muss sich vor dessen Bedrohung schützen lernen. Ohne selbst einen dieser Schritte zu gehen, zeichnet Bayle sie doch in ihren Konsequenzen vor; innerhalb des Fortschrittsnarrativs der Gelehrtenrepublik weist er auf, wie sich die Risiken und Chancen entwickeln. Indem er mit den Worten anderer operiert, zeigt er – zugespitzt formuliert – im uneigentlichen Sprechen auf, was eigentlich auf dem Spiel steht. Der *Dictionnaire* führt seiner Leserschaft die Optionen vor Augen, die sie zukünftig ergreifen können, ohne darum schon über diese Zukunft zu entscheiden.

Diese Öffnung und dieser Aufschub im Schreiben und Denken Bayles kann als Fortsetzung und Übertragung des Register-Gedankens bei Montaigne begriffen werden, der hier mit anderen Mitteln fortgesetzt wird. Wo Montaignes Protokoll dem Schwanken seiner selbst eine Spur im Textuellen liefert, wendet Bayle den Blick auf die Geschichte, die bei ihm nur darum endet, um in der Lektüre fortgesetzt zu werden. Das Hausbuch Montaignes in seiner privaten Ökonomie wird überführt in die Policen einer sich wandelnden Öffentlichkeit, die sich mit Bayles Buch auf Inhalt, mehr noch aber auf die Form und Funktion der Kritik wird berufen können. Montaigne hat versucht, dem beständigen Wandel an der eigenen Person ein Bild zu geben, und dies in den changierenden Versuchen in immer neuen Ansätzen gewonnen. Seine Passagen des Ich sind Vorbilder für eine Selbstkritik, die die Kontinuität und Beständigkeit der eigenen Überzeugungen infrage stellen soll. Für Bayle werden in derselben Varianz seiner Abbildung die Risiken der Überlieferung zu Passagen, die aufzeigen, dass die Geschichte weder in sich, noch nach vorne hin abgeschlossen ist, sondern im gleichen Maße fortschreiten wie sich im Widerstreit halten wird. Sicher ist nur, dass sie weitergeht und offenbleibt: Die Einsicht in ihre Fehlbarkeit ist zugleich die Einsicht in ihre Veränderbarkeit, die von der Kritik ermöglicht wird. Wer einsieht, dass die Ideen nicht darum, weil sie alt sind, verbindlich sind, der sieht zugleich, dass ihre Revision und Überprüfung ein endloser Prozess ist. Darin einen Mangel zu erkennen, übersieht die Emanzipation vom Ablauf der Geschichte, der unter der Vernunftkritik verborgen liegt; denn auch wenn die Anstrengungen des Menschen, Sinn und Erkenntnis in der Welt zu finden, ihn immer wieder nur vor unlösbare Widersprüche geführt hat, so liegt es doch immer an ihm, diese Widersprüche hervorzubringen und fortzuschreiben. Die Fraglichkeit des Gewesenen wird extrapoliert auf die Fraglichkeit des Gegenwärtigen; aus einer unbestimmten Zukunft heraus wird sich der gegenwärtige Zustand als ebenso irrig erkennen lassen wie der Rückblick in die Vorzeit. Auch als Geschichte der Irrtümer, ist Bayles kritische Geschichte der Ausweis ihrer Menschengemachtheit. Sie kann sich – ebenso wie das Subjekt des Essayisten bei Montaigne – mit jedem neuen Versuch, mit jedem neuen Moment, verändern.

Diese Veränderungen sind im Schreiben in Zitaten begründet. Nur, wenn es dem Essayisten und dem Kompilator gelingt, ihrer Darstellung den Vorbehalt einer anderen Form der Wahrheit und der Verbindlichkeit einzuschreiben, kann die Infragestellung gelingen und die gewünschten Effekte hervorbringen. Die Durchstreichung der eigenen dogmatischen Position im Modus des uneigentlichen Sprechens setzt der chronischen logischen Instabilität der Skepsis ein Ende, indem sie sie zur Form erhebt: wer nichts als entlehnte Wahrheiten referiert, der kann nicht in den Selbstwiderspruch der dogmatischen Aufhebung des Dogmatismus geraten.

Montaigne hatte in I 8 angekündigt, was sein übergreifender Versuch sein soll: Im Abschreiben seiner wertlosen Träumereien sollen diese seinem Geist vor Augen gestellt werden, nicht, um sich ihrer zu erfreuen, noch wirklich, um sich in ihnen wieder zu erkennen, sondern vielmehr, um sich ihrer zu schämen. Die Herabwürdigung des Menschen im Programm der negativen Anthropologie und der Disqualifikation eitler Vernunftanstrengungen in der *Apologie* trug ihren Teil dazu bei. Der Autor, der sich selbst entmachtet, verliert so gerade in der Aufrichtigkeit seines Schreibens den Anspruch an Eigentlichkeit, der einem autobiographischen Pakt innewohnt. Sein Selbstporträt wird zur Karikatur. Im Uneinheitlichen und Sich-Selbst-fremd-werden, das der Rückblick auf dieses Verzeichnis der Monstren und Chimären erlaubt, kann der Autor als erster Leser erkennen, dass er sich der Festschreibung auf eine Position entzieht und dass das, was er einst gesagt hat, nun nach den Worten anderer klingt und fremd geworden ist. Der zeitliche Index der Passage zeigt nicht nur den Wandel der Ansichten, sondern auch ihr Vorübergehen. Der Essayist ist – paradigmatisch – nicht nur in Bewegung, sondern im Übergang, und alles kann revidiert werden.

Für Bayle ist diese Verunsicherung der Autoreninstanz als Selbstabwertung nicht lediglich Effekt, sondern Bedingung des Schreibens, das sich im begrenzten Tätigkeitsfeld der Kompilation der irrigen Ansichten der Vergangenheit situiert. In Radikalisierung der Unbeständigkeit der *Essais* wird der *Dictionnaire* als Ganzes in den Raum der *vérité empruntée* verlegt und zum Punkt des Übergangs von den Worten anderer zur Lektüre der Öffentlichkeit. Die wiederholte Selbstlektüre als Revision des eigenen Texts bei Montaigne – einschließlich seiner *emprunts* – wird zur Revision des Texts der Geschichte. Bayle nimmt sich mit dem gleichen Recht, das seinen Leser/innen zukommt, sein Material aus dem Bestand der Tradition ohne jeden Anspruch der Aneignung. Die Zitate bleiben in ihrer Markierung und ihrem Referat im Zwischenstatus der Entlehnung, und der Apparat der Kritik, der durchaus die Be- und Abwertung der zitierten Positionen umgreift, findet selbst im Moment der Niederschrift keinen Abschluss. Auch sie ist Abschrift, die als Passage mit dem Übergang der Zeit mitläuft, und diesen Übergang in der eigenen diskursiven wie geschichtlichen Situiertheit ausstellt. Das Parodistische von Bayles Schreibens besteht in der Simulation getreuer Wiederholung, die performativ nur ausstellt, dass es ihr unmöglich ist, das Wiederholte zu unterzeichnen und für es einzustehen. Ohne selbst verantwortlich gemacht werden zu können – also unter Ausschluss der eigenen Zitierfähigkeit – wird so alles Zitierte fraglich.

Was sich am Verhältnis von Montaigne und Bayle hat zeigen lassen, mag vor allem für die Entwicklung der Skepsis und der Kritik von Relevanz sein. Im zitierenden Schreiben *avant* und *après la lettre* gerät die Überlieferung in Bewegung. Sie wird in ihrer Wiederholung, die ganz dem Narrativ einer Evolution der Skepsis bei Kojève entsprechen mag, von der Reproduktion des Diskurses umständlich gemacht. Die Zunahme der typographischen Anstrengungen als *Servitude de Citer*, die diese Wiederholung markiert, erzeugt in Steigerung von den *Essais* zum *Dictionnaire* die „Widerspenstigkeit" der Texte, die Neumeister beobachtet hat. Was Bayle von Montaigne erbt, ist der Hang zur „Umständlichkeit", der als Herausforderung einer süffisanten Lektüre mit den Überschüssen der Zitation kalkuliert. Sie ist, wie ebenfalls anschließend an Neumeister festgehalten werden kann, Teil der *Arbeit am Mythos*, wie Blumenberg sie gefasst hat:

> Umständlichkeit ist nach Blumenberg der Versuch des Menschen, durch List die Gefahren zu umgehen, durch Distanz das Unheimliche zurückzudrängen, durch Kunst, die beides zugleich ist, die Wirklichkeit und letztlich den Tod noch einmal und immer wieder zu bändigen. Die Erzählungen des Mythos liefern für diese Tätigkeit nicht nur die Belege, sie sind selbst das Genre der Umständlichkeit, ein letzter Spaziergang vor der Endgültigkeit des Begriffs.[5]

Dieser vor- oder urzeitig gedachte Zustand vor dem Begriff wird allerdings in der Form der Wiederaufführung im Zitat – Neumeister referiert ausführlich die Übernahmen mythologischer Inhalte am Beispiel des Artikels zu ADAM im *Dictionnaire* – von Bayle in eine neue, virtuelle Zeitlichkeit überführt.[6] Bayle nimmt im Geiste einer Frühaufklärung die Mythen der Geschichte in seine Sammlung auf, sicher um sie einer Kritik zu unterziehen, aber nicht ohne sie im selben Moment verzeichnend zu bewahren. In ihrer Wiederholung und Rückführung liegt eine Parodie der „Genres der Umständlichkeit"; im Zitat wird der mythische wie historische Inhalts reproduziert und als das Unzureichende ausgestellt, das vor dem Begriff steht, aber zugleich als das Hartnäckige, das sich als Irrtum in der Geschichte bewahrt hat. So kommt es zum Umschlag des Selbstgesprächs der Vernunft: Die übergreifende Reproduktion der Zitation wird bei Bayle zur Kritik des Logos. So stellt seine Vernunftkritik das Mythische ihrer Überlieferung mit aus. Er schreibt nicht selbst Mythen, wie Kojève mit dem Mythographen und dem literarischen Geschwätz annimmt, sondern er übernimmt sie aus den Quellen der Vergangenheit als Mytho*logie*. Er verzeichnet sie mit dem Interesse des Historikers, der keineswegs glaubt, was er beschreibt. In Transformation der Kontamination bei Montaigne, und in Abwandlung des kritischen Verfahrens zur *critique mondaine*, greift diese Fraglichkeit der Mythen auf den Logos über: Auch dort, wo der Gegenstand keineswegs mythischen Ursprungs ist, stellt sich dieselbe Dürftigkeit der Überlieferung und dieselbe Unfähigkeit zum (konsistenten) Begriff ein. Die Kritik an dieser Unfähigkeit zum Begriff ist keineswegs selbst Mythos. Sie wird dessen Double, indem sie die Distanznahmen, die nach Blumenberg am Anfang der Mythen stehen müssen, selbst als Arbeit am Mythos mit anderen Mitteln, den Mitteln des Zitats, fortsetzt. Die Geschichte als das Überkommene trägt selbst Spuren eines alten Glaubens an sich, dessen Erschütterung Teil der Wiederaufführung

---

5 Neumeister, „Pierre Bayle und der Mythos", S. 136.

6 Blumenberg bestimmt den virtuellen Status dieses Ursprungs wie folgt (Blumenberg, *Arbeit am Mythos*, S. 28): „Von Anfängen zu reden, ist immer des Ursprünglichkeitswahns verdächtig. Zu dem Anfang, auf den konvergiert, wovon hier die Rede ist, will nichts zurück. Alles bemißt sich vielmehr in Distanz zu ihm. Deshalb ist es vorsichtiger, von ‚Vorvergangenheit' zu sprechen, nicht von ‚Ursprüngen'."

ist.[7] An niemand anderem als an Fontenelle beschreibt Blumenberg diese Bedingtheit der Mythenkritik durch den Mythos selbst:

> Mag die Geschichte als das Machbare und in ihren großen Ereignissen als das mit Thesenanschlag und Krönung Gemachte erscheinen, so nimmt die Rezeption den Mythos gerade als das Unmachbare, in seiner Unerfindbarkeit Anfangslose an. So sicher es ist, daß Mythen erfunden worden sind, obwohl wir keinen Erfinder und keinen Augenblick der Erfindung kennen, wird doch diese Unkenntnis zum Indiz dafür, daß sie zum Bestand des Uralten gehören müssen und alles, was wir kennen, schon in die Rezeption eingegangener Mythos ist. Die Arbeit des Mythos muß man schon im Rücken haben, um der Arbeit am Mythos nachzugehen und sie als das Aufregende der Anstrengung an einem Material wahrzunehmen, dessen Härte und Widerstandskraft un- | [295] absehbare Ursprünge haben muß. Grenzbegriff der Arbeit des Mythos könnte sein, was ich den Absolutismus der Wirklichkeit genannt habe; Grenzbegriff der Arbeit am Mythos wäre, diesen ans Ende zu bringen, die äußerste Verformung zu wagen, die die genuine Figur gerade noch oder fast nicht mehr erkennen läßt.[8]

Neumeisters Beobachtung, dass Bayle in die Geschichte der Arbeit am Mythos zu integrieren wäre, lässt sich also nicht nur bestätigen, sondern zudem erweitern. In dem Zugriff auf die Geschichte im *Dictionnaire* rückt er die „hartnäckigen" Irrtümer und von ihren „Ursprüngen" entfernten Axiome der Philosophiegeschichte in den Status mythologischer Derivate. Wenn die Überzeugungen der Vorvergangenheit des Menschen sich als unbegründete Erfindungen ohne Erfinder herausstellen, mag der Schritt vom Mythos zum Logos kleiner sein als angenommen. Im Übergang von den Orakeln zu den Argumenten ändert sich der Gegenstand, nicht aber die Form der Kritik. Sie bleibt dabei, zu wiederholen, was sie verwirft, und so zu bewahren, was sie überkommt, indem sie es überkommt. Uneigentliches Sprechen und Sprechen ohne Aneignung ist die unhintergehbare Voraussetzung für eine historisch-kritische Lektüre. Konservierung und Destruktion greifen in ihr ineinander.

---

7 So beschreibt Blumenberg, wie im Begriff des Mythos selbst bereits diese Darstellung des Überkommenen angelegt ist: Blumenberg, *Arbeit am Mythos*, S. 22: „Nicht in den Ursprüngen seiner Inhalte, nicht im Einzugsgebiet seiner Stoffe und Geschichten, liegt die Geschichtsmächtigkeit des Mythos begründet, sondern darin, daß er seinem Verfahren, seiner ‚Form' nach etwas anderes *nicht mehr* ist. [Es läßt sich über die Formel von Edvard Lehmann reden, der Mythos sei dazu bestimmt, überwunden zu werden, wenn ich auch fürchte, daß das einen fatalen Hintersinn hat. Doch wird ungleich wichtiger sein, ihn selbst bereits als Manifestation einer Überwindung, eines Distanzgewinns, einer Abmilderung des bitteren Ernstes, zu beschreiben.]"

8 Ebd., S. 294-295. Für das entsprechende Kapitel („Den Mythos zu Ende bringen", S. 291-326) steht Fontenelles *Histoire des Oracles* am Anfang, dessen Bedeutung für Bayles Kritikkonzeption wir bereits betont haben.

Die eindeutige typographische Markierung von Zitaten, die spätestens nach Bayle ihren Siegeszug zumindest in die wissenschaftliche Intertextualität nehmen wird, unterstreicht diese doppelte Funktion vielmehr, als dass sie von der Normierung befriedet würde. Dies wird da besonders augenfällig, wo der Gebrauch von Anführungszeichen selbst uneigentlich wird und nicht mehr die Worte anderer, sondern die nicht gemeinten Worte, eigene wie fremde, anzeigen soll. Wer annimmt, durch das Regime der typographischen Zeichen die Bestimmung des Eigentlichen und Uneigentlichen zu beherrschen, wird die Sicherheit der eigenen Position in den gleichzeitigen Gesten der Ausstellung und der Zurücknahme verlieren. In Derridas Heidegger-Lektüre, die wir schon für die fraglich werdende Differenz von Erwähnung und Gebrauch im Zitat angeführt haben, wird diese Dopplung im Begriff der Anführungszeichen bemerkt und mit der Geste der Durchstreichung enggeführt:

> L'opération est proprement conduite, conduite de main de maître. Je rappelle qu'en allemand „guillemet" se dit *Anführungsstriche* ou *Anführungszeichen. Anführen*, conduire, prendre la tête, mais aussi duper, se payer la tête ou bourrer le crâne de quelqu'un. [...] Elle opère, peut-être avec la lucidité de l'inadvertance, comme l'effacement d'un remords par un autre: rature invisible, rature à peine perceptible de ce qui déjà, comme font chaque fois des guillemets, esquisse le mouvement poli d'une rature.[9]

Was in Anführungszeichen steht, ist zugleich hervorgehoben und ausgeschlossen, und die Markierung, die sowohl die fremde als auch die uneigentliche Rede umgrenzen soll, ist zugleich verdächtig, sie auszustellen und in Abrede zu stellen. Anführen, was vorstellen heißt, wird auch vorführen: Derridas etymologisches Übersetzen scheint in der Typographie Markierungen der parodistischen Rede zu erkennen. In der Markierung der Anführungszeichen ist das Wort sogleich zurückgenommen, uneigentlich verwendet im Sinne einer beschränkten Haftung.[10] Derrida bemerkt zurecht, dass Heideggers Interesse an dieser bedingten Streichung keineswegs nur

9 Derrida, *De l'Esprit*, S. 107. Düttmann übersetzt: „Es ist so, als würde mit dieser Abänderung [dem späteren Streichen der Anführungszeichen um das Wort „Geist" in Selbstzitaten Heideggers, S.G.] [...] ein Schuldgefühl durch ein anderes ersetzt: unsichtbare, kaum bemerkbare Durchstreichung dessen, was bereits einer höflichen Form des Durchstreichens gleichkommt; In-Anführungszeichen-Setzen heißt stets: durchstreichen." Jacques Derrida, *Vom Geist. Heidegger und die Frage*, übers. Alexander García Düttmann, Frankfurt a.M.: Suhrkamp 1992, S. 80-81. Woher der Slogan zum Ende des Zitats stammt, erschließt sich einer vergleichenden Lektüre leider nicht.

10 Derrida verwendet diesen juristischen Terminus prominent und besonders polemisch in der Debatte mit Searle; vgl. Derrida, *Limitied Inc*, S. 35. Searle wird von ihm aufgrund seiner eigen- und fremdzitierenden Tätigkeit (er zitiert kommentierend sich selbst

typographisch ist; als Denker der „kreuzweisen Durchstreichung" des Seins, das man im Moment des Schreibens schon wieder tilgen müsste, steht die Form des Sprechens unter Vorbehalt im Zentrum des fundamentalontologischen Projektes, das seinerseits eine neue Sprache bräuchte, um vom Sein sprechen zu können. Man muss zeigen, dass man von ihm nicht sprechen kann, indem man es durchstreicht, um es doch lesbar zu halten – die Durchstreichung und die Anführung zeigen ein Sprechen unter Vorbehalt an, dem das Zitat Modell steht.[11]

Der Doppelcharakter des Zitats erlaubt es, zu reproduzieren, ohne zu affirmieren. Dies greift nicht nur dort, wo der Mythos zum Kritikgegenstand gemacht wird, folgt aber vielleicht einem Modell des Mythos. Blumenbergs *Arbeit am Mythos* und Compagnons *Arbeit der Zitation* berühren sich in der Ambivalenz ihrer Produkte – Mythos und Zitiertes werden von dieser Arbeit wiederholt, und dabei doch aufgelöst, also nur darum affirmiert, um Gegenstand der Kritik sein zu können.[12] In Verallgemeinerung beschreibt das Anführen der Worte anderer immer – fast möchte man sagen, im Modus einer Aufhebung – zeitgleich Nähe und Distanzierung, Aneignung und Ausstellung als Fremdes, Aktualisierung und Überwinden. Die Kritik, wie sie von Bayle aufgefasst wird, nutzt eben diese Entrückung in der Dopplung des Effekts, der die Ambivalenz des skeptischen Diskurses widerspiegelt; man sagt nur, was andere sagen, um damit sogleich wieder durchzustreichen, was man wiederholt.

---

und kritisierend Derridas *Signatur Ereignis Kontext*) zu „Sarl", „Société à responsabilité limitée".

11 Heidegger selbst leitet von der Anführung unmittelbar zur Durchstreichung über. Vgl. Martin Heidegger, „Zur Seinsfrage", in: *Wegmarken*, GSA 9, Frankfurt a.M.: Vittorio Klostermann 1976, S. 385-426, hier S. 410-411. „Dementsprechend kann der denkende Vorblick in diesen Bereich das »Sein« nur noch in folgender Weise schreiben: ~~das Sein~~. Die kreuzweise Durchstreichung wehrt zunächst nur ab, nämlich die fast unausrottbare Gewöhnung, »das Sein« wie ein für sich stehendes und dann auf den Menschen erst bisweilen zukommendes Gegenüber vorzustellen." [Wir verwenden die von Heidegger gesetzten doppelten Anführungszeichen im Zitat und imitieren die „kreuzweise" Durchstreichung im Rahmen unserer typographischen Möglichkeiten durch einfache, S.G.].

12 Vgl. Compagnon, *La seconde main*, S. 44: „De la citation, colportage et filature, je suis la main-d'œuvre. C'est de tout l'ambivalence de la citation, masquée par une canonisation métonymique, qu'Est riche cette notion de travail: l'ambivalence du génitif où la citation est matière et sujet, où je suis actif et passif, en proie à la citation comme une femme prête d'accoucher." Compagnon sieht vor allem die Spannung von Aktivität und Passivität, die er mit dem – offensichtlich von Montaigne entlehnten – Bild der Schwangerschaft bezeichnet, als Ambivalenz dieser „Arbeit". In dieser Unbestimmtheit liegt allerdings auch der Entzug der eindeutigen Subjektposition begründet, auf die Compagnon jedoch lediglich als Effekt der Intertextualität eingeht. Dass der Effekt der Passivierung des zitierenden Subjekts seinerseits von diesem eingesetzt wird, wie es bei Montaigne und Bayle der Fall ist, verkompliziert die Spannung um eine weitere Ebene.

Wenn man vom „uneigentlichen“ Gebrauch in Heideggers Fall, nämlich im Modus des bedingten und revidierbaren Selbstzitats, auf den Regelfall der Zitation anderer zurückkommt, wird ablesbar, wie diese Ambivalenz Bayles Unternehmen erst ermöglicht, und mit ihm die Kritik überhaupt. Die „höfliche Bewegung einer Durchstreichung“ unternimmt in der konkreten Übernahme wortwörtlicher Stellen, was die Passagen in ihrer summierenden Entwicklung in den *Essais* leisten sollten. Sie sagen sich aus, um sich sogleich zurückzunehmen und zu relativieren; geschieht dies bei Montaigne noch durch den Verlauf der grotesken Poetik, die in immer neuen Kombinationen die Unfähigkeit, zum Ende zu kommen, in der Entwicklung abbildet, wird bei Bayle dieser Effekt schon im Historischen geleistet. Die zitierten Irrtümer erscheinen im Modus überkommener Meinungen, überlieferter Missverständnisse und summierter Rezeptions-Irren; sie werden im Rückgriff des *Dictionnaire* nicht von einem Wörterbuch zum weiteren Gebrauch aufbereitet, sondern in ihrer Falschheit behandelt wie die überkommenen Ansichten fremder und vergangener Völker. Der Fortschritt seiner historisch-kritischen Methode ist für Bayle der Abbau des Bestands der gängigen Überzeugungen. Indem er sie mittels ihrer Reproduktion durchstreicht, bewahrt er sie als falsche Überzeugungen dem Zugriff eines Rückblicks, der erst vom Ende her verstehen lernt, was anfangs nicht gegeben war.

Die Zitation, die Bayle von Montaigne aufgreift, wird zur neuen, skeptischen Trope, indem sie die neue Sprache erfindet, die letzterer noch vermisst hat. Oder, genauer: Aus der alten Sprache lässt sich neue Rede gewinnen, die einzig mögliche, die es erlaubt, das Sprechen zu reproduzieren, ohne darum schon an ihm partizipieren zu müssen. Schon Montaigne hatte in seinen Schlagworten die skeptischen Relativismen aufgegriffen, um seine alte Rede mit Hinweisen zu modifizieren. Er listet sie in *Des Boyteaux* im dritten Band auf, um sie in Rekurs auf den platonischen Mythos als unverzichtbare Mittel der Philosophie zu beschreiben:

> (b) J'ayme ces mots, qui amollissent et moderent la temerité de nos propositions: A l'avanture, Aucunement, Quelque, On dict, Je pense, et semblables. Et si j'eusse eu à dresser des enfans, je leur eusse tant mis en la bouche cette façon de respondre, (c) enquesteuse, non resolutive: (b) Qu'est-ce à dire? Je ne l'entends pas, Il pourroit estre, Est-il vray? qu'ils eussent plustost gardé la forme d'apprentis à soixante ans que de representer les docteurs à dix ans, comme ils font. Qui veut guerir de l'ignorance, il faut la confesser. (c) Iris est fille de Thaumantis. L'admiration est fondement de toute philosophie, l'inquisition le progrez, l'ignorance le bout.[13]

13 Montaigne III 11, S. 1030.

Diese Einstreuungen sind Mittel, um den Worten die Schwere der Proposition zu nehmen, und Ausdruck des beständigen Lernens und Staunens des Philosophen, der bis ins hohe Alter Schüler bleiben soll. In expliziter Wiederaufnahme des pädagogischen Programms wird die skeptische Abstandnahme von den Aussagen durch die Markierung der relativierenden Tropen der *Essais* geleistet, die Montaigne an dieser Stelle wie zur Weiterverwendung auflistet oder zitiert.[14] Das Unwissen lässt sich heilen, indem man es bekennt. Die Frageform, an der das fehlende Wissen erkannt werden kann und die den Diskurs der *Essais* durchwirkt, ist in sich schon die Vermeidung der skeptischen Dogmatik in der Übersetzung ihres Zweifels in die offene Fraglichkeit. Ihr Double sind die Floskeln der Abwägung, die die Verlässlichkeit des Gesagten unterminieren sollen. Mit ihnen wird das Schreiben umständlicher, aber gerade darum gesicherter. Formal, durch die Einstreuung relativierender Floskeln, behebt Montaigne so den inhaltlichen Missstand der Formulierung einer skeptischen Dogmatik, indem er der Sprache Zeichen der Distanzierung einschreibt.

Damit wird alles, was gesagt wird, Ausweis des Unwissens. Was man nicht weiß, versetzt in Staunen. Mit dem Staunen nimmt der Mythos in der Bordeaux-Ausgabe Einzug in die Formalbestimmung der Relativierung. Das in (c) eingefügte Mythologem ist eine der letzten Lesefrüchte aus Platons *Theätet*; Iris, mit der Sokrates die Wahrheit oder die Philosophie bezeichnen will, ist, wie Herodot berichtet,[15] die Tochter des Thaumas, mit dem im Wortspiel so das Staunen (*thaumazein*) am Anfang allen Philosophierens gemeint ist.[16] Durch seine Floskeln kann Montaigne so mit dem (bereits bei Sokrates zitierten) Mythos einklagen, dass das Staunen, die Grundlage allen Philosophierens, in dieses formal reintegriert werde. Der Abstand von Proposition und dessen relativierter Formulierung wiederholt das Befremden vor dem Begriff.

---

14 Es sollte noch bemerkt werden, dass es für Montaigne von den Schlagworten zur Pädagogik in dialogischer Form nur ein Schritt ist.

15 Platon, *Theätet*, S. 46-47, 155 d: „*Sokrates*: Denn dein Zustand, die Verwunderung, ist recht typisch für einen Philosophen. Es gibt nämlich keinen Anfang der Philosophie als die Verwunderung, und wer die Iris Tochter des Thaumas genannt hat, ist offensichtlich kein schlechter Genealoge." Dieser fähige Genealoge ist Hesiod in der *Theogonie* (so die Anmerkung ebd., S. 230).

16 Unweit der Feststellung des natürlichen Wissensdrangs des Menschen in Aristoteles' *Metaphysik*, mit der Montaigne das letzte Kapitel der *Essais* eröffnet (s.o.), heißt es in Anspielung auf dieselbe Platonstelle (Aristoteles, *Metaphysik*, S. 42, 982 b): „Denn Verwunderung (*thaumazein*) veranlaßte zuerst wie noch jetzt die Menschen zum Philosophieren, indem man anfangs über die unmittelbar sich darbietenden unerklärlichen Erscheinungen sich verwunderte, dann allmählich fortschritt und auch über Größeres sich in Zweifel einließ [...]. Darum ist der Freund der Sagen (*mythos*) auch in gewisser Weise ein Philosoph; denn die Sage besteht aus dem Wunderbaren."

Bei Bayle sind diese noch formulierten Floskeln in stumme Zeichen überführt. Seine Anführungszeichen sind sichtbar geworden und legen sich um die eingeklammerten Passagen. Mit ihnen wird der Abstand zwischen Fremdem und Eigenem, der für Montaigne noch maßgeblich Fluidität gewesen ist, im einzelnen Moment sichtbar gemacht. Bayle kann die Stimmen anderer nicht nur verwenden, sondern diese Verwendung selbst schriftlich fixieren und so kommentieren. Sein Staunen ist dasjenige über die Irrtümer und die fehlerhaften Darstellungen der Vorzeit, die durch ihre zitative Reproduktion angeführt werden wie Mythen vergangener Tage. Der explizit gemachte Verweis auf den Intertext spricht diesem immer auch das Urteil aus, das jenseits von Affirmation und Negation im Historischen gültig bleibt; was übernommen ist, wird als überkommen markiert und somit in der erneuten Verwendung als alte Sprache ausgestellt.

Was sich in dieser Arbeit als Theorie einer skeptischen Zitation herausgestellt hat, lässt sich, wie eingangs angedeutet, von Bayle und Montaigne aus fortsetzen. In der unvermeidlichen Kopräsenz ihrer Intertexte haben sich Vorformen und Theorieensembles in die Besprechung eingeschlichen, die ausweisen, wie schon in der „Vorgeschichte des Zitats" ähnliche Indienstnahmen und Reflexionen vorhanden gewesen sind; Erasmus dürfte hier einen privilegierten Standpunkt einnehmen.[17] Mit den antiken Vordenkern – Seneca und Horaz, aber auch Plutarch und Cicero – berühren sich Form und Inhalt des Bezugs, da die *Essais* ihre Theorie der Übernahme als Übernahme von deren Theorie inszenieren. Bayle wird im historischen Feld und innerhalb des Diskurses des 17. Jahrhunderts zum Schnittpunkt der historiographischen Verfahren seiner Zeit, deren Fehler ihm in der Korrektur als eigener Zitationstechnik Profil verleihen, dabei aber doch über die generelle Entwicklung des Zitierens Auskunft geben.

Aber auch über diese unmittelbaren Zusammenhänge hinaus hat das Zitat eine Bestimmung erfahren, deren Nachwirken sich bis in die Gegenwart nachverfolgen ließe. Schon im Verfahren dieser Arbeit, die ohne die Abschrift aus den beiden Autoren nicht hätte verfasst werden können, böte sich ein Beispiel zur Überprüfung der Gültigkeit und Verallgemeinerbarkeit der hier entworfenen Zitattheorie an. Da hier oftmals mehr kommentiert als kritisiert worden ist, hat die Analyse unweigerlich zeigen müssen, dass die kritische und skeptische Funktion des Zitats nicht ihre alleinige sein kann. Wenn wir, unter dem Vorbehalt der Abschrift, Bayle und Montaigne zu Wort kommen gelassen haben, so hat die Distanz, die sich zwischen ihrem und unterem Text eingestellt hat, nicht die Funktion einer Invektive oder Parodie erfüllt, und der

17 So überschreibt Compagnon, *La seconde main*, sein drittes Kapitel (Kap. III, S. 119-190). Auch er geht intensiv auf Erasmus' Rolle am Beginn neuzeitlicher Zitation ein.

Versuch, mit ihren Worten den Raum der Zitation abzustecken, ist tatsächlich zugleich kritisch und affirmativ gewesen; Zitation war hier bestätigend, insofern wir ihre Annahmen reproduzieren und erhellen wollten, kritisch, insofern wir sie einer Prüfung in der Darstellung unterzogen haben. So sind auch die Zitate aus Bayle und Montaigne, die wir hier gesammelt haben, Ausweis der Ambivalenz, hinter der sich unser Diskurs verbergen kann. Wenn wir am Ende der Arbeit darauf beharren, dass das, was hier für diese beiden Autoren gezeigt werden sollte, nur für sie gelte, und nur im Rahmen ihrer eigenen Aussagen und Praktiken, treten wir unweigerlich hinter den Zitaten zurück und geben ihnen die Funktion, selbst zu zeigen, was wir sagen wollen. Im wissenschaftlichen Schreiben, insbesondere in der Literaturwissenschaft, geschieht dies unentwegt; mit der Herleitung dieser Praxis aus historisch signifikanten Beispielfällen kann diese Gepflogenheit vielleicht reflektiert und befragt werden. Wenn die Patenschaft der *Essais* für den *Dictionnaire* allgemeinere Tendenzen der Ideengeschichte erschließen kann, liegt es nahe, die Wissenschaftspraxis der Übernahme der Worte anderer innerhalb einer verzweigten Genealogie zu betrachten und die Frage zu stellen, ob über die Kritik des 18. Jahrhunderts hinaus auch skeptische Autoren wie Bayle und Montaigne (und ihre Vorbilder) in Fernperspektive Anteil an der Hervorbringung der Formen hatten, die unsere historischen Rückblicke heute bestimmen.

In engerem Sinne eine Rezeptionsgeschichte an die Betrachtungen anzuschließen, liegt sicher nahe. Ausgehend von Popkin sind bereits zahlreiche Versuche einer solchen Fortsetzung der Geschichte der Skepsis unternommen worden, die gezeigt haben, dass nicht nur die Entwicklung innerhalb des 17. Jahrhunderts bei Bayle und Descartes, sondern auch der Einfluss auf die Aufklärung gewinnbringend nachgezeichnet werden kann.[18] Von Montaigne und Bayle könnten über die Moralisten die *Dictionnaires* Diderots oder Voltaires in den Blick genommen werden, ebenso wie Rousseaus Anknüpfung an die *Essais* eine naheliegende und herausfordernde Fortsetzung dieser Geschichte des Skeptizismus darstellen würde.[19] Bayles Prominenz für das 18. Jahrhundert ist weitgehend bemerkt worden, und hat in Deutschland nicht nur die deutlichen Spuren bei Thomasius hinterlassen, sondern auch Kant und Hegel beeinflusst.[20]

18 So hat etwa der Band von Neto, Paganini & Laursen (Hrsg.), *Skepticism in the Modern Age*; erste Ansätze zur Fortsetzung von Popkins Großnarrativ vorgestellt.

19 Hier wären auch die Rousseau-Lektüren de Mans und Derridas einzubeziehen und historisch rückzubinden. Die Betrachtungen zu Montaigne in dieser Arbeit berühren die Darstellung in der *Grammatologie* und in den *Allegorien des Lesens* an vielen Stellen und würden zu einer Verbindung der beiden Autoren einladen.

20 Zu Thomasius, vgl. neben Stader & Traninger, „Unparteilichkeit und das Problem der Trennung von Person und Sache", Manfred Beetz & Herbert Jaumann (Hrsg.), *Thomasius*

Anstelle einer Rezeptionsgeschichten im engeren Sinne soll diese Arbeit aber mit einem Ausblick schließen, der eher die Konstellation von Montaigne und Bayle in einem anderen historischen Moment umfasst und aufweist, dass die Frage nach Theorie und Methode des Zitats selbst in anderer Form im Übergang vom 19. zum 20. Jahrhundert wiederholt wurde. Dass die Geschichte zu solchen Wiederholungen neigt, war gerade festgehalten worden – und dass dies nicht immer als Komödie oder Farce geschehen muss, zeigt sich an Nietzsche, der sich 1874 ausgiebig an Montaigne erinnert.[21] Wie wir bereits sahen, verhält er sich zitativ zu Montaigne wie dieser zu Plutarch, wenn er ihn als Lehrer über Schopenhauer stellt:[22]

> Ich weiß nur einen Schriftsteller, den ich in Betreff der Ehrlichkeit Schopenhauer gleich, ja noch höher stelle: das ist Montaigne. Dass ein solcher Mensch geschrieben hat, dadurch ist wahrlich die Lust auf dieser Erde zu leben vermehrt worden. Mir wenigstens geht es nach dem Bekanntwerden mit dieser freiesten und kräftigsten Seele so, dass ich sagen muss, was er von Plutarch sagt: „kaum habe ich einen Blick auf ihn geworfen, so ist mir ein Bein oder ein Flügel gewachsen". Mit ihm würde ich es halten, wenn die Aufgabe gestellt wäre, es sich auf der Erde heimisch zu machen.[23]

Es mag gestattet sein, diese schöne Stelle gleich doppelt anzubringen. Im Zitat gesteht Nietzsche, dass für sein Schreiben Montaigne die Rolle von Plutarch übernehme. Er belegt performativ sogleich, was er zitierend übernimmt – das

---

im literarischen Feld: Neue Beiträge zur Erforschung seines Werkes im historischen Kontext Berlin/Boston: de Gruyter 2003.

Sommer hat von Bayle kommend eine Entwicklung der Geschichtsphilosophie vom *Dictionnaire* über Lessing und Vico bis hin zu Kant geschildert. Vgl. Andreas Urs Sommer, *Sinnstiftung durch Geschichte? Zur Entstehung spekulativ-universalistischer Geschichtsphilosophie zwischen Bayle und Kant*, Basel: Schwabe 2006. Ferner Rainer Forst, „Religion, Reason, and Toleration: Bayle, Kant – and Us" in: *Religion in Liberal Political Philosophy*, hrsg. Cécile Laborde & Aurélia Bardon, Oxford: Oxford University Press, 2017, S. 249-261. Hegel verwendet ausgiebig Bayle als Quelle seiner Geschichtsdarstellungen. So findet man ihn prominent in Georg Wilhelm Friedrich Hegel, *Vorlesungen über die Geschichte der Philosophie I u. II* (*Werke* 18 und 19), Frankfurt a.M.: Suhrkamp 1996.

21 So ergänzt Marx 1852 prominent zum Beginn seines *Brumaire*-Aufsatzes Hegel, den er einleitend – aus dem Kopf – zitiert. Vgl. Karl Marx, „Der achtzehnte Brumaire des Louis Napoleon", in: Karl Marx & Friedrich Engels, *Werke*, Bd. 8, Berlin (DDR): Dietz Verlag 1972, S. 115-207, hier S. 115: „Hegel bemerkte irgendwo, daß alle großen weltgeschichtlichen Tatsachen und Personen sich sozusagen zweimal ereignen. Er hat vergessen, hinzuzufügen: das eine Mal als Tragödie, das andere Mal als Farce."

22 Eingehende Studien zu diesem Verhältnis liegen bereits vor, auch unter dem Einschluss einer Evaluation der Skepsis. Siehe Robert C. Miner, *Nietzsche and Montaigne*, Cham: Palgrave Macmillan 2017.

23 Friedrich Nietzsche, *Unzeitgemäße Betrachtungen III: Schopenhauer als Erzieher*, hrsg. Giorgio Colli & Mazzino Montinari, Berlin/New York: dtv/de Gruyter 1988, Kap. 2, S. 348.

Monströs-Werden, das sich aus der Lektüre der *Essais* bei ihm einstellt. Indem er die betreffende Stelle in seinen Text einfügt, gewinnt er „einen Flügel", der ihn beschwingt über sein eigenes Schreiben sprechen lässt. Das Lob könnte kaum überschwänglicher sein, und bleibt doch im Bekenntnis hinter der tatsächlichen Bedeutung des Essayisten für die *Unzeitgemäßen Betrachtungen* zurück. Nietzsches Buch ist ein Form- oder Gattungszitat, das dem Essay in der Aphoristik ein neues Gewand geben will. Die Beine und Flügel, die ihm aus dem Selbstportrait erwachsen sind, lassen ihn voranschreiten. Montaigne bringt Nietzsche in Bewegung, und es ist nicht absehbar, wo der Geltungsraum dieser Metapher endet.

Wenn schon die Plutarch-Passage ein eindeutiges Zeichen dafür ist, dass Nietzsche Montaigne für die freieste Seele hält, und dabei den Essayisten als Leser und Zitierenden begreift, so lässt sich diese Vorbildfunktion des Essayisten in den groben Strichen eines Ausblicks an einer Warnung profilieren, die uns zurückbringt an den Beginn dieser Studie und somit zu Montaignes Rolle als Erzieher. Wenig später, in *Menschliches, Allzumenschliches*, wird Montaigne – unausgesprochen – zur Transplantation herangezogen, um vor dem Zitieren zu warnen. Nietzsches *Buch für freie Geister* enthält im 111. Abschnitt die Warnung Montaignes aus *Du Pedantisme*:

> *Vorsicht im Zitieren*
> Vorsicht im Zitieren. – Die jungen Autoren wissen nicht, dass der gute Ausdruck, der gute Gedanke sich nur unter seinesgleichen gut ausnimmt, dass ein vorzügliches Zitat ganze Seiten, ja das ganze Buch vernichten kann, indem es den Leser warnt und ihm zuzurufen scheint: „Gib acht, ich bin der Edelstein und rings um mich ist Blei, bleiches, schmähliches Blei!" Jedes Wort, jeder Gedanke will nur in seiner Gesellschaft leben: das ist die Moral des gewählten Stils.[24]

Der Aufgriff der Kontaminationsgefahr durch die Übernahme wird selbst zum Moment der Imitation, die offenbart, dass Nietzsche die Freiheit Montaignes auch für das eigene Schreiben ansetzen will. Er übernimmt die Passage, die vor dem unbedachten und dissimulierenden Zitat warnt, zwar ohne jeden Ausweis, aber so nah am Original – er nimmt sogar die „jungen Autoren" Montaignes

24 Friedrich Nietzsche, „Der Wanderer und sein Schatten", in: *Kritische Gesamtausgabe, Vierte Abteilung, Dritter Band: Menschliches, Allzumenschliches II,* hrsg. Giorgio Colli & Mazzino Montinari, Berlin: de Gruyter 1967, S. 238. Vgl. die Stelle, die wir in 2.3.1. bereits besprochen haben: Montaigne I 26, S. 147. „(a) Les escrivains indiscrets de nostre siecle, qui, parmy leurs ouvrages de neant, vont semant des lieux entiers des anciens autheurs pour se faire honneur, font le contraire. Car cett'infinie dissemblance de lustres rend un visage si pasle, si terni et si laid à ce qui est leur, qu'ils y perdent beaucoup plus qu'ils n'y gaignent."

mit auf –, dass die Korrespondenz unübersehbar wird. Eine Zitation, die selbst eine unzeitgemäße Betrachtung ist, reproduziert die Bestimmung des Risikos von Zitaten. Nietzsche transformiert zugleich den Topos des übermäßigen Schmucks dieser Diebereien: Senecas unmännlicher Putz wird hier zum eigentlich Wertvollen, während der Rest nur Einfassung ist. Der Schmuck ist nicht nur unnützes Beiwerk, sondern heimlicher Vertrauter des Lesenden, der von ihm gewarnt wird und der anzeigt, dass er schlecht eingefasst ist. Nietzsche weist einer süffisanten Lektüre gegenüber an der Stelle selbst aus, wie vorzüglich das eigene Schreiben ist, und kehrt die Warnung um in ein verschwiegenes Eigenlob. Er hat Vorsicht beim Zitieren walten lassen, indem er die Worte Montaignes in „Gesellschaft" ebenbürtiger Gedanken einlässt. Gewählter Stil als moralische Verpflichtung ist also eine Variante des Dialogs, den er hier zwischen sich und den *Essais* herstellt. Nietzsche als dialogischer Denker spricht mit den *Essais* aus, wie er seine eigene Vorsicht begreifen will. Eine vergleichende Studie zum Moment dieser Vorsicht könnte zeigen, wie Nietzsches Genealogien als Sprechen unter Vorbehalt funktionieren und wie die Dialogizität seines Schreibens mit ähnlichen Mitteln operiert wie die *Essais*. Die methodische Unzeitgemäßheit der Betrachtungen berührt die Konzeption eines skeptischen Vorbehalts, wie er in der *vérité empruntée* aufschien.

Auch Bayles Transformation dieses späthumanistischen Gedankenguts lässt sich, wenngleich mit mehr Mühe, in der jüngeren Vergangenheit wiederkennen und gibt uns die Möglichkeit, dem bislang verschwiegenen Zitat im Titel dieser Arbeit eine denkbar späte Fußnote anzuheften. Das Double seines *Dictionnaires* findet sich in deutlichem Abstand zu Nietzsches Schriften, wenngleich sicherlich auch von diesen berührt, in der ersten Hälfte des zwanzigsten Jahrhunderts. Der Begriff der Passage, dem wir eine Gestalt zu geben versucht haben, wird für die Philosophiegeschichte vielleicht am prominentesten von Walter Benjamin verwendet. Er wird zur Leitmetapher des Versuchs, eine material-zitierende Geschichte des 19. Jahrhunderts zu schreiben, die – unvollendet geblieben – in ihren Fragmenten und Konvoluten als reflektierte Stoffsammlung erhalten ist und eines der wohl erstaunlichsten Projekte der Geschichtsschreibung des 20. Jahrhunderts darstellt. Der Schritt von *Essay* und *Dictionnaire* zum Passagen-Werk wäre noch zu leisten, und könnte ebenso zur Erhellung von Benjamins Denken beitragen wie retroaktiv die Bestimmungen des Autoportraits und der mondänen Kritik ergänzen. Vor allem aufgrund der geteilten Metaphorik drängt sich eine solche Beziehung auf: Erweitert um die architektonische Passage, die den Zwischenraum der Pariser Häuser mit loser Überdachung zu städtischen Mischwesen werden ließ, setzt er mit dieser Metapher den Titel für seine Sammlung von Momenten, Resten und Zeugnissen, die in der Kompilation seiner materialistischen Ordnungen als

Zitate versammelt werden. Das Passagen-Werk begreift sich – zumindest im Entwurfsstadium der Arbeit – als Montage, die den prekären Status der Zitate zwischen Aneignung und Gebrauch zur Methode erhebt:

> Methode dieser Arbeit: literarische Montage. Ich habe nichts zu sagen. Nur zu zeigen. Ich werde nichts Wertvolles entwenden und mir keine geistvollen Formulierungen aneignen. Aber die Lumpen, den Abfall: die will ich nicht inventarisieren sondern sie auf die einzig mögliche Weise zu ihrem Rechte kommen lassen: sie verwenden.[25]

Benjamin verspricht, sich an den Resten der Vergangenheit zu orientieren, die er in der eigenwilligen Form seiner Enzyklopädie für das 19. Jahrhundert versammelt – die Montage will ihre Gegenstände nur zeigen, ohne mit ihnen selbst etwas sagen zu wollen. Weil er sich auf die Lumpen und den Abfall beschränkt, fällt die Übernahme nicht als Diebstahl ins Gewicht. Er will nur dasjenige zu nehmen, was ohnehin niemand haben will, während er die Aneignung des Wertigen aus der Geschichte für sich ausschlägt. Auch der Gedanke eines Inventars, der sie zur Bewahrung in einer historischen Kuriositätensammlung in eine spezifische Anordnung setzen würde, wird verneint. Benjamin führt als „Verwendung" einen anderen Gebrauch des gefundenen Materials ein, der mit dem „Zeigen" korrespondiert; *an* den Zitaten, die er miteinander in Verbindung setzt, soll sich etwas zeigen, das nicht auf ihn, Benjamin, zurückführt, sondern im Verweisungssystem des Passagen-Werkes Material und Anschauungsfälle aufnimmt, die von der Lektüre gebraucht werden können. Ohne an dieser Stelle die Theorie der Konstellation, die Benjamins Denken maßgeblich bestimmt, näher ausführen zu können, lässt sich doch beobachten, dass die Technik des Zitats und die Ordnung des kompilierten Materials wesentliche Merkmale dieses Unternehmens darstellen. Dass daraus ein kritisches und materialistisches Verfahren gewonnen werden soll, das über die Retrospektive hinaus den zitierten Gegenständen zu ihrem Recht verhelfen will, mag nahelegen, dass Geschichte in Zitaten oder eben Passagen für ihn keine bloße Mythenerzählung sein kann, wie Kojève sie am Ende der Skepsis erkennen will. In bestechender Ähnlichkeit zur destruktiven Vernunft Bayles ist Benjamins Vorhaben Sammlung und Austreibung der wuchernden Mythen mit „geschliffener Axt"; beides erreicht er in der „Auflösung der ‚Mythologie' in den Geschichtsraum".[26] Die Reproduktion von Vergessenem und Weggeworfenem ist keine Relativierung des Vergangenen, noch dessen Fortsetzung,

---

25 Walter Benjamin, *Das Passagen-Werk*, hrsg. Rolf Tiedemann, 2 Bde., Frankfurt a.M.: Suhrkamp 1982, Bd. 1, Konv. N., S. 574.

26 Ebd., N 1,3, S. 570 und N I,9, S. 571.

sondern Übertragung; der Mythos wird ins Historische überführt. Benjamins Methode ist nicht darum schon beliebig, weil sie „literarisch" ist. Der Gang in die Geschichte des 19. Jahrhunderts soll vielmehr aufweisen, was noch nicht zu seinem Recht gekommen ist, und so soll Vergangenes in der Gegenwart der Niederschrift aktuell werden.

Die materialistische Geschichtsschreibung im *Passagen-Werk* folgt einem „destruktiven oder kritischen Moment",[27] dem es vor allem darum geht, die Kontinuität der Geschichte zu unterbrechen. Im Zitat findet Benjamin das entsprechende Werkzeug; Mehr in Übertragung als in Anwendung einer Theorie der Reproduktion von Worten wird die Zitation zum Wesen der Geschichtsschreibung überhaupt. In einer späten Variante der Logik eines *Buchs der Welt* steht der Historiker für ihn innerhalb eines geschlossenen, aber unleserlichen Textes der Gegenwart, der, angefüllt von der Vergangenheit, die Retrospektive des Historikers immer schon beeinflusst. Benjamin greift ausdrücklich auf den Topos zurück, den er mit dem Begriff des Geschehenen in eine neue Form übersetzen will:

> Die Rede vom Buch der Natur weist darauf hin, daß man das Wirkliche wie einen Text lesen kann. So soll es hier mit der Wirklichkeit des neunzehnten Jahrhunderts gehalten werden. Wir schlagen das Buch des Geschehenen auf.[28]

Was er explizit aus diesem untergründigen und unverfügbaren Genotext des „Geschehenen" herausnimmt und zu lesen gibt, also so erst zur „Geschichte" werden lässt, wird aus diesem Text entnommen und als entnommenes reproduziert. Die Leitmetaphorik für dieses Verhältnis bildet ausdrücklich das Zitat:

> Das Geschehen, das den Historiker umgibt und an dem er teil nimmt, wird als ein mit sympathetischer Tinte geschriebener Text seiner Darstellung zu Grunde liegen. Die Geschichte, die er dem Leser vorlegt, bildet gleichsam die Zitate in diesem Text und nur diese Zitate sind es, die auf eine jedermann lesbare Weise vorliegen. Geschichte schreiben heißt also Geschichte *zitieren*. Im Begriff des Zitierens liegt aber, daß der jeweilige historische Gegenstand aus seinem Zusammenhang gerissen wird.[29]

---

27 Ebd., N 10 a,1, S. 594.

28 Ebd., N 4, 2, S. 580. Ich danke Lea Fink für den Hinweis auf diese Stelle und ihre ermutigenden Kommentare zur Durchsicht des Konvoluts N Benjamins. So auch einleitend zitiert in Timo Skrandies, UNTERWEGS IN DEN PASSAGEN-KONVOLUTEN, in: *Benjamin-Handbuch: Leben – Werk – Wirkung*, hrsg. Burkhardt Lindner, Thomas Küpper u.a.), Stuttgart: Metzler 2011, S. 279-284, hier S. 279.

29 Ebd., N 11,3, S. 595.

Ob Benjamin Bayles Arbeit kannte, lässt sich nicht zweifelsfrei belegen. Aber die Parallelen in der Radikalisierung des metaphorischen *Buchs der Welt*, das seinen Anfang noch vor Montaigne genommen hat, erreicht eine Neubestimmung des Zitierens jenseits der Welt aus Büchern, die Bayles virtuellen Freiraum der berechtigten Zitation ausgemacht haben. Ohne sich mit dem Konzept des Intertexts auch nur zu berühren, gilt für Benjamin die textuelle Verfügbarkeit als Ausweis des historischen Schreibens als solchem.[30] Wie hervorgehoben, treten die Reste der Geschichte, die uns umgibt, bei richtigem Zugriff aus dem kontinuierlichen Text, der sie umgibt, hervor und lassen sich lesen – von allen. Geschichte schreiben heißt, sie zu zitieren, weil sie schon in der Form eines noch unleserlichen Texts vergraben vorliegt und gehoben werden will. Die Passage, die sich hier für Benjamin entwickeln lässt, stellt die konstruierte Verbindung des Vergangenen mit der Gegenwart dar, die am Zitierten dessen Berührungen mit dem Jetzt erkennen lernt. Wie bei Bayle steht dieses Aufbrechen der Geschlossenheit des Geschichtsnarrativs nicht für sich, sondern im Dienste einer theologisch imprägnierten Perspektive, die offensichtlich mit der Metapherngeschichte der lesbaren Welt Ernst machen will. Bayles Pessimismus, dass die höhere Wahrheitsfähigkeit des Historischen in der Einsicht seiner Fehlbarkeit liege, um mit dieser Abtragung der Vernunft dem Glauben Raum zu geben, erfährt im messianisch-utopischen Denken Benjamins eine Wendung zur Zukunft als Ausstand eines Noch-Nicht, die dem Fortschritt des Menschen gerade sein Gegenbild entgegenhält. Wenn er – in den Geschichtsthesen – vom Zitat spricht, berührt er damit die Fragmentarisierung, die Gegenstand von Konstruktion und Destruktion gleichermaßen ist. Die je aus dem Text des Geschehenen gehobenen historischen Momente sind noch nur Metonymien einer idealen Zitation, deren Voraussetzung nicht die philologische Akribie, noch die umfassende Selbstbetrachtung sein kann, sondern nichts geringeres als die Erlösung, die erst wirklich zitierfähig macht:

> [...] erst der erlösten Menschheit ist ihre Vergangenheit in jedem ihrer Momente zitierbar geworden.[31]

---

30 Die Konsequenz der Fortführung des *Buchs der Welt* besteht – wie schon bei Montaigne – gerade darin, dass die metaphorische Lesbarkeit als solche festgehalten wird. Das Geschehene selbst trägt die Züge der Verschriftlichung an sich, ohne darum schon textuell im engeren Sinn zu sein. Objekte jeder Art, auch Kunstwerke, können Teil dieses diversen Texts sein, an ihnen kann etwas *abgelesen* werden; Entschlüsselung und Zitation folgen auch jenseits des gedruckten oder geschrieben Worts der Metapher der Lektüre.

31 Vgl. Walter Benjamin, „Über den Begriff der Geschichte" in: *Gesammelte Schriften*, hrsg. Rolf. Tiedemann (u.a.), Band I, 2, Frankfurt a.M.: Suhrkamp 1991, S. 691-707, hier S. 694.

Bibliographie

Primärtexte

Bayle, Pierre: Bayle, Pierre : *Pensées diverses, écrites à un docteur de Sorbonne, à l'occasion de la comète qui parut au mois de décembre 1680*, Rotterdam: Leers 1683.

– *Critique générale de l'histoire du calvinisme de Mr. Maimbourg*, 2 Bde., Ville-Franche: Le Blanc 1684.

– *Projet et fragmens d'un Dictionaire historique*, Rottderdam: Leers 1692.

– *Entretiens de Maxime et de Themiste*, Rotterdam: Leers 1707.

– *Oeuvres diverses*, 5 Bde., [Den Haag 1727], Hildesheim: Olms 1964-1982.

– *Dictionnaire historique et critique*, 4 Bde., Amsterdam: Brunel, Wetstein u.a. / Leiden: Luchtmans 1740 (= DHC).

– *Système de philosophie: contenant la logique et la métaphysique*, Berlin: Pitra 1785.

– *Pierre Bayle. Historisches und kritisches Wörterbuch. Eine Auswahl*, 2. Bde., hrsg. Gawlick, Günter & Kreimendahl, Lothar, Hamburg: Meiner 2003/2006.

– *Les „Éclaircissements" de Pierre Bayle: édition des „Éclaircissements" du „Dictionnaire historique et critique" et études*, hrsg. Bost, Hubert, Paris: Champion 2010.

– *Dialogues of Maximus and Themistius*, hrsg./übers. Hickson, Michael W. Leiden/ Boston: Brill 2016.

– *Toleranz. Ein philosophischer Kommentar*, hrsg. Buddenberg, Eva & Forst, Rainer, übers. Buddenberg, Eva & Heimburger, Franziska, Suhrkamp: Berlin 2016.

Montaigne, Michel de: *Essais de Michel Seigneur de Montaigne*, 5*eme* *édition, augmentée d'un troisième livre; et de six cens additions aux deux premiers*, Paris: Abel l'Angelier 1588.

– *Les Essais de Michel seigneur de Montaigne, édition nouvelle trouvée après le déceds de l'autheur, reveüe et augmentée par luy d'un tiers plus qu'aux précédentes impressions*, hrsg. Gournay, Marie de, Paris: Abel l'Angelier 1595.

– *Essays of Michael Seigneur de Montaigne. In three books with marginal notes and quotations. And an account of the author's life. With a short character of the Author and translator, by a Person of Honour*, übers. Cotton, Charles, London: Gillyflower & Hensmann (u.a.) 1700.

– *De l'institution des enfans*, hrsg. Compayré, Gabriel, Paris: Hachette 1905, 5-26.

– (Übers.): Raimundus Sabundus, *Theologia Naturalis. La theologie naturelle de Raymond Sebonde*, 2. Bde., übers. Michel de Montaigne, Paris: Conard 1932/1933.

– *Les Essais*, hrsg. Villey, Pierre, Paris: PUF 1965.

– *Journal de voyage*, hrsg. Rigolot, François, Paris: PUF 1992.

– *Essais*, hrsg. Coste, Peter, übers. Tietz, Johann Daniel, Frankfurt a.M.: Zweitausendeins 2010.

– *Essais*, übers. Stilett, Hans, Frankfurt a.M.: Eichborn-Verlag 1998.
– *Les Essais*, hrsg. Balsamo, Jean & Magnien, Michel & Magnien-Simonin, Catherine, Paris: Gallimard 2007.

Monographien

Adorno, Theodor W.: *Noten zur Literatur*, hrsg. Tiedemann, Rolf, Frankfurt a.M.: Suhrkamp 1988.
Agricola, Rudolf: *De inventione dialectica libri tres / Drei Bücher über die Inventio dialectica: Auf der Grundlage der Edition von Alardus von Amsterdam (1539)*, hrsg. Mundt, Lothar, Berlin/Boston: de Gruyter 1992.
Agrippa von Nettesheim, Heinrich Cornelius: *Über die Fragwürdigkeit, ja Nichtigkeit der Wissenschaften, Künste und Gewerbe*; hrsg. Wollgast, Siegfried, übers. Güpner, Gerhard, Berlin: Akademie-Verlag 1993.
Alighieri, Dante: *Die Göttliche Komödie*, übers. Witte, Karl, Leipzig: Reclam 1987.
Annas, Julia & Barnes, Jonathan: *The Modes of Scepticism Ancient Texts and Modern Interpretations*, Cambridge/New York: Cambridge University Press 1985.
Aristoteles: *Metaphysik*, übers. Bonitz, Hermann Hamburg: Rowohlt 2007.
– *Rhetorik*, hrsg. Flashar, Hellmut, Berlin: Akad.-Verlag 2008.
– *Nikomachische Ethik*, übers. Rolfes, Eugen, Hamburg: Meiner 1995.
– *Poetik*: hrsg./übers Gohlke, Paul, Paderborn: Schöningh 1959.
– *Politik*: übers. Rolfes, Eugen, Hamburg: Meiner 1995.
Arnauld, Antoine & Nicole, Pierre: *L' art de penser: la logique de Port-Royal*, hrsg. Freytag-Löringhoff, Bruno von & Brekle, Herbert E., Stuttgart-Bad Cannstatt: Fromman 1965-1967.
Auerbach, Erich: *Die Narbe des Odyssseus. Horizonte der Weltliteratur*, hrsg. Bormuth, Matthias, Berlin: Berenberg 2017.
– *Mimesis. Dargestellte Wirklichkeit in der abendländischen Literatur*, Bern: Dalp 1971.
Augustinus, Aurelius: *Confessiones (lat./dtsch.)*, übers./hrsg. Flasch, Kurt, Stuttgart: Reclam 2009.
– *Vom Gottesstaat*, hrsg. Andresen, Carl, übers. Thimme, Wilhelm, Berlin: Akademie Verlag 2011.
Bachtin, Michail: *Literatur und Karneval: zur Romantheorie und Lachkultur*, übers. Kaempfe, Alexander, München: Hanser 1969.
Bakewell, Sarah: *How to Live: A Life of Montaigne in One Question and Twenty Attempts at an Answer*, London: Vintage 2011.
Balmer, Hans Peter: *Montaigne und die Kunst der Frage. Grundzüge der „Essais"*, Tübingen: Francke 2008.

– *Neuzeitliche Sokratik. Michel de Montaignes essayistisches Philosophieren*, München: Open Publishing LMU 2016.

Barasch, Frances K.: *TheGgrotesque: a Study in Meanings* , Den Haag [u.a.]: Mouton 1971.

Barthes, Roland: *L'empire de signes*, Genf: Skira (u.a.) 1980.

Beaujour, Michel: *Miroirs d'encre. Rhétorique de l'autoportrait*, Paris: Seuil 1980.

Behnke, Dorothea: *Furetière und Trévoux: Eine Untersuchung zum Verhältnis der beiden Wörterbuchserien*, Berlin/Boston: de Gruyter 2017.

Benjamin, Walter: *Das Passagen-Werk*, hrsg. Rolf Tiedemann, 2 Bde., Frankfurt a.M.: Suhrkamp 1982.

– „Über den Begriff der Geschichte" in: *Gesammelte Schriften*, hrsg. Rolf. Tiedemann (u.a.), Band I, 2, Frankfurt a.M.: Suhrkamp 1991, S. 691-707.

Betz, Louis, *Pierre Bayle und die „Nouvelles de la république des lettres": Erste populärwiss. Zeitschrift.* (*1684-1687*) Réimpr. [Zürich 1896], Genf: Slatkine 1970.

Bickenbach, Matthias: *Von den Möglichkeiten einer ‚inneren' Geschichte des Lesens*, Tübingen: Max Niemeyer 2017, S. 109.

Blanchard, Marc E.: *Trois portraits de Montaigne: essai sur la représentation à la Renaissance*, Paris: Nizet 1990.

Bloom, Harold: *The Anxiety of Influence: a Theory of Poetry*, New York (u.a.): Oxford Univ. Press 1997.

Blumenberg, Hans : *Arbeit am Mythos*, Frankfurt a.M.: Suhrkamp 1990.

– *Ästhetische und metaphorologische Schriften*, hrsg. Haverkamp, Anselm, Frankfurt a.M.: Suhrkamp 2001.

– *Das Lachen der Thrakerin. Eine Urgeschichte der Theorie*, Frankfurt a.M.: Suhrkamp 1987.

– *Die Legitimität der Neuzeit*, Frankfurt a.M.: Suhrkamp 1988.

– *Die Lesbarkeit der Welt*, Frankfurt a.M.: Suhrkamp 1983.

Böhn, Andreas: *Das Formzitat: Bestimmung einer Textstrategie im Spannungsfeld zwischen Intertextualitätsforschung und Gattungstheorie*, Berlin: Schmidt 2001.

Böhtlingk, Otto von: *Sanskrit-Chrestomathie*; hrsg. Garbe, Richard, Leipzig: ohne Verlag 1909 [Nachdruck: Darmstadt: Wiss. Buchgesellschaft 1967].

Booth, Wayne C.: *The Rhetoric of Fiction*, Chicago / London: University of Chicago press 1965.

Bost, Hubert: *Pierre Bayle*, Paris: Fayard 2006.

– *Un ‚intellectuel' avant la lettre, le journaliste Pierre Bayle: l'actualité religieuse dans les Nouvelles de la République des Lettres* (*1684 - 1687*), Amsterdam (u.a.): APA-Holland Univ. Press 1994.

Boutcher, Warren: *The School of Montaigne in Early Modern Europe*, 2 Bde., Oxford: Oxford University Press 2017.

Brahami, Frédéric : *Le travail du scepticisme: Montaigne, Bayle, Hume*, Paris: PUF 2001.

– *Le scepticisme de Montaigne*, Paris: PUF 1997.

Bretschneider, Charlotte: *Montaignes exemplarische Ethik*, Paderborn: Fink 2015.

Brousseau-Beuermann, Christine: *La copie de Montaigne. Etude sur les citations dans les „Essais"*, Paris: Champion-Slatkine 1989.

Brunschvicg, Léon: *Descartes et Pascal lecteurs de Montaigne*, Paris: Pocket 1995.

Brush, Craig B.: *From the Perspective of the Self: Montaigne's Self-Portrait*, New York: Fordham Univ. Press 1994.

– *Montaigne and Bayle: Variations on the theme of skepticism*, The Hague: Nijhoff 1966.

Bühler, Patrick: *Negative Pädagogik. Sokrates und die Geschichte des Lernens*, Paderborn: Schöningh 2012.

Bürger, Peter: *Studien zur französischen Frühaufklärung*, Frankfurt a.M.: Suhrkamp 1972.

Burke, Peter: *Die europäische Renaissance. Zentren und Peripherien*, München: Beck 1998.

– *Montaigne zur Einführung*, Hamburg: Junius-Verlag 1985.

Butor, Michel: *Essais sur les essais*, Paris: Gallimard 1988.

Calhoun, Alison: *Montaigne and the Lives of the Philosophers: Life Writing and Transversality in the Essais*, Newark: Univ. of Delaware Press 2015.

Carl Schmitt: *Der Begriff des Politischen*, Berlin: Duncker und Humblot 1996.

Cassirer, Ernst, *Die Philosophie der Aufklärung*, Hamburg: Meiner 1998.

Castiglione, Baldassare: *Der Hofmann*, hrsg. Beyer, Andreas, übers. Wesselski, Albert, Berlin: Wagenbach 2008.

Cave, Terence, *The Cornucopian Text: Problems of Writing in the French Renaissance*, Oxford: Clarendon Press 1979.

Charron, Pierre: *De la Sagesse*, Paris: Journel 1657.

Chastel, André: *La Grotesque*, Paris: Le Promeneur 1988.

Cicero: *Brutus* [*lat.-dtsch.*], hrsg./übers. Kytzler, Bernhard, Düsseldorf (u.a.): Artemis & Winkler 2000.

– *De finibus bonorum et malorum* (*lat. / dtsch.*), hrsg./übers. Gigon, Olof, München (u.a.): Artemis-Verlag 1988.

– *De Natura Deorum* (*lat./dtsch.*), hrsg./übers. Blank-Sangmeister, Ursula, Stuttgart: Reclam 1995.

– *De Oratore* (*lat./dtsch.*), hrsg./übers. Merklin, Harald, Stuttgart: Reclam 1976.

– *De senectute De amicitia; De divinatione*, übers. Armistead Falconer, William, Cambridge (MA): Harvard University Press 2014.

– *Laelius – De Amicitia* (*lat./dtsch.*), hrsg. Nickel, Rainer, Berlin/Boston: de Gruyter 2011.

– *Luculls*, hrsg. Straume-Zimmermann, Laila, Düsseldorf (u.a.): Artemis & Winkler 1997.

– *Orator* (*lat./dtsch.*), hrsg./übers. Kytzler, Bernhard Düsseldorf (u.a.): Artemis & Winkler 1998.
– *Tusculanae disputationes* (*lat./dtsch.*), hrsg. Gigon, Olof, Berlin/Boston: de Gruyter 2011.
Clark, Hilary Anne: *The Fictional Encyclopaedia. Joyce, Pound, Sollers*, New York/ London: Garland 1990.
Compagnon, Antoine: *La seconde main ou le travail de la citation*, Paris: Seuil 2016.
– *Nous. Michel de Montaigne*, Paris: Seuil 1980.
Conchis, Guilelmus de: *Das moralium dogma philosophorum des Guillaume de Conches: lateinisch, altfranzösisch und mittelniederfränkisch*, hrsg. Holmberg, John, Paris: Champion (u.a.) 1929.
Cullhed, Sigrid Schottenius: *Proba the Prophet: the Christian Virgilian Cento of Faltonia Betitia Proba*, Leiden/ Boston: Brill 2015.
Czelinski-Uesbeck, Michael: *Der tugendhafte Atheist: Studien zur Vorgeschichte der Spinoza-Renaissance in Deutschland*, Würzburg: Königshausen & Neumann 2007.
Dacos, Nicole: *La découverte de la Domus Aurea et la formation des grotesques à la Renaissance*, London (u.a.): Warburg Inst. (u.a.) 1969.
Daniel, P. Gabriel: *Voyage du monde de Descartes*, Paris: Simon Bénard 1680.
Delvolvé, Jean: *Religion, critique et philosophie positive chez Pierre Bayle*, New York: Burt Franklin 1971.
Derrida, Jacques: *De l'esprit: Heidegger et la question*, Paris: Galilée 1987.
– *Grammatologie*, übers. Rheinberger Hans-Jörg / Zischler, Hanns, Frankfurt a.M.: Suhrkamp 1983.
– *La dissémination*, Paris: Seuil 1972.
– *Limited Inc*, Evanston: Northwestern University Press 1988.
– *Limited Inc*, übers. Rappl, Werner, Wien: Passagen 2001.
– *Politik der Freundschaft*, Frankfurt a.M.: Suhrkamp 2000.
– *Vom Geist. Heidegger und die Frage*, übers. Düttmann, Alexander Garcìa, Frankfurt a.M.: Suhrkamp 1992.
Desan, Philippe: *Montaigne: a Life*, Oxford: Princeton University Press 2017.
– *Montaigne: les formes du monde et de l'esprit*, Paris: PU Paris-Sorbonne 2008.
– *Montaigne: une biographie politique*, Paris: Odile Jacob 2014.
– *Portraits à l'essai: iconographie de Montaigne*, Paris: Champion 2007.
Descartes, René: *Discours de la Méthode* (*franz./dtsch.*), hrsg./übers. Ostwald, Holger, Stuttgart: Reclam 2001.
– *Discours de la Méthode*, hrsg. & komm. Gilson, Étienne, Paris: Vrin 1947.
– *Meditationes de Prima Philosophie* (*lat./dtsch.*), übers. & hrsg. Schmidt, Gerhart, Stuttgart: Reclam 1986.
Dilthey, Wilhelm, *Grundriß der allgemeinen Geschichte der Philosophie*, hrsg. Gadamer, Hans-Georg, Frankfurt a.M.: Klostermann 1949.

Diogenes Laertius, *Leben und Meinungen berühmter Philosophen*, übers. Apelt, Otto, Hamburg: Meiner 2015.

Doni, Antonio Francesco: *Disegno: fac simile della edizione del 1549 di Venezia*, hrsg. Pepe, Mario, Mailand: Electa 1970.

Emerson, Ralph Waldo: *The Annotated Emerson*, hrsg. Mikics, David, Cambridge: Belknap 2012.

Erasmus von Rotterdam, *Adages*, (*Collected Works of Erasmus*, Bd. 33, *Adages II i 1 to II vi 100*), hrsg. Mynors, R.A.B., Toronto: University of Toronto Press 2016.

– *Apophthegmata*, hrsg. Fantham, Elaine. / Knott-Sharpe, Betty I., Toronto: University of Toronto Press 2014.

– *Opus epistolarum Des. Erasmi Roterodami*, hrsg. Allen, Francis, Oxford: Oxford Univ. Press 1928.

– *Ciceronianus*, (*Collected Works of Erasmus*, Bd. 28, *Literary and educational writings 6*), hrsg. Schoeck, Richard J., Toronto: University of Toronto Press 1986.

– *Fürstenerziehung: die Erziehung eines christlichen Fürsten*, hrsg. Gail, Anton J., Paderborn: Schöningh 1968.

– *Les adages* (*lat./frz.*), 5 Bde., hrsg. Saladin, Jean-Christophe, Paris: Les Belles lettres 2010-2013.

– *The Handbook of the Christian Soldier / Enchiridion militis christiani*, (*Collected Works of Erasmus*, Bd. 66, *Spiritualia*), Toronto (u.a.): University of Toronto Press 1988.

Estienne, Henri: *Parodiae morales H. Stephani in poetarum vet. sententias celebriores [...]Centonum veterum et parodiarum utriusque linguae exempla*, [ohne Ort und Drucker] 1575.

Feuerbach, Ludwig: *Pierre Bayle nach seinen für die Geschichte der Philosophie und Menschheit interessantesten Momenten*, Leipzig: Wiegand 1844.

Foglia, Marc: *Montaigne, pédagogue du jugement*, Paris: Classiques Garnier 2011.

Fontenelle, Bernard Le Bovier: *Histoire des oracles*, hrsg. Maigron, Louis, Paris: Hachette 1908.

Foucault, Michel: *Die Ordnung der Dinge: eine Archäologie der Humanwissenschaften*, übers. Köppen, Ulrich, Frankfurt a.M.: Suhrkamp 1989.

– *Dits et Écrits*, hrsg. Defert, Daniel (u.a.), 4 Bde., Paris: Gallimard 1994.

– *Les mots et les choses*, Paris: Gallimard 1966.

– *Was ist Kritik?*, übers. Walter Seitter, Berlin: Merve 1992.

Friedrich, Hugo: *Montaigne*, Bern/München: Francke 1967.

Fuchs, Hans-Jürgen: *Entfremdung und Narzißmus: semantische Untersuchungen zur Geschichte der „Selbstbezogenheit" als Vorgeschichte von französisch „amour-propre"*, Stuttgart: Metzler 1977.

Garasse, François: *La Doctrine curieuse des beaux esprits*, Paris: Cramoisy 1623.

Garavini, Fausta: *Monstres et chimères: Montaigne, le texte et le fantasme*, Paris: Champion (u.a.) 1993.

Gaukorger, Stephen: *Francis Bacon and the Transformation of Early-Modern Philosophy*, Cambridge: Cambridge University Press 2001.

Gautier, Théophile: *Les Grotesques*, Paris: Nizet 1984.

Gelius, Aulus: *Noctes Atticae*, Paris 1517.

Genetelli, Silvia Maspoli: *Il filosofo e le grottesche: la pluralità dell'esperienza estetica in Montaigne, Lomazzo e Bruno*, Rom (u.a.): Ed. Antenore 2006.

Genette, Gérard: *Die Erzählung*, übers. Knop, Andreas, Paderborn: Fink 2010.

– *Palimpsestes. La littérature en seconde degrée*, Paris: Seuil 1982.

– *Seuils*, Paris: Éd. du Seuil 1987.

Geyer, Paul: *Die Entdeckung des modernen Subjekts: Anthropologie von Descartes bis Rousseau*, Tübingen: Niemeyer 1997.

Gillot, Hubert: *La Querelle des Anciens et des Modernes en France. De la „Défense et Illustration de la langue française" aux „Parallèles des anciens et des modernes"*, Genf: Slatkine 1968.

Gontier, Thierry: *De l'homme à l'animal: Montaigne et Descartes ou les paradoxes de la philosophie moderne sur la nature des animaux*, Paris: J. Vrin 1998.

Gougenheim, Georges / Schuhl, Pierre-Maxime: *Trois essais de Montaigne* (*I 34, II 1, III 2*), Paris: Vrin 1951.

Grafton, Anthony, *Die tragischen Ursprünge der deutschen Fussnote*, Berlin: Berlin-Verlag 1995.

– *Leon Battista Alberti: Master Builder of the Italian Renaissance*, Cambridge/London: Harvard Univ. Press 2002.

Gray, Floyd: *La balance de Montaigne: exagium-essai*, Paris: Nizet 1982.

Greene, Thomas M.: *The Light in Troy: Imitation and Discovery in Renaissance Poetry*, New Haven/London: Yale University Press 1982.

Grimaldi, Anne: *Brantôme et le sens de l'histoire*, Paris: Nizet 1971.

Habel, Thomas: *Gelehrte Journale und Zeitungen der Aufklärung. Zur Entstehung, Entwicklung und Erschließung deutschsprachiger Rezensionszeitschriften des 18. Jahrhunderts*, Bremen: Edition Lumière 2007.

Habermas, Jürgen: *Strukturwandel der Öffentlichkeit: Untersuchungen zu einer Kategorie der bürgerlichen Gesellschaft*, Frankfurt a.M.: Suhrkamp 1990.

Hadot, Pierre: *Exercices spirituels et philosophie antique*, Paris: Michel 2008.

Hammerschmid, Michael: *Skeptische Poetik in der Aufklärung: Formen des Widerstreits bei Johann Karl Wezel*, Würzburg: Königshausen & Neumann 2002.

Hegel, Georg Wilhelm Friedrich: *Phänomenologie des Geistes*, Hamburg: Meiner 2006.

– *Vorlesungen über die Geschichte der Philosophie I u. II* (*Werke 18 und 19*), Farnkfurt a.M.: Suhrkamp 1996.

Heidegger, Martin: *Wegmarken*, GSA 9, Frankfurt a.M.: Vittorio Klostermann 1976.

Heidemann, Dietmar: *Der Begriff des Skeptizismus: Seine systematischen Formen, die pyrrhonische Skepsis und Hegels Herausforderung*, Berlin/Boston: de Gruyter 2008.

Hoch, Christoph: *Apollo Centonarius. Studien und Texte zur Centodichtung der italienischen Renaissance* Tübingen: Stauffenburg 1997.

Horaz: *Ars Poetica* (*lat./dtsch.*), hrsg./übers. Schäfer, Eckart, Stuttgart: Reclam 2011.

– *Carmina* (*lat./dtsch.*), hrsg. Burger, Franz, München: Heimeran 1927.

– *Oden und Epoden* (*lat./dtsch.*), hrsg./übers. Kytzler, Bernhard, Stuttgart: Reclam 2009.

– *Sermones* (*lat./dtsch.*), übers. Büchner, Karl, *Stuttgart: Reclam* 1972.

Huet, Pierre Daniel: *Censura Philosophiae Cartesianae*, Boulogne: Typis Laelii a Vulpe 1723.

– *Cenursa philosophiae Cartesianae*, Paris: Horthemels 1689.

Iemma, Paola: *Les repentirs de l'exemplaire de Bordeaux:* (*Montaigne, Essais, livre I*), Paris: Champion 2004.

Irle, Klaus: *Der Ruhm der Bienen: das Nachahmungsprinzip der italienischen Malerei von Raffael bis Rubens*, Münster: Waxmann 1997.

Israel, Jonathan I.: *Enlightenment Contested: Philosophy, Modernity, and the Emancipation of Man 1670 – 1752*, Oxford (u.a.): Oxford Univ. Press 2008.

– *Radical Enlightenment: Philosophy and the Making of Modernity 1650-1750*, Oxford (u.a.): Oxford Univ. Press 2003.

Jansen, Wolfgang: *Das Groteske in der deutschen Literatur der Spätaufklärung*, Bonn: Bouvier 1980.

Jaumann, Herbert: *Critica: Untersuchungen zur Geschichte der Literaturkritik zwischen Quintilian und Thomasius*, Leiden (u.a.): Brill 1995.

Kallweit, Hilmar: *Kulturelle Konfigurationen: Studien zum Verhältnis von Wissensordnungen und Erzählformen*, Paderborn: Fink 2015.

Kant, Immanuel: *Kritik der reinen Vernunft*, hrsg. Weischedel, Wilhelm, Frankfurt a.M.: Suhrkamp 1995.

Kayser, Wolfgang: *Das Groteske: seine Gestaltung in Malerei und Dichtung*, Tübingen: Stauffenburg-Verlag 2004.

Kellermann, Frederick D.: Montaigne's Socrates, Ph.D. diss., Indiana University 1954, abegrufen am 22.Dezemebr 2018: (https://search.proquest.com/docview/301993301?accountid=11004).

Kiening, Christian & Beil, Ulrich Johannes: *Urszenen des Medialen: von Moses zu Caligari*, Göttingen: Wallstein 2012.

– *Das andere Selbst. Figuren des Todes an der Schwelle zur Neuzeit*, München: Fink 2003.

Kleber, Hermann: *Die französischen Mémoires: Geschichte einer literarischen Gattung von den Anfängen bis zum Zeitalter Ludwigs XIV.*, Berlin: Schmidt 1999.

Knaak, Paul: *Über den Gebrauch des Wortes „grotesque“*, Greifswald: Hans Adler 1913.

Kojève, Alexandre: *Identité et Réalité dans le „Dictionnaire“ de Pierre Bayle*, hrsg. Marco Filoni, Paris: Gallimard 2010.

Konstantinovic, Isabelle N.: *Montaigne et Plutarque*, Genf: Droz 1989.

Koselleck, Reinhart: *Kritik und Krise: eine Studie zur Pathogenese der bürgerlichen Welt*, Frankfurt a.M.: Suhrkamp 1997.

– *Vergangene Zukunft. Über die Semantik geschichtlicher Zeiten*, Frankfurt a.M.: Suhrkamp 1989.

Krauss, Werner: *Die Literatur der französischen Frühaufklärung*, Frankfurt a.M.: Athenäum Verlag 1971.

Kristeva, Julia: *Séméiotikè*, Paris: Seuil 1969.

Kritzman, Lawrence D.: *The Fabulous Imagination: on Montaigne's Essays*, New York: Columbia Univ. Press 2009.

Kühlmann, Wilhelm: *Gelehrtenrepublik und Fürstenstaat, Entwicklungen und Kritik des deutschen Späthumanismus in der Literatur des Barockzeitalers*, Tübingen: de Gruyter 1982.

La Charité, Raymond: *The Concept of judgment in Montaigne*, The Hague: Nijhoff 1968.

Labrousse, Elisabeth: *Pierre Bayle*, 2 Bde., La Haye: Nijhoff 1963/1964.

Leibniz, Gottfried Wilhelm: *Commercii epistolici Leibnitiani*, hrsg. Feder, Johannes, Hannover: Hahn 1805.

– *Die philosophischen Schriften*, Bd. 6, hrsg. Carl I. Gerhardt, Berlin 1885 (= GP VI).

– *Kleine Schriften zur Metaphysik (franz./dtsch)*, Darmstadt: Wissenschaftliche Buchgesellschaft 1965.

– *Versuch in der Theodicée, über die Güte Gottes, die Freiheit des Menschen und den Ursprung des Übels*, übers. Buchenau, Arthur, Hamburg: Meiner 1996.

Lennon, Thomas M.: *The plain truth Descartes, Huet, and Skepticism*, Leiden (u.a.): Brill 2008.

Lévi-Strauss, Claude: *Die Luchsgeschichte*, München / Wien: Hanser 1993.

– *Von Montaigne zu Montaigne*, hrsg. Désveaux, Emmanuel, übers. Moldenhauer, Eva, Berlin: Suhrkamp 2018.

Lieshout, Helena Henrica Maria van: *The Making of Pierre Bayleś Dictionaire historique et critique*, Amsterdam (u.a.): APA-Holland Univ. Press 2001.

Lipsius, Justus & Cunaeus, Petrus, *Two Neo-Latin Menippean satires*, hrsg. Matheeussen, Constantijn. Leiden: Brill 1980.

– *Politica. Six Books of Politics or Political Instruction*, hrsg./übers. Warzink, Jan, Assen: Van Gorcum 2004.

Lobsien, Verena Olejniczak: *Skeptische Phantasie: eine andere Geschichte der frühneuzeitlichen Literatur*, München: Fink 1999.

Loyola, Ignacio de: *Der Bericht des Pilgers*, übers. Schneider, Burkhart, Freiburg (u.a.): Herder 1979.

Lukrez: *De rerum natura (lat./dtsch)*, hrsg./übers. Büchner, Karl, Stuttgart: Reclam 1973.

MacKinley, Mary B: *Words in a corner: studies in Montaigne's latin quotations*, Lexington: French Forum Publ. 1981.

MacPhail, Eric: *Dancing Around the Well. The Circulation of Commonplaces in Renaissance Humanism*, Leiden & Boston (Mass.): Brill 2014.

Maffei, Johannes Petrus: *De Vita Et Morib. Ignatii Loiolae, Qui Societatem Iesu Fundavit, Libri III*, Köln: Cholinus 1585.

Maimbourg: Louis, *Histoire du Calvinisme*, Paris: Mabre-Carmoisy 1682.

Malebranche, Nicolas de: *De la recherche de la vérité où l'on traite de la nature de l'esprit de l'homme*, Bd. 1, Amsterdam: Desbordes 1688.

– *De la recherche de la vérité où l'on traite de la nature de l'esprit de l'homme*, Bd. 2 (De l'imagination), Paris: Bellin 1886.

– Recherche de la vérité où l'on traite de la nature de l'esprit de l'homme et de l'usage qu'il en doit faire pour éviter l'erreur dans les sciences", in: *Oeuvres complètes*, Bd. 3, hrsg. Rodis-Lewis, Geneviève, Paris: Vrin 1964.

Man, Paul de: *Allegorien des Lesens II*, übers. Rexing-Lieberwirth, Sylvia, Berlin: Matthes & Seitz 2012.

Mann Phillips, Margaret: *The Adages of Erasmus: a study with translations*, Cambridge: Cambridge University Press 1964.

Marin, Louis: *L' écriture de soi: Ignace de Loyola, Montaigne, Stendhal, Roland Barthes*, Paris: PUF 1999.

Marital: *Epigramme. Gesamtausgabe (lat./dtsch.)*, hrsg./übers. Barié, Paul & Schindler, Winfried, Berlin/Boston: de Gruyter 2013.

Marx, Karl / Engels, Friedrich: „Die heilige Familie oder Kritik der kritischen Kritik", in: dies., Werke, Bd. 2, Berlin (DDR): Dietz Verlag 1972, S. 3-223.

Mathieu-Castellani, Gisèle: *Montaigne ou la vérité du mensonge*, Genf: Droz 2000.

– *Montaigne. L'écriture de l'essai*, Paris: PUF 1988.

Matytsin, Anton M.: *The Specter of Skepticism in the Age of Enlightenment*, Baltimore: Johns Hopkins University Press 2016.

McKenna, Antony: *Études sur Pierre Bayle*, Paris: Champion 2015.

McMurtrie, Douglas C., *The Book: the Story of Printing and Bookmaking*, London: Oxford University Press 1943.

Metschies, Michael: *Zitat und Zitierkunst in Montaignes „Essais"*, Genf: Droz 1966.

Moog, Willy: *Geschichte der Pädagogik 2: Die Pädagogik der Neuzeit von der Renaissance bis zum Ende des 17. Jahrhunderts*, hrsg. Holtkemper. Franz-Josef, Leipzig (u.a.): Zickfeldt 1928.

Morel, Philippe: *Les grotesques: les figures de l'imaginaire dans la peinture italienne de la fin de la Renaissance*, Paris: Flammarion 2011.

Moser, Christian: *Buchgestützte Subjektivität: Literarische Formen der Selbstsorge und der Selbsthermeneutik von Platon bis Montaigne*, Tübingen: Niemeyer 2011.

Mothe le Vayer, François de la: *Discours de l'histoire*, Paris: Camusat 1638.

Müller, Gregor: *Bildung und Erziehung im Humanismus der italienischen Renaissance: Grundlagen – Motive – Quellen*, Wiesbaden: Steiner 1969.

Müller-Funk, Wolfgang: *Erfahrung und Experiment: Studien zu Theorie und Geschichte des Essayismus*, Berlin/Boston: de Gruyter 1995.

Mulsow, Martin: *Die unanständige Gelehrtenrepublik: Wissen, Libertinage und Kommunikation in der Frühen Neuzeit*, Stuttgart & Weimar: Metzler 2007.

Naudé, Garbiel: *Apologie pour tous les grands hommes qui on este acusez de magie*, Paris: Eschart 1669.

Neiertz, Patrick : *Lumières obliques: ironie et dialogues au XVIIIe siècle*, Paris: Champion 2012.

Neumann, Bernd: *Identität und Rollenzwang: zur Theorie der Autobiographie*, Frankfurt a.M.: Athenäum-Verlag 1970.

Nietzsche, Friedrich: „Nachgelassene Aufzeichnungen", in: *Kritische Gesamtausgabe*, Bd. I 5, hrsg. Figl, Johann / Glau, Katherina & Most, Glenn: Berlin/New York: de Gruyter 2003.

– Unzeitgemäße Betrachtungen III: *Schopenhauer als Erzieher*, hrsg. Giorgio Colli & Mazzino Montinari, Berlin/New York: dtv/de Gruyter 1988.

– Kritische Gesamtausgabe, Vierte Abteilung, Dritter Band: Menschliches, Allzumenschliches *II*, hrsg. Giorgio Colli & Mazzino Montinari, Berlin: de Gruyter 1967.

Norton, Grace: *Le Plutarque de Montaigne*, Boston/New York: Cambridge University Press 1906.

O'Reilly, Terence: *From Ignatius Loyola to John of the Cross: Spirituality and Literature in Sixteenth Century Spain*, Aldershot (u.a.): Variorum 1995.

Ong, Walter J.: *Ramus: Method, and the Decay of Dialogue; from the Art of Discourse to the Art of Reason*, Cambridge: Harvard Univ. Press 1958.

Ortner-Buchberger, Claudia: *Formen und Funktionen des epistolaren Diskurses in den italienischen libri di lettere* München: Fink 2003.

Osborne, Peter: *The Politics of Time: Modernity and Avant-garde*, London (u.a.): Verso 1995.

Ovid: *Metamorphosen* (*lat. / dtsch.*), hrsg. Fink, Gerhard, Düsseldorf (u.a.): Artemis & Winkler 2004.

– *Metamorphoses* [*lat./engl*], Bd. 1, Books 1-8, übers. Miller, Frank Justus, Cambridge (MA): Harvard University Press 2014.

Paganini, Gianni: *Skepsis: le débat des modernes sur le scepticisme; Montaigne, Le Vayer, Campanella, Hobbes, Descartes, Bayle*, Paris: Vrin 2008.

Paré, Ambroise: *Des monstres et prodiges*, hrsg. Jeanneret, Michel Paris: Gallimard 2015.

Pascal, Blaise: *Gedanken über die Religion*, hrsg. Guth, Karl-Maria, Berlin: Hofenberg 2016.

– *Pensées*, hrsg. Lafuma, Louis, Paris: Seuil 1962.

Pereira, Gómez: *Antoniana Margarita (span./lat.)*, übers. Barreiro, José Luis, [1749], Santiago de Compostela: Servicio de Publ. da Univ. (u.a.) 2000.

Persius: *The Satyrs of Persius (lat./engl.)*, übers. Sheridan, Thomas, Dublin: Grierson 1728.

Pfeiffer, Helmut: *Montaignes Revisionen. Wissen und Form der Essais*, Paderborn: Fink 2018.

Piel, Friedrich: *Die Ornament-Grotteske in der italienischen Renaissance: zu ihrer kategorialen Struktur und Entstehung*, Berlin: de Gruyter 1962.

Platon: *Platons Werke*, übers. Franz Susemihl, Stuttgart: Metzler 1862/1863.

– *Sämtliche Werke*, 4 Bde., hrsg. Wolf, Ursula, übers. Schleiermacher, Friedrich, Hamburg: Rowohlt 2006.

– *Theätet*, hrsg. & übers. Martens, Ekkehard, Stuttgart: Reclam 1981.

Plett, Heinrich F.: *Rhetorik der Affekte: Englische Wirkungsästhetik im Zeitalter der Renaissance*, Tübingen: Niemeyer 1975.

Plutarch: *Kinderzucht (griech./dtsch.)*, Berlin/Boston: de Gruyter 2014.

– *Oeuvres Morales et Politiques*, übers. Amyot, Jacques, 2 Bde., Paris: Morel 1618.

– *Oeuvres Morales*, übers. Amyot, Jacques, 2 Bde., Paris: Chevalier 1612.

– *Les oeuvres morales et philosophiques de Plutarque*, 2 Bde., übers. Amyot, Jacques, Lyon: Frellon 1594.

– *Les Vies des hommes illustres, grecs et romains, comparées l'une à l'autre, par Plutarque de Chaeronée* [...], hrsg./übers. Amyot, Jacques, Paris: Vascosan 1567.

– *Les vies des hommes illustres, Grecs et Romains, comparées l'une avec l'autre, comparées l'une avec l'autre*, übers. Amyot, Jaques, Genf: Agathius 1571.

Polignac, Melchior de, *L'anti-lucrece, poëme sur la religion naturelle, composé par M. le Cardinal de Polignac*; übers. M. De Bougainville, 2 Bde., Paris, 1749.

Popkin, Richard H.: *The History of Scepticism: from Savonarola to Bayle*, Oxford (u.a.): Oxford University Press 2003.

Porta, Giambattista Della: *De humana physiognomonia Ioannis Baptistae Portae Neapolitani libri IV*, Frankfurt: Hoffmannus 1618.

Porteau, Paul: *Montaigne et la vie pédagogique de son temps*, Paris: Droz 1935.

Proba, Valeria Falconia: *Virgilio centones Probae Falconiae mulieris clarissimae ac locitissimae a D. Hieronymo comprobatae, de fidei nostrae mysteriis ex virgilii carminibus excerptum opusculum* , hrsg. Plateanus, Johannes, Köln: Johann III Gymnich 1592.

Properz: *Liebeselegien. Carmina (lat./dtsch.)*, hrsg. Luck, Georg, Berlin: de Gruyter 1996.

Pseudo-Longin, *Vom Erhabenen (gr.-dtsch.)*, übers. Brandt, Reinhard, Darmstadt: Wissenschaftliche Buchgesellschaft 1966.

Quintilianus, Marcus Fabius: *Institutionis Oratoriae / Die Ausbildung des Redners*, 2 Bde., hrsg./übers. Rahn, Helmuth, Darmstadt: Wissenschaftliche Buchgesellschaft 1975.

Ramée, Pierre de la: *Dialectique*, Paris: André Wechel 1555.

Regosin, Richard L.: *Montaigne's unruly brood: textual engendering and the challenge to paternal authority*, Berkeley: University of California Press 1996.

– *The Matter of my Book: Montaigne's „Essais" as the Book of the Self*, Berkeley: Univ. of California Press 1977.

Rétat, Pierre: *Le dictionnaire de Bayle et la lutte philosophique au XVIIIe siècle*, Paris (u.a.): Les Belles Lettres 1971.

Rigolot, Francois: *Les Métamorphoses de Montaigne*, Paris: PUF 1988.

Rodamar, Danièle Ghiolfi: *Montaigne et la logique de Port-Royal*, Ravenna: Longo 1992.

Rorarius, Hieronymus: *Quod Animalia bruta ratione utantur melius Homine Libri duo* [Paris 1648], Hildesheim: Olms 2005.

Royé, Jocelyn: *La figure du pédant de Montaigne à Molière*, Genf: Droz 2008.

Saint-Réal, César Vichard de: *Conjuration des Espagnols contre la république de Venise, précédées de sept discours sur l'usage de l'Histoire*, Paris: Barbin 1674.

Salatowsky, Sascha: *De Anima. Die Rezeption der aristotelischen Psychologie im 16. und 17. Jahrhundert*, Amsterdam (Philadelphia): B.R. Grüner 2006.

Sandberg, Karl: *At the Crossroads of Faith and Reason: an Essay on Pierre Bayle*, Tucson: University of Arizona Press 1966.

– *Faith and Reason in the Thought of Pierre Bayle, 1670-1697*, Madison: University of Wisconsin 1961.

Scaliger, Julius Caesar: *Poetices Libri Septem*, hrsg. Deitz, Luc & Vogt-Spira, Gregor; 2 Bde., Stuttgart – Bad Cannstatt: Frommann Holzboog 1994.

Schärf, Christian: *Geschichte des Essays von Montaigne bis Adorno*, Göttingen: Vandenhoeck und Ruprecht 1999.

Schmarje, Susanne: *Das Sprichwörtliche Material in den Essais von Montaigne*, Berlin/New York: de Gruyter 1973.

Schmidt-Biggemann, Wilhelm: *Maschine und Teufel: Jean Pauls Jugendsatiren nach ihrer Modellgeschichte*, Freiburg & München: Alber 1975.

– *Theodizee und Tatsachen: das philosophische Profil der deutschen Aufklärung*, Frankfurt a.M.: Suhrkamp 1988.

– *Topica universalis: eine Modellgeschichte humanistischer und barocker Wissenschaft*, Hamburg: Meiner 1983.

Schmidt, Herrad: *Die „diversité"' von Montaigne bis Montesquieu: französische Moralisten im Spannungsfeld von Beobachtung, reflektierter Wirklichkeitsperzeption und Versprachlichung*, Göttingen: V&R unipress 2016.

Scholar, Richard, *Montaigne and the art of free-thinking*, Oxford: Lang 2010.

Scholl, Dorothea: *Von den „Grottesken" zum Grotesken: die Konstituierung einer Poetik des Grotesken in der italienischen Renaissance*, Münster: Lit 2004.

Schon, Peter: *Vorformen des Essais in Antike und Humanismus*, Wiesbaden: Steiner 1954.

Seckendorff, Veit Ludwig von: *Commentarius Historicus et apologeticus de Lutheranismo, sive de Refomatione Religionis*, 3 Bde., Frankfurt: Gledtisch 1688.

Sedley, David Louis: *Sublimity and Skepticism in Montaigne and Milton*, Ann arbor: University of Michigan Press 2005.

Seneca: *Epistulae morales ad Lucilium (lat.-dtsch.)*, hrsg./übers. Fink, Gerhard, Düsseldorf: Artemis & Winkler 2014.

Sextus Empiricus: *Grundriss der pyrrhonischen Skepsis*, hrsg. & übers. Hossenfelder, Matle, Frankfurt a.M.: Suhrkamp 1985.

Shaftesbury, Anthony Ashley Cooper, Earl of: *Characteristics, Men, Manners, Opinions, Times, etc.*, 2. Bde, hrsg. Robertson, John, London: Richards 1900.

Sommer, Andreas Urs: *Sinnstiftung durch Geschichte? Zur Entstehung spekulativ-universalistischer Geschichtsphilosophie zwischen Bayle und Kant*, Basel: Schwabe 2006.

Spinoza, Baruch de: *Theologisch-politischer Traktat*, hrsg./übers. Gebhardt, Carl, Hamburg: Meiner 1955.

Starobinski, Jean: *Montaigne en mouvement*, Paris: Gallimard 1982.

Stierle, Karlheinz: *Montaigne und die Moralisten: klassische Moralistik - moralistische Klassik*, Paderborn: Fink 2016.

Stricker, Elisabeth: *Die maskierte Theologie von Pierre Bayle*, Berlin/New York: de Gruyter 2003.

Stumm, Friedrich W.: *Zu den Anfängen der französischen Aufklärung – Pierre Bayles Kometenschrift*, Marburg: Tectum Wissenschaftsverlag 2010.

Thibaudet, Albert: *Montaigne*, ed. Floyd Gray, Paris: Gallimard 1963.

Till, Dietmar: *Transformationen der Rhetorik: Untersuchungen zum Wandel der Rhetoriktheorie im 17. und 18. Jahrhundert*, Tübingen: Niemeyer 2012.

Tinsley, Sher: *Pierre Bayle's Reformation: Conscience and Criticism on the Eve of the Enlightenment*, Selinsgrove (u.a.): Susquehanna University Press 2001.

Tournon, André: *Montaigne. La glose et l'essai*, Paris: Champion 2000.

Traeger, Eberhard: *Aufbau und Gedankenführung in Montaignes Essays*, Heidelberg: Winter Univ. Verl. 1961.

Traninger, Anita: *Mühelose Wissenschaft: Lullismus und Rhetorik in den deutschsprachigen Ländern der frühen Neuzeit*, München: Fink 2001.

Trinquet, Roger: *La jeunesse de Montaigne. Ses origines familiales, son enfance et ses études*, Paris: Nizet 1972.

Van Der Lugt, Mara: *Bayle, Jurieu, and the „Dictionnaire Historique et Critique"*, Oxford: Oxford University Press 2016.

Vasari, Giorgio: *Kunstgeschichte und Kunsttheorie. Eine Einführung in die Lebensbeschreibungen berühmter Künstler anhand der Proömien*, hrsg./kommt. Burioni, Matteo / Feser, Sabine, übers. Lorini, Victoria, Berlin: Wagenbach 2004.

Verweyen, Theodor & Witting, Gunther: *Die Kontrafaktur: Vorlage und Verarbeitung in Literatur, bildender Kunst, Werbung und politischem Plakat*, Konstanz: Univ.-Verlag 1987.

Villey, Pierre: *Les Essais de Montaigne*, Paris: Sfelt 1946.

– *Les sources et l'évolution des essais de Montaigne*, Paris: Hachette 1908.

Vincent, Hubert: *Éducation et scepticisme chez Montaigne ou Pédantisme et exercice du jugement*, Paris/Montréal: l'Harmattan 1997.

Vinet, Alexandre: *Moralistes des seizième et dix-septième siècles*, Paris: Les Éditeurs 1859.

Vinken, Barbara: *Du Bellay und Petrarca: Das Rom der Renaissance*, Berlin/Boston: de Gruyter 2001.

Vitruvius: *De Architectura libri decem (lat./dtsch.)*, hrsg./übers. Fensterbusch, Curt, Darmstadt: Wissenschaftliche Buchgesellschaft 1964.

Völkel, Markus: *‚Pyrrhonismus historicus' und ‚fides historica': die Entwicklung der deutschen historischen Methodologie unter dem Gesichtspunkt der historischen Skepsis*, Frankfurt am Main (u.a.): Lang 1987.

Watson, Richard A.: *The Breakdown of Cartesian metaphysics*, Atlantic Highlands, NJ: Humanities Press 1987.

Weibel, Luc: *Le Savoir et le corps: essai sur le „Dictionnaire" de Pierre Bayle*, Paris: l'Âge d'homme 1975.

Welter, Jean-Thiebaut: *L'exemplum dans la littérature religieuse et didactique du Moyen âge*, Genf: Slatkine Reprints 2012.

Westerwelle, Karin: *Montaigne: die Imagination und die Kunst des Essays*, München: Fink 2001.

Wild, Markus: *Die anthropologische Differenz. Der Geist der Tiere in der frühen Neuzeit bei Montaigne, Descartes und Hume*, Berlin/New York: de Gruyter 2006.

Zeeb, Tanja: *Die Dynamik der Freundschaft*, Göttingen: V&R unipress 2011.

Zwink, Christian: *Imagination und Repräsentation: Die theoretische Formierung der Historiographie im späten 17. und frühen 18. Jahrhundert in Frankreich*, Berlin/Boston: de Gruyter 2012.

Sammelbände und Beiträge in ihnen

Abel, Olivier (Hrsg.): *Pierre Bayle: la foi dans le doute*, Genf: Labor et Fides 1995.

Becker, Mira: „Grottesco & suavitas. Zur Kopplung von ästhetischem Programm und institutioneller Form in zwei Mailänder Kunstakademien der Frühen Neuzeit", in: *Wissen in Bewegung. Institution – Iteration – Transfer*, hrsg. Cancik-Kirschbaum, Eva / Traninger, Anita, Wiesbaden: Harrassowitz 2015, S. 415–440.

Beetz, Manfred & Jaumann, Herbert (Hrsg.): *Thomasius im literarischen Feld: Neue Beiträge zur Erforschung seines Werkes im historischen Kontext* Berlin/Boston: de Gruyter 2003.

Berndt, Frauke: „Topik-Forschung", in: *Gedächtniskonzepte der Literaturwissenschaft: theoretische Grundlegung und Anwendungsperspektiven*, hrsg. Erll, Astrid & Nünning, Ansgar, Berlin (u.a.): de Gruyter 2005, S. 31-52.

Bianchi, Lorenzo: „Leibniz et le Dictionnaire de Bayle", in: *Leibniz' Auseinandersetzung mit Vorgängern und Zeitgenossen*, hrsg. Marchlewitz, Ingrid & Heinekamp, Albert, Stuttgart: Steiner 1990, S. 313-324.

Bizeul, Yves: „Pierre Bayles Kritik des Aberglaubens und Plädoyer für die Toleranz", in: *Toleranzdiskurse in der Frühen Neuzeit*, hrsg. Vollhardt, Friedrich, Berlin (u.a.): de Gruyter 2015, S. 177-216.

Bost, Hubert: „Un journaliste sur les journaux de son temps: le cas de Pierre Bayle," in: *La diffusion et la lecture des journaux de langue française sous l'Ancien Regime*, hrsg. ders., Amsterdam/Maarssen: APA-Holland University Press 1988, S. 203-211.

Campe, Rüdiger: „Epoche der Evidenz. Knoten in einem terminologischen Netzwerk zwischen Descartes und Kant", in: *Intellektuelle Anschauung*, hrsg. Peters, Sibylle & Schäfer, Martin Jörg, Bielefeld: transcript 2006, S. 25-43.

Dascal, Marcelo & Gerhardus, Dietfried (u.a., Hrsg.): *Sprachphilosophie*, Bd. 1, Berlin/Boston: de Gruyter/Mouton 2008.

Dibon, Paul (Hrsg.): *Pierre Bayle. Le Philosophe de Rotterdam*, Paris: Vrin 1959.

Eusterschulte, Anne: „Ist Spinozismus Atheismus? Die Diskussion um die atheistischen Konsequenzen der Philosophie Spinozas im 17. und 18. Jahrhundert", in: *Atheismus. Ideologie, Philosophie oder Mentalität?*, hrsg. Faber, Richard / Lanwerd, Susanne, Würzburg: Königshausen 2006, S. 35-73.

– „Pierre Bayle's Dictionaire historique et critique: Historical Criticism and Impartiality of Judgement", in: *The Emergence of Impartiality*, hrsg. Murphy, Kathryn& Traninger, Anita, Leiden (u.a.): Brill 2014, S. 305-332.

Eykmann, Walter: „Michel de Montaigne, Erziehung – Skepsis – Latina", in: *Der skeptische Blick: Unzeitgemäße Sichtweisen auf Schule und Bildung*, hrsg. Erhardt, Matthias (u.a.), Wiesbaden: VS Verlag für Sozialwissenschaften 2011, S. 47-72.

Forst, Rainer: „Religion, Reason, and Toleration: Bayle, Kant – and Us" in: *Religion in Liberal Political Philosophy*, hrsg. Laborde, Cécile & Bardon, Aurélia, Oxford: Oxford University Press, 2017, S. 249-261.

Gehring, Petra: „Der Essay – ein Verbindendes zwischen Literatur und Philosophie?", in: *Text als Ereignis: Programme –Praktiken – Wirkungen*, hrsg. Eckel, Winfried, / Lindemann, Uwe, Berlin/Boston: de Gruyter 2017, S. 157-176.

Gierl, Martin: „Kompilation und die Produktion von Wissen im 18. Jahrhundert", in: *Die Praktiken der Gelehrsamkeit in der frühen Neuzeit*, hrsg. Zedelmaier, Helmut, Tübingen: Niemeyer 2001, S. 63-94.

Glei, Reinhold F.: „‚Vergil am Zeug flicken: Centonische Schreibstrategien und die Centones Lelio Capilupi“, in: *„Parodia“ und Parodie. Aspekte intertextuellen Schreibens in der lateinischen Literatur der Frühen Neuzeit*, hrsg. ders. & Seidel, Robert, Berlin/Boston: de Gruyter 2006, S. 287-320.

Godart, Simon: „Grotesque Poetics. Michel de Montaigne's Use of Grotesques in De l'Amitié (I 28)“, in: *Paradigms of Renaissance Grotesques*, hrsg. Acciarino, Damiano, Toronto: University of Toronto Press 2019 [im Erscheinen].

Gordontzi, Leff: „Das Trivium und die drei Philosophien“, in: *Geschichte der Universität in Europa*, Band I: Mittelalter, hrsg. Rüegg, Walter, München: Beck 1993, S. 279-302.

Gutenberg, Andrea, & Poole, Ralph J. (Hrsg.): *Zitier-Fähigkeit: Findungen und Erfindungen des Anderen*, Berlin: Erich Schmidt Verlag 2001.

Hammerstein, Notker & Walther, Gerrit (Hrsg.): *Späthumanismus: Studien über das Ende einer kulturhistorischen Epoche*, Göttingen: Wallstein 2000.

Häseler, Jens: „Periodische Formen des wissenschaftlichen Denkens, Schreibens und Publizierens“, in: *Kulturen des Wissens im 18. Jahrhundert*, hrsg. Schneider, Ulrich Johannes, Berlin/New York: de Gruyter 2008, S. 229-232.

Häsner, Bernd: „Dialog und Essay. Zwei ‚Weisen der Welterzeugung‘ an der Schwelle zur Neuzeit“, in: *Grenzen und Entgrenzungen des Renaissancedialogs*, hrsg. Hempfer, Klaus, Stuttgart: Steiner 2006, S. 141–203.

Haverkamp, Anselm: „Die Gerechtigkeit der Texte. *Memoria –„eine ‚anthropologische Konstante“ im Erkenntnisinteresse der Literaturwissenschaften?*“, in: *Memoria. Vergessen und Erinnern*, hrsg. ders. & Lachmann, Renate, München: Fink 1993, S. 17-28.

Hempfer, Klaus: „Zur Interdependenz und Differenz von ‚Dialogisierung‘ und ‚Pluralisierung‘ in der Renaissance“, in: *Pluralisierungen. Konzepte zur Erfassung der Frühen Neuzeit*, Berlin/New York: de Gruyter 2010, S. 71–94.

Hufnagel, Henning: „Mercurio und Pedante, Dialog und Komödie. Zur Inszenierung wissenschaftlicher Autorität in der Cena de le ceneri Giordano Brunos“, in: *Grenzen und Entgrenzungen des Dialogs*, hrsg. Hempfer, Klaus W., Stuttgart: Franz Steiner Verlag 2006, S. 59-139.

Hugo, George: „Justus Lipsius And The Cento Form“, in: *(Un)masking the Realities of Power*, Leiden: Brill 2011, S. 163-192.

Kablitz, Andreas: „Montaignes ‚Skeptizismus‘: Zur Apologie de Raimond Sebond,“ in: *Poststrukturalismus: Herausforderung an die Literaturwissenschaft*, hrsg. Neumann, Gerhard, Stuttgart/Weimar: J. B. Metzler 1997, S. 504-539.

Krauss, Werner & Kortum, Hans (Hrsg.): *Antike und Moderne in der Literaturdiskussion des 18. Jahrhunderts*, Berlin: Akademie Verlag 1966.

Kruse, Margot & Küpper, Joachim & Kablitz, Andreas (u.a.) (Hrsg.): *Beiträge zur französischen Moralistik*, Berlin/Boston: de Gruyter 2008.

Kühlmann, Wilhelm (Hrsg.): *Intertextualität in der frühen Neuzeit: Studien zu ihren theoretischen und praktischen Perspektiven*, Frankfurt a.M. (u.a.): Lang 1994.

Labrousse, Elisabeth: „Le Paradoxe de l'Érudit cartésien Pierre Bayle“, in: *Religion, Érudition et Critique à la fin du XVIIe siècle et au Début du XVIIIe*, hrsg. Gaiffier d'Hestroy, Baudouin de, Paris: Presses Univ. de France 1968, S. 53-70.

Lachmann, Renate: „Dialogizität und poetische Sprache“, in: *Dialogizität*, hrsg. dies., München: Fink 1982, S. 51-62.

Lafond, Jean: „Le centon et son usage dans la littérature morale et politique (Lipse, Charron, J. -P. Camus)“, in: *L'Automne de la Renaissance*, Paris: Vrin 1981 , S. 117-128.

Leff, Gordontzi: „Das trivium und die drei Philosophien“, in: *Geschichte der Universität in Europa*, Band I: Mittelalter, hrsg. Rüegg, Walter, München: Beck 1993, S. 279-302.

Lobsien, Verena / Olk, Claudia (Hrsg.): *Neuplatonismus und Ästhetik: Zur Transformationsgeschichte des Schönen*, Berlin/Boston: de Gruyter 2012.

MacPhail, Eric: „Theory and Practice in ‚Du pedantisme‘“ in: *Montaigne after Theory/Theory after Montaigne*, hrsg. Zallou, Zahi, Seattle/London: University of Washington Press 2011, S. 39-54.

Magnien, Michel: „‚Crotesque‘ et sublime dans les Essais“, in: *Le Sublime et le Grotesque*, hrsg. Miernowski, Jan, Genf: Droz 2014, S. 65-87.

Magnien, Michel: „Aut sapiens, aut peregrinator: Montaigne vs. Lipse“, in: *The World of Justus Lipsius: a Contribution Towards his Intellectual Biography*, hrsg. Laureys, Marc & Bräunl, Christoph, Brüssel: Institut historique belge de Rome 1998, S. 209-232.

– „Montaigne et Erasme: Bilan et persepctives“, in: *Montaigne and the Low Countries (1580-1700)*, Boston: Brill 2007, S. 17-46.

– „Un écho de la querelle cicéronienne à la fin du XVIe siècle: éloquence et imitation dans les Essais“ in: *Rhétorique de Montaigne*, hrsg. Lestringant, Frank, Paris: Champion 1985, S. 85-100.

Mann Phillips, Margaret: „From the Ciceronianus to Montaigne“, in: *Classical Influences on European Culture A.D. 1500–1700*, hrsg. Bolgar, Robert Ralph, Cambridge: Cambridge University Press 1976, S. 191-197.

Margolin, Jean-Claude: „D'Érasme à Montaigne: l'écriture de l'opinion et la double voie de la croyance“, in: *L' écriture du scepticisme chez Montaigne*, hrsg. par Marie-Luce Demonet, Genf: Droz 2004, S. 109-130.

Mendonca, Marta: „Leibniz vs. Foucher. Is there anything wrong with the *Système Nouveau*“, in: *The Practice of Reason: Leibniz and his Controversies*, hrsg. Dascal, Marcelo, Amsterdam (Philadelphia): John Benjamins Pub. Co. 2010, S. 187-222.

Müller, Jan-Dirk & Pfisterer, Ulrich: „Der allgegenwärtige Wettstreit in den Künsten der Frühen Neuzeit“, in: *Aemulatio: Kulturen des Wettstreits in Text und Bild (1450-1620)* hrsg. dies. (u.a.); Boston: de Gruyter 2011, S. 1-32.

Neumann, Gerhard (Hrsg.): *Poststrukturalismus: Herausforderung an die Literaturwissenschaft*, Stuttgart/Weimar: J. B. Metzler 1997.

Neumeister, Sebastian: „Pierre Bayle oder die Lust der Aufklärung“, in: *Welt der Information: Wissen und Wissensvermittlung in Geschichte und Gegenwart*, hrsg. Koch, Hans-Albrecht, Stuttgart: Metzler 1990, S. 62- 78.

– Pierre Bayle oder die Versuchung der Geschichten", in: *Wissenschaftliches Erzählen im 18. Jahrhundert. Geschichte, Enzyklopädistik, Literatur*, hrsg. Elm, Veit, Berlin: Akademie-Verlag 2010, S. 73-84.
– „Pierre Bayle und der Mythos. Postmoderne Lektüre eines protestantischen Querdenkers", in: *Frühaufklärung*, hrsg. ders., München: Fink 1994, S. 127-148.
– „Unordnung als Methode: Pierre Bayles Platz in der Geschichte der Enzyklopädie", in: *Enzyklopädien der frühen Neuzeit. Beiträge zu ihrer Erforschung*, hrsg. Eybl, Franz M., Tübingen: Niemeyer 1995, S. 188-199.
Pfister, Ulrich: „Konzepte der Intertextualität", in: *Intertextualität Formen, Funktionen, anglistische Fallstudien*, hrsg. Broich, Ulrich / ders., Tübingen: Niemeyer 1985, S. 1-30.
Piles, Roger de: *Cours de peinture par principes*, Paris: J. Estienne 1708.
Popkin, Richard H.: „Bayle's Place in the 17th Century Scepticism", in: *Pierre Bayle. Le Philosophe de Rotterdam*, hrsg. Dibon, Paul, Paris: Vrin 1959, S. 1-19.
Raga-Rosaleny, Vicente: „The Current Debate About Montaigne's Skepticism", in: *Skepticism in the Modern Age. Building on the Work of Richard Popkin*, hrsg. Neto, Maia / Raimundo, José / Paganini, Gianni / Laursen, John Christian, Leiden: Brill 2009, S. 55-70.
Reid, Steven J. (Hrsg.): *Ramus, pedagogy and the liberal arts: Ramism in Britain and the wider world*, Farnham (u.a.): Ashgate 2011.
Rendall, Steven: „In disjointed Parts", in: *Montaigne: Montaigne's message and method*, hrsg. Berven, Dikka, New York (u.a.): Garland 1995, S. 273-286.
Robert, Jörg: „Die Ciceronianismus-Debatte", in: *Diskurse der Gelehrtenkultur in der Frühen Neuzeit. Ein Handbuch*, hrsg. Jaumann, Herbert, Berlin/New York: de Gruyter 2011, S. 1-54.
– „Nachschrift und Gegengesang. Parodie und parodia in der Poetik der Frühen Neuzeit", in: *‚Parodia' und Parodie. Aspekte intertextuellen Schreibens in der lateinischen Literatur der Frühen Neuzeit*, hrsg. Reinhold Glei / Robert Seidel, Tübingen: Niemeyer 2006, S. 47-66.
Schmidt-Biggemann, Wilhelm: „Enzyklopädie und Philosophia perennis", in: *Enzyklopädien der Frühen Neuzeit*, hrsg. Eybl, Franz u.a., Tübingen: Niemeyer 1995, S. 1-18.
– „Jacob Bruckers philosophiegeschichtliches Konzept", in: *Jacob Brucker (1696–1770): Philosoph und Historiker der europäischen Aufklärung*, hrsg. Schmidt-Biggemann, Wilhelm & Stammen, Theo, Berlin: Akademie Verlag 2015, S. 113-134.
– „Topik und Loci Communes: „Melanchthons Traditionen", in: *Der Philosoph Melanchthon*, hrsg. Mundt, Felix / Frank, Günter, Berlin: de Gruyter 2012, S. 77-93.
– *„Über die Leistungsfähigkeit topischer Kategorien* – unter ständiger Rücksichtnahme auf Renaissance-Philosophie", in: *Renaissance-Rhetorik*, hrsg. Plett, Heinrich, Berlin/New York: de Gruyter 1993, S. 179-195.
Schneider, Ulrich Johannes & Zedelmaier, Helmut: „Wissensapparate. Die Enzyklopädistik der Frühen Neuzeit", in: *Macht des Wissens: die Entstehung der modernen*

Wissensgesellschaft, hrsg. Dülmen, Richard van & Rauschenbach, Sina, Köln (u.a.): Böhlau 2004, S. 349-364.

Servet, Pierre: „Les allongeails des Essais au miroir de Socrate", in: *Le socratisme de Montaigne*, hrsg. Hontier, Thierry (u.a.), Paris: Garnier 2010, S. 39-56.

Still, Judith & Worton, Michael (Hrsg.): *Intertextuality: Theories and Practices*, Manchester: Manchester University Press 1991.

Tetel, Marcel: „Montaigne: Evolution or Convolution?", in: *Montaigne: Montaigne's message and method*, hrsg. Berven, Dikka, New York (u.a.): Garland 1995, S. 211-228.

Tournon, André: „Advenu ou non-advenu", in: *Montaigne et l'Histoire, Actes du colloque international de Bordeaux (1988)*, Paris: Klincksieck 1991, S. 31-39.

– Traniger, Anita: „Anger Management and the Rhetoric of Authenticity in Montaigne's *De la colère* (II, 31)" in: *Discourses of Anger in the Early Modern*, hrsg. dies. & Enenkel, Karl A.E., Boston: Brill 2015, S. 97–125.

– „Libertas philosophandi", in: *Neue Diskurse der Gelehrsamkeit in der frühen Neuzeit*, hrsg. Jaumann, Herbert & Stiening, Gideon, Berlin (u.a.): de Gruyter 2016, S. 269–318.

– „Taking Sides and the Prehistory of Impartiality", in: *The Emergence of Impartiality*, hrsg. dies. & Murphy, Kathryn, Leiden (u.a.): Brill 2014, S. 33-64.

Treskow, Isabelle von: „Die Entstehung der Kritik aus dem Verfahren der Disputation. Pierre Bayles *Dictionnaire historique et critique* und die akademische Refutationspraxis" in: *Scientia valescit: zur Institutionalisierung von kulturellem Wissen in romanischem Mittelalter und Früher Neuzeit*, hrsg. Eggert, Elmar, München: Meidenbauer 2009, S. 353-380.

Tucker, George Hugo: „Justus Lipsius And The Cento Form", in: *(Un)masking the Realities of Power*, Leiden: Brill 2011, S. 163-192.

Valenti, Rossana: „Körpermetaphern in der römischen Rhetorik-Tradition", in: *Topik und Rhetorik Ein interdisziplinäres Symposium*, hrsg. Schirren, Thomas & Ueding, Gert, Berlin/Boston: de Gruyter 2000, S. 81-90.

van den Berg, Wim: „Autorität und Schmuck. Über die Funktion des Zitates von der Antike bis zur Romantik" in: *Instrument Zitat: über den literarhistorischen und institutionellen Nutzen von Zitaten und Zitieren*, hrsg. Beekman, Klaus, Amsterdam (u.a.): Rodopi 2000, S. 11-36.

Vasoli, Cesare: „La première querelle des anciens et modernes aux origines de la renaissance", in: *Classical influences on European culture A.D. 1500-1700*, hrsg. Bolgar, R. R., Cambridge: Cambridge University Press 1976, S. 67-80.

Verweyen, Theodor & Witting, Gunter: „The Cento. A Form of Intertextuality from Montage to Parody", in: *Intertextuality*, hrsg. Plett, Heinrich, Berlin/New York: de Gruyter 1991, S. 165-180.

Walter, Peter: „Humanistische Schriftauslegung am Beispiel Jacques Lefevre d'Etaples und des Erasmus von Rotterdam", in: *Der Streit um die Schrift*, hrsg. Fischer, Irmtraud (u.a.), Göttingen: Vandenhoeck & Ruprecht 2018, S. 203-224.

Westerwelle, Karin: „*Beauté* und *force* als Kriterien, die Alten und die Modernen zu verstehen. Aspekte der *Querelle* in Michel de Montaignes Essais“, in: *Zwischen Tradition und Innovation Poetische Verfahren im Spannungsfeld Klassischer und Neuerer Literatur und Literaturwissenschaft*, hrsg. Schwindt, Jürgen Paul, Berlin/Boston: de Gruyter 2000, S. 109-134.

Wiedemann, Conrad: „Fortifikation des Geistes. Lipsius, der Cento und die prudentia civilis“, in: *Späthumanismus: Studien über das Ende einer kulturhistorischen Epoche*, hrsg. Hammerstein, Notker, Göttingen: Wallstein, 2000, S. 183-207.

Wild, Markus: „Montaigne als pyrrhonischer Skeptiker“, in: *Unsicheres Wissen. Skeptizismus und Wahrscheinlichkeit 1550–1850*, hrsg. ders. (u.a.), Berlin/New York: de Gruyter 2009, S. 61-85.

Williams, Wes: „Montaigne's Children: Metaphor, Medicine, and the Imagination“ in: *Monsters and their Meanings in Early Modern Culture: Mighty Magic*, hrsg. ders., Oxford: Oxford University Press 2011, abgerufen am 22. Dezember 2017 (http://www.oxfordscholarship.com/view/10.1093/acprof:oso/9780199577026.001.0001/acprof-9780199577026.).

Wirth, Uwe: „Parodie“, in: *Komik: ein interdisziplinäres Handbuch*, hrsg. ders., Stuttgart: Metzler Verlag 2017, S. 26-30.

Worstbrock, Franz Josef (Hrsg.): *Der Brief im Zeitalter der Renaissance*, Weinheim: Acta Humaniora 1983.

Lexika

Ästhetische Grundbegriffe, hrsg. Barck, Karlheinz (u.a.), Stuttgart/Weimar: Metzler 2001.

Der Neue Pauly, hrsg. Cancik, Hubert & Schneider, Helmuth & Landfester, Manfred, Leiden: Brill 2006, abgerufen am 22. Dezember 2017 (http://dx.doi.org/10.1163/1574-9347_dnp_SIM_001).

Dictionnaire de l'Académie française, 1. Ausg., Paris: Coignard 1694, abgerufen am 22. Dezember 2017 (http://artfl-project.uchicago.edu/node/17).

Dictionnaire de la langue française, hrsg. Littré, Émile, Paris: Hachette, 1873-1874; hrsg. François Gannaz. abgerufen am 22. Dezember 2017: (http://www.littre.org).

Dictionnaire de Michel de Montaigne, hrsg. Philippe Desan, Paris: Champion 2007.

Dictionnaire universel, contenant généralement tous les mots françois tant vieux que modernes, et les termes de toutes les sciences et des arts …, hrsg. Furetière, Antoine, 2 Bde., La Haye: Leers 1690.

Encyclopédie ou Dictionnaire raisonné des sciences, des arts et des métiers, hrsg. Diderot, Denis & d'Alembert, Jean-Baptiste le Rond, Paris: Birasson (u.a.) 1751-1765, abgerufen am 22. Dezember 2017 (http://enccre.academie-sciences.fr/encyclopedie/).

Historisches Wörterbuch der Rhetorik, hrsg. Ueding, Gert (u.a.), Tübingen: Niemeyer 2009, aberufen am 22. Dezember 2017 (https://www.degruyter.com/view/db/hwro).

Le Thresor de la langue francoyse, hrsg. Nicot, Jean, Paris: David Douceur 1606, abgerufen am 22. Dezember 2017 (http://artfl-project.uchicago.edu/node/17).

Philologie française: ou, Dictionnaire étymologique, critique, historique, anecdotique, littéraire … pour servir à l'histoire de la langue française, hrsg. Noel, François & Carpentier, L. J. Paris: Le Normant Père 1831.

Platon-Lexikon, hrsg. Christian Schäfer, Darmstadt: Wissenschaftliche Buchgesellschaft 2007.

Reallexikon der deutschen Literaturwissenschaft, hrsg. Müller, Jean-Dirk & Vollhart, Friedrich (u.a.), Weimar/Berlin/Boston: de Gruyter 2010.

Stanford Encyclopedia of Philosophy (Summer 2016 Edition), hrsg. Zalta, Edward N., abgerufen am 22. Dezember 2017 (https://plato.stanford.edu/archives/sum2016/entries/ramus/).

The Oxford Dictionary of Philosophy, 3. Ausg., hrsg. Blackburn, Simon, Oxford: Oxford University Press 2016, abgerufen am 22. Dezember 2017 (http://www.oxfordreference.com/view/10.1093/acref/9780199541430.001.0001/acref-9780199541430).

The Oxford Handbook of Montaigne, hrsg. Desan, Philippe, Oxford: Oxford University Press 2016.

Theorien der Literatur. Grundlagen und Perspektiven, hrsg. Geppert, Hans Vilmar & Zapf Hubert, Tübingen: Francke 2007.

Zeitschriftenbeiträge

Beck, William J.: „Montaigne et Paré: Leurs idées sur les monstres", *Rinascimento* 30 (1990), S. 317-324.

Bellenger, Yvonne: „L'intelligence des animaux: Montaigne et Du Bartas lecteurs de Plutarque", *Revue d'Histoire littéraire de la France*, 80/4 (1980), S. 523-539.

Bergeron, Henri-F.: „Le manichéisme de Bayle et Plutarque", *Revue Philosophique de la France et de l'Étranger* 156 (1966), S. 205-210.

Blum, Claude: „La fonction du ‚déjà dit' dans les *Essais*: emprunter, alléguer, citer", *Cahiers de l'Association internationale des études francaises* 33 (1981), S. 35-51.

Blumenberg, Hans: „Paradigmen zu einer Metaphorologie", *Archiv für Begriffsgeschichte* 6 (1960), S. 7-142.

Bonadeo, Alfredo: „Montaigne on War", *Journal of the History of Ideas*, 46/3 (1985), S. 417-426.

Bontea, Adriana: „Montaigne's ‚On Physiognomy'", *Renaissance Studies* 22/1 (2008), S. 41-62.

Borghero, Carlo: „Historischer Pyrrhonismus, Erudition und Kritik“, *Das Achtzehnte Jahrhundert* 31/2 (2007), S. 164-178.

Brody, Jules: „Du repentir (III: 2): A Philological Reading“, *Yale French Studies* 64 (1983), S. 238-272.

Campe, Rüdiger: „Rhetorik und Physiognomik oder Die Zeichen der Literatur“, *Rhetorik: Ein internationales Jahrbuch* 9 (2010), S. 68-83.

Carlson, William R.: „‚Pensées‘ and ‚Pensées diverses‘. The Art of Persuasion in Pascal and Bayle“, *French Forum* 4/2 (1979), S. 137–146, hier S. 137-138.

Chambers, Frank M.: „Pascal's Montaigne“, *PMLA* 65/5 (1950), S. 790-804.

Charles, Syliane: „Le procès de Montaigne par Malebranche. La véracité à l'aune de la vérité moderne“, *Renaissance and Reformation* 21/ 3 (1997), S. 25-41.

Couturas, Claire: „Une pratique de transfert dans les *Essais* de Montaigne: les Vies parallèles de Plutarque“, *Camenae* 3 (2007), S. 1-11.

Curtis, David E.: „Pierre Bayle and the Range of Cartesian Reason“, *Yale French Studies*, 49 (1973), S. 71-81.

De Rentiis, Dina: „Der Beitrag der Bienen. Überlegungen zum Bienengleichnis bei Seneca und Macrobius“, *Rheinisches Museum für Philologie*, 141. Bd., H. 1 (1998), S. 30-44.

Delboulle, Achille: „Charron Plagiaire De Montaigne“, *Revue D'Histoire Littéraire De La France* 7/2 (1900), S. 284-96.

Engel, William E.: „Aphorism, Anecdote, and Anamnesis in Montaigne and Bacon“, *Montaigne Studies* 1 (1989), S. 158–176.

Frame, Donald: „Did Montaigne Betray Sebond?“, *Romanic Review* 38 (1947), S. 297-382.

Friedrich, Hugo: „Montaigne und der Tod“, *Romanische Forschungen* 61/ 1. H. (1948), S. 32-88.

Fry, Richard: „Bayle's ‚Rorarius', Leibniz and Animal Souls“, *Rivista Di Filosofia* 18/II (2015), S. 113-127.

Gawlick, Günter: „Ciceros Präsenz in Pierre Bayles ‚Dictionnaire historique et critique‘“, *Aufklärung* 16 (2004), S. 49-66.

Glidden, Hope H.: „The Face in the Text: Montaigne's Emblematic Self-Portrait (Essais III 12)“, *Renaissance Quarterly* 46/1 (1993), S. 71-97.

Gmelin, Hermann: „Das Prinzip der Imitatio in den romanischen Literaturen der Renaissance (I. Teil)“, *Romanische Forschungen* 46/1 (1932), S. 83-360.

Godart, Simon: „Den alten Namen erwähnen – Derridas Foucault-Kritik als Perspektive für die Geschichtsphilosophie“, *Paideia* 2 (2014), S. 105-115.

Gray, Floyd: „Reflexions on Charron's Debt to Montaigne“, *The French Review* 35/4. 4 (1962), S. 377-382.

Green, Jeffrey Martin: „Montaigne's Critique of Cicero“, *Journal of the History of Ideas* 36/4 (1975), S. 595-612.

Horkheimer, Max: „Montaigne und die Funktion der Skepsis“, *Zeitschrift für Sozialforschung VII* (1938), [Reprint hrsg. Schmidt, Alfred, Frankfurt a.M.: Suhrkamp 1971, S. 96-144].

Hossenfelder, Malte: „Antiker und baylescher Skeptizismus“, *Aufklärung* 16 (2004), S. 21-35.

Jaumann, Herbert: „Bibelkritik und Literaturkritik in Der Frühen Neuzeit“, *Zeitschrift Für Religions- und Geistesgeschichte* 49/2 (1997), S. 123-134.

– „Satire zwischen Moral, Recht und Kritik. Zur Auseinandersetzung um die Legitimität der Satire im 17. Jahrhundert“, *Simpliciana* 13 (1991), S. 15-27.

Kenshur, Oscar: „Pierre Bayle and the Structures of Doubt“, *Eighteenth-Century Studies* 21/3 (1988), S. 297-315.

Kupisz, Kazimierz: „Variations montaigniennes sur le thème du pédantisme“, *Revue d'Histoire littéraire de la France,* 88 / 5, (1988), S. 944-948.

Labrousse, Elisabeth: „La méthode critique chez Pierre Bayle et l'Histoire“, *Revue Internationale de Philosophie,* Bd. 11, 42 (4) (1957), S. 450-466.

Laplanche, François: „Tradition et modernité au XVIIe siècle: L'exégèse biblique des protestants français“, *Annales. Histoire, Sciences Sociales* 40/3 (1985), S. 463-488.

Larkin, Neil M.: „The ‚Essais' Dedications“, *Romanic Review* 73/4 (1982), S. 401-410.

Lee, Rensselaer W.: „Ut Pictura Poesis: The Humanistic Theory of Painting“, *Art Bulletin* 22/4 (1940), S. 197-269.

Lennon, Thomas M.: „Jansenism and the Crise Pyrrhonienne“, *Journal of the History of Ideas* 38/2 (1977), S. 297-306.

Longhi, Silvia: „Propagata Voluptas: Henri Estienne et la parodie“, *Bibliothèque d'Humanisme et Renaissance,* 47/3 (1985), S. 595-608.

Maclean, Ian: „The ‚Sceptical Crisis' Reconsidered: Galen, Rational Medicine and the Libertas Philosophandi“, *Early Science and Medicine* 11/3 (2006), S. 247–274.

MacPhail, Eric: „Montaigne an the trial of Socrates“, *Bibliothèque d'Humanisme et Renaissance,* Bd. 63 Nr. 3 (2001), S. 457-475.

Mottet, Philippe: „Des Citation Grecques et Du Pedantisme (I, 25)“, *Bulletin de la Société des Amis de Montaigne* 7/8 (1997), S. 9-20.

Nakam, Gérald: „Montaigne manieriste“, *Revue d'histoire littéraire de la France* 95/6 (1995), S. 195-228.

Niehues-Pröbsting, Heinrich: „Der ‚Kurze Weg': Nietzsches ‚Kynismus'“, *Archiv für Begriffsgeschichte* 24/1 (1980), S. 103-122.

Niesei, Wilhelm: „Zum Genfer Prozess gegen Valentin Gentilis“, *Archiv für Reformationsgeschichte* 26/2 (1929), S. 270-273.

o. A.: „Pierre Bayle et l'article David: une lettre inconnue [à François Durand, 29 juin 1702]“, *Bulletin de la Société de l'Histoire du Protestantisme Français (1903-2015)* 111 (1965), S. 352-355.

O'Reilly, Terence: „Melchor Cano and the Spirituality of St. Ignatius Loyola: The Censura y parecer contra el Insituto de los Padres Jesuitas", *Journal of Jesuit Studies* 4/3, (2017), S. 365-394.

Perler, Dominik: „Descartes über Fremdpsychisches", *Archiv f. Gesch. d. Philosophie* 77 (1995), S. 42-62.

– „Ideen als abstrakte Gegenstände. Zum Ideenbegriff bei Malebranche", *Archiv für Begriffsgeschichte* 39 (1996), S. 207-232.

– „Was There a Pyrrhonian Crisis in Early Modern Philosophy? A Critical Notice of Richard H. Popkin", *Archiv für Geschichte der Philosophie*, 86/2 (2006), S. 209-220.

Popkin, Richard R.: „The High Road to Pyrrhonism", *American Philosophical Quarterly* 2/1 (1965), S. 18-32.

Pouilloux, Jean-Yves: „Dire à demi", *Bulletin de la Société des Amis de Montaigne* 8 / 15-16 (1999), S. 13-22.

Regosin, Richard L.: „‚Le Miroüer vague': Reflections of the Exemple in Montaigne's Essais", *Oeuvres & Critiques* 8 1/2 (1983), S. 73-86.

Rex, Walter: „Pierre Bayle: The Theology and Politics oft he Article on David", *Bibliothèque d'Humanisme et Renaissance*, 24/1 (1962), S. 168-189.

Russell, Daniel: „Montaigne's Emblems", *French Forum* 9/3 (1984), S. 261-275.

Sainte-Beuve, Charles-Augustin: „Du Génie critique et de Bayle", *Revue des Deux Mondes* 4 (1835), S. 543-561.

Salles, André: „Montaigne et le De pueris statim ac liberaliter instituendis d'Erasme", *Bulletin des amis de Montaigne* 2/3 (1938), S. 29-30.

Schlüter, Gisela (Hrsg.): „Historischen Pyrrhonismus", Das Achtzehnte Jahrhundert 31/2 (2007).

Scholl, Dorothea: „Zur Genealogie, Phänomenologie und Theorie des Grotesken", *Interlitteraria* 2 (1997), S. 15-39.

Schottlaender, Rudolf: „Montaignes Verhältnis zu Plutarch. Anregungen und Affinitäten", *Antike und Abendland* 32 (1986), S. 159-172.

Seo, J. Mira: „Plagiarism and Poetic Identity in Martial", *The American Journal of Philology* 130/4 (2009), S. 567-593.

Solé, Jacques: „Religion et conception du monde dans le Dictionnaire de Pierre Bayle", *Bulletin de la Société de l'Histoire du Protestantisme Français* 117 (1971), S. 545-581.

Sommer, Andreas Urs: „Triumph der Episode über die Universalhistorie? Pierre Bayles Geschichtsverflüssigungen", *Saeculum* 52/1 (2001), S. 1-39.

Stackelberg, Jürgen von: „Das Bienengleichnis. Ein Beitrag zur Geschichte der literarischen Imitatio", *Romanische Forschungen* 68 (1956), S. 271-293.

Stader, Daniel & Traninger, Anita: „Unparteilichkeit und das Problem der Trennung von Person und Sache", *Scientia Poetica* 20/1 (2016), S. 44-80.

Stierle, Karlheinz: „L'histoire comme Exemple, l'exemple comme histoire", *Poetique* 10 (1972), S. 176-198.

Taoka, Yasuko: „Quintilian, Seneca, Imitatio: Re-Reading Institutio Oratoria 10.1.125-31", *Arethusa* 44/1 (2011), S. 123-137.

Thiveaud, Jean-Marie: „La naissance des assurances maritimes et Colbert", *Revue d'économie financière* 88/4 (1988), S. 151-156.

Trinquet, Roger: „En marge des Essais. La vraie figure de Madame d'Estissac, ou les pièges de l'homonymie", *Bibliothèque d'Humanisme et Renaissance*, 18/1 (1956), S. 23-36.

Vaillancourt, Luc: „La rhétorique des titres chez Montaigne", *Revue d'Histoire Littéraire de la France* 1 (1997), S. 3-17.

Van der Lugt, Mara: „Les Mots et les Choses: The Obscenity of Pierre Bayle", *The Modern Language Review* , 113/4 (2018), S. 714-741.

Vidal, Daniel: „Pierre Bayle, Pensées diverses sur la comète", *Archives de sciences sociales des religions* 142 (2008), S. 191-321.

Völkel, Markus: „Bayles Umgang mit seinen Quellen", *Aufklärung* 16 (2004), S. 37-48.

– „Zur ‚Text-Logik' im *Dictionnaire* von Pierre Bayle", *Lias* 20 (1993), S. 193-226.

Volmer, Annett: „Journalismus und Aufklärung: Jean Henri Samuel Formey und die Entwicklung der Zeitschrift zum Medium der Kritik", *Jahrbuch für Kommunikationsgeschichte* 9 (2007), S. 101-129.